AB NACH AMERIKA!

COLLECTION
ROLF HEYNE

www.collection-rolf-heyne.de

1. Auflage 2009

Copyright © 2009 by Collection Rolf Heyne GmbH & Co. KG, München
Copyright © *Umschlagbild* © Sally Mundy/Trevillion Images
Druck und Bindung Ebner & Spiegel, Ulm
Printed in Germany

ISBN 978-3-89910-438-7

Helmut Sorge

AB NACH AMERIKA!

Ausgewanderte erzählen

COLLECTION ROLF HEYNE

Für Hans Joachim Schöps –
Freund, Denker, Journalist

Inhaltsverzeichnis

Vorwort

Amerikaner sah Wolfgang Petersen zum ersten Mal leibhaftig, als er noch ein kleiner Junge war, gleich nach dem Krieg. Er streunte damals mit anderen Kindern am Emdener Hafen herum. »Wir hatten Hunger, Hunger auf alles«, erinnert er sich, und dann kamen die Schiffe mit dem Sternenbanner am Heck. Die Jungs durften an Bord und die Matrosen spendierten »ganz wunderbare Würstchen, die sie Hotdogs nannten«. Versteht sich, dass »diese Amis einfach paradiesisch waren«. Nun, um die sechs Jahrzehnte danach, fühlt sich Petersen noch immer sehr wohl unter den Amis. Er lebt paradiesisch in Kalifornien und hat sich einen Weltruf als Regisseur erworben – vor allem mit der Buchverfilmung »Das Boot«, die seine Karriere in Fahrt brachte.

Ebenso wunderbar fiel die erste Bekanntschaft mit amerikanischer Lebensart für den fünfjährigen Gottfried Helnwein aus. Dem brachte eines Tages der Vater ein paar Micky-Mouse-Hefte mit nach Haus und »da schien mir, als sei ich in diesem Moment erst aufgewacht«. Damals stand für ihn fest: So wie in Entenhausen, wo ein gewisser Donald Duck samt seinem Onkel Dagobert die chaotischen Tage bestimmten, »hatte die Welt auszusehen«. Inzwischen hat Helnwein, wie er beteuert, sein Entenhausen gefunden. Der Maler, dessen Kunstwerken der Brockhaus einen »schockierenden Charakter« zuschreibt, wohnt seit 1997 in Los Angeles, erlebt dort »eine Art Freiheitsrausch« und so berühmt wie Petersen ist er auch.

Mit solchen Geschichten ließe sich fortfahren. Mit Otfrid Liepack zum Beispiel, der 1981 als Tourist starke Eindrücke aus Amerika mitnahm. Damals beobachtete er die Startvorbereitungen für die Raumfähre »Columbia« in Florida und war begeistert. Wie sie da so stand, diese Maschine, »deren Spitze beinah die schwarz-graue Gewitterwand erreichte – weit entfernt war das Grollen des Donners zu hören«. Heute arbeitet Liepack als »Senior Engineer« bei der amerikanischen Raumfahrtbehörde NASA und lebt in Tujunga, abseits des kalifornischen Städtchens Pasadena. Er trägt Verantwortung für die US-Mission zum Mars und andere bedeutende Projekte und kann sich etwas Schöneres kaum vorstellen.

Da ist Eric Braeden, der eigentlich Hans Jörg Gudegast heißt und aus einem Örtchen bei Kiel kommt. Den kennt kaum einer in Deutschland, in Amerika aber wird er alljährlich zu den beliebtesten Darstellern des Fernsehens gezählt. Oder Andreas von Bechtolsheim, der aus dem tiefsten Bayern ins Silicon Valley ging, die Computerwelt revolutionierte, Milliardär wurde und noch immer wie ein Besessener arbeitet. Udo Kier darf nicht fehlen in dieser Aufzählung, der Kölner, der in Hollywoods Horrorfilmen eine Sonderrolle besetzt – Kier ist Kult. Und mit dabei ist der smarte österreichische Koch Wolfgang Puck, der binnen weniger Jahre vor allem in Kalifornien ein Restaurant- und Catering-Imperium aufbaute und nun ein reicher Mann ist.

Braeden, Liepack und die anderen zählen zu einer Spezies, die es Jahr für Jahr aus Deutschland hinaustreibt, die sich mit Vorliebe in den Vereinigten Staaten niederlässt und ständig nachwächst: Kaufleute und Unterhaltungskünstler, Wissenschaftler – und natürlich auch Paradiesvögel wie der Prinz von Anhalt, der seinen Titel in Deutschland durch Adoption erwarb und viel Geld durch die Heirat mit einem dankbaren Hollywood-Star. Mit den Auswanderern, die in vergangenen Jahrhunderten zu Millionen die Heimat aufgaben und mit Sack und Pack in die Fremde zogen, haben diese Leute nichts mehr zu tun. Kein Despot und keine Missernte haben sie in die Flucht geschlagen.

Auch bei Schülern ist Amerika das beliebteste Ziel für Auslandsaufenthalte: Mehr als die Hälfte der Jugendlichen, die im kommenden Schuljahr ins Ausland gehen wollen, wählen die USA. Insgesamt werden 2009/2010 laut einer Umfrage des Berliner Recherchen-Verlags rund 8760 Schüler in die Vereinigten Staaten gehen.

Auswandern – das ist denn auch für die Frauen und Männer, die in diesem Buch zu Wort kommen, ein Begriff von großer Beliebigkeit, mal verbunden mit dem konsequenten Wechsel der Staatsbürgerschaft, mal unverbindlich wie bei Thomas Gottschalk, dem zwar das Lebensgefühl am Pazifik behagt, der aber vorsichtshalber ein Schlösschen am Rhein kauft. Gemeinsames Merkmal der Zugereisten war die Überzeugung, mit dem Wohnsitz Amerika den besseren Teil der Welt erwischt zu haben – und soweit es den Wohlstand betrifft, haben viele von ihnen recht behalten. Was hat diese Leute so angezogen an God's own country – von dem man weiß, dass der liebe Gott auch nicht mehr immer die Hand darüber hält? Was lag auf dem Wege zwischen den kindlichen Glanzbildern und dem American way of life, auf dem nicht jedermann glücklich ist? Helmut Sorge ließ diese Zugereisten erzählen, vor allem die Reichen und die Erfolgreichen. Und er nahm ein paar Abwanderer aus den deutschsprachigen Nachbarregionen hinzu, Österreicher oder Südtiroler. Bei der Auswahl der Befragten spielte der Zufall mit; einige leben erst seit Kurzem in den USA, andere seit Jahrzehnten. Die soziale Spannweite der Autoren reicht vom bildungsstarken Archäologieprofessor Lothar von Falkenhausen über den Weltklasse-Skiläufer Klaus Heidegger bis zu dem aus Hamburg stammenden Supermodel Tatjana Patitz.

Zum Vorschein kommen holprige Karrierestrecken aus Deutschland und Amerika, skizziert von mehr oder minder komplexen Charakteren. Farbige Lebensbilder sind zu entdecken, manchmal drehen die Autoren weite biografische Schleifen abseits des Titelthemas. Amerika, so erwies sich, ist eine schwierige Liebe. Wer sich entschlossen hatte, zu gehen, verließ zwar ein deutsches Vaterland, in dem unbequeme Enge herrscht, in dem immerzu geregelt wird und die Genehmigung für einen Außenkamin so lange dauern kann wie die Zulassung einer neuen Boeing. So etwas gibt es kaum in Amerika.

Jedoch: Der Zuwanderer traf auch auf eine Nation, deren Ansehen jämmerlich gelitten hat, weltweit und vor allem bei den Deutschen. Das deutsch-amerikanische Verhältnis hat sich gewandelt, die Dankbarkeits- und Demutsgesten nach dem Krieg sind einer kritischen Distanz gewichen. Das Höllenfeuer der Napalmbomben, das in Vietnam Freiheit und Menschenwürde herbeibrennen sollte, und ein rüdes Machtgebaren hatten dazu beigetragen, der Begeisterung einen kräftigen Dämpfer zu geben. Bei näherem Hinsehen ließ sich schon in den Sechzigerjahren erkennen, dass sich das Muster Amerika auf dem Sinkflug befand. Elend breitete sich aus in den völlig verwahrlosten »inner cities«, den Gettos der Schwarzen und Latinos, die das aufgesetzt Adrette der bürgerlichen Suburbs konterkarierten. Es fehlte an Arbeit und an Bildung in diesen Vierteln, Verbrechen gab es reichlich. Die Polizei rückte, falls nötig, in Stoßtruppenstärke an, am liebsten aber gar nicht.

An soziale Luxusgüter, eine flächendeckende Krankenversicherung etwa, war gar nicht zu denken und daran änderte sich wenig, als im Jahre 2000 der republikanische Präsident George W. Bush sein Amt antrat. Der Texaner regierte acht Jahre lang, führte zwei Kriege im asiatischen Ödland und nahm Tausende Tote in Kauf. Er duldete Folter von Gefangenen durch seine Geheimdienste und sah tagelang tatenlos zu, als New Orleans, ein urbanes Juwel, vom Hurrikan »Katrina« ertränkt wurde. Bush ruinierte die Staatskasse, die vor ihm gut gefüllt gewesen war, und vergriff sich an den Bürgerrechten.

Das Gros der deutschsprachigen Zeitzeugen, auf die Helmut Sorge traf, hatte sich das anders vorgestellt, und auch die eingesessenen Zuwanderer konnten ihre neue Welt nicht wiedererkennen. Lauter denn je stellte sich die Frage, ob die Führungsqualität, die von den Amerikanern bei jeder Gelegenheit reklamiert wurde, nicht völlig abhanden gekommen war. Hoffnung auf Reform kam letzten Herbst auf, als die Präsidentschaftswahlen anstanden und die Demokraten den Kandidaten Barack Obama aufboten – smart, klug und jugendfrisch. Obama gewann die Wahl mit 52 Prozent aller Stimmen, und er hat sicher auch bei den Zuwanderern, die in diesem Buch über ihre Taten und Träume schreiben, die absolute Mehrheit bekommen. Der erste afroamerikanische Präsident der Vereinigten Staaten soll nun, einem Wunderheiler gleich, all die Versäumnisse des George W. Bush wiedergutmachen. Das Lastenheft reicht von den vergammelten Metropolen bis zur Neueinrichtung einer demokratischen Kultur – eine schier unlösbar anmutende Aufgabe, deren Ende noch offen ist.

Es erwies sich, dass nicht nur die Zustände im Lande und das Gebaren der Bush-Clique zu Obamas Triumph beigetragen hatten. Wie über Nacht entzündete sich in den USA eine Finanz- und Wirtschaftskrise, wie sie der Erdball zuvor noch nicht erlebt hatte. Es war die erste und womöglich die härteste Herausforderung für den Präsidenten, der noch gar nicht gewählt war. Begonnen hatte die Krise auf dem Immobilienmarkt der Vereinigten Staaten. Menschen mit bescheidenem Einkommen hatten sich teure Immobilien andrehen lassen; bei nächster Gelegenheit wurde es eng mit der Finanzierung, und Banker wie Bauherren mussten passen. Das Drama griff weltweit über auf zahlreiche Geldhäuser und schließlich auf die Gesamtwirtschaft, die Globalisierung zeigte sich von ihrer schrecklichsten Seite. Sauer Erspartes für das Alter, Abertausende Vermögen wurden vernichtet. Ein paar Halunken, so die ernüchternde Bilanz, konnten weitgehend unkontrolliert mit dem Geld anderer Leute spielen und die Welt aus der Fassung bringen. Die Amerikaner entdeckten, dass ihr Wohlstand weitgehend auf Pump beruhte, und die größten Banken und Versicherungen, die besonders verlässlich schienen, erschlug es zuerst.

Die Gewinnertypen, die Sorge traf, haben allem Anschein nach das Finanzfiasko ohne Kontoüberziehung überstanden. »Wer Bush ausgehalten hat«, sagte einer, »der kommt auch durch dieses Fegefeuer.« Eine Rückkehr in die alte Heimat Bundesrepublik mag sich kaum einer vorstellen. Bevorzugter Wohnsitz ist und bleibt immer noch Kalifornien, der sonnenreichste Staat der USA – aber auch einer mit großen Widersprüchen. Fast alle haben es geschafft, sich dort zu etablieren, und für die Deutschen hat das Tradition. Selbst die Zuwanderer, die in den Dreißigerjahren vor den Nazis geflüchtet waren, setzten sich großenteils nach Kalifornien ab: Schriftsteller und Kunstschaffende aller Art – Lion Feuchtwanger und Franz Werfel, Heinrich Mann und Alfred Döblin, Bertolt Brecht und Otto Klemperer, Billy Wilder und Otto Preminger. Meist mittellos und ohne Chance auf einen Neuanfang, versammelten sich damals rund 1500 deprimierte Dichter und Denker in den Strandorten rund um Los Angeles – Schicksale, die in diesem Buch Cornelius Schnauber beschreibt, der sich 1966 aus Deutschland absetzte und ab 1968 an der USC, der University of Southern California, in Los Angeles, lehrte.

Die Anziehungskraft dieses Landstrichs ist ungebrochen. Thomas Gottschalk wohnt dort, regiert wird er von Arnold Schwarzenegger aus Österreich, einem ehemaligen Bodybuilder, der auch Schauspieler war und sich als »Terminator« durch die Kinos schoss. In Kalifornien war nicht nur das Wetter großartig, sondern auch die Wirtschaft, die nun in globale Turbulenzen geraten ist.

Das Budget wurde dramatisch zusammengestrichen. Folglich leidet Kalifornien zunehmend unter sozialen Spannungen. Die weiße Bevölkerung in Los Angeles hat schon vor Jahren ihre Mehrheit verloren, die Farbigen – Latinos, Asiaten und Schwarze – liegen klar vorn. Die allseits beschworene Integration tut sich schwer. Rund drei Millionen Illegale haben sich niedergelassen im 36-Millionen-Staat, 19 000 von ihnen sitzen hinter Gittern.

Eine beträchtliche Magnetwirkung hat selbstverständlich auch die Filmstadt Hollywood. Künstler wie der Regisseur Wolfgang Petersen oder der Musikmillionär Giorgio Moroder, denen wohl in der Bundesrepublik alle Türen geöffnet würden, sind längst dort sesshaft geworden, und sie sagen, warum. Aber Klagen über einen Wandel des sozialen Klimas sind auch in dieser Branche zu hören. Die Betriebstemperatur Hollywoods, so bedauert Fotograf Volker Corell, wird auf Eiseskälte gefahren: Alles ist reglementiert, der gute alte Filmrummel ist so fest in der Hand der PR-Manager, dass es gar keinen Spaß mehr macht, Star zu sein. Selbst die lästigen »Paparazzi« verdienen in dieser Lage ein wenig Barmherzigkeit.

Die Autoren dieses Buchs haben allerhand zu sagen, wenn von den Defiziten in ihrer neuen Heimat die Rede ist. Doch viele haben erfahren, dass neben den Ungereimtheiten, die Zugewanderten in die Quere kommen, immer auch die Möglichkeiten liegen, sich schöpferisch auszubreiten oder doch wenigstens den Besitz zu mehren. Der Milliardär von Bechtolsheim ist überzeugt, dass »die Zukunft im Silicon Valley erfunden wird« und »dieser Optimismus passt zu mir«. Positiv denkt auch der Exbodybuilder Ralf Moeller, der 1991 von Recklinghausen aus den Angriff auf Hollywood startete und sich durchsetzte – mit Nebenrollen, aber gefragt. In Deutschland, meint er, »wäre ich allenfalls als Türsteher oder Zuhälter gecastet und womöglich nicht mal angenommen worden«. Die Berliner Republik wird nicht geschont, wenn etwa vom leidigen Reformstau die Rede ist. Der Archäologieprofessor und Kunsthistoriker Lothar von Falkenhausen zum Beispiel, der in Kalifornien lehrt und in beiden Hochschulsystemen zu Hause ist, plädiert, was das deutsche Bildungswesen betrifft, für die einfache Lösung: »Restlos schließen. Neu anfangen.«

Helmut Sorge, 67, hat keine Mühe, dem kritischen Vergleich der Kontinente zu folgen. Die Verhältnisse in Amerika sind ihm seit Langem vertraut, speziell die in Kalifornien. Zum ersten Mal jobbte der gebürtige Hamburger dort 1961, hütete Rinder an der Seite altgedienter Cowboys, transportierte Fluggäste im VW-Bus, trainierte Studenten-Fußballer an der Stanford-Universität und wurde bald schon in die US-Army eingezogen – für die Truppen in Europa. Aber er ging zurück. Insgesamt sechs Jahre lang arbeitete Sorge als politischer Korrespondent des Nachrichtenmagazins »Der Spiegel« in Washington. Nach Redaktionsjahren in Hamburg, London und Paris ging er noch einmal für drei Jahre in die USA – diesmal als »Spiegel«-Korrespondent nach Los Angeles. Sorge traf in seinem Reporterdasein Staatsmänner und Sportsmänner, Wirtschaftsführer und Filmdiven, beobachtete und beschrieb die sozialen Zustände in der westlichen Führungsnation.

Er war der Chefredakteur für das Megawerk »Goat«, dem 34 Kilo schweren, 792 Seiten umfassenden Lebensbericht der Boxlegende Muhammad Ali, und arbeitete mit Boris Becker an dessen Biografie »Augenblick, verweile doch«. Auch für die Sendung seines Freundes Thomas (»Gottschalk America«) war Sorge beratend tätig. Als er sich nun auf die Spur dieser Deutschen in Amerika machte, begegneten ihm zahlreiche Freunde und Bekannte – was den Gesprächen nur guttat. Gelöst ging es zu bei den Reichen und Erfolgreichen, wenn sie aus ihrem Leben erzählten; das fand mal in einer Bar, mal zu Hause statt, und es waren schöne Häuser dabei – wie der kostspielige Neubau von Regisseur Wolfgang Petersen. Für den in Beverly Hills sesshaften Architekten Gerhard Heusch war es eine Herausforderung, angemessenen Wohnraum für Petersens sechs Katzen zu schaffen, distinguierte Wesen, die der Hausherr alle beim Namen kennt. Manchmal ging es konspirativ zu: Ein illegaler Zuwanderer aus Deutschland bestand darauf, sich zwecks Geheimhaltung an einer Hotdog-Bude in einem kalifornischen Seitental zu treffen.

Bedrohlich wurde es bei dem Arzt Rudi Unterthiner, der einmal Bergarbeiter war, dann Medizin studierte und als Schönheits-Chirurg in Palm Springs und Beverly Hills sein Glück machte. Sorges rechtes Augenlid, so redete der Spezialist auf den Besucher ein, sei überhaupt nicht in Ordnung. Da müsse, schon der Schönheit wegen, geschnitten werden und er, Unterthiner, werde das schon richten, kostenlos. Sorge entkam, das Lid ist immer noch dran.

Maria Altmann hatte ihr nobelstes Hochzeitsgeschenk, ein Diamantcollier, noch kaum getragen, da kamen die Nazis nach Österreich und nahmen es ihr weg. Das Schmuckstück landete bei Hermann Göring, dem fülligen NS-Luftmarschall, und tauchte später nie wieder auf. Für Maria Altmann, die frisch vermählte Tochter aus großbürgerlichem jüdischen Hause in Wien, stand der Nazi-Einmarsch 1938 am Beginn einer langen Flucht über Holland und England nach Amerika. Die Altmanns schlugen sich durch nach Los Angeles, das Leben war gewonnen, der materielle Verlust gewaltig. Ehemann Fritz versuchte sich als Opernsänger, mit einem schönen Bariton. Aber damals, Anfang der Vierzigerjahre, gab es in den USA nur wenige respektable Opernhäuser – jedoch Tausende emigrierter Sänger, die auch einen schönen Bariton hatten. Frau Maria – längst amerikanische Staatsbürgerin – eröffnete in späterer Zeit eine Boutique in Beverly Hills. Mit dem Ersatz für ihr verlorenes Vermögen dauerte es. Maria Altmann war eine Erbin der künstlerischen Hinterlassenschaft des Jugendstil-Malers Gustav Klimt. Sechs der wertvollsten Klimt-Gemälde waren nach dem Raub durch die Nationalsozialisten in den Besitz des österreichischen Staats gekommen, und als sie nach langem Rechtsstreit endlich bei den rechtmäßigen Eigentümern eintrafen, war eine von ihnen Maria Altmann, Jahrgang 1916. Die Kunstwerke wurden schließlich verkauft, Klimts Porträt von der »Goldenen Adele« erwarb der Unternehmer Ronald S. Lauder für 135 Millionen Dollar; um 190 Millionen Dollar brachte der Verkauf von vier weiteren Klimt-Werken bei einer Christie's-Versteigerung in New York, im November 2006. Maria Altmann ist »beglückt, dass Recht gesprochen wurde«.

Maria Altmann

»Und der Wotan, der muss auch leben«

Placido Domingo, der Tenor, Sie wissen, wen ich meine, der Spanier oder Mexikaner,»das ist ein Mann, der mir gefällt«, habe ich einmal im amerikanischen Fernsehen erklärt. Charmant, ein Mann von Welt. Das ist er tatsächlich und Diplomat dazu. Als ein Interviewer von ihm wissen wollte:»Mr Domingo, sind Sie Ihrer Frau treu?«, antwortete er:»Meinem Herzen.« Leider bin ich mindestens 40 Jahre zu alt für Placido Domingo. Nein, bleiben wir der Wirklichkeit treu: ein halbes Jahrhundert. Ich bin Jahrgang 1916 und war zwei, als Gustav Klimt unter die Erde kam.

Nicht Placido, der in Washington und in Los Angeles die Opernhäuser künstlerisch leitet, hat mich nach meinem Fernsehauftritt angerufen, sondern einer seiner Untergebenen. Sie wollten mich ermuntern, Geld zu spenden – für die L.A.-Oper. Das kann ich durchaus verstehen, denn irgendjemand muss die»Hochzeit des Figaro« bezahlen, den»Gefangenenchor« oder»Don Juan«. Und der»Wotan«, der muss auch leben. Von Placido Domingo, man staune, habe ich zu meinem 90. Geburtstag ein persönliches Glückwunschschreiben erhalten. Charmant, diese Tenöre. Es war reiner Zufall, behaupte ich, dass zu dieser Zeit in der Presse berichtet wurde, diese Klimt-Erbin sei ein Opernfan. Placido Domingo ist natürlich nicht der einzige Charmeur, der mich faszinierte. Unglaublich für jene, die von meiner Liebe für das Musiktheater wissen, gleichwohl wahr: Auch der Hamburger Sänger und Schauspieler Hans Albers zählte dazu. Der hat nie den Kapitän im»Fliegenden Holländer« gesungen, sondern»Nimm mich mit Kapitän auf die Reise«, das»Lied vom Nigger Jim« oder»Flieger, grüß mir die Sonne«.

Im Vergleich zu Verdi, Wagner, Mozart war seine Musik eher Eintopf, eine Art Labskaus, den die Hamburger schätzen, zumindest die verflossene Generation. Aber mir gefiel dieser Germane. Blond. Kantiges Gesicht. Blaue Augen. Romantisch. Im Kontrast dazu der breitkrempige Hut, den er sich tief in die Stirn zog. Darf eine ältere Dame im Spätherbst ihres Lebens träumen? Eine Dame aus sogenanntem feinem Haus in Wien. Wir hatten damals vier Hausangestellte, und ich wurde privat in unserer Villa unterrichtet. Meine Erzieherin, das Fräulein Emma, war ungeheuer lieb. Ich liebte sie weit mehr als meine Mutter. Jeden Sommer machten wir Ferien in Ischl, wo sich wohl auch Johannes Brahms gelegentlich einquartierte. Wir wohnten immer im selben Haus.

Ich war vollkommen unverwöhnt, zumindest habe ich immer scheußliche Kleider getragen und nie geahnt, wie reich wir waren. Es war, wie's war. Wie soll ein Kind Wohlstand einschätzen, wie sollte es vergleichen? Ich wurde geboren, als mein Vater 56 war. Meine Mutter glaubte sich in den Wechseljahren, und wie das Ergebnis, meine Geburt, dokumentiert, hat sie sich vertan. Mein Vater hat wenig getan. Er liebte Musik und Antiquitäten. Mein Onkel Ferdinand, der Bruder meines Vaters, war Präsident der Österreichischen Zuckerindustrie. Er hat unglaublich viel gearbeitet und ebenso viel verdient. Ferdi hat meinen Vater geliebt, und die »Mutzi« auch – das war ich. Der Onkel hat meinen Vater in verschiedene – bezahlte – Aufsichtsräte bugsiert und ihm alles zukommen lassen, was er für seinen nicht eben moderaten Lebensstandard benötigte. Ich bin bis heute überzeugt: Mein Vater Gustav muss ein Fehltritt meiner Großmutter gewesen sein. Nur mein Vater nämlich war in unserer Familie groß und obendrein eine elegante Erscheinung. Die Brüder, Ferdi eingeschlossen, waren klein und eher hässlich.

Ich war sehr brav und sehr blöd. Ich habe nicht das Geringste angestellt, leider nicht. Wie es sich für eine höhere Tochter geziemte, erhielt ich Klavierunterricht. Meine Lehrerin war von meinem Talent nicht eben angetan. Sie ermunterte mich mit den Worten: »Du bist ein Erztrottel.« Der Musik bin ich gleichwohl verbunden geblieben, trotz der negativen Einführung. Musik hat mein Leben begleitet, in der Einsamkeit, den bitteren Stunden. Opern haben mich bewegt, nachdenklich gestimmt, die Krüppel, die Könige, Narren, Zwerge, Verführer, Lügner, Geister, Prinzen, Götter, die betrunkenen Generäle, die Nymphen und Elfen. Tod und Verschwörung, Hass und Liebe, Treue und Verrat – das irdische Dasein musikalisch aufgearbeitet, Mythos, Eros, Utopie, Krieg und Frieden.

In meinen tristen Momenten habe ich Kraft in den Biografien jener Genies gesucht, die ihre Leidenschaft und Begabung weder durch Schulden noch Krankheit ersticken ließen, denen das Schicksal Armut auferlegte, wie Franz Schubert, der 31 war, als er starb, sie in die Irrenhäuser trieb, wie Robert Schumann oder Gaetano Donizetti. Was müssen sie ertragen haben, meine Helden – Händel, der erblindete, Beethoven, der sein Gehör verlor? Der verarmte Mozart, der ein auf 200 Gulden beziffertes Barvermögen hinterließ sowie eine Bibliothek, deren Wert auf 23 Gulden und 41 Kreuzer geschätzt wurde.

Meine Eltern waren mit Selma Kurz befreundet, einer der begehrtesten Opern-Sopranistinnen ihrer Tage. Giacomo Puccini, der 1924 starb, hat sie höchstpersönlich am Klavier begleitet, meist bei Orsini, dem italienischen Gesandten in Wien. Mein Vater, den ich unglaublich liebte, erzählte mir von diesem Puccini, der sich selbst als »passionierten Jäger auf Wasservögel, Texte und Frauen« charakterisierte. Mich hat die Enthüllung meines Vaters nicht überrascht. Puccinis Leidenschaft für Frauen war auch aus seinen Operntiteln, aus mindestens acht seiner Werke, herauszulesen, allesamt Frauennamen, etwa »Tosca«, »Madame Butterfly«, »Schwester Angelica«. Als junges Mädchen war mir bald klar: Italienischen Männern ist nicht zu trauen, zumal ich in einer Mozart-Biografie gelesen hatte, dass sein Librettist und Vertrauter, der in einem jüdischen Viertel von Venedig geborene Lorenzo de Ponto, erst wegen Ehebruchs aus Venedig verbannt wurde und auch Wien wegen einer skandalösen Liebschaft verlassen musste. Der Schöpfer der Texte zu »Die Hochzeit des Figaro« und der »Zauberflöte« endete – verarmt – in New York.

Mein Vater war Jude wie Gustav Mahler, Arnold Schönberg, allerdings kein religiöser Eiferer. Wir haben, wie die Christen, Weihnachten gefeiert und einen riesigen Tannenbaum aufgestellt. Der einzige Tag, an dem mein Vater die Synagoge besuchte, war der Versöhnungstag. Mein Vater saß in der Synagoge stets neben den Rothschild-Brüdern, eleganten Männern, leicht ergraut. Sie wussten, dass mein Vater Cellist und Geiger war und jeden Freitag Kammermusik spielte. So aus dem Nichts heraus haben sie ihm ein Stradivari-Cello überlassen, »auf Lebzeiten ausgeliehen«, denn, so meinten sie, »ein Instrument muss gespielt werden, vor allem, wenn es Stradivari heißt«. Eine großartige Geste, die sich zu einem traurigen Märchen entwickelte. An einem der Abende, 11. März 1938, unterbrachen die Musiker gegen 19 Uhr 30 ihr Konzert. Um 19 Uhr 47 sprach Bundeskanzler Kurt Schuschnigg zum Volk: »Der Herr Bundespräsident beauftragt mich, dem österreichischen Volk mitzuteilen, dass wir der Gewalt weichen.«

An der österreichischen Grenze waren Verbände der 8. Armee der Wehrmacht aufmarschiert: »Gott schütze Österreich!« Schuschniggs Wort ward nicht gehört. Er trat zurück. Und um 8 Uhr, am Morgen des 12. März, überquerten deutsche Soldaten die Grenze. Einen Tag später erklärte Hitler: »Ich selbst als Führer und Kanzler des deutschen Volkes werde glücklich sein, nunmehr wieder als Deutscher und Bürger jenes Land betreten zu können, das auch meine Heimat ist.« Wir ahnten Böses. Die ss-Verbände unter Heinrich Himmler waren schon auf dem Aspener Flugplatz gelandet – Verhaftungen begannen, Razzien. Drei Tage nach dem Einmarsch jubelten 100 000 Österreicher dem Diktator zu – der »Anschluss« war gelungen. »Wer dieser Tat unseres Führers nicht mit einem hundertprozentigen Ja zustimmt, verdient nicht, den Ehrennamen Deutscher zu tragen«, meinte der begeisterte Generalmusikdirektor Karl Böhm und eine Vielzahl der Kulturschaffenden stimmte mit ein. Wie aber sah es für die Kommunisten aus, die Juden, die Homosexuellen, die Sozialisten? Am 21. März 1938 meldete der »Völkische Beobachter«, am folgenden Tag werde in Dachau das erste Konzentrationslager für 5000 Gefangene eröffnet.

Mein Bruder Poldi und sein Freund Max Altmann, Wiener Golf-Meister, hatten für mich ein Rendezvous mit Fritz Altmann organisiert. Er sah gut aus, war überaus freundlich; er studierte Gesang. Mehr nicht. Meine Skepsis verzog sich bei einem Diner, zu dem meine Mutter eingeladen hatte. Einer der Gäste war Paul Ulanowsky, einer meiner polnischen Freunde, der später Lotte Lehmann am Piano begleitete. »Können Sie Schubert spielen?«, fragte Fritz ihn, »›Bächlein, lass Dein Rauschen sein‹, ›Du bist die Ruh'‹, oder ›Nur wer die Sehnsucht kennt‹?« Ich sehe das Bild vor mir, ich höre die Stimme von Fritz ›Du bist die Ruh‹, diese himmlische Botschaft der Liebe.

Sie hat mich erwischt. Er wurde mein Ehemann. Fritz hatte eine tolle Stimme und den Traum, Opernsänger zu werden. Ich habe ihn in seinen musikalischen Ambitionen unterstützt – ich wollte nicht zu einer Ehefrau werden wie die Frau Haydn, Tochter eines Vorstadt-Friseurs, die die Partituren des Musik-Genies als Lockenwickler missbrauchte. Das muss man sich vorstellen – die genialen Gedanken des Joseph Haydn! Wenn immer Fritz an seiner musikalischen Zukunft zweifelte, habe ich ihn auf Beethoven verwiesen, der über Jahre als Hausmusiker sein Brot verdiente und dann zu Weltruhm kam.

Ich war verliebt, und in Berlin marschierte die Ehrenwache des Führers im Stechschritt über die Paradestraße »Unter den Linden«. Ich war 21, Fritz 28, als wir heirateten. Er arbeitete in der Firma seines Bruders Bernhard, der eine große Strickwarenfabrik besaß und weltweit exportierte. Wir wohnten in einer wunderschönen, modernen Wohnung. Mein Mann war überzeugt: »Der Spuk mit den Nazis, der ist bald vorbei.« Eine Woche nachdem die Nationalsozialisten Wien besetzt hatten, kam die Gestapo und forderte von unserem Butler, ihnen das Rothschild-Stradivari-Cello herauszugeben. Der verängstigte Diener übergab es ihnen; meine Eltern gingen in diesen aufregenden Minuten im Park spazieren. Was hätte der Butler tun sollen, der arme Kerl, was haben seine Mitbürger getan?

Einige Tage danach kam wieder die Gestapo, diesmal zu uns. Ein Typ namens Landau war dabei, eigentlich ein jüdischer Name. »Händigen Sie uns Ihren Schmuck aus.« Ich habe nicht eine Sekunde gezögert, und sie schienen höchstzufrieden über ihre Beute. Aber ich hatte so ungemeine Angst um Fritz. Ich wollte ihn beschützen, retten und habe den Nazis verraten: »Ich hab noch weiteren Schmuck, beim Juwelier«, darunter war ein Diamantcollier von der Tante Adele. Der Mann namens Landau nahm das Diamanthalsband aus dem Etui und steckte es in die Hosentasche. Später, nachdem Hitler und sein Höllenfeuer ausgelöscht worden waren, wurde Landau verhaftet. Er behauptete, das Diamantcollier sei an die Familie des Generalfeldmarschalls Hermann Göring übergeben worden – jüdischer Schmuck am arischen Arm, könnte man sagen. Landau hat lange gesessen, inzwischen ist er gestorben. In welchem Safe liegen nun die Diamanten? Ich war damals, in diesen bösen Tagen, naiv, keine Frage. Ich war überzeugt, die Nazis haben das Vermögen und werden sich damit zufriedengeben. Ich wiederhole: Ich war naiv. Denn plötzlich standen sie wieder vor der Tür, diesmal zwei Uniformierte:»Altmann, Fritz, bitte folgen Sie uns.« Ende März 1938. Anfang April rollte er mit einem der ersten Prominenten-Transporte Richtung Dachau. Der Chef der Wiener Oper, der Bürgermeister der Hauptstadt, die späteren Bundeskanzler Leopold Figl und Alfons Gorbach, auch sie zusammengepfercht, gedemütigt. Es waren nicht nur jüdische Bürger verhaftet worden, sondern Menschen, deren politische Meinung den Besatzern nicht gefiel. Sie wurden ausgemustert wegen ihrer Proteste, wegen angeblicher oder wirklicher Verschwörungen, wegen ihres Widerstands. Ja, auch solche Menschen hat es gegeben.

Ich glaubte zu wissen, wo mein Mann eingekerkert war. Im Landesgericht, wurde mir zugetragen. Ich eilte mit Wäsche zu dieser Justizstelle: kein Häftling namens Altmann. Ich hatte Angst, große Angst. War jung und verliebt. Und allein. Ich versandte Telegramme an die Mächtigen und die Ohnmächtigen, und eines Tages erhielt ich eine Antwort:»Altmann im Lager – gesund. Der Lagerkommandant in Dachau.« Dachau war noch nicht das Grauen. Mephisto musste noch Geduld bewahren, doch er wusste, Faust war für die Hölle vorbestimmt. Und mit ihm die Juden. Mein Mann konnte sich in der Kantine Essen kaufen, sogar Zeitungen. Am Sonntag spielten Schwule gegen Zigeuner Fußball, und die Juden gegen die Christen. Welch eine Welt, skurril und krank, dunkel, schwarz. Wie schreibt Franz Schubert in seiner»Winterreise«:»Fremd bin ich eingezogen, fremd zieh ich wieder aus.« Auch Fritz Grünbaum war in Dachau eingesperrt, ein Humorist und Satiriker, der, makaber im Nachhinein, im Wiener Kabarett»Die Hölle« debütierte. Seine Show in Wien war jeden Abend ausverkauft, weil die Nazis zu Witzfiguren reduzierte. Sie haben ihn 1941, eben 61 Jahre alt, in Dachau zu Tode gequält.

In Dachau, Auschwitz, Birkenau, Treblinka, Buchenwald herrschte Goethes Mephistopheles, der Sohn der Hölle, der Junker Satans. KZ bedeutete Dantes»Inferno« und Kafkas»Bau«. Perversität, die Allegorie des Bösen, der Finsternis, der Vernichtung. Das System machte aus Untertanen Dämonen. Scham und Schuldgefühle wurden aus dem nationalen Ich verbannt, Menschen wurden zu Nummern – eingebrannt in ihre Haut. Und dazwischen die nationalen Freudengesänge wie»Oh du schöner Westerwald«. Die Verkrüppelung der Seelen, die Verteufelung des Geistes, der Sklaventransporte segnete, Strafkolonien, Todesmärsche. Menschen, die zur personifizierten Pest wurden.

KZ bedeutete die Feuerbrunst des Wahns. Obszönes Jauchzen der Macht, die Humanität auf dem Scheiterhaufen. Kein Licht mehr, nur noch Nebel und Dunkelheit. Eiszeit. Aleksander Tišma, der große serbische Erzähler, hat in seiner »Schule der Gottlosigkeit« und »Kapo« das Grauen nachgezeichnet: Der Jude, der seine letzte Nacht vor der Verschleppung ins KZ mit dem Gedanken verbringt, Frau und Kind zu ermorden, um ihnen das zu erwartende Drama zu ersparen. Oder der alte Jude, der als Handlanger der Mörder überlebt. Ich trauere um die Kinder, Greise, Frauen, Männer, die auf den Messias warteten und stattdessen einem Diktator begegneten, der ein Verbündeter des Teufels war, er und die irren, die verirrten Massen, die aus »Walhalla« aufstiegen, oder aus Dantes Hölle. Meinem Vater habe ich zwar verraten, Fritz sei inhaftiert, aber Dachau habe ich ihm verschwiegen. Die Aufregung hätte ihm zu sehr zugesetzt; er war ein kranker Mann – im Juli 1938 ist er gestorben. Fritz erfuhr die Nachricht von einem Mitgefangenen. »Du, dein Schwiegervater, das ist doch der Bloch-Bauer – er ist tot.« Unsere Familie war unter Hausarrest. Der Gestapo-Mann Landau zog in unsere Villa. Meine Mutter hat sich nicht einschüchtern lassen. Wenn der Nazi ihr entgegentrat, hat sie ihn zurechtgewiesen: »Wenn Sie mit einer Dame sprechen, dann nehmen Sie gefälligst den Hut ab.« Das tat er zwar, er rächte sich aber sogleich. Auch meine Mutter, Therese, musste ihren Schmuck abgeben, einen Teil ihrer wertvollen Uhrensammlung konnte sie verstecken.

Wir wussten: In Österreich waren wir verloren. Wir mussten flüchten. Ich habe meiner Mutter kein Wort gesagt, damit sie nicht lügen musste, falls die Gestapo sie verhören sollte. Unseren Hausbesetzern erklärte ich, mein Mann, inzwischen wie durch ein Wunder aus Dachau entlassen, müsse zu einem Zahnarzttermin. Im Regenmantel, mit einer Tasche, sind wir zum Flugplatz gefahren. Ein Pass war nicht nötig. Österreich war heimgekehrt ins Reich – wir wollten unweit von Aachen, begleitet von einem bezahlten Bauern, über die Grenze nach Holland. Die Maschine nach Köln war verspätet, schlechtes Wetter in München. Die Treppe wurde wieder an die Maschine gerollt. Männer in schwarz-braunen Ledermänteln. Erst Panik. Dann Entwarnung. Die vereinbarte Kontaktperson vor dem Kölner Dom erschien nicht, mein Mann war schrecklich nervös. Wir mieteten uns ein Taxi, da wir die Adresse des Bauern kannten, der uns weiterhelfen sollte. Der Taxifahrer verfuhr sich und meinte: Ich frage die Grenzpolizei, die wird uns weiterhelfen. Wir zahlten und flüchteten aus dem Wagen. Polizei. Polizei. Nur nicht die! Da standen wir nun auf einem Waldweg, wie sagt man so schön, wie bestellt und nicht abgeholt. Ich verstand diesen einfachen Satz plötzlich besser. Er hatte Inhalt bekommen. Und just in der Not kam uns ein Priester entgegen. Ein wunderschöner Mann. Der katholische Gottesdiener führte uns, das jüdische Paar, zu dem Bauern, der uns während des Wachwechsels um 23 Uhr, in fünf Minuten der Unaufmerksamkeit der Soldaten, durch den Stacheldraht helfen sollte.

Mein Schwager Bernhard hatte alles gut vorbereitet. Er wusste: Der Grenzübertritt allein garantierte keine Sicherheit, zumal die Holländer – angeblich – so manchen Flüchtling an die Nationalsozialisten auslieferten, um sich Ungemach zu ersparen. Auch diese Holländer wollten ihren Illusionen mehr Glauben schenken als der Wirklichkeit. Eine Kontaktperson führte uns über Maastricht nach Amsterdam, wo eine Propellermaschine auf uns wartete. Sie nahm Kurs auf Liverpool, Kurs auf die Freiheit. In Liverpool besaß Schwager Bernhard eine Strickwarenfabrik, andere Freunde hatten ein Sperrholz-Werk. Außer den Beatles, später, waren wir wohl die einzigen Menschen, die von Liverpool begeistert waren. Ich schätze die Engländer. Wenn ein Brite sagt, »Ich würde Sie gern zum Lunch einladen«, dann meint er das. Wenn ein Ami erklärt »Let's have lunch«, dann war das der letzte Satz, den man von ihm vernommen hat. Mein Mann hat an der Oper von Liverpool den »Valentin« in »Faust« gesungen und war beglückt. Der Kriegsbeginn entwurzelte uns einmal mehr – plötzlich waren wir »enemy aliens«, feindliche Ausländer, und eine Internierung auf der Isle of Man war wahrscheinlich.

Ein Amerikaner, der Fritz einmal in Wien beim Besuch der Strickwarenfabrik freundlich begleitet hatte, war bereit, für uns zu bürgen, eine Voraussetzung für das Visum für Amerika. Im Mai 1940 dampften wir auf der »Britannica« gen USA. Ich war hochschwanger und beglückt: Mein Sohn Charles würde etwas sehr Feines sein, made in England, imported into the USA. Ich wusste nichts über Amerika, nur, dass wir den Nazis nicht begegnen würden, zumindest nicht den uniformierten Hitler-Dienern. Da mein Schwager auch eine Fabrik in Fall River im US-Staat Massachusetts besaß, eine Stunde von Boston entfernt und eine halbe Stunde von Providence, Rhode Island, lebten wir von Mai 1940 bis Oktober 1942 an der Ostküste.

Mein Mann hat, wie sollte es anders sein, ein Opernhaus gegründet, na ja, die »Fall River Opera Company«. Er hatte einmal einen alten Bekannten meines Vaters, einen Dirigenten in Philadelphia, wegen eines Jobs besucht und der hat Fritz aufgefordert, seinem Pianisten vorzusingen. Sein Urteil: Sie haben eine schöne Stimme. Nur: Es existieren lediglich drei bedeutende Opernhäuser in Amerika – San Franzisko, New York und Chikago, und die können unter Hunderten von Sängern auswählen, allesamt Flüchtlinge aus Europa, allesamt Große ihres Metiers. Keine Chance. Heute zählt Amerika annähernd 200 Opern und Opern-Festivals. Jetzt könnte Fritz singen. Er war ein Bariton, und

die »Fall River Opera« hat er gemeinsam mit einem Russen geführt, Ismael
Love – sehr russisch. Einen Tag bevor wir nach Kalifornien übersiedelten, hat
Fritz einen Akt aus »Rigoletto« und einen aus »Aida« gesungen – welch eine
Seligkeit für ihn.

Die japanische Attacke auf Pearl Harbor am 7. Dezember 1941 hat meinen
Mann bewegt, wie es in den USA üblich war, sich für den – zivilen – Kriegsdienst
zu melden. Er wollte den »war effort«, die Kriegsanstrengungen unterstützen.
Seine Bewerbung bei »General Dynamics« im kalifornischen San Diego hatte
Erfolg. Er wurde als »time study engineer« engagiert. Jedoch bei seinem Vorstellungsgespräch erklärte der Personalchef plötzlich: »Tut mir leid, Sir, wir
haben uns geirrt. Wir glaubten, Sie seien Australier, ein ›Australian‹. Nun stellt
sich heraus, dass Sie ein ›Austrian‹ sind, Österreicher – und als Staatsbürger
dieser Nation können wir Sie nicht anstellen; Sie stammen aus einem Feindesland.« Klage. Und noch eine Klage. Teure Anwälte.

Dann das Urteil: statt Feind doch Flüchtling. Nazigegner. Der Flugzeug-
und Rüstungskonzern Lockheed engagierte meinen Mann. Fritz freilich
träumte nicht von Technologie oder Zeitstudien, er wollte in Verdis »La Travi-
ata« den Vater des Studenten Alfred Germont singen, in den sich das Halb-
weltgeschöpf Violetta verliebt, den Minister Don Fernando in Beethovens
»Fidelio« oder den Schuster Hans Sachs in Wagners »Meistersinger von Nürnberg«. Stattdessen trat er in L.A. bei Wohltätigkeitsveranstaltungen auf oder bei
sogenannten »Wiener Abenden«. Sobald die Oper in Los Angeles gegründet
wurde, haben wir Abonnements gekauft – immer dieselben Plätze, darauf hat
mein Mann bestanden, erste Reihe, mit direktem Blick auf den Dirigenten.

Ich hatte nie Heimweh nach Wien, die Stadt habe ich nie vermisst. Wahrscheinlich war in meiner Erinnerung der Wiener Charme und Sachertorte
durch Gestapo-Verhöre und Kunstraub ersetzt. Das soll kein Pauschalurteil,
keine Pauschalverdammung sein. Auch Österreich hatte seine Helden. Ich
meine damit sicher nicht SS-Obristen, sondern tapfere Bürger wie Fritz Grünbaum, dessen Waffe das Wort war, der Witz. Wenn ich zurückblicke auf »mein«
Jahrhundert, dann war Österreich eigentlich immer eine Nation im Widerspruch; vor allem in der Hauptstadt rieben sich Philosophie, Malerei, Antisemitismus, Musik, Politik. Eine Hochburg der Kultur und Intrigen.

Welche Kontraste – Hitler, der verhinderte Maler, Sigmund Freud, der
Journalist Karl Kraus, Egon Schiele, Gustav Mahler oder der Architekt Adolf
Loos, der die Häuser von ihren Ornamenten und Firlefanz befreite. Wien war
modern und verwegen, wenn ich an die nackten Schönen von Klimt denke,
seine »Nuda veritas« oder den »Goldfisch«, drei Frauen, von denen eine dem
Betrachter den Po entgegenstreckt. Klimt, Schiele oder ihr Kollege Anton Kolig,

der den nackten Mann aus der Antike in die Wiener Kunstszene verlegte – nackte Männer in Rückenlage, zu zweit, das Glied bereit –, wollten offenbar nicht Pornografie, sondern Authentizität. In der Gesellschaft war die Frau damals Nichts und Niemand. In der Bourgeoisie war sie die Geburtsmaschine und Sexobjekt hinter verschlossenen Türen.

Klimt und seine Kollegen zogen ihren Frauen auf den Gemälden die Kleider aus, zeigten Brüste und üppige Popos, Frauen, die sich selbst befriedigten, Frauen, deren Vagina sie so rot malten, als sei's das Bremslicht eines Autos, um es krass zu formulieren. Die Zeitungen der Wiener Bourgeoisie, etwa das »Deutsche Volksblatt«, kritisierten die entblößte Malerei als »kranke Kunst« und »absolut abstoßend«. Der Staatsanwalt forderte die Vernichtung aller noch vorhandenen Exemplare eines Kunstmagazins namens »Ver Sacrum«, das Klimt-Nacktbilder enthielt. Klimts Gemälde, eine schöne nackte Schwangere, durfte erst sieben Jahre nach der Fertigstellung auf einer Kunstschau in Wien ausgestellt werden, 1909. Gemessen an den Zeichnungen, Kohle, Bleistift, war er tatsächlich von nackten Frauen besessen: 4000 Skizzen und Bilder hat er hinterlassen. Klimt, so habe ich in meinen Wiener Tagen erfahren, lebte eher zurückgezogen, in seinem Atelier im 13. Bezirk. Er arbeitete und unterbrach die Kunst, um sich mit seinen Modellen zu betten. 14, so wollen Klimt-Experten wissen, hat er geschwängert, drei uneheliche Söhne sind bekannt, zwei Söhne, Gustav und den früh verstorbenen Otto, zeugte er mit dem Modell Maria Zimmermann.

Klimt, Jahrgang 1864, versuchte vor der Jahrhundertwende auch, mit einer 15 Jahre jüngeren Schönheit, Alma Schindler, anzubändeln, vergebens. Sie heiratete 1901 den grandiosen Gustav Mahler. Klimt freilich war ohnehin bereits mit der Tochter eines deutschen Meerschaumpfeifen-Fabrikanten liiert, Emilie Flöge. 1904 eröffnete sie gemeinsam mit ihren Schwestern Pauline und Helene einen Modesalon, »Schwestern Flöge«; Bruder Ernst Klimt hatte Helene geheiratet. Gustav Klimt entwarf die Kleider, vielleicht sogar die Stoffe. Sicher, Klimt hatte neben Emilie eine Vielzahl von Schönheiten porträtiert – Fritza Riedler, Sonja Knips, Hermine Callia, Serena Lederer oder Ria Munk, aber ungewiss bleibt, wie nah der Maler den Ladys an oder auf die Haut rückte. Das Fräulein Flöge ist mit Klimt gereist, war nahezu zwei Jahrzehnte seine Vertraute, sie aber hat eine Liebesliaison öffentlich bestritten.

Ja, soll sie erklärt haben, sie sei bereit gewesen, mit Gustav zu schlafen, aber er habe sie nicht einmal nackt gesehen. Der Grund: Der große Künstler litt an Syphilis. Ich kenne seine Krankengeschichte natürlich nicht, aber Syphilis war zu damaliger Zeit tatsächlich ein Unfall beim Geschlechtsverkehr, wenn ich das auf die heutige Terminologie zu übertragen hätte: ein Blechschaden. Ich weiß, zuweilen mit tödlichen Folgen, wie bei Nietzsche, wenn ich den Biografen glauben kann. Egon Schiele soll das Leid der Lust ebenfalls ertragen haben, wie auch der begnadete Donizetti und dessen Kollege Schumann. Natürlich kann ich nichts belegen, nichts behaupten, weil ich bei den genialen Liebeskranken nie Kranken- oder Betschwester war, aber gewiss ist: Da die Söhne der Gesellschaft die beschützten Maderln nicht außerehelich berühren durften, besuchten sie Bordelle.

Ich war zu jung damals, um die Empörung der Bourgeoisie zu verstehen, die Intrigen, Liebeleien. Ich habe allerdings später eine Zeitzeugin wiedergetroffen: Alma Schindler–Mahler-Gropius-Werfel, Werfel, der berühmte Dichter, der uns mit seinem »Das Lied von Bernadette« beglückte. Nach Gustav Mahlers Tod ehelichte sie 1915 den Architekten Walter Gropius, von dem sie sich fünf Jahre später trennte. Zwischendurch verdrehte sie Oskar Kokoschka den Kopf, er war 26, sie sieben Jahre älter. Kokoschka war in sie vernarrt, malte sie häufig und schrieb ihr um 400 Liebesbriefe. Angeblich unterbrach Alma Mahler ihre Schwangerschaft, gegen den Wunsch von Kokoschka. Ihre Liaison trieb dem Ende entgegen, und im Januar 1915 meldete sich der enttäuschte Liebhaber freiwillig zum Militärdienst. Sieben Wochen später heiratete Alma Mahler ihren Architekten. Ich kannte Alma, die später auch noch den Dichter Franz Werfel ehelichte, weil ich gemeinsam mit ihrer wunderschönen Tochter, Alma Manon, meinen ersten Wiener Ball erlebt hatte. Wir waren 19 und tanzten uns in die Gesellschaft. Wenige Monate nach unserem Ball ist sie bei einer Epidemie in Venedig an Kinderlähmung gestorben.

Alma war nahezu vier Jahrzehnte älter als ich. Eine interessante Frau, aber sie hat wahnsinnig viel getrunken. Wenn sie fliegen musste, hatte sie immer eine große Thermosflasche dabei. Das sei ihr Tee, erklärte sie den Kontrollpersonen am Flugplatz, die damals noch nicht forderten, die Zahnpastatube auszudrücken oder sich aus dem Rollstuhl zu erheben. Tatsächlich enthielt die Thermosflasche einige Ladungen »Martini«-Cocktail, Gin und Wermut. Wir lebten inzwischen in Los Angeles, aber Hollywood oder »high life« waren nicht auf meinem Programm. Zumal ich inzwischen einen zweiten Sohn erwartete und erst mal völlig Neues begann: Arbeit. Ich habe für meinen Schwager Bernhard Socken verkauft, Acrylsocken aus Schottland. Eine ganze Menge. Bernhard war sehr erfolgreich, besaß Fabriken in Wien, New York und im texanischen San Antonio. Armer Bernhard, er war zu gierig. Statt auf Elitekaufhäuser zu setzen, verhökerte er Massen von Billigware, und irgendwann verhob er sich: Alles war weg. Viele Jahre später habe ich Gregor Piattigorski kennengelernt, ein herrlicher Mann, ein Cellist, der mit einer Rothschild verheiratet war. Was ist eigentlich aus der »Stradivari« geworden, die von den

Nazis geklaut worden war, wollte ich von ihm wissen. Gefunden, zurückgegeben und inzwischen verkauft. Meine eigene Vergangenheit, die meiner Familie, sollte auch mich vor etwa einem Jahrzehnt einholen: Meine Schwester starb. Ich wurde zur Bloch-Bauer-Erbin und teilte mir den Nachlass mit den Nachkommen meiner Schwester Luise und meines Bruders. Wir sind die Erben von fünf Klimt-Gemälden, darunter ein berühmtes Werk: »Adele«.

Eine komplizierte Geschichte, so scheint es, aber letztlich doch einfach: Zwei Brüder hatten zwei Schwestern geheiratet. Der mehrfach erwähnte Ferdinand war der Bruder meines Vaters Gustav Bloch-Bauer. Adele war die Schwester meiner Mutter Therese. Und diese Adele hat den weitaus älteren Onkel Ferdinand geheiratet. Meine Tante Adele hat zu ihrem Ferdi, aus meiner Sicht, überhaupt nicht gepasst. Sie haben sich respektiert. Mehr nicht. Die Adele hat der Onkel als Geschenk für seine Schwiegereltern von Gustav Klimt malen lassen. Das Bild der Adele, halbnackt, ist wunderschön, schöner als Salomé. Ihr Gesicht war so, wie Klimt es erfasste. Hatte Klimt ein Verhältnis mit Adele? So wie mit den anderen Schönen, die er verewigte, obwohl er an Syphilis erkrankt war? Wir werden es nie erfahren.

Adele ist jung gestorben, anno 1925. Meningitis. Sie war 43 Jahre alt. Onkel Ferdinand, ihr Ehemann, hat ihr früheres Schlafzimmer im Wiener Stadt-Palais in eine Erinnerungsstätte umgewandelt – immer schöne Schnittblumen, an den Wänden Klimt-Gemälde, sonst nichts. Mein Onkel ist im März 1938 in die Tschechoslowakei geflüchtet. Er besaß dort eine prächtige Villa, so etwa im Stil des Weißen Hauses in Washington. Nicht lange konnte er sich in Sicherheit fühlen: Im März 1939 fielen Hitlers Truppen in die Tschechoslowakei ein und Ferdinand Bloch-Bauer setzte sich in die Schweiz ab. Reinhard Heydrich, der amtierende Reichsprotektor des Protektorats Böhmen, übernahm das Haus meines Onkels und lebte dort mit seiner Frau. Am 27. Mai 1942 wurde Heydrich bei einem Anschlag in Prag tödlich verletzt.

Die Nationalsozialisten haben den Besitz des Onkels geplündert, Gemälde verschleppt, von Waldmüller, Pettenkofer, Schindler. Seine enorm wertvolle Porzellansammlung, die sogar Hitler haben wollte, wurde weitgehend zerstört. Ein Museum in Wien hatte 15 oder 20 Gegenstände gekauft und sich großzügig verpflichtet, sie uns zurückzugeben – wir haben für diese Seltenheiten eine Menge Geld erhalten. Auch die Klimts wurden auf Lastwagen weggekarrt. Unsere Klimts wurden in der Österreichischen Galerie im Schloss Belvedere ausgestellt. Und alle Welt war überzeugt, dass Adele dem Museum diese Werke hinterlassen hat. Tatsächlich hat sie in einem Testament geschrieben: »Meine 2 Porträts und die 4 Landschaften von Gustav Klimt, bitte ich meinen Ehegatten nach seinem Tod der Österreichischen Staats-Galerie in Wien,

die mir gehörende ›Wiener und Jungfer Brezaner Bibliothek‹ der WienerVolks-
und Arbeiter-Bibliothek zu hinterlassen.«

Aber: Besitzer dieser Gemälde war mein Onkel Ferdinand, der im November 1945 in Zürich starb. Da die ihm von Adele geborenen drei Kinder Stunden
oder Tage nach der Geburt gestorben waren, hinterließ er seinVermögen den
Kindern seines Bruders, also meinem Bruder Poldi, meiner Schwester Luise
und mir. In anderen Worten: Weder die Stadt Wien noch der Staat Österreich
sind je die rechtmäßigen Besitzer gewesen, sondern, nach dem Tod meiner
Geschwister, ich sowie vier weitere Erben. Die Bitte der Adele war eben das:
eine Bitte und keine Verpflichtung. Es konnte keine Verpflichtung sein, weil
Onkel Ferdinand der Besitzer der Gemälde war – schon vor ihrem Tod.

Ich habe mir einen Anwalt genommen, dessen Familie ich seit Wiener
Zeiten kenne. Randol Schönberg, Enkel des Komponisten Arnold Schönberg, des Entdeckers der »Komposition von zwölf Tönen«. Ich höre, zugegeben, lieber Mozart als Schönberg (ich hätte auch lieber einen Monet statt eines
Klimts besessen), aber ich habe mich in einem Musiklexikon informiert, was
Zwölfton-Musik darstellt, nämlich »mit allen zwölf Tönen der chromatischen,
temperierten Skala«. Genauso. Einverstanden. Begriffen habe ich die Töne
immer noch nicht. Aber Schönberg sind meine Sympathien sicher, weil er in
Wien ein Freund und Bewunderer Mahlers war und in seiner »Ode an Napoleon« und der Kantate »Ein Überlebender aus Warschau« gegen Diktatur und
Unmenschlichkeit protestierte.

»Randy«, mein Anwalt, ist nicht nur der Enkel von Schönberg, sondern
auch von Erich Zeisel, der Komponist und ein Freund meines verstorbenen
Mannes war. Randys Mutter ist so alt wie mein ältester Sohn. Sie haben in Los
Angeles gemeinsam die katholische Schule besucht. Der Schönberg-Enkel ist
ein Kämpfer.Verständlich: Er kassierte 40 Prozent der Summen, die uns zugesprochen wurden. Um es ein für alle Mal klarzustellen: Ich habe es mit den
Wienern wahrlich friedlich versucht. Ich wollte eine Einigung ohne Streit. Ich
war sogar persönlich 1989 in die Hauptstadt geflogen und habe mich mit der
Bundesministerin Elisabeth Gehrer getroffen, und auch mit dem Direktor der
Österreichischen Galerie, Gerbert Frodel. Letzterer hat mit zuckersüßen Worten auf mich eingeredet:»Gnädige Frau, jetzt, wo wir allein sind, ohne Juristen,
tête à tête, kann ich Ihnen ja sagen, was uns am Herzen liegt.« Ich unterbrach
und erinnerte ihn:»Wir sind nicht allein, ich vertrete hier einen Anwalt und
mehrere Erben. Aber sagen Sie mir, was Sie auf dem Herzen haben.«»Gnädige
Frau«, vielleicht hatte er auch auf einen Gang höher,»gnädigste Frau« umge-
schaltet,»die Klimt-Landschaften benötigen wir nicht, aber lassen Sie uns bitte
die Porträts.« Später hat er behauptet, er habe nie mit mir gesprochen.

Ähnlich unglaublich verhielt sich die Bundesministerin. Ich habe eine Stunde bei ihr gesessen, wir haben geplaudert, gelacht. »Ach, bleiben Sie noch«, hat sie gemeint und später erklärt: »Ich kenne diese Dame nicht.« Ich hatte ihr damals einen Brief geschrieben: »Als letzte Bloch-Bauer möchte ich versuchen, die Adele-Porträts in Österreich zu belassen; warum versuchen wir nicht, miteinander einen Weg zu finden?« Ich war damals bereits hoch in den Siebzigern, die haben meinen Brief gar nicht beantwortet. Im Jahr 2000 habe ich gegen Österreich vor dem US-District Court in Kalifornien geklagt. Erst die 2004 gefällte Entscheidung des amerikanischen Supreme Court, des obersten Gerichts der Nation, wonach ich gegen die Wiener vor einem US-Gericht auf Herausgabe der »Klimts« klagen könnte, brachte die Österreicher in Bewegung. Im Mai 2005 reiste ein Geschichtsprofessor aus Graz, Dieter Binder, an. Er sollte einen Schlichtungsversuch einleiten, und er war total nett, die gute Art Österreichs. Drei österreichische Juristen, ein Anwalt, zwei Uniprofessoren, so die Einigung, würden die Entscheidungen – ohne Recht auf Berufung – fällen: Würden die Bilder Adele Bloch-Bauer I, Adele Bloch-Bauer II, Apfelbaum I, Buchenwald/Birkenwald und Häuser in Unterach am Attersee in Wien bleiben oder zu den Erben gehen? Als wir nach dieser Vereinbarung die Stiegen hinuntergegangen sind, habe ich meinem Anwalt meine Skepsis offenbart: »Randy, um Gottes willen, drei Österreicher, das ist doch völlig hoffnungslos.« Er antwortete: »Ein Prozess in L.A. hätte Schlagzeilen bewirkt. Womöglich hätte sich das Verfahren, mit unglaublichen Kosten, über Wochen hingeschleppt. Und wenn wir gewonnen hätten, was dann? Eine Berufung nach der anderen, über Jahre. Und du würdest in deinem Leben keinen Cent zu sehen bekommen.«

Er natürlich auch nicht, das aber ist eine andere Sache. Jetzt, so sagte er, wissen wir sehr bald, wer die Klimts erbt – die oder wir. Die Richter, Österreicher, betone ich, dokumentierten Unbefangenheit und Unabhängigkeit – sie entschieden im Januar 2006 für die Erben. In Wien haben die Museumsdirektoren die Klimt-Bilder nach dem Entscheid abgehängt. Der Sohn der Kosmetikkonzern-Gründerin Estée Lauder, Ronald, der von 1986 bis 1987 US-Botschafter in Wien war, sicherte sich im Juni 2006 »Adele« für sein Museum auf Manhattans East Side, die »Neue Galerie«, für etwa 135 Millionen Dollar. Die »Adele II« sowie die drei Landschaftsgemälde wurden von »Christie's« in New York versteigert, für rund 192,5 Millionen Dollar insgesamt. Drei der Gemälde wurden von Käufern telefonisch ersteigert – Identität unbekannt.

Frederic Prinz von Anhalt durfte sich der Rheinländer Hans Robert Lichtenberg nennen, nachdem er die verarmte Adelige Maria Auguste von Anhalt mit einer Rente über Wasser gehalten hatte und von der dankbaren alten Dame 1980 adoptiert worden war. In bürgerlichen Zeiten hatte der 1942 geborene Quereinsteiger einige Sauna- und Badeanlagen betrieben; nunmehr im Adelsstand, erschien es ihm als die Krönung, eine reiche Frau zu heiraten. Frederic hob ab nach Amerika und landete dort in den geübten Armen der Hollywood-Attraktion Zsa Zsa Gabor – die bereits sieben Ehemänner mit beträchtlichem Zugewinn hinter sich gelassen hatte. In ihrer mehr als zwanzigjährigen Ehe beschäftigten beide die Boulevardpresse. Letzthin machte der Prinz Schlagzeilen, weil er sich in den Medien, voreilig, als Vater jenes Kindes ausgab, das die umtriebige Society-Lady Anna Nicole Smith fünf Monate vor ihrem Tod gebar. Der Prinz ist mit den Amerikanern überhaupt nicht einverstanden. Er sagt das direkt: »Meinungsfreiheit? Wer hier ein falsches Wort sagt, wird verklagt.« *Und von den Anwälten ausgeraubt. Oder:* »Sozial denken? Was ist das denn?« *Das Land sei in einem kläglichen Zustand, glaubt er. Und wenn die Amis mal über die Deutschen reden und dabei auf den Holocaust kommen, dann rechnet der Prinz von Anhalt dies einfach mit der Ausrottung der Indianer auf. Im Laufe der Jahre ist es ruhiger geworden in der 38-Zimmer-Villa, in den Hügeln der Superreichen von* l.a. *Ehefrau Zsa Zsa sitzt nach einem Autounfall im Rollstuhl, nur ab und zu kommt Besuch vorbei, Nancy Reagan oder Liz Taylor. Hoheit langweilt sich sehr. Eins weiß er: Wenn seine Frau vor ihm sterben sollte, geht er endlich zurück nach Deutschland –* »am nächsten Tag«, *sagt er.*

Frederic Prinz von Anhalt

»Ohne einen Faden Humor und ohne Gelassenheit«

Für mich war die Fahrt mit dem Rosenmontagszug immer das Größte in meinem Leben, gleich ob »D'r Zog« in Düsseldorf kütt oder die Jecken in Kölsch riefen »Los mer singen«. Du stehst auf einem der 50, 60 Wagen, die vier Stunden brauchen, um sechs oder sieben Kilometer zurückzulegen, und eine Million Menschen jubeln dir zu, auf der Königsallee in Düsseldorf oder in Köln, am Chlodwigsplatz. Ich kenne Leute, die würden 100 000 Euro für ein solches Erlebnis zahlen, und ich könnte es kostenlos haben. Aber: Ich kann Los Angeles nicht verlassen, nur weil die Prinzengarde tanzt – Prinz bin ich selbst.

Meine Frau sitzt seit einem Autounfall 2002 und einem Schlaganfall etwa drei Jahre später im Rollstuhl. Ihr rechter Arm, ihr rechtes Bein sind gelähmt, zu 70 Prozent. Zsa Zsa Gabor, einst Glamour-Star Hollywoods, wird sich bis ans Ende ihrer Tage derart fortbewegen müssen. Geistig ist sie voll drauf. Gelegentlich ist sie deprimiert, vor allem wenn sie im Fernsehen Hollywoods Glanz sieht, die »Oscars« oder »Golden Globe Awards«. Sie war immer ein Ehrengast bei solchen Veranstaltungen, obwohl keiner ihrer 18 Filme sie in die »Oscar«-Kategorie gerückt hat. Aber sie symbolisierte die Lust am Leben, Lust auf Männer. Sie hatte Charme, Witz und »Chuzpe«. Nun hängen die Abendkleider im Schrank, ungenutzt. Zuweilen weint Zsa Zsa wegen ihres Gebrechens, wohl auch, weil nun ihre Diamanten nicht mehr unter den Scheinwerfern glitzern. Ich versuche, sie zu trösten: »Das musst du dir nicht mehr antun, das haben wir 100 Mal erlebt.«

Wir sind jetzt mehr als zwei Jahrzehnte verheiratet, ein Rekord. Meist trat sie ihren Ehemännern nach zwei, drei Jahren in den Hintern. Wir haben Höhen und Tiefen durchgestanden, mehr Höhen. Heute braucht sie mich – die Karnevalszüge und Funkenmariechen müssen warten. Doch damit das klar ist: Falls meine Frau vor mir sterben sollte, ich bin Jahrgang 1942, sie 1917, fliege ich am nächsten Tag nach Deutschland. Die Amerikaner nerven mich mit ihrem God's own country, mit ihrer Einfalt. Mir fehlen die vier Jahreszeiten, ein gewisser Lebensstil. Die Show-Master bei den »Oscars« sehen zuweilen aus, als seien sie gerade von einer Beerdigung gekommen – ungebügeltes Hemd, schwarze Krawatte; und die Stars, wie walzen die über den roten Teppich – einige haben Abendkleider an, die würde man in Deutschland als Vorhänge verwenden.

Das sind keine oberflächlichen Beobachtungen. Die US-Gesellschaft ist schizophren: Sie ist überzeugt, globale Trends zu setzen. »We are the land of the free.« Von welcher Freiheit reden die? Meinungsfreiheit? Wer hier ein falsches

Wort sagt, wird verklagt. Über Nacht ist das Geld, für das man ein Leben lang gearbeitet hat, verschwunden, überwiesen an die Anwälte, an die Kläger. Der Beverly-Hills-Friseur, der meine Frau im Rolls-Royce an einen Laternenpfahl knallte, ist zu fünf Millionen Dollar Schadensersatz verurteilt worden. Die Versicherungen wollen nicht bezahlen, also weitere Klagen. Hohe Kosten. Welcher US-Bürger kann sich solche Verfahren leisten, die teuren Anwälte? Polizeistaat Deutschland, wie einige Linke behaupten? Ich empfehle einen Besuch in L.A., eine Begegnung mit einem Polizisten. Macht, seine absolute Macht, spielt er aus und im Zweifel wird geprügelt und geschossen. 1989 wurde meine Frau von einem Beverly-Hills-Cop gestoppt. Er ist verbal aggressiv geworden, und sie hat ihm dafür eine Ohrfeige gegeben. Wegen dieser Tätlichkeit, die der Polizist (behaupte ich einfach mal) provoziert hatte, wurde sie zu drei Tagen Gefängnis und 100 000 Dollar Bußgeld verurteilt. Natürlich, der Cop hätte sie auch erschießen können. Die ziehen die Knarre, halten drauf. Fertig. Notwehr. Und wahrscheinlich wäre er freigesprochen worden, schon aus Neid der Geschworenen – Adresse: Bel Air, Freundin: Nancy Reagan, Witwe des Präsidenten. Rolls-Royce-Fahrerin. Ehemann: Prinz von Anhalt. Ein Deutscher. Auch das noch.

Vergessen wir doch auch dieses Bild von Amerika, dem Land der unbegrenzten Möglichkeiten. Ich weiß nicht, wer diesen Satz erfunden hat, er trifft einfach nicht zu. Sicher, die Geschichten »vom Tellerwäscher zum Millionär«, die hat es gegeben, so wie es Lottogewinne gibt. Das Land der unbegrenzten Möglichkeiten, das ist Europa: Jeder kann einreisen, der Staat versorgt die Fremden mit Wohnung und Sozialfürsorge. Das ist das Paradies. In Kalifornien (und anderswo in den USA) sind Menschen Menschen, solange sie produzieren oder konsumieren können. Wehe denen, die ihre Kraft oder den Job verlieren, ihr Selbstbewusstsein, die sich in Alkohol ertränken oder sich mit Rauschgift betäuben wollen, wehe denen, die krank sind und keine Versicherung bezahlen können – vergessen. Wehe denen, die mit ihren Hypothekenzahlungen in Rückstand geraten.

Ich sitze oft im »Starbucks«, einem dieser Mega-Coffeeshops. Am Bürgersteig stehen zwei Mülltonnen. In der halben Stunde, in der ich dort hocke, wühlen mindestens drei Leute in den Mülltonnen und holen sich die weggeworfenen Sandwichs aus dem Dreck. 50 Amis sehen zu, keiner reagiert. Wenn die Penner bei mir vorbeikommen, ich sitze meist vorn, gebe ich ihnen fünf Dollar. Solche Gesten sind Amis unbegreiflich, einen Verlierer auch noch belohnen? Wir wissen von den vielen Vietnam-Kriegsveteranen, die, von Drogen gepackt, in den Straßen downtown herumirren, wir wissen von den psychisch Gestörten, die unter Parkbänken pennen, seit der damalige Gouverneur von Kalifornien, Ronald Reagan, die psychiatrischen Krankenhäuser schließen ließ; verdrängt wird, dass manche dieser Obdachlosen heute 25, 30, 35 Jahre alt und schon jetzt verloren sind. Sozial denken? Was ist das denn? Auf dieser Welt, behaupte ich, existiert kein ähnlich überentwickeltes Land wie Amerika, wo so viel aus dem Müll gegessen wird. Hast du nichts – dann krepier doch! Wer die Miete nicht zahlt, kommt abends nach Hause und das Schloss ist ausgewechselt, die Möbel stehen auf der Straße. Keine Behörde hilft. Was bleibt: Diebstahl. Erst Beschaffungskriminalität und dann die Eskalation. Am Ende schreckt die Zuchthausstrafe nicht mehr – eine warme Zelle, regelmäßige Mahlzeiten, sogar medizinische Betreuung, wie miserabel sie auch sein mag. Bevor ich mir den Arsch auf der Straße abfriere, aus der Mülltonne fresse, akzeptiere ich den Freiheitsentzug. Das ist die Logik einer Nation, die im Irak annähernd eine Billion Dollar hinauspustete, damit die Araber so werden wie Amerikaner, einschließlich Fraß aus der Mülltonne. Damit ist der Irak-Konflikt nach dem Zweiten Weltkrieg der teuerste Krieg in der Geschichte der USA.

Die USA haben mich in meinen frühen Jahren fasziniert. Meine Vorstellung beschränkte sich auf Klischees: ein Land der »rich and famous«. Hollywood, Disneyland; der Dollar, der auf den Bäumen wächst. Ich bin im Rheinland geboren, als Hans Robert Lichtenberg. Wallenhausen. Ein Dorf. Weingüter überall. Aber Winzer wollte ich nicht werden, und auch nicht Kriminalbeamter wie mein Vater. Wir waren fünf Kinder. Einer meiner Brüder hat das Weingut übernommen. Zwei besitzen Hotels, einer ist Fabrikant.

Ich wollte schon als Jugendlicher in die Großstadt, nach München beispielsweise, und das schnelle Geld machen. In den Siebzigerjahren habe ich mit Sauna- und Badebetrieben, acht insgesamt, schön verdient. Nach sechs Jahren Dampfbad aber wollte ich doch mehr vom Leben, gesellschaftliche Anerkennung zum Beispiel. Was tun? Ich musste einen Titel haben, Hochadel. Ich wollte keine Prinzessin heiraten, den Namen wollte ich selbst besitzen – Prinz, Fürst, Hoheit, Lord, wie auch immer. Die Deutschen, ach, nicht nur die, ergötzen sich an Klatschgeschichten über den Adel, vor allem wenn ein Prinz, wie der niedersächsische August, an eine Messehalle pinkelt. Viele dieser hoheitlichen Gestalten und ihre Gefolgschaft sind verarmt, gleichwohl dienert das Volk vor ihnen. Wie ist das zu erklären?

Maria Auguste von Anhalt habe ich in Essen aufgespürt, wo sie 1983 gestorben ist. Sie hat, wenn ich mich recht erinnere, den sechsten Sohn des Kaisers Wilhelm geheiratet, der mit eben 35 Jahren, anno 1925, das irdische Dasein aufgab. Die Prinzessin lebte in kleinen Verhältnissen und brauchte Unterstützung. Ich habe ihr eine Rente gezahlt, und sie hat mich 1980 adoptiert – aus Hans Robert wurde Frederic, statt Lichtenberg konnte ich nun als von Anhalt unterschreiben. Natürlich war mir bewusst, den Titel würde ich nie vererben können, allenfalls den Namen. Meine Familie war skeptisch ob dieser Idee, ich habe denen erklärt: Das ist Business, nichts anderes. Und das sollte es sein – ich konnte mich besser vermarkten, nun hatte ich ein Krönchen und das Krönchen würde ein Werkzeug sein, weiter nach oben zu kommen. Die da oben, der Hochadel, tobten. Ein Saunabesitzer a. D., nun ein Prinz, Durchlaucht oder Hoheit, wie auch immer, shocking! Theater war's, was die verarmten – und deshalb verbitterten – hochnäsigen, bleichen Fürsten, Grafen, Prinzen aufführten. Sie haben mich abgelehnt, gehasst, und Boulevard-Journalisten haben sich als Diener missbrauchen lassen, auf mir rumgetrampelt. Die Reaktion hat mir gezeigt, wie simpel die Gesellschaft und ihre Reporter gestrickt sind: ohne einen Faden Humor und ohne jede Gelassenheit.

Ich habe mir geschworen: Jetzt setzt du noch einen drauf: Du angelst dir eine Hollywood-Schönheit. Ein Schock wird das für die Boulevard-Reporter sein, die daheim in einer Neubauwohnung Flaschenbier auf dem Balkon lagern und nach der Tagesschau mit ihrer Frau Mensch-ärgere-dich-nicht spielen. Meine erste USA-Reise also hatte für mich nichts mit Ferien zu tun, es war Arbeitseinsatz. Einsatzort: Beverly Hills, Bel Air, Pacific Palisades. Ziel: Frau. Reich. Berühmt. Ich habe mir ein kleines Motel gesucht, am Sunset: pro Nacht 17 Dollar. Ich habe die Klatschblätter studiert, mir die Namen der Society-Lokale notiert und bin mit der »Celebrity«-Bustour an den Villen vorbeigefahren, in denen Stars lebten oder ihre Witwen, die Geliebten, Produzenten, Komponisten, Basketball-Stars, arabischen Scheichs, Regisseure und Erben.

Ich habe die Hotels ausgespäht, die berühmte »Polo Lounge« des »Beverly Hills«-Hotels beispielsweise, das »Bel Air« und auch das »Beverly Hilton«, das mich besonders interessierte, weil Stars im »Trader's Vic«-Restaurant dinierten und im Ballsaal so manches Gala-Fest zelebriert wurde. Nach zwei Wochen im Motel am »Sunset« bin ich im Toyota-Leihwagen von »Budget« vorgefahren, 15 Dollar pro Tag. Ich, der Prinz aus Germany, wartete im Toyota auf einen der uniformierten Türsteher oder Kofferträger – niemand kam. Da ich ein Mann schneller Erkenntnisse und Entscheidungen bin, habe ich – umgehend – reagiert. Wieder zur »Budget«-Niederlassung Beverly Hills, Toyota gegen Rolls-Royce eingetauscht. Erneut Ankunft vorm Hilton. Alle Türen flogen auf, obwohl ich allein in der Luxuskarre hockte. Langsam habe ich gemerkt, wie das abläuft. Je mehr Trinkgelder ich verteilte, desto hilfsbereiter wurde das Personal – übrigens nicht nur im Hilton. Nach einigen Schmiergelder-Tagen hatte ich Kontakt zu dem Concierge, einem Schweizer. Der kannte sich aus mit den Mächtigen dieser Gemeinde. Er wusste, wer die üppigen Partys warf, auf denen sich die Hollywood-High-Society versammelte.

Bei Sidney Sheldon etwa, dem Bestseller-Autoren, der von 15 Werken wie »Zorn der Engel«, »Im Schatten der Nacht« oder »Die Mühlen Gottes« weltweit 300 Millionen Exemplare absetzte und unglaublich wohlhabend geworden ist. Am Thanksgiving Day, dem Erntedankfest Ende November, informierte mich der Schweizer, sei bei Sheldon die Hollywood-Elite zu Gast. Ich war nicht eingeladen, doch pünktlich fuhr ich in meinem Rolls-Royce vor; ich trug Uniform, Zweispitz, Orden. Der Gentleman vom Protokoll war irritiert. Er fand zwar die Namen von Frank Sinatra und Kirk Douglas auf der Einladungsliste, aber keinen Prinzen von Anhalt. So sorry, Your Highness, wie peinlich für uns; ich vergab ihm seine Schuld und marschierte in die Villa. Ich habe geblufft. Und später immer wieder. Ich bin zu einer Bluff-Maschine geworden. Ich habe mir in der ersten Zeit immer eingeredet: Es muss doch irgendwo noch einen Echten geben, einen, der die Wahrheit sagt, der das, was er sagt, auch meint. Wie sieht das in der Wirklichkeit aus?

Freundliches Gespräch beim Dinner. Ein Mann vom Film. Mächtig. Er verspricht das Blaue vom Himmel. Am nächsten Tag rufe ich ihn, wie vereinbart, an. Zwei Varianten sind nun wahrscheinlich: a) Der Mann ist nicht zu erreichen. b) Er nimmt meinen Anruf entgegen, kann sich aber an nichts mehr erinnern. Die Mehrheit dieser Dinner-Gäste sind Small-Talk-Maschinen. Sie quatschen sich durch den Abend, schlürfen ihren »Château Lafite-Rothschild Pauillac« oder einen »Chambertin« aus dem Burgund und anschließend löschen sie Geist und Erinnerung. Am folgenden Abend nämlich sitzen sie bei einem anderen Gastgeber am Tisch und wiederholen den Text vom Vortag. Die Amerikaner sind »believers«, die glauben alles. Hauptsache: Die vorgetragene Geschichte klingt gut, ist faszinierend und unheimlich viel Geld spielt darin eine Rolle. Wie das Theater um Anna Nicole Smith, mit der ich über Jahre auf Tuchfühlung war, so kann man sagen – ohne Tuch ist wahrscheinlich zutreffender.

Wieder Beleidigungen, Unterstellungen im Fernsehen. Die Amis bluffen wie beim Poker. Ich hätte das nie geglaubt. Sie haben Angst, Angst ist ihr Schatten, Angst belastet ihr Gewissen, beeinflusst ihre Entscheidungen: Bloß keinen Fehler machen, denkt die Verkäuferin, kein böses Wort, redet sich der Kellner ein, dem der Gast das dritte Mal den Wein zurückgibt, weil er ihn »verkorkt« glaubt, kein Ärger mit Mr Sheldon, wegen des Prinzen, der nicht auf der Gästeliste steht. Womöglich ist das ein Verwandter der Queen of England. Kaum stand ich bei Sheldon in der Halle, kam Zsa Zsa Gabor auf mich zu. Sie stammt aus einer ungarischen Juweliersfamilie, wahrscheinlich hatte sie meine Orden entdeckt, gold- und silberumrahmt und den Wert des Ordenträgers sogleich eingeschätzt. Sie sprach Deutsch mit mir, nachdem ich mich als Frederic, the Prince of Anhalt, from Germany, vorgestellt hatte. Sie fragte nur: »Wo sind

Sie abgestiegen, Hoheit?« Beverly Hilton. Das reichte wohl schon, schwupps, stand sie in einer anderen Gruppe. Sie lachte – aber ich hatte meinen ersten Kontakt zu Hollywood. Den mit Gastgeber Sheldon (der im Januar 2007 gestorben ist) wollte ich vermeiden, denn der würde wissen, dass zumindest er mich nicht eingeladen hatte. Ich blieb nur zehn Minuten auf der Thanksgiving-Party und verzichtete sogar auf den traditionellen Truthahnbraten.

Am nächsten Morgen stand eine Limousine mit Chauffeur vor dem Beverly Hilton: Zsa Zsa Gabor lasse bitten. Sie wusste, was sich gehört, einem Prinzen schickt man die Limousine. Der Chauffeur fuhr mich nach Bel Air, vorbei an pompösen Villen, vor dem Börsen- und Immobilien-Crash allesamt pro Haus mindestens 10 Millionen Dollar wert. Kurz geschorene Rasenflächen, Zypressen, Palmen, Rosenhecken; kein Mensch auf der Straße. Private Polizeieinheiten. Zsa Zsa hatte im »Bistro Garden« bestellen lassen. Ein Society-Restaurant, vor allem von Frauen besucht – Hüte wie beim Derby in Ascot, Taschen von Hermès, Kleider von Pucci, Chanel, Gucci, Dior, Yves Saint Laurent.

Für diese Frau, das spürte ich, war ich eine Trophäe. Ein echter Prinz, zumindest keine Filmfigur. Sie schleppte mich von Tisch zu Tisch, zu verwelkten Schönheiten, zu den Gelifteten. Allesamt im Trost vereint ob der Gewissheit, dass ihre Männer Milliardäre sind, zumindest Multimillionäre. Zsa Zsa hat mich hochgejubelt. Sie hatte Erfahrung, wie man das macht. Kein Wunder, nach insgesamt sieben offiziellen Ehen – mit einem Türken, bereits 1937, mit dem Hotelerben Conrad Hilton (1942 bis 1946), mit Schauspielern, Öl-Erben, Erfindern, Finanziers und last, not least – mit einem deutschen Prinzen. Sie hat mit ihrer Schönheit gedealt, mit ihrem Charme, Witz, ihrer Frechheit und Vitalität. Weder sie noch ihre Schwestern Eva und Magda haben vorgegeben, große Schauspielerkarrieren anzustreben. Zsa Zsa war pragmatisch: Sie wollte keinen »Oscar«, allenfalls einen Milliardär, der auf Oscar getauft war.

Ich ahnte, welches Spielchen sie mit mir spielte, weil ich mit ihr dasselbe machte: Sie wollte einen Prinzen, ich wollte einen Glamour-Star – Titel gegen Ruhm, ein ehrliches Geschäft. Nach zwei Wochen Zsa Zsa bin ich auf sechs Monate wieder nach Deutschland zurückgekehrt; ich habe Abstand bewahrt, bewusst. Prinzen biedern sich nicht an, Prinzen lassen bitten. Sie hat mich nie gefragt, ob ich ein Schloss besitze, eine Burg oder einen 17 Meter langen Esstisch aus Eiche. Sie wollte kein Schloss (musste sie auch nicht haben, denn so mancher Ehemann hatte ihr ein Anwesen als Scheidungsabfindung hinterlassen), sie wollte – wenigstens symbolisch – die Krone, vor allem aber einen Prinzen. Welche von ihren Freundinnen konnte so einen vorweisen? Sie war mit Johannes von Thurn und Taxis befreundet und war auch auf seinem Schloss St. Emmeran in Regensburg eingeladen gewesen, kannte das Adels-Spiel, die

Eitelkeiten, die Eifersüchteleien. Sie wollte einen Titel auf Biegen und Brechen, und dieser Deutsche – that was it.

1986 war ein dramatisches Jahr für mich – einmal mehr war ich aus L.A. nach München zurückgekehrt. In einer »Wetten dass ...?«-Sendung lernte ich Csilla Molnár kennen, die im Oktober 1985 in Budapest zur Miss Ungarn gekürt wurde. Ein schönes Wesen. Ich habe mit ihr eine sexuelle Beziehung begonnen, sie hier und dort besucht, auch in Budapest. Sie war 17. Ich wusste nicht, wie alt sie war. Ich habe nie gefragt. Sie hat es mir nie verraten. Im Juli 1986 hat sie Selbstmord verübt. Der Schuldige, für die Medien, war ich, der ältere Verführer, der ein Kind in den Tod getrieben hat. Kein Reporter recherchierte, ob sie vielleicht depressiv geworden ist, weil sie bei den »Miss Europa«-Wahlen angeblich verschoben worden ist und nur Dritte wurde. Oder ob sie womöglich krank war, psychisch. Nein, ich war der Täter. Da die US-Presse von meiner Beziehung zu Zsa Zsa wusste, haben sich Klatsch- und Enthüllungsblätter des Themas angenommen – böse. Die Reporter haben bei Zsa Zsa angerufen, kein Kommentar. Allerdings kam auch kein Anruf mehr von ihr nach Deutschland. Ich war belagert, eingekesselt von Reportern. Es gab gehässige Kommentare, erfundene Zitate wie bei dem Vaterschafts-Gezerre um Anna Nicoles Tochter Dannielynn. Grässlich!

Ich bin damals nach L.A. geflogen und habe mich wieder im Beverly Hilton eingebucht; bei Zsa Zsa hatte ich mich nicht gemeldet. Ich hatte Schiss vor ihrer Reaktion. Morgens plötzlich ein Anruf: Ein Hotelangestellter muss ihr meine Ankunft signalisiert haben. Kein Wort von der Selbstmord-Geschichte, kein Vorwurf, nur die Frage: »Warum hast du dich nicht gemeldet?« Morgen, sagte sie mir, »hat Elizabeth Taylor zu einer gigantischen Aids-Party eingeladen, 2000 Gäste. Du musst mich begleiten.« »Ich habe keinen Smoking mitgebracht.« »Ich schicke dir einen Schneider.« Am 4. Juni, an meinem Geburtstag, sind wir dann wieder zusammen aufgetreten, der Prinz und die Hollywood-Schöne. Und da kam eine TV-Reporterin und wollte von Zsa Zsa nichts über »Aids« wissen, sondern fragte, wann denn die Verlobung mit ihrem Prinzen anstehe? Und Zsa Zsa antwortete: »Sehr bald.« Ich war erst mal schockiert, durfte aber auch antworten: »Ich überlasse die Entscheidung meiner Partnerin.« Diplomatischer ging das nicht.

In der Limousine fragte ich Zsa Zsa: »Wie hast du das gemeint, Verlobung und sehr bald? Verlobungstermine, Hochzeit, das ist doch nicht wie im Schach, wo man schweigt und Figuren schiebt. Müssen wir darüber nicht erst einmal reden?« »Das haben wir soeben getan.« Knallhart. In einigen Wochen wollte ich zurück nach München reisen. Noch eine Überraschung: »Du kannst jetzt nicht weg; ich habe mit meinem Anwalt gesprochen und der bereitet die Papiere vor.«»Welche Papiere bitte?«»Im August werden wir heiraten.«»Heiraten. Jetzt? So schnell«, habe ich protestiert,»muss das doch nicht sein.«»Wenn du abreist«, kam ungerührt die Antwort,»kannst du deine Rückkehr vergessen.« Das war also richtiger Druck. Sie wusste, was sie wollte. Ihren Prinzen. Was habe ich zu verlieren, dachte ich. Sie hat die Ehe gewollt, sich nicht irritieren lassen. Sie hat mir nie verraten, welchen ihrer Ehemänner sie als besonders männlich empfunden hat – alle waren gut. Sonst hätte sie die nicht geheiratet, war ihr Argument. Sie hat den Männern immer einen Tritt in den Hintern gegeben, und ich musste mich darauf einstellen, irgendwann auch ein Tritt-Opfer zu werden. Das erste Jahr war heile Welt. Selbst wenn sie Unrecht hatte, habe ich ihr recht gegeben. Irgendwann habe ich mich gefragt: Was treibst du hier eigentlich? Willst du Pantoffelheld werden wie diese Amis? Die Society-Typen sind so unglaublich höflich, so überhöflich zu ihren Frauen, dass es die Grenzen zum Schwachsinn erreicht. Amerikanische Frauen lieben es, wenn die Männer ihnen die Türen aufreißen, die Stühle rücken, aufstehen, wenn sie den Raum betreten. Dieses unterwürfige Theater habe ich nach und nach aufgegeben und mich wieder auf mich selbst besonnen, meine Meinung geäußert, mich nicht angepasst, nur um gut anzukommen. Zsa Zsa hat das gefallen, zuweilen auch nicht. Dann kamen die Teller geflogen. Aus einer Richtung – aus ihrer. Die hat mich wirklich auf Trab gehalten.

Die Ranch im Simi Valley, 58 Pferde, darunter 12 Polopferde, sieben Hunde, Schäferhunde – das gehörte alles zu meinen Pflichten. Um fünf Uhr morgens stand ich auf, schwamm einige Bahnen im Pool, danach fuhr ich mit meinen Hunden auf die Ranch. Als Zsa Zsa noch gesund war, war jeder Tag ausgeplant, die Ranch, das Haus, Partys. Ich war froh, wenn ich abends ins Bett fallen durfte, meist total erschöpft. Die Dinner waren für mich häufig unerträglich. Gespräche kreisen um Vermögen und das Wetter und das Aussehen. Und wenn ein Thema zu einem Streitgespräch wird, zwischen einem Amerikaner und einem Deutschen, und der Amerikaner nicht mehr weiterkommt mit seinen Argumenten, dann schaltet er auf die Nazizeit zurück.

Man muss nicht Atomphysiker sein, um die Absicht zu erkennen: Jetzt muss der Deutsche behutsamer diskutieren. Selbst diejenigen aus der»Beverly Hills«- oder»Bel Air«-Society, die Europa bereist haben, erwähnen in ihren Erzählungen zwar Prag und Paris, London oder Monte Carlo, aber nie Hamburg oder München. Die Wahrheit: Deutschland ist für die immer noch eine Art Feindesland. Ich erinnere mich an ein Dinner bei Stanley Black – wir waren die Ehrengäste. Black, ein Immobilienmilliardär, reist oft nach Europa, vor allem London. Ich habe ihm in dem Gespräch geraten, auch mal Deutschland zu besuchen, weil es wahnsinnig viel Schönes zu sehen gäbe.»Das Einzige, was ich an Deutschland liebe«, antwortete er, »ist mein Mercedes.« Ich wollte aufstehen, gehen, meine Frau hielt mich zurück. Für mich war das, was sich in Deutschland zur Nazizeit abgespielt hat, ein unglaubliches Verbrechen. Ich akzeptiere, dass sich Amerikaner bis heute darüber empören. Interessant wird es allerdings in solchen Diskussionen, wenn ich von meinen US-Gesprächspartnern wissen will: »Kennst du die US-Geschichte ein wenig?«»Natürlich.« »Dann verrate mir, wie viele Indianer in eurer Nation ermordet worden sind.« »Einige Hunderttausend.«»Hunderttausende? Millionen.«»Du bist verrückt«, heißt es dann, »niemals.«»Die Schätzungen«, argumentiere ich, »gehen bis zu zehn, zwanzig Millionen. Ihr habt die Indianer nicht nur dezimiert, sondern bis heute in Lager verbannt.« Kein Wort mehr. Sie stehen auf, gehen, ohne sich zu verabschieden. Zsa Zsa hat es irritiert, wenn ich in Rage kam, aber warum soll ich nicht die Wahrheit sagen? Meine Frau hat jüdische Familienmitglieder im KZ verloren, hat Zugang zum Leid des jüdischen Volkes. Mich haben ihre jüdischen Freunde akzeptiert, weil ich ihr Ehemann bin – sonst stehen Deutsche in Beverly Hills weiterhin vor verschlossenen Türen. Natürlich nicht vor allen, aber die grundsätzliche Ablehnung ist nicht zu verleugnen.

Die Einladungen, die wir Jahr für Jahr erhalten haben, sind weniger geworden. Zsa Zsa ist gebrechlich, kein Glamour-Girl mehr, sondern eine Witwe des Lebens. Nancy Reagan besucht uns gelegentlich, auch Elizabeth Taylor ist treu geblieben. Für die Society ist Zsa Zsa zur Null-Nummer geworden. Sie ist nicht mehr nützlich. Man konnte über sie so wunderschön nach den Dinners klatschen, über ihre Ehen oder Affären, etwa mit dem Playboy Porfirio Rubirosa, ihre juristischen Streitereien mit ihrer Tochter Francesca, ihre Ehe mit dem Prinzen, mit dem sie etwa so lange verheiratet ist wie mit all den Vorgängern insgesamt. Sie können sich über meine Affäre mit der leider tragisch verstorbenen Anna Nicole ereifern – meine Frau hat mir die Geschichte vergeben. Oder sie können sich daran ergötzen, dass Zsa Zsa dem Börsenmakler Madoff in New York vertraute, der seine Kunden um 64 Milliarden Dollar prellte – sieben von Zsa Zsas Millionen sind ebenfalls futsch, vielleicht sogar zehn.

Zu unseren Nachbarn zählte Quincy Jones, der begnadete Musiker, der sein Haus inzwischen für 5,4 Millionen Dollar verkaufte, und auch der Finanzier Kirk Kerkorian, bis zum Crash zumindest einer der reichsten Männer der Welt. Auf dem Grundstück unter uns hat sich ein Araber eingekauft, soweit ich weiß, ein Sohn des Saudi-Königs Faisal. Aber das sind Nachbarn, bestenfalls Bekannte. Freunde sind selten. Amerikaner verwechseln ohnehin häufig Freundschaften mit Interessen. Wenn's den Berg runtergeht, finanziell, dann verdunsten sich die sogenannten Freunde wie Nebel, den die Sonne Kaliforniens weggebrannt hat. In diesem Land sind nur die Sieger Helden.

Andreas von Bechtolsheim zählt zu den Menschen, die unsere Welt verändert haben. Vom kalifornischen Silicon Valley aus verhalf der Ingenieur und Informatiker, der 1955 auf einem Bauernhof nahe des bayerischen Ammersees geboren wurde, der Branche zu wahren Triumphen und wurde dabei ein sehr erfolgreicher Venture Kapitalist. Schon in der Schule erwies er sich als ein hochbegabter Tüftler. Er entwickelte bereits mit 16 Jahren Mikrocomputer für Industrie-Steuerungen, mit 18 gewann er im Wettbewerb »Jugend forscht«. Mit 19 ging er zum Computer-Studium in die USA und erkannte an seiner ersten Uni, der »Carnegie Mellon« in Pittsburgh (Pennsylvanien): »So sollten deutsche Universitäten ihre Ausbildung gestalten.« Andy, wie ihn die Amis nennen, war nicht mehr aufzuhalten: 1977 bekam er einen Doktorandenplatz an der kalifornischen Stanford-Universität und etablierte sich im Silicon Valley, dem einzigartigen Forschungszentrum für alles, was mit der elektronischen Ausstattung des Erdballs zu tun hat. Gemeinsam mit drei Studienkollegen gründete er noch als Student die Firma Sun Microsystems, nach seinem »Stanford University Network«-Projekt benannt, die sich auf die Entwicklung von Mikroprozessor-Rechnern spezialisierte. Die neue Firma »Sun« wurde in den Neunzigerjahren ein führendes Unternehmen in der Computerbranche mit über 10 Milliarden Dollar Umsatz. Im Jahr 1998 beteiligte er sich als Risikokapitalist mit einem 100 000-Dollar-Scheck an der neuen Firma Google, die zu einem globalen Phänomen geworden ist. Zur Erfolgsgeschichte gehört wohl auch der immense Fleiß, der den Lehrersohn umtreibt. Der Tag, so beklagt er sich, müsse eigentlich 48 Stunden haben, denn 24 Stunden sind für ihn einfach nicht genug.

Andreas von Bechtolsheim

»Ich wollte die Wunder dieser Welt verstehen«

Ein Genie ist ein Mensch, der einen doppelten Intellekt hat: den einen für sich, zum Dienste seines Willens, und den anderen für die Welt, deren Spiegel er wird, indem er sie rein objektiv erfasst.

(Arthur Schopenhauer)

Ich bin kein Genie. Was ich in meinem Leben erreichte, hatte mit viel Arbeit und manchmal auch etwas Glück zu tun, aber zugleich war es so interessant und spannend, dass es für mich eigentlich keine Arbeit war.

Schon im Alter von vier Jahren war ich von der Technik fasziniert und wollte verstehen, wie die Welt funktioniert. Wieso zeigt ein Kompass mit unsichtbarer Kraft immer nach Norden? Wieso leuchtet ein Phosphorpapier, das man mit der Taschenlampe aufgeladen hat, im dunklen Zimmer weiter? Wie kann ein Dioden-Radio ohne Batterie einen Sender empfangen? Alles, was mit Natur, Wissenschaft und Technik zu tun hatte, hat mich tief beeindruckt. Ich wollte die Wunder dieser Welt verstehen. Ich liebte Experimente und baute viele Dinge. Über die Jahre entwickelte sich mein Interesse von Lego-Bausteinen zur Eisenbahn, vom Radio zum Amateurfunk, von der analogen zur digitalen Elektronik und dann zum Computer.

Mein großes Vorbild war Albert Einstein. Seine Fähigkeit, durch reine Gedankenexperimente die Physik neu zu erklären und komplexe Zusammenhänge zu vereinfachen, inspiriert mich nach wie vor. Ein echtes Genie, das unser Weltbild der Physik revolutionierte. Ich bin in einer Zeit aufgewachsen, die zu einem anderen großen Umbruch führte, der Revolution in der Informationstechnik. Und ich hatte das Glück, zu dieser Zeit im Silicon Valley zu leben, dem Tal südlich von San Franzisko, der Wiege der Chip-Technologie, die Basis ist für jegliche Informationsverarbeitung, vom Computer bis zum Internet. An dieser Entwicklung teilzunehmen und sie mitgestalten zu können ist für mich eine unglaubliche Chance.

Die Informationsrevolution der letzten 30 Jahre ist ein neues Kapitel in der Geschichte der Menschheit. In vielerlei Hinsicht ist sie wichtiger als die industrielle Revolution, die menschliche Arbeiter durch Maschinen ersetzte. Die Fähigkeit, alles Wissen und alle Informationen digital abzuspeichern und jederzeit greifbar zu machen, eröffnet einen neuen Abschnitt in der Entwicklung des Individuums und der Gesellschaft. Das Internet ist dabei, unser Leben nachhaltig zu verändern. Nahezu alles Wissen und alle Informationen sind abrufbar. Wir befinden uns auf einer neuen Stufe der Demokratie – es existiert kein Klassenunterschied im Zugang zum Wissen mehr. Vor allem die Staaten der Dritten Welt haben mit dem Internet viel zu gewinnen. Natürlich kann man damit nicht Kindersterblichkeit, Aids und Hunger bezwingen. Aber mit dem Internet hat jeder Mensch Zugang zu allen Informationen. Und damit kann der Einzelne sein Leben verbessern. Der freie Austausch von Informationen wird die Welt nachhaltiger, konstruktiver und stärker verändern als jede andere Erfindung in der Geschichte der Menschheit. Dieser Fortschritt ist nicht zu stoppen. Er hat seine Wurzeln im Silicon Valley, Kalifornien. Schon heute fragen sich Historiker, wie dieses kleine Tal südlich von San Franzisko zum Zentrum des weltweiten Umbruchs werden konnte, der fortan den Lauf der Welt mitbestimmen wird.

Einfach erstaunlich, wie die von der – privaten – Stanford-Universität ausgehenden Impulse übersprangen und zu neuen Firmengründungen führten. Unternehmen mit bekannten Namen wie Hewlett Packard, Apple, Sun Microsystems, Cisco Systems, Yahoo, Google und viele Tausend kleinerer Firmen, die sich in den nahe beieinanderliegenden Städten des Sillicon Valley niederließen: Menlo Park, Palo Alto, Mountain View, Santa Clara und San Jose. Viele dieser Unternehmen sind aus den in Stanford entwickelten Ideen gewachsen.

Silicon Valley ist das Gegenteil zu den Orten, wo die industrielle Revolution ihre Triumphe feierte: klimatisierte Bürogebäude, umgeben von Wiesen und Blumen. Autos parken neben Mountainbikes. Draußen stehen Pferde auf der Koppel, drinnen surren die Computer. Es gibt hier keine der üblichen industriellen Produktionen, keine Fabriken oder Hochöfen, weder Abgase noch Chemieprodukte verpesten die Luft. Hier wird gedacht und entwickelt, die Fertigung ist in China.

Ich vergleiche den Aufbruch von Silicon Valley gerne mit der Zeit der impressionistischen Bewegung, die vor mehr als einem Jahrhundert künstlerische Akzente setzte. Warum ausgerechnet dann? Weil sich Claude Monet, Auguste Renoir, Camille Pissarro, Paul Cézanne und Alfred Sisley nicht hassten, sondern gegenseitig anregten. Die gemeinsamen Ausstellungen damals haben viel dazu beigetragen, die Entwicklung des Impressionismus voranzutreiben.

Silicon Valley lebt von derselben intellektuellen Befruchtung. Hier wird permanent nachgedacht und Neues entwickelt. Nirgendwo anders auf der Welt existiert ein Ort, in dem alle Elemente der Informations-Revolution auf engstem Raum konzentriert sind wie hier – die Denker, die Ingenieure, die Technologie. Für die Gründung einer Hightech-Firma gibt es im Umkreis von 50 Kilometern alles, was man dazu braucht – vom Kapital bis zu den geeigneten Mitarbeitern. Nur einen Kilometer von Stanford entfernt, auf der Sandhill Road in Menlo Park, haben sich die Venture Kapitalisten niedergelassen, die neue Ideen und neue Firmen finanzieren. Risiko-Finanziers wie etwa John Doerr, Partner bei Kleiner, Perkins Caufield & Byers. Der typische vc im Silicon Valley ist zeitlich so ausgelastet, dass er wenig geneigt ist, sich ins Flugzeug zu setzen, um irgendwo anders mit Forschern eine Erfindung zu besprechen. In den letzten 25 Jahren ist mehr als ein Drittel des amerikanischen Venture Capital in das Silicon Valley geflossen. Investoren riskieren ihr Geld nur, wenn sie abschätzen können, dass sich ein Einsatz lohnt. Investitionen im Silicon Valley haben sich durchschnittlich sehr gut ausgezahlt, weil man hier besser als anderswo versteht, worum es bei einer neuen Firmengründung geht. Das ist nicht einfach zu kopieren. Die richtigen Ideen zur richtigen Zeit auf den Markt zu bringen erfordert Risikobereitschaft, die richtigen Mitarbeiter, und gutes Timing.

Die Mitarbeiter sind am Erfolg der Firmen mit Optionen oder Aktienanteilen beteiligt. Sie wissen, im Silicon Valley mit einer Firma wirtschaftlich erfolgreich zu sein heißt, eine neue Idee so schnell wie möglich auf den Markt zu bringen. Als Sun Microsystems im Jahr 1986 an die Börse ging, waren etwa 30 Prozent der Aktien im Besitz von Mitarbeitern, bei Google waren es 60 Prozent. Der Rest der Aktien gehörte den Investoren. Diese Beteiligungen erlaubten eine sagenhafte Häufung von Vermögen: In den letzen 25 Jahren haben Firmen im Silicon Valley mehr als 1000 Milliarden Dollar neues Vermögen geschaffen. Kein Wunder, dass sich das Kapital hier sammelt – die technologische Inspiration wirkt auf das Geld wie ein Magnet.

Zur Jahrtausendwende herrschte im Silicon Valley ein Boom, der nur mit der Goldgräber-Mentalität vergleichbar ist. Damals haben Informatik-Studenten im Rest des Landes ihr Studium abgebrochen und sind nach Kalifornien gezogen, um ihre Chance nicht zu verpassen. Diesmal nicht im Planwagen, sondern per Flugzeug. Silicon Valley war zu diesem Zeitpunkt eine Art Kasino. Eine Unmenge von Firmen wurde in dem Glauben gegründet, dass der Erste mit einer neuen Idee im Internet einen großen Vorteil hat. Einige dieser Unternehmen wurden in der Tat sehr erfolgreich, aber die meisten blieben ein Traum. Sie verbuchten weder Erträge noch boten sie sinnvolle Geschäftsmodelle.

Nach dem Crash von 2001 wurde alles wieder rationaler. Weniger Firmen wurden finanziert, und noch weniger schafften es, an die Börse zu gehen. Aber die Hightech-Entwicklung geht weiter, und die Hauptbühne ist nach wie vor Silicon Valley. Ein gutes Beispiel dafür ist die Firma Google, die 1998 gegründet wurde und deren eigentlicher Erfolg erst nach dem Crash von 2001 begann.

Es waren einmal mehr zwei Stanford-Studenten, Sergey Brin und Larry Page, die eine bessere Idee hatten als andere kluge Köpfe in dieser Welt, um das Problem der Informationssuche im Internet zu lösen. Mit dieser Erfindung haben die beiden eine Firma gegründet, die heute den Suchmarkt komplett dominiert und in vielerlei Hinsicht die erfolgreichste Internet-Firma aller Zeiten geworden ist. Ich lernte Larry und Sergey kennen, als sie noch Studenten in Stanford waren und die Firma Google noch nicht existierte. Mein Freund David Cheriton, ein Professor für Computer Science in Stanford, arrangierte ein Treffen in seinem Haus in Palo Alto. Er fand ihre Idee von einer »Large-Scale Web Search Engine« sehr vielversprechend. Die Zukunft der beiden war vorprogrammiert: Vater Brin ist Mathematikprofessor an der Universität von Maryland, Vater Page Professor für Computer-Wissenschaften an der Universität von Michigan, wo auch die Mutter lehrt – Computer-Programmierung.

Wir trafen uns auf der Veranda von Davids Haus. Larry und Sergey führten mir ihr Projekt auf ihrem Laptop vor. Die Demonstration war extrem überzeugend. Zu jedem Suchwort fand die Suchmaschine automatisch die besten und relevantesten Ergebnisse. Für mich persönlich war das von großem Interesse, weil es mit den bisherigen Suchmaschinen immer schwieriger wurde, im Internet das Richtige zu finden. Viele Leute glaubten damals, dass das Internet-Suchproblem nicht lösbar war, weil es einfach zu viele Informationen gab. Die Zukunft gehörte Firmen wie Yahoo, die durch Menschen den Inhalt des Internets auf ihrer Webseite sortieren lassen und vereinfachen würden.

Larrys und Sergeys »Page-rank«-System, das die relevantesten Ergebnisse automatisch fand, brauchte keine menschliche Hilfe. Das war ganz klar eine große, neue Erfindung. Dazu hatten die beiden ein passendes und überzeugendes Geschäftsmodell erdacht: Je nach Suchbegriff würde die Suchmaschine Werbeangebote auswählen, welche als »sponsored links« neben den Suchergebnissen erschienen. Und pro Klick würde die Firma ein »Micro-Payment« von fünf Cent kassieren.

Heute sind Sponsored Links so bekannt, dass man sich kaum vorstellen kann, dass es so etwas vor Google nicht gab. Das normale Internet-Geschäftsmodell vor Google waren die sogenannten »Banner-Ads«, die irgendeine Werbung ohne Bezug auf die Interessen des Websurfers darstellten, ähnlich wie die Werbung im Fernsehen. Aber die Banner-Ads übersahen die Fähigkeit des Internets, das Werbeangebot auf die Interessen und Bedürfnisse des Websurfers abzustimmen. Die Kombination einer besseren Suchmaschine mit relevanter Werbung war eine der besten Ideen, die ich jemals gesehen habe. Ich war so beeindruckt, dass ich den beiden auf der Stelle einen Scheck in Höhe von 100 000 Dollar ausstellte, um mich an ihrer neuen Firma zu beteiligen. Der Scheck war ausgestellt auf die Firma Google, die es zu diesem Zeitpunkt noch gar nicht gab.

Es war die erste Anschubfinanzierung von Google. Obwohl Google bei Weitem nicht die erste Suchmaschine war, hat sie mit ihrem automatischen »Pagerank« und dem bis dahin unbekannten »relevant advertising model« innerhalb weniger Jahre alle Wettbewerber abgehängt und wurde die profitabelste und größte Internet-Firma aller Zeiten. Google wurde mit insgesamt 26 Millionen Dollar Venture Capital finanziert. Heute sind diese Venture-Capital-Anteile über 30 Milliarden Dollar wert, ein 1000-facher Gewinn. Das Vermögen der beiden Google-Gründer wird auf etwa 30 Milliarden Dollar geschätzt. Alle anderen Google-Mitarbeiter sind zusammen mindestens noch einmal 30 Milliarden wert. Und die Wertschöpfung im Silicon Valley geht weiter.

Das war zu Beginn alles nicht vorhersehbar. Mich hat nicht der mögliche Profit motiviert, sondern ich wollte eine bessere Suchmaschine. Die Google-Mitarbeiter setzten sich aus demselben Grund ein. Selbst die Google-Gründer arbeiten nach wie vor an dem Problem, das sie von Anfang an faszinierte, nämlich wie man alle Informationen in der Welt schneller finden und besser darstellen kann. Die Möglichkeit, eine neue Idee tatsächlich umsetzen und verwirklichen zu können, macht Silicon Valley so anziehend. Ich arbeite nach wie vor daran, mit neuen Technologien wichtige Probleme besser zu lösen. Im Prinzip mache ich heute nichts anderes als das, was ich schon in meiner Jugend getan habe. Die Suche nach neuen Lösungen geht weiter. Allerdings muss man fähig sein, eine gewisse Distanz zu bewahren und seinen Erfolg nicht nur in Zahlen, Bankkonten, Umsätzen oder Vermögen zu messen.

Mein Leben hat sich nie am Geld orientiert. Mein Ziel war immer, auf meine Art und Weise die Welt zu verbessern. Und das führte zu einer interessanten Reise mit vielen unerwarteten Etappen. Ich bin auf einem Bauernhof in der Nähe des Ammersees aufgewachsen. Mein Vater war Lehrer, meine Mutter Hausfrau. Die Landwirtschaft hatten wir an Bauern verpachtet, und das einfache Leben gefiel mir sehr gut. Wir lebten abseits vom Dorf, ohne direkte Nachbarn, und unser Haus war von Wäldern und Wiesen umgeben. In der Ferne konnten wir die Alpen sehen. In der Nähe liegen Orte wie Andechs, Herrsching und Dießen. Eine bayerische Idylle.

Im Dorf gab es keinen Kindergarten, und in meinen ersten beiden Schuljahren ging ich in eine Zwergschule mit acht Lehrstufen in einem Raum. Mein zwei Jahre älterer Bruder war einer meiner Klassenkameraden. Als ich gerade acht Jahre alt war, ließ sich mein Vater an die Deutsche Schule in Rom versetzen, und für die nächsten zwei Jahre war mein Vater mein Klassenlehrer. Für mich war das kein Problem, abgesehen von der Frage, ob ich ihn mit »Sie« anreden sollte wie die anderen Schüler auch, oder mit »Du«, weil er mein Vater war. Ich entschied mich fürs »Du«, was natürlich unter meinen Klassenkameraden den Verdacht nährte, mein Vater lege mir die Antworten zu den Aufgaben auf den Tisch. Ich habe damals erkannt, wie schön die Welt auch außerhalb der deutschen Grenzen war. Neapel, Amalfi, Florenz, Sardinien, Sizilien, Griechenland – überall gab es Geschichte, Kultur und schöne Natur. Kalifornien erinnert mich oft an die italienische Landschaft: die Hügel, die Fauna und die Flora und die zerklüftete Küste, wie von Turner gemalt, alles sehr harmonisch. Im Jahr 1968 sind wir von Italien wieder nach Deutschland gezogen, und zwar nach Nonnenhorn am Bodensee, einem kleinen Ort in der Nähe von Lindau. Wieder Idylle: Obstgärten, Weinberge, der Bodensee. Ein Segelboot, dann eine neue Herausforderung: Windsurfen. Dieser Sport war damals gerade erfunden worden, und ich weiß nicht, wie oft ich ins Wasser gefallen bin, aber ich gebe nie auf, und irgendwann war ich dann auch ein respektabler Windsurfer. Es hat viel Spaß gemacht.

Aber noch mehr als das Windsurfen interessierte mich in diesem Alter die Elektronik. Ich habe mir damals im Keller meines Elternhauses ein Labor ausgebaut, in dem ich mit allen möglichen Experimenten und Entwicklungen zahllose Stunden verbrachte. Meine Eltern fragen sich bestimmt noch heute, was ich in allen diesen Stunden im Keller machte, aber es war mir keine Sekunde langweilig. Ich entwickelte zu diesem Zeitpunkt ein starkes Interesse an Computern. Wie baut man einen Computer, und wie kann man ihn programmieren? Es war, als ob mein innerer Kompass mir die Zukunft zeigen wollte. Nur gab es keine Computer an der Schule in Lindau. Was konnte ich tun?

Mein großes Glück war, dass in Nonnenhorn in einer ehemaligen Obsthalle ein kleines Unternehmen namens Andron existierte, welches Industrie-Steuerungen baute. Der Chef von Andron, Wilhelm Blümlein, hatte schon im Jahr 1960 die erste elektronisch arbeitende Tablettenzählmaschine entwickelt. Sein Sohn war ein Klassenkamerad meines jüngeren Bruders und hat mich seinem Vater vorgestellt. Herr Blümlein, dessen Unternehmen nach wie vor in Wasserburg am Bodensee etabliert ist, hatte erkannt: Ein Mikroprozessor könnte die Entwicklung der Industrie-Steuerung revolutionieren, indem er die Verkabelungen der Hardware durch Software ersetzte. Die Firma Intel hatte gerade den neuen 8080-Mikroprozessor angekündigt, ein 8-Bit-Rechner, der zwar relativ langsam war, aber schnell genug für eine Werkzeugmaschine. Nur – wer konnte ihm so etwas bauen? Seine damaligen Mitarbeiter hatten noch nie etwas von Mikroprozessoren oder Software gehört.

Obwohl ich damals gerade 16 Jahre alt war, sagte ich Herrn Blümlein: »Ich baue Ihnen das.« Wenn ich daran zurückdenke, dann muss ich zugeben, dass meine Zuversicht etwas gewagt war. Ich hatte überhaupt keine Ahnung, wie ein Computer funktioniert, und vom Programmieren wusste ich genauso wenig. Aber ich war überzeugt: So schwierig kann das nicht sein. Ich habe dann Tag und Nacht wie ein Besessener an diesem Projekt gearbeitet. Ich musste bei null anfangen. Erst musste ich die Hardware entwickeln, die CPU, Memory und Input/Output-Karten. Dann die Software. Es gab damals weder Compiler noch Betriebssysteme für den Mikroprozessor, nicht einmal einen Assembler. Ich lernte das Computer-Programmieren von Grund auf und schrieb mein erstes Programm im Binär-Code mit hexadezimalen Abkürzungen. Ich schrieb auch Routinen für Fließkomma und ein kleines Real-Time-Betriebssystem, ohne zu wissen, wie man das macht. Aber ich musste es herausfinden und von Grund auf bauen, weil es zur Problemlösung notwendig war.

Es war Liebe auf den ersten Blick, obwohl ich damals nicht ahnen konnte, wie wichtig diese neue Leidenschaft in meinem Leben werden würde. Es machte so viel Spaß, dass ich kaum schlafen konnte. Jeder Schritt führte zu einer neuen Erkenntnis. Ich erfand Dinge, die natürlich anderen in der Computer-Industrie schon bekannt waren, aber ich habe sie von Grund auf durchdacht. Die eigentliche Überraschung für mich war letztlich nicht, dass es funktionierte, sondern dass es gar nicht so schwierig war. Und durch diese Erfahrung in meiner Jugend war ich für den Rest meines Lebens überzeugt, dass mir alles, was ich anpacke, auch gelingen wird.

So habe ich gemeinsam mit Herrn Blümlein und seiner Firma das digitale Computer-Zeitalter erreicht. 1975, verkündet heute die Website des Unternehmens, verkaufte Andron die erste Werkzeugmaschinen-Steuerung mit Mikroprozessoren. Und: Andreas von Bechtolsheim »hat uns von den Vorzügen der Digitaltechnik überzeugt«. Herr Blümlein zahlte mir, wie vereinbart, 100 Mark Lizenzgebühr für jede verkaufte Steuerung. Weil sich das System gut verkaufte, verdiente ich auf einmal eine Menge Geld. Aber viel wichtiger war: Mir wurde klar, dass man mit diesen Mikroprozessoren noch viel mehr machen konnte und dass es mir Spaß machte, in Gebiete vorzustoßen, die mir bis dahin unbekannt waren, egal wie viel Arbeit es war.

Mein nächstes Ziel war der Wettbewerb »Jugend forscht«[1], der die Herausforderung stellte, etwas Neues zu schaffen, zu erfinden. Ich hatte schon zweimal an »Jugend forscht« teilgenommen, war aber nicht weit gekommen. Aber ich bin kein Mensch, der schnell aufgibt, egal ob beim Windsurfing oder Computerbauen. Im Jahr 1974 hatte ich noch eine Chance mitzumachen, und ich entschied mich für das Fach Physik. Mein Projekt hatte den Titel »Strömungsmessung durch Ultraschall«. Die Geschwindigkeit von Schallwellen ändert sich, wenn sich das Medium bewegt, ein Gesetz der Physik. Aber die Schallgeschwindigkeit hängt auch von Temperatur und Salzgehalt der Flüssigkeit ab. Die Frage war: Wie konnte man diese Faktoren eliminieren? Meine Idee war, zwei Messungen vorzunehmen – eine mit der Strömung und eine gegen die Strömung – und mit dem Computer dann den Unterschied zu errechnen. Ich baute für dieses Experiment einen speziellen Computer, um mikroskopisch kleine Unterschiede genau messen zu können.

Das Experiment war schwieriger, als ich dachte, und hat zum ersten Mal in der Nacht vor dem Wettbewerb richtig funktioniert. Aber meine Arbeit beeindruckte offenbar die Jury – ich wurde mit dem Bundespreis in Physik ausgezeichnet. Meine Computer-Entwicklungen und das »Jugend forscht«-Projekt haben mich so fasziniert, dass ich fast jede freie Stunde in meinem Bastelkeller oder in der Firma des Herrn Blümlein verbrachte. Für mich war es die Entdeckung einer neuen Welt, wo ich Dinge erdenken und erfinden konnte, die mir ganz neu waren, und ich hatte einen Heidenspaß dabei. Es war eine Erfahrung, die mein weiteres Leben in vielerlei Hinsicht prägte.

Ganz nebenbei, so fühlt sich das heute an, ging ich natürlich auch noch zur Schule. Unser Bodensee-Gymnasium in Lindau war zu dieser Zeit eine der Versuchsschulen für die neue Kollegstufe, mit Wahl von zwei Leistungskursen in den letzten beiden Schuljahren. Ich war so motiviert, gleich in die Kollegstufe zu kommen, dass ich die 11. Klasse übersprungen habe, obwohl ich ohnehin schon der Jüngste in meiner Klasse war. Ich wollte mich auf die Fächer konzentrieren, die mich faszinierten, Physik und Biochemie, und mir nicht mehr Dinge anhören müssen, die für mich einfach weniger interessant waren. Ich glaube, dass es sehr wichtig ist, jungen Menschen diese Wahl zu geben und ihnen zu erlauben, das Interesse an ihrem künftigen Berufsfeld frühzeitig zu vertiefen.

Ich wusste natürlich schon lange, was ich beruflich machen wollte: Computer entwickeln. Nach dem Abitur habe ich mich zum Studium für Elektrotechnik und Datenverarbeitung an der Technischen Universität München eingeschrieben. Leider war dieses Studium eine große Enttäuschung. Der damalige Lehrplan begann mit zwei Jahren Vorlesungen für Basiswissen Elektrotechnik, inklusive Hochspannung, Generatoren und Technische Mechanik, aber nicht für Computerdesign, und es gab keinen Zugang zu Computern. Nach ein paar Wochen habe ich mir die Vorlesungen geschenkt und mich stattdessen in die Bibliothek gesetzt und täglich ein Buch gelesen. Es gab viel zu lernen.

Computerdesign und Programmieren kann man nicht theoretisch lernen. Man muss es tun, und dazu ist der Zugang zu Computern erforderlich. Ich hatte keinen, außer meinem eigenen 8-Bit-Mikroprozessor-System, an dem ich weiterarbeitete. Wo wurde die Computer-Entwicklung und Forschung vorangetrieben? Alles was mit Computer zu tun hatte, kam aus den Vereinigten Staaten von Amerika. Der logische Gedanke war, sich nach einer Universität in den USA umzusehen. Ich war zwar schon immer an Amerika interessiert, wusste aber relativ wenig über dieses Land. Nun blätterte ich im Münchner »Amerika Haus« Nachschlagewerke über Universitäten durch und suchte vor allem eine auf Computer spezialisierte Hochschule.

Einen kleinen Haken allerdings hatte diese akademische Zukunftsplanung – ich verfügte weder über das nötige Geld für so ein Studium noch die erforderlichen Diplome. Vielleicht konnte mir das Fulbright-Studienprogramm[2] mit einem Stipendium weiterhelfen? Ich hatte zwar noch nicht mal ein Vordiplom, aber ich wurde für ein »Graduate Student Scholarship« akzeptiert. Meine wissenschaftlichen Arbeiten und der Bundessieg bei »Jugend forscht« hatten die Auswahlkommission wohl überzeugt.

So kam ich im Jahr 1975 nach Amerika. Die Fulbright-Berater empfahlen mir, an der Carnegie-Mellon-Universität in Pittsburgh zu studieren. Die »School of Computer Science« dort zählte zu den besten Computer-Schulen des Landes, und Carnegie Mellon war in der Tat beeindruckend – 15 ehemalige Studenten oder Lehrkräfte sind mit dem Nobelpreis ausgezeichnet worden. Und das Computer Science Department war wirklich wunderbar: jede Menge Computer, zugänglich für alle Studenten, und eine sehr praktische und labororientierte Schulung. Die Professoren arbeiten direkt mit Studenten an Projekten zusammen, die dann zur Diplomarbeit führen. Zuweilen kam mir der Gedanke: So sollten deutsche Universitäten ihre Ausbildung gestalten.

Ich beteiligte mich an dem Projekt, einen vernetzten Multiprozessor zu bauen, was sowohl für mich selbst als auch für die Industrie damals etwas ganz Neues war. Meine Aufgabe war, das Netzwerk für diesen Computer zu bauen. Es war nicht einfach, aber nach einem Jahr Arbeit funktionierte es und bestätigte meine Überzeugung, dass alles machbar ist, wenn man es nur richtig anpackt.

Damit keine Missverständnisse entstehen: Das Studium war kein Kinderspiel. Mein täglicher Tagesablauf sah so aus: Um 7 Uhr aufstehen, in der Uni-Cafeteria frühstücken, dann ins Computer Science Department, wo ich bis um Mitternacht blieb. Die einzigen Unterbrechungen waren Lunch und Dinner. Ich habe in zwei Jahren Studium fast nichts von Pittsburgh oder Amerika gesehen. Ich habe weder ein Football Match besucht noch einen Film angeschaut. Aber ich schwebte im siebten Himmel. Das Computer-Labor bei Carnegie Mellon war sagenhaft. Ich war derart an mein Multi-Prozessoren-Projekt gefesselt, dass ich einfach keine Zeit hatte für irgendwas anderes. Das jährliche Computer-Science-Picknick wollte ich nicht absagen, zugleich aber keine Zeit opfern. Was tun? Ich nahm meine Unterlagen mit und arbeitete während des

Picknicks weiter, zwischen gegrillten Hamburgern und Hotdogs. Ich glaube, meine Kommilitonen haben mich für jemanden gehalten, der nicht abschalten konnte, aber ich hatte einfach zu viel zu tun. Der Tag müsste eigentlich 48 Stunden haben, denn 24 Stunden sind für mich einfach nicht genug.

Nach zwei Jahren an der Carnegie-Mellon-Universität war mir klar geworden, dass ich mich in diesem Land umschauen wollte. Und einmal mehr half der Zufall: Ein Manager der Firma Intel bot mir einen Sommerjob im Silicon Valley an, mein Traum. Ich sagte zu, und so bin ich im Mai 1977 in fünf Tagen mit meinem »Rabbit« (wie der vw-Golf in den usa hieß) von der Ostküste quer durch das Land nach Kalifornien gefahren.

Nach 4500 Kilometern Fahrt kam ich im Silicon Valley an und meldete mich bei Intel. Und dort erwartete mich eine sehr große Enttäuschung. Mein Intel-Manager erklärte mir, dass er gerade diese Woche zu einem neuen Intel-Forschungszentrum nach Oregon versetzt worden sei. Ich sei selbstverständlich in Oregon sehr willkommen. Aber ich wollte nicht nach Oregon, sondern im Silicon Valley bleiben, zumindest für einen kalifornischen Sommer. Nun war ich im Paradies angekommen und hatte nichts zu tun. Obwohl ich es nicht ahnte, war diese Situation eine Sternstunde für meine Zukunft. Die Folgen konnte ich mir selbst in meinen kühnsten Träumen nicht vorstellen. Da ich jetzt Zeit hatte, schaute ich mich an der Stanford-Universität um und fand dort am Schwarzen Brett die Lösung für mein Problem: Ein Professor suchte einen Studenten für den Sommer, um ihm beim Programmieren eines Computer-Aided-Design-Systems (cad, rechnerunterstützte Konstruktion) zu helfen. Ich dachte, das mach' ich, und war damit ein Sommerstudent in Stanford statt Sommerstudent bei Intel.

Im August machte ich dann mit meinem jüngeren Bruder Markus und seinem Freund Thomas, dem Sohn von Herrn Blümlein, eine fünf Wochen lange Reise durch alle Nationalparks in den westlichen us-Bundesstaaten. Es war eine verrückte Fahrt. Ich traf die beiden am Flugplatz in Los Angeles, und wir fuhren über den Highway 1 bis nach San Franzisko, über Yosemite Park zum Lassen Volcanic National Park, durch den Redwood Park, nach Seattle, dann Yellowstone, Grand Tetons, Utah, Mesa Verde, Arches National Park, Grand Canyon, Las Vegas und über das Death Valley zurück nach Los Angeles. Insgesamt 12 000 Kilometer, alles mit Zelt und Schlafsack.

Es war die schönste Reise meines Lebens, und ich kann nur jedem empfehlen, eine ähnliche Tour zu machen. Die Bilder habe ich immer noch vor Augen, vom Sonnenaufgang im Bryce Canyon bis zum Sonnenuntergang am Grand Canyon, vom Salzsee im Death Valley, dem tiefsten Punkt in Amerika, bis zu den höchsten und noch schneebedeckten Gipfeln in der Sierra Nevada, von den Wasserfällen im Yosemite Park bis zu den Mammutbäumen, die höher als 100 Meter in den Himmel ragen – es war ein Traum. Wir wanderten, im wahrsten Sinne des Wortes, sprachlos durch diese National Parks. Mir begegnete mehr Natur als je zuvor in meinem Leben: Bären, Seelöwen und Wale. Nicht im Zoo. Frei, in der Natur.

Stanford, Silicon Valley, Kalifornien und der weite Westen waren so schön, dass ich hier bleiben wollte, nicht wieder zurückgehen nach Pittsburgh zur Carnegie-Mellon-Universität. Aber der Sommerjob war zu Ende. Und dann kam der entscheidende Punkt meines Lebens.

Am Ende des Sommers, ein paar Tage vor dem Abschied aus Stanford, fragte mich mein CAD-Professor:»Warum bleibst du nicht einfach hier?«»Ich bin an der Carnegie Mellon eingeschrieben und ich habe mich nie in Stanford beworben«, antwortete ich ihm.»Ganz einfach«, meinte er,»wir übernehmen dich – ein Transfer von Carnegie Mellon nach Stanford, kein Problem für uns.« Und so erfüllte sich ein Traum. Hunderte von Bewerbern hatten sich in Stanford um einen der Doktorandenposten bemüht, nur wenige wurden angenommen. Und einer war ich, einer, der sich gar nicht beworben hatte. So kam ich nach Stanford. Meine Sachen waren noch in Pittsburgh, und ich bat einen Freund, sie mir nachzuschicken.

Das Studium in Stanford gehört zu den schönsten Zeiten meines Lebens. Ein intellektuelles Paradies, ein ununterbrochener Ideenfluss und Gedankenaustausch mit brillanten Forschern und Denkern. Der Gründer der Universität, Leland Stanford, war ein Selfmademan, der mit seinen Anteilen an der Pacific Railroad sein Vermögen gemacht hatte. Er war auch Senator und republikanischer Gouverneur von Kalifornien. Während einer Reise durch Europa starb sein einziger Sohn im Alter von 15 Jahren. Das Ehepaar Stanford beschloss, seinem Kind ein Denkmal zu setzen, und gründete im Jahr 1891 die Stanford-Universität. Vater Stanford stiftete der neuen Universität seinen Landbesitz in Palo Alto und beauftragte den bekannten Landschaftsarchitekten Frederick Olmsted mit dem Bau. Im ersten Semester zählte Stanford 559 Studenten.

Aus diesen kleinen Anfängen entwickelte sich eine der bekanntesten Universitäten der Welt, vor allem im Bereich der Wissenschaften. Das Universitätsvermögen wird auf mehr als 15 Milliarden Dollar beziffert. Der Campus ist über 3200 Hektar groß und nicht nur mit 25 000 Bäumen bepflanzt, sondern mit Skulpturen von Mirò oder Calder dekoriert; in einem Skulpturen-Garten stehen allein 20 Werke von Auguste Rodin. Aber das Besondere an Stanford ist, dass es der eigentliche Geburtsort des Silicon Valley ist: Im Jahr 1938 hatte Stanford-Professor Fred Terman seinen Studenten Bill Hewlett und David Packard empfohlen, nicht an die Ostküste zurückzukehren, sondern in der Umgebung von Stanford eine neue Firma zu gründen – die Firmenzentrale von Hewlett Packard ist auch heute noch im Stanford Industrial Park angesiedelt.

In den Fünfziger- und Sechzigerjahren folgten weitere Firmen wie Syntex, Varian und die Shockley Transistor Corporation. Danach beschleunigte sich das Tempo. Zwischen 1971 und 2007 sind, so Schätzungen, mehr als 500 Firmen von Stanford-Studenten und Professoren gegründet worden, von denen viele weltweit bekannt sind, wie Google, Yahoo, Cisco Systems und Sun. Selbst der jetzige Stanford-Präsident, John Hennessy, Professor für Computer-Science, hatte im Jahr 1984 ein Computer-Unternehmen gegründet, die Firma MIPS, die an die Börse ging und später von Silicon Graphics übernommen wurde.

Das ist nicht ungewöhnlich. Viele der »Computer Science«-Professoren sind an Silicon-Valley-Firmen beteiligt. Mein Freund und Stanford-Professor David Cheriton war mein Mitgründer der Gigabit-Ethernet-Firma Granite Systems, die Cisco Systems 1996 übernommen hat. Ich beschreibe die Stanford-Universität so ausführlich, um begreiflich zu machen, wie eng dort die Computer-Forschung mit der Computer-Industrie verbunden ist. Diese Zusammenarbeit wird sogar besonders gepflegt, weil die Universität dadurch viele Vorteile erzielt.

Als ich im Mai 1977 in Stanford ankam, war das alles noch nicht abzusehen. Aber ich war sehr beeindruckt, mit welcher Intensität geforscht und unterrichtet wurde. Es wurde an künstlicher Intelligenz gearbeitet, an Robotern und Bilderkennung, unglaublich schwierigen Problemen, die bis heute noch ungelöst sind. In meinem ersten Stanford-Jahr hat mich auch dieses Gebiet der künstlichen Intelligenz sehr fasziniert, aber ich konnte damals keinen Durchbruch sehen und habe mich dann wieder meinem vorherigen Bereich, Computer Aided Design, zugewendet.

Das eigentliche Problem mit Computer Aided Design war aus meiner Sicht nicht die Software, sondern dass es einen interaktiven Computer erforderte, den es damals einfach nicht gab. Die damaligen Mainframes und Minicomputer waren viel zu teuer and zu langsam, als dass man sie für einen interaktiven Computer mit einem grafischen Bildschirm einsetzen konnte. Ich hatte im Jahr 1978 das große Glück, beim Xerox-PARC-Forschungszentrum, das direkt auf dem Stanford-Campus lag, ein »No-Fee Consulting Agreement« zu ergattern, ein Beratungsvertrag ohne Honorar. Das erlaubte mir, mich dort umzusehen. Bald verbrachte ich bei Xerox nicht nur meine Tage, sondern auch meine Nächte. Xerox PARC war ein Mekka der Computer-Forschung, eine Denkfabrik. Xerox fürchtete damals, die Computer-Entwicklung würde den Bedarf an Kopiermaschinen reduzieren, und gründete das Palo-Alto-Forschungslabor, um einen Vorsprung in der Computer-Entwicklung zu erreichen.

Was die Xerox-PARC-Wissenschaftler damals alles erfunden haben, kann man sich kaum vorstellen: den ersten echten Personal Computer, das Ethernet, den Laserprinter, die moderne grafische Benutzerschnittstelle und viele andere Dinge. Bereits 1978 hatte Xerox PARC einen Computer, der nahezu so viel leisten konnte wie mein heutiger Laptop. Xerox PARC war die Vision der Zukunft der Computer-Industrie. Noch unglaublicher ist es, dass Xerox nie von diesen Erfindungen profitierte und nie ein Computerhersteller wurde.

Für mich war Xerox PARC ein Geschenk. Ich erhielt zwar kein Honorar, hatte jedoch absolute Freiheit, Zugang zu den Labors und Diskussionen mit den Forschern. Jeden Tag war ich nach den Stanford-Vorlesungen bis Mitternacht im Xerox PARC und spielte mit dem Alto-Computer (nach Palo Alto genannt), dem ersten echten »Personal Computer« mit grafischen Bildschirm, Maus und einem Netzwerkanschluss. Es war mir klar, dass jeder Ingenieur und Wissenschaftler so einen Computer brauchen könnte, und gerade für CAD war so ein Computer ideal.

Das führte zu meinen ersten Gedanken für die Entwicklung der Sun Workstation. Xerox hatte keine Pläne, den Alto-Computer zu verkaufen. Er war nur ein Prototyp für einen zukünftigen »Xerox Office Automation«-Arbeitsplatzrechner mit Software, die noch viele Jahre Entwicklung brauchte. Das war meiner Meinung nach viel zu kompliziert. Ich fragte mich: Wie baue ich einen Arbeitsplatzrechner für jedermann? Warum nicht einen äquivalenten Rechner mit Standardkomponenten bauen, mit Einzelteilen von der Stange?

Forest Baskett, mein Stanford-Professor, spielte mit demselben Gedanken: Wie könnte man für Stanford ein Computer-Netz bauen, das jedem Stanford-Forscher und -studenten einen Arbeitsplatzcomputer mit denselben Fähigkeiten wie der Alto-Computer bei Xerox zur Verfügung stellte? Dieses Projekt bekam den Namen »Stanford University Network« oder »Sun«, und der neue Computer war die Sun Workstation. Wir benutzten den neuen Motorola Chip, den ersten Mikroprozessor mit 32-Bit-Architektur, und wir bekamen eine Lizenz von Xerox für das Ethernet-Netzwerk. Ich stürzte mich auf die Hardware-Entwicklung und baute die Prozessor-, Memory-, Graphics- und Ethernetkarten. Die Entwicklung wurde finanziell unterstützt von der »Advanced Research Projects Agency« (ARPA), einer Abteilung des US-Verteidigungsministeriums.

Innerhalb eines Jahres waren die ersten Prototypen der Sun Workstation fertig, und das Projekt erweckte großes Interesse. Plötzlich hatte ich jede Woche mehrere Besuche von Firmen, die alle die Sun Workstation sehen und verstehen wollten. IBM kam gleich sieben Mal vorbei, Hewlett Packard und Digital Equipment und jede Menge andere kleinere Firmen waren mehrfach bei mir. Viele Leute wollten eine Sun Workstation kaufen. Das Interesse war wirklich enorm.

Die Frage war, wie konnte man die Sun Workstation herstellen? Stanford war eine Universität und kein Computerhersteller. Mein Ziel war natürlich, eine neue Firma zu gründen. Bei aller Euphorie war aber erst ein Problem zu lösen, nämlich die Antwort auf die Frage: Wem gehörten die Rechte an der Entwicklung der Sun Workstation? Ich selbst war zwar Student, aber kein Angestellter der Universität. Da ich der einzige Forscher war, bestätigte Stanford, dass ich alle Rechte an dem hatte, was ich als Student entwickelte.

Damit war die Bahn frei zur Firmengründung. Meine erste Firma war nicht Sun, sondern hieß VLSI Systems (Very-Large-Scale-Integration). Ich war der Chef und der einzige Mitarbeiter. Das Geschäftsmodell bestand darin, das Sun Design an Computerhersteller zu lizenzieren und dafür Lizenzgebühren zu kassieren, so ähnlich wie ich es früher bei Herrn Blümlein machte. Ich vergab Lizenzen an sieben Unternehmen, darunter die zukünftige Firma Cisco Systems, und es war ein recht profitables Geschäft. Das erste Jahr brachte rund 500 000 Dollar. Aber sehr bald wurde mir klar, dass keiner der Lizenznehmer die Bedeutung des zukünftigen Workstation-Marktes verstand. Tatsächlich wollte keiner der Lizenzunternehmer eine Workstation bauen, alle waren nur an der CPU-Karte interessiert. Zum Jahresende 1981 kam ich zu dem ernüchternden Schluss, dass mein Lizenz-Geschäftsmodell ein Fehlschlag war, und ich hatte zunehmend Sorge, den Workstation-Markt zu verpassen. Stanford und viele andere Universitäten wollten die Sun Workstation kaufen, doch keiner baute sie. Ich brauchte eine echte Computerfirma.

Ein Telefonanruf brachte die Lösung für dieses Problem. Ein Inder namens Vinod Khosla hatte von der Sun Workstation gehört und war von einem großen Markt für Workstations überzeugt. Vinod schlug vor, mit mir für die Herstellung der Sun Workstation eine Firma zu gründen. Vinod hatte zur selben Zeit wie ich an der Carnegie-Mellon-Universität studiert und dann einen MBA (Master of Business Administration) in Stanford gemacht. Vinods bester Freund war sein Studienkollege Scott McNealy, auch Absolvent der Stanford Business School, der zu diesem Zeitpunkt der Operation Manager bei einer kleinen Computerfirma war und von uns dreien als Einziger Berufserfahrung hatte. Bei unserem ersten Treffen wurden wir uns schnell einig. Vinod wird der Präsident, Scott der Operation Manager, und ich würde für die Hardware zuständig sein. Vinod und ich schrieben einen fünf Seiten langen Businessplan, der immer noch als Beispiel dafür gilt, wie kurz ein Businessplan sein kann. Wir trafen uns mit zwei Venture-Kapitalisten, die bereit waren, uns zu finanzieren. Am 24. Februar 1982 wurde die Firma Sun Microsystems registriert. Es fehlte aber noch eine sehr wichtige Person: ein Software-Genie, das unsere Software-Entwicklung leiten konnte. Der ideale Kandidat war Bill Joy, der an der University of California in Berkeley, jenseits der Bucht von San Franzisko, das Berkeley-Unix-Projekt leitete, welches, wie zuvor die Sun Workstation, vom Pentagon finanziert wurde. Und damit war das Gründerteam von Sun komplett. Von Vorteil war, dass Vinod, Scott, Bill und ich alle 26 Jahre alt waren, in derselben Lebensphase standen und uns auf Anhieb gut verstanden. Vinod und Scott lebten damals zusammen in einem Apartment, und Bill zog später bei mir ein, so konnten wir Tag und Nacht Dinge besprechen.

Die Firma stand sofort, und das erste Produkt wurde in drei Monaten geliefert. Im Gegensatz zu den meisten neuen Firmen waren wir von Anfang an profitabel, benötigten dennoch mehr Arbeitskapital. Wir fanden zwei weitere Venture-Kapitalisten, John Doerr von Kleiner Perkins und David Marquardt von der Firmat TVI, die ich beide im Jahr zuvor in Stanford getroffen hatte. John war für die nächsten 25 Jahre als Direktor bei Sun beteiligt, und sowohl Vinod als auch Bill sind später seiner Firma als Venture-Kapitalisten beigetreten.

Aber zurück zum Sommer 1982. Sun bekam 4,5 Millionen Dollar Kapital, und dafür erhielten die Venture-Kapitalisten 49 Prozent des Unternehmens. Die Gründer hielten knapp 25 Prozent der Anteile, und die restlichen waren für die künftigen Mitarbeiter reserviert. Es war ein gutes Geschäft für alle. Vier Jahre später, nach dem Börsengang, waren die Aktien das Hundertfache wert. Im Jahr 1999 sind die Aktien auf das 10 000-fache gestiegen. Natürlich war das am Anfang nicht vorherzusehen. Unsere Konkurrenz waren die größten Computerfirmen der Welt: IBM, HP und DEC (Digital Equipment), die damals den Computermarkt komplett dominierten. Ohne einen entscheidenden Vorteil wäre nie etwas aus Sun geworden. Unser großer Vorteil war das Preis-Leistungs-Verhältnis. Die Sun Workstation für 10 000 Dollar hatte dieselbe Rechenleistung wie ein »DEC VAX«-Computer, der über 100 000 Dollar kostete. Dazu hatten wir dasselbe Berkeley-Unix-Betriebssystem, das auch auf der VAX zu finden war. Damit machten wir es Kunden sehr leicht, von DEC auf Sun umzusteigen.

Obwohl Digital Equipment den Minicomputer-Markt für wissenschaftliche Anwendungen dominierte, habe ich nie verstanden, warum DEC damals keine Workstation-Variante auf den Markt brachte. Möglicherweise hat sie der Gedanke einer dramatischen Preissenkung geschreckt. Das nämlich hätte bedeutet: Profit opfern und Mitarbeiter entlassen zu müssen. Oder sie haben die Konkurrenz einfach nicht richtig wahrgenommen. Große Unternehmen haben häufig ein Problem damit, sich rechtzeitig auf einen Kurswechsel einzustellen – am Ende springen Kunden einfach ab.

Ein Beispiel: die Firma Schlumberger Ltd., das größte Service-Unternehmen auf den Ölfeldern der Welt mit 60 000 Mitarbeitern und mehr als 14 Milliarden Dollar Umsatz, ein Hauskunde von DEC. Schlumberger brauchte dringend Workstations für seine Leute, die draußen auf den Ölfeldern tätig waren, und unterbreitete DEC ein Angebot: Wenn ihr uns eine Workstation baut, kaufen wir Geräte im Wert von 40 Millionen Dollar. DEC war nicht interessiert. Schlumberger machte dann dieses Geschäft mit uns.

Wir hatten in jenen frühen Jahren nur einen ernsthaften Konkurrenten, die Firma Apollo Computer, welche zwei Jahre vor uns mit der Entwicklung einer Workstation begonnen hatte. Der zeitliche Vorsprung hatte gewisse Vorteile, aber auch große Nachteile: Apollo musste sein eigenes Betriebssystem und sein eigenes Netzwerk entwickeln, das sie »Domain« nannten, weil es Ethernet und Berkeley Unix noch nicht gab. Aber die Kunden wollten ein standardisiertes Betriebssystem und ein offenes Netzwerk, was Apollo nicht hatte. Unser Timing mit Sun hätte nicht besser sein können – sechs Monate früher, und wir hätten wahrscheinlich die falsche Software-Entscheidung getroffen, und sechs Monate später tummelte sich ein Dutzend neuer Firmen mit Workstation-Plänen auf dem Markt. So aber konnte Sun in einer weitgehend konkurrenzlosen Phase Mitarbeiter wie Kunden an das Unternehmen binden. Aus keinem der neuen Unternehmen, die sich nach Sun auf den Markt drängten, ist jemals etwas geworden.

Im Jahr 1986, vier Jahre nach der Gründung, ging Sun an die Börse, mit einem Jahresumsatz von 500 Millionen Dollar. Ein Jahr später war es bereits eine Milliarde. Zehn Jahre später waren es zehn Milliarden Dollar. Das schnelle Wachstum des Unternehmens basierte auf der sehr erfolgreichen Strategie der offenen Systeme und der Vernetzbarkeit unserer Systeme mit dem Schlagwort »The Network is the Computer«. Sun entwickelte das »Network File System« (NFS), das es erlaubt, alle Dateien auf dem Netzwerk anzulegen, und die neue Programmiersprache Java, die es ermöglichte, für das neue Internet zuverlässige Programme zu schreiben. Wir haben dann diese Protokolle unseren Wettbewerbern angeboten, was den Markt für Sun Microsystems noch zusätzlich erweiterte.

Mein Beitrag zum Erfolg von Sun war die Workstation-Entwicklung. Von 1982 bis 1995 entwickelte ich fünf Generationen von Workstations, inklusive der sehr erfolgreichen SPARC-Station-Serie, die einen Marktanteil von 70 Prozent erreichte. Bis zum Jahr 1995 war dies mehr als die Hälfte des gesamten Umsatzes von Sun, insgesamt etwa 10 Milliarden Dollar. Ich hatte meine Vision der Workstation in die Wirklichkeit umgesetzt, und ich bin durch meinen Anteil an der Firma reichlich entlohnt worden. Aber Geld hat mich nie angetrieben.

Meine Motivation war immer, bessere Produkte zu bauen, bessere Lösungen für Probleme zu finden. Und das hat sich mit dem Erfolg von Sun nicht geändert. Finanziell gesehen hätte ich im Alter von 30 Jahren, als Sun an die Börse ging, in den Ruhestand gehen können. Aber das Frührentnerdasein im Luxus konnte ich mir nie vorstellen. Ich bin immer am Überlegen: Was könnte ich verbessern? Es gibt nur wenige Produkte, die so gut gelungen sind, dass man sie nicht verbessern kann. Im Jahre 1995 suchte ich eine neue Herausforderung. Die neue Idee war, die Geschwindigkeit des Ethernet-Netzwerks auf ein Gigabit pro Sekunde zu steigern.

Das erschien mir als eine riesige Chance für eine neue Netzwerkfirma, weil ich überzeugt war, dass in Zukunft alle Computer eine solche schnellere Netzwerkverbindung brauchen würden. Aber dafür musste man ein neues System, neue Chips, neue Hardware und Software entwickeln. Das war die richtige Herausforderung für mich. Zusammen mit meinem Freund, Stanford-Professor David Cheriton, gründete ich »Granite Systems«. Adieu Sun, hieß es dann.

Granite war ein klassischer Stanford-Startup. Unsere ersten Mitarbeiter waren Stanford-Doktoranden, die noch studierten. Im Sommer 1995 machten wir uns an die Arbeit, ein Jahr später hatten wir knapp 50 Mitarbeiter, die den neuen Switch-Chip und die Software entwickelten. Unser Timing hätte nicht besser sein können. Plötzlich wurde deutlich, welches Potenzial Gigabit-Ethernet hatte. Obwohl unsere Entwicklung noch lange nicht fertig war, wurde Granite Systems im September 1996 von Cisco Systems für 220 Millionen Dollar aufgekauft. Das war ein stolzer Preis für unsere Firma, die gerade ein Jahr alt war. Trotzdem hat sich das Geschäft für Cisco gelohnt. Die Produktfamilie, die das »Granite Systems«-Team bei Cisco weiterentwickelte, sicherte sich für die nächsten zehn Jahre das bestverkaufte modulare Ethernet Switch System aller Zeiten, mit über 70 Millionen Netzwerkverbindungen und einem Umsatz von mehr als 10 Milliarden Dollar.

Ich bin sieben Jahre bei Cisco geblieben, um die Weiterentwicklung dieses Systems zu leiten. Es war eine interessante Zeit. Aber dann fand ich eine neue Herausforderung, und zwar wieder im Computerbereich. Der Ausschlag war der neue AMD Opteron CPU-Chip, der im Jahr 2003 angekündigt wurde. Es war ein Intel-kompatibler Chip, aber mit einer großen Leistungssteigerung. Damit konnte man einen wesentlich besseren Server bauen. Cisco war auf diesem Gebiet nicht tätig und war deshalb an Opteron nicht interessiert. Ich dachte an Sun, aber dort verwendete man nur den SPARC-Chip. Es war an der Zeit, ein neues Unternehmen zu gründen. Mein Partner war wieder mein Freund David Cheriton. Wir tauften unsere Firma »Kealia«, nach einem Strand in Maui, wo wir uns den Plan für die Firma ausgedacht hatten.

Dann die Überraschung. Ende 2003 kündigte Sun an, es wolle ebenfalls Server auf Opteron-Basis auf den Markt bringen. Das hatte ich zwar nicht erwartet, aber was lag näher, als meinem ehemaligen Unternehmen wieder beizutreten? Im April 2004 erwarb Sun meine Firma Kealia und danach arbeitete ich für Sun als Chefarchitekt für neue Systeme. In den folgenden Jahren entwickelten wir ein Dutzend neuer Produkte, von Workstations bis zu dem Sun Constellation Supercomputer, der mehr als ein PetaFlop-Rechenleistung hat (ein PetaFlop sind 10^{15} Floating-Point-Operationen pro Sekunde). Das Gebiet der Hochleistungsrechner hat mich schon immer fasziniert, weil diese Rechner Probleme im wissenschaftlichen und im technischen Bereich lösen können, wovon man früher nur träumen konnte – von der Wirksamkeit von neuen Medikamenten bis zum Auto-Crash-Test.

Obwohl wir gute Fortschritte machten, hatte sich Sun leider nie von dem »Dot-Com«-Crash des Jahres 2001 erholt, und im April 2009 wurde Sun von Oracle aufgekauft. Oracle ist der unbestrittene Marktführer im Datenbank-Bereich und wurde durch den Kauf von Sun eine Firma, die vom Computer bis zur Datenbank alle Kundenprobleme lösen kann. Ich selber hatte mich Ende 2008 wieder einem neuen Thema zugewandt, und zwar der Frage, wie man die Geschwindigkeit von Gigabit-Ethernet auf das Zehn- und Hundertfache steigern kann. Ethernet ist ein riesiger Markt, der in den letzten 10 Jahren bei derselben Geschwindigkeit stecken geblieben ist. Und das ist nicht schnell genug für »Cloud Computing«, wofür Firmen wie Google, Amazon und Microsoft enorm große Datenzentren bauen, die sehr schnelle Netzwerke benötigen. Eine neue Herausforderung, eine neue Firma, die ich wiederum mit David Cheriton und ehemaligen Mitarbeitern von Granite und Cisco Systems gründete. Sie heißt »Arista Networks« und die ersten Produkte sind schon in den USA, Europa und Asien verkauft. Die weltweite Rezession des Jahres 2008 hat natürlich auch die IT-Branche hart getroffen.

Gerade in diesen Zeiten ist es sehr wichtig, sich auf das Wesentliche zu konzentrieren, sowohl für die Kunden als auch für die Hersteller. Es geht um Investitionen, die sinnvoll sind. Amerika führt nach wie vor in der Entwicklung der Computer und der Netzwerktechnologie. Die meisten Computerprodukte werden jetzt in Asien gefertigt, wo die Herstellung billiger ist. Nahezu alle Arbeitsplätze in der Fertigung sind dorthin abgewandert. Silicon Valley führt nach wie vor in der Entwicklung, aber die Frage ist, ob diese Position sicher ist.

Man muss dieses Thema – glaube ich – ganz realistisch sehen. Die Globalisierung geht weiter, der Wettbewerb ist nicht mehr lokal, sondern global. Die Welt ist kleiner geworden. Man muss global denken und optimieren. Amerika deckt nach wie vor 50 Prozent des weltweiten IT-Bedarfs, Europa 30 Prozent und Asien 20 Prozent. In der Zukunft wird es vielleicht gleichmäßig in Dritteln aufgeteilt sein. Das größte Wachstum wird in Asien verzeichnet. Und das erfordert eine lokale Präsenz. Firmen, die es verpasst haben, sich rechtzeitig in Asien auszubreiten, werden es schwer haben.

Amerikanische Unternehmen haben ihre Kosten durch dieses Outsourcing nach China und Indien erheblich gesenkt und mit den Ersparnissen ihre Profite erhöht. Im Silicon Valley werden keine Computer mehr gebaut – fast alles wird in Asien hergestellt. Der Laptop kommt per FedEx als fertiges Produkt aus China. Die gigantischen Produktionsstätten in China sind sehr beeindruckend – was dort in kurzer Zeit aufgebaut wurde, ist einmalig. China verfügt über ein unerschöpfliches Reservoir an Arbeitskräften und zeigt einen unendlichen Willen, zu investieren. Selbst Billiglohn-Staaten wie Mexiko oder Singapur fürchten den Verlust von Arbeitsplätzen an China, eine berechtigte Sorge.

Indien spezialisiert sich auf Outsourcing von Service-Leistungen und Software-Entwicklung und hat den großen Vorteil der englischen Sprache. Das macht die Kommunikation mit amerikanischen Kunden viel einfacher. Bis auf die Zeitverschiebung kann man mit einer indischen Firma genauso gut zusammenarbeiten, als ob sie nebenan wäre. Das Internet und die moderne Kommunikationstechnologie haben die Welt verkleinert.

Die Globalisierung wird noch viel weiter gehen. Und das führt selbst in Amerika – dem Land der unbegrenzten Möglichkeiten, einem Land, das von Einwanderern gegründet wurde und durch Immigration gewachsen ist – zu einer gewissen Phobie in der Debatte um Jobs und Einwanderer. Seit meiner Ankunft in den USA im Jahr 1975 ist die amerikanische Bevölkerung um rund 90 Millionen gewachsen. Das ist mehr als die gesamte Einwohnerzahl Deutschlands. Die Vereinigten Staaten von Amerika haben inzwischen über 300 Millionen Einwohner. Nach Schätzungen werden es im Jahr 2100 ungefähr 600 Millionen sein. Natürlich fragt man sich bei diesen Zahlen, wo ist das Ende des Wachstums, wo kommt die Energie her, und wie soll das weitergehen? Eines erscheint sicher: Silicon Valley wird zur Lösung des Energieproblems beitragen. Inzwischen werden Milliarden Dollar in sogenannte »Green Energy«-Firmen investiert, die alles entwickeln, von besseren Solarzellen bis zu neuem Sprit. Man sollte aber nicht zögern, die Zahl der Visa für ausländische Ingenieure zu erhöhen, die unsere größte Hoffnung sind, die Probleme der Zukunft zu lösen.

Im Silicon Valley spielen Einwanderer aus einer Vielzahl von Ländern eine große Rolle. Schätzungsweise die Hälfte der Entrepreneurs im Silicon Valley sind Einwanderer. Bei Sun waren zwei der Gründer Ausländer: Vinod und ich. Sergey Brin, einer der zwei Google-Gründer, ist 1979 im Alter von sechs Jahren aus seiner Heimatstadt Moskau in die USA übergesiedelt. Der Ebay-Gründer Pierre Omidyar ist in Paris geboren, der Intel-Gründer Andrew Grove in Budapest. Er entkam den sowjetischen Panzern, die 1956 die Freiheitsrevolte der Ungarn niederwalzten. Jerry Young kam als Zehnjähriger aus Taiwan nach Kalifornien, machte in Stanford – wo sonst? – seinen Master of Science und war 1995 einer der Gründer von Yahoo. Mein Freund David Cheriton ist gebürtiger Kanadier. Problemlos könnte ich die Liste verlängern.

Jährlich studieren in Amerika über 500 000 ausländische Studenten, von denen die Hälfte Business, Engineering oder Computer Science belegt. Davon kommen über die Hälfte aus China, Taiwan, Korea und Indien, viele aus Kanada, aber nur etwa 15 Prozent aus Europa. Viele dieser Studenten werden in den USA bleiben, einfach schon wegen der Möglichkeiten, die es hier gibt. Sie werden zum wirtschaftlichen Wachstum dieses Landes beitragen. Für manche Studenten ist dies die große Chance ihres Lebens.

Als ich 1975 ankam, wusste ich noch nicht, ob ich bleiben würde. Das hat sich erst schrittweise ergeben. Für mich war der amerikanische Optimismus, dieser grenzenlose Glaube an die Zukunft, sehr ansteckend. Gerade im Silicon Valley ist dieser Glaube besonders ausgeprägt. Man ist überzeugt, dass hier die Zukunft erfunden wird. Und das führt zu einer Risikobereitschaft, die es wiederum möglich macht, die Zukunft zu erfinden. Es hat vielleicht auch mit der Geschichte von Kalifornien zu tun, diesem Märchenland, das erst 1849 Teil der Vereinigten Staaten wurde. Am Anfang war es das Gold, das Zigtausende mit Planwagen nach Kalifornien lockte. Als dieser Traum zu Ende geträumt war, wurde das schwarze Gold gefunden, Erdöl. Mit den neuen Autos waren die Vorstädte von Los Angeles beliebig auszudehnen. Dann kam die Erfindung des Films, Hollywood, eine große neue Industrie. Im Zweiten Weltkrieg schaffte der Bau von Flugzeugen viele neue Arbeitsplätze. Nach dem Ende des Krieges kam die Entwicklung der Chips im Silicon Valley, dann die Entwicklung der Biogenetik – Gentech wurde 1976 im Silicon Valley gegründet – der Mikroprozessor, die Computernetzwerke, das Internet, alles Revolutionen, die im Silicon Valley ihren Ursprung hatten.

Dieser Optimismus, der Glaube, dass die Zukunft hier erfunden wird, passt zu mir. Ich fühle mich hier sehr wohl. Es ist nicht nur die Sonne, das schöne Wetter in Kalifornien, sondern es ist die Möglichkeit, neue Ideen zu verwirklichen, die mich nach wie vor faszinieren. Die Zukunft liegt in unseren Händen.

Ich lebe mit meiner Familie im Silicon Valley. Am Wochenende fahren wir gerne zu unserem Haus an der Küste von Big Sur. Es ist ein Glashaus, in dem man in jeder Ecke die Aussicht auf den Ozean und die Küstengebirge genießen kann. Von dort sieht man Sonnenuntergänge, wie sie Henry Miller in seinem Buch »Big Sur und die Orangen des Hieronymus Bosch« beschrieben hat:

»Gegen Sonnenuntergang, wenn die Berge hinter uns in dem anderen ›wahren Licht‹ stehen, bekommen die Bäume und Büsche in den Canyons ein ganz anderes Aussehen. Alles sprüht von Licht. Die Blätter, Zweige und Stämme treten scharf umrissen hervor, als wären sie vom Schöpfer selbst mit der Radiernadel herausgearbeitet. Die Bäume stürzen wie Ströme die Abhänge hinunter. Oder sind es Kolonnen von Soldaten (Hopliten), welche die Mauern des Canyons erstürmen? Jedenfalls bekommt man in dieser Stunde einen unbeschreiblichen Eindruck von den Raumtiefen zwischen den Bäumen, Stämmen, Zweigen und Blättern. Das ist nicht mehr Erde und Himmel, sondern Licht und Form, himmlisches Licht, himmlische Form. Wenn diese hinreißende Wirklichkeit ihren Höhepunkt erreicht, fangen die Felsen zu sprechen an. Sie nehmen beredtere Gestalt an als die Skelette vorgeschichtlicher Ungeheuer. Sie hüllen sich in ein metallisch glitzerndes und vibrierendes Farbengewand.«

Wir leben in einer wunderschönen Gegend, wo die Otter im Ozean spielen, die Wale vorbeiziehen und die Seelöwen sich tummeln. Es ist eine der schönsten Stellen der Welt, eine Ecke, die dem lieben Gott besonders gut gelungen ist. Hier ist die Natur so perfekt, dass man sie nicht mehr verbessern kann.

---

[1] »Jugend forscht« ist eine vom damaligen Chefredakteur des »Stern«, Henri Nannen, im Jahr 1965 ins Leben gerufene Initiative, Nachwuchsforscher über einen Bundeswettbewerb für Physik, Biologie, Chemie und Mathematik (von 1968 an auch Technik) zu motivieren. In den letzten 40 Jahren konkurrierten mehr als 120 000 Schüler, die weder das 21. Lebensjahr erreicht haben noch an einer Universität eingeschrieben sein dürfen, mit ihren Experimenten in »Jugend forscht«.

[2] Der amerikanische Senator J. William Fulbright rief 1946 zu einem weltweiten Austausch von Hochschülern und Lehrkräften auf. Die deutsch-amerikanische Fulbright-Stiftung wurde 1952 gegründet und hat seither den Austausch von etwa 40 000 US-Amerikanern und Deutschen arrangiert.

Oliver Bendig nahm Rücksicht auf seine Feinde. »Wir versuchten, so wenig wie möglich mit Knarren zu machen«, sagt er, »wir verteidigten uns zunächst mit Baseballschlägern« und »wir schlugen nur zu, wenn zugehauen werden musste.« Betroffen von so viel Feingefühl waren die Herren von der Mafia, die gelegentlich vorbeikamen, um Schutzgeld zu erpressen. Das Interesse galt zwei Etablissements in Los Angeles, in denen nackte und fast nackte Frauen auftreten oder den Gästen Gesellschaft leisten. Die Etablissements gehören Oliver Bendig, einem Zuwanderer aus Deutschland. Die Clubs machten ihn reich und damit das so bleibt, hat er seine eigene Schutztruppe aufgebaut. Seine Karriere stützt die Behauptung, dass jemand, der eine Idee hat, in Amerika immer noch unbegrenzte Möglichkeiten vorfindet. Für Bendig, »Baujahr Ende der Sechzigerjahre«, ist sie ein Lehrstück des widersprüchlichen Umgangs der Amerikaner mit dem Sex. Schon in jungen Jahren hatte der gelernte Bleiglaser im Berliner Amüsierbetrieb mit Vergnügen Geld gemacht. Mit 23 zog es ihn nach Kalifornien. Er jobbte als Chauffeur in einer überlangen Limousine, ohne die geringste Ahnung vom Straßennetz in Los Angeles zu haben. Dann verkaufte er US-Autos nach Europa, ein einträgliches Geschäft vor allem im Osten des wiedervereinigten Deutschlands, und schließlich, nachdem ein Waldbrand seine frisch erworbene Ranch in den Bergen vernichtet hatte, kam ihm der zündende Gedanke: ein piekfeines Club-Restaurant auf hohem gastronomischem Niveau – mit erotischen Darbietungen, und zwar ohne die üblichen Folgen. Im »4 Play«, geöffnet bis 6 Uhr morgens, zeigen sich hübsche Mädchen als »nude dancers«, sie sind also nackt. Es gibt Steaks und Cola oder Kaffee, aber keinen Alkohol – wie vom Gesetz vorgeschrieben. Der Gast kann sich eine unbekleidete Dame an den Tisch holen oder in die Sofa-Ecke. Aber anfassen darf er sie nicht. Im zweiten Bendig-Club, dem »Plan B«, tragen die Mädchen einen Fetzen Stoff, der vorgibt, Kleidung zu sein, weshalb das Gesetz den Alkoholverzehr erlaubt. Beide Betriebe brummen. Ollie Bendig, der Autos liebt, besitzt nun einen Ferrari, einen noch schnelleren McLaren und einen Rolls-Royce mit der Heckaufschrift »Gott schütze uns«. Aber es gibt Neider, wie die Mafia, und bis die Geschäfte standen, war vor allem ein mächtiger behördlicher Widerstand zu überwinden; von Kindergärten und Schulen, wo die Sünde nichts zu suchen hat, mussten die Clubs weit entfernt liegen – was Ollie so gerade noch verstand. Aber dann setzte es eine Schikane nach der anderen und Bendig musste teuer prozessieren. Der Gipfel: »Die Behörden haben mich sogar gezwungen, einen Fahrstuhl zu bauen, der auf die Bühne fährt – für behinderte Tänzerinnen.«

Oliver Bendig

»Sind nackte Brüste tödlich?«

Ich bin Bleiglaser und Glasmaler gewesen, ein Künstler des Handwerks; also prädestiniert für mein derzeitiges Business – die Körperkunst. Ich habe in Berlin gelernt und erkannt, dass ich gut mit meinen Händen umgehen kann. Wir haben Kirchenfenster restauriert, edle historische Fenster, auch aus Kathedralen. Ein halbes Jahr nach der Gesellenprüfung habe ich aufgegeben. Für mich war klar: Ich konnte nicht in einem Atelier sitzen und den feinen, kleinen Pinsel schwingen, Tag um Tag, Monat um Monat, mit dem Meister im Rücken. Diese Kontrollen missfielen mir, aufsässig war ich ohnehin. Ich habe beispielsweise in einem weißen Hemd gearbeitet und auf der einen Kragenseite mit dem Kugelschreiber »Na Du« aufgemalt, und auf der anderen »Arsch«. Eine Botschaft an meinen Chef. Ich war immer auf Konfrontation aus und befand mich entsprechend nahe am Rausschmiss.

Ich war weder an der Tanzschule interessiert noch am Fußball. Vor allem diese Fans, die sich vor den Stadien die Schädel einschlugen, habe ich als äußerst blöde empfunden, einfach untere Klasse. Mich haben Bodybuilder fasziniert, amerikanische Magazine wie »Muscle & Fitness«, und davor habe ich US-Krimis verschlungen: »Detektiv Rockford – Anruf genügt«. Der verfolgte die Totschläger mit einem »Pontiac Trans Am«, ein geiles Auto. Das habe ich mir später zugelegt. Ich bin 1,78 Meter groß und durchtrainiert, wie schon zu meinen Berliner Zeiten; 1,78 ist nicht eben viel, aber wenn man dicke Keulen dranhat, sieht die Sache, also der Oliver, schon ganz anders aus. Der Prinz von Anhalt hat mir seinen Titel verschachert. Jetzt ist meine Visitenkarte mit dem schönen Namen Oliver Leopold Prinz von Anhalt geschmückt.

Meine Theorie ist einfach: Wir putzen uns die Zähne, damit sie schön weiß aussehen; wir zahlen dem Friseur 50 Euro, damit Stirn, Hals und Ohren frei bleiben, und kaufen nicht im Kaufhaus, sondern bei Armani, Boss oder Ralph Lauren für teure Kohle Klamotten. Warum? Image! Und alles hängt vom Körper ab. Warum soll ich den dann vernachlässigen? Ich will auch vernünftig aussehen, wenn ich in der Badehose am Strand herumlaufe. Also arbeite ich derzeit drei Stunden täglich mit Gewichten, mit den Maschinen, die aus Pudding Muskeln machen. Mit Witz, Charme und einem guten Körper sind Frauen zu beeindrucken. Zumindest ist die Überzeugungsarbeit einfacher, als wenn man so ein Dünner ist, der keinen Ton rauskriegt: Ich habe in meinem Leben noch nie eine Zigarette geraucht (gelegentlich erlaube ich mir eine Zigarre) und nie Kokain gezogen oder sogar Heroin gespritzt. Nie. Das Leben ist für mich auch ohne diesen Schub geil, supergeil. Das tägliche Dasein gibt den Kick. Einen 500 000 Dollar teuren McLaren in der Garage, einen Ferrari vor der Tür, eine Villa mit Pool im luxuriösen Bel Air, eine schöne Frau im Bett, die ich bald heiraten werde! Warum soll ich traurig sein? Den Ollie sieht keiner depressiv, ich weine nur, wenn ich Zwiebeln schneide. Und das ist selten.

Ich habe meinen Body mit Steroiden stilisiert. Also doch, ja, ja. Es waren geringe Dosen, die bei mir stark wirkten. Ich musste, schon aus beruflichen Erwägungen, einen geilen Body vorweisen. Nach der Bleiglaserei habe ich in der Berliner Uhlandstraße in einem Bodybuilding-Studio als Trainer angeheuert – bei Ralf Reichenbach. Ralf war deutscher Meister im Kugelstoßen und 1974 sogar Zweiter bei der Europameisterschaft. Zunächst war er so ein megavollschlanker Kugelstoßer gewesen, der dicke Brillen trug. Aber der Ralf war diszipliniert, hat sich auf Diät besonnen, Kontaktlinsen eingesetzt, sich einen Flattop-Haarschnitt verpassen lassen. Ich bin nicht schwul, sicher nicht, aber Ralf hat sich zu einem der attraktivsten Männer entwickelt, die ich je gesehen habe. Totale Bodybuilder-Figur, obendrein total schlau, sympathisch. Im Februar 1998 ist er gestorben, eben 48 Jahre alt. Das war ein harter Schlag für mich. Ralf war das, was man einen Freund nennt. Er war's, der mich auf die Idee gebracht hat, mich zum Croupier ausbilden zu lassen. Einfach weil's da mehr zu verdienen gab. Ich habe mich nicht in Monte Carlo beworben oder Wiesbaden, auch nicht bei der »Spielbank Berlin«, sondern wurde Croupier in der Grollmannstraße – im Milieu.

Mädchen, Kasinos überall, Spielautomaten und – Oliver Bendig, Baujahr späte Sechziger. Ich war auf Baccara spezialisiert. Bei diesem Kartenspiel muss man schnell sein und rechnen können. Ian Fleming hat James Bond, 007, in seinem »Casino Royal« an den Baccara-Tisch platziert. Für Laien kein einfaches Spiel. Vor mir hockten die normalen Typen, die ihren Paycheck verknallen und solche, die ihre Kanonen ziehen und über den Tisch schießen. Die sitzen da, saufen, zocken und vertun sich – ich bin der mit dem klaren Kopf, mineralwassergetränkt. Mädchen werden bestellt, noch ein Fläschchen »Veuve Cliquot«, die »Witwe«, die für 1500 Mark im Silberpokal serviert wird. Am nächsten Morgen ist das die Erinnerung an die Nacht, wie der Nachgeschmack der Zigarre, einer Cohiba, Montecristo oder Partagas, die mit 170 Mark verbucht wurde.

Selbst die Mädchen pafften die Kubaner, kippten ihren Champagner in die Gummibäume, prost, du seliger Zocker – die Freier wurden schön massiert. Und auch ich habe schönes Geld verdient, 20 Jahre alt und zuweilen 10 000 Mark im Monat. Ich habe mir die dicken Ami-Kisten zugelegt, natürlich Camaro, Corvette. Sofort wurde mir das Etikett angehängt: Zuhälter-Auto. Zuhälter! Mich hat diese Verleumdung kalt gelassen. Neid, das wissen wir, ist kein kluger Ratgeber. Ich bin mit meinen Schlitten auf die US-car-meetings gefahren und habe andere Leute kennengelernt, die den gleichen Tick hatten wie ich, den gleichen Autofimmel.

Einer meiner Kumpel, den ich von »City Fitness Reichenbach« kannte, hat in Berlin im »Kempinski« gelernt. Mit dem habe ich viel gemeinsam gemacht: Mädels aufgerissen, im Bodybuilding-Studio trainiert. Der wurde für seine weitere Ausbildung nach Beverly Hills geschickt. Kurze Zeit später rief er mich an: »Mensch, Ollie, der blanke Wahnsinn hier. Sonne, Wein und wilde Weiber, Box-Weltmeister, Bodybuilder, die »crème de la crème« im Gold's Gym, sogar Arnold Schwarzenegger.« Ich habe meinen Flug gebucht und die Küste inspiziert. Cool. Alles cool. Ich hatte sowieso Lust auf was Neues. Die klimatischen Verhältnisse am westlichen Ende Amerikas, der absolute Knaller. Ein Autoangebot wie nirgends in der Welt – dazu das Gold's Gym, Santa Monica. Mein Mekka. Männer mit Muskeln wie Stahlpfeiler, die Stützen fürs Ego, und Kumpel, die Büroarbeit verachten.

In Berlin hatte ich meinen Ami-Schlitten verkauft. Ohne Wehmut. Im kalifornischen Paradies hätte Adam nicht Eva gegriffen, sondern eine »Corvette«, knallgelb, mit einer Apfelzeichnung auf dem Kühler. Mit zwei Koffern reiste ich in L.A. an, einige tausend Dollar cash in der Tasche. Materiell gesehen startete ich ganz unten, Tiefgeschoss des amerikanischen Traums. Angst hatte ich nie, mein Vater hat in seiner Freizeit geboxt. Ich kann einstecken und austeilen.

Mein erster Job: Chauffeur bei einem Limousinen-Unternehmen. Unendlich lange Autos. Meist schwarzer Lack. Platz für 12 Leute, wenn sie eng verschlungen sitzen oder liegen. Oder Einzelfahrt. Zum Airport. Tierheim. Psychiater. Zum Schönheits-Chirurgen. Wahrsager. Anwalt. Zum Schwulen-Treff, zu den Anonymen Alkoholikern – Menschen, die nicht sind wie du und ich. Zumindest in Kreuzberg, Berlin, sind sie anders gepolt. Die Limo-Besitzer wollten vor allem wissen: Sind Sie mit der Stadt vertraut? Da ich bereits sechs Tage am Strand gelegen und auch Gewichte gestemmt hatte, antwortete ich: »Ja.« Das war keine Lüge. Alle sagen »ja« und verirren sich in L.A., obwohl sie Jahrzehnte hier leben. Anders sind die ewigen Verkehrsstaus auf den Highways nicht zu erklären: Die Amis bleiben auf den Autobahnen, die sie kennen. Ein Umweg auf Nebenstraßen, Abkürzungen könnten im Getto und mit dem Tod enden. Kein Witz. Zwei Stunden Stau bedeutet für manche Amis zwei Stunden Freizeit, ungestörtes Dasein, ohne Kinderlärm, ohne Gezeter der Ehefrau. So gesehen ist der Stau ein Segen. Und Teil der Kultur.

Ich trug Uniform. Krawatte. Wie eine Bibel umklammerte ich den »Thomas«-Guide, das Straßenlexikon. Wie sonst sollte ich wissen, wie ich die »L.A. Gun-Club Indoor Pistol Range« erreichen konnte, das »Museum of Neon

Art« oder die »AAA Trailer Home Estates«, den »Jesse Owens County Park«, die »Hollenbeck Division« der Polizei. Ich habe gepaukt und gepaukt, gelernt, wo die Betuchten leben: Bel Air, Pacific Palisades, Beverly Hills, Brentwood, Malibu, Holmby Hills, Hancock Park, Westwood, Cheviot Hills, Pasadena.

Mein Limousinen-Jahr war ein Lehrjahr: Ich erkannte, wie Leute leben, die dicke Kohle haben und in den »gated communities« wohnen, verbarrikadiert, beschützt von privater Polizei. Ich wollte mir ein kleines Eckapartment in West-L.A. mieten, Neubau. Kurz vor meinem Einzug kam der Anruf der Vermieter. Annuliert. »Wir haben einen »credit check« gemacht. Sie sind nirgends verschuldet.« Null. Ohne US-Kreditkarte. »You need a credit rating.« Auch das ist Amerika: Je mehr Schulden man pünktlich zurückgezahlt hat, desto größer ist das Vertrauen, und desto mehr Schulden sind wiederum möglich. Ich habe mich bereit erklärt, sechs Monate Miete im Voraus zu zahlen – und Schulden zu machen. »Great, Sie können einziehen.«

Ich lebte ein Leben wie der Pilot im Strategischen Bomber-Kommando – 24 Stunden einsatzbereit. Kein Alkohol. Ich stemmte Gewichte oder quatschte mit Weibern am Strand. Sobald mir über Handy Name und Adresse eines Kunden mitgeteilt wurde, zog ich mich im Auto um: Fünf Dollar pro Stunde Lohn, plus Trinkgeld. Manchmal wurde ich mit Entertainment entschädigt: Zwei Lesben, die ich im Topanga Canyon abgeholt hatte, gingen gleich zur Sache. Eine harte Fahrt für mich durch das Tal – Straßenverkehr vorn, Geschlechtsverkehr hinten. In diesen ersten Monaten in den USA war ich wie ein trockener Schwamm, den man ins Wasser wirft. Ich habe alles aufgesogen: In meiner Freizeit habe ich unglaublich viel gelesen, die »L.A. Times« wie die »Vanity Fair«, das »Los Angeles Magazine«, den »Wine Spectator« und »Cigar Aficionado«. Ich habe Stunden in Supermärkten verbracht, mir die Verpackungen angesehen, die Namen gemerkt. Ich wollte einfach verstehen, wie dieses Land tickt, woher es die Kraft schöpft, wie die Widersprüche entstehen, der religiöse Wahn, der Wahnsinn des Krieges. Oder: Warum haben die »Adolf« Bush zweimal gewählt? Ja, kein Versehen: Er war für mich ein amerikanischer »Adolf«.

Offenbar war ich ein guter Student – 13 Jahre nach meinem ersten Limousinen-Einsatz konnte ich meinen eigenen Fahrer engagieren – nur für mich. 24-Stunden-Dienst im Rolls-Royce Phantom oder im Bentley. Ein ähnlicher materieller Sprung wäre mir in Deutschland ganz bestimmt nicht geglückt. Als Untergebener bin ich nicht hörig genug. Mein Drang ist zu stark. Ich bin voller Ideen und Energie.

Niemand hat mir nach meinem Limousinen-Jahr befohlen, auszusteigen und mich auf ein anderes Einsatzgebiet zu konzentrieren, den Auto-Export: zunächst für edle Ami-Schlitten, Thunderbird, Cadillac, Lincoln, dann auch

Mitsubishi, Ford, you name it. Verkauft in Deutschland, erst West, dann Ost. Nach dem Mauerfall gierten die Ossis nach einem Auto. Ich konnte liefern, von L.A. über Bremerhaven nach Berlin. Ich hockte an der Quelle: Ich besorgte mir eine Lizenz als Autohändler und hatte Zugang zu »Dealer Only Auctions«, Auktionen, auf denen in sechs Stunden bis zu 6000 Autos verkauft werden. Von der Justiz beschlagnahmte Autos, von den Verleih-Firmen aussortierte Wagen. Alles gegen cash oder einen Bankscheck. Sofort. Weg mit den Wagen. Ich habe nicht nur von den geringen Auktionspreisen profitiert, sondern auch vom Wechselkurs: für billige US-Dollar eingekauft, für teure D-Mark abgesetzt. Ich bin selbst nach Bremerhaven gedampft und habe die Wagen im Schnee und über vereiste Straßen nach Berlin gesteuert. Ich war bereit, mir die Hände schmutzig zu machen und habe bei den Modifikationen und gelegentlichen Reparaturen mitgeholfen. Ich lag unter Autos im Schlamm, das Öl tropfte mir ins Gesicht. Na und? Die Vorstellung vom amerikanischen Schlaraffenland kannst du vergessen. Amerika bedeutet harte Arbeit. Wer hier bestehen will, muss wie ein Verrückter ackern. Ich habe meine Herkunft nie vergessen. Ich habe alles erarbeitet, erdacht und umgesetzt. Hier in Amerika ist es wie in der Natur: Das Gute und Starke kommt hoch, der Rest bleibt Mittelmaß oder geht ein. Das Gesetz des Dschungels, was sonst? Wie sieht's aus mit bezahltem Urlaub, Schwangerschafts-Erholung, Kündigungsschutz? Derb.

Täglich kann's dich erwischen, einfach so, weil dem Boss dein Eau de Cologne nicht passt. Konservative Politiker und Unternehmer in Deutschland schwärmten von der Arbeitsplatzbeschaffung. McDonald's, natürlich, und das Hotel am Strand sucht ein Zimmermädchen. »I'll take it«, sagt die Hochschulabsolventin, die an der Uni ihre Doktorarbeit über »Globalen Klimawandel und die Auswirkung auf die Polarbären« mit Auszeichnung gemeistert hat. Sie muss ihre Miete zahlen, Arbeitslosenunterstützung steht ihr noch nicht zu. Irgendwann, 2012, findet sie an einem Junior-College nahe Kansas City einen Job als Bibliothekarin, 30 Autostunden östlich.

Ich habe so manchen Deutschen kennengelernt, der mit der Vorstellung angereist ist, dass gebratene Tauben über den Sunset Boulevard fliegen. Als sie das Wort von »harter Arbeit« hörten, haben sie den Schwanz eingezogen und sich in Deutschland wieder bei der Allgemeinen Ortskrankenkasse angemeldet. Und beim Arbeitsamt. Ich habe mich diesem Land, seinen Bedingungen geöffnet, mich etwa knapp zwei Autostunden von L.A. auf einer Ranch eingemietet. Und habe mit den Cowboys gearbeitet, so wie das in Filmen zu sehen ist, einschließlich der Arbeit mit dem Lasso. Für mich ein unglaubliches Erlebnis: der Junge aus Berlin, endlich, im Wilden Westen! Akzeptiert von Cowboys, von dem Besitzer der »Three-Point-Ranch« auch, einem schwarzen Hollywood-Schauspieler, Glynn Turman, der 1959 erstmals am Broadway mit Sidney Poitier auf der Bühne stand. Er hat mit Ingmar Bergman gearbeitet und in populären TV-Serien gespielt.

Glynn, über 60, hat mich als Freund akzeptiert, weil ich ihn nie um eine Filmrolle angehauen, mich nie angebiedert habe. Viele Jahre später, nachdem wir gemeinsam einige Rinderherden getrieben hatten, hat er mir in einem seiner TV-Filme eine Komparsenrolle angeboten, als Cowboy. Ich glaube, es war 1997 für »Buffalo Soldiers«, eine nur aus Schwarzen bestehende Kavallerie-Einheit im Wilden Westen, die auch mal weißen Cowboys begegnete. Ich Dummkopf habe abgelehnt und mich über mich selbst geärgert, nachdem ich den Film gesehen habe. Ich habe mich getröstet und mir in den Bergen, oberhalb von Malibu, eine Ranch gekauft. Das Autogeschäft flachte allmählich ab, weil die Deutschen, auch die aus dem Osten, erkannt hatten, dass ein Cadillac, mit einem 7,4 Liter-Motor, so schön er auch ist, schnell mal 35 Liter schluckt.

Ich hatte also Zeit. Morgens stand ich auf meiner Terrasse und blickte über die Weiden, die Koppeln. Die Pferde warteten auf mich. Sobald sie mich entdeckten, wieherten sie – Futter, please. Dann habe ich aufgesattelt, hinauf in die Berge. Ein Pferd an der Leine hinter mir. Cowboy-Romantik. Freiheit. Flüsse, Seen. Diese Berge, den National Park, habe ich mit Freunden beritten – Satteltaschen, Schlafsäcke, Hängematten, wir hatten alles dabei. Wir haben unser Lagerfeuer angezündet, gegrillt, Bier getrunken, erzählt, geträumt, fantasiert – es war romantisch und gigantisch. Ich habe weniger und weniger gearbeitet – die Romantik hatte mich beschlagnahmt. Dann, 1996, der Schlag! Wie lösche ich einen Waldbrand? Einen Steppenbrand, der vom Wind getrieben wird wie von einem Mega-Ventilator? Ich kam von einem Supermarkt zurück in die Berge, da rief meine damalige Freundin: »Feuer, Brandwolken über der Ranch!« »Du sollst nicht auf Panik machen«, rügte ich sie. Dann aber waren da Sheriffs, Barrikaden, Feuerwehr. Ich sah, dass sich die Flammen auf meine Ranch zubewegten, trug meinen Computer vor die Tür, mit wichtigen Dokumenten; ich trieb die Pferde zusammen, rief die Hunde. Meine Augen brannten, dieser verdammte Qualm.

Meine Freundin verstaute unser Gepäck. Ich trieb die Pferde an, wir vergaßen den Computer, meine private Fotosammlung, nicht jedoch die Hunde. Ich ritt, verfolgt von Rauch und Flammen, den Mullholland Highway entlang. Überall Pferde. Menschen. Flüchtende. 20 Kilometer entfernt war eine Ranch. Ein Stellplatz für die Pferde. Feuerwehr-Trucks auch hier. Erschöpfte Feuerwehrleute mit verrußten Gesichtern. »Wie sieht's aus da oben?« »Katastrophe. Alles weg.« Später, sehr spät, bin ich nahe an das Brandgebiet gefahren. Ich musste wissen, was aus meinem Haus geworden war. Gefühle wie beim Roulette – schwarz oder rot. Ich stand vor einer Ruine. Mein Haus. Mein Traum. Nichts mehr war da, alles weg. Die Fotos und damit Erinnerungen. Die Kindheit verbrannt, die Jugend eingeäschert. Oliver Bendig, ein Opfer der Natur. Ich habe mich nicht im Selbstmitleid verloren. Ich war nicht pleite, allenfalls meine Träume waren unterm Schutt begraben.

Die Flammen haben mich daran erinnert, wie zerbrechlich das menschliche Dasein sein kann – heute Power, morgen Asche. Der Verlust hat mir zugesetzt. Einige Tage erdrückte die Ernüchterung meine Energie. Dann aber kam mir ein neues Projekt in den Kopf. Ein Gentlemen-Club. Vom Feinsten. Filet mignon und schöne Körper, so nackt, wie das Gesetz es erlaubt. Knackärsche und Kaviar. Die Stadt, so mein Gedanke, ist überlaufen von Schönheiten, langbeinigen Kreaturen aus aller Welt, Frauen, die von Filmkarrieren träumen, aber nicht mal für einen Porno engagiert werden. Für die Männer gab's nichts Feines, nur Stripläden und Titti-Bars. Alles schmuddelig. Mein Club sollte anders sein – klar, sauber. Nackte Frauen in Bewegung,»lap dancing« natürlich auch.

Die künftigen Nachbarn meiner Clubs wehrten sich gegen das Projekt. Vehement. Sie wollten keinen Puff, argumentierten sie, weder Huren noch Spanner. Es ist nicht einfach, in L.A. für ein solches Etablissement einen Bauplatz zu finden, der den behördlichen Auflagen entspricht: Mindestentfernung von 300 Metern zu Kirchen, Schulen, Parks, Wohnhäusern. Sex ist ein Virus. Die Pest. Busen sind Bomben. Es ist so verlogen: Nirgends in der Welt wurden in den letzten Jahren mehr Pornos produziert als in der Nachbarschaft Hollywoods. Und wer kauft sie, wer schaltet in den Hotels – gegen deftige Gebühr – die Porno-Kanäle ein? Einmal mehr: Heuchelei. Das sind die Herrschaften, die den»Playboy« beschimpfen und ihn dann heimlich durchblättern, Leute, die öffentlichen Druck ausüben auf Politiker, auf das Fernsehen – das keinen Werbekunden provozieren will, schon gar nicht durch Sex und Sünde.»Freiheit« predigen die Fernsehsender,»Pressefreiheit«, nur versteigen sie sich in eine Selbstzensur, die Freiheit auf eine Karikatur reduziert. Die Mehrheit der Amerikaner hat das System nie infrage gestellt, weder den korrumpierten Kongress noch die scheinbar so sittsamen Eiferer, die Krieg der Kopulation vorziehen.

Zwölf Monate lang habe ich bei den Behörden für meinen Club»4 Play« Dokumente einreichen müssen. Abgelehnt. Abgelehnt. Abgelehnt. Bürokratische Blockade. Proteste der Nachbarschafts-Vereinigung. Machtvolle Gruppen. Vor allem Frauen. Eine Lizenz zum Ausschenken von Alkohol wurde mir verwehrt. Moral. In Clubs, in denen Frauen sich ausziehen, müssen Männer ihre Erregung mit Espresso, Cappuccino oder Coca-Cola besänftigen.»Oben ohne« jedoch, unten nur ein betuchtes Dreieck im Umfang einer Zigarettenschachtel – das ermächtigt zum Bier- und Weinkonsum. Etablissements, die

die Brustwarzen der Entblößten mit runden Plastikdeckeln bedecken, so groß wie eine Euro-Münze. Die Logik habe ich nie verstanden. Nackter Busen am Strand – Strafmandat. Nackt am Strand, so wie Gott uns schuf: Gerichtsverfahren. Das öffentliche Amerika ist prüde. Dramatisch war die Reaktion, als Janet Jackson, der Schwester des schwarz-weißen Michael, gewollt oder tatsächlich unschuldig, bei einem Fernsehauftritt der Busen aus der Bluse entkam, schön und prall im Scheinwerferlicht. Die Fernseh-Manager fielen vor den Konservativen auf die Knie, flehten um Vergebung für diese Entblößung. In manchen US-Bundesstaaten dürfen Kleinkinder am Strand nicht nackt planschen, in einigen können homosexuelle Männer wegen ihrer Vorliebe im Knast enden, zögern selbst liberale Blätter wie die »New York Times«, das Wort »ficken« auszuschreiben. Die Zeitung bleibt verschämt beim »f...«.

Im Unterricht halten sich Lehrer in der Sexualkunde zurück, falls sie überhaupt im Lehrplan vorgesehen ist. Diskussionen über Selbstbefriedigung, über Schwangerschafts-Unterbrechung könnten auf die Anklagebank führen. Jawohl. Vergessen wir nicht den Aufruhr, als das Ex-Model Sharon Stone sich in »Basic Instinct« entblößte – 1992. Ein erotischer Thriller, den die »New York Times«-Kritiker, so glaube ich mich zu erinnern, zerfetzten. »Genitalien-Show«, so ähnlich war's zu lesen. Eine bisexuelle Thriller-Schriftstellerin, reiche Erbin, wird des Mordes verdächtigt. Die Kripo-Typen ließen ihr offenbar nicht viel Zeit zum Anziehen. Sharon Stone saß da ohne Höschen bei der Vernehmung. »She's got that magna cum laude pussy on her that done fried up your brain«, ist auf meinem »Basic Instinct«-Video zu hören, im Klartext heißt das in etwa, ihr Busch ist so unglaublich spitzenklasse, das bringt dich um den Verstand. Vergessen wir nicht: Nahezu zwei Jahrzehnte nur ist's her, seit Sharon Stone mit ihren geöffneten Beinen für manchen Amerikaner das Tor zur erotischen Welt öffnete. Es ward dann ein bisschen Licht in den Schlafzimmern der Nation. Hoffnung, dass die Heuchler ein Einsehen haben werden. Sie akzeptierte sogar allmählich den »blow job«, der, wie Präsident Bill Clinton nach seiner Affäre mit Monica Lewinsky dem Volk erläuterte, nicht wirklich Sex ist und mit Liebe nichts zu tun hat.

Im Sommer 2006 zelebrierte das Society-Blatt »Vanity Fair« in einem Artikel den »blow job« als »amerikanisch wie Apfelkuchen«, eine »orale Geschichte« also – die allerdings manchen Abonnenten zur Kündigung bewegte. Die Fernsehsender haben weiterhin kein Problem damit, den Kindern Brutalo-Filme vorzusetzen: zerschossene Körper, Vergewaltigungsszenen. Sind nackte Brüste tödlicher? Ich habe Hunderttausende von Dollar an Anwaltskosten rausgedrückt, mich mit Schikanen aller Art auseinandergesetzt; sie wollten mich finanziell mürbe machen, zur Aufgabe zwingen. Die Behörden haben mich

sogar gezwungen, einen Fahrstuhl zu bauen, der auf die Bühne fährt. Für
behinderte Tänzerinnen. Behinderte Lap-Dance-Ladys? Schwachsinn? Nein,
»equal opportunity employment«. Keine Diskriminierung von Behinderten im
Berufsleben. Gleichberechtigung. Einverstanden. Aber in diesem Gewerbe?
Wir haben Anzeigen geschaltet – »L.A. Weekly«, »L.A. Times«: »nude dancers
wanted. Gentlemen club«. Sie kamen in Scharen. Keine im Rollstuhl.
Alle waren schön. Aus Russland. Aus der Bronx. San Diego. Sacramento.
Hollywood. Dresden. Studentinnen. Möchtegern-Schauspielerinnen. Ich
habe sie mir alle angesehen, inzwischen beschäftige ich 230 Mädchen in meinen zwei Clubs, dem »4 Play« Gentleman's Club wie dem »Plan B«. Da sind
schon tolle Modelle dabei, aber ich bumse keine von denen, obwohl über die
Jahre Tausende für mich gearbeitet haben. Ich verrate nie, dass ich diese Clubs
besitze. Als ich noch lange Haare hatte und mit Kumpel Micha im offenen
Rolls-Royce unterwegs war, dachten die Leute, ich sei ein Rock 'n' Roller, so'n
typischer Musiker in abgerissenen Jeans. Wenn ich im Anzug auftrete, rücke ich
in die Produzentenkategorie auf – alles muss hier sofort ein Etikett bekommen.
Da ich auch mit Grundstücken handle, erkläre ich meist, ich sei im Immobi-
liengeschäft tätig. Ich könnte mich natürlich auch zum Striptease bekennen,
zumal alles legal abläuft, aber für die biedere Welt ist nackt gleich Prostitution
gleich Puff gleich Zuhälter gleich Mafia gleich Drogen gleich Orgien. Die glauben, auf meinen Partys hüpfen 100 nackte Mädchen in den Pool.

Ich bin der Boss, kein Zuhälter. Mein Privatleben ist von dem Business stark
getrennt. So sollen sich auch die Mädchen verhalten. Lassen sie sich privat mit
einem Gast ein, sind sie draußen. Diese tollen Girls können 25 000 Dollar im
Monat verdienen, für nichts. Ohne Anfassen. Ohne Prostitution. Wir engagieren keinen Striptease-Lehrer. Die Mädchen sollen unterschiedlich auftreten,
lustig, ansprechend, sexy. Einige sind Akrobatinnen, wenn sie an der Stange
herumwirbeln, die könnten im »Cirque du Soleil« auftreten. Unser Niveau ist
bewusst hoch, nicht so wie in den Schmuddel-Schmieren am Sunset.

Bei uns kostet alles Geld. Ein »lap dance« wird, für drei Minuten, mit 30 bis
40 Dollar berechnet, ein hübsches Mädchen bewegt sich wie ein menschliches
Luftkissenboot über die männliche Schwachstelle – die Stunde 800 Dollar. Wir
haben Kunden, die ziehen sich mit drei Mädchen in eine Couch-Ecke zurück,
drei Stripperinnen, und sie löhnen – ohne Anfassen – 2400 Dollar. Kleingeld
für diese Kunden. Gelegentlich sehe ich Kreditkartenabrechnungen, auf denen
pro Kunde 18 000 Dollar verbucht sind. Einige, vor allem die älteren Gentlemen oder jene, die bei der göttlichen Verteilung hässlicher Gesichter zweimal
»Hier!« gerufen haben, wollen in meinem Club »Plan B« nur im Champag-
ner-Raum mit einem süßen Mädchen am Tisch sitzen. Sie schlürfen trotz der

Schwächelei des globalen Kapitalismus Dom Pérignon, die Flasche für 1000 Dollar, und quatschen und quatschen. Für meine Girls ist das wie Kantinenessen. Der Gast bestellt sein Steak, ganz durch, und vor ihm lächelt die Kleine, als sei er der Weihnachtsmann – in gewisser Weise trifft das ja auch zu.

Der Rhythmus in L.A. ist anders. Die Leute essen früher, trinken mehr Wasser als Schnaps. Immer wieder werden neue Clubs eröffnet, im Schnitt halten die sich sechs Monate bis zu einem Jahr, dann läuft eine neue Sau durchs Dorf. Die Kundschaft entdeckt eine neue Disco, eine Zeitung nennt den Namen eines Stars, der dort 30 Sekunden herumgesessen hat, und schon ist der Trend gesetzt. Ich bin in dieser Szene nicht aktiv. Ich bin zu Partys eingeladen, häufig, und wenn ich sehe, da wird Rauschgift ausgeladen, dann bin ich weg. Wir machen um 12 Uhr mittags auf und schließen, je nach Wochentag, am nächsten Morgen um sechs.

Die meisten Nachtclubs in Hollywood machen bereits um 2 Uhr morgens zu, danach rappelt es einmal mehr in meiner Kasse. Welch ein Geräusch der Erleichterung für mich nach den ersten Eröffnungstagen, als das Drehkreuz am Eingang endlich klack-klack-klack machte. Endlich keiner mehr, der mir Riesenrechnungen vorlegte, sondern bei mir machte es kling, kling, kling in der Kasse. Mein McLaren muss ja bezahlt werden. Die Europäer, vor allem die Deutschen, können das Konzept nicht nachvollziehen. 800 Dollar die Stunde, nur damit eine Nackte mir einen Ständer beschert, der sich dann nicht mal austoben kann, sondern sich in die Kammer zurückziehen muss, wie ein Jagdhund, dem die Verfolgung des Hasen verboten wird. Unser Konzept funktioniert, weil am Sunset zwar einige Huren herumtrippeln, auch umfunktionierte Männer, aber da sind auch die Undercover-Trupps der Polizei. Wenn du dich mit einer Hure einlässt, bist du mit einem Bein im Bett und mit dem anderen im Gerichtssaal. Ich erkläre den Gästen aus Europa: Im Louvre stehst du auch vor der 500 Jahre alten Mona Lisa, bist angetan von ihrer Anmut, dem Lächeln. Und kannst sie trotzdem nicht abhängen und nach Hause tragen.

Ich bin nicht so vermessen, meine Girls mit Leonardo da Vincis Meisterwerk zu vergleichen, aber man kann die Schönheit der Frauen bewundern, ihre Bewegungen, den straffen Busen der Jugend, die glatte Haut. Diese Bilder kann der Mann aufnehmen. Ein Puff-Besitzer bin ich jedenfalls nicht, aber auch nicht das Rote Kreuz. Ich arbeite auch auf dem Hochseil, eben weil die Konkurrenz erkannt hat, wie die Eleganz meiner Etablissements die Geld-Society anlockt. In den ersten Jahren haben mir nicht nur die Behörden mit ihren ewigen Kontrollen zugesetzt, sondern auch die Gentlemen von der Mafia oder deren Konkurrenten, die mir erklärten: »Wir brauchen Gage, damit dir nichts passiert. Schutzgeld gegen das Böse.«

Ich habe folglich eine kleine Armee aufgebaut, eine Selbstschutztruppe, darunter ehemalige Fremdenlegionäre. So manche provozierte Schlägerei mussten die unterdrücken, vor allem wenn die Gangs einmarschierten, ein Dutzend Schlägertypen, allesamt auf Kleinholz und Scherben programmiert. Wir versuchten, so wenig wie möglich mit Knarren zu machen, das Letzte, was wir an Werbung brauchten, war eine Schießerei. Wir verteidigten uns zunächst mit Baseballschlägern. Wir schlugen nur zu, wenn zugehauen werden musste. Ich kann nicht ausschließen, dass morgen wieder einer abkassieren will, aber in den letzten Jahren war's bei uns wie im Vatikan. Kein Krach, Brüderlichkeit. Keine Drogen. Ich halte mich selbst für sehr diplomatisch, ich kann gut mit allen Leuten, kann mich auf den Obdachlosen einstellen, der im Pappkarton schläft, und auch auf den, der im Rolls-Royce vorfährt.

Mit dieser Gabe kann ich schnell Leute überzeugen und gewinnen. Wie haben die Nachbarn, die Läden in der Nähe unseres Clubs gegen mich protestiert!? Zwei Häuserblocks von einem der Clubs entfernt ist eine Methadon-Klinik etabliert. Davor wurde offen mit Drogen gedealt und gelegentlich tänzelte das eine oder andere Mäuschen auf dem Gehweg herum. Ich habe das Theater beendet. Mit eigenen Patrouillen; ich wollte eine sichere Umgebung und keine Autoeinbrüche. Heute sind wir auf Null-Einbruch, Null-Überfall, und die Geschäftsleute lieben mich und inzwischen auch die Girls, denen sie in der Lunch-Pause auf den Busen sehen, was immer noch angenehmer ist als die Hornbrille der bezopften Sekretärin.

Ich bin nur noch selten in meinen Clubs. Meine Mitarbeiter sind klasse. Bodybuilder. Schlagkräftig. Ehrlich. Hoffe ich. Zuverlässig. Meinen »Corvette«-Wahn habe ich abgelegt. Heute würde ich mich schämen, in einem solchen Auto zu sitzen. Ich bin Mitglied in einem Ferrari-Club. Manchmal treffen wir uns am Wochenende. 100 Ferrari-Besitzer. Raserei wie bekloppt. Ein Riesenspaß. Wenn ich mit meinem McLaren-Rennwagen durch die Stadt knalle, werde ich nie angemacht. Im Gegenteil: Ich höre:»Toll, das Ding«, oder:»Nie gesehen«. Kann man sich folgende Szene in Deutschland vorstellen? Ich halte an einer Kreuzung. Neben mir stoppt ein Polizeiwagen. Der Bulle öffnet die Scheibe:»Ist der Schlitten so schnell, wie er aussieht?« Ich entgegne:»Ist euer Auto schnell?«»Nein.«»Meiner ja.« Nun der Polizist:»Wenn die Ampel grün wird, dann trete mal das Gaspedal nach unten. Ausnahmsweise. Wir wollen sehen, wie die Rakete zündet. Keine Angst, kein Strafmandat.«

Ich habe die »traction control« rausgenommen und bin über den Beverly Boulevard geflogen, mit Zustimmung der Staatsgewalt.

Eric Braeden *spielte im Film neben Marlon Brando und am Broadway mit Curd Jürgens, er trat in Kultserien wie »Mission Impossible« auf und ertrank als Johann Jacob Astor in dem Untergangs-Hit »Titanic«. In den* USA *zählt er zu den beliebtesten Darstellern – vor allem dank der* TV-*Serie »The young and the restless«, die seit 29 Jahren täglich gesendet und weltweit von 120 Millionen Fans verfolgt wird – Braeden besetzt als »Victor Newman« die Hauptrolle. In Deutschland indessen ist dieser Liebling der Massen, der von Haus aus Hans Jörg Gudegast heißt und 1941 in Kiel geboren wurde, weithin unbekannt, trotz seiner zwei Bundesverdienstkreuze. Mit 18 ging er nach Amerika, verdiente sein Geld als Cowboy und Möbelpacker, studierte Politische Wissenschaft, landete in Hollywood – und traf in der Filmszene auf massive Vorbehalte gegen alles, was deutsch war. Curd Jürgens hatte den jungen Kollegen gewarnt: Er solle sich gar nicht erst in Hollywood festsetzen, dort werde er bis an sein Ende dumme Landser und böse Nazis spielen müssen. Doch Hans Jörg Gudegast hielt durch. Er erduldete für eine Weile das seltsame Deutschlandbild der kalifornischen Kinokünstler und machte dann unter dem Namen Eric Braeden landesweit Karriere. Im Juli 2007 wurde sein Lebenswerk mit einem in den Hollywood-Boulevard eingesetzten Bronzestern geehrt, Symbol für die Großen von Hollywood. Es bedürfe schon der »Nehmerqualitäten eines Boxers«, um durchzukommen, sagt er im Rückblick. Eric Braeden, seit mehr als 43 Jahren mit einer Amerikanerin verheiratet, ist bei allem Erfolg auf dem Boden geblieben, und der Hans Jörg Gudegast, aufgewachsen im Dorfe bei Kiel, spricht immer noch »ganz gut« plattdeutsch.*

Eric Braeden

»Es gibt nichts Verführerischeres, als Filmstar zu sein.«

Meine Zeit auf dem Dorf liegt mehr als ein halbes Jahrhundert zurück. Ich war 12, als mein Vater starb, anno 1953. Ich bin in Kiel geboren, just in jenem Jahr 1941, als die Briten erstmals über dem U-Boot-Stützpunkt, den Werftanlagen und den Arbeitervierteln ihre Bomben abluden. Kein Wort an meinem Geburtstag, Donnerstag, 3. April, in der mit einem Hakenkreuz auf dem Titelblatt dekorierten »Niedersächsischen Tageszeitung« über deutsche Verluste. Stattdessen: »Roosevelt rasselt mit dem Säbel« oder »Die Schlacht im Atlantik beginnt jetzt erst«.

Charles de Gaulle wurde als »Deserteur« klassifiziert, die Meldungen der »Times« als Lügen, ein hingerichteter Nazigegner als »Volksschädling«. Sechs Tage später meldete die »Neue Leipziger Tageszeitung«, versteckt in einem Artikel, der unter der Schlagzeile »Erfolge trotz zähem Feindwiderstand« gedruckt wurde: »In der Nacht zum Dienstag warfen feindliche Flugzeuge im norddeutschen Küstengebiet an einigen Orten Spreng- und Brandbomben. Sie trafen in einer norddeutschen Stadt Wohnviertel. Entstehende Brände konnten rasch gelöscht werden.« Und: »In einem anderen Küstenort wurden durch Sprengbomben ebenfalls Wohnhäuser beschädigt. Unter der Zivilbevölkerung entstanden Verluste an Toten und Verletzten.«

Aufgewachsen bin ich in Bredenbek, Schleswig-Holstein, 18 Kilometer von Kiel entfernt. Bredenbek hat die Bomben sowie die Besetzung durch die Briten überlebt – die Mehrheit der rund 1300 Einwohner allerdings spricht kein Platt mehr. Gelegentlich versammeln sich die Traditionalisten in der örtlichen Schule zum plattdeutschen Wettbewerb. Bei »Krey's«, im Gasthaus, habe ich Turnen gelernt und Tanzen und mir Filme reingezogen wie »Vom Winde verweht« und »Des Teufels General«, fasziniert von Clark Gable und Curd Jürgens, verliebt, was sonst, in Vivien Leigh. Bredenbek ist ein Dorf wie so viele im nebligen Norden. Solide, zuverlässig, bürgerlich geht es zu: Ein Blumenladen, ein praktischer Arzt, ein Edeka-Supermarkt, die Freiwillige Feuerwehr.

Die Bauern snakten platt, sagten nicht Hamburg, sondern Hamboch, beteten nicht das Vaterunser, sondern Vadderunser; ich war zu klein, um all dat tüch zu verstehen. Etwa meinen Vater zu Pferde zu sehen, obendrein in Uniform. Wilhelm Gudegast, er war in der Reiter-SA, Ortsgruppen-Führer und Bürgermeister, ein angesehener Mann im Dorf. Er besaß ein Fuhrunternehmen und ein herrschaftliches Haus. Seine Fahrer lebten in kleinen Wohnungen unterm Dach. Einer von ihnen, der später Versuchs-Fahrer bei DKW wurde, bastelte mir eine Seifenkiste. Nein, nicht so eine, die eine abschüssige Straße benötigt, sondern mit Motor. Ein Gang. Der fiel bei der ersten Fahrt auseinander; ich war gleichwohl überzeugt: Ich werde Rennfahrer. Mein Vater ließ mich bereits sein Auto lenken, als ich sechs Jahre alt war. Ich liebte meinen Vater, selbst als ich verstanden hatte, was ein »Nazi« ist und wem er gefolgt war, er und große Teile des deutschen Volks.

Ich konnte nicht nachvollziehen, warum die Menschen auf die Höfe kamen, um Gemälde oder Teppiche gegen Kartoffeln oder Tomaten einzutauschen, warum eines Tages Männer in englischer Uniform vorfuhren, kommandiert von einem Colonel, und meinen Vater abholten. »Entnazifizierung«, sagten sie, demokratische Umerziehung. Oder Entzug. Nicht Entzug vom Schnaps, sondern vom Führer und dem Wahnsinn, den der angerichtet hatte. Da hatten wir bereits keine Lastwagen mehr. Drei waren schon im Krieg von deutschen Soldaten beschlagnahmt worden. Die letzten holten die Briten. Ich weiß noch genau, wo ich war, zu welcher Tageszeit es war, als mein Vater nach einem Jahr Haft zurückkam. Das Sonnenlicht fiel auf unser Haus. Wir spielten Fußball, draußen im Hof. Ich habe mir meinen Vater nie als grausamen Menschen vorstellen können, als einen Nazi, der zu Kriegsverbrechen fähig war. Einige der Alten im Dorf wollen wissen, dass mein Vater abgeschossene Piloten, Briten, vor Rachetaten der Deutschen bewahrt hat. Er riet meinem Bruder Horst auch davon ab, der Hitlerjugend beizutreten. Vielleicht ahnte er das Ende. Ich konnte ihn nie fragen, warum er sich Hitler nicht widersetzt hatte, warum so viele Deutsche sich verführen ließen. Er starb zu früh. Ich konnte ihn nicht mehr fragen über das Verhältnis zu Frauen, das Verhalten in einer Ehe, über Treue und außereheliche Versuchungen; kein Rat mehr von ihm. Keine Antwort. Sein Tod war für mich wohl der härteste Schlag in meinem Leben.

Über Siege sprach in unserem Dorf ohnehin niemand mehr. Sie redeten über Lebensmittelrationen, Kriegsheimkehrer, Trümmer. Die Familie Gudegast musste im Herrenhaus nach oben ziehen, in die Dachkammer. Wir waren arm geworden. Meine Mutter musste vier Söhne ernähren. Gelegentlich beklagte sie sich über den neuen Hausbesitzer. Ich bot ihr an, ihn zu verprügeln. Ich habe so manchen verprügelt. Einmal ist mir in der Schule einer dumm gekommen. Ich war 14. Den Kerl habe ich unter der Dusche umgehauen. Ein Lehrer stürzte wegen des Lärms in den Umkleideraum und wollte wissen: »Was ist hier los?« Ich: »Wollen Sie auch was?« Meine Mutter wurde zur Schule bestellt, sie wollten mich rausschmeißen. Meine Mutter argumentierte: »Ich als Witwe muss täglich mit vier Söhnen klarkommen, und Sie können nicht mal einen erziehen?« Ihre Kritik hatte den Direktor offenbar beeindruckt – ich durfte bleiben. Der kleine Hans Jörg war bedrückt, wütend zugleich. Meine Autorität, mein Idol, der Vater, lag unter der Erde, die anderen Autoritäten konnten mich nicht erschrecken. Meine Mutter, Mathilde, war trotz der Entbehrungen immer fähig zu spontaner Herzlichkeit. Oh, ja, sie war ordnungsbewusst und hat nicht lange rumgefackelt, wenn die Jungs aus der Spur liefen. Sie beklagte sich nicht über die Armut, selbst wenn die reichen Verwandten uns besuchten, jene, die Güter geerbt hatten, eine Holzfabrik oder Bürogebäude an der Hamburger Mönckebergstraße. Trotz der dürftigen Finanzlage bewahrte meine Mutter immer eine an Arroganz grenzende Haltung. Oft musste ich für sie mit dem Rad in das 15 Kilometer entfernte Rendsburg fahren, um das wenige Geld für verpfändete Möbelstücke abzuholen.

Nach dem Tod meines Vaters wurde das Telefon abgestellt – wir mussten sparen. Ausgenommen waren drei Tage im Jahr: Weihnachten. Weihnachten hat mich geprägt, auf ewig: Kerzen und Melancholie. Der Duft der Tannen und Romantik. Lametta und Lebkuchen. Weltschmerz. Hoffnung. Und alles untermalt von »Ihr Kinderlein kommet« oder »Leise rieselt der Schnee«. Polizeimeister Olsen kam als Weihnachtsmann, Sack und Rute eingeschlossen. Am 24. traten wir mit den Händen vor den Augen vor den Tannenbaum, wir vier Jungs in einer Reihe. Gedicht aufsagen. Diesmal mit Blick auf die Kerzen. Singen: »Stille Nacht, heilige Nacht«, was sonst? Und dann der Blick auf die Päckchen. Waren Fußballstiefel drin? Schlittschuhe? Ein Ball?

Am nächsten Tag warteten die Freunde auf dem Hof – was hast du gekriegt? Und du? Danach bolzten wir zwischen den Kirschbäumen, unter den Trauerweiden. Wir traten gegen Gummiblasen, Gummibälle, gestopfte Socken, gegen alles, was rund war oder rund erschien. Ich träumte von einem Lederball, ohne Schnüre, die beim Kopfball die Haut wegrissen. Einmal ohne Gehirnerschütterung köpfen, welch ein Traum. Ich hatte in meiner Jugend vier davon: Ich stürzte beim Turnen vom »Pferd«, natürlich Kopf zuerst, wurde von einem Eishockeyschläger getroffen, fuhr mit meinem Rad gegen einen abgestellten Anhänger und fiel die Treppen herunter – meine Träume von einer Karriere als Boxer verboten die Ärzte. Stattdessen wurde ich mit meiner Leichtathletik-Mannschaft vom RTSV Rendsburg deutscher Jugendmannschaftsmeister als Kugelstoßer, Speer- und Diskuswerfer. Mein Idol war Heiner Will, der vielfache deutsche Meister im Speerwurf. Er wohnte einen Kilometer vom Dorf entfernt und war das, was man als einen »anständigen Kerl« bezeichnet, direkt, ehrlich.

Nach dem Fußball-Match marschierten wir aufs Eis, auf den zugefrorenen Teich, zum Hockey. Müdigkeit gab's nicht. Erst die Nacht beendete unsere Spiele. Häufig lösten sich die Gewinde der Schlittschuhe, die unter die normalen Schuhe geklemmt wurden, oder der Absatz fiel ab, just in jener Phase, in der wir uns dem Sieg näherten. Ich eilte zu Schuster Voss, der auf Soforthilfe eingestellt war. Ich kann mich an den Geruch in seinem Schusterladen erinnern – frische Klebe, Gummi. Ich rieche auch noch heute die Heckenrosen, die bei uns auf dem Küchentisch standen und mit Bohnenkaffee um unseren Geruchsinn stritten. An unser Dienstmädchen Magda denke ich, sobald ich in ein Umfeld von »4711« gerate. Ich sehe sie vor mir: Ihren Busen streckte sie mir wie ein Fernrohr entgegen und aktivierte meine frühpubertären Fantasien. Ich durfte meinen Kopf auf ihre Weiblichkeit senken, sie sogar abtasten, nur so, wie Kind und Mutter. Glaubte sie. Vielleicht auch ließ sie mich gewähren, weil aus Jungen Männer werden müssen. Wir hatten, solange mein Vater lebte, ein zweites Dienstmädchen, Munde, ein liebevolles Geschöpf. Ich liebte sie, ihre Menschlichkeit. Im Grunde genommen habe ich Munde geheiratet. Meine Frau Dale nämlich hat viel von ihrer Weiblichkeit, der Güte, dem ausgeglichenen, zuversichtlichen Gemüt.

In der Phase, in der ich von Busen fantasierte, entdeckte ich auch Karl May und seine Helden. Ich spürte Fernweh, eine starke Sehnsucht, die Welt zu bereisen, zu forschen wie David Livingstone in Afrika. Oder den Armen zu helfen wie Albert Schweitzer im afrikanischen Lambarene. Im Radio hörte ich zuweilen einen Typen, der Hans Albers hieß – kein Forscher, ein Sänger, ein im Hamburger St. Georg geborener Schauspieler, blond, wie sich der Fremde norddeutsche Figuren vorstellt. Den Bredenbekern gefiel dieser Albers, weil er gestand: »Was ich man so im Leben getrunken habe, da könnt ein Panzerkreuzer drauf schwimmen.« Wenn Albers dann »Auf der Reeperbahn nachts um halb eins« sang, dann schunkelten selbst die schwarz-weiß gefleckten Kühe auf den Wiesen mit. Das behaupteten wenigstens die schnapsgeladenen Bauern. Ich wusste so wenig, wo die Reeperbahn lag, wie die anderen Adressen, die er besang: »Das gibt es nur in Texas« oder »Ich kam aus Alabama«.

Das ist Amerika, klärte mich Bruder Horst auf, der schon wegen seiner Radtouren mehr über Geografie wusste als ich. Ich kannte die Nachbardörfer wie Hassmoor, Emkendorf, Achterweh. Wenn Albers sang: »Der Mensch muss eine Heimat haben«, befragte ich meine Mutter: »Heimat, was ist das?« »Heimat«, erklärte sie, »ist Bredenbek.« Nur, inzwischen weiß ich: Heimat ist mehr – der Nebel, die Kälte, die erste Liebe, die sich im Heu austobt oder auf der Wiese, irgendwo auf Butterblumen oder, zu spät erkannt, auf Kuhfladen. Das erste Mädchen, mit dem ich knutschte, Hildegard, die Lehrerin wurde, ist Heimat. Meine erste große Liebe, Rosely, eine Tochter des Industriellen Rudolf August Oetker, die mich bei einem Hausball verzauberte, eben 16 Jahre alt, und die mich in meinen Erinnerungen, Träumen, Gedanken bis Kalifornien verfolgte – das alles ist Heimat. Jeder ihrer Briefe. Allein ihre Handschrift.

Meine Lehrer, jene, die aus den Salzbergwerken der Sowjetunion zurück-
kehrten, ein Bein weniger, stattdessen Wasser in der Lunge, versuchten uns
im Naturkundeunterricht zu erklären, dass die menschliche Fortpflanzung
ablaufe wie die Befruchtung der Blumen durch Bienen. Da hatten wir im Kino
»Liane, das Mädchen aus dem Urwald« schon begehrt, Liane, oben ohne. Wir
hatten bereits die erste Onanie, den Griff in die weibliche Unterwäsche hinter uns. Meine Heimat war auch mein 1859 gegründeter Verein RTSV Rendsburg, der heute noch existiert und 1300 Mitglieder zählt. Ich habe ein ausgeprägtes Heimatgefühl, nicht nur, weil ich meine Brüder verehre, die von dem
Spökenkiekerland nicht lassen können, sondern weil ich die Bauern schätze,
diese knurrigen, in der Seele herzlichen Menschen. Ich habe inzwischen die
US-Staatsbürgerschaft angenommen, aber meinen deutschen Pass behalten. Ich habe Deutschland nie verleugnet, sondern verteidigt, immer wieder.
Gegen Geschichtsverfälschung, gegen den Hass, die Ablehnung, ein neues
Deutschland anzuerkennen – eine Demokratie, die aus der globalen Katas-
trophe gelernt hat. Hoffentlich. Meine Armut und das Fernweh haben mich
bewegt, Deutschland zu verlassen. Wie ein Süchtiger habe ich die Wildwest-
Abenteuer eines Billy Jenkins, Tom Prox, Titel wie »Im Garten des Teufels«, »Im
Netz des Todes« oder »Tom räumt auf« verschlungen.

Ich wusste nichts von Renoir oder Matisse, meine Kunst waren die bunten Umschlagseiten, die Billy Jenkins zu Pferde zeigten, beim Faustkampf
und Pistolenduell. Tom Prox erschien mir ergiebiger als Theodor Storm, der
Geschichten über Wind, Nebel, Wattenmeer und krächzende Möwen nieder-
schrieb. Meine Cousine Maren, geborene Thomsen, war Röntgenologin und
lebte mit ihrem Mann, einem Holländer, in den USA, in Galveston, Texas. Ich
traf sie, zufällig, in Blankenese bei ihren Eltern, an der Hamburger Elbe. Feine
Menschen, weiße Villa, Cognac zu Kaffee und Kuchen. Kerzen auf dem Tisch.
Bach im Hintergrund. Draußen tuten die Schiffe, Adieu, ihr Leut', wir dampf-
en nach Rio, Kapstadt, New York. »Hans Jörg, warum versuchst du dein Glück
nicht in den USA?«

Sie waren bereit, für mich zu bürgen, den US-Behörden unter Eid zu erklären, dass sie, selbst im Katastrophenfall, für mich die Arztrechnungen oder
den Rücktransport nach Deutschland, tot oder lebendig, sichern würden. Ich
musste nicht lange nachdenken; Rosely, meine große, aber junge Liebe, war
schön, anmutig – und versorgt. Sie sollte Millionen, wenn nicht Milliarden
erben. Mein Sparbuch meldete Ebbe. Ich hatte nichts gelernt und auch keinen
Studienplatz. Ich war 18 Jahre alt. Also?

Über dem US-Konsulat an der Hamburger Alster, Harvestehuder Weg,
wehte das Sternenbanner. Das Gebäude ähnelte dem Weißen Haus in

Washington, so wie ich es aus der »Fox Tönende Wochenschau« kannte. Ein Dutzend Treppen, eine hohe Eingangstür. Dahinter standen zwei Wachen in dunkelblauer Uniform. Marineinfanterie. Kurzhaarfrisur. Blaue Augen. Sommersprossen. Direkt aus US-Propagandafilmen. Der Vize-Konsul, kaum 25, trug einen grauen Anzug und schwarze Bootsschuhe. Seine Hosen endeten über dem Knöchel. Am Jackenrevers steckte ein Sternenbanner aus Metall. Ich musste auf einem Dokument beschwören, weder Kommunist noch ehemaliger Nazi zu sein – russische Panzer und Ex-Nazis, beides schreckte Washington. Die Fußböden im Büro des Vizekonsuls waren auf Hochglanz poliert. Es roch nach Bohnerwachs. In einer Ecke stand das Sternenbanner; und oben auf dem Fahnenmast thronte ein vergoldeter Adler. Ich erhielt mein Visum.

85 Kilometer trennten Bredenbek vom nördlichen Cuxhaven und dem »Steubenhöft«, der Kaianlage für die Ozeandampfer; ich war auf der »Hanseatic« gebucht – kein Frachter, sondern ein Passagierschiff. Meine Brüder, einige Tanten, meine Mutter begleiteten mich zum Hamburger Hauptbahnhof. Dann hockte ich allein im Abteil. Und weinte. Wie zuletzt bei der Beerdigung meines Vaters. Nichts in meinem aufregenden Leben hat mich so ergriffen wie sein Tod und ebenso schmerzlich war der Abschied von meiner Mutter und meinen Brüdern damals. Am Kai, vor dem Dampfer, standen Männer mit breitkrempigen Filzhüten. Musiker. Ihre Hosenträger trugen sie über ihren Pullovern, wer weiß warum. Der Posaunist, der Akkordeonspieler, der Trompeter, alle trugen Schnürstiefel. Selbst der Kapellmeister. Der trug keinen Hut, stattdessen eine Hornbrille mit dicken Gläsern. Ich roch das Seewasser, spürte eine Brise aufkommen. Und heulte wieder. Denn nun spielten die Schnürschuh-Kameraden »Muss i denn, muss i denn zum Städele hinaus.«

Auf den Kais standen Frauen, deren Gesichter mit einer Art dünnem Gardinenstoff verschleiert waren. Wie zur Kindstaufe. Oder Silberhochzeit. Sie wedelten mit weißen Taschentüchern. Ein gewaltiges »Tut-Tut« riss mich aus meinem Selbstmitleid. Die Kapelle pustete nun »Junge, komm bald wieder« in die Nordseeluft und ich griff erneut nach meinem Taschentuch. Da es bereits mit den Zug-Tränen getränkt war, rieb ich mir die Augen mit den Ärmeln meines Nylonhemdes. Mein lieber Mann, welche Emotionen! Abschied von meiner geliebten Familie und Rosely. Leinen los.

Kleine Kabine. Unterdeck. Ich hatte nur einen einzigen Anzug im Koffer. Den zog ich an. Ich wollte in die Bar. Auf einem der Hocker machte ich eine ältere Frau aus, so um 27, 28. Älter? Für meine 18 war das alt. Ich habe sogar angefangen zu rauchen, ich, der Athlet, für den Zigaretten Gift bedeutete und Schnaps ein Brechmittel war. Ich wollte reifer wirken, so cool wie Humphrey Bogart in »Casablanca«. Aber vorher wurde ich erst mal seekrank, mir war zum

Kotzen übel. Von dieser Überfahrt besaß ich ein Foto, schwarz-weiß. Ich hab's verloren, irgendwo, mir bleiben die Erinnerungen. Zumindest die. Vor meiner Abreise hatte ich mir Franz Kafkas »Der Verschollene (Amerika)« besorgt, seine Reise nach Amerika, die er nie gemacht hat.

Das zumindest hatte er mit Karl May gemeinsam. Ich erhoffte mir von ihm Aufklärung über die düsteren Seiten des Landes. Tatsächlich nahm er nur in vier, fünf Absätzen Bezug auf die USA, etwa als die Hauptfigur des Romans, der 17 Jahre alte Karl Roßmann, von seinem Schiff aus die Freiheitsstatue erblickte. »So hoch, sagte er sich und wurde, wie er so gar nicht an das Weggehen dachte, von der immer mehr anschwellenden Menge der Gepäckträger, die an ihm vorüberzogen, allmählich bis an das Bordgeländer geschoben.« Dort verharrte auch ich. Sechs Uhr morgens. Sonnenaufgang. Vor mir die Skyline, Amerika. Vorhang auf für den ersten Akt. Würde ein Drama daraus werden, eine Tragödie oder eine Komödie?

An der Kaianlage der 34th Street wartete meine Cousine Wiebke, die Schwester meiner Bürgin Maren. Wiebke war Psychiaterin. Hochintelligent und stets sehr wortkarg. »Die ersten Tage eines Europäers in Amerika«, belehrt der Onkel seinen Neffen Karl in Kafkas Amerika-Werk »Der Verschollene«, seien mit einer Geburt vergleichbar. »Und wenn man sich hier auch, damit nur Karl keine unnötige Angst habe, rascher eingewöhne, als wenn man vom Jenseits in die menschliche Welt eintrete, so müsse man sich doch vor Augen halten, daß das erste Urteil immer auf schwachen Füßen stehe und daß man sich dadurch nicht vielleicht alle künftigen Urteile, mit deren Hilfe man ja hier sein Leben weiterführen wolle, in Unordnung bringen lassen dürfe.« Er selbst, sprach der Onkel, habe »Neuankömmlinge gekannt, die zum Beispiel statt nach diesen guten Grundsätzen sich zu verhalten, tagelang auf ihrem Balkon gestanden und wie verlorene Schafe auf die Straße heruntergesehen hätten. Das müsse unbedingt verwirren!«

Kein Balkon für mich. Wiebke wollte mich sogleich zum Empire State Building führen. Sie hatte nur einige Stunden Zeit. Kein Problem: Ich wollte mich ohnehin in den Avenuen mitreißen lassen von dem Menschenstrom, den die Subways, die Busse, die Taxen jede Sekunde auskotzen. Menschen, die offenbar nie stehen bleiben, weil das bedeuten würde, dass sie das System nicht verstanden hätten: »Time is money.« Eile also, eile, du New Yorker Bürger. Vor mir stieg das Empire State Building auf, der Mount Everest der Hochhäuser, damals noch und dann wieder, nachdem die selbsternannten Boten des Islam die Twin Towers zerstört hatten. 102 Etagen zählt das Empire State Building, 101 mehr als unser Haus in Bredenbek. Das zählte 12, 14 Stufen, der Skyscraper 1576. Wir fuhren mit dem Fahrstuhl. Bis zur Spitze misst das Gebäude 381

Meter. Wiebke riet mir oben in der Snackbar, einen Cheeseburger zu bestellen und einen »chocolate milkshake«. »Ist das gesund?«, wollte ich von meiner Cousine, der gelernten Medizinerin, wissen. »Total«, antwortete sie. Ich wurde, über Jahre, zum Schoko-Milkshake-Süchtigen; welch eine Sünde für die Gesundheit. Nur – meine Beraterin wusste es nicht besser. Null Ahnung über gesunde Ernährung. Oder sie war selbst milkshakesüchtig. Ich blickte hinunter in die Schluchten von Manhattan. Ich war ganz oben. Zumindest geografisch. In einem Buch las ich später nach, wie diese Skyscraper entstanden waren, wer die Nieten der 50 000 Stahlträger des Empire State Buildings zusammenmontiert hatte – Indianer, »Rothäute« vom Stamme der Mohikaner. Meine Kindheitshelden. Pro Woche zogen sie am Empire-Building durchschnittlich viereinhalb Etagen hoch. Eine Woche benötigen Maurer in Schleswig-Holstein für die Verkachelung eines Klos. Wie viele Indianer sind abgestürzt bei diesem Größenwahn? Vom Empire State Building, dem im Art-déco-Stil errichteten Chrysler-Building, dem 60 Etagen hohen »Woolworth« an der Park Avenue? Die Jobs werden vererbt, vom Indianervater zum Sohn, zum Enkel. Sie lernen »to walk the iron«. Die 600 Balance-Künstler wissen, wie sie Stahlschwingungen abfedern können. Oder sie sterben.

Bald spürte ich bei unserem Spaziergang durch New York Schmerzen im Genick. Immer wieder der Blick nach oben. Was waren die Pyramiden in Ägypten im Vergleich, was die großen Kathedralen Frankreichs? Dies war der Gigantismus einer anderen Zeit, Symbol von power, money, vom Ehrgeiz der Besitzer, Eitelkeit der Amerikaner. Bigger, better, higher. Das Maß der Welt. New York, my town, hat Frank Sinatra gesungen. Jetzt verstand ich ihn. Jedes an mir vorbeischaukelnde Auto riss mich in neue Entzückung: Ich hatte in Bredenbek DKWs bewundert, Borgwarts oder auch einen Messerschmitt-Kabinenroller. Aber diese von den Wolkenkratzern umrahmte Show trieb meine Autogeilheit in neue, ungeahnte Höhen – viertürige Packards, ein rosafarbener Cadillac El Dorado mit weißem Dach und Heckflossen, ein grüner Chrysler Windsor de Luxe, dann wieder ein Chevrolet Bel Air, ein Buick Skylark, Pontiac Safari, Chrysler Windsor Club Coupé, und mittendrin die Checker-Taxen, gelb und weiträumig. All dies sog ich auf: Hochhäuser, Lärm, Schwarze, Gelbe, Ford Thunderbirds, Polizeisirenen, rote Unfallwagen, Pferdekutschen am Central Park, dann wieder ein Studebaker Silver Hawk, knallgelb. Dahinter ein »Rambler« von »American Motors« und ein Ford Continental Mark II. Wer würde mir all das glauben in Bredenbek, wann würde ich meinen Brüdern davon erzählen können, meiner Mutter; ach, der Vater, ich vermisste ihn ganz schrecklich.

Im Greyhound, dem »scenic-cruiser« – den Überlandbussen, die das amerikanische Highway-System durcheilen wie Spinnen ihre Netze –, habe ich,

bei einem Kurzstopp in Newport News, US-Staat Virginia, meine Rendsbur-
ger Jugendfreundin Gude Christiansen besucht – dann hatte ich nun die Reise
durch den Süden vor mir, drei Tage, drei Nächte. Begegnungen mit Rassismus, der hässlichen Seite der USA. Überall Schilder:»No blacks served« oder
»Whites only«. Szenen wie aus»Vom Winde verweht«, dem Bürgerkriegs-
Epos. Weiße Herrschaftshäuser mit ihren hohen Säulen thronen über den
unendlichen Baumwollfeldern. Ich denke an schwarze Diener, Sklaven, die
auch in den Werken eines William Faulkner, im Südstaat Mississippi geboren
und begraben, ohne Scheu als»Nigger« bezeichnet wurden;»Nigger«, die im
Zweiten Weltkrieg für die Freiheit fielen, in den Sümpfen Vietnams verreckten
und im Irak und in Afghanistan von Straßenbomben zerfetzt werden. In seinem Roman»Rotes Laub« beschreibt Faulkner die Augen eines»Negers«, die
ein wenig zu rollen begannen»wie die eines Pferdes«.

   Ich sehe vor mir die Raddampfer, auf deren Mahagoni-Wänden in goldenen Großbuchstaben die Namen der Feldherren des Bürgerkrieges geschlagen sind, Robert Lee etwa. Vier Jahre Zerstörung, die vier Millionen Sklaven
Freiheit brachten, elf rebellierenden Südstaaten Schmach und wirtschaftlichen
Niedergang. Ich höre die Spirituals, die Gospelchöre und stelle mir vor, wie
sich schwarze Schönheiten auf den Baumwollfeldern im Rhythmus bewegen,
klatschen und den Allmächtigen loben, allen Schicksalsdramen zum Trotz. Als
Jugendlicher hat mich»Onkel Toms Hütte« aufgewühlt, die Geschichte des
Sklaven, der von seinem Besitzer verkauft wird, weil er in Geldnot geraten war.
Seit das Buch 1852 von Gegnern der Sklaverei veröffentlicht wurde, ist es zu
einer Anklageschrift gegen den Süden geworden, den ich nun im Greyhound
bestaune – aufgewühlt, abgeschreckt, fasziniert von einer Welt, die mir auch
durch»Huckleberry Finn« und»Tom Sawyer« vertraut ist. Die kontrastreichen
Bilder gleiten an mir vorbei, erst die Herrschaftshäuser, dann wenige Meilen
entfernt eine kleine Holzhütte, an deren Vorderwand ein weißes Kreuz gepin-
selt ist. Ein Gotteshaus, aus dem Sonntagsballaden klingen, Gospel-Klänge.

   Die Landschaft des Südens, notierte William Faulkner in seiner Erzählung»Der alte Jäger sagte«,»steht für die Webstühle der Welt reiterhoch voller Baumwolle, bis dicht an die Haustür der Neger, die sie bearbeiten, und der
Weißen, die sie besitzen.« Der Fahrer des Greyhound, ich habe dieses Bild nie
vergessen, setzte, während er am Steuer saß, seine Mütze nicht ab. Selbstdisziplin, dachte ich, Vorschrift der Busfirma. Bei einem Zwischenstopp bemerkte
ich: Nicht Gesetz, sondern Glatze. Der Fahrer in der graublauen Uniform war
Perückenträger, rotblond. Sein Haarteil war verrutscht – aber nicht die Mütze
auf seinem Schädel. Er muss Südstaatler gewesen sein, denn seine Durch-
sagen konnte ich nur mühsam verstehen. Er sprach ein anderes Englisch als

jenes, das ich in New York hörte. Ein schönes, wortreicheres Englisch hier im Süden, sanfter, melodischer, gefälliger, ein dramatischer Kontrast zur sozialen Wirklichkeit.

Der Süden, das wurde mir später klar, ist ein Amerika, mit dem aufgeklärte Europäer (oder liberale US-Bürger) schwerlich sympathisieren können. Zu grob, zu konservativ, religiös, waffenorientiert, todesstrafengeil. Wir fuhren und fuhren, für mich eine Reise in die Ungewissheit: Ich war aufgeregt, zugleich enttäuscht über die Armut, die mich anstarrte. Allein meine Neugier, meine Abenteuerlust bändigte die Unruhe. Zehn Jahre meines frühen Lebens hatte ich unter Bomben und Hunger gelitten, unter Armut. Jetzt, mit jedem Kilometer, den der Greyhound auf dem Highway zurücklegte, entfernte ich mich nicht nur geografisch von Bredenbek. »Texas«, verkündete der Fahrer mit dem Südstaaten-Akzent. Es war das Land meiner Helden, das von Tom Prox und Winnetou, der Rinderherden, der Cowboys und von Billy Jenkins. Sobald wir Städte erreichten, sah ich immer wieder verlumpte Gestalten, mit Holz vernagelte Häuser, überquellende Mülltonnen, Dreck, Elend. Das sollte Amerika sein, das Land der unbegrenzten Möglichkeiten?? Bald wurde mir klar: Die Busbahnhöfe waren – fast immer – im Elendviertel errichtet worden, also führte die Fahrt dorthin durch die Armut, die nationale Dunkelkammer.

Im Bus saßen noch 12 Leute. Wurden sie wie ich von einem Traum getrieben? Quatsch, den hatten die längst abgehakt. Wie die schwarze Greisin, die hinten saß, so wie es den »Niggers« damals befohlen wurde. Ihr Haar war ergraut, die Brille mit Pflaster repariert. Seit einer Stunde glitten wir an weißen Holzzäunen vorbei, die endlos waren: eine Ranch. Ich konnte trotz der Staubwolken den Verladebahnhof sehen, vor dem Cowboys Tausende von Rindern zusammengetrieben hatten. Der Wilde Westen, den ich mir bei der Lektüre der Groschenromane in meinen Fantasien gemalt hatte, tat sich nun leibhaftig vor mir auf, und ich spürte keine Müdigkeit. Am Busbahnhof von Galveston warteten Maren, meine Cousine, und ihr Mann, ein Hals-Nasen-Ohren-Spezialist. Damals schon hatten sie vier Kinder und später kamen noch drei hinzu. Sie bewohnten ein kleines Häuschen in der Nähe ihres Krankenhauses. Die Möwen, die ich am Strand von Galveston beobachtete, schienen ermattet, erschlafft von der dumpfen, tropischen Hitze, von den ewigen Wirbelstürmen, die von Juni bis Ende September über das Land fegen, so vehement zuweilen, dass sich selbst Vögel zur Notlandung entschließen.

Die 50 000 Einwohner bewegten sich im Zeitlupentempo, tauchten ab in gekühlte Lokale, fuhren ihren Dodge oder Packard zum nächsten Rendezvous, 100 Meter entfernt. Oder 100 Meilen. Die Männer parfümierten sich mit »Old Spice« und trugen Cowboystiefel. Sie verabredeten sich mit den Girls im »House of Pancakes« und redeten über die Neuigkeiten, beispielsweise über rosafarbene Glühbirnen, für die General Electric warb: »Das Licht, das den Teint streichelt.« Dies war keine New Yorker Energie, sondern Gemächlichkeit, so wie Neapel in der Mittagszeit, Juli, August. Die Hitze tötet den Geist, die Fantasie, die sich in diesen Breitengraden meist zwischen Budweiser-Bier, Autorennen und Oben-ohne-Bars bewegt.

Meine Cousine hatte vorgearbeitet – am Tag nach meiner Ankunft bereits konnte ich an meinem ersten Arbeitsplatz in Amerika beginnen: in der Leichenhalle. Die Toten lagen zwar in den Kühlschubladen, mit ihrer Identitäts-Pappe am großen Zeh, wir hingegen arbeiteten unter lärmenden Ventilatoren, die stickige Luft verrührten und Fliegen und Stechmücken durch die Leichenhalle wirbelten. Es stank entsetzlich. Ich erinnerte mich an norddeutsche Erziehungsparolen: »Reiß dich zusammen.« Mein Chef war der Pathologe. Er forschte über »arthritis deformity«. Sobald die Erstarrten, wir nannten sie »stiffs«, die eingefrorenen Leichen also, auf den Seziertisch gebettet waren, wurden sie mit braunen Plastikdecken bedeckt. Das Knie, mein Arbeitsgebiet, blieb frei. Ich setzte mit dem Skalpell zum feinen Schnitt unter der Kniekappe an, ein Schnitt in ein gefrorenes Filetsteak, mehr war's nicht. Der Mann, die Frau, war tot, und mein Professor musste wissen, wie das mit der Arthritis unterm Knie zu erklären ist. Da ich ohnehin nicht Knie-Chirurg werden wollte, war ich erleichtert, als Maren, Mann und die Kinderschar sich zum Umzug nach Dallas, Texas, entschlossen.

Sie haben mich nie gedrängt, mich endlich selbstständig zu machen, nur gelegentlich nachgefragt: »Was willst du tun?« Ich hatte beschlossen, mich bei der Marineinfanterie zu melden. Freiwillig. Eine Karriere für mich – Elitesoldat. Allerorts in den USA unterhalten die Streitkräfte Rekrutierungsbüros – Air Force, Navy, Marine Corps und Army, alle konkurrieren miteinander. In Kriegszeiten, wie Vietnam, Irak oder Afghanistan, müssen sich die Rekrutierer besonders anstrengen, Sonderprämien zahlen, ein Universitätsstudium versprechen oder eine Berufsausbildung, Koch, Kraftfahrer, Computer-Programmierer, you got it. Sign here, auf der gepunkteten Linie. Berufsschulen wie in Deutschland, die Kaderschmiede des Handwerks beispielsweise, existieren nicht in den USA. Lehrstellen – Fehlanzeige. Colleges bieten Berufsausbildungen an – meist gegen Honorar. Folglich sprechen die Kids, selbst Mädchen, auch heute, während der tödlichen Gefechte im Nahen Osten und in Afghanistan, bei den Rekrutierern vor, cleveren, in PR geschulten Soldaten. Ich war ein gesunder Kerl, 1,83 Meter groß, durchtrainiert, trotz der Schoko-Milkshake-Sucht. Der perfekte Kandidat. Glaubte ich. Der Offizier, vor dem ich auf einem Metallstuhl hockte, hatte sein Haar abrasiert. Der Hemdkragen war gestärkt. Seine Stiefel hätte er auch als Rasierspiegel verwenden können, so blank waren die.

Mein Gesprächspartner war auf Macho stilisiert. Sorte Killer und Christen. Ballern und Bumsen. Diese Typen konnten mich nicht beeindrucken. Die verbrannten Donut- und Hamburger-Fett mit Klimmzügen und Liegestützen. Ich kannte Männer, die waren wirkliche Kraftprotze, bärenstark: Melker und Knechte auf den Höfen von Schleswig-Holstein. Als Kind war ich überzeugt, die konnten Kühe einarmig stemmen – bevor sie gemolken wurden. Aber doch nicht diese Ami-Heinis, Hollywood-Verschnitt. Ich musste nur noch den Eignungstest bestehen, dann würden sie auch mir die Haare abrasieren und in der Grundausbildung im südkalifornischen Camp Pendleton beweisen, wie schön Gewaltmärsche mit 50 Kilo Gepäck auf dem Rücken sind. Nach den vier Monaten, oder sechs, im Dreck, im Wasser, unterm Stacheldraht, über Minenfeldern, wäre ich davon überzeugt gewesen, dass es eine Ehre und eigentlich sogar Pflicht sei, für Amerika als Marineinfanterist zu fallen.

Der Eignungstest freilich erwies sich als Panzer, den ich nicht knacken konnte: Natürlich wusste ich, was »feet« auf Deutsch heißt, Füße, verdammt noch mal, aber nicht, dass es auch eine Maßeinheit war. Die Mathe-Fragen machten mir Probleme, weil in den USA nicht in Dezimaleinheiten gerechnet wird. Ich konnte auch nicht beantworten, wie die Hauptstadt von New York heißt (Albany) oder die berühmte Militärakademie der US-Army (West Point). Ich musste Striche ziehen von a nach z, Kreise schließen, wählen zwischen Antwort, a), b) und c). Also, sagte der Glatzkopf mit dem gestärkten Kragen, the Marine Corps wants you, Hans Jörg Gudegast, aber erst in sechs Monaten. Sobald du amerikanisches Englisch besser verstehst und in einem Geschichtsbuch geblättert hast. Wahrscheinlich hätte ich bei Akzeptanz einige Jahre später in Vietnam in den Sümpfen gestanden und, im Namen der Freiheit, mit einem Flammenwerfer die Dörfer der Vietcong-Sympathisanten niedergebrannt. Oder wäre auf eine Mine getreten; Gott sei Dank hatte ich bei Mathematik oder den Maßeinheiten in der Schule nicht aufgepasst. Und Abraham Lincoln vergessen.

Maren erinnerte sich an einen gewissen August Hermberg in Montana, im Nordwesten der USA. Cowboy-Land, Berge, endlose Flüsse. August war 1900 in die USA eingewandert und betrieb eine Ranch. Der brauche immer kräftige Jungs, die anpacken könnten, meinte Maren. Einmal mehr ließ ich mich in einen Greyhound-Sitz fallen, »the friendliest way to travel«, wie damals die Werbung versprach: »You'll meet people, warm, gracious, delightful people.« Kein Wort von überdimensionalen Reklametafeln, mit denen Werbeunternehmen die Landstraßen bepflasterten und die Natur zerstörten, die Anmut und Farbenpracht. Wie sollte ich meiner Mutter die unendlichen Weiten beschreiben? An den Landstraßen, hinter den Werbetafeln, lagen gelegentlich Häusergruppen, Heimstatt ehrenwerter Rancher, die sich über den Untergang von Venedig sicherlich keine Gedanken machten, weder Marx noch Mozart kannten, aber die Preise an der Fleischbörse von Chikago.

In ihrer Welt haben auch heute noch Rinder, McDonald's, Fernsehen, Coca-Cola und der Gottesdienst am Sonntag ihren festen Platz. Ihre Kinder werden täglich 50 Kilometer im Bus in die Schule gefahren und zurück. Beim Schneesturm hocken sie vor dem Kamin, studieren die Bibel oder Liebesromane. Ihr Friseur, im nächsten Ort, 40 Kilometer entfernt, kennt nur einen Modestil: Crewcut, Kurzhaarfrisur anno 1950. Er hat in Korea gedient oder Vietnam, seither hat er einen Hörschaden. Eine Bombe zerfetzte zwei seiner engsten Freunde und sein Trommelfell. Trotz allem: In God he trusts. Sie fahren Pick-up-Trucks der Marken Ford oder Chevrolet, jagen, angeln und verachten Homos, Waffengegner und Männer, die kochen und bügeln. Diese Menschen im Hinterland sind der Mörtel, der die Nation zusammenhält. Ihr Glaube an Gott, an Amerika ist nicht beschädigt. Sie sind mehrheitlich weiß und wahrscheinlich für die Todesstrafe.

Berge erheben sich neben dem Highway, der mit »25 North« gezeichnet ist – Wyoming. Unglaublich die Schönheit der usa, die Unberührtheit der Landschaft. Dies ist die Welt, die Rockwell malte: Schaukelstuhl und Overall. Alte, denen kein Zahn fehlt, Jungen, die rote Bäckchen haben und offenbar Klugscheißer sind. Gelegentlich verlassen einige die Idylle. Packen ihr Hab und Gut auf einen »rent a car« und steuern gegen Westen.

Wie die Hollywood-Schönheit Hilary Swank, die 2005 für ihre Rolle in »Million Dollar Baby« zum zweiten Mal mit einem »Oscar« geehrt wurde. Sie lebte vorher im nördlichen Bundesstaat Washington in einem Trailer Park – das letzte überdachte Lager vor dem Obdachlosendasein. Trailer-Trash. Ex-Soldaten, Ex-Stripper, Neonazis, ehemalige Zuchthäusler, arbeitslose Cowboys. Der kapitalistische Bodensatz. Eingerahmt von Unmengen verbeulter Autowracks. Den Fernseher haben sie vor der Pfändung gerettet. Solange sie die Stromrechnung bezahlen, flimmern die Bilder. Heute ist einer der Schmuddel-Stars ein Typ namens Jerry Springer, in dessen Show Väter erklären, warum sie ihre Töchter schwängerten, und ein Opa verrät, wie sehr er das Liebesspiel mit Affen schätzt. Dann »Wrestling«, natürlich, sowie die Steroid-aufgeblasenen Muskelmänner, die Badehose kleiner noch als das Haupthirn.

Hilary Swank, 1974 in Nebraska geboren, habe ich einem Lifestyle-Magazin entnommen, wuchs bei ihrer Mutter in Armut auf, »a trailer kid« – der Vater, ein Vertreter, geisterte durchs Land, irgendwo. Schließlich die Trennung der Eltern. Die Mutter, Judy, ist überzeugt, dass Hilary ein Talent für Hollywood ist. Sie ist noch nicht 16. Mutter und Tochter übernachten in l.a. im Auto, einem

»Oldsmobile Cutlass Supreme«, sie müssen mit 75 Dollar cash haushalten. Bei Freunden, in einem zum Verkauf stehenden, leeren Haus, schlafen sie schließlich auf einer Luftmatratze. Endlich, mit 23, eine TV-Rolle – in »Beverly Hills 90210«. Die erste Gage. Nach der Euphorie Ernüchterung. Sie verliert ihre Rolle. Für 75 Dollar Tagesgage, insgesamt 3000 Dollar, übernimmt Hilary später eine Hauptrolle in »Boys don't cry«. Und wird für den »Oscar« nominiert. Gewinnt. Ein Sechser im Lotto.

Kein Blick zurück im Zorn. Im Gegensatz zu Mathers Marshall. Er ist weiß und Rapper, Künstlername Eminem. Auch er wohnte bei Detroit im Trailer Park. Er verachtet seine Mutter, verdammt die inzwischen zum zweiten Mal von ihm geschiedene Ehefrau im Rap – verhöhnt sie. Trailer-Turbulenzen. Hilary Swank, Eminem, vorübergehend Schiffsbrüchige des Systems, konnten sich retten. Millionen ihrer ehemaligen Leidensgenossen ziehen weiter, halten hier, arbeiten dort. Sie gleiten in die Stadt wie früher der Lonely Cowboy auf seinem Gaul. Niemand erwartet sie, niemand vermisst sie, wenn sie die Stadt wieder verlassen. Sie sind als Nichts gekommen und so auch abgereist. Anonyme Amerikaner. Sie sind in keinem Einwohnermeldeamt verzeichnet, weil ein solches Amt nicht existiert. Sie können sich nicht mit einem Personalausweis ausweisen, weil's den nicht gibt. Wenn sie es wollen, können US-Bürger sogar ihren Namen ändern, und das nicht nur, weil es ihnen peinlich ist, »Fuck« zu heißen, »Dummy« oder »Murder«.

August Hermberg, der aus Schleswig-Holstein eingewanderte Rancher, der über 1000 Ecken mit meiner Mutter verwandt war und folglich auch mit mir, wartete an der Busstation auf mich. Er war annähernd 80 und fuhr einen blauen Chevy. Der Chevy gefiel mir, er weniger. Er redete kaum. So groß wie seine Wortwahl war mein Zimmer. Er hatte mich als Cowboy engagiert, na, als besserer, berittener Zäuneflicker. Für mich war das trotzdem eine Traumwelt – kurzfristig. Meine Arbeitskollegen wussten sicher nicht, wer Tom Prox war oder Billy Jenkins, sie aber waren für mich aus den Groschenromanen auf die Erde gekommen. Wortkarg auch sie. Schwielen an den Händen, vom Wetter gegerbte Gesichter. Kantige Typen. Das Fett vom Speck wischten sie sich mit den Hemdsärmeln vom Mund. So wie ich's aus den Cowboy-Filmen kannte.

Auf einem Fest bei den Nachbarn traf ich die Tochter des Ranchers. Knackiges Girl. Vom Reiten gestärkte Beinmuskeln. Definierte Oberarme, wahrscheinlich von der Lassoarbeit. Blond. Vermutlich echt. Sommersprossen. Sie gefiel mir. Wir verabredeten uns. Sie brachte eine Decke mit. Sternenhimmel. Und wie's so ist, wir knutschten. Schleswig-Holstein näherte sich Montana. Meine rechte Hand arbeitete am Reißverschluss ihrer Jeans. Plötzlich flüsterte sie: »Don't move.« Hatte sie einen Revolver auf meinen Schädel gerichtet? Ihre

Stimme war kaum noch zu verstehen. »Dreh dich ganz langsam um.« Hinter uns stand er – ein Gigant. Nicht ihr Verlobter, sondern ein Bär. Er zog gleich wieder von dannen, doch mit der Liebeslust war es vorbei. Sie war wie eine Vielzahl der US-Girls. Immer Vorspeise. Selten Hauptgang. Penetration war damals gleichbedeutend mit Verlobung – beinah. Ich hatte bald verstanden, warum die Amis Drive-in-Movies schätzen und Autos ohne Schalthebel. Breite Sitzbänke, vorn wie hinten. Die Liebeswiese. Draußen kämpfte John Wayne gegen die Indianer, drinnen mühte ich mich um das Weib. Die Scheiben beschlugen, der Reißverschluss war geöffnet, der Busen vom Büstenhalter befreit und dabei blieb es – meist. Light petting, heavy petting. Etappen-Arbeit. Und viel Frust.

Nach dem Bären-Schock wechselte ich von der Ranchertochter zu einer Krankenschwester. Die war 34 und klassifizierte den Beischlaf mit einem Deutschen nicht als Vaterlandsverrat. Als ich Amerika entdeckte, erschien es mir wie ein Sexparadies. Ich sah die engen Pullover, die prallen Brüste, und war überzeugt: Absolut, ich werde mich hier dumm und dämlich vögeln. Da sich diese Erwartung als großer Irrtum herausstellte, zumindest soweit es Montana betraf, unterdrückte ich, vorübergehend, meinen Drang, sattelte beim Rancher ab und – belegte »Politische Wissenschaften« an der University of Montana in Missoula. 13 000 Studenten sind hier inzwischen eingeschrieben, nicht zuletzt, weil in Sichtweite des Campus Skigebiete zu erschließen sind. Wildwasser-Flüsse. Jagdgebiete. Golfplätze. In anderen Worten: Alles, was Akademiker in spe von einer anständigen Hochschule erwarten.

Die University war für mich keine Spielwiese wie für viele meiner Kommilitonen. Die Uni, an der pro Semester 9000 Dollar Schulgeld einzukalkulieren sind, sicherte mir ein Leichtathletikstipendium zu. Tolle Sache. Nur: Von einer Handvoll Dollar konnte ich nicht leben. Nachts arbeitete ich deshalb in einem Sägewerk. Und weil ich mich noch immer nicht von dem Traum befreit hatte, für die »Ledernacken«, die Marines, zu kämpfen, meldete ich mich obendrein zum ROTC, dem »Reserve Officer's Training Corps«. Nach der Nachtschicht an der Säge bereitete ich mich auf meine Kurse vor, lernte etwas über die amerikanische Verfassung, den Obersten Gerichtshof, den Kongress und eilte dann in die Vorlesung, verstand allerdings nur Bruchteile, weil mein Englisch noch Lücken hatte. Nachmittags um 14 Uhr wuchtete ich Eisenkugeln, schleuderte den Speer und lief die 400 Meter in 52 Sekunden. Danach marschierte ich im Gleichschritt, nahm mein Maschinengewehr auseinander und setzte es so häufig wieder zusammen, bis ich das mit verbundenen Augen schaffte.

Ein deutsches Einwanderer-Ehepaar, Konrad und Patrizia Nonnenmacher, überließ mir eine Kammer im Keller ihres Hauses, was ich den Schlafräumen der Unis vorzog. Mir blieben ohnehin nur vier Stunden Schlaf, weil ich, natürlich, meine Kurse vorbereiten musste. Meine Kommilitonen stellten mir gelegentlich Fragen nach deutschen Kriegsverbrechern und dem industrialisierten Völkermord. Mir wurde dann klar, wie wenig ich eigentlich zu diesem Thema wusste und auf Fragen, wie ein Volk, welches Beethoven und Goethe hervorgebracht hatte, so viel Unmenschlichkeit zulassen konnte, keine durchdachten Antworten hatte. Später, in Los Angeles, nach einer Vorführung des Films »Mein Kampf«, schwor ich mir, mich intensiv mit der Geschichte meines Landes auseinanderzusetzen. Ich war schockiert, zutiefst betroffen über den aus ss-Geheimaufnahmen, Wochenschau und Nazi-Propagandamaterialien zusammengeschnittenen Streifen: 60 Millionen Kriegstote, zu verantworten von »den« Deutschen, und somit auch von meinem Vater. Wieso kein Widerstand? Kein Aufstand?

Ich habe meiner leider inzwischen verstorbenen Mutter damals kritische, verstörte, böse Briefe geschrieben und ihr von diesem Film erzählt, der mich schrecklich durcheinandergebracht hatte. Nur: Mein militärischer Drill, jeder Schritt, brachte mich jetzt näher an Vietnam. 1962 schickte John F. Kennedy heimlich die ersten Militärberater nach Südostasien. Der akademische Betrieb an der Uni, die Theorien, langweilten mich. Über eine Freundin, Dorothy McBride, heute eine anerkannte Polit-Wissenschaftlerin, lernte ich Bob McKinnon kennen. Er war ein Hemingway-Typ, unerschrocken, direkt. Seine Familie züchtete Greyhounds. Er hat später Kinderbücher verfasst. Bob verriet mir, er wolle mit einem fünf Meter langen Aluminiumboot, angetrieben von einem 40-ps-Außenborder, eine Expedition auf einem der vielleicht schönsten und längsten Flüsse Amerikas wagen, dem Salmon River. Ob ich nicht mitmachen möchte? Am Ufer könne ich Bären beobachten, Bergschafe, vielleicht sogar Indianer. Und nach dem Trip würden wir unseren Dokumentarfilm in Kalifornien vorführen. Ein Schiff, Berge, Indianer, Bären, Kalifornien – wie konnte ich dem widerstehen? Alsbald war ich in Lewiston, Idaho.

Ein schöner Staat, dieses Idaho. Natur. Wildwasser. Wildwasser? Ein Gentleman der örtlichen Handelskammer hatte vor unserer Abfahrt einige Lokalreporter eingeladen, und einer von ihnen fragte mich: »Wissen Sie eigentlich, worauf Sie sich einlassen? Wissen Sie, dass der Fluss ›River of no return‹ genannt wird?« No return? Ich bin kein Warmduscher, ich wollte mit dem Marinekorps den Feinden Amerikas den Arsch versohlen, also wollte ich auch den Salmon River hinunter, der im Yellowstone seinen Quell hat. 1954 hatte Regisseur Otto Preminger, ein Österreicher übrigens, mit Marilyn Monroe und Robert Mitchum den Film »The River of no return« gedreht. Bob erzählte mir davon: Indianer, Goldgräber, Marilyn sang, und alle wurden nass.

Was die Monroe wagte (die Preminger nicht ausstehen konnte), würde mich nicht schrecken. Also los. Bob verfolgte seine Navigationskarten. Nach wenigen Stunden auf dem Wasser hörte ich Geräusche, als würde eine gigantische Toilette abgezogen. Über uns Berge, 2000 bis 3000 Meter hoch. Das Tal verengte sich, der Strom riss uns mit. »Ready, Hans?«, fragte Bob. Selbst wenn ich Nein gesagt hätte, wäre der Fluss nicht langsamer geworden. Bob verwies auf Namen, die er auf seiner Karte mit rotem Stift umrahmt hatte, Red Side, Devil's Tooth, House Rock. Stromschnellen, und was für welche. Ich spürte meinen Herzschlag härter und härter. Nach der nächsten Kurve musste ich mir eingestehen: einen Kilometer noch, dann scheißt du in die Hose. Wasser über mir, Wasser im Boot. Boot oben, ich unten. Propeller im Leerlauf. Bob schwieg. Ich sah eine Steilwand auf mich zukommen, geschafft. Wieder eine. Größer. Grauer. Die Bergspitzen kamen mir näher, ich näherte mich den Forellen. Kopf unter im Wasser. Plötzlich Ruhe. In der Ferne aber wieder das Toilettengeräusch. Wir legten an. Ich schleppte die gefüllten Treibstoff-Kanister auf einem Bergpfad einen Kilometer flussabwärts. Wir mussten das Boot erleichtern, um die nächste Stromschnelle zu schaffen. Bob filmte, ich schwitzte. Was tun? Nichts. Denke an das harsche Leben auf dem Dorf, an die Kieler Bomben. Mir war kalt. Mir war heiß. Schon begann die Achterbahnfahrt erneut. Vor mir drei Meter breiter Fluss, über mir 3000 Meter hoher Berg. Wasser, das an Felsbrocken vorbeischoss. »We go through that?«, fragte ich Bob. »Yes, we will try.« Der Druck von mehreren Seiten stoppte das Boot. Wir wurden zum Spielball der brodelnden Massen.

Ich wollte leben, nur leben. Und so musste ich wirklich schwimmen, das Boot im Schlepp, zwei Männer gegen die Natur. Die siegte. Das Boot kenterte. Verfing sich zwischen zwei Felsen. So muss sich ein buntes Hemd in einer Waschmaschine fühlen. Kopf gegen den Fels, Kopf ins Wasser, Kopf gegen den Bootsrumpf, Gott sei Dank nicht in den Propeller. Zwei Sekunden Luft. Mal oben, mal unten. Wie im Leben, oder eben in der Waschmaschine. Waren es 60 Sekunden oder 60 Stunden? Meine Kräfte ließen nach. Ich verlor das Amulett, das mir die geliebte Rosely geschenkt hatte. Scheiße. Wirklich. Wir bekamen das Boot frei, Bob filmte wieder. Endlich das Ende. Land. Melancholie erfasste mich, Heimweh. Wir wurden gefeiert. Sogar »Life« wollte über uns eine Story machen. Ich aber wollte keine Reporter, ich wollte ein Weib. In Riggins, 400 Einwohner, unweit vom Fluss und urig dazu, entdeckte ich ein Hurenhaus. Ich rein, Bob rein, wahrscheinlich dieselbe Frau. Als er wieder vor die Tür trat, erklärte ich Bob: »Ich muss noch mal.« Protestgeschrei. »Wir haben kein Geld.« Mein Trieb siegte. Diese Bootsfahrt brachte mich letztlich nach Hollywood. Die Sponsoren unserer Expedition nämlich stellten uns in L.A. den Medien vor,

»The Riverbusters«, Fernsehen, Presse, und machten uns ein neues Angebot – Expedition auf dem Amazonas. Bob musste absagen, seine Suzy war schwanger. Ich musste mir überlegen, wie ich mit den 500 Dollar, die ich für die »Salmon«-Expedition erhalten hatte, überleben könnte – in Hollywood. Simone de Beauvoir, die geniale Madame, die im Gleichschritt mit Jean-Paul Sartre die Welt philosophisch beobachtete, notierte in ihrem 1947 erschienenen Reisetagebuch »Amerika Tag und Nacht« über ihre erste Begegnung mit diesem Ort: »Wenn um Mitternacht alle Bars schließen, bietet Hollywood den Anblick eines puritanischen Dorfs. Und nicht den einer großen, knallig glanzvollen Stadt.«

Ich mietete ein kleines Zimmer, Plastikvorhänge, Plastik-Zahnputzbecher, Plastik-Duschvorhänge. Eine Lampe. Wenn ich aus dem Fenster blickte, konnte ich Typen sehen, die Uniformen trugen, vor dem Restaurant auf Gäste warteten und dann in deren Autos in die Garage rasten. Next. Next. Ich fragte den Hauptmacker, ob er einen Job für mich hätte: »Kannst du fahren?« »Bin mit Sechs gefahren, Rennwagen.« Keine Lüge. Ein Gang. Aber immerhin. Die zahlten 1,25 Dollar die Stunde. Ich fuhr die Luxuskarossen mit 100 Stundenkilometern auf den Parkplatz, am liebsten Cadillac, die rollten wie Sofas auf Rädern. 1,25 Dollar pro Stunde war mir dann doch zu wenig – ich wurde Möbelträger bei einer Umzugsfirma.

Ich arbeitete mit einem älteren Typen zusammen, der war gebaut wie ein Panzerschrank. Einmal mussten wir einen Eisschrank bei einer Oma in West-Hollywood abliefern. Nur Treppen. Kein Fahrstuhl. Er zog oben, ich schob von unten. Die Alte stand am Geländer und zeterte: »Watch the wall!«, »Oh, mein Gott, das Geländer, passen Sie auf die Wand auf.« Mein Kumpel bellte: »Lady, will you shut the fuck up.« Das klang für mich wie eine Opernarie. Er wiederholte den Satz noch mal, so als wollte er mich erheitern: »Shut the fuck up.« Das gefiel mir; ich benutzte diesen Satz häufig. Und denke dann an meinen Möbelpacker, durch den ich frühzeitig lernte: Das amerikanische Schimpfwörter-Repertoire ist ausgeprägter noch als das deutsche.

Mein erstes Weihnachtsfest in Los Angeles war traurig. Überall Tannenbaumschmuck. Kerzen. Jingle Bells und noch mal Glockenspiel. Weihnachtsmänner, die unter den Palmen herumstaksten. Das Päckchen meiner Mutter enthielt Marzipanbrot, auch eine Kerze; die stellte ich auf den Tisch in meiner Einzimmerwohnung. In »Turner's Drugstore«, Ecke Doheny Drive / Sunset, bestellte ich mir Orangensaft. Rosely hatte mir geschrieben. Ihr Amulett lag irgendwo auf dem Boden des Salmon River, womöglich verschluckt von einer Forelle. »Ich habe keine Macht, o nein. Aber dir kann ich noch wehtun. Ich wohne in einem fremden Land, ich esse Gnadenbrot. Meine Stube blickt hilflos aufs Meer hinaus – Aber dir kann ich noch wehtun. Ich gehöre zwei

Völkern an und habe beide verloren. Das eine ist machtlos, wie ich. Das andere wird bald machtlos sein, wie ich. Aber dir kann ich noch wehtun.« Wehmütige Worte. Nicht ich habe sie damals formuliert, sondern ein Wanderer zwischen zwei Welten, Berthold Viertel. Regisseur, Drehbuchautor, Schauspieler. 1927 bereits kam er mit Ehefrau Salka durch die Vermittlung des Regisseurs Friedrich Wilhelm Murnau nach Hollywood. Santa Monica, das Exil behagte ihm nicht, Hollywood, die Studios schienen ihm banal. Seine Frau, eine ehemalige Schauspielerin, war freundschaftlich verbunden mit Greta Garbo, Charlie und Oona Chaplin, Marlene Dietrich sowie einer Vielzahl der Emigranten, die sie in ihrem Haus an der Mabery Road in Santa Monica zusammenbrachte: Bertolt Brecht, Ludwig Marcuse oder Thomas Mann, aus dessen Werken ich, ein halbes Jahrhundert später, vor Mitgliedern der »German American Society« las.

Allmählich begriff ich, welches historische Erbe ich zu verarbeiten hatte – immer wieder begegnete ich den Vertriebenen, Entwurzelten. Walter Kohner, der mit seinem Bruder Paul die »Kohner Agency«, eine Künstleragentur, am Sunset betrieb und viele der Emigranten unterstützte, traf ich, als ich sein Auto vor dem »Scandia«-Restaurant parkte. Er gab mir einen Termin in seiner Agentur. »Waren Sie in Deutschland Schauspieler?«, wollte er wissen. »Ja«, antwortete ich. »Na, dann sprechen Sie mir mal einen Text vor.« Da ich immer wieder so als Gedächtnisübung Gedichte oder Liedertexte lernte, trug ich ihm Matthias Claudius vor, einen Norddeutschen:

»Der Mond ist aufgegangen,
die goldenen Sternlein prangen
am Himmel hell und klar;
der Wald steht schwarz und
schweiget, und aus den
Wiesen steiget der weiße Nebel
Wunderbar ...«

»Hans, Sie sind ja ein Romantiker«, reagierte Kohner, »haben Sie was Klassisches im Repertoire?« Hatte ich, schon wegen des »Leck mich am Arsch« des Götz von Berlichingen:

»Wo meine Knechte bleiben!
Auf und ab muss ich gehen,
sonst übermannt mich der Schlaf.
Fünf Tage und Nächte schon auf
der Lauer. Es wird einem

sauer gedankt, das bisschen
Leben und Freiheit ...«

»Fein«, unterbrach mich der Agent, »Sie haben Ihre Hausarbeiten gemacht.«
Gleich mein erster Studio-Termin in Hollywood brachte mich ins Inferno.
Ich sollte für »Operation Eichmann« vorsprechen, eine Geschichte über die
Suche nach dem Massenmörder, Adolf Eichmann. Die Hauptrolle Eichmann
spielte, ausgerechnet, ein Jude – Werner Klemperer, ein 1920 in Köln geborener Sohn des genialen Dirigenten Otto Klemperer. Ich hätte Klemperer, der in
der Kriegsgefangenen-Komödie »Hogan's Heros« den Lagerkommandanten,
Oberst Klink, spielte und die Deutschen zur Lachnummer machte, beinah nie
kennengelernt. Hätte eine gütige script lady mich nicht gerettet, wäre meine
Hollywood-Karriere bereits vor der ersten Vertragsunterzeichnung, 1965,
beendet gewesen.

Die Produktion hatte mir blaue, rosa, gelbe Textseiten geschickt, die, wie
ich später lernte, Textveränderungen bedeuten. Ich habe die Blätter während
der Busfahrt angesehen, nur um zu prüfen, wie viel Text für mich vorgesehen
war. Natürlich, der Bus, der in L.A. ohnehin nie nach Fahrplan abfährt, stand
im Stau und ich war mindestens 30 Minuten verspätet. An der Pforte des Studios wartete bereits eine Make-up-Lady, Farbtopf und Schminke, Pinsel und
Kamm im Anschlag. Der Beleuchter checkt das Licht und der Regisseur erklärt
mir: »Wenn der Werner hier reinkommt, wird die Kamera dir folgen, bis ihr
euch begegnet. Hier an diesem Punkt.« So far, so good. »Du kennst den Text,
also let's roll.« Ich stand im Dunkeln, es wurde Nacht. Ich erfror. Ich wusste:
Aus, alles ist aus. Text, welcher Text? Die rosa, blauen, gelben Blätter? Ich hatte
nicht bei Lee Strasberg in New York Schauspielunterricht genommen, nicht
mit Gustav Gründgens am Hamburger Schauspielhaus geprobt, sondern ich
war Athlet, Cowboy, Möbelpacker, Wildwasser-Fahrer, Autoparker gewesen
und hatte Knie seziert. Auch schon was. Aber »roll« und »cut«, das war eine
andere Welt. Ich marschierte, wie mir der Regisseur befohlen hatte, aufs Zentrum zu und wusste, dass dort – ohne Text – auf mich die Guillotine wartete,
das von einem Monsieur Guillotine erdachte Fallbeil. Ich hörte die Stimme des
Regisseurs: »Cut, Cut.«

Die Kamera funktionierte nicht. 20 Minuten Reparatur. Das script girl kam
auf mich zu und fragte: »Hast du verstanden, was du tun musst?« »Nein.«
»Hier«, sie schob mir eine Dialogseite zu, »lern den Text.« Das konnte ich,
schnell sogar. Ich wurde in dem Eichmann-Streifen der »Klaus«. Ein Handlanger, meine erste Rolle. Ohne Kamera-Kummer, ohne das menschliche script
girl wäre meine Hollywood-Karriere beendet gewesen. Die Kohner-Brüder

hätten mich aus ihrem Karteikasten entfernt. Stattdessen wurde ich in eine Vielzahl weiterer Nazifilme befördert – mal spielte ich einen Hauptmann, dann einen Major und einmal stellte ich den Oberst Gerhard Brunner dar. In »Combat«, einer Kultserie im Fernsehen, war ich in einer Episode der wortlose Scharfschütze, der in einer französischen Ortschaft zurückbleibt und eine Liebelei mit einer französischen Gastwirtin beginnt, die für sie dramatische Folgen hatte. Burt Kennedy, einer der Regisseure und Produzenten, hat mich immer wieder ermuntert: »Hans, bleib' dabei, du bist ein Talent.« Ich hatte damals meinen akademischen Ehrgeiz noch nicht ad acta gelegt, nur, wie sollte ich das Schulgeld bezahlen, das die »University of California in L.A.« (UCLA) von Nicht-Kaliforniern forderte, woher die Zeit nehmen? Am preiswerteren Santa Monica College schrieb ich mich schließlich als Gaststudent in Abendkurse ein, »Politische Wissenschaften«. Ich habe diese Vorlesungen selten geschafft, zumal mich auch noch eine wunderschöne Blonde faszinierte, zierlich, kultiviert, von Paris eingenommen, von Italien verzaubert. Eine europäische Amerikanerin, Dale Russel. Noch aber war ich mit Rosely liiert, zumindest empfand ich so, also züchtigte ich meinen Liebestrieb und spielte stattdessen Fußball in einer Mannschaft, die ein Restaurantbesitzer finanzierte.

Mit zwei Kollegen startete ich – unweit des Pazifiks, wo sich in den Vorkriegsjahren viele jüdische Emigranten niedergelassen hatten – das »Santa Monica Playhouse«, ein kleines Theater an der 4th Street, in dem wir selbst die Bühnenbilder aufstellten, für die Beleuchtung zuständig waren; und an der Kasse saßen. Ich spielte in »Kean«, einem Fünf-Akter, den Sartre aus einem Alexandre-Dumas-Werk erarbeitet hatte. Ich übernahm in Tennessee Williams »The Lady of Lakespur Lotion« (1941 verfasst und mit zwei Frauen und einem Mann besetzt) die Rolle eines betrunkenen Schriftstellers. Ich kann behaupten: Der Gudegast war »busy« – ich las fürs College über Marx, räumte Teller in einem Luxusrestaurant ab, umtänzelte Dale, meine gefühlvolle Blonde, stand besoffen auf der Bühne, spielte Halb-Links bei den Halb-Profis und träumte häufig von Rosely.

Die kündigte mir schriftlich ihre Ankunft in New York an. Gemeinsam mit ihrem (im Januar 2007 verstorbenen) Vater und dessen dritter Frau Maja werde sie auf einem Dampfer der »Hamburg Süd« eintreffen. Erstmals in meinem Leben – meine Nazirollen in Hollywood ermöglichten mir das finanzielle Wagnis – konnte ich fliegen. In einer Propellermaschine, die kein Luftloch ausließ und meinen Magen und alles, was dazu gehört, meiner »Hanseatic«-Erfahrung näher brachte, eilte ich gen Osten. Die Heimat, personifiziert durch Rosely, rückte näher, das Vertraute, die Wärme. Ich hatte für mich ein bescheidenes Zimmer gebucht. Fräulein Oetker wohnte mit Papa, dem Milliardär, in zwei Suiten im »St. Regis«-Hotel. Ich traf Rudolf August Oetker, ohne Tochter, in einem Restaurant an der Wall Street, dem Zentrum des Kapitalismus.

Die Kellner waren in lilafarbene Jacken gekleidet, dazu trugen sie weiße Fliegen. Sie waren blass im Gesicht und in ihrem Getue gezeichnet von Jahrzehnten des Diener-Daseins; devot, distanziert zugleich, arrogant. Sie kannten die Spezies Mensch mit all den Launen, zumindest glaubten sie es; Yes, Sir, no Madame. Ein weißer Laville Haut Brion, 53er-Jahrgang vielleicht? Château Margaux oder Lafite Rothschild, Jahrgang 49, Premier Cru? Warum nicht als Vorspeise Malossol oder Beluga-Kaviar? Die Kellner turnten um die damals noch bewunderten Wall-Street-Gurus herum und machten ihren verbalen Handstand, auch vor Mr Oetker, der die Weinkarte, so glaube ich mich zu erinnern, ungelesen ließ. Er wusste offenbar immer, was er wollte, welchen Deal oder welchen Wein; ein Burgunder der Domaine de la Romanée Conti, »La Tâche Grand Cru«, sollte es sein, natürlich.

Oetker war um die 50, ich 23. Ein freundlicher Mann, beinah nachsichtig mit dem Träumer. Diskret, wie Väter eben sind, die den Liebhaber der Tochter ausloten, befragte er mich zu Bredenbek und Hollywood, den extremen Polen meiner Welt. Die »New York Times« hatte gerade in einem Artikel enthüllt, wie die CIA, verbündet mit der Mafia, versucht hatte, Fidel Castro zu töten, also diskutierten wir dann dieses Thema. Castro hatte ein Jahr zuvor mit seiner Entscheidung, die Stationierung nuklearer Mittelstreckenraketen der Sowjets auf seiner Insel zu bewilligen, einen nuklearen Schlagabtausch der Supermächte provoziert, einen dritten Weltkrieg. Trotzdem verteidigte ich den Kubaner, den »underdog«, den Schwächeren, der seinem geschundenen Volk offenbar ein besseres Leben bescheren werde. Das glaubte ich. Der Unternehmer lächelte freundlich und verabschiedete sich. Er musste zum Bahnhof. Er reiste mit dem Zug nach Kanada, ich raste mit dem Taxi zu Rosely. Der Herr Papa, verriet sie mir später, war mit meinen Castro-Thesen nicht einverstanden. Meine Rhetorik immerhin, das sprachliche Talent, habe ihm gefallen. Ich solle Anwalt werden, war der Rat.

Die zwei Wochen in New York waren voller Träume und Tränen, Liebe und Leidenschaft. Ich war verwirrt. Ehrgeiz, Eitelkeit hatten in Hollywood mein neues Ich geformt. Mein anderes Ich, das war Heimat, Bredenbek, vor allem Rosely. Ich wollte nicht zurück in die Vergangenheit, ich wollte versuchen, meine Träume umzusetzen. Die berühmte, mysteriöse »Zukunft« erobern. Ich habe nie eine Schauspielschule besucht, sondern auf meinen Instinkt gesetzt; ich hätte gern einen Ingmar-Bergman-Film gemacht, mit Fellini gearbeitet oder mit Woody Allen – Regisseuren, deren Sensibilität und Intelligenz ich schätze. Doch das lief anders. Die meisten Hollywood-Regisseure, mit denen ich zu tun hatte, wollten aus mir einen arroganten Nazi-Offizier-Typen machen, einen 1,83 Meter großen Hitlerfanatiker. Augenklappe, Holzbein, zumindest irgendwo amputiert. Die wünschten keinen sympathischen Deutschen, schon überhaupt nicht im Hakenkreuz-Kostüm. Die Deutschen hatten die Indianer beerbt – nach rot nun braun. Das Feindbild war von Pfeil und Bogen auf Panzer umgeschwenkt, die mit der roten Hakenkreuz-Fahne am Heck ins Gefecht rollten.

In den Drehbüchern blieben Deutschen Dialoge in Kreuzworträtsel-Länge:»Halt's Maul!, Heil Hitler!«,»Achtung«,»Du Schwein«. Ich habe versucht, mich gegen diese grässliche Simplifizierung zu wehren, aber in diesem Hollywood streiten 50 000 gelernte Schauspieler um Rollen und 50 000 ungelernte Darsteller schlagen sich um die Krümel. Ich habe banale Rollen akzeptiert, weil ich meinen Unterhalt nicht bis in alle Ewigkeit als Tellerwäscher oder Autoparker verdienen wollte. Manche Drehbücher entsprachen nicht meinen intellektuellen Erwartungen, wohl aber stimmten die Gagen. Ich habe nie den Glauben an mich aufgegeben. Ich habe als Junge im kargen Nachkriegs-Deutschland gelernt, zu kämpfen. Auf dem Bolzplatz. Auf dem Bauernhof. Im Boxring. Ich habe die Schmerzen und die Enttäuschungen weggesteckt.

Wahrscheinlich muss man Narziss sein, um in diesem Job zu bestehen, die Kritik, den Neid wegzustecken. Zugleich aber gibt es nichts Verführerischeres, als Filmstar zu sein. Bewundert. Verehrt. Gefeiert. Ich hätte mich leicht verführen lassen, mich zwischen Glamour und Größenwahn eingependelt. Die Götter von Hollywood haben es nicht zugelassen, die Produzenten, die keine Deutschen in einer Hauptrolle sehen wollten. Ich war, einmal, sogar in der Diskussion für die Rolle des»James Bond«, aber auch da ließen sie den Vorhang fallen, sobald ihnen klar wurde: Der Gudegast, das ist ein Deutscher, und der Braeden ebenfalls. Arnold Schwarzenegger, behaupte ich einfach, wäre als Deutscher niemals zum Hollywood-Star geworden, obendrein mit diesem Akzent. Die Amerikaner haben den Österreichern ihren Hitler nicht angelastet. Wien ist für sie Walzer und Sachertorte und Lipizzaner. In Nürnberg war Deutschland auf der Anklagebank, nicht Österreich.

Fünf Jahre nach dem tränenreichen »Junge, komm bald wieder« in Cuxhaven buchte ich einen Flug zurück in das Land, das die Welt mit dem Wahn des Krieges überrollt hatte. Ich wollte Weihnachten daheim sein, unter Kerzen, den Weihnachtskarpfen in der Küche, Meerrettich und Salzkartoffeln dazu. Ich bin mit»Icelandic Air« geflogen, via Reykjavik, Island, nach Luxemburg. War es eine Super-Constellation oder eine Douglas DC 8? Ich erinnere mich nicht mehr. Damals war das die Strecke für Rucksack-Touristen und ärmliche Hollywood-Talente, letzte Reihe, halbdunkel. Eine Stewardess hatte sich zu mir gesetzt und war mir zugeneigt – wahrscheinlich weil Weihnachten war. Sie trug unter dem Uniformrock nichts als Wärme, das heiße Leben, für das Generäle geheime Angriffspläne verraten und Könige ins Exil gehen. Erleichtert erreichte ich Europa: Dichter Nebel lag nach unserer Landung über Luxemburg. Der Flug nach Hamburg wurde gestrichen – ich musste umsteigen auf den letzten Zug. Heilige Nacht auf Schienen; statt Glocken des heimatlichen Kirchturms das Rattern der Räder auf den Gleisen. Hin und wieder war ein Tannenbaum zu sehen, beleuchtet, leere Bahnhöfe. Vorsteher mit roter Mütze.

Ein Uhr morgens, Hamburg-Hauptbahnhof – stille Nacht, kalter Bahnhof und kein Engel in Weiß. Warteraum zweiter Klasse. Nichts mit Hollywood und Palmen, stattdessen Horror und Penner. Obdachlose, die keine Matratze mehr finden konnten im Heim der Gestrandeten, Pik As, umarmten pensionierte Nutten, die an ihrem Mund vorbeimalten und sich den Lippenstift mit zitternden Fingern ans Kinn schmierten. Sie weinten und sie kotzten – fröhliche Weihnachten, Hans Jörg Gudegast, welcome home. Ja, da hatte ich meinen amerikanischen Freunden von unserem Weihnachten was anderes vorgeschwärmt: Wermut und Weinbrandbohnen wurden hier nun vom »Hilfswerk für Obdachlose e.V.« verteilt, Frikadellen und Kartoffelsalat, spendiert von der katholischen Bahnhofmission. Später marschierte eine Frau in Schwarz, abgesetzt mit roten Streifen, in das Lokal, setzte die Posaune an und spielte »Vom Himmel hoch, da komm ich her« – die Heilsarmee. Ihr Publikum rülpste, grölte, nur ein Dackel ohne Halsband, der vor einem kalten Heizkörper saß, jaulte mit. Er hat mich verstanden. Ich war in seiner, hündischen, Verfassung. Bis der Zug nach Kiel abfuhr, Gleis vier.

Meine Mutter umarmte mich. Sie weinte wahre Tränen. Hollywood? Schon vergessen. Der Tannenbaum stand im Wohnzimmer, der Kaffeegeruch schwebte durch die Räume. Lebkuchen. Marzipanschweinchen. Wie damals. Ich erzählte von Amerika – diesem unglaublichen, widersprüchlichen Gebilde, das sich stets bewegte wie die Lavaströme des Vesuvs und nie zur Ruhe kam. Bereit, Unrecht auszuspeien oder Güte zu zeigen, Bomben abzuwerfen und danach Bonbons, mal nachdenklich war, mal naiv. Mit Küsten, an denen sich Surfer ergötzten oder Kloake den weißen Strand bedeckte. Dieses Amerika, das trotz allem das Land der unbegrenzten Möglichkeiten geblieben war. Erika und Klaus Mann haben meine Gefühle in ihrem Buch »Escape to life – deutsche Kultur im Exil« schon 1938 trefflich beschrieben: »Das Land ist angenehmer, die Chancen sind besser, die Menschen verhalten sich freundlicher als wir es von Europa her gewöhnt sind. [...] Das Wort ›Emigrant‹, das in Europa fast ein wenig verdächtig macht, dort bedeutet es eine Art von Ehrentitel.«

Ich redete daheim wie die Stromschnellen im Salmon River, unkontrollierbar, stürmisch. Später wollte ich von meiner Mutter mehr über unsere Vergangenheit erfahren, über den Vater, der sich den Massenmördern der Nation nicht widersetzt hatte, sondern im Gleichschritt mit ihnen in die Tragödie des Jahrtausends marschiert war, so wie ich das in dem Dokumentar-Film »Mein Kampf« gesehen hatte. Wo war eure Moral, eure Menschlichkeit, was hat euch in diese Entartung getrieben? Meine Mutter, eine in Vergebung und Güte gebundene Frau, die sich nicht mit Freud oder Schopenhauer befasste, sondern mit Stromrechnungen und Mietbelegen, blieb gelassen ob meiner verbalen Sturmflut: »Hanni, mein Junge, beruhige dich. Kein Mensch, der diese Zeit nicht persönlich erlebt hat, kann sie verstehen, und niemand, der diese Zeit erlebt hat, kann verstehen, warum wir uns derart verführen ließen.« Zu spät, meinte sie, um jetzt Schuld zu verteilen. Dein Vater, ein Nazi? Er war ein guter Vater, ein prächtiger Ehemann. Hat er sich geirrt? Jawohl. Haben die Sieger ihn eingesperrt? Jawohl. Aber, so sagte meine Mutter, wir haben aus dieser Katastrophe gelernt, die Deutschen von gestern sind nicht die von morgen.

Einige Tage nach unserem Gespräch lud sie einen Nachbarn zum Klönschnack ein, den Bauern Christian Röschmann. »Möchten Sie einen Bommerlunder, Aquavit, 'nen Asbach Uralt?« »Ne, Bier. Ja, und 'nen Kümmel dazu.« Er wusste, dass ich ihn befragen wollte zu diesem Kriegsthema, das mein Gemüt immer wieder aufwühlte, vor allem seit ich in Hollywood war, wo ich den Überlebenden begegnete, und auch den Hassenden, jenen, die die Bilder von den Gaskammern nicht vergessen können. Natürlich nicht. »Ich war 17«, erzählte Röschmann, »als ich eingezogen wurde. Die Waffen-ss rekrutierte mich, redete mir ein, dass ich zur Elite zählte, zu den Auserwählten. Bis dahin war ich ein einfacher Kerl, ein Bauer. Plötzlich Elite. Ich. Christian. Sterben fürs Vaterland? Ich war bereit.« Er kämpfte an der Ostfront. Irgendwo vor Stalingrad. Eis. Erfrierungen. Gefallene Kameraden. Angst. Gedanken, zu desertieren? Nein, die Erschießungskommandos der ss durchkämmten das Gelände hinter der Front. Hunger. Stiefel ohne Sohlen. Läuse, die trotz der Kälte überlebten. Keine Munition, obgleich die Propaganda verbreitete, der »Endsieg« stehe bevor.

Bis morgens um vier sprachen wir, wirbelte das Drama der Ostfront in unserer Stube und mit ihm die Wut, die Reue, die Ratlosigkeit. Der Bauer schluchzte, schimpfte und flehte mich an: »Hanni, vergib deinem Vater seine Schuld.« Amen. Meine Mutter brachte Grog, Rum, Zucker, heißes Wasser. Mehr Rum als Wasser. Der Wind verscheuchte den Nebel und den Schimmelreiter, und danach schneite es. Als ich mich unter der Daunendecke ausstreckte, war ich sicher – meine Dale würde, wie so oft, am Strand von Santa Monica wandern, den Surfern zusehen und den »Lifeguards«, die, Jahrzehnte später, in TV-

Serien global verewigt wurden. Sie würde sich blaue Blumen kaufen und sie auf ihren weißen Tisch stellen, die »Zauberflöte« hören und an mich denken, an Hans, der eben in Bredenbek an der Ostfront war.

Ich ahnte in jenen Wintertagen, dass ich – wahrscheinlich – auf ewig ein Wanderer zwischen zwei Welten bleiben würde, verwurzelt in Bredenbek, in Hamburg mit seinen frischen Winden, verzaubert jedoch von diesem Kalifornien, das sich den Menschen offenbarte wie eine ehrliche Hure – take what you need, aber alles hat seinen Preis. Wie hatten die Manns notiert: »Man hat Hollywood, die Weltmetropole des Films, einen ›Zaubersumpf‹ genannt und damit viel von den verführerischen und verderblichen Reizen, von den einspinnenden, menschenfängerischen, korrumpierenden, demoralisierenden Qualitäten des Ortes bezeichnet, den der unbefangene Besucher immer abwechselnd als äußerst attraktiv, buntbelebt, farben- und möglichkeitenreich empfindet und als stumpfsinnig, erniedrigend, möglichkeitentötend. Viele junge amerikanische Schriftsteller hassen Hollywood als rohen, fetten, goldbäuchigen Widersacher der Kunst und des Geistes. Hass und moralischer Abscheu gegen eine bestehende Macht, wenn sie mit Talent gepaart sind und wenn das Antlitz der Macht so pittoresk sich darstellt wie das Antlitz von Hollywood, sind nicht unbekömmlich für den Hassenden.«

1965 arbeitete ich bei den Dreharbeiten zu »Kennwort Morituri« mit zwei Großen unserer Zunft: Marlon Brando und Yul Brynner. Ein deutscher Deserteur, Marlon Brando, wurde von den Briten in Indien erpresst, einen Sabotageakt zu wagen, den der Frachterkapitän, Yul Brynner, zu verhindern suchte. Meine Rolle, einmal mehr, war die eines deutschen Funkers. Brando, eher als launisch verrufen, arrogant, begrüßte mich mit »Hänschen klein, ging allein« – auf Deutsch. Er freute sich über den Satz, den ihm ein Freund am Set, sein Biograf, aufgeschrieben hatte. Ich antwortete mit dem Spruch der Gladiatoren: Morituri te salutant, wir, die sterben müssen, grüßen dich.

In den Drehpausen sprach er gelegentlich mit mir über sein Engagement für die Indianer oder befragte mich zu meinen Gedanken über den Krieg. »Hans«, meinte er einmal nach einer unserer Diskussionen, »du bist zu klug für den Schauspielerberuf.« Ich wusste nicht so recht, ob ich das als Kompliment nehmen oder als Kritik an meiner Arbeit verstehen sollte. Ich entschied mich für das Kompliment. Der in Österreich geborene Schweizer Bernhard Wicki war der Regisseur unseres Films, ein angesehener Mann, der für seinen neun Jahre nach Kriegsende gedrehten Film »Die Brücke« mit Lob überhäuft worden war. Er erzählt die Geschichte vom sinnlosen Versuch eines Trupps von Hitlerjungen, eine Brücke zu verteidigen, um damit den Vormarsch der Alliierten zu verlangsamen.

Nur – Brando ließ sich vom Image des Regisseurs nicht beeindrucken, er war, weitgehend, an sich selbst interessiert. Ein Egomane, der selbst dem Kollegen Brynner bei jeder Gelegenheit zu verstehen gab, dass er von ihm, seiner Schauspielkunst, nicht beeindruckt war. Brando war antiautoritär, selbstsicher, dann wieder einfühlsam und klug; Wicki war nervös und herzleidend. Hinter ihm, neben ihm, stand stets eine Krankenschwester, bereit, die Spritze zu setzen, sobald der Patient Herzflattern signalisierte. Brando machte die Schwester zur Vollbeschäftigten – Wickis Herz arbeitete mit Hochdruck. An einem dieser Tage dauerte der Aufbau der Szene, die Vorbereitung, nahezu den gesamten Tag. Komplizierte Beleuchtung, schwierige Kamerawege über die Treppe des Schiffs, vom Deck in den Mannschaftsraum. Marlon sollte da runter; zehn Minuten vor vier waren die Einstellungen gerichtet. »Marlon, we are ready.«

Vergessen hatte der Regisseur allerdings ein Detail – Marlon Brando musste nur bis 16 Uhr arbeiten, das war vertraglich vereinbart. Der Regisseur wies ihn an: »Just walk down the stairs, you know, and then up, right here.« Brando kam die Treppe runter, verharrte eine Sekunde und – blickte auf seine Uhr: »All right, see you tomorrow.« Weg war er. Mitten in der Szene. Die Krankenschwester eilte ohne Befehl heran und setzte Wicki die Spritze – er war kurz vorm Kollaps. Nicht schön. Wirklich nicht. Ich nenne das Machtmissbrauch.

So allmählich war ich es leid, Soldat des Teufels zu sein, immerzu Nazi. In »Mission Impossible«, in Deutschland als Erfolgsserie »Cobra, übernehmen Sie« bekannt, wurde ich, immerhin, als russischer Spion engagiert, der stets Shakespeare zitierte und sich auf eine Szene freuen durfte: Agent Andrei Fetyakov küsste die Hauptdarstellerin Barbara Bain. Sie war 35, ich 26. Die TV-Gazetten jubelten über die Freizügigkeit, endlich ein echter Kuss auf den Fernsehschirmen. Endlich! Den Produzenten und Regisseur George Schaefer hatte meine Arbeit offenbar beeindruckt. Er rief mich an und versprach: »In drei Monaten weiß ich mehr, wenn ein von mir geplantes Theaterstück am Broadway klappt, ruf ich Sie an.« Solche Versprechungen kannte ich. Wären sie alle verwirklicht worden, würde meine Jacht in Bermuda oder St. Tropez am Kai liegen, mit einem Hubschrauber an Deck und einem Dutzend Diener in Leinen-Anzügen. Aber Schaefer bat mich tatsächlich nach New York zum Vorsprechen für »The Great Indoors«. Ich sollte mit einem deutschen Kollegen spielen, »vielleicht haben Sie von dem schon mal gehört – Curd Jürgens.« Wer kannte ihn nicht in Europa, ihn und seine sensuelle, schöne Französin Simone Bicheron? Jürgens hatte den »Teufels General« gespielt, Kaiser, Zaren, Operntenöre, sogar Otto von Bismarck.

Ich betrat die Bühne im New Yorker »Eugene O'Neil«-Theater an der 49th Street, zwischen Broadway und der 8th Avenue. Der Zuschauerraum war dunkel. Produzenten, Regisseure, Assistenten und die Autorin des Stücks warteten auf meine Probe. Ich setzte an, vertat mich im Text, lag falsch in der Betonung, stoppte und sprach in die Dunkelheit: »Das war Mist; ich fang noch mal an.« Typisch für mich. Ich wollte halt immer selbst bestimmen, wie etwas zu machen ist. Nach meinem Vortrag gab es keinen Kommentar, nur: »You will hear from us.« Vor mir wieder New York, weniger dramatisch als bei meiner Ankunft 1959, weniger romantisch als wenige Jahre danach, als ich mit Rosely Manhattan rosa-rot erlebte, die wohl schönsten Tage meines jungen Lebens. New York war busy wie immer, meine Gedanken freilich waren woanders: auf der Bühne, beim Dreh irgendwo, bei Dale. Rosely hat ebenfalls den Mann gefunden, der sie versteht, liebt, auch in den Stunden der Krisen und Zweifel. Sie ist eine wunderschöne Frau geblieben. Gelegentlich telefonieren wir miteinander, wie damals vor über 40 Jahren. Zuweilen scheinen es Jahrhunderte, die zwischen Manhattan und heute klaffen, oder war's doch gestern? Die Zeit läuft davon, zugleich bleibt sie stehen, in Marmor gesetzte Erinnerungen.

Mit Curd Jürgens auf einer Broadway-Bühne zu stehen, das ahnte ich, das war was. In Europa zumindest war er Star, ohne Wenn und Aber. 1,93 Meter groß, elegant, ein Gentleman, schon seine tiefe Stimme brachte Frauen durcheinander. Die Produzenten meldeten sich am selben Tag: »Wir haben uns für Sie entschieden.« Ich spielte den Sohn des Hauptdarstellers. Schon bei der ersten Probe, Januar 1966, geriet ich mit Jürgens aneinander. Die Darsteller hockten auf der Bühne gemeinsam an einem Tisch und arbeiteten den Stoff für »The Great Indoors« durch. Jeder Schauspieler kommentierte die Rollen. Ich wollte ansetzen, hatte eben »... ich bin der Meinung« ausgesprochen, als Jürgens losblabberte. »Mr Jürgens«, unterbrach ich ihn, »sobald ich ausgeredet habe, dürfen Sie sich wieder zu Wort melden. Jetzt rede ich.« Er zog die Augenbrauen hoch – und schwieg. Mich hat noch nie jemand einschüchtern können, weder Marlon Brando noch Curd Jürgens, nicht Burt Reynolds oder Yul Brynner. Wenn mich ein Typ autoritär anmacht, schlage ich zurück, verbal oder mit der Faust. Das ist Teil meiner Persönlichkeitsstruktur. Es hat mir genützt, aber auch geschadet. Ich verliere, kurzfristig, die Kontrolle.

Curd Jürgens war nicht nachtragend, »Hans, Hänschen, mein Junge, komm, wir trinken noch einen Whisky in meiner Garderobe.« Die Arroganz war verflogen. Jürgens war aufgeschlossen, kollegial. Er hatte in so manchen Filmen Militärs gespielt, U-Boot-Befehlshaber beispielsweise. Er warnte mich vor einer Karriere in Hollywood: »Die werden dich von morgens bis abends in Nazi-Uniformen verkleiden, und wenn deine Karriere nach dem dritten oder vierten Weltkrieg zu Ende ist, bist du im Stechschritt von Hamburg nach Haiti marschiert.« Mir war das Problem bewusst. Ich widersprach Jürgens: »Ich werde die Ausnahme werden, nämlich der erste Deutsche der Nachkriegszeit, der amerikanische Hauptrollen spielt«. Zwei Jahre nach unserem Gespräch, 1968, drehte ich zusammen mit Burt Reynolds, Jim Brown und Raquel Welch sowie dem argentinischen Star Fernando Lamas für die 20th Century Fox in Spanien einen Cowboy-Film – »100 Gewehre«. Dale begleitete mich, weil ich eine Woche drehfrei sein würde. Fernando war beglückt über die Gegenwart von Esther Williams, die damals 47 Jahre alt und immer noch eine Schönheit war. Sie war ein Schwimmtalent, das in Hollywood in gefilmten Schwimm-Opern Karriere gemacht hatte, Filme wie »Die badende Venus«, »Die goldene Nixe« oder »Die Wasserprinzessin«. Fernando hat sie im Jahr nach unseren Dreharbeiten geheiratet.

Meine Agentur meldete sich aus Hollywood. »Universal plant dich für eine Hauptrolle ein, ein Science-Fiction-Film, in dem du ein Computergenie namens Charles Forbin darstellen sollst. Interesse?« Und ob. Das erste Hollywood-Angebot für eine Hauptrolle. Hardy Krüger und Horst Buchholz haben's vor mir versucht, wann hat Hollywood aber je einem Deutschen eine Hauptrolle angeboten? Nun aber: Hans Gudegast. Noch nicht 30. Der Durchbruch. Die Wirklichkeit hatte ich kurzfristig verdrängt, noch stand der »screen test« bevor, die Probeaufnahmen. Ich flog nach L.A. Drehte. Und kehrte nach Madrid zurück. Dann der ersehnte Anruf: accepted, Hauptrolle. Das Glücksgefühl kann ich nicht beschreiben. Drei Sekunden nach der Nachricht die Ernüchterung: »Wenn du die Rolle akzeptierst«, erklärte mein Agent, »musst du dich von deinem deutschen Namen verabschieden.« »Warum in Gottes Namen das? Weil Lew Wasserman keinen Schauspieler mit deutschem Namen, eigentlich keine Deutschen in einer Hauptrolle will?« »Nein, nein«, argumentierte mein Agent, »nicht wegen irgendwelcher antideutschen Ressentiments, er ist lediglich überzeugt: Deutsch schreckt Kinogänger ab.«

Wenn Hollywood der Olymp ist, hat Jack Valenti, der im April 2007 verstorbene Chef der »Motion Picture Association of America«, resümiert, dann ist Lew Wasserman Zeus. Er war, wie die »New York Times« notierte, »der mächtigste Mann in Hollywood«. Er hatte nicht nur eine Künstleragentur aufgebaut, zu deren Klienten Henry Fonda, James Stewart, Billy Wilder, Gregory Peck und Alfred Hitchcock zählten, sondern war auch Chef des Unterhaltungskonzerns MCA geworden, zu dessen Machtbereich »Universal« gehörte. Universal produzierte »Colossus«, MCA vermarktete die Videos. Nun diese Forderung, Erwartung, Erpressung – »Hans Jörg Gudegast« im Mülleimer der Geschichte? Konnte ich das meinem Vater, der Mutter antun, mir selbst? Ich wollte für Amerika immer einen anderen Deutschen verkörpern als einen Nazi. Nun das? Esther Williams sowie Fernando rieten, den Namen nicht aufzugeben.

Dale hingegen erinnerte mich an mein Gespräch mit Curd Jürgens: Stechschritt und Uniform bis in alle Ewigkeit. Oder die Rückkehr nach Deutschland? Ich hatte Jürgens erklärt, ich würde mich von den Nazirollen befreien. Jetzt hatte ich die Chance dazu. Ich besprach mit Dale eine Vielzahl von Namen. Aber ich wollte mir eine Identität bewahren, irgendeinen Bezug auf die Heimat. Bredenbek wäre zu deutsch gewesen und hätte Mr Wasserman ebenfalls irritiert. Ich bastelte und bastelte und blieb bei Braeden, Eric, geboren nirgendwo, Nationalität null. Dale hat mich in dieser sowie vielen anderen Entscheidungen mit Weisheit und Ausgeglichenheit beraten, und mir, dem Jüngling aus der Provinz von Schleswig-Holstein, obendrein europäische Kultur nähergebracht, Malerei, klassische Musik.

»Colossus«, der Film, der mich zu Braeden machte, wurde weder für den »Oscar« nominiert noch ein Kassenschlager, aber von den Kritikern gelobt, selbst von Regisseuren wie dem jungen Stephen Spielberg, der häufig bei den Dreharbeiten zusah. Oliver Stone sagte mir: »I love that film.« Ich hatte Hollywood und mir selbst bewiesen, dass ich, wie man in der Branche sagt, »einen Film tragen«, also Zuschauer in die Kinos bringen kann. Hollywood hatte immer so seine Probleme mit mir, und ich mit Hollywood. Regisseuren und Produzenten war ich zu unabhängig, was sie als »arrogant« charakterisierten. Ich erinnere mich an eine Episode, die dieses Image zementierte. Anruf von meinem Agenten: Vorsprechen für den Film »What did you do in the war, daddy?« Ein Komödie. »Ist der Termin nur für mich?«, will ich wissen. »Nein, cattle call«, im Klartext: Massenaufmarsch von Schauspielern. »Seid ihr bescheuert? Ich mache keinen dieser dämlichen cattle calls.« »Es wäre sicher gut, wenn du deine Einstellung korrigieren könntest: James Coburn spielt die Hauptrolle. Drehort: Sizilien.« Also antreten.

Ich marschierte direkt ins Büro des Produzenten und bläffte die Sekretärin an: »Ich warte fünf Minuten, sonst bin ich weg.« Come right in. – Auf einem Ledersofa sitzen drei Produzententypen in dunklen Anzügen. Hinter einem überdimensionalen Tisch hockt ein Typ im bunt bedruckten Hawaii-Hemd, kurzärmelig, vor ihm eine Reitpeitsche. Links am Tisch sitzt ein Bayer, Horst Ebersbach. Der ist gelegentlich in Bars an meinem Hocker vorbeigelaufen. »Was machst du denn hier, du Nase?« »Jo, i soll föststelle ob du a Deutsch sprichst.« »Du kannst doch selbst kein Deutsch, mit deinem scheiß bayerischen Kauderwelsch.« Und ich fragte ihn auf Deutsch und übertrieben laut: »Wer ist denn dieser Heini mit der Reitpeitsche, dieser Angeber?« »Blake Edwards, der Regisseur.« Ich war nicht beeindruckt: »Weißt du was, Ebersbach, sag ihm, er könne mich am Arsch lecken.« Abgang. Die Produzenten und dieser kurzärmelige Regisseur waren begeistert. Das ist er, den wollen wir. Typisch deutsch und arrogant. Den in gewichsten Reitstiefeln und mit Augenbinde!! Sie boten mir einen Vertrag an, aber für ihre Termine war ich bereits vergeben.

Ich habe mich, soweit ich konnte, von den Mächtigen, dem Hollywood-Klüngel, ferngehalten, weil ich instinktiv ahnte, »Familiarity breeds contempt«, Nähe, Vertraulichkeit entwickelt sich zu Verachtung, Ablehnung. Entertainment, Showbusiness, ist nicht der Glamour, den die Klatsch-Postillen suggerieren. Entertainment, Film, Fernsehen sind Realität, hartes Geschäft. Kein Schauspieler wird von Stephen Spielberg verpflichtet, nur weil er mit ihm bei einem Dinner geschwatzt hat. Keine Hollywood-Träumerin wird zum Star, nur weil sie sich mit George Clooney bettet.

Lew Wasserman bin ich einmal in der Universitätskantine begegnet. Er schritt durch den Speisesaal wie der Napoleon von Hollywood, begleitet von einem Tross von Männern in grauen Anzügen, seiner »grey suits«-Gladiatoren. Er grüßte niemanden, nur an meinem Tisch blieb er stehen, immerhin war ich der »Colossus«-Hauptdarsteller. »Eric, how are you?«, »Lew, how are you?«, dann war er weg, vom Winde verweht, getragen von seiner eigenen Größe. »Hollywood«, was nichts anderes ist als der Oberbegriff für »Ruhm und Reichtum«, produziert die eigene Wichtigkeit, die Selbstdisziplin wie eine Inszenierung. Täglich rollen die lang gestreckten schwarzen Limousinen, in denen sich eine Fußball-Mannschaft ausstrecken könnte, über die Hügel von Beverly Hills und Bel Air, passieren auch meine Straße in Pacific Palisades wie Stealth-Bomber der US-Luftwaffe, getönte Scheiben, anonym, unerkannt. Bis sich die in Diamanten glitzernden Ladys in ihren Abendkleidern, die Männer in Smoking und Lackschuhen, vor den Villen aus ihren Autos heben und die Marmortreppen hinaufschreiten.

Ich konnte und kann diese Rendezvous der Eitelkeiten nicht ausstehen; sie schwatzen, klatschen, nicken denen zu, die sie wohl kennen, aber schon beim letzten Mal abgecheckt haben, ob sie der Karriere nützlich sind. Also ersparen sie sich selbst den Small Talk, mit dem sie an diesem Abend drei Dutzend Gleichgesinnte langweilen. Gerüchte werden verbreitet, die zwischen übler Nachrede und Verleumdung angesiedelt sind, Deals werden diskutiert, die morgens vergessen sind, Visitenkarten ausgetauscht, die im Kamin enden. Edelköche wie Wolfgang Puck oder Joachim Splichal, der eine Österreicher, der andere Deutscher, rücken mit Dutzenden von Helfern an, denen sie weiße Handschuhe überstreifen, im Hintergrund geigt ein Kammerorchester. Edler »Krug«-Champagner wird auf silbernen Tabletts gereicht wie auch die Hummerhäppchen, die Rehfilets und Gänseleberpasteten.

Puck, der Koch, reicher als mancher der Gäste, stolziert in weißem Kochdress durch die Menge, küsst die Frau des Produzenten, die Witwe des Regisseurs, umarmt seinen Freund Sidney Poitier und bewegt sich dann zurück zu einem der Lkws, in denen seine Küchen installiert sind. Denn selbst in diesem Rokoko/Barock/Zuckerbäcker-Schlössern sind die Küchen nur auf 50 Gäste eingestellt, nicht auf 300. Einmal nur, ich glaube mich zu erinnern, Neujahr 1972, hat mich ein Produzent dazu überredet, von meinen Prinzipien abzulassen. Arthur Jacobs war der Produzent von fünf »Planet der Affen«-Filmen, mit denen er ein Vermögen verdiente. Ich spielte, was sonst, den Deutschen Dr. Otto Hasslein in »Flucht vom Planeten der Affen«. Jacobs, der seine Frau beim Affen-Dreh kennengelernt hatte, wollte mich unbedingt für ein Projekt in der Hauptrolle besetzen, »Die Aquanauten«. »Wir würden uns sehr freuen, wenn Sie mit Ihrer Frau bei uns das Neujahrsfest verbringen könnten.« »Eigentlich«, erklärte ich ihm, »meide ich gesellschaftliche Veranstaltungen von Regisseuren und Produzenten.« »Wenn Sie kommen, wird Walter Matthau gegen Sie Tischtennis spielen und auch Dick Zanuck, verspreche ich.«

Ich bewunderte Matthau, der in Wilders »Extrablatt« und so vielen anderen Rollen gespielt hat, und ich konnte keiner sportlichen Herausforderung ausweichen, selbst im Tennis bin ich gegen John McEnroe angetreten, und Dick Zanuck, Boss der »20th Century Fox«, habe ich von der Platte geputzt. Das Fest war gelungen, obwohl mich ein angetrunkener Produzent in einem empfindlichen Bereich meiner Seele traf: »Du hättest in dieser Stadt ein Star sein können«, laberte er, »wenn du woanders geboren wärest.« Ja, so ist's, so war es. Ich bin nie direkt, persönlich beleidigt worden, nie hat mir ein Ami gesagt: »Hans, you fucking Nazi.« Erstens hätte er in der Sekunde meine Faust auf die Zwölf gekriegt und für einige Wochen durch den Mund geatmet und zweitens wird diese Distanz zu Deutschen nie direkt gesucht.

Hollywood wird von jüdischen Produzenten, jüdischen Regisseuren bestimmt und die haben, ob sie es nun zugeben oder nicht, Ressentiments gegenüber den Deutschen. Sicher, sobald sie erkennen, dass eine deutsche Schauspielerin die – globale – Männerschar ins Kino lockt, Marlene Dietrich oder Elke Sommer in vergangenen Zeiten, überdeckt der Sinn fürs Geschäft – kurzfristig – die Vorurteile. Nicht, dass ich missverstanden werde: Ich habe die außerirdischen Höhen eines Paul Newman, Marlon Brando oder Clint Eastwood nicht erreicht, aber welcher deutsche Schauspieler ist in den USA ein absoluter Star geworden, Marlene Dietrich ausgenommen? Sie ist aber nicht als Deutsche vermarktet, sondern von den Deutschen als Verräterin, von den Amerikanern als Hitler-Gegnerin klassifiziert worden. Mein »Aquanaut«-Projekt, eine zweite größere Hauptrolle also, womöglich zwei, drei Folgen, starb, im wahrsten Sinne des Wortes – mit dem Tod von Arthur Jacobs, im Jahr nach der Silvesterfeier, Juni 1973.

Ich weiß genau, vor welchen Restaurants die Paparazzi warten, und kenne die Ober-Ober-Kellner, die Klatschblätter wie »People« mit News beliefern – gegen Bakschisch natürlich und Namensnennung des Lokals. Ich bleibe im Abseits, bin Stammgast in Cafés und Restaurants, in die kein Starlet je seine Stöckelschuhe gesetzt hat. Nach dem Tennismatch im exklusiven Riviera-Country-Club in Pacific Palisades setzte ich mich mit der L.A. Times in ein kleines Café, bewirtet von bulgarischen Einwanderern, an der Montana Avenue. Kein Tourist stört mich an meinem Ecktisch. Gespräche mit Freunden. Blick auf das Fitness-Studio, fünf Meter entfernt. Schöne Frauen im Fitness-Look, ungeschminkt, verschwitzt, zunächst neugierig, wenn sie mich sehen. Ist er das? Das ist er. »Hi Eric.« »Hi Hans.« Have a nice day. Freundliche Menschen. Oberflächlich? Vielleicht. Sie lächeln. Deutsche Frauen wirken zuweilen wie der Wetterbericht für das nördliche Schleswig-Holstein, Dezember, Januar. Sonne wirkt auf die Seele. Behaupte ich einfach mal. Auf die Fantasie.

Gelegentlich entziehe ich mich den Nachbarschaften der sogenannten heilen Welt durch eine Fahrt in die Slums von L.A. und trainiere in einem Box-Gym: Die Männer, die wegen der in Ringschlachten eingesteckten Kopftreffer unter Gleichgewichtsstörungen leiden und wie Seeleute nach acht Wochen im Sturm vor Kap Horn schaukeln, die Veteranen, die sich mit der Handvoll Dollars, die sie kassierten, nicht einmal die herausgeschlagenen Zähne ersetzen können, klopfen mir auf die Schulter und sagen: »Hi Eric, want to spar?« Ich mag diese Typen, deren Zukunft, wie man so schön lästert, hinter ihnen liegt. Sie haben ihre Kämpfe meist auf dem Rücken beendet und in das doppelte oder dreifache Gesicht des Ringrichters geblickt, wenn er sie auszählte und den Mundschutz herauszerrte, um sie vor dem Erstickungstod zu bewahren. Diese Menschen wissen, was Armut ist, sie leben das Elend jeden Tag. Nur – kein Wort des Neids habe ich je von ihnen gehört; nur: »Eric, you're looking good, man.«, »Eric, wie fährt sich dein neues Auto?« Sie streicheln den silberfarbenen Lack meines Mercedes, als sei das Gefährt eine heilige Kuh.

Ich habe Glück gehabt. Und die Nehmerqualitäten, die ein Boxer benötigt. Aber ich kann, um in der Boxersprache zu bleiben, auch austeilen. Ich habe einem Kollegen mit der geballten Faust ins geschminkte Gesicht geschlagen, er hatte mich beleidigt. Ich benötige weder einen Bodyguard noch einen Chauffeur. Ich träume auch nicht von einem schlossähnlichen Anwesen, das hinter hohen Hecken in Bel Air verborgen ist. Meine Frau und ich blicken von unserem Minipark hinein in einen Canyon. Manchmal liegt Schnee auf den Gipfeln. An den Wänden unseres Hauses hängt kein Van Gogh oder Monet.

Ein Foto verehre ich besonders – Max Schmeling und ich, schwarz-weiß. Der Pool hat Normalgröße; gelegentlich stürzen sich Enten ins Wasser, einmal war's sogar das Berliner Brecht-Ensemble, das ich während des Gastspiels mit »Der aufhaltsame Aufstieg des Arturo Ui« im Juli 1995 zu mir eingeladen hatte, selbst Martin Wuttke, glaube ich mich zu erinnern, ist baden gegangen. Auch das ist Kalifornien. Irgendwo in der Nachbarschaft hat der Gouverneur seinen Privatbesitz, Stephen Spielberg lebt nicht weit entfernt. Zuweilen treffe ich mich mit einem der Nachbarn, Sugar Ray Leonard, ehedem Boxweltmeister.

In der Woche vor Weihnachten werde ich wieder Hans Gudegast, der Junge vom Dorf – ich schmücke den Tannenbaum. Packe Geschenke. Binde Schleifen. Lade einen Gospel-Chor ein oder engagiere junge Talente von der Oper in Los Angeles, die mit mir und den »200 engsten Freunden« Weihnachtslieder singen: mit Mike Meyer, meinem Vertrauten schon aus Fußballer-Tagen, der in seiner Doktorarbeit die Nutzung deutscher Musik für die Propaganda der Nazis analysierte, Alex Olmedo, der aus Peru stammende Wimbledon-Sieger anno 1959, Jon Lovitz, der geniale jüdische Komiker, Elke Sommer, wahrscheinlich die beste und schönste Skatspielerin im amerikanischen Westen, Clarence William III, ein afroamerikanischer Freund, der mit mir am Broadway auf der Bühne stand, der Unterwasserkämpfer, Kult-Catcher »The Body« Jesse Ventura, der 1998 in einem politischen upset – populistischer – Gouverneur des US-Staates Minnesota wurde.

Cornelius Schnauber wird da sein, Hochschulprofessor, a. D., und einer dieser mega-schlauen Einwanderer, der ein Buch zu dem Thema »Wie Hitler sprach und schrieb. Zur Psychologie der faschistischen Rhetorik« verfasste und mir nicht nur verraten kann, was »Dur-Moll-tonal« oder »Freie Atonalität« bedeutet und wie die »Zwölftonreihe« entwickelt wurde, sondern auch, an welchen Symptomen die Krankheit zu erkennen ist, an der Schönberg litt, nämlich »Triskaidekaphobie«. Diese Weihnachtsgesellschaft ist Multi-Kulti-Kalifornien, und einer der Gründe, warum die Menschen hier, Amerikaner oder Zugewanderte, diese Nation nicht pauschal verdammen oder gar verlassen; Kalifornien ist auch ein Mega-Experiment, der Versuch, Massen zu integrieren, wie nirgendwo anders auf der Welt Kulturen zu vereinen, Religionen in harmonischem Nebeneinander zu etablieren. Ich muss bei der Weihnachtsfeier nur in meine Küche sehen, Hans Röckenwagner, einer der feinen Köche in dieser Stadt, steht im weißen Tuch am Herd – sein Kragen ist schwarz-rot-gold abgesetzt.

Seine Frau ist Koreanerin und schätzt von seinen Gerichten den aus Schwetzingen importierten Spargel am meisten. Die Kellner stammen aus Guatemala, Griechenland oder Kalkutta. Ich denke zurück an meine Fußball-Mannschaft, die »Maccabees«, an unseren Gewinn der amerikanischen Fußball-Meisterschaft, 1973. Wer war im Team, Ersatzleute eingeschlossen? Zwei

äthiopische Nationalspieler, zwei Mexikaner der ersten Liga, zwei Deutsche
und – sieben Israelis, von denen einige in der Nationalmannschaft spielen.
Nie ein böses Wort gegen mich, kein Hauch von Rassismus. Im Gegenteil: Sie
waren bereit, Gegner in den Boden zu stampfen, die gegen einen Mannschafts-
kameraden rassistische Beleidigungen wagten. Wir waren tatsächlich Freunde,
so wie's Bundestrainer Sepp Herberger seinen Mannen in Bern, 1954, vor dem
Gewinn der WM erklärte:»Elf Freunde müsst ihr sein.«

Zyniker werden mitleidig lächeln und darauf verweisen, wie viel, heimlich
wohl, Neid in der Mannschaft steckt, in denen ein Kicker wie Beckham spielt,
der, umgerechnet auf sein Jahreseinkommen, wahrscheinlich für jeden Eck-
und Freistoß 15 000 Dollar kassiert. Unser Multi-Kulti war echt, die gelebte,
gewollte Menschlichkeit, Symbol der Vergebung, Toleranz, Hoffnung. Dieses
Team, dieses Erlebnis hat mich gezeichnet. Für immer. Denn nicht nur die
Spieler hatten ihre eigenen Geschichten zu verarbeiten, auch unser Trainer,
unsere Manager waren aus Deutschland geflüchtete Juden, deren Familien in
den Gaskammern getötet wurden. Und nun spielten wir, die Überlebenden
der KZs und der alliierten Bomben, miteinander Fußball. Ein edler Mann, unser
Trainer Max Bosniak. Auch er ein Opfer der Nazis, gleichwohl ohne Hass auf
die Deutschen. Ganz im Gegenteil.

L.A. ist Kontrast. Widerspruch. L.A. ist, im Gegensatz zum Klischee, eine
Metropole, in der Normalbürger malochen, oft zwei Jobs pro Tag nacheinander, 16 Stunden – Stress, Müdigkeit. Verkehrsstaus. Geldprobleme. Und noch
mehr Arbeit – oder keine mehr. Die nüchterne Normalität. Rüstungsindustrie, der Containerhafen. Fabriken. Natürlich, die Exzesse wohnen nebenan.
Hier enden Multimillionäre im Knast, sitzen ihre Strafe ab und starten eine
neue Karriere als Prediger. Ein wegen vierfachen Mordes verurteilter Afroamerikaner schreibt in der Zelle Kinderbücher, wird für einen Nobelpreis vorgeschlagen und dann hingerichtet. Hier können Multimillionäre ihren Frauen
die Inszenierung einer Oper zum Geburtstag schenken oder sich selbst für 20
Millionen Dollar mit einer Rakete ins All schießen lassen. Ein Restaurantbesitzer träumt von einer Top-Fußballmannschaft in L.A., engagiert Talente, so auch
mich, aber als das Team gegen Real Madrid 0:9 scheitert, löst er die Truppe auf.
Hier ist Scientology keine kriminelle Vereinigung, sondern eine Religionsge-
meinschaft, Pferdehändler werden Masseure, Gaukler zu Gurus. Alles ist möglich in diesem Kalifornien, auch das Unmögliche. Etwa, dass Kriminelle vorzeitig aus dem Knast entlassen werden, weil das Geld für die Wächterlöhne fehlt.

Die Deutschen nerven mich gelegentlich durch kleinkariertes Denken und
rechthaberisches Getue, diese Oberlehrermentalität. Ich habe meine Mutter
einmal gefragt: Was sind deine Erinnerungen an deinen Vater? Sie antwortete:

Pünktlichkeit und Ordnung. Bravo. Sie war stolz darauf, und ich wollte ihr nicht widersprechen. Law and order, natürlich gibt es diese Advokaten auch hier, aber diese Kalifornier, zumindest jene, denen der Surfer-Wahn nicht ohnehin das Gehirn ausgetrocknet hat, werden sich nicht ihre Fantasien beschneiden lassen, die Kreativität. In Deutschland, das zumindest ist mein Eindruck, existiert Neid, klar spürbarer Neid. Hier nicht, Amerika gibt den Bürgern eine Chance, noch immer, trotz aller sozialen Missstände. Der Mythos ist zwar beschädigt, aber die Hoffnung bleibt. Unbeirrt von der Krise gilt die Botschaft: Alle haben eine Chance. Gleich woher sie kommen, aus Finnland oder Panama – alle beginnen bei null. Alle können's schaffen. Glauben sie noch immer.

Die USA haben lange in dem Bewusstsein gelebt, eine einzigartige Nation zu sein. Sie hatten erheblichen Anteil an dem Sieg gegen Nazideutschland, nur haben sie in ihrer Selbstdarstellung, ihrem Selbstbildnis die Briten komisch aussehen lassen, die Franzosen vergessen und die 30 Millionen Kriegstoten der Sowjetunion kaum je erwähnt. Militärhistoriker scheinen überzeugt: Hitlers Angriff auf Russland, der unerwartet harte Widerstand, nicht nur bei der historischen Schlacht in Stalingrad, hat die deutschen Truppen erschöpft, ausgezerrt und das Selbstbewusstsein der Heeresführer getroffen. Bei der Landung der Alliierten konnten die Nazis keine wirklich ausgeruhten Truppen an die Westfront verlegen. In anderen Worten: die russischen Soldaten haben die Vorarbeit für die Niederlage Hitler-Deutschlands geleistet.

Ein historisches Werk, das der Mehrheit der US-Amerikaner nie verdeutlicht wurde. Moskau war nur Feind. Die Macht des Bösen. In den Filmen und Fernsehserien der letzten 50 Jahre waren nur Amerikaner die Helden – ich kann es beweisen, denn ich habe in den Serien auf beiden Seiten gekämpft, vor allem aber bei den Verlierern. Dieses Selbstimage haben die Amerikaner ohne Widerspruch hingenommen und sich erhalten, obgleich ihnen im Korea-Krieg die Puste ausgegangen war. In Vietnam schließlich hat Amerika nicht nur die Unschuld und 58 000 GIS verloren, sondern der Frust, der Krieg, die Forderung der schwarzen Soldaten, die sterben, aber in vielen Staaten bis 1965 nicht wählen durften, schwappte in die USA.

Plötzlich war dies nicht mehr Gottes Land, die GIS wurden verdammt, verachtet, weil sie einen Krieg verloren hatten, der nicht zu gewinnen war. Ronald Reagan wurde ein populärer Präsident, nicht weil er in seinem Land für Gerechtigkeit und Gleichberechtigung sorgte, sondern eine simple Botschaft verkündete, immer wieder: »We are number one.« Amerika, die Übermacht. Er redete von Patriotismus, und die Amis holten die während des Vietnam-Kriegs eingerollten Sternenbanner wieder aus der Mottenkiste. Ronald Reagan redete von der Macht Gottes und diese Menschen, die verunsichert und verängstigt den vermeintlichen Niedergang beobachtet hatten, fielen auf die Knie. »America, love it or leave it«, erklärten jene, die sich als Patrioten vermarkteten, aber – wie George W. Bush, Präsident a. D. – sich um den Militärdienst in Vietnam gedrückt hatten. Tatsächlich leidet die Nation unter einem Minderwertigkeitskomplex und hat nahezu paranoische Angst vor einem wirklichen oder eingebildeten Gegner, gestern die Kommunisten, heute die Fundamentalisten des Islam. Dahinter steckt auch System: Die Rüstungsindustrie, das Pentagon, die Neokonservativen, die religiösen Eiferer benötigen das – neue – Feindbild, das die Militärs unter Waffen hält, Aufträge für den Bau von Spionage-Satelliten, Überschallflugzeugen, Hubschrauber und nuklear getriebenen Flugzeugträgern sichert.

Mich stört die Reaktion der Mehrheit in den USA auf den Wahnsinn Irak. Das Fernsehen bietet selten kritische Berichterstattung wie damals, aus Vietnam. Bilder von den in Frachtmaschinen aus dem Irak eingeflogenen Särgen der Gefallenen wurden zu Zeiten des George W. Bush im Fernsehen nie, in Magazinen wie »Time« oder »Newsweek« kaum gezeigt, weil das Verteidigungsministerium die Fotos nicht zuließ oder unterdrückte – erst unter Obama ist es wieder erlaubt, zu dokumentieren, welchen Preis GIS zahlen müssen. Wo wird in den USA auf den Straßen demonstriert gegen diese Pentagon-Politik, an welcher Universität? Im März 2008 zogen 3000, vielleicht einige Hundert mehr, zum Protest in Hollywood auf. 3000. Von 300 Millionen. Nach sechs Jahren Krieg. Gelegentlich stand eine einsame Mutter am Zaun der Präsidenten-Ranch in Texas und wollte vom Staatschef eine Antwort auf die Frage: Warum, für was, für wen musste mein Sohn sterben? Die Nachrichtensender zeigten Bilder von der einsamen Lady, sie darf einige Sätze sagen. Cut. Football. Der Wetterbericht. Comedy.

Ich habe mich mit meiner Kritik an der Politik eines George W. Bush nie zurückgehalten, und ich habe Barack Obama gewählt. Mit dem wirtschaftlichen Debakel setzt Ernüchterung ein, begreifen manche Amerikaner: Wir sind zwar Gottes eigenes Land, aber nun ist auch der Teufel im Spiel. Ich habe stets kritisch reagiert. Mit Erleichterung kann ich behaupten: Meine Popularität hat deshalb nicht gelitten – im Gegenteil. Die Frage, die mancher Fan mir per Post zukommen lässt – »Warum sehen wir Sie nicht im Kino?« – ist leicht zu beantworten: Meine Fernsehrolle lässt keine größeren Rollen zu, die mich über Wochen an einen Drehort binden. Ich hab's 1997 versucht, als ich den »Lord Astor« in der »Titanic« spielte, und im letzten Jahr einmal mehr: Ich habe einen Cowboy-Film mit sozialen Untertönen produziert, »The man who came back«. Hauptrolle: Eric Braeden. Mich hat die Geschichte der Schwarzen immer wieder aufgewühlt, die Missachtung ihrer Rechte, ihre Demütigung, Unterdrückung. Die US-Geschichtsbücher lassen keine Horrorszenen deutscher Geschichte aus, verständlich und wichtig, nur, vergessen und verdrängt haben die Amerikaner ihre eigene Geschichte. Ein Beispiel? 1887. Ein Aufstand schwarzer Arbeiter. Sie wurden mit Maschinengewehren erschossen, 300 Opfer, wenn ich mich recht erinnere. In der Sklaverei, machen wir uns nichts vor, waren Elemente des Holocoust erkennbar, im Krieg gegen die Indianer, in der Unterdrückung der Schwarzen.

Seit 29 Jahren bin ich »Victor Newman«, der Hauptdarsteller einer täglich ausgestrahlten Show: »The young and the restless«. Meine Fans behaupten: Victor Newman lebt. In Eric Braeden – hart, von Liebeslust und Cleverness getrieben. Nein, nein. Victor lügt, er betrügt, im Schlafzimmer, im Aufsichtsrat. Victor hat so viele Frauen verführt, geheiratet, verlassen wie Deutschlands ehemaliger Außenminister Joschka Fischer. Ich bin seit mehr als 43 Jahren mit meiner Dale verheiratet. Und es werden, so Gott will, auch noch 50 oder 60 werden. Wie oft hat Victor Nikki Newman geheiratet, die ehemalige Stripperin, die er mit Ashley betrog, die obendrein ein Kind von ihm wollte. Das wahre Leben, es mag gelegentlich ähnlich aussehen, aber Victor Newman übertreibt: Er täuscht seinen eigenen Tod vor, er ist eifersüchtig (bin ich auch), aber ich würde kein Brutalo sein wie er, sondern die Ex-Ex-Ex anrufen und fragen: »Wollen wir's noch mal versuchen, zumindest für eine Nacht?« Für mich war »soap« ein Unding, Schauspieler-Verschnitt.

Ursprünglich unterzeichnete ich einen Vertrag über drei Monate. Die brauchten einen Bösen, ich das Geld. Mich hat die Arbeit angekotzt: Keine Zeit für Proben, nur enorm viel Text lernen, und nicht immer Einstein-Stoff, obgleich der Trend in den letzten Jahren eindeutig auf sozialkritische Inhalte zulief: Drogenprobleme, Teenager-Schwangerschaften, Aids. Nach drei Monaten boten die Produzenten einen Zwölf-Monats-Vertrag und erheblich mehr Gage. Bei einem Hollywood-Dreh werden pro Tag zwei, höchstens drei Drehbuchseiten verarbeitet, für eine Abendserie rund acht. Wir aber drehen 80 Seiten pro Tag. Das bedeutet für mich täglich, durchschnittlich 10 bis 35 Seiten Text zu lernen, einmal waren es sogar 62. Nach einem Jahr dieser Text-Tortur, ohne Chance auf Korrektur, habe ich erklärt: »Ich kann nicht mehr, ich haue ab.« Ein neuer, beweglicherer Produzent wurde eingesetzt: Ich konnte nun auf den Text einwirken, Sätze streichen, andere hinzufügen. Wir benötigen Unmengen Dialog, weil es kaum »action« gibt; Handlung kostet Geld, welches die Produktionsfirma einstreichen will. Also reden und reden wir, immer auf zwei Bühnen. Dem TV-Volk gefällt's. Seit 25 Jahren sind wir bei den Einschaltquoten die Nummer eins, weltweit zählen wir 120 Millionen Zuschauer. Ich bin 1997 mit dem »Emmy« ausgezeichnet, mehrmals für diese TV-Ehrung nominiert und in einer Umfrage – dem »People's Choice Award« – zum beliebtesten Fernsehdarsteller der USA benannt worden. Mich ermutigt diese Zustimmung. Endlich ist es mir als deutschem Schauspieler erlaubt, unterschiedliche Seiten des menschlichen Daseins darzustellen, und nicht nur Nazis. In »The young and the restless« kann ich mich so ausdrücken, wie ich wirklich bin: ein nachdenklicher, ein bisschen sentimentaler, manchmal harter Zyniker, aber ein für das Leben offener Mensch. Und Ehrenbürger von L.A. obendrein.

Wie oft bin ich etwa den Sunset aus Pacific Palisades in Richtung Hollywood hinaufgefahren; einmal freilich war ich aufgeregt, nervös sogar. Eine Premiere? Ja. Nur nicht meine. Die meines Sohnes Christian. Jahrgang 1970. Er ist Drehbuchautor. Noch zehn Minuten, vorbei am rosafarbenen Beverly-Hills-Hotel, und plötzlich keine Palmen mehr, keine üppigen Vorgärten, sondern ein Jaguar-Autohändler, Büros und flache Häuser – West Hollywood. An der Ecke Doheny Drive/Sunset erinnere ich Dale an mein erstes Weihnachtsfest, in »Turner's Drugstore«, genau an dieser Ecke, mit einem Päckchen meiner Mutter, in das sie die Kerze und das Marzipanbrot gepackt hatte. Ich blicke plötzlich auf eine überdimensionale Häuserwand mit einer knalligen Werbefläche: »›A man apart‹; Starring: Vin Diesel«. Darunter: »Drehbuch: Christian Gudegast«. Gudegast. In Großbuchstaben. Gudegast. Mein Sohn.

Nach der Premiere im »Grauman's Chinese Theatre« am Hollywood Boulevard, einem klassischen Kino für Uraufführungen, höre ich, noch im Dunkeln, einen Mann, der laut erklärt: »Interessante Arbeit von dem Gudegast.« Ich drehte mich um und wollte antworten: »Thanks, how right you are.« Just in jener Sekunde wurde mir bewusst: Nicht Hans war gemeint, sondern Christian. Good for him. Great. Nur, wer bin ich? Er ist Gudegast. Ich bin Braeden. Meine Frau sagt Hans zu mir, für meine Brüder bin ich Hanni, die Reporter befragen »Eric«; ich besitze zwei Pässe, deutsch, amerikanisch. Bin ich womöglich auch nicht mehr Hans, Hanni oder Eric, sondern Victor, Victor Newman? Haben sich alle vereint zu einem neuen Ich? Wer bin ich, der von gestern, der von heute? Hat Kalifornien Bredenbek geschluckt? Victor seinen Charakter dem Hans aufgedrängt? Begehe ich Verrat am eigenen Ich? Natürlich nicht: Im Grunde genommen bin ich immer Hanni Gudegast aus Bredenbek geblieben.

Volker Corell zog es 1978 aus München nach Amerika und dort sollte es nach New York gehen. Aber da war es ihm dann zu kalt und er entschied sich für Kalifornien. Los Angeles und Hollywood gewannen so einen meisterlichen Bildchronisten, der mit der Kamera Glanz und Elend der Filmstadt beschrieb – in der sich an die hunderttausend Menschen als »Schauspieler« ausgeben und sich meist nur jämmerlich durchschlagen. 1992 machte Corell ein Buch daraus, »People of Hollywood«, und arbeitete im Übrigen für angesehene Blätter wie »Der Spiegel«, »Forbes«, »Fortune«, die »New York Times« oder den »Stern«. Fotograf Corell verteidigt die allseits geschmähten »Paparazzi«, die »Cowboys der Branche«. Rüde Typen: Die lauern schon mal einem alten Mann auf, dem beim Strandwandern ganz peinlich die Perücke verrutscht ist und der Frank Sinatra heißt. Hunderttausend Dollar kann so ein Schuss bringen, wie Corell weiß, der selbst gelegentlich zu dieser Truppe gehörte. Paparazzi, sagt der Fachmann aus Deutschland, sind Teil eines widersinnigen Interessenspiels: Medien und ein riesiges Leserpotenzial, das den Klatsch angeblich verlangt, auf der anderen Seite Stars und Prominente, die sich von der Kamerameute verfolgt fühlen, jedoch großenteils die Publicity dringend brauchen – und eng dazwischen die Fotografen, die ihrerseits der Gängelei durch abgebrühte PR*-Leute und Pressesprecher ausgesetzt sind. Die politischen Verhältnisse, die George W. Bush mitgebracht hatte, machten Volker Corell Unbehagen. Aber das ging vorüber, wie irgendwann auch der Rassismus, der ihm einmal in der Gestalt von weiß verhängten Männern des Ku-Klux-Klan begegnete. Die wussten zwar nicht, ob Hitler in London oder Paris geboren war, sahen ihn aber doch als einen der ihren, weil er 1936 in Berlin dem schwarzen Olympiasieger Jesse Owens den Handschlag verweigert hatte. Volker Corell, nun 60 und mit einer Amerikanerin verheiratet, will nicht mehr weg – gerade wegen der ethnischen Vielfalt und der Buntheit. Nicht mal der Umstand, dass er auf tektonisch riskantem Boden lebt, kann ihn vertreiben. Was lässt sich schon machen, »wenn die Erde bebt und mein Haus spaltet«.*

Volker Corell

»*Der Möpse-Markt vor der Kordel*«

Ich bin Fotograf, ohne Wenn und Aber. Ich bewundere Arbeiten von Richard
Avedon, Henri Cartier Bresson, Helmut Newton. Ich habe in Deutschland Grafiker gelernt, aber das Fotografieren geliebt. Schon als Kind habe ich schwarz
gesehen. Physisch. Amis waren für mich schwarze Menschen. Denn dort, wo
ich aufgewachsen bin, München-Haidhausen, hatten die GIS ihre Kneipen.
Und die GIS waren in der Mehrheit Afroamerikaner.

Als unsere – weiße – Putzfrau nach Amerika auswanderte, war ich überzeugt: Die kommt in einigen Jahren schwarz zurück. Kein Zufall: Jahre später
hatte ich in den USA eine schwarze Freundin, und das schwarze, nein, das eth-
nisch gemischte Amerika, das friedliche Nebeneinander der Rassen, von einigen Konflikten abgesehen – es hat mich beeindruckt. Ich habe damals einen
Ami-Schlitten gefahren, so nannte man diese überdimensionalen Straßenkreuzer, einen »Camaro«. Ich habe als Fotograf vernünftig verdient, ich hatte
also eine Karriere in Deutschland, bevor mich der Gedanke packte: auf nach
Amerika, nach New York. Ich habe meinen »Camaro« für 10 000 US-Dollar verkauft und mich entschieden, durch Manhattan zu pilgern, bis das Geld ver-
braucht war.

Es war später Herbst, eben war ein neuer Papst gewählt worden, ein Pole
namens Karol Wojtyla, der sich als Johannes Paul II. vorstellte, und ich las in
den Zeitungen die Meldungen aus New York: »Manhattan im Schnee versun-
ken«. Oder: »Unwetter lähmt den Flugverkehr in New York«. Das kannte ich
aus Bayern. Warum sollte ich mir das in den USA antun? Also: Lieber nach Los
Angeles, Kalifornien. Hatte nicht irgendeine Gruppe gesungen: »It never rains
in Southern California«? Kalt war's, arschkalt am Pazifik. Bei meiner Ankunft
in L.A. hatten selbst die Palmen Grippe. Die Amis hingegen waren wie Glüh-
wein, unglaublich warmherzig. Drei Monate nach meiner Ankunft, an meinem
Geburtstag, hatte ich 30 Gäste. Nicht etwa Obdachlose, sondern erfolgreiche
US-Bürger, Nachbarn, die nicht mit dem Besenstil an die Decken knallten, wenn
über ihnen Tango getanzt wurde. Sie wollten allenfalls von mir wissen: »Wol-
kär, ist das bayerische Volksmusik?« Ich bin mit einem Journalisten-Visum eingereist und ein Chefredakteur erinnerte sich, »der Corell ist in L.A. Der kann
den Papstbesuch für uns covern.« In Mexiko City zitierte der Papst im Januar
1979 Parolen aus dem Leben Jesu, etwa: »Folget mir nach: Ich will Euch zu
Menschenfischern machen.« Zugegeben, Karol, der Pole, beeindruckte auch
mich mit seinem Charisma.

Tage später war ich wieder in München, einschließlich der Fotos vom Heiligen Vater. Der damalige Bildchef der »Quick«, Kurt Kühne, wollte von mir wissen: »Wie sieht's aus im schönen Kalifornien? Bleibst du länger?« »Wahrscheinlich nicht«, antwortete ich, »die spinnen dort alle. Neuerdings sausen die nur noch auf Rollschuhen herum.« »Tolle Geschichte«, jubelte der Chefredakteur – und schickte mich nach Kalifornien zurück. Mein erster bezahlter Job an der Westküste. Im März hatte ich erstmals mit den »Oscar«-Verleihungen zu tun, damals noch im Dorothy Chandler Pavillon. Johnny Carson, die längst verblichene Talkshow-Legende, führte durch das Programm, wie auch ein Jahr später, als die deutsche »Blechtrommel« als bester Auslandsfilm geehrt wurde. Das waren tolle Zeiten für Fotografen und Korrespondenten. In Kalifornien waren wir der Zeit voraus. Wir konnten die verrücktesten Trends erkennen und an die deutschen Blätter verkaufen. Alles war neu, alles wurde wie von einem Löschblatt aufgesogen – sieben Farbseiten waren für nahezu jedes Thema sicher – sieben! Ich erinnere mich an eine Reportage über den Ku-Klux-Klan, diese militanten Rassisten – kleinbürgerliche Spießer, die erst Hotdogs und Bratwürste auf dem Grill drehen und dann ihre Kreuze anstecken und murmeln: »Burn, Nigger, burn.«

Meine englischen Sprachkenntnisse waren begrenzt. Die KKK-Typen haben auf mich eingeredet und ich habe keinen Satz verstanden. Ich habe immer nur »yes« gesagt; weil ich zwischen Grillflammen und Kreuz-Feuer nicht negativ auffallen wollte. Sie waren begeistert von mir, denn mein ewiges »yes« haben sie als Zustimmung interpretiert und mir die KKK-Mitgliedschaft angeboten, der Bayer als »burner«, so haben die sich das wohl vorgestellt. Ich bin mir sicher, die Mehrheit dieser Schwarzen-Hasser wusste nicht, ob Hitler in Oslo, Amsterdam oder Berlin den Wahn ausrief. Er war ein Rassist, also war er ihr Mann. Dem schwarzen Leichtathletik-Star Jesse Owens hatte er 1936 bei den Olympischen Spielen den Händedruck verweigert. Das wussten sie. Das reichte ihnen.

Die Leute von der »Jewish Defense League«, die selbsternannte Selbstverteidigungstruppe der US-Juden, haben mir, weil sie Publicity in deutschen Illustrierten wollten, meinen Akzent vergeben. Sie luden mich zu gefillte Fisch und ihrer Wehr-Übung ein. Die tapferen Soldaten Abrahams wollten mich überzeugen, dass Amerika bedroht sei, von Nazis wie ehedem. Ich konnte ihre Sorge im Zeitalter Bush und Cheney nachvollziehen. Ich habe sehr früh gelernt, mich nicht manipulieren zu lassen. Ich war und bin Fotograf, kein Propagandist. Allmählich aber musste ich erkennen, wie Chefredakteure vorzogen, Klischees zu bedienen, anstatt sie zu korrigieren. Meine Reportagen über das erbärmliche Obdachlosenproblem, downtown L.A., oder Bandenkriege in Vierteln wie Boyle

Heights, Cypress Park oder Pico Union, wollten die Illustrierten nicht drucken. Ich habe einem Chefredakteur angeboten, ein nüchternes, ungeschminktes Porträt von Hollywood zu fotografieren, das verpisste, verkackte Hollywood. Der Blattleiter hatte reagiert wie die Mehrheit seiner Kollegen: »Volker, bist du völlig verrückt? Seit Jahrzehnten verkaufen wir den Leuten Hollywood-Glamour, die Welt der Schönen, des Ruhms und des Reichtums, und nun willst du das alles in den Dreck ziehen? Nein, nein, nein.« Mir wurde eine traurige Wahrheit bewusst: Wenn du erfolgreich sein willst, bleib bei den Klischees. Ich habe meine wirklichkeitsnahen Fotos schließlich in meinen Büchern veröffentlicht: in »Goodbye America«, »San Quentin« und »People of Hollywood«. So wie Amerika ist: ungeschminkt, besoffen, verkifft. Dealer, Scientologen, Obdachlose, Rolls-Royce, House of Blues, Schwule, Prostituierte, Sky-Bar, Industrie-Arbeiter, Laugh Factory, Paramount-Studio, Lesben, Transvestiten, Ratten, Ruinen, Illegale, Änderungsschneider, Tierhandlungen, Palms-Restaurant, Hellseher, Viper Room, Tätowierer, Grauman's Chinese Theatre, Autowäscher, Beverly Center, Mel's Drive-In, Starbucks, Chateau Marmont, The Roxy, Dan Tana's-Restaurant, Hollywood-Forever-Friedhof. Und so manche Bretterbude.

Ich habe mich mit Charles Bukowski getroffen, dem Kultpoeten, oben in den Hügeln von San Pedro, immer wieder mal und stets war ich »welcome«, zumal wenn ich ihm einen Kasten Rheinwein lieferte. Eines Tages insistierte er auf Roten. Geschmacksverschiebung? Nein, erklärte mir der Autor, »ich trinke jetzt meist nur oben, in der ersten Etage. Der Eisschrank, in dem ich den Weißen kühle, ist mir auf meine alten Tage zu weit weg.« Er hat, nach seinem Job bei der Post und »so manchem anderen blöden Kram«, seine Kurzgeschichten geschrieben, über die Bars in Hollywood, die Huren und die vielen anderen Frauen für eine Nacht, die nicht endenden Räusche und die darauf folgenden Kater. In meinem 1982 veröffentlichten Werk »Goodbye America« habe ich Bukowski über vier Seiten abgedruckt, schwarz-weiß, tough, versoffen, unrasiert und dazu notiert: »Sein Gesicht ist so, wie er es immer beschrieben hat. Hässlich, verlebt, vernarbt, gestaltet von 300 Räuschen im Jahr.« »Ich mag die Deutschen«, sagte er mir, er sei ja auch in Deutschland geboren, in Andernach. Er habe keine Probleme, Stoff für seine Werke zu finden, »Mann, ich habe sechzig Jahre lang so viel Scheiße gesehen, dass ich noch für die nächsten hundert Jahre darüber schreiben kann«.

1978 war eine Handvoll deutscher Fotografen und Korrespondenten in L.A. akkreditiert. Damals konnte ich Billy Wilder anrufen und fragen: »Billy, kann ich auf einen Sprung vorbeikommen« – ich konnte. Bei der Vergabe der ersten »Golden Globe Awards« – sozusagen die Horsd'œuvres zu den »Oscars« – stand ich mit vier Kollegen und zwei Kamerateams in der Halle des Hilton-Hotels und wartete auf Stars – ungehindert von Bodyguards, Agenten, PR-Bediensteten. Und heute? Fotos von Stars? Das geht nur, nachdem ein Coiffeur über Stunden die Hand anlegte, der persönliche Friseur und Make-up-Künstler, der die trüben Augen mit geschickten Strichen, Creme und Puder leuchten lässt. Die Fotos werden vorgelegt (müssen vorgelegt werden), ausgewählt, zensiert – von der PR-Beraterin, der Mama, der Presseabteilung der Produktionsgesellschaft, dem Anwalt, dem Agenten des Stars.

Noch dramatischer läuft es ab vor den »Oscar«-Verleihungen. 20 Jahre habe ich mir die Zensur angetan, zwei Jahrzehnte, in denen ich zunächst für »Gong«, dann »Bunte« arbeitete. Jedes »Oscar«-Jahr neu: Antrag einreichen, abgedruckte Fotos vom Vorjahr vorlegen. Ein anonymer Zensor entscheidet dann: yes oder no. In den letzten zwei Jahren war der Bescheid bei mir negativ. Ohne Begründung. Ohne Einspruchsmöglichkeit. Das bedeutet für einen Fotografen: kein Auftrag. Kein Einkommen. Die »Motion Picture Association of America«, die »Academy«, bestimmt natürlich auch, wer in der ersten Reihe stehen darf. Das nämlich bedeutet den ungehinderten Blick auf den roten Teppich, die Abendkleider in voller Länge, von der »Bunten« stets erwünscht. Wenn ein Fotograf nur für die zweite Reihe benannt wird, hat er bereits schlechte Karten.

Früher konnten die Fotografen, die am roten Teppich arbeiteten, nach den »Oscar«-Ehrungen auch noch oben im Presseraum die Stars fotografieren. Heute müssen sie sich entscheiden: oben oder unten. Erste Reihe. Hintere Reihe. »Wenn's Ihnen nicht passt«, so der Kommentar auf Proteste, »können Sie nach Hause fahren.« Bei den »Oscar«-Verleihungen 2009 haben Stars – bewusst – den roten Teppich gemieden und sich durch den Nebeneingang gedrückt – um den Fotografen und Reportern zu entgehen. Agenturen rücken mit vier, fünf Fotografen an, mit technischem Personal, das die Fotos des Teams direkt an die Zentralen in London oder Paris übermittelt. Ich dagegen bin Einzelkämpfer. Bevor ich meine Fotos übertragen kann, liegen die Aufnahmen der Konkurrenz längst im Layout der Redaktionen. Die direkte »Oscar«-Arbeit habe ich deshalb inzwischen aufgegeben, ich wollte mich nicht länger zum Deppen machen. Ich arbeite mit den deutschen »Oscar«-Hoffnungen zusammen, den Regisseuren und Schauspielern, die für die erhofften Ehrungen in die Stadt kommen, so wie im Februar 2009, als der RAF-Thriller »Der Baader Meinhof Komplex« in der Kategorie »Bester fremdsprachiger Film« nominiert war. Und alle Hauptdarsteller kamen, Moritz Bleibtreu etwa, Martina Gedeck. Trotz des Misserfolgs – die Japaner siegten – feierten die deutschen Cineasten im »Sunset Marquis«, einem Prominenten-Hotel, auf der »Constantin«-Party und Fotografen waren – welcome.

Fotografen werden in L.A. immer wieder als Werkzeuge für die Karriereentwicklung von Stars missbraucht. Selbst US-Magazine erhalten häufig nur Zugang zu den Stars, wenn sie im Gegengeschäft eine Titelgeschichte garantieren und dazu Fotografen wie Steve Meisel oder Annie Leibovitz. Letztlich muss man die Frage stellen: Wo bleibt das Recht auf Pressefreiheit? Unabhängigkeit? Das Recht auf freie Meinungsäußerung? Wir müssen uns nicht wundern, wenn Paparazzi die Nischen füllen, nach ungeschminkter Wahrheit suchen. Ich will für sie weder eine Verteidigungsrede halten noch sie anpreisen, sondern erhellen, warum Paparazzi überhaupt existieren: Paparazzi verkörpern die pure, uneingeschränkte Form der Fotografie. Sie sind die Cowboys, die Truck Driver der Branche. Frei. Ihre Weiden sind endlos wie die Landstraßen. Sie stoppen, wann und wo sie wollen. Verantwortlich nur für sich selbst.

Paparazzi sind junge Typen, 23, 25 Jahre alt, die 350 000 Dollar im Jahr verdienen können. Sie müssen »drive« haben, Unternehmungsgeist. Nehmerqualitäten. Die Super-Paparazzi haben früher alles und alle bestochen: Die sind ins Krankenhaus geeilt, gynäkologische Abteilung, zur Geburt des ersten Kindes von Star sowieso. Sie haben sich eine Schwester gekrallt, ihr 1000 Dollar zugesteckt und schon hatten sie die Zimmernummer. Zuweilen erschien alles wie ein Spionage-Ring: Taxifahrer wurden bezahlt, Türsteher bestochen, der Empfangschef stand auf der Honorarliste, Kellner wurden für exklusive Gala-Dinners mit Kameras ausgestattet. Big business.

Nur wenige Paparazzi halten das aufreibende Geschäft über viele Jahre aus. Wenn ich jünger wäre, würde ich wieder als Paparazzo arbeiten. Aber der Stress, nein, noch einmal nachgedacht: doch lieber nicht Paparazzo – Konfrontation mit der Polizei, den Leibwächtern. Anwälten. Fotograf in Hollywood, das ist ein aufreibender Beruf. Manche Kollegen meines Alters haben aufgegeben, sind erschöpft. Oder sie fotografieren Rosen, Pudel, Hochzeiten. Ich bleibe in Hollywood und orientiere mich an Kollegen wie Julius Shulman, der bedeutende Architektur-Fotograf, der bis nahe 100, bis zu seinem Tod, mit seiner Kamera experimentierte. Ich mache Porträts von Stars oder werde für Werbeaufnahmen verpflichtet – neue Automodelle beispielsweise, abgelichtet in der Wüste, zwischen Palmen und Kakteen – die suggerierte weite Welt. Freiheit.

Warum werden Paparazzi verfolgt, verachtet, angeklagt? Nicht nur, weil sie die Stars nerven, ihnen, zugegeben, gelegentlich zu nahe kommen und Blechschäden verursachen. Paparazzi sind Anarchos, übertrieben formuliert. Sie verweigern sich der Kontrolle der Filmwelt, der PR-Agenten, Medien-Manager, Presseberater, Produktionsgesellschaften, dieser Mega-Maschine, die manipuliert, droht, zensiert. Ich kann nachvollziehen, dass Schauspieler nicht in intimen Situationen fotografiert werden möchten und ihre Privatsphäre schützen wollen. Aber: Sie und ihre Beschützer, der Gesetzgeber, der die Aktionen der Fotografen einschränkt, die PR-Berater, Anwälte und Agenten haben die rüde Reaktion mancher Kollegen provoziert. Kontrolle statt Kreativität, das ist ihr Motto.

Ich kann die erhobenen Zeigefinger jener Stars nicht ausstehen, an deren Händen Diamanten glitzern und an deren Handgelenk eine »Vacheron Constantine« oder »Audemar Piquet« baumelt. Sie haben sich den Fotografen geradezu aufgedrängt – als sie sich noch als Cocktail-Serviererinnen in den Luxushotels am Sunset ihre Miete erlaufen mussten. Nach der ersten Hauptrolle haben sie die gesperrten Kreditkarten vergessen und ihre Liebeleien mit dem Lichtbildner von nebenan, dem sie die Abzüge der Fotos, die sie bei den Agenturen hinterlegen mussten, nie bezahlt haben – und wenn, dann auf der Studio-Couch. Nachts haben sie vor der »Whisky-Bar« des »Sunset-Marquis« vor der Tür gestanden und mit den dort Lauernden geflirtet. Die Fotografen wollten Stars abknallen, die barfuß durch die Bar staksten. Die Cocktail-Braut a. D. wollte in eben diese Prominenten-Bar, weil sie vielleicht ja ein Hauptdarsteller ansprechen würde, und wenn nicht der, dann sein Assistent oder der Assistent des Assistenten, ein Regieassistent, ein Kameramann, ein Beleuchter, ein Kabelträger, irgendeiner. Oh Gott, eröffne mir das irdische Paradies, gib mir Einlass nach Hollywood.

Ihr Name war jedoch auf keiner Gästeliste verzeichnet. Die Türsteher, ebenfalls Schauspiel-Aspiranten, die von einer Schwarzenegger-Nachfolge träumten und gebaut waren wie der Gouverneur, versperrten die Tür, die eigentlich keine Tür war, sondern eine dicke Kordel. Die Paparazzi waren die Einzigen in solchen Nächten, die einen Blick auf ihre Brüste warfen, die aus dem T-Shirt herausragten. Ein Möpse-Markt hatte sich da vor der Kordel aufgereiht und auf den Shirts wurde eingeladen: »I am hot«. Die Paparazzi und die Girls haben manche Nacht draußen vor den Türen gemeinsam verbracht. Gelegentlich gelingt einer dieser Schönheiten tatsächlich die Karriere und die Kordel öffnet sich.

Und dann plötzlich hasst eben diese Frau, die dem Ratten-Arsch von L.A., dem »Rat's ass of Los Angeles County«, wie James Ellroy in seiner Biografie »My dark places« über das San Gabriel Valley schrieb, entkommen ist, die Paparazzi, ihre Kumpel von gestern. Sie hasst die Typen, weil sie ein Foto von ihr machen wollen, ungeschminkt im Supermarkt, ungekämmt in ihrem Jeep, barfuß am Strand von Malibu. Sie hat eins dieser Fotos in »People« gesehen, als sie ihr Eis leckte. Ganz schrecklich. In »US weekly« dann der Strafzettel an der Windschutzscheibe ihres Jeeps. Absolut unerträglich. Sie fühlt sich verfolgt. Denn nun ist sie ein »Star«.

Mindestens 100 000 Menschen in und um L.A. geben als ihren Beruf »Schauspieler« an. Die Mehrheit dieser Darsteller müsste »Lebenskünstler« sagen und das wäre auch geprahlt. Einige Hundert sind Hauptdarsteller in Kino-Kunst der besonderen Art: Pornos. Ihre Drehorte sind meist irgendwelche Villen oder grüne Wiesen im »Valley« jenseits der Stadt. Die Stars, männlich, müssen keine Texte lernen, ihr Glied muss stehen, sobald der Regisseur, der zugleich Kameramann und Beleuchter ist, »Penetration« ansagt. Die Frau liegt da, ungeschminkt, aber geölt, damit die Vagina in der Euphorie des Aktes keinen Schaden nimmt, und dann geht es los. Ich lasse diesen Leuten ihre Illusionen vom Millionenvertrag, und manchmal wird ja auch ein bisschen davon erfüllt. Aber sie sollten dann die Vergangenheit nicht vergessen, die Kindheit im Trailer Park, Übernachtungen im Auto, irgendwo auf einem Boulevard oder Parkplatz von L.A. Von den 100 000 Schauspielern sind um die 100 sogenannte Stars, von denen wiederum nur zwei Dutzend in die Kategorie jener Darsteller eingeordnet werden können, die einen Film »tragen«, also über ihre Person Fans in die Kinos ziehen.

Da diese Ausnahme-Erscheinungen nahezu ununterbrochen vor der Kamera stehen, also Jessica, Jennifer, Cate, Nicole, Catherine, Angelina, Cameron, Uma, Scarlett, Elizabeth, Halle, Gwyneth, Sandra, René, Naomi, Brad, Denzel, Matt, Vin, Colin, Hugh, Kevin, Russel, Robin, Clint, Val, Warren, Tom, Harrison und Pierce, irgendwo in Kanada, Marokko, auf Malta oder in Südafrika, und Schauspieler wie Sean Connery, Meryl Streep, Robert de Niro, Jessica Lange, Demi Moore, Sandra Bullock, Daniel Day Lewis, Hugh Grant, Johnny Depp nicht an der Westküste leben, reduziert sich die Zielfahndung der Fotografen beträchtlich. Die sogenannten »privacy laws«, aber auch die »Stalker«-Paragrafen haben den teleobjektiven Blick in die Privatsphäre der Hollywood-Society inzwischen eingeschränkt, der Druck der Klatschpresse, die Erwartungen der Leser allerdings haben sich nicht verändert.

Im Gegenteil: Kriege, Konkurse und Katastrophen, Scheidungen und Schulden, der erbärmliche Alltag, die unerträglichen, abstumpfenden Wiederholungen des täglichen Daseins lassen Menschen nach Ablenkung suchen. O. O. P., »other people's problems«, nannte Dick Stolley, Erfinder der Klatsch-Postille »People« sein Konzept – Scheidungen der Stars, neue Liebeleien. Drei Jahre nach der Gründung, 1974, verzeichnete »People« eine drei Millionen hohe Auflage. Da kommt immer was zusammen: Der Sohn Marlon Brandos wird zum Totschläger, Superstar Michael Jackson überlebte die Betäubungsspritzen nicht, die ihn zum Schlummern bringen sollten. Mel Gibson outet sich, jenseits der Promillegrenze, als Antisemit und weltweit wird sein Polizeifoto verbreitet.

Hunderttausende würden die Redaktionen für ein Bild bieten, das Gibson in Handschellen zeigte. Was wäre ein aufgebahrter Jackson den Gazetten wert gewesen, ein Bild vom Entertainer im Sarg? »Klatsch, das sind die Probleme der Reichen«, resümierte der kürzlich verstorbene superreiche Produzent Aaron Spelling, »die mit Geld nicht zu regeln sind.« Die Auflagen seriöser Zeitungen gehen zurück, gebeutelt ohnehin durch die Wirtschaftskrise, die den Anzeigenmarkt schrumpfen lässt. Magazine wie »US Weekly«, »In Style«, »Vanity Fair«, »People«, »Globe«, »Interview«, »Premiere«, »Soap Opera Digest«, »Star Magazine«, »L.A. Confidential«, »Entertainment Weekly«, »In touch Magazin« oder Enthüllungsblätter wie »National Enquirer« und »National Examiner« kämpfen allesamt um die Gunst der Stars und/oder die Fotos der Paparazzi. Nicht nur in den USA, auch Deutschland: Woher nehmen »Bunte« oder »Gala« ihre Fotos?

Ich habe – früher – wenn mir zufällig ein sogenannter Star begegnete, auf den Auslöser gedrückt. Ich habe mich aber nie am Strand von Malibu eingegraben, weil eine Illustrierte ein Foto von einem Strandläufer namens Frank Sinatra – ohne Haarteil – einforderte, so wie es ein inzwischen in Brasilien lebender deutscher Kollege machte. Fotoarbeit ist für mich Kunst, trotz aller digitalen Fortschritte, nicht Klatsch. Die Glamour-Gazetten daheim wollen nicht das kalifornische Grauen, sondern Glamour, nicht Tragödien, sondern Träume. Ich kann das nachvollziehen: Die Leser der Klatsch-Postillen sitzen im Warteraum des Zahnarztes in München, Mannheim oder Magdeburg und denken bei dem Klatsch für einige Minuten nicht mehr an den entzündeten Weisheitszahn, den tätowierten Liebhaber der Tochter oder die Kosten für Omas Pflegeheim. Welch ein Theater um ein Mädchen namens Paris Hilton. Ist sie nicht Symbol für die Banalisierung der Presse? Statt Busen nur noch tralala und blablabla; mager ist sie und reich dazu. Und was sonst? Ein Name, der den Reisenden weltweit saubere Laken in den Betten garantiert. Sie produziert sich selbst, also ein Nichts.

Oder nehmen wir das Beispiel einer Anna Nicole Smith, die vor zwei Jahren Amerikas Fernsehstationen zu Sondersendungen verführte – und auf Dutzenden von Klatschmagazinen porträtiert wurde. Und nicht nur auf denen. Wer war die junge Tote, eben 39? Ein Marilyn-Monroe-Abklatsch, Playboy-Model, Nackttänzerin und Ehefrau eines Multimilliardärs, der auf die 100 zumarschierte. Was hat sie produziert, geleistet? Nur Image. Und zwei Kinder. Der Sohn starb. Overdose. Die Mama ebenfalls, zu viele Tabletten, ein tödlicher Cocktail, ein Unfall, bestätigen die Gerichtsmediziner. Um das Baby haben sich drei, vier vermeintliche Väter gestritten, weil die noch windelgesicherte Kleine womöglich Milliarden erbt. Und einer hat gewonnen, nicht der

Prinz von Anhalt und auch nicht Anna Nicoles Anwalt und letzter Lover, sondern ein Fotograf, auch das noch. Die Wissenschaft hat's bewiesen. Und wir klagen über die Paparazzi? Eine Analyse der Website »thinkprogress.org.«, über die Nachrichtensendungen von »CNN«, MSNBC« und »FOX«, bestätigte eine nüchterne Wahrheit. Der Name der unseligen Mrs Smith wurde – am Tag nach ihrem Tod – bei »CNN« 141-mal erwähnt, der Krieg im Irak 27-mal, »MSNBC« kam auf 170 zu 24, »FOX« 112 zu 33. Anna Nicole Smith wurde bei »CNN« vorgeführt, meldete die »Los Angeles Times«, »als sei sie Fidel Castro«. Die wichtigsten 25 »search engines« der USA registrierten unmittelbar nach dem Jackson-Tod 9,98 Millionen Klicks bei den Sucheingaben »Michael« und »Jackson«. Ein Bruchteil nur klickte in der Woche zuvor während der Massenproteste im Iran auf »Teheran« und »Unruhen«.

Aus solchen Statistiken ist zu erkennen, was die Bürger tatsächlich bewegt, warum Hollywoods Träume Milliarden und Abermilliarden von Umsätzen garantieren. Nicht nur in den USA. Trotz Dollar-Schwäche, trotz allen sozialen Verfalls, träume ich gleichwohl nicht von einer Rückkehr nach Deutschland. Ich bin US-Staatsbürger geworden, sowohl meine Tochter wie auch meine Ehefrau sind gebürtige Amerikanerinnen. Ich sehe viele positive Seiten in den USA. Einen Präsidenten Barack Obama etwa. Ich möchte in keiner monorassischen Gesellschaft mehr leben. Diese ethnischen Unterschiede sind ein Geschenk für mich. Ich habe meine Tochter an ihrem ersten Schultag gefragt: »Deine Nachbarin, ist die Armenierin, Schwarze oder Chinesin?« Ihre Antwort: »Das weiß ich nicht.« Für sie hatte Hautfarbe, Nationalität keine Bedeutung mehr. Die Vielfalt ist Normalität. Ich war geradezu verstört, als ich vor Kurzem bei einer Autoreise durch die USA im Staat Nebraska nur noch Weißen begegnete. Ich lebe im nordöstlichen Teil von L.A. – Mount Washington. Mit Ehefrau, Tochter und meinem aus dem Tierheim geretteten Mischling Bella. Meine Nachbarschaft würde ich als »middle class« einstufen.

Unter meinem Wohnhügel existieren Gangs und so zählt Gewalt zum Alltag. Sie ist allgegenwärtig, nur hat sie mich nie getroffen oder beunruhigt. Ich lasse das ungute Gefühl an mir vorbeigehen. Mit der Gewalt gehe ich um wie mit dem Erdbeben. Ich weiß: Die Bedrohung existiert, nur kann ich nicht täglich mit dem Gedanken leben, eine Kugel löst sich aus dem Lauf oder die Erde bebt und spaltet mein Haus. Sobald die Angst die Freuden des Alltags zu erdrücken droht, ist es an der Zeit, nach Nebraska umzuziehen, ins Nichts.

Ulrich (Uli) Edel *kam in einer katholischen Gegend im oberen Rheintal zur Welt und seine Mutter schickte den Sohn in ein sehr katholisches Internat. Die dort zuständigen Jesuiten waren freundlich und klug, doch nach sieben Jahren hinter den mächtigen Klostermauern hatte Schüler Uli »eine Erleuchtung«, die ihn »wie der Blitz traf: Es gibt keinen Gott«. Nach dieser Erkenntnis wollte Edel Maler werden, Bildhauer, »die Gestalt aus dem Stein befreien«, so wie sich selbst. Die Freiheit bekam er zurück. Dass die besser nicht grenzenlos ist, zeigte der Regisseur Edel dann später in seinen sozialkritischen Filmen. Vom Besten war »Christiane F. – Wir Kinder vom Bahnhof Zoo«; ein biografisches Drama, das in Deutschland spielte und das Elend von Drogen und Prostitution zum Thema hatte. Meisterlich auch »Letzte Ausfahrt Brooklyn«, ein Film, der die brutale Verkommenheit amerikanischer Metropolen behandelt. »Ein Meisterwerk«, lobte die »New York Times«, »Entertainment Weekly« schrieb von einer »apokalyptischen Vision«. Ulrich Edel, Jahrgang 1947, lebt seit 1990 in Los Angeles. Seine Produktionen sind wohl nicht konform mit dem von Hollywood beherrschten »mainstream«, aber im Fernsehgeschäft steht er blendend da, mit hohen Einschaltquoten. Er ist mit einer schwarzen Amerikanerin verheiratet – und wurde gewahr, dass der Rassismus in den Vereinigten Staaten von Amerika noch immer allgegenwärtig ist. »Mir war das Ausmaß nicht vertraut.« Sein Schwiegervater, ein Afroamerikaner, der 1952 in die Bundesrepublik gezogen ist, bescheinigte den Deutschen hingegen, er habe wegen seiner Hautfarbe in Deutschland nie Probleme gehabt. Auch Edel erlebte ein Amerika der scharfen Kontraste, in dem gnadenloser Egoismus neben ausgeprägtem Wir-Gefühl steht. Unbegreiflich ist für ihn die Gleichgültigkeit seiner neuen Mitbürger, wenn politische Irrwege offenbar werden. »Die berühmte schweigende Mehrheit war im Konsum gefesselt, nicht im Krieg. Bis zum Börsencrash und Immobilien-Meltdown beschränkte sie sich darauf, Shoppingcenter zu stürmen und gegebenenfalls auf Bierdosen zu ballern.« Aber wenn er so böse ist mit den Leuten, fällt ihm gleich wieder etwas Gutes ein, »das Amerika mit einem menschlichen Gesicht, das liberale Amerika, es existiert noch«. Für seinen letzten Kinofilm, den »Baader Meinhof Komplex«, den er nach 20 Jahren wieder in Deutschland drehte, erhielt er 2009 eine »Oscar«-Nominierung.*

Uli Edel

»Da ist ein heiliger Paulus zum ungläubigen Saulus geworden.«

»Wer seine Wurzeln nicht kennt, kennt keinen Halt.«
Stefan Zweig

Meine Wurzeln liegen in der Toskana, rechtes Ufer des Alt-Rheins, eine Minute nach Frankreich, die Schweiz nebenan. Sie haben noch nie von der deutschen Toskana gehört? Jene Gegend, mehr Verdi als Wagner, am Fuße des Schwarzwaldes, südlich von Freiburg, wo die drei Länder zusammentreffen? Im Keller meines Geburtshauses lagern Spätburgunder und Markgräfler Gutedel, der in den umliegenden Weinbergen gewachsen ist. Auch unser Obstler ist vom Feinsten – Birnen, Mirabellen, Zwetschgen und Kirsch. Das Brandrecht hat meine Familie seit über 150 Jahren, vielleicht sogar viel länger. Keiner kann sich so weit zurückerinnern.

Meinen Geburtsort Neuenburg am Rhein gibt es seit 800 Jahren. Unser Dialekt, das Alemannische, ist ebenso alt. Für einen »Preußen« nicht verständlich und auch von den 8000 Einwohnern des Grenzstädtchens spricht ihn nur noch eine Minderheit. Ich beherrsche ihn noch immer, und zwar »akzentfrei«. Wenn ich aus Hollywood meine Mutter anrufe, versteht meine Frau kein Wort von dem, was ich da »schwätz«. Nein, meine Frau ist keine Preußin, sie ist Amerikanerin. Meine Mutter ist aus alemannisch bäuerlichem Geblüt. Sie hatte mit 20 Jahren, während des Zweiten Weltkrieges, meinen Vater geheiratet. Er war gerade in seiner flotten Unteroffiziersuniform auf Fronturlaub. Als er bald nach dem Krieg aus russischer Gefangenschaft in Sibirien zurückkehrte, wurde ich gezeugt. Obwohl die russische Kälte seine Nieren ruiniert hatte, wurden wir eine stattliche Familie, drei Brüder und eine Schwester, bevor mein Vater an den Spätfolgen des Russlandfeldzuges starb. Meine Mutter führte von da an das Gasthaus allein weiter, das sie gemeinsam mit meinem Vater aufgebaut hatte: das legendäre »Kistle«. Es war das Kommunikationszentrum im Ort, 47 Jahre lang. Und sie war die First Lady. Bei ihr hat man immer das Neueste erfahren. Sie wusste es oft schon, bevor es überhaupt passierte. Wurde jedenfalls behauptet. Jeder kennt sie und sie kennt jeden, noch heute, obwohl sie über 80 ist und im Rollstuhl sitzt. Ich besuche sie, wann immer ich in Deutschland bin, aber natürlich ist »de Böe« (der Bub) viel zu selten daheim. Der lebt in Kalifornien. Seit nahezu zwei Jahrzehnten. Ich bin sowohl deutscher als auch amerikanischer Staatsbürger. Meine Frau ist Afroamerikanerin, hat aber auch Sioux-Blut in sich, Indianerblut. Sie ist ein totales Sprachentalent, spricht

acht Sprachen fließend und lernt gerade ihre neunte: Chinesisch. Wir haben
zwei Söhne, die sind in ihrer ersten Ehe geboren. Weißer Vater, Israeli. Meine
Frau und ich haben die beiden Jungs, Adam und Daniel, im jüdischen Glauben erzogen, obwohl ich katholisch bin, jedenfalls so getauft. Aber trotzdem
bestehe ich am Freitagabend immer darauf, dass die Sabbath-Kerzen angezündet werden. Ich liebe dieses Ritual. »Ihr seid das Alte Testament, ich bin
das Neue, zusammen sind wir die Bibel«, hab' ich den beiden Jungs immer
erklärt. Wohl wissend, dass das ziemlicher Unsinn ist. Aber ich, die christliche weiße Minderheit in der Familie, wollte das mit dem Alten und Neuen
Testament immer irgendwie hinkriegen. Schwierig wurde es nur mit Hanukah
und Weihnachten. »Kein Christbaum!«, protestierte meine Frau, »was denken da die Kinder?« Ich pochte auf mein angeborenes Recht. Meine Frau fand
schließlich einen akzeptablen Kompromiss: Christbaum ja, aber voll gehängt
mit jüdischen Davidsternen. Im Gegenzug erzählte ich den Kindern, das Jesu-
lein in der Krippe sei der kleine Moses, den seine Mutter Maria im Nil gefunden habe. Ich muss das Weihnachtsgarn ziemlich gut erzählt haben, denn die
Jungs wollten es jede Weihnacht von Neuem hören. Ernst nahmen sie eine
ganz andere Geschichte. »Are you black or white?«, wurden sie irgendwann
von Mitschülern gefragt, weil sie Mischlinge sind. Sie kamen nach Hause und
fragten uns: »What are we?« Meine Frau wusste, die Kinder brauchen eine
Identität: »Ich bin schwarz und ihr seid es ebenfalls. Vergesst das nie.« Ihr Vater
hatte 1952 Amerika verlassen wegen des immer noch herrschenden Rassismus
dort. Seine fünf Töchter sollten in einem Land aufwachsen, in dem sie nicht
nach ihrer Hautfarbe beurteilt würden. Er ließ sich in Deutschland nieder. Ausgerechnet. In Augsburg, er arbeitete dort für die US-Army. Er hat wegen seiner
Hautfarbe in Deutschland nie Probleme gehabt, sagte er. Wohl aber in den USA.
Seine Worte erinnern mich an das Buch von Hans-Jürgen Massaquoi, »Neger,
Neger, Schornsteinfeger«, und dessen komisch-tragische Erinnerungen als
Schwarzer im Zweiten Weltkrieg in Hamburg. Vater Afrikaner, Mutter weiß,
Hans will Hitlerjunge werden, an der Ostfront kämpfen und kann nicht ver-
stehen, warum die Heeresführung aus ihm keinen Helden machen will. Er
überlebt vor allem dank seiner Mutter und sogar einiger Nazis, emigriert nach
Amerika und siehe da: Er kann sich nicht erschöpft auf eine Parkbank setzen –
»For whites only«.

Mir war das Ausmaß des Rassismus in den USA nicht vertraut. Ich habe mich
in Hollywood relativ spät niedergelassen – ich war schon über 40 Jahre alt, und
mehr als zwei Jahrzehnte davon lebte ich in München, wo ich auch studierte.
Politisch war ich eher Amerika-kritisch eingestellt. Mein Abitur habe ich an
einem humanistischen Gymnasium gemacht, also Latein beherrscht und Alt-

griechisch. Ich kann noch heute die ersten Hexameter-Verse der »Odyssee« im Original aufsagen (wie Thomas Gottschalk übrigens auch). Da blieb für Englisch nicht viel Zeit. Ich wusste: Hollywood würde für mich auch ein wenig Las Vegas werden, Glücksspiel. Ich hatte mir drei Jahre gegeben, drei Jahre Experimente in Kalifornien. Misserfolg hätte den Rückzug bedeutet (zurück zum Spätburgunder). Ich definiere mich vor allem durch meine Arbeit. Nur da, wo ich arbeiten kann, will ich auch leben. Home is where the work is. Bertolt Brecht zum Beispiel hat sich in Kalifornien nicht zurechtgefunden. Die englische Sprache war nicht sein Medium. Aber er war auch nicht freiwillig angereist, er lebte im Exil, während die Nazis seine Heimat in den Abgrund rissen. Sechs lange Jahre hat Brecht es versucht, aber er wurde nicht verstanden. Auch sein deutscher Freund, der erfolgreiche Regisseur Fritz Lang, konnte ihm nicht helfen. Sein Selbstwertgefühl war beschädigt. Schließlich ging er nach dem Krieg zurück. Fritz Lang blieb. Amerika war nie mein großer Traum. Ich wollte weder in Kalifornien leben noch US-Bürger werden. Natürlich mochte ich amerikanische Rockmusik, Bruce Springsteen und Bob Dylan, Hal Fosters meisterhafte Comics und William Faulkners Novellen. Lichtensteins Pop-Art und F. Scott Fitzgerald, Miles Davis, Hemingway und Jackson Pollock. Und natürlich Edgar Allen Poe. Den vor allem. Und Chandler, Chase und Hammett. Und Ellroy und Selby. Und das amerikanische Kino.

Vor allem den Western liebe ich noch heute. John Fords »My Darling Clementine« und »The Searchers«, »High Noon« von Fred Zinnemann, der ja aus Österreich kam, und »Spiel mir das Lied vom Tod«, den ein Italiener gemacht hat, der große Sergio (Leone), Meister des »Spaghetti-Westerns« und Entdecker einer amerikanischen Ikone, Clint Eastwood. Aber das Enfant Terrible unter all den Western-Regisseuren, der Meister aller Klassen, bleibt für mich Sam Peckinpah. Seine Blutoper »Wild Bunch« kenne ich auswendig. Schnitt für Schnitt. Höhepunkt und zugleich Schwanengesang des amerikanischen Westerns. William Holden, Ernest Borgnine und Robert Ryan, aber auch Charles Bronson und Clint Eastwood waren allesamt meine Helden. Aber Amerikaner, nein, das wollte ich nicht werden damals. Ich wollte etwas ganz anderes. Ich wollte Priester werden. Ja, Gottesdiener. Jesuit. Zwischen meinem 10. und 17. Lebensjahr wurde ich in einem strengen Jesuiten-Internat erzogen, ein ehemaliges Benediktinerkloster im Kneipp-Kurort St. Blasien im Schwarzwald. Die Schule existiert noch, allerdings mit einer Verbesserung: Heute sind auch Mädchen zugelassen. Gott sei's gedankt! Wir waren 500 Jungs im Internat, viele um 13, 14, 15 Jahre alt und mitten in der Pubertät. Die Patres kanalisierten die Testosteron-Wallungen in eine extreme Marienverehrung – die dreimal wunderbare Mutter, die einzige Frau, die wir anhimmeln sollten. Die Patres repräsentierten die Macht. Es gab den Pater Präfekten, den Pater General, militärische Struktur. Soldaten der Kirche. Ignatius von Loyola, ihr Gründer, war erst Offizier, ein Militarist, bevor er Mönch wurde.

Deshalb orientiert sich auch die jesuitische Erziehung an militärischen Strukturen. Exerzitien, kalte Duschen, Prügelstrafe, die oft erst vollzogen wurde, wenn wir schon im Schlafanzug waren. Damit man sich den Hintern nicht mit fünf Unterhosen polstern konnte. Oder aus noch anderen Gründen – die kennt nur der Teufel. Das erste und das letzte Wort am Tag sollte Gott gehören. Das hieß: strikte Schweigepflicht am Morgen bis nach der Messe, und abends nach der »Gewissenserforschung«. Dann göttliches Schweigen, Askese. Aber da war auch die dreimal wunderbare Jungfrau. Ihr gehörten die letzten Gedanken vor dem Einschlafen ohnehin (Die Gedanken sind frei ...). Die Patres konnten zwar rüde sein, aber sie ermutigten uns auch, kreativ zu denken. So habe ich mit 13 Jahren schon ein Theaterstück verfasst. An kalten Wochenenden führten sie uns Filme vor, auch Western, »High Noon« zum Beispiel. So war mein erstes Theaterstück eine Geschichte aus jenem Land der Freiheit und der grenzenlosen Horizonte – eine Western-Story. Nicht einfach, auf der kleinen Schulbühne die Weite der Prärie nachzuempfinden. Deshalb beschränkte ich mich notgedrungen auf etwas, das ich kannte: den »Saloon«. Ich war ja in einem Markgräfler »Saloon« aufgewachsen, dem »Kistle« meiner Mutter. Die Patres waren beeindruckt von meinem ersten dramatischen Versuch, Pater Vitus, mein Präfekt, war begeistert, so als wär's ein Stück von Shakespeare. Er war der Grund, warum ich Jesuit werden wollte – und er ermutigte mich zu meinem ersten Western. Seine Begeisterung für meine Schöpfung demonstrierte er mir prompt: Als sich der Vorhang hob, stand er mitten auf der Bühne, in schwarzer Kutte, aber auch mit Cowboy-Hut wie Cary Cooper und blies auf seiner Trompete die Titelmelodie von »High Noon«. Eine Stunde später, als das Gute gesiegt hatte und das Böse sterbend in seinem Blute lag, ließ Pater Vitus noch einmal die Titelmelodie ertönen: »Sag, warum willst du von mir gehen?«, so schön, dass selbst der Pater General sich ergriffen eine Träne aus den Augen wischte.

Mit 15, 16 Jahren durchlebte ich eine extrem religiöse Phase. Ich diskutierte viel mit Pater Vitus, und wenn ich Glück hatte, spielte er für mich ein paar »blue notes« und erzählte mir vom großen Trompeter Harry James, als der in Benny Goodmans Big Band spielte. Und von jenem legendären Konzert in der Carnegie Hall in New York, das dem Jazz zum Durchbruch verhalf. Für Jahre wollte ich einer wie Pater Vitus werden. Aber dann kam es doch ganz anders. Ich war unterwegs in der Stille der Ignatianischen Exerzitien – einwöchiges Schweigen, Meditation und Bibelbetrachtung. Da plötzlich traf es mich wie ein

Blitz. Ich hatte eine Erleuchtung. Fast so wie der ungläubige Saulus, als er zum gläubigen Paulus wurde. Bei mir war's nur umgekehrt. Wie Schuppen fiel es mir von den Augen: »Es gibt keinen Gott!« hieß die neue Frohbotschaft. Da ist ein heiliger Paulus zum ungläubigen Saulus geworden. Aber erleuchtet nichtsdestoweniger. Die Patres rauften sich die Haare und drohten mir mit dem ewigen Höllenfeuer. Doch ich blieb furchtlos. Armer Pater Vitus. Jetzt las ich Jean-Paul Sartre, »Das Sein und das Nichts«, und machte alle verrückt damit. Dann rannte ich herum mit Albert Camus' »Mythos von Sisyphos«, der von dem armen Kerl erzählt, der diesen Felsen immer wieder den Berg hochrollen muss. Und oben angekommen, rollt der verdammte Felsen wieder runter, und alles fängt von vorne an. Der tragische Held, der die Götter leugnet! Genauso fühlte ich mich. »Wir müssen uns Sisyphos als einen glücklichen Menschen vorstellen«, hat Camus gesagt und beeindruckte mich damit mächtig. Anders als in Hermann Hesses »Narziss und Goldmund«, das einen sensiblen Klosterschüler beschreibt, der sich von einer Schönen im Klostergarten betören lässt und in die Wirren des Lebens wandert, hat mich keine Schöne gelockt, sondern die französischen Existentialisten. Jedenfalls glaubte ich das. Ich war wild entschlossen, den Pater Vitus mit seiner Trompete zu verlassen, mich der göttlichen Umarmung zu entziehen und an einem weltlichen Gymnasium das Abitur zu machen. Meiner Mutter erzählte ich erst mal nichts von meiner Erleuchtung. Ich befürchtete, sie würde das nicht überleben. Sieben Jahre strenge Klostererziehung und jetzt so was? Irgendwann hab ich ihr's dann doch gebeichtet. Sie schwieg erst eine Weile, dann traute ich meinen Ohren nicht: »Mit dem lieben Gott hab ich schon lange meine Zweifel!« Ich war fassungslos. Meine brave Mutter! Wir werden beide auf dem Scheiterhaufen enden! Dann wollte ich Maler werden, Bildhauer. »Die Gestalt aus dem Stein befreien.« Künstler, so oder so.

Mit ein paar Freunden gründete ich erst mal eine Rockband, die »Grasshoppers«, englischer Name natürlich, wie die »Beatles« und die »Stones«, die gerade Furore machten. Dass »Grasshoppers« ein wenig zu »Dixie« klang, ist uns damals nicht aufgefallen. Ich war der Leadsänger und dachte, ich klinge wie Elvis. Die deutsche Version seines Jailhouse-Rock war unser Renner: »Ich bin ein – uuwahh! –, denk daran, ich bin ein Mann.« Wir träumten vom großen Plattenvertrag und spielten dann doch nur in Provinzturnhallen, die immerhin knallvoll waren mit kreischenden Teenies, gerade mal 17, wie wir selbst (– uuwahh! –, denk daran, ich bin ein Mann!). Waren es doch nicht die Existenzialisten, sondern das Weibliche, was mich aus der klösterlichen Sicherheit gelockt hatte? Ich erinnere mich, dass früher bei Familienfeiern die Mehrzahl meiner Verwandten in meiner Heimat Frauen waren. Viele der Männer, meist Bauernsöhne, waren im Krieg geblieben. »Hitlers Kanonenfutter«, hatte mein Großvater oft geflucht und war erleichtert, dass sein Ältester, Helmut, bei Rommel in Afrika kämpfen konnte. Wenigstens lief er damit nicht Gefahr, auf die eigenen Verwandten in Frankreich schießen zu müssen. Da wir direkt an der französischen Grenze lebten, hatten viele unserer Verwandten Franzosen geheiratet, und ein ansehnlicher Teil davon lebte auf der anderen Seite des Rheins, in Frankreich eben. Das führte bei Familienfeiern oft zu epischen Konfrontationen, bei denen sich die männliche Minderheit mächtig aufblähte, um der weiblichen Übermacht zu imponieren. Ich erinnere mich an Onkel Jean, ein respektabler Schullehrer im Elsass, der mit der hübschen Cousine meiner Mutter verheiratet war. Im Krieg hatte er den rechten Arm durch eine Kugel verloren. Und dass es eine deutsche Kugel war, hat ihn immer gewurmt. Weshalb er sich auch viele Jahre hartnäckig weigerte, an unseren deutschen Familienfeiern teilzunehmen. Aber als Pate meines älteren Bruders musste er zu dessen Heiliger Kommunionsfeier erscheinen. Viele französische Verwandte waren da.

Zu vorgerückter Stunde und nach ausgiebigem Genuss des Spätburgunders wurde Onkel Jean von einem deutschen Cousin unvorsichtigerweise gefragt, wie er seinen Arm verloren habe. Sofort schwoll Onkel Jeans Halsader an. Seine deutsche Frau, die hübsche Gerda, legte alarmiert ihren Arm um ihn, aber Onkel Jean war schon nicht mehr zu halten und schüttelte den erhobenen Zeigefinger seiner noch existierenden linken Hand drohend gegen die verbliebenen Männer der deutschen Verwandtschaft, als würde der verhängnisvolle Schütze unter ihnen sitzen. Onkel Helmut wies jede Verdächtigung empört zurück, da er ja mit Rommel in Nordafrika gewesen sei, und auch mein Vater hatte eine überzeugende Ausrede: Er war zu dem Zeitpunkt von Onkel Jeans Armverlust schon in sibirischer Gefangenschaft. Die deutsche Seite reizte den armen Schullehrer immer mehr und die Frauen trugen eilig das Geschirr weg, weil sie schon wussten, wie so was enden würde. Die französischen Verwandten unterstützten die Sache von Onkel Jean, indem sie aus vollen Kehlen die »Marseillaise« schmetterten, was die deutsche Seite mit »Deutschland, Deutschland über alles« beantwortete, wie das ja so ähnlich schon in Rick's Bar in »Casablanca« passierte. Ein Schimpfen und Stoßen mit breughelscher Couleur entbrannte. Onkel Josef, der jüngere Bruder meiner Mutter, der ursprünglich Opernsänger werden wollte, aber dann doch nach dem Krieg Bauer blieb, weil ja die deutschen Opernhäuser damals alle zerbombt waren, stützte sich auf seinen Stock – er hatte eine Beinverletzung aus dem Krieg mit nach Hause gebracht – und sang dann mit forciertem Vibrato den »Sarastro« aus der »Zauberflöte«: »In diesen heiligen Hallen kennt man die Rache nicht.« Und schon weinten die Frauen, weil Josef so einen ergreifenden

Bassbariton hatte. Schließlich lag man sich wieder in den Armen und im Keller wurde das kleine Fässchen mit dem besten Wein geöffnet und Josef wechselte von Mozart zu den »Caprifischern«, weil da alle so schön mitsingen konnten. Und Jean, der Schullehrer, war der Einzige, der sogar die dritte Strophe konnte, die er dann allein singen durfte, in makellosem Französisch natürlich, während der Rest der kosmopoliten Verwandtschaft (ein paar aus der nahen unabhängigen Schweiz waren auch da) ihn mitsummend begleiteten. Und seine hübsche Frau Gerda legte glücklich den Kopf auf seine Schulter und Jean strich ihr beim »Bella, bella, bella Marie« zärtlich mit seinem Armstumpf über die frische Dauerwelle. Nur mein älterer Bruder Joachim, der Erstkommunikant, dessen Fest es ja eigentlich war, saß in der Ecke und heulte noch, weil seine schöne Kommunionskerze zu Bruch gegangen war, als er damit unseren Vater gegen die französischen Aggressoren zu verteidigen versuchte. Später warf er mir vor, dass ich die ganze Zeit bei Tante Lisette gesessen habe, der barocken Französin mit dem grellen Lippenstift, die immer noch keinen Mann abbekommen hatte und mich deshalb während des ganzen Gezeters beschützend an ihren mächtigen Busen drückte.

So wie der Onkel Josef nach dem Krieg seinen Traum, Opernsänger zu werden, aufgab, erschien auch mir nach dem Abitur der Plan, mich als Michelangelo oder Jackson Pollock zu versuchen, allzu gewagt – und belegte erst mal an der Münchner Uni Germanistik und Theaterwissenschaften. Da der kleine Verdienst meiner Mutter im »Kistle« vom Verkauf des Spätburgunders nicht ausreichte, mir auch noch das Studium zu finanzieren, arbeitete ich nebenbei als Schaufenster-Dekorateur bei Oberpollinger in München. Eine Zeit lang hielt ich auch als Landvermessergehilfe die Messlatte und dachte an Kafka. Am erfolgreichsten jedoch war ich als Kellner, in der Occamstraße, Alt-Schwabing. Offenbar war ich ein guter Ober, denn meine Trinkgelder waren gut. Nur an Sonntagen jobbte ich nicht, da gingen wir demonstrieren. Mein Freund Kuno war schon ein eingefleischter Jung-Kommunist, »Spartakist«, und ich wollte einer werden. Wegen des Namens hauptsächlich. »Spartacus« war schließlich einer meiner Lieblingsfilme, und Kuno sah auch ein bisschen wie Kirk Douglas aus. Vor allem, wenn er wütend war. Und das war er oft.

Auf den Demonstrationen machten wir Arbeitsteilung: Kuno prügelte sich mit den Bullen, ich filmte alles mit meiner 8-mm-Kamera. Das Material habe ich noch heute. Schwarz-weiß. Irgendwann habe ich dann meinem Freund Kuno eröffnet, dass ich nicht zu den Spartakisten gehen will, sondern auf die Filmhochschule. Aber die hat mich erst mal abgelehnt. Ich verstand die Gründe dafür damals nicht. Ich war gut vorbereitet. Später habe ich die Erklärung für die Ablehnung erhalten: Viel zu schüchtern, befand das Prüfungsgremium. So einer wird nicht Regisseur! Roch ich noch nach Klosterschule? Tatsächlich war ich der Einzige, der zur Aufnahmeprüfung im dunklen Anzug antrat, mit Krawatte und weißem Hemd. Ziemlich unhip. Alle anderen kamen in Jeans, Pullover und Turnschuhen. Ich musste mich erst mal von dem Klosterschülerimage befreien und engagierte mich in einer Theatergruppe. LaMaMa. Ein von New York nach München exportiertes Experimentiertheater der innovativen Ellen Stewart, das es heute noch in der 4. Straße in New York gibt. Das Schauspieltraining war in der Tat eine Befreiung. Dank der Einsichten und Lehren eines Russen, eines ungarischen Juden und einer Schwarzen aus Louisiana: Stanislawsky, Strasberg und eben jener Ellen Stewart.

Und einmal mehr trat ich zur Aufnahmeprüfung für die Filmhochschule an, dieses Mal mit Erfolg, natürlich in Jeans, Pullover und Turnschuhen. Und Vollbart, wie Coppola. Mit zwei Kommilitonen verstand ich mich auf Anhieb prächtig. Nicht der dialektische Materialismus war unser Thema, sondern der letzte »Martial Art«-Schinken aus Hongkong, der letzte Spaghetti-Western von Sergio Leone oder der neue Peckinpah. Wir haben uns täglich mindestens einen Film angesehen, an Wochenenden schafften wir bis zu vier oder fünf. Und wir sind bis heute Freunde geblieben: Bernd Eichinger und Herman Weigel, der dann bei Bernd in seiner so erfolgreichen Constantin mitarbeitete, eine der wenigen deutschen Produktions- und Verleihfirmen, die der Hollywood-Konkurrenz die Stirn bot. In den ersten Semesterferien konnte ich als zweiter Cutter-Assistent an »Monty Python's Fliegender Zirkus« arbeiten, bei Hannes Nikel, der später auch »Das Boot« schnitt. Ich war ganz verrückt aufs Filmeschneiden und verbrachte lange Nächte im Schneideraum. Da konnte ich nämlich an Hannes' Tisch sitzen und alles ausprobieren. Von da an schnitt ich vielen Kommilitonen an der Filmhochschule die Kurzfilme. Unentgeltlich natürlich. Auch Bernds Kurzfilme. Meine eigenen wurden auch schon mal auf Festivals gezeigt. Einer hieß »Der kleine Soldat«, eine Maupassant-Geschichte. 35 Minuten lang. Auf dem Festival in Mannheim sollte er gezeigt werden. Gleich nach dem Mittagessen. Eine halbe Stunde vor der Vorstellung begannen die Magenkrämpfe. Ich rannte in Panik aus dem Restaurant zurück zum Kino, rauf zum Projektionisten. Der hatte den Film schon eingelegt. »Sie müssen mir die Filmrolle noch mal rausnehmen!« Dem erschrockenen Vorführer erklärte ich, ich sei der Macher des Films. »Ich muss da unbedingt noch was umschneiden.« So was habe er in seinen 25 Jahren als Filmvorführer noch nie erlebt, protestierte er.

Es nutzte dem guten Mann wenig. Auf seinem Umroller habe ich dann mit schweißnassen Händen meine letzten Schnitte gemacht. Zwei Minuten vor der Vorführung. Der Film war ein voller Erfolg. Die Kameraarbeit wurde sogar mit einem Preis bedacht, obwohl der Kameramann, ein Filmstudent wie ich, beim Drehen den Belichtungsmesser schon am zweiten Tag verloren hatte und wir für den Rest der Dreharbeiten die Kamera auf »Automatik« stellten. »Auf gut Glück« sozusagen, was wir natürlich niemandem erzählten, als wir den Preis entgegennahmen.

In jener Zeit an der Filmhochschule habe ich auch Hubert Selbys »Letzte Ausfahrt Brooklyn« gelesen. Was für ein Buch. Jede Seite ein Schlag ins Gesicht. Keine Zeile, die mich nicht berührte. Nach jedem Umblättern trifft es dich mit erneuter Wucht, diese Beschreibung des Elends jenseits von Manhattan. Selby hatte mein Amerika-Bild radikal verändert, von innen nach außen gestülpt. Da war sie, die irdische Hölle, nicht die mythische, mit der mir die Patres gedroht hatten. Dieses »Letzte Ausfahrt Brooklyn« hatte nichts mehr mit der Romantik meiner »Western« zu tun. Nichts mit dem amerikanischen Traum von der großen Freiheit, sondern dessen Gegenteil: der amerikanische Traum als Albtraum. Dieser Ort »Brooklyn« symbolisierte die Verelendung des Menschen. Falls wir je einen Film über New York machen, das haben wir tatsächlich besprochen, der Bernd und ich, dann »Letzte Ausfahrt Brooklyn«. Ich bin bereits als Student häufig nach New York geflogen, die Trinkgelder aus der Occamstraße machten die Kurztrips möglich. Das New York, das ich kannte, war nicht das New York, das Selby beschrieb. Ich lebte in Manhattan, dem New York, von dem Frank Sinatra sang und Liza Minelli. Wenn meine Freunde in den Semesterferien auf griechische Inseln in den Süden flogen, habe ich immer abgewunken. Ich geh nach New York. Nicht Amerika, sondern Manhattan. Ich liebe Manhattan. Manhattan hat mich nie eingeschüchtert, im Gegenteil. Sobald der Flugkapitän die anstehende Landung auf dem »JFK«-Flughafen verkündete, erhöhte sich mein Herzschlag. Nicht Flugangst, sondern die Vorfreude packte mich. Euphorie. Manhattan, die Verheißung, der Nabel der Welt, der Ausnahmezustand, wo Europa und Amerika eine erstaunliche Symbiose gefunden haben. Die Fahrt über eine der großen Brücken des East Rivers, gerade von Europa kommend, hinein ins Zentrum des Alles oder Nichts verursacht bei mir noch heute gewaltige Adrenalinschübe.

Aber noch war ich nicht angekommen. Ich begann so um 1974 als Regieassistent von Hans W. Geißendörfer in Wien: »Perahim, die zweite Chance«, mein erster professioneller Filmjob. Dann schnitt ich für den genialen Douglas Sirk, dem Hollywood-Meister des Melodramas, zwei Filme, die von der Filmhochschule in München produziert wurden. Rainer Werner Fassbinder, ein anderer Genialer, spielte die Hauptrolle im ersten Film, Hannah Schygulla, Rainers Muse, im zweiten. Douglas Sirk hatte Kalifornien 1959 verlassen und sich in Lugano zur Ruhe gesetzt, von wo er zu uns kam. Dabei hatte er sich auch mit Rainer angefreundet. Wir liebten Sirks Filme wie etwa »All That Heaven Allows« mit Rock Hudson oder der unglaubliche »Written On The Wind«, den er mit Robert Stark und Lauren Bacall drehte. Der Immigrant, 1900 in Hamburg als Detlef Sierk geboren, entsprach meinen Vorstellungen vom Film – kritisch, Brecht-geschult, wirklich. Aber ich bewunderte auch Renoir, Truffaut, die Nouvelle Vague und den Neo-Realismus. 1977 drehte ich – endlich – in den Bavaria Studios in München meinen ersten langen Film, »Der harte Handel«, nach dem Roman von Oskar-Maria Graf. Es war die zweite Verfilmung nach dem so schönen »Bollwieser«, ein anderer Graf-Roman, den Fassbinder ein Jahr davor auch für die Bavaria gedreht hatte. Die einzige andere Gemeinsamkeit, die ich mit Fassbinder nennen kann, ist, dass er mit zwei Frauen gedreht hat, die in meinem Leben eine große Rolle spielten: meine Ehefrau und Natja Brunckhorst, die ich für »Christiane F. – Wir Kinder vom Bahnhof Zoo« entdeckt hatte. Sie spielten beide Hafennutten in Fassbinders »Querelle«. Beide Szenen sind nicht mehr im »final cut«.

Ich hatte für meinen ersten Kinofilm Natja Brunckhorst in Berlin von der Schulbank weg für die Rolle der Christiane F. engagiert. Übrigens waren auch alle anderen Rollen mit Laiendarstellern besetzt, die ich in Berliner Schulen und Jugendheimen fand. Es war mein erster Kinofilm. Er erzählt die Geschichte der 1962 geborenen Christiane F. Schon mit 13 wurde sie ein Junkie, ihre Sucht finanzierte sie mit Prostitution am Berliner Bahnhof Zoo. Der Film gab zum ersten Mal Einblick in die Welt jugendlicher Süchtiger, die bis dahin weitgehend ignoriert oder verdrängt worden war. Zwei »Stern«-Reporter hatten Christianes Geschichte aufgezeichnet. Bernd Eichinger, der sich damals gerade in die Constantin eingekauft hatte, besaß die Rechte und bot mir die Regie an. Mein anderer Freund aus den Filmhochschultagen, Herman Weigel, schrieb das Drehbuch. Der Film war ein großer Überraschungserfolg, wie man ja weiß. Kein deutscher Film hatte nach dem Zweiten Weltkrieg so viele Zuschauer erreicht. Auch der erste wirklich erfolgreiche Film, den Bernd bis dahin produziert hatte. Seine Constantin wurde damit die Nummer eins in Deutschland und ist es bis heute.

Für unseren Film wollten wir unbedingt David Bowie. Er lebte zu Christianes Zeit in Berlin. Er und Rocksänger Iggy Pop waren echte Berlinfans. Bowies »Heroes« und Iggys »Take A Walk On The Wild Side« waren die Hymnen jener Tage. Wir konnten aber Bowie nicht wirklich bezahlen. Dennoch versprach er uns, sich wenigstens die Muster anzusehen. Es war dann die letzte Drehwoche, in der Berliner Disko »Sound«. Jemand klopfte mir plötzlich auf die Schulter. Ich drehte mich um und traute meinen Augen kaum. Da stand er persönlich, David Bowie, und schüttelte mir die Hand: »Hallo, ich hab' mir eben deinen

Zusammenschnitt angesehen. Glückwunsch. Wenn ihr mich noch wollt, mach' ich mit.« Ich konnte es nicht fassen. Dann kam der Dämpfer: »Ich trete jeden Abend am Broadway in New York auf, im ›Elephant Man‹. Wenn du mit mir drehen willst, musst du nach New York kommen.« Nicht schlecht, nur: Können wir uns das leisten? Bernd meinte: »Wir müssen. Schließlich kriegen wir Bowie dafür.« Zwei Drehtage sollten es sein, im Beacon-Theater in New York. Ein Tag einleuchten, am nächsten Tag drehen. Natja Brunckhorst kam auch mit. Wir haben im »Mayflower« übernachtet, »Central Park West«, gleich neben dem berühmten »Dakota-Haus«, wo Roman Polanskis »Rosemary's Baby« spielt und John Lennon mit Yoko Ono wohnte. Das »Beacon« war eingeleuchtet, am nächsten Tag sollte ich David Bowie für vier Stunden vor seiner Theatervorstellung haben. Am Morgen vor dem Dreh war ich entspannt und voller Erwartung. Ich dreh' mit David Bowie.

Als ich zum Frühstück in das Hotelrestaurant ging, war das gesamte Hotelpersonal am Heulen. »Was ist los?« »Wissen Sie es noch nicht? Lennon ist tot.« John Lennon, erschossen. Gestern Abend, vor dem »Dakota«. Nebenan. 72. Straße, One Central Park West. Zum ersten Mal in meinem Leben hab' ich die Chance, in New York zu drehen, mit David Bowie, und ein Verrückter erschießt John Lennon. Fünf Kugeln. Kaliber .38. Ich werde diesen Tag nie vergessen. Es war der 8. Dezember 1980. Ich wusste: Jetzt wird Bowie absagen. Und Bowie sagte ab. Sein Manager rief an und bedauerte: »David steht unter Schock. Kein Dreh.« Für uns die Katastrophe. Wir erklärten ihnen unsere Situation. Wir versuchten, sie umzustimmen. Wir boten ihnen an, die Bodyguard-Truppe für David Bowie zu verdoppeln. Sein Manager hörte sich alles an: »I'll call back« – schließlich sagte David doch wieder zu. Beim Drehen merkte ich dann, wie sehr Johns Tod ihn getroffen hatte. Trotzdem arbeitete er sehr professionell: The Show Must Go On.

Als wir am Abend zurückkamen, hatte sich schon eine riesige Menschenmenge im Central Park versammelt. Viele hielten brennende Kerzen, weinten und sangen Johns Lieder. Ein Jahr später passierte dann noch so eine Geschichte mit »Christiane F.«. Wir hatten die echte Christiane Felscherinow für die Promotion nach Los Angeles einfliegen lassen. Vorführung des Films im legendären Premieren-Kino »Grauman's Chinese Theatre« am Hollywood Boulevard. Wir wohnten im Hotel »Chateau Marmont« am Sunset Strip, in den Hollywood-Hügeln, im Schatten des riesigen Marlboro-Cowboys, den sie später vom Sunset abmontiert haben, nachdem dieser im richtigen Leben an Lungenkrebs gestorben und die Zigarettenindustrie wegen verursachter Gesundheitsschäden in Amerika zu astronomischen Strafen verurteilt worden war. Das »Chateau« ist eines der ältesten Hotels in Hollywood und auch heute noch »in«. Seine Gästeliste liest sich wie das »Who's Who« der internationalen Film-, Musik- und Fashion-Szene. Robert De Niro hat jahrelang dort gewohnt. Auch Richard Gere und Helmut Newton. Der ist bei einem Autounfall vor dem Hotel gestorben. Eines Morgens klopft Christiane an meine Zimmertür, wir sind zum Frühstück verabredet. Sie war irritiert: »Sieh' aus dem Fenster.« Polizei, Presse, Ambulanzen. Ich rufe den Empfang an: »Was ist los bei euch?« »Ein Unfall, einer unserer Gäste. Alles okay.« Nichts war okay. Der Gast war John Belushi. Hauptdarsteller in dem Hollywood-Hit »Blues Brothers«, Fernsehstar in der populären »Saturday Night Live«-Show. Unfall? Nicht das übliche Ausrutschen unter der Dusche mit Platzwunde. Belushi war tot.

Am Abend bringen es die Nachrichten. Todesursache: »Speedball«, ein Gemisch aus Kokain und Heroin. Das Coke bringt dich rauf, das Heroin runter. Spritzt man beides zusammen, nennen es die Junkies auch »Rollercoaster«, eine Achterbahnfahrt. Belushi wurde von diesem Rollercoaster aus der Kurve getragen. Herzstillstand. De Niro war kurz davor noch bei ihm, da habe er noch gelebt, sagt De Niro in den News. »Lass uns weg hier, sonst flipp' ich aus«, sagt Christiane zu mir. Sie hatte in ihrem kurzen Leben schon genug Freunde durch »Overdose« verloren. Wir sind noch am selben Tag ausgezogen. Heute lebt sie wieder in Berlin, sie hat ein Kind zu versorgen und die Vergangenheit zu verarbeiten, immer wieder aufs Neue, weil man die Sucht nie mehr wirklich los wird. Das ist Amerika: Seit dem Tod von John Lennon sind Hunderttausende US-Bürger Schusswaffenopfer geworden – erschossen im Bett, im Auto, im Büro, auf der Straße. Seit dem 5. März 1982, dem Belushi-Todestag, hat die Justiz Hunderttausende wegen Drogendeals eingekerkert und jede Stunde sterben zwei US-Bürger den Drogentod, 16 Millionen sind süchtig. Als ich 1989 die Dreharbeiten zu Selbys Buch im finsteren »Red Hook«-Bezirk begann, schwappte uns dort auf dem Govanus-Kanal eine Leiche entgegen, Kopf und Hände waren abgetrennt, damit sie nicht mehr zu identifizieren war. Ich hatte mich zwar in einem Englisch-Crashkurs bei »Berlitz« auf Brooklyn vorbereitet, aber darauf war ich nicht eingestellt. Brooklyn ist vieles: Das sind die Kais, Hafenanlagen, die schwarzen Viertel wie Bedford-Stuyvesant, die Juden, die hebräisch sprechen und am Sabbath zu Fuß gehen, Männer im schwarzen Tuch, Frauen im konservativen langen Kleid, das bis zu den Knöcheln reicht. Brooklyn ist das ungeschminkte New York.

In Red Hook, unserem Drehort, ballern Banden die Konkurrenten nieder, was wiederholt während unseres Drehs passierte. Wir hörten die Schüsse von einem der nahen Housing-Projects. Der Abend war schwül, die Luft zum Schneiden. Von den schwarzen Einwohnern saßen viele draußen vor den Wohnsilos. Aus einem vorbeifahrenden Wagen schossen rivalisierende Puertoricaner wahllos in die Menge. Zwei Tote, neun Verletzte. Ein Tag wie jeder andere in Red Hook. Weiter südlich, wo John Travolta sein »Saturday Night Fever« drehte, sind es die Russen, inzwischen 150 000 in Brooklyn, die sich mit den einheimischen Gangs um Schutzgelder und Drogendeals streiten. Red Hook ist auch die Welt, die Elia Kazan mit seinem Klassiker »Faust im Nacken« dokumentierte: Marlon Brando im Kampf gegen die Korruption der mächtigen Hafenarbeiter-Gewerkschaft. Auch »Letzte Ausfahrt Brooklyn« beschreibt diese Welt, und vieles davon ist heute noch Wirklichkeit. Zwei pensionierte Gewerkschaftler in Brooklyn haben mir damals erzählt: »Alles, was wir erreicht haben, haben wir durch Gewalt erreicht.« Gewalt ist und bleibt ein Element der US-Society. »Letzte Ausfahrt Brooklyn« wurde in Deutschland von der Kritik zerrissen. In den Staaten wurde er der bestbesprochene Film des Jahres 1990. Die »New York Times« nannte ihn ein Meisterwerk. »Eine apokalyptische Vision« schrieb die »Entertainment Weekly«. Spielberg lud mich zu sich ein, gleich nachdem er ihn gesehen hatte: »A film with a hundred traps and you didn't step into one of them.«

Als in New Orleans die Dämme brachen, sah ich das Amerika-Bild von »Letzte Ausfahrt« bestätigt. Plötzlich wurde es sichtbar, das andere Amerika. Für die ganze Welt. Als die Ärmsten der Armen ersoffen und 100 000 Menschen in einem Stadion von ihrem Präsidenten in Washington vergessen wurden, weil sie schwarz waren. Was Henry Miller in seinem Werk »Der klimatisierte Alptraum« 1945 veröffentlichte, trifft heute, Jahrzehnte später – noch immer und dramatischer – zu: »Wir sagen, wir seien demokratisch, freiheitsliebend, ohne Vorurteile und Hass. Dies ist der Schmelztiegel, der Schauplatz eines großen menschlichen Experiments. Wunderschöne Worte, voll edlen idealistischen Gefühls. In Wirklichkeit sind wir ein ordinärer, drängelnder Haufen, der in seinen Leidenschaften von Demagogen, Presseleuten, religiösen Scharlatanen, Agitatoren und dergleichen leicht zu mobilisieren ist. Dies eine Gesellschaft freier Völker zu nennen ist eine Blasphemie. Was haben wir der Welt zu bieten, außer der überreichen Ausbeute, die wir unbekümmert der Erde entreißen in der wahnsinnigen Selbsttäuschung, dass diese verrückte Aktivität für Fortschritt und Aufklärung stehe?« Miller, dessen Vater Heinrich, ein Schneider, aus Deutschland einwanderte und in Brooklyn lebte, schreibt: »Das Land der unbegrenzten Möglichkeiten ist zu einem Land des unsinnigen Schweißvergießens und des Existenzkampfs geworden. Das Ziel aller unserer Anstrengungen ist längst in Vergessenheit geraten. Wir wollen die Unterdrückten und Heimatlosen nicht mehr unterstützen; es gibt keinen Platz in diesem großen, leeren Land für jene, die – wie vor uns unsere Vorfahren – jetzt eine Zufluchtsstätte suchen.«

Dieses Amerika ist zu vielschichtig, zu widersprüchlich für klare Antworten. Die USA sind Weltmacht, Exportnation der Demokratie, der Freiheit und der Gleichheit. Dieser Ruf ist in New Orleans ertränkt worden. Doch in dem Moment, wo ich dies sage, muss ich mich auch wieder korrigieren. Das Amerika mit einem menschlichen Gesicht, das liberale Amerika, es existiert noch. Mit kritischen Kolumnisten, faszinierenden Autoren, Nobelpreisträgern, Forschern. Krankenhäuser, Opernhäuser, Ballettgruppen können existieren, weil ein paar Reichere großzügig ihr Geld einsetzen, engagierte Bürger sich um ihre Neighborhoods kümmern, für illegale Einwanderer auf der Straße demonstrieren, für Schwulenrechte marschieren und offen vor den Fernsehkameras ihren Präsidenten George W. Bush beschimpfen. Oder sich ganz einfach in Mammutbäume hocken, um diese vor den Motorsägen zu bewahren. Ein wahrer Idealismus ist ebenfalls tägliche Realität. Und Optimismus. Davon haben sie eine Menge, selbst wenn der in letzter Zeit ein wenig unter Stress leidet. Mit dem oft zitierten Pioniergeist muss die amerikanische Einfalt zu tun haben, aber von da stammt auch der Optimismus. Sie reden sich die Zukunft schön, kein Zweifel, aber sie packen auch immer noch an, wenn der Karren im Dreck steckt. In dieser Philosophie beherrscht das Ich das Wir-Gefühl. Wir sind Wir im College, beim Football, wir sind Wir beim Barbecue, wir sind Wir auf der Kirchenbank. Ich im Job, Ich im täglichen Karrierekrieg. Der Überlebenskampf hat das soziale Denken, die politische Debatte, verschüttet.

Der Pionier hat sich weitgehend auf sich selbst verlassen. Er musste sich verteidigen – mit der Waffe. Und die wollen sie nun nicht freiwillig herausrücken, obgleich mehr US-Bürger seit dem Zweiten Weltkrieg in den USA erschossen wurden als GIs in allen auswärtigen Kriegen, die Landung in der Normandie und das Abenteuer in Vietnam sowie im Irak inklusive. Das Gros der Politiker schreckt davor zurück, den Waffenwahn durch ein Gesetz zu bremsen. Ich will ein Maschinengewehr. Führerschein reicht. Ein Panzer? Warum nicht. Selbst ein Massaker wie das an 32 Studenten an der »Virginia Tech«-Universität bringt sie nicht zur Vernunft. Stattdessen trösten sie sich mit dem Gedanken, dass der Täter kein Amerikaner, sondern ein gebürtiger Südkoreaner war. So einfach ist das: It's a free country, man. Die Verfassung, argumentiert die National Rifle Association, hat unser Recht auf Waffenbesitz festgeschrieben. 4,3 Millionen US-Bürger sind Mitglied dieser Organisation, einer der mächtigsten Lobbyisten-Vereinigungen der USA. Über Jahre hieß ihr Führer Charlton Heston. Als Ben Hur war mir der 2008 verstorbene Schauspieler lieber. Mein Nachbar in Kalifornien ist auch so ein Typ. Sohn sehr reicher Weinbauern im Sonoma Valley. Und wenn mein Nachbar nun Gäste hat, dann zeigt er ihnen vor dem Dinner seine Waffensammlung. Und zum Nachtisch noch

mal. Aber wenn ich Gäste habe und die verlassen mein Haus zu später Stunde,
etwas angeheitert und entsprechend im Ton zu hoch, dann steht er schon mal
mit seiner Kalaschnikow auf der Terrasse und droht, auf meine Gäste zu schießen. Er ist weder verrückt noch vorbestraft. Wenn ich mich über sein Auftreten
beklage, antwortet er: »Du kannst mir doch nicht verbieten, mich schützen zu
wollen.«

Als ich mein Haus renovierte, lernte ich einen jungen Klempner kennen,
der mir am ersten Tag eine neue Dusche einbaute und am zweiten seine Bewerbungsunterlagen mitbrachte – er war auch Schauspieler. Noch einer. Und er
erzählte mir von seiner Waffensammlung, wie mein Nachbar, und vom Schießstand in der Wüste. Ich erinnerte mich an Kindheitstage mit meinem Vater –
Tontaubenschießen, ein schöner, harmloser Sport. Ich war neugierig. Also
begleitete ich meinem Klempner/Schauspieler in die Wüste. Die Ladepritsche
seines Pick-up hatte er mit einer Plane überdeckt. Sein »Schießstand« war ein
Hügel. Die Zielscheiben steckten unter der Plane, eine Kiste voll mit leeren
Bierdosen und Flaschen. Als er sein Waffendepot öffnete, verschlug es mir die
Sprache. Es war die Ausrüstung einer ganzen Nahkampf-Einheit. Der Klempner schoss für eine Stunde, tuck, tuck, tuck. Die leeren Bierdosen wirbelten
durch die Luft, drehten sich und kullerten in den Wüstensand. Ich war mir
nicht mehr sicher, ob mein Klempner/Schauspieler psychisch stabil war. Ihm
lief der Schweiß von der Stirn, er jauchzte, hüpfte durch den Sand, dann wieder tuck, tuck, tuck. Er hat nicht auf mich gezielt, wie ich zu befürchten begann.
Tuck, tuck, tuck, du bist tot. Gleich ob im Irak oder in Afghanistan – für Leute
wie meinen Klempner/Schauspieler, für die schweigende Mehrheit, ist der
Krieg allenfalls ein Ärgernis. Die GIS, die dort fallen, sind Freiwillige, Söldner.
Morgen 5000 Opfer? So viele sterben auch in den Bandenkriegen im Land. Auf
dem Highway. An der Overdose. Wichtig ist nur, dass der eigene Sohn nicht
kämpfen muss. God bless America. Die Drecksarbeit bleibt jenen überlassen,
die keinen Beruf erlernen konnten, die von Red Hook in Brooklyn. Oder Oakland, Kalifornien, Montgomery, Alabama. Die der Armut zu entkommen versuchen, indem sie eine Uniform anziehen und gegebenenfalls sterben.

Die berühmte schweigende Mehrheit aber ist im Konsum gefesselt, nicht
im Krieg. Bis zum Börsencrash und Immobilien-Meltdown beschränkte sie
sich darauf, Shoppingcenter zu stürmen und gegebenenfalls auf Bierdosen zu
ballern. Ich kann nicht belegen, wie viele Afroamerikaner in diesen Kriegen
sterben, in Afghanistan, Nahost. Ich denke: ungleich mehr als Weiße. Denn
die schwarzen Kids sind die Dummen – noch immer. Miese Schulen, demo-
tivierte Lehrer. Der Vater oft unbekannt. Ihre Familie die Straße, eine Gemeinschaft ohne Hoffnung. Vom Gesetz her sind Afroamerikaner gleichberechtigt,

seit 1863 sind sie offiziell keine Sklaven mehr. Dennoch wage ich zu behaupten: Die Integration, Schwarz-Weiß, ist weitgehend gescheitert. Oder anders formuliert: In der als »melting pot« propagierten US-Gesellschaft ist der Ofen aus. Wenig schmilzt noch ineinander, weder die Latinos mit den Koreanern, die Iraner mit den Philippinen, die Weißen mit den Schwarzen. Das schwarze Amerika hat sich abgeschottet, lebt auch in und um L.A. in eigenen Wohnvierteln. Selbst in den schicken Skigebieten fahren Afroamerikaner auf den eigenen Berg, auf dem jedes Jahr »Black Ski« angesagt ist. Die wohlhabenden Schwarzen wollen unter sich sein – um Gottes willen keine Bianco-Amerikaner neben sich im Sessellift. Ich musste lachen, als mir meine Frau Fotos von ihrem Skiurlaub zeigte. In topmodischen Ski-Ausrüstungen ein Hang voller schwarzer Skifahrer im Pulverschnee: Black Ski. Ich, der Bianco-Ehemann, musste lachen. Auf schwarzen Cocktailpartys, zu denen ich meine Frau gelegentlich begleite, bin ich oft in der absoluten Minderheit, eine Art weißes Einzelkind. Eine ungewöhnliche Erfahrung, dieses Empfinden von Isolierung durch Hautfarbe, instinktive Ablehnung, eingebildete und echte, zumal ich den Afroamerikanern auch eine sehr schöne Frau weggeschnappt habe, meine eigene. Der Rassismus, beeile ich mich zu sagen, ist natürlich erst mal eine weiße Sünde, historisch. Und lange nicht ausgestanden. Vieles darüber musste ich erst lernen. Ich erinnere mich an einen Besuch im nördlichen US-Staat Oregon, wo ich einen Film drehen wollte und eine geeignete Mega-Villa suchte. Ich entdeckte ein passendes Haus, dessen Besitzer beglückt gewesen wäre, mir sein Gebäude als Filmkulisse zu vermieten. Sie servierten Kaffee, für mich, für meine Filmkollegen. Nur eine Person wurde übersehen – meine Frau. Ich bin aufgestanden und mit meiner Frau gegangen. Womöglich war's nur ein Versehen, kaum denkbar, und selbst wenn die Brüskierung versehentlich geschah, zeigt schon meine Reaktion, wie zerbrechlich die Beziehungen schwarz-weiß noch immer sind.

Als ich für HBO »Tyson« drehte, die Lebensgeschichte des ehemaligen Box-Weltmeisters, wohnte ich gerade drei Jahre in Kalifornien. Natürlich spielten sehr viele schwarze Darsteller mit. Wenn ich mit ihnen nach dem Dreh zusammensaß, scherzten sie oft, ob ein weißer deutscher Regisseur wirklich einen schwarzen Underdog wie Tyson verstehen könne. Mit einer Afroamerikanerin verheiratet zu sein würde dafür wohl nicht ausreichen. Ich sagte ihnen, dass zur selben Zeit Thomas Carter, ein schwarzer Hollywood-Regisseur, gerade einen Film über deutsche Jugendliche im Dritten Reich drehe: »Swing Kids«. Und das, ohne eine weiße deutsche Frau zu haben. Einer von ihnen brachte die eher unernste Diskussion dann auf den Punkt: Wir lassen dich mal machen, »but if you'll hurt Mikey, we'll smoke you ...« (Wenn du Mike beleidigst, legen wir dich um.) Im Dialog des Drehbuchs sprachen sich die schwarzen Charaktere untereinander oft mit dem N-Wort[3] an, das von einem Schwarzen als Beleidigung empfunden wird, wenn es ein Weißer auch nur in den Mund nimmt. Als ein Dialogsatz von einem der schwarzen Schauspieler falsch gesagt wurde, wiederholte ich für ihn die Zeile, ohne das darin befindliche N-Wort auszulassen. Die Reaktion im Raum war erst mal eisiges Schweigen. Man hätte eine Stecknadel fallen hören können. Der von mir korrigierte Schauspieler blickte mich an, als hätte ich ihm ins Gesicht geschlagen. Dabei hatte ich nur die Worte wiederholt, die er gerade selbst benutzt hatte. Aber das N-Wort, in der schwarzen Umgangssprache oft benutzt, ist aus dem Mund eines Weißen ein rassistisches Sakrileg. Es war das letzte Mal, dass mir das passierte – or we'll smoke you ... Ich arbeitete in den letzten 15 Jahren sehr viel für das amerikanische Fernsehen. Mit Erfolg. »Rasputin« etwa, 1996 in Russland für HBO gedreht, brachte mir drei Golden Globes, drei Emmys und 16 weitere Preise.

Danach wurden mir jede Menge Kostümfilme angeboten: »Julius Cäsar«, »Die Nibelungen« und »Die Nebel von Avalon« mit Anjelica Huston und Joan Allen, der immerhin auch neun Emmy-Nominierungen bekam. James Coburn, der schon mit Peckinpah und Sergio Leone gedreht hatte, besaß seit Jahren die Rechte von »Die Nebel von Avalon« und wollte damit einen Kinofilm produzieren. Ausgerechnet der Macho Coburn liebte einen Frauenroman. Der Umfang der Story ist gewaltig. Die deutsche Fassung hat 1000 Seiten. Wie das in einen Zwei-Stunden-Film pressen? Schließlich ließ sich Coburn überzeugen, daraus einen Zweiteiler fürs Fernsehen zu produzieren. Ich hörte davon und wollte den Film unbedingt machen. Ich hatte gerade einen Western gedreht, »Purgatory«, den Peckinpahs Mitarbeiter Gordon Dawson geschrieben hatte. Coburn kannte ihn, sah sich meinen Film an und – wow! – ich war der Regisseur von »Die Nebel von Avalon«. »Purgatory«, was Fegefeuer bedeutet, lief in Deutschland unter dem bescheuerten Titel »Showdown auf dem Weg zur Hölle«. Wahrscheinlich hat sich dort niemand den Film angesehen. Hier in den Staaten hat er Fernsehgeschichte gemacht. Bei seiner Erstausstrahlung erreichte er 31 Millionen Zuschauer, 1999 das Höchste, was je ein Kabelfilm in Amerika geschafft hatte. Ich bin stolz auf den Film. Endlich mein Western. Sam Shepard spielte die Hauptrolle. Er ist der geborene Westerner. Er hatte schon Rodeos in seiner Jugend geritten und ist verdammt geschickt mit dem Lasso. In den Drehpausen gab es zwischen den Schauspielern Wettbewerbe, wer am schnellsten ziehen konnte. Sam oder Donnie Wahlberg, Eric Roberts oder Randy Quaid? Sam war der Schnellste. Es war nicht sein erster Western. Sam »the lion« hab'ich ihn immer genannt, wie Ben Johnson in der »Last Picture Show«. Jener Film von Peter Bogdanovic, der ihn auch beschwört, den alten Western-Mythos.

Ich wurde mit dem Film in die »Western Hall Of Fame« aufgenommen. Keine schlechte Gesellschaft, John Ford und Clint Eastwood gehören auch dazu. Die »Western Hall Of Fame« zeichnete mich gleich noch mal aus mit meinem nächsten Western »King Of Texas«, Shakespeares »König Lear« als Rinderbaron. Patrick Stewart, ein englischer Shakespeare-Darsteller, aber den meisten eher bekannt durch »Star Trek« und »X-Men«, spielte ihn außerordentlich, sogar mit texanischem »drawl«, akzentfrei. Marcia Gay Harden war auch dabei. Während des Drehens musste ich ihr einige Tage freigeben, damit sie ihren »Oscar« für die Rolle der Malerin Lee Krasner in »Pollock« abholen konnte. Wir drehten in Durango, Mexiko. Gleich neben der alten John-Wayne-Farm. Peckinpah drehte dort auch »Pat Garrett and Billy the Kid« mit James Coburn. Die meisten kennen Durango durch Bob Dylans Ballade »Romance in Durango« auf seiner »Desire«-LP. Bob spielte auch in dem Film und schrieb den Score dazu. Der Titelsong wurde zum Klassiker: »Knockin' On Heaven's Door«. Peckinpah soll keine Ahnung gehabt haben, wer dieser Bob Dylan war, als er ihn für den Film engagierte. Als Schauspieler war Bobby weniger überzeugend, so wie eine andere Größe aus der Musikszene, mit der ich gedreht habe: Madonna. Ihr Film rangiert unter meinen »missfires«, also verunglückt. Eine wichtige Lehre habe ich daraus gezogen: Dass ich nur Filme machen sollte, weil mich die Geschichte interessiert und nicht die Hauptdarstellerin. Der letzter Film ist so eine Geschichte. »Der Baader Meinhof Komplex«. Nach über 20 Jahren wieder ein Film in Deutschland. Er spricht von einer Zeit, die ich sehr gut kenne, denn ich habe sie hautnah miterlebt. Ich erinnere mich noch genau, als Rudi Dutschke angeschossen wurde. Ein Schock, wie der Tod von John Lennon.

Es war am 11. April 1968, ich feierte gerade meinen Geburtstag mit meinen Spartakistenfreunden. Erst totale Lähmung, dann kam die Wut. Nicht nur bei Kuno. Irgendetwas musste passieren. Wir gingen alle auf die Straße. »Mollies« flogen. Gerade sieben Tage zuvor wurde Martin Luther King in Memphis, Tennessee, erschossen. Sechs Monate zuvor Che Guevara in Bolivien. Seitdem brannte in unserer Kommune eine Kerze unter seinem Bild. »Venceremos« war über das Plakat geschrieben. Ja, wir waren hoffnungslose Revolutionsromantiker. Sieben Wochen nach Rudi Dutschke wurde Robert Kennedy im »Ambassador«-Hotel in L.A. erschossen, 5. Juni 1968. Was für eine Zeit. Studentenrevolten, Notstandsgesetze, Vietnam, französische Mai-Revolution in Paris, im August marschieren die »Warschauer Pakt«-Truppen in Prag ein. Ulrike Meinhof verschwand zwei Jahre später in der Illegalität bei der gewaltsamen Befreiung von Andreas Baader, wurde wegen versuchten Mordes gesucht. Gründung der RAF, die 62 Menschen das Leben kosten wird. Als ich mein Studium im München begann, las ich Ulrike Meinhofs Kolumnen in der »Konkret« wie einen religiösen Text. Niemand schrieb wie sie, analytisch und provokativ. Und links, wo das Herz schlägt, sagten wir damals. Und da schlug es natürlich auch. Als ich »Christiane F.« drehte, hängte ich Ulrikes Foto an die leere Wand der Fixerwohnung. Christiane hatte mir erzählt, wie »cool« sie Ulrike fand. Ulrikes Abtauchen in die Illegalität schuf einen Mythos. Sechs Jahre später hing sie in ihrer Gefängniszelle am Fensterkreuz, Selbstmord. Draußen wurden Buback, Ponto und Schleyer mitsamt ihren Bewachern ermordet. Andreas Baader, Gudrun Ensslin, Jan-Carl Raspe töteten sich in ihren Zellen, weil alle Befreiungsversuche misslangen. Zehn Jahre RAF: eine deutsche Tragödie.

Dann beinahe noch eine Tragödie: Meine Frau erkrankte während der Dreharbeiten schwer. Sie musste nach Miami ins Krankenhaus, wo sie auf eine neue Leber und eine Niere wartete. Ich flog so oft hinüber, wie ich nur konnte. Der Tag, an dem sie nach geglückter Operation wieder entlassen wurde, ist in zweifacher Hinsicht ein Tag der Freude geworden: Am selben Abend wurde die Wahl Barack Obamas zum ersten schwarzen Präsidenten der Vereinigten Staaten bekannt gegeben. Die Obama-Familie residierte bereits im Weißen Haus, als noch etwas völlig Unerwartetes geschah: »Der Baader Meinhof Komplex« wurde für den »Oscar« nominiert! Einen Monat später schritten meine völlig genesene Frau und ich über den roten Teppich in Hollywood. Gegenwärtig arbeite ich an einem Film mit dem Rapper »Bushido«. Nein, er ist kein Schwarzer aus dem amerikanischen Getto, er ist Berliner. Getto Kreuzberg. Vater Araber. Der Film wird mich noch einmal zurück nach Deutschland bringen, wo sich auch der Ort befindet, den ich meine Heimat nenne. Mehr Verdi als Wagner, und von »Bushido« keine Spur: Die deutsche Toskana …

[3] N = »Nigger«

Lothar von Falkenhausen wuchs heran in einer Familie, in der Formen und gute Sitte etwas galten, und er denkt gar nicht daran, diesen Stil nun aufzugeben, nur weil die amerikanischen Studenten und Lehrkräfte um ihn herum das belächeln – die mit ihren Jeans und T-Shirts oder beuteligen Cordhosen und Western-Hemden. Von Falkenhausen, 49, trägt, wenn er unterrichtet, unverdrossen Jacke, Flanellhose, Krawatte, Lederschuhe. Das geistige Outfit des in Essen gebürtigen Wissenschaftlers ist freilich alles andere als altbacken, er hat eine erstaunliche Karriere hinter sich. Lothar von Falkenhausen studierte an der Elite-Universität Harvard, in Beijing und in Kyoto, er beherrscht Alt- und Neuchinesisch sowie Japanisch, lehrte in Stanford und ist seit 1993 an der University of California in Los Angeles (UCLA) Professor für chinesische Kunstgeschichte und Archäologie – ein Sinologe von Rang. 2006 publizierte er zwei Bücher: »Chinese Society in the Age of Confucius (1000 bis 250 BC): The Archaeological Evidence« sowie den ersten Band des Sammelwerks »Salt Archaeology in China«. Von Falkenhausen ist ein Beispiel dafür, wie absonderlich deutsche Bürokratie mit dem wissenschaftlichen Nachwuchs umgeht – selbst dann, wenn dieser Nachwuchs schon eine stattliche Größe hat. Nachdem ihm in München ein Lehrstuhl angeboten worden war, »wurde mir in obrigkeitsstaatlicher Gönnerhaftigkeit suggeriert, es sei eine unglaubliche Ehre, auf einen Lehrstuhl einer deutschen Universität berufen zu werden«, erinnert sich von Falkenhausen, »und dass ich schon deshalb keine Forderungen zu stellen habe«. Es ging weiter so mit den Behörden, und der Professor blieb lieber in Kalifornien. Inzwischen ist er amerikanischer Staatsbürger. Das deutsche Bildungssystem kennt Lothar von Falkenhausen trotzdem, ebenso das der Amerikaner. Die Hochschulstruktur der Bundesrepublik hält er für verfehlt, unerträglich zum Beispiel erscheint ihm die Einmischung der Behörden, und vielen Studenten mangele es an Leistungswillen. Im Übrigen seien die Ursachen für das Bildungsdefizit beidseits des Atlantiks schon in den Kinderzimmern zu besichtigen. Es sorgt ihn, wie schutzlos amerikanische Kinder dem Druck der Altersgenossen preisgegeben werden. Der massenhafte Konsum von Fernsehen und Internet geben »der Verblödung noch einen weiteren Schub«, wenn man den kritischen Umgang mit Informationen aus den Medien nicht beizeiten lerne.

Lothar von Falkenhausen

Würden Wahlen unsere Lebensgrundlagen verbessern,

»*Wir sind das andere Amerika, das der Hoffnung.*« **hätten die Machthaber sie längst verboten**

Vereinfacht dargestellt – eine Schule in Essen hat mich nach China und schließlich nach Amerika getrieben.

Auf dem Gymnasium habe ich mich unwahrscheinlich gelangweilt. Eigentlich war es keine schlechte Schule, aber sie hatte intellektuell wenig zu bieten (ein gutes Schulorchester gab es immerhin). In Essen, wo ich 1959 geboren wurde und aufgewachsen bin, hätte sich wahrscheinlich eine bessere Schule finden lassen, aber mein Gymnasium war »gleich um die Ecke« und da auch mein Vater dort bereits Schüler gewesen war, wurde ich eben dorthin geschickt und musste mir meine Herausforderungen woanders suchen.

Das Jugendzentrum der Stadt bot einen chinesischen Sprachkurs an. Warum nicht? Zehntausende von Schriftzeichen gab es zu lernen (von denen ein einzelner Mensch meistens nur 4000 bis 5000 beherrscht), obendrein vier Tonhöhen, von denen die Bedeutung der Wörter abhängt. Eine Sprache also, die mich lebenslang herausfordern würde. Wie so viele andere wusste ich als Gymnasiast nicht, was ich beruflich machen wollte. Anwalt wie mein Vater? Notar vielleicht? Oder Diplomat? Ich habe mir das ausgemalt: Karrierehöhepunkt Togo. Überraschungsbesuch des Außenministers in Lomé. Cocktail am Pool. Die Frau des Ministers sucht nach primitiver Kunst. Er selbst will Pygmäen sehen oder Gorillas; geografisch hat er das Land so wenig im Griff wie seinen Darm. Diplomatischer Dienst? Nicht für mich.

Ich habe mich schließlich in Bonn an der Universität eingeschrieben. Hauptfach: Sinologie. Meine Familie hatte keine besondere Beziehung zu China, abgesehen von einem entfernten Cousin meines Großvaters, der während der Dreißigerjahre Militärberater von Chiang Kai-shek war. China war nicht nur der volkreichste Staat der Erde. China, das war Laozi, Konfuzius, Kaiser, Yin und Yang, Tuschmalerei, Boxeraufstand, chinesische Schrift, Opiumkrieg, Pantomimen, Höhlentempel, Porzellan, Buchdruckerkunst, Große Mauer, Akrobaten, Lyrik, Kugelflöte und, last, but not least, Bronzeglocken, die mich bis heute faszinieren.

Wir wussten so gut wie nichts über das China des Mao Zedong, der die Volksrepublik 1949 gegründet hatte. Kontakte zum Westen waren begrenzt, selbst für Akademiker war der Zugang problematisch. Erst 1972, nach der ersten Begegnung des US-Präsidenten Richard Nixon mit Mao, war eine allmähliche Annäherung zu erhoffen, die sich aber erst 1979 in der Aufnahme offizieller diplomatischer Beziehungen zwischen Washington und Beijing verwirklichte. Deutsche Austauschstudenten durften schon seit 1972, noch während der Kulturrevolution, nach China, wurden dort aber, wie einer von ihnen sich ausdrückte, »drinnen vor der Tür« gehalten. Je mehr ich mich in Dynastien und Diktaturen, Tang-Poesie, Zhou-Bronzen oder die Malerei der Ming-Zeit vertiefte, desto neugieriger wurde ich auf diese Nation der Superlative.

Über den Deutschen Akademischen Austauschdienst (DAAD), eine ungemein wertvolle Institution, habe ich mich um ein Stipendium für die Fortsetzung meiner Sinologiestudien in Beijing beworben. Direktflüge von Deutschland nach China gab es damals noch nicht. Ich bin mit der Lufthansa nach Bombay geflogen, weil DAAD-Stipendiaten natürlich, soweit es ging, die deutsche Staatslinie nutzen mussten, und dann ging's weiter mit Ethiopian Airlines in die chinesische Hauptstadt. Ein Monat Sprachkurs war vorgegeben, dann wurde ich an der Peking-Universität akzeptiert. Fachbereich Archäologie.

Archäologie. Kein Tippfehler. Das war vorher nicht mein Studienbereich gewesen, aber in jenem Jahr 1979 hat die Volksrepublik China erstmals Archäologie als Studienfach für Ausländer zugelassen. Und der DAAD war daran interessiert, über einen in Beijing anwesenden Studenten zu erkunden, wie der Studienablauf konzipiert war. Ich habe mich nicht »geopfert«, sondern einfach erkannt: Archäologie ist eine sehr konkrete Wissenschaft ohne viel ideologische Einfärbung mit Maos ewigen Weisheiten, die mir bereits aus dem Chinesischunterricht vertraut waren. Man würde also durch das Beschreiben archäologischer Funde sicherlich besser Chinesisch lernen als in den mehr theoretisch ausgerichteten Studienfächern. Vor allem aber gab mir dieses Studienfach einen guten Grund zu ausgedehnten Reisen. Ganz einfach: Wir mussten an die Fundorte. Und bei diesen Reisen würden sich auch Kontakte zu »normalen« Chinesen ergeben.

Ich hatte zwar einen chinesischen Zimmergenossen (mit dem ich noch immer befreundet bin), doch erst Anfang der Achtzigerjahre wurde eine gewisse Aufbruchstimmung spürbar, legten Chinesen ihre Scheu vor Gesprächen mit Ausländern ab. Wir konnten privat auch politisch diskutieren, allerdings nicht in den Vorlesungen: im Fachbereich Archäologie ohnehin nicht. Unsere Vorlesungen, so möchte ich das formulieren, waren eine Art Frontalunterricht. Der Lehrer hat vorgelesen. Wir haben Notizen gemacht. Diaprojektion gab es nicht, PowerPoint war noch nicht erfunden. Die notwendigen Illustrationen malte der Professor an die Tafel, wir malten sie ab; oder wir zeichneten Originalobjekte in der Studiensammlung der Universität. Wir lernten unglaublich viel auf diese Weise; ich habe meine Notizen heute noch.

Ich hatte bei meiner Ankunft in China wenig Wissen über das Land, trotz des Sinologiestudiums in Bonn. Im Nachhinein ist mir klar: Ich hätte besser vorbereitet sein können. Aber da ich dieses unbeschriebene, ein wenig naive Blatt war, konnte ich mich China ohne ideologischen Ballast nähern – im Gegensatz zu einigen älteren Kommilitonen aus Deutschland, die den Illusionen der 68er-Philiosophie nachhingen. Sie suchten ein anderes China. Und haben es nicht gefunden. Denn das China, welches sie sich ausgemalt hatten, gab's nicht und hat es nie gegeben: Gleichheit für alle, ohne Privilegien für die Mächtigen, ein Volk vereint in der Verehrung für Mao, Fortschritt allerorts, weder Armut noch Hunger. Entsprechend desillusioniert waren einige der europäischen Mao-Träumer, die von ihren revolutionären Fantasien nicht lassen wollten, trotz der chinesischen Umerziehungslager (aus denen die überlebenden Langzeithäftlinge der Mao-Zeit damals gerade zurückkamen), trotz des gänzlich anderen, sehr unaufgeregten Beijinger Alltagslebens.

Mit der diplomatischen Annäherung zwischen den Supermächten China und USA wurden auch die ersten US-Studenten an der Hochschule akzeptiert. Eine eindrucksvolle Gruppe. Koryphäen, mit ihren Doktorarbeiten fast fertige »Graduate Students« von den amerikanischen Eliteuniversitäten. Die meisten sprachen beinah perfekt Chinesisch. Sie waren gebildet, kultiviert – das Gegenteil vom Amerika-Klischee mancher Leute. Das Niveau der amerikanischen Austauschstudenten in jener Phase war ganz ungewöhnlich hoch. Wir diskutierten, forschten miteinander, fragten und suchten nach Antworten, vertieften uns in die Geschichte. Das war eine einmalige Atmosphäre. Ich profitierte – in China – von der hohen Qualität des amerikanischen Erziehungssystems.

Für mich war diese Erkenntnis nicht vollkommen überraschend. Ich hatte bereits als 16-Jähriger, noch vor dem Abitur, ein Jahr an einem amerikanischen College verbracht. Fredonia, Bundesstaat New York, war nicht eben Manhattan. 10 000 Einwohner etwa, selten nutzten Touristen den »Exit 59« des New York State Thruway, um das Städtchen zu erreichen. Freunde meiner Eltern wohnten dort und nahmen mich auf. Die eher ländliche Highschool blieb mir erspart. Ich wurde stattdessen als »special student« von der »State University of New York« akzeptiert, meine erste positive Begegnung mit dem US-Erziehungssystem. SUNY, wie's genannt wird, ist nicht eine Universität, SUNY bedeutet 64 Niederlassungen im Staat, mehr als 400 000 Studenten insgesamt, 28 000 Lehrkräfte. Ich studierte in SUNY-Fredonia, hier gab es etwa 5000 Studenten, heute sind es 8000; die modernen Gebäude des Campus sind vom großen Architekten I. M. Pei entworfen. Mehr Berühmtes ist über Fredonia nicht zu berichten. Oder doch: Es war die erste Stadt der Welt mit kommerzieller Erdgasbeleuchtung (um 1825), und die »Mäßigungsbewegung«, die schließlich mit dem (nachher wieder aufgegebenen) Verbot jeglichen Alkoholgenusses endete, nahm in den 1870er-Jahren hier ihren Ausgang.

Meinem Schulleiter daheim in Deutschland war es etwas peinlich, dass ich nach meinem US-College-Jahr noch einmal für ein Jahr aufs Gymnasium musste, um mein Abitur zu machen. Manchmal überlege ich mir, wie es gewesen wäre, wenn ich bereits damals in den USA geblieben wäre und dort mein Universitätsstudium beendet hätte. Auf jeden Fall hatte ich auch damals schon einen positiven Eindruck vom amerikanischen Erziehungssystem. Eines Tages, so habe ich mir geschworen, gehst du wieder zum Studium über den Teich, so wie es dein Vater getan hat und dessen Geschwister. Allerdings ahnte ich damals nicht, dass Beijing ein Zwischenstopp auf dem Weg nach Amerika werden würde; noch weniger hätte ich es für möglich gehalten, dass ich als Archäologiestudent kommen würde. Mir ist erst in China klar geworden: Archäologie war mein Fach. Meine Zukunft. Was tun? Chinesische Archäologie war zu jener Zeit in Deutschland kein Studienfach. In Beijing lernte ich dann zwei US-Studenten kennen, die auf chinesische Archäologie spezialisiert waren. Sie schwärmten von ihrem Professor, K. C. (Kwang-Chih) Chang, der seit 1977 in Harvard lehrte und zuvor an der ebenfalls angesehenen Yale University Anthropologie unterrichtet hatte. Ich recherchierte ein wenig und entdeckte: Chang war nicht nur China-Spezialist, er war einer der bedeutendsten amerikanischen Archäologen überhaupt. Ich habe mich, direkt aus Beijing, bei K. C. Chang beworben. Ich traf ihn später in der chinesischen Hauptstadt, es kam zu einem eher vorsichtigen Abtasten.

Der gebürtige Chinese, Jahrgang 1931, dessen Vater als Professor Japanische Literatur lehrte, warnte mich vor dem Harvard-Studium: Ein Druckkochtopf, so formulierte er, so etwas ist nichts für jeden. Totales Engagement erwarte die Universität von mir, sollte sie mich in ihr Doktorandenprogramm für Archäologie aufnehmen. Manche sprechen von Harvard als einem »West Point der Intellektuellen«, einer Hochschule, die von ihren Studenten mindestens so viel Disziplin erwartete wie die legendäre Militärakademie von ihren Kadetten. Chang, der 2001 gestorben ist, wurde »mein General«, mein Doktorvater. Ich war bereit, mich der Herausforderung zu stellen. Da ich bereits ein Jahr an einer US-Universität verbracht hatte, wurde mir die englische Sprachprüfung erlassen, die chinesische bestand ich. Ich wurde zunächst in ein Magisterprogramm aufgenommen und wohnte in einem Studentenwohnheim. Den von Chang angekündigten Druck spürte ich vor allem in meinen ersten zwei Jahren im Anthropologie-Doktorkurs. Keine Vergnügungsreisen an die schönen Strände von Massachusetts, keine Segeltour vor Cape Cod oder Martha's Vineyard, wo die Kennedys und der New Yorker und Bostoner Geldadel kreuzten. Allerdings habe ich einen Sommer lang an der Küste von Maine an einer Ausgrabung teilgenommen.

Anthropologie, Archäologie, Schriftzeichen, Ausgrabungen. Und wieder Archäologie. Nur das. Der DAAD bot mir erneut ein Stipendium an, zwei Jahre an einer japanischen Universität zur Ergänzung meines Studiums. Denn Japan ist wichtig in meinem Fachbereich – die japanischen Wissenschaftler sind große Experten chinesischer Archäologie. Also lernte ich neben modernem und altem Chinesisch auch noch die japanische Sprache. Von meiner Zeit in Kyoto habe ich sehr profitiert – sie gab mir noch einmal einen ganz neuen Bezug zu meinem Studienfach, und der im Vergleich zu China und den USA sehr andersartige Arbeitsstil der dortigen Wissenschaftler fasziniert mich bis heute. Nach meinem Japan-Studium arbeitete ich abermals für 24 Monate an meiner Dissertation in Harvard. Sie handelte von chinesischen Bronzeglocken, wie auch später mein erstes Buch. Mit 29 hatte ich meine akademische Ausbildung, vorerst, abgeschlossen. Magister und Doktor in insgesamt sieben Jahren, in den Geisteswissenschaften eine Rekordzeit.

Schön und gut war das, brachte mir aber keinen Lebensunterhalt. Was gab's in Deutschland? Abfällige Worte über die Sinologie, die als »Orchideen-Wissenschaft« abgetan wurde, als »Schmalspur-Fach«, groteske Beleidigungen für ein so wichtiges Gebiet. Für meine »post-doc«-Forschung habe ich mich unter mehreren Angeboten 1988 für die Stanford-Universität entschieden, vor allem, weil nicht weit von dort an der University of California in Berkeley ein älterer Kollege tätig war, von dem ich noch viel lernen konnte. Stanford war ein akademisches Paradies; der Campus entsprach in seiner Schönheit einer Landschaftsmalerei. Ich habe dort meinen ersten eigenen Unterricht gehalten. Aber meine Stelle dort war auf zwei Jahre befristet. In meinem Fachbereich sind Angebote für Professoren begrenzt. Ich war beglückt, als meine Bewerbung vom Fachbereich Kunstgeschichte an der University of California, Riverside, akzeptiert wurde – nach den »post doc«-Jahren in Stanford. An der U. C. Riverside, in den Box Springs Mountains, unweit von Los Angeles gelegen, studierten damals etwa 8000 Studenten (heute sind es doppelt so viele), darunter eine Vielzahl von Einwanderern, vor allem Chinesen und Vietnamesen – das amerikanische Kunterbunt eben. Ich selbst war ja auch Ausländer – US-Staatsbürger bin ich erst später geworden.

Aber ich habe nie antideutsche Ressentiments von Seiten der Amerikaner gespürt. Ich habe allerdings Geschichten gehört, wonach deutsche jüdische Flüchtlinge schlecht behandelt wurden, weil sie über ihren Akzent als Deutsche identifiziert wurden. Ich persönlich bin davon verschont geblieben. Möglich ist, dass mir diese oder jene »fellowship« verwehrt wurde, allein wegen meines Namens, aber das ist reine Spekulation. Und ich habe, weiß Gott, viele »fellowships« bekommen. Natürlich, meine Uni-Kollegen belächeln meine angeblich deutsche Gründlichkeit, vor allem aber rügen sie meinen Kleidungsstil. Ich sei zu formell angezogen. Jacke, Krawatte, elegante Flanellhosen und die passenden Schuhe. All das hat bereits zum – nahezu – offiziellen Rat geführt, ich solle mich in »studied informality« versuchen, im coolen Look, wahrscheinlich Jeans, Hush-Puppies und ein kariertes Western-Hemd. Ich bin meinem Stil jedoch treu geblieben. Mein Look soll den Studenten durchaus »Seriosität« vermitteln, Respekt für sie, jener Respekt, den ich auch von den Schülern erwarte, und vor allem Respekt für das Fach, das ich vertrete. So bin ich eben. Mein Modestil entspricht meiner Erziehung. Klassisch. Ich liebe Symphoniekonzerte, Igor Strawinskys »Feuervogel« genieße ich ebenso wie die von Arnold Schönberg komponierte Oper »Moses und Aron«. Schönberg war übrigens Professor an der University of California in Los Angeles (UCLA), wo ich seit 1993 unterrichte; unser Musikgebäude ist nach ihm benannt.

Ich weiß: Schönberg und seine Zwölfton-Musik ist manchen Musikliebhabern zu abstrakt, mich aber animiert sie zum Nachdenken. In meinem Haus in West-Hollywood, in Gehweite zu vielen Galerien, bin ich von Büchern umgeben. Ich lebe seit fast zwei Jahrzehnten in Kalifornien, fühle mich auch hier zu Hause, mache aber nicht jede Mode mit. Und Melitta-gefilterter Kaffee ist mir nach wie vor lieber als mit Sirup oder Eiscreme verrührter Starbucks-Coffee. Ich habe mich auch nie gegen eine Rückkehr nach Deutschland gesperrt, aber meine Erfahrungen sprachen nicht gerade dafür.

1992 ist mir, ein Beispiel nur, eine sogenannte C-3-Professur in München angeboten worden – für chinesische Archäologie und Kunstgeschichte. Der Ablauf dieses Berufungsverfahrens war, freundlich formuliert, seltsam. Zunächst einmal wurde mir in obrigkeitsstaatlicher Gönnerhaftigkeit suggeriert, es sei eine unglaubliche Ehre, auf einen Lehrstuhl einer deutschen Universität berufen zu werden und dass ich, schon deshalb, keine Forderungen zu stellen habe. Die Ausstattung des Lehrstuhls? »Sie müssen akzeptieren, was angeboten wird.« Der Brief, in dem mir mitgeteilt wurde, ich sei berufen worden, begann nicht etwa mit dieser immerhin wichtigen Information, sondern einem langen Paragrafen, wonach Professoren der Universität München ihren Wohnsitz innerhalb eines 50-Kilometer-Radius vom Universitäts-Standort einzunehmen hätten. Mehr noch: Vor meiner Berufung hat die Universität München in einer besonderen Versammlung debattieren müssen, ob ein Ph. D. von Harvard dem deutschen Grad entspricht. Immerhin ja. Woran ich mich nie gewöhnen könnte, ist die Art und Weise, wie die Bürokratie in die Universitäten hineinregiert. Der zuständige Ministerialbeamte in München hat mir nach meiner Berufung ganz süffisant bestätigt, dass ich mit meinem deutschen Professorengehalt in München mein Leben kaum finanzieren könnte. Nach meinem Eindruck hatte er eine Ablehnung des Angebots erwartet und damit die Möglichkeit, den Lehrstuhl abzuschaffen.

Ich habe tatsächlich abgelehnt und ging lieber an die UCLA. Die Münchner Stelle existiert glücklicherweise weiterhin. Zweimal noch habe ich Gastprofessuren akzeptiert, weil mich das deutsche Universitätssystem durchaus reizte. Ich war 1998 in Heidelberg, 2008 in Münster, jedes Mal für ein Semester. Ich beeile mich zu versichern: Ein grundsätzliches Urteil kann ich nicht abgeben, da mir außer meinen beiden Studentenjahren in Bonn und den beiden Gastsemestern der totale Einblick fehlt. Ich kann mich folglich nur auf Eindrücke stützen. Die Heidelberger Uni ist fantastisch und in der chinesischen Kunstgeschichte weltweit anerkannt.

Der Leiter des kunsthistorischen Instituts, Lothar Ledderose, der seit 1976 den Lehrstuhl für Geschichte der ostasiatischen Kunst einnimmt, ist weltweit wahrscheinlich der beste Kunsthistoriker und Kenner Chinas, wenn nicht Gesamt-Ostasiens. 2005 ist Ledderose mit dem sogenannten »Balzan«-Preis geehrt worden, neben dem Nobelpreis wohl die bedeutendste wissenschaftliche Auszeichnung weltweit. Welch Wunder also, dass Ledderose, der lange vor mir, 1969 bis 1971, »post-doctoral«-Studien in Harvard wie auch Princeton bewältigte, stets jener Wissenschaftler ist, dem bedeutende Lehrstühle in den USA angeboten werden, sobald eine Vakanz entsteht. Ledderose, der als Gastprofessor in Japan, Taiwan oder Chikago lehrte, lehnt stets ab, weil er erstens seine Pension nicht verlieren will (er ist Jahrgang 1942) und zweitens die Abschaffung seines Lehrstuhls verhindern möchte.

Auch Münster hat mir gefallen; ich war dort an einem eher kleinen sinologischen Institut mit einer guten Bibliothek und regen, arbeitsamen Studenten; der Lehrstuhlinhaber, Professor Reinhard Emmerich, ist ein bedeutender Kenner altchinesischer Texte. Wir hatten 25 Jahre zuvor in Japan zusammen studiert. Während meiner Zeit in Münster diskutierten wir viel über die Geschichte der Chinakunde an deutschen Hochschulen und ihre Rolle in der heutigen Zeit.

Trotz meiner Bewunderung für Ledderose, Emmerich und viele andere Kollegen der jüngeren Generation, die trotz der Behinderung durch die Bürokratie in unserem Fachbereich bedeutende Forschungsergebnisse vorweisen können, bleibe ich bei meiner Überzeugung: An den deutschen Universitäten sind sehr gravierende, systemimmanente Schwächen erkennbar. Für unser Fach verheerend ist eine weitverbreitete Krähwinkel-Mentalität. Wenn von China oder Indien gesprochen wird, ist die Reaktion: unwichtig. Trotz des Aufbruchs in China, trotz des Aufschwungs in Indien. Trotz täglicher Berichterstattung in den Medien. Obwohl sie die USA als Weltmächte ablösen könnten. Wer weiß, vielleicht bereits in ein oder zwei Jahrzehnten?

Der Fachbereich Sinologie wird in Deutschland reihenweise abgeschafft. Ich kann nur rufen: Welch eine Kurzsichtigkeit! An der UCLA haben wir Chinaspezialisten in allen Fachbereichen, über 70 sind es in der Universität. Und in Deutschland? Wenn überhaupt, gerade mal ein Lehrstuhl pro Universität. Ein Assistent. Oft keine ausreichende Bibliothek. Eine Bürokratie, die auch dies wenige vernichten will, im Namen der Kürzungen. Kein Wunder, dass einige der besten jüngeren deutschen Sinologen abgewandert sind – nach England und Australien, in die Schweiz, die Niederlande und vor allem die USA; es werden, soweit ich sehen kann, wenige Versuche gemacht, sie in Deutschland zu halten – trotz des allgemein propagierten Willens, die deutschen Universitäten wieder auf Weltniveau zu bringen. Die Frage bleibt: Werden talentierte Wissenschaftler weiterhin auswandern müssen, weil ihnen in Deutschland keine Professuren angeboten werden?

Noch einmal: Ich urteile aus der Ferne und nach gelegentlichen Gesprächen mit betroffenen Kollegen. Ich kann allerdings sehr wohl erkennen, wie unverständlich, unlogisch manche der Reformgedanken vorangetrieben werden. Ein Beispiel: Die Bestrebungen, das deutsche Universitätssystem dem amerikanischen anzugleichen. Ein solcher Reformversuch ist der sogenannte »Junior-Professor«. Dieser Titel sollte jenem des amerikanischen »assistant professor« entsprechen. Einige meiner jüngeren deutschen Kollegen werden nun nicht mehr »Assistent« genannt, sondern »Junior-Professor«. Ein schöner Titel, zumindest »Professor« deutet auf gesellschaftlichen Aufstieg hin.

Nur: Nach einigen Jahren stehen sie mit ihrem Titel ratlos auf der Straße. Man hat nämlich in Deutschland das eigentlich wichtige Element des US-Systems nicht begriffen oder bewusst nicht aufgenommen – den sogenannten »tenure track«. Das bedeutet: Die Schiene in den USA führt vom »assistant professor«, wenn man sich in Forschung und Lehre bewährt hat, nach rund sieben Jahren zur Festanstellung als »associate professor« und letztlich, nach ungefähr einem Jahrzehnt, zur »professorship« (kein amerikanischer Professor wird mit den aus Deutschland bekannten Privilegien je zum »Beamten«). In Deutschland stehen die Junior-Professoren auf einem Nebengleis. Und kein Verschiebebahnhof ist in Sicht. Nur Verunsicherung. Dieselben strukturellen Probleme, wie sie früher die Assistenten hatten. Ich bin auch gegen die in Deutschland betriebene frühzeitige Spezialisierung eingenommen. Sofort Jurastudium. Immer Jura. Nur Jura. In den USA haben Studenten meist Zeit, sich während ihrer ersten vier Jahre an der Uni weitflächiger umzutun, vor einer endgültigen Entscheidung das Allgemeinwissen zu erweitern. In Deutschland ist dem allgemeinbildenden Anspruch der Universität mit dem »Bologna-Prozess« wohl endgültig das Lebenslicht ausgeblasen worden. Trotz aller Reformen werden aber die kuriosesten alten Zöpfe bewahrt. Dürfen deutsche Doktoranden ihre Dissertation in englischer Sprache verfassen, damit ihre Veröffentlichungen global verbreitet werden können? Nein, nur Deutsch und Latein sind zugelassen! Für Englisch braucht man eine Sondergenehmigung. Nur ein kleines Beispiel bürokratischer Blockaden, das mir symptomatisch erscheint für das Gesamtsystem. Wie ist die deutsche Universität international auf Vordermann zu bringen? Manchmal bin ich versucht, zu sagen: Restlos schließen. Neu anfangen.

Die Arbeit mit deutschen Studenten hat mir Freude gemacht; sie sind vom Gymnasium – vor allem, was Fremdsprachen angeht – auch heute noch besser vorgebildet als die Mehrzahl meiner amerikanischen Studenten. Dennoch: Viele von ihnen, nach meiner Beobachtung auch jene der höheren Semester, beten weit mehr als in den USA ihren Professoren intellektuell nach und werden ihnen hörig. Originellere Studenten werden als Störenfriede abgestoßen, die Angepassten irgendwann in der Zukunft zu Professoren berufen. Daneben ist die Universität, zu oft, eine Beschäftigungstherapie für Menschen, die das Studium zu ihrem Beruf machen wollen. Der Druck fehlt einfach. Ich weiß nicht, wie repräsentativ der Fall ist, aber man stelle sich vor: Sieben Jahre nach meiner Gastprofessur in Heidelberg hat mir eine Studentin ihre Seminararbeit zugeschickt. Den Schein, den ich unterzeichnen müsste, damit die Note offiziell registriert wird, habe ich bis heute nicht erhalten. Unglaublich. Das deutsche System zwingt Studenten nicht wirklich, sich einzusetzen und ihr Studium in einer vorgegebenen Zeit zu beenden.

Ich behaupte nicht, dass Amerikas System perfekt ist oder gar ein Modell für die Welt. Ich behaupte jedoch: Die gehobenen Universitäten wie Harvard, Stanford, Yale, Princeton, MIT (Massachusetts Institute of Technology), Columbia, Johns Hopkins, Duke, Georgetown, Carnegie Mellon, California Institute of Technology, University of California at Berkeley, Cornell oder die University of Chicago oder auch wir an der UCLA, bieten Studenten eine erheblich bessere Ausbildung. Deutsche Studenten, die ihre Zeit nicht vergeuden wollen, sollten an solchen Schulen in den USA studieren. An der UCLA zum Beispiel gibt es etwa 24 000 Studenten, dazu ein der medizinischen Fakultät angeschlossenes, exzellentes Krankenhaus, mehrere Konzerthallen und ein Tennisstadion, in dem auch ein Profiturnier veranstaltet wird.

Die UCLA ist eine staatliche Schule. 93 Prozent der Studenten stammen aus Kalifornien, sie zahlen jährlich etwa 8500 Dollar Studiengebühren, soweit sie es sich leisten können. Tausenden werden, auf Antrag, die Gebühren erlassen und manche bekommen noch zusätzliche Stipendien für das Grundstudium der ersten vier Jahre (als »undergraduates«). Andere werden nicht mit Stipendien unterstützt, sondern über einen Bankkredit finanziert. Wie an den Privat-Universitäten werden auch bei uns die »graduate students« oder Doktoranden weitestgehend über Stipendien finanziert, aber dafür müssen sie zumindest zeitweise als »teaching fellows« – Lehrassistenten – arbeiten. Das ist für sie ein gutes Training für eine spätere akademische Laufbahn.

Für den Studienbeginn im Herbst 2007, ein Beispiel, hatten sich bei der UCLA mehr als 50 000 Schüler beworben. Nahezu 12 000 der Antragsteller wurden akzeptiert, 43,1 Prozent von ihnen waren »Asian Americans«. Die Schüler müssen einen sogenannten SAT bestehen, einen Intelligenztest, ihre Highschool-Prüfungsergebnisse werden bewertet, die erforderlichen Empfehlungsschreiben der High-School-Lehrer studiert. Obendrein müssen die Kids in einem »personal statement« erklären, warum sie an der UCLA studieren wollen und welche akademische und berufliche Zukunft ihnen vorschwebt. Trotz dieser Hindernisse sammelt sich hier nicht nur Elite: In Herkunft und gesellschaftlichem Hintergrund sind unsere Studenten ungeheuer divers – und dennoch kommen die verschiedenen Gruppen ohne nennenswerte Reibungen miteinander aus. An der Universität funktioniert – anders als in manchen anderen Bereichen der amerikanischen Gesellschaft – das Ideal vom Schmelztiegel durchaus.

Auch das US-System weist eklatante Schwächen auf. Die »undergraduates« an den staatlichen Hochschulen versuchen oftmals, sich durch das System zu schlängeln. Vielen reicht der erste Abschluss, der »Bachelor of Arts«. Danach planen sie weiter – Karriere beim Militär vielleicht, die sie an der Uni bereits mit einem »Reserve Officer's Training Corps« (ROTC) eingeleitet haben. Oder womöglich schreiben sie sich bei der CIA ein, nein, nicht der berüchtigten Geheimtruppe (oder vielleicht auch dort, aber davon erfahren wir natürlich nichts), sondern dem »Culinary Institute of America«, der gehobenen Koch- und Gastronomie-Schule, die bei San Franzisko und im US-Staat New York je einen Campus betreibt. Viele »undergraduates« der UCLA und ähnlicher staatlicher Schulen und Colleges bleiben relativ gelassen. Studium bedeutet für sie nicht immer nur Stress. Dating, Partys, Football, Surfing stehen ähnlich hoch oben auf der Prioritätenliste wie die Vorlesungen. Bestehen müssen sie ihre Prüfungen aber trotzdem. Zwar ist die staatliche UCLA billiger als Privat-Universitäten wie Stanford. Die kosten jährlich 30 000 bis 40 000 Dollar Studiengebühren. Dennoch müssen viele unserer Studenten neben der Uni arbeiten, um sich das Studium finanzieren zu können. Nicht zuletzt wegen des Gelddrucks lernen unsere Studenten konzentriert und zielbewusst. Sie haben ein ausgeprägtes Konsumentenbewusstsein: Das Studium ist eine Ware, die man kauft. Jede versäumte Stunde, jede misslungene Prüfung macht die Sache noch teurer. Deshalb sind hier alle mehr gefordert als in Europa – sowohl Studenten wie Professoren.

Die Professoren üben auf die Schüler Druck aus, natürlich. Aber: Unzufriedene Studenten können die Karriere eines Professors beeinträchtigen; nach jedem Kurs erhalte ich Bewertungen:»Der Professor ist ein Langweiler«, oder: »Einen derart tollen Unterricht habe ich noch nie gehabt«. Die ganze Bandbreite, und alles anonym. Diese Bewertungen, die auch nach einem Punktsystem erfolgen, können durchaus Folgen haben. Sie werden quantifiziert und wenn sie zum Beispiel bei mir unter das – statistische – Niveau meiner Abteilung fallen, dem Department of Art History, reagiert die Universität. Ein solches System hat natürlich eine andere, negative, Seite: Einige Professoren schleimen sich bei den Studenten ein, oder sie versuchen es über Kompromisse. Die Bewertungen freilich erfolgen nicht allein durch Studenten. Die Universität bedenkt im Urteil ebenfalls, wie stark ein Professor in der wissenschaftlichen Forschung engagiert ist, an welchen Konferenzen er teilnimmt, welche wissenschaftlichen Veröffentlichungen erfolgen.

Wir bemühen uns gerade auch um sogenannte »minorities«, schwarze Schüler aus den Armenvierteln etwa. Nur: Die strömen nicht in Massen an die Universitäten. Sie schaffen den Ausbruch aus dem Getto selten – Zufall, Glück und natürliche Begabung ermöglichen ihnen nur manchmal den Zugang zur Uni. Unter den für den Studienbeginn Herbst 2007 eingeschriebenen 12 000 Studenten waren nur 392 Afroamerikaner sowie 44 »native americans«, Indianer also. Das Grundproblem sind die öffentlichen Schulen, von denen wir unsere Studenten beziehen. Anders als in Deutschland ist das System schrecklich ungleich angelegt. Da die Schulen weitgehend aus Lokalsteuern finanziert werden, können die öffentlichen Schulen in Luxus-Gemeinden wie Beverly Hills, Palos Verdes, Malibu oder Santa Monica höhere Lehrergehälter zahlen und ein gehobenes Unterrichtsniveau anbieten, die in ärmeren Gemeinden aber nicht.

Von Ort zu Ort sind die Gehälter der Lehrer, ihre Urlaubs- oder Pensionsansprüche unterschiedlich geregelt. Viele Eltern ziehen allein wegen der Schule um und akzeptieren erhöhte Immobilienpreise. Ein Ergebnis: Die Kinder der wohlhabenden Familien werden von den begabtesten Lehrern unterrichtet. Dahingegen sind die Highschools in den Armenvierteln, weiß oder schwarz, auf den Indianer-Reservaten oder in den von Latinos bewohnten »barrios« zumeist erbärmlich. Die Lehrer sind meist schlecht bezahlt, mangelhaft ausgebildet und entsprechend demotiviert. Lehrer-Gewerkschaften blockieren jedwede Reformbestrebung, etwa den Ersatz der älteren, ausgebrannten Lehrer durch junge, engagierte Kräfte. Die Folge: Begabte Lehrer verlassen das städtische Schulsystem und werden von Privatschulen angeworben, die bessere Gehälter zahlen können.

Die US-Schule nimmt, soweit ich das beobachten kann, einen anderen sozialen Stellplatz ein als in Deutschland. Die Hauptbezugsgruppe für amerikanische Kinder ist oft nicht die Familie, sondern es sind die Altersgenossen. Hieraus erklären sich, wie ich meine, fast sämtliche sogenannte Mentalitätsunterschiede zwischen Europäern und Amerikanern. Unsere Kids, die nahezu ganztägig in der Schule sind, verbringen mehr Zeit mit ihren Kameraden als mit Vater oder Mutter. Die sogenannte »peer pressure« nimmt überhand, weitaus ausgeprägter ist der Druck, als ich es aus deutschen Schulen in Erinnerung habe. Die Gruppe entscheidet, ob es sich lohnt zu lernen, die Gruppe entwickelt ihre Dynamik, auf die weder die Eltern noch Lehrer wirklich Einfluss haben. Die Kinder leben in ihrer eigenen Welt – ohne tatsächliche Kontrolle. Sie entscheiden, was »cool« ist, und manche erklären: »Schule ist Scheiße.« Den Amerikanern ist dieses Dilemma der öffentlichen Schulen bewusst – aber sie wissen nicht, was sie tun sollen. Die Lehrer sind für diese Entwicklung nicht verantwortlich. Sie rührt, wie ich meine, vor allem daher, dass viele Ehen geschieden werden und die Kinder in ihrem Zuhause oft wenig Geborgenheit erfahren. Die Schule kann diese sozialen Missstände nicht beheben.

Die Eltern, die ihre Kreditkartenschulden, Hypothekenbelastungen, das Autoleasing, Pensionspläne und Krankenversicherungen durch zwei Jobs und Überstunden finanzieren müssen, setzen das Fernsehen als Ersatz-Kindermädchen ein – mit erkennbaren Konsequenzen: Die Kinder werden TV-süchtig, der Wahnsinn im Fernsehen wird zur Normalität. Sie waren bereits verdummt, als der Computer die Welt eroberte, aber das Internet gibt der Verblödung noch einen weiteren Schub. Vergessen wir bei all der Euphorie über Google oder Yahoo nie, dass die Internet-Explosion auch Opfer schaffen kann, Schüler etwa, die sich im Dschungel der virtuellen Internet-Welt verirren, ohne Führung, ohne Kontrolle.

Die Konsequenzen dieser Entwicklung sind seit einigen Jahren auch an der Universität zu beobachten. Für mich als Professor ist es immer wichtiger, den Studenten beizubringen, mit der Informationsflut aus dem Internet verantwortungsvoll umzugehen und die Spreu vom Weizen zu trennen. Bis vor einigen Jahren riet ich vom Gebrauch des Internets bei der Forschung generell ab, in letzter Zeit aber hat sich die Qualität der elektronisch abrufbaren Informationen enorm verbessert – man muss sie nur kritisch auszuwerten wissen.

Ich habe seit einiger Zeit den Eindruck, dass Studenten kaum noch die Konzentration aufbringen, Bücher zu lesen. Und wenn sie sich doch durchquälen, nehmen sie nicht mehr das auf, was sie eben gelesen haben. Ich bin kein Wissenschaftler dieser Materie, ich denke jedoch, irgendwelche physiologischen Vorgänge setzen ihnen zu. Manchmal befürchte ich, unsere Gesellschaft mit ihrem Schulsystem könnte sich zu einer Zwei-Klassen-Welt entwickeln. Eine Vielzahl der Bürger, arm, schwarz oder weiß, könnte zur »Verdummung« verdammt sein. Vergessen von der Macht, manipuliert von der Politik. Wir vergessen allzu leicht: Die intellektuelle Elite an den Prestige-Universitäten ist brillant, aber sie ist eine Minderheit. Diese Minderheit in den USA freilich ist, rein numerisch, den Gleichartigen in Europa, in Deutschland, überlegen!

Ich beobachte, welche großen Leistungen US-Universitäten und ihre Studenten erbringen können. Die Arbeit mit meinen Studenten lässt mich hoffen. Sie haben sich nicht von christlichen Fanatikern verwirren lassen, sie sind weder Apologeten reaktionärer Politiker noch Kulturbanausen. Sie engagieren sich für den Umweltschutz, für Menschenrechte, für die Wiederabschaffung unserer unsäglichen »Proposition 8«, die die Schwulenehe in Kalifornien verbietet. Niemand, den ich hier kenne – Kollegen oder Studenten –, hielt auch nur das Geringste von George W. Bush; sie haben, wie ich, begeistert für Obama gestimmt. Wir sind das andere Amerika, das der Hoffnung.

Thomas Gottschalk ist unterwegs in zwei Welten, und er will von beiden nicht lassen. Der 1950 in Bamberg geborene Entertainer, der mit der ZDF-*Sendung »Wetten dass ...?« zu Fernsehruhm kam, kaufte vor vielen Jahren im noblen Malibu ein geräumiges Landhaus – mit einer ramponierten Windmühle gleich nebenan, die er ausbaute und seither mit Ehefrau Thea und den beiden Söhnen bewohnt. Im Rheinland erstand er zwar ein Schlösschen, doch die Pendelei zwischen dem Wohnsitz Kalifornien und dem Arbeitsplatz Deutschland soll vorerst noch kein Ende nehmen – obwohl Gottschalk die zweite Heimat mit gemischten Gefühlen betrachtet. Die (derzeit getrübte) Leichtigkeit des kalifornischen Seins, die allerorts sichtbare Oberflächlichkeit zum Beispiel entspreche durchaus seinem Lebensgefühl, sagt der Showmaster. Zugleich aber benennt er die enormen gesellschaftlichen Widersprüche, die für einen Alt-Europäer schwer verständlich sind. Am schönsten ist es für Gottschalk, dass er, sobald die Produktion es erlaubt, abtauchen kann in die Anonymität. Dann ist der Superstar, den in Deutschland jedermann kennt, froh darüber, dass ihn nach ein paar Flugstunden kaum einer mehr kennt.*

Thomas Gottschalk

»Jetzt hat's ihnen zunächst mal die Sprache verschlagen.«

Meine englischen Sprachkenntnisse, das muss ich gestehen, waren zu meiner Schulzeit nicht eben zum Prahlen. Dafür habe ich selbstverständlich eine Erklärung: In der Schule bin ich einmal durchgerasselt, da hatte ich gerade erst ein Jahr Englisch hinter mir. Die nächste Klasse, in der ich meine Reife anstreben sollte, hatte wegen irgendeiner Umstellung in der humanistischen Schulstruktur bereits drei Jahre Englischunterricht absolviert. Und ich saß da nun.

Später, in München, hätten dann die englischsprachigen Rundfunksender meinen Schwächen abhelfen sollen, AFN etwa, American Forces Network. Aber ich fand das alles eher nebensächlich, Amerika war damals nicht in meinem Kopf ... Nicht Bob Dylan oder »The Mamas & the Papas«, diese musikalischen Entwürfe der amerikanischen Seele, haben mich fasziniert, sondern die Kings, Hollies, Marmalade, Dave Dee. Ich träumte auch nicht davon, das Weiße Haus zu besichtigen, ich wollte höher hinaus: Korrespondent der »Süddeutschen Zeitung« in London.

Mein frühes Bild von den Amerikanern war ziemlich negativ geraten – stark eingefärbt durch so etwas wie die Jerry-Cotton-Hefte. Glaubte man denen, bestand New York nur aus irgendwelchen Lagerhallen und Hafengebieten und dazwischen wurden Gangster, Zeugen und FBI-Agenten erschossen. Edgar Hoover war der FBI-Boss, noch eine zwielichtige Gestalt. Salopp gesagt beschränkte sich mein Interesse an Amerika auf die Gedenktafeln im FBI-Hauptquartier in Washington, auf denen die Namen der ermordeten Agenten verewigt sind. So wie das bei Cotton beschrieben war.

Ich war 33, als ich die USA zum ersten Mal besuchte, und es ging tatsächlich genau so zu, wie ich es in den Heftchen gelesen hatte: Auf einer der ersten Brücken zwischen Flughafen und Manhattan mussten wir stoppen, die Polizei hatte den Highway gesperrt. In einem Auto saß ein Mann mit starren Augen und einem Loch in der Stirn. Erschossen. Nach drei Minuten Amerika hatte sich mein Verdacht verfestigt, und ich dachte ernsthaft darüber nach, ob wir den Trip wohl überleben würden.

Mit mir reisten meine Frau Thea, die Freunde Fritz Egler, Anton Geissler und Holm Dressler, und es hätte ganz schön sein können. Aber mich beschäftigte während dieser drei Tage in New York einzig die Furcht vor weiterem Ungemach: Irgendetwas, das schien unausweichlich, würde von einem Wolkenkratzer hinunterstürzen, genau auf mich und meine Einkaufstüten. Oder der Killer vom Highway würde hinter der nächsten Mülltonne lauern. Es lauerte nichts, und meine zweite Berührung mit Amerika verlief wesentlich entspannter. Ich habe sie dem Filmproduzenten Horst Wendlandt zu verdanken, Gott hab ihn selig. In Beverly Hills, unweit des feinen Coldwater Canyon, befand sich sein auf Stelzen stehendes Haus. Und das hatte er uns für zwei Monate überlassen. Eine großzügige Geste mit erheblichen Folgen. Mein Sternzeichen nämlich ist der Stier. Und den damit Ausgestatteten wird nachgesagt, dass sie sich ganz speziell für Immobilien interessieren. Ich kann das bestätigen.

Gleich ob ich bei Kasse war oder nicht, die Côte d'Azur besuchte oder London: Ich habe immer die Makler abgeklappert, mir Immobilien angesehen. Natürlich entdeckte ich auch während dieser Zeit in L.A. sogleich ein Haus, eins dieser Pappdeckel-Dinger, für 230 000 Dollar. »Thea«, habe ich erklärt, »das ist 'ne tolle Sache.« Doch das kam nicht an. Ob ich wahnsinnig sei, wollte sie wissen, »dann lieber gar nichts«. In Deutschland hatte ich eben meinen ersten Werbevertrag mit McDonald's unterzeichnet und damit sozusagen Basisarbeit für den amerikanischen Lebensstil geleistet. Auf einem Faschingszug wurde ich bald darauf von Umweltschützern mit »Hamburgern« beworfen. Ich erwähne das nur, um zu betonen, dass später dann meine erste, in Amerika erworbene Immobilie mit diesem sauer verdienten Geld finanziert wurde. Und zwar in den Hollywood Hills, so wie man sich das vorstellt:

Mein Nachbar war ein Rocker namens Peter Frampton, der mit »The Herd« spielte, einer englischen Gruppe, die es mit Songs wie »From the underworld« oder »Paradise lost« 1967/68 in die Hitparaden schaffte. Eine schöne Lage hatten wir. Von unserem Hügel aus konnten wir nachts auf die flimmernden Lichter von L.A. herabsehen. Meine Mutter war eher skeptisch. »Du mit deinem Kalifornien«, bekam ich zu hören, und überhaupt: Jemand, der weder Rügen noch die Masurischen Alleen durchwandert habe, wisse ohnehin nicht, was landschaftliche Schönheit sei. Auch meinen wiederholten Hinweis, dass man in Malibu um vier Uhr morgens, falls nötig, im Supermarkt eine Angel, einen karierten Schlafanzug oder gebratene Hähnchen kaufen kann, ließ sie nicht gelten – wer tagsüber seine Gedanken zusammenhabe, müsse morgens um vier Uhr keinen Senf kaufen. Warum also? Wir sind uns in dieser Diskussion nie einig geworden.

Mir gefiel dieser Lebensstil. Und außerdem entdeckte ich Vorzüge meiner zweiten Heimat, die mir vorher nie in den Sinn gekommen wären. In Deutschland war nämlich mein Film »Zärtliche Chaoten« ins Kino gekommen und zum ersten Mal bemerkte ich, dass mich die Leute auf der Straße entdeckten und dass mein Privatleben nicht mehr so ungestört war, wie ich mir das wünschte. Ich hätte mich nun, wie so mancher andere, nach Mallorca oder Teneriffa zurückziehen können. Aber wir haben uns halt für Kalifornien entschieden – kein großartiger Entschluss, wie damals mancher Kommentator zu erkennen glaubte. Es hatte sich einfach so ergeben: Meine Liebe zu Englands Landsitzen war von den ewig grauen Regenschleiern verdunkelt worden, zumal ich inzwischen Kaliforniens Küste kannte, die unglaublich schöne Landschaft – und die Sonne so liebte.

Wir waren also nun in Los Angeles Immobilienbesitzer, einschließlich Schwimmbad, doch uns trennten von der Küste etwa 90 Minuten Autofahrt, durch die Hügel, über den Sunset, dann den »PCH«, den Pacific Coast Highway, Richtung Malibu, Stoßstange an Stoßstange. »Irgendwann«, seufzte meine Thea in einem der Staus, »suchen wir uns mal was, was ein bisschen näher am Meer ist.« Das Irgendwann war prompt zur Stelle – die Mühle in Malibu.

Da stand sie vor uns, eine große Windmühle, wie anno dazumal. Daneben ein geräumiges, allerdings ziemlich heruntergekommenes Haus. Einige der Wände waren holzgetäfelt, eines der Bäder, versicherte uns der Hausherr, habe er aus Paris importieren lassen. Direkt aus der Wohnung von Coco Chanel, einschließlich der Badewanne. Trotz dieses Marketings mit feinen Namen wollte diesen Besitz offenbar niemand haben. Gleichwohl: Die Hoffnung, einen Käufer zu finden, war nicht unbegründet, denn Immobilien hatten in Amerika bis zum Meltdown einen anderen Stellenwert als in Deutschland oder sonstwo in der Welt. In Deutschland erbt man ein Haus, und wenn für die Kinder kein Platz mehr ist, dann bauen die Eltern an den Hasenstall noch ein Kinderzimmer an. Meine Mutter etwa konnte nicht verstehen, dass irgendein Sohn oder eine Tochter es übers Herz brachte, das Elternhaus zu verkaufen. Wie anders doch im Land der unbegrenzten Möglichkeiten: Hausbesitz bedeutete Investition, Profit mit Zuwachsraten, die in Kalifornien um 20 Prozent erreichten. Profitabler sogar als Aktien. Bei der Immobilienanlage in den USA ging es ähnlich zu wie beim Autokauf in Deutschland. Erst, zumindest zu meiner Zeit, erwarb man einen 2CV, die »Ente«, und wenn man Glück oder gespart hatte, stand am Ende ein Mercedes in der Garage. Der Ami verschuldete sich mit einer kleinen Immobilie, setzte auf den Preisschub, kaufte ein größeres Haus, bot es an, und dann, sollte der Erlös stimmen, investierte er in ein weiteres, größeres Objekt in einer feineren Gegend. Das Haus war kein Teil der Lebensplanung bis ans Ende aller Tage, sondern Sparkasse und Aktie zugleich.

Dass sich der Immobilienmarkt zu einem Kasinobetrieb entwickelte, wissen wir inzwischen nur zu gut. Die Banken drückten selbst Armen Hypothekenkredite in die Hände, deren Zinsen sie nun nicht mehr zahlen können, eigentlich nie konnten. Dabei blieb es nicht. Entsprechend der Zuwachsrate der jeweiligen Immobilie zahlten Banken den Besitzern Cash-Beträge aus, zum Kauf eines SUVS, einer Urlaubsreise nach Hawaii oder eines kleinen Motorboots, das im Jachthafen von Marina del Rey lag. Der Crash brachte die Nation zur Wirklichkeit zurück. Die Amerikaner mussten erkennen, was unser Goethe bereits in den »Leiden des jungen Werther« notiert hatte: »Alle Menschen werden in ihren Hoffnungen getäuscht, in ihren Erwartungen betrogen.«

Als sich unser Umzug herumsprach – der American way of life war noch unberührt vom globalen Finanzdisaster –, hatte ich schon mit Weltstars und mit Hollywood zu tun. Natürlich habe ich der Legende nie widersprochen, dass ich hier mit Madonna frühstücke und mit J. R. zu Abend esse und dass sich die Backstreet Boys in meiner Sendung nur eingefunden haben, weil ich mit denen hier tagsüber Basketball spiele. Das war in einigen seltenen Fällen auch richtig. Im Normalfall aber entscheiden sich Hollywood-Größen für Auftritte, weil sie einen Film promoten oder eine CD verkaufen wollen und nicht, weil sie mit mir am Strand ein nettes Pläuschchen gehalten haben. Umgekehrt war es natürlich oft so, dass ich Leute, die ich in meiner Show kennengelernt hatte, hier wieder getroffen habe.

Hugh Grant hat mich am Broad Beach einmal nach den aktuellen deutschen Fußballergebnissen gefragt, und ein anderer Star hat in der »Malibu Colony«, der exklusiven Strand-Enklave, ein gutes Wort für den neuen Käufer Gottschalk eingelegt. Die hatten gedacht, ich sei Drogenhändler – weil ich dauernd mit unterschiedlichen, exklusiven Luxusautos vorgefahren bin. Während also mit den US-Nachbarn gut auskommen war, haben mir die Deutschen, das nehme ich schon wegen der ewig hohen Einschaltquoten an, aufgrund meines Berufs vergeben. Weil die einfach sagen, na gut, normal ist der sowieso nicht. Wenn ich jetzt der Eduard Zimmermann von »Kennzeichen XY ungelöst« gewesen wäre, der deutsche Verbrecher sucht, hätten sie mir vielleicht nicht verziehen. Aber weil ich keine deutschen Verbrecher, sondern internationale Showstars präsentiere, hat das eigentlich ganz gut funktioniert.

Ich habe immer darauf Wert gelegt, dass ich Deutschland nicht aus den Augen verliere. Das ist heute ohne Probleme machbar: Ich habe den »Spiegel«, »Die Welt« zum Runterladen aus dem Internet, ich lese jeden Abend eine Zeitung, schon aus lauter Angst, irgendetwas zu verpassen. Ich interessiere mich sogar für Dinge in Deutschland, die mir früher ganz schnuppe gewesen wären. Man ist in dieser vernetzten Welt so nah dran, dass ich keine Defizite erkennen kann. Meine Sekretärin rief mich an, gerade als der neue Papst den Vorhang aufgemacht hatte: »Weißt du schon, dass Ratzinger Papst geworden ist?« Als würden die das in Deutschland schneller wissen. Andererseits ist es für mich wichtig, dass ich mir die Fröhlichkeit, die ich für meinen Beruf brauche, leichter erhalten kann, wenn ich mich abkoppele von der deutschen Nachdenklichkeit und dem Pessimismus, der gegenwärtig natürlich nachvollziehbar ist. Ich bin in einer Zwickmühle: Einerseits liebe ich meinen Beruf, und ich liebe auch die Leute, die mir diese Tätigkeit ermöglichen und meine Sendungen einschalten – aber es sind eben sehr viele. Und weil ich ein öffentlich-rechtlicher Unterhalter bin, haben die Menschen, wenn sie mich auf der Straße treffen, das Gefühl – zu Recht –, na endlich, nun habe ich ihn mir mehr als 20 Jahre lang angeguckt, jetzt kann ich mit ihm mal in Ruhe reden. In Malibu kommt dieser Gedanke überhaupt nicht auf. In Kalifornien muss ich niemandem für die schlechten oder guten Quoten, für die angeblich dummen Witze in der letzten Sendung oder was auch immer Rede und Antwort stehen. Ich kann mich mit dem Kauf eines Flugtickets von der Showwelt verabschieden und in ein anderes Umfeld entschwinden – das gibt mir Kraft für Erneuerung, eine einzigartige Freiheit. Ich habe aus dieser Doppelbödigkeit meiner Existenz immer nur Positives bezogen: Wenn ich in Deutschland herumfahre, freue ich mich, dass jeder weiß, wer ich bin. Sobald ich aber wieder im Flieger nach Amerika sitze, habe ich meinen Spaß daran, dass mich in einigen Stunden niemand mehr kennt. Solange ich die Möglichkeit habe, die beiden Daseinsformen miteinander zu verbinden, ist das für mich ideal.

Tatsächlich ist L.A. nicht die kulturelle Wüste, als die es uns vorzugsweise von europäischen Intellektuellen immer wieder beschrieben wird. Natürlich tickt Kalifornien anders: Wenn in Deutschland ein Theater zugemacht wird, dann läuten die Sterbeglocken, setzt ein großes Getöse und Gejammer ein. Hier reagieren die Menschen mit einer Art kollektivem Achselzucken: Nun gut, wenn das keiner haben wollte, dann hat's eben nicht sein müssen, und wir machen den Laden dicht – Kulturbetrieb wie im Fleischerladen. Dieses Prinzip ist für uns schwer tragbar, aber Amerika sieht Kunst nun mal in vielerlei Hinsicht anders: Oper, Theater, Kultur insgesamt wird nicht vom ohnehin bankrotten Staat reglementiert; da tun sich Interessenten zusammen, wie auch ich, legen gemeinsam mit Astronauten, Industriellen, Multimillionären Kohle auf den Tisch, und die Oper wird zu einem Welterfolg – wie in L.A.

Auch ich habe die Nase gerümpft, nachdem ich hier angekommen war und mich auf die Suche nach dem Kulturleben begeben hatte. Inzwischen weiß ich natürlich, dass neben dem allumfassenden, nicht gerade feinsinnigen Fernsehbetrieb bei der »New York Times« oder der »L.A. Times« kluge Köpfe sitzen, die den Trends der Zeit, den politischen und gesellschaftlichen Strömungen auf dem Erdball nachspüren. So ist das überall: haarsträubende Widersprüche und krasse Gegensätze, auf die der Alt-Europäer sich oft keinen Reim machen kann. In Deutschland habe ich Fernseh-Interviews mit Urlaubern gesehen, denen vom ostasiatischen Tsunami der Fotoapparat aus der Hand geschlagen worden war und die sich nun darüber aufregten, dass die Versicherung diesen Verlust nicht ausgleichen wollte. Ganz anders Bilder aus amerikanischen Katastrophengebieten: Verzweifelte Hausbesitzer, denen die Bungalows vom Berg gerutscht waren und die nun Besuch von ihrem Gouverneur bekamen, beklagten sich nicht etwa über den Verlust des Hauses, sondern freuten sich wie die Kinder, den Politiker einmal getroffen zu haben: »Eine der schönsten Stunden meines Lebens.« Das verstehe nun einer.

Die Leichtigkeit der Amerikaner, die in Deutschland gern als Oberflächlichkeit bewertet wird, macht für mich das Leben einfacher und angenehmer. Amerika-Gegner werden wahrscheinlich behaupten, dem Gottschalk sei die Sonne nicht bekommen. Aber es versteht sich doch: Auch mir ist bei der Betrachtung meiner Wahlheimat nicht entgangen, wie heftig der Crash die USA und den Budgetgestressten Bundesstaat Kalifornien getroffen hat – geschätzte elf Prozent der Bürger sind arbeitslos. Die Statistiken lassen erkennen, wie vor allem die Rentner und Pensionäre von der Krise gebeutelt sind. 16,4 Prozent aller Amerikaner, die über 65 sind, gehen arbeiten – der höchste Anteil in 38 Jahren, wie ich im Radio gehört habe. Und dann tauchen da plötzlich Zahlen auf wie »Trillionen«. Trillionen? So viel haben Rentner und Pensionäre von ihren Investitionen und ihrem Vermögen an der Börse verloren – zwei Trillionen Dollar. Auf deutsches Maß gebracht: zwei Billionen. Vor wenigen Jahren waren solche Zahlen allenfalls Astronomen und Astronauten bekannt.

Wie auch immer, die Anlageberater waren unterirdisch, die Verluste überirdisch bis astronomisch. An dem Drama lässt sich ablesen, dass die Amerikaner, die an der Wall Street oder anderswo ihr Vermögen verzockten, ihren Mark Twain nicht gelesen haben, der bereits anno dazumal warnte: »Für Börsenspekulation ist der Februar einer der gefährlichsten Monate. Die anderen sind Juli, Januar, September, April, November, Mai, März, Juni, Dezember, August und Oktober.« Die Medien kommen täglich mit den sogenannten »human interest stories«, den Schicksalsgeschichten so vieler Menschen. Bei den Luxus-Coiffeuren in Beverly Hills, die bei dieser Entwicklung bald wieder zu »Frisören« getrimmt werden, sagen Ladys ihre Blondierungs-Termine ab, weil sie sich den 250 Dollar teuren Farbwechsel nicht mehr leisten können, also – zurück zur Natur, zu Grau, zu Rot. Sie mögen heute verunsichert sein, meine Amis, aber deshalb tragen sie noch lange kein sizilianisches Schwarz und treiben den Evergreen »Spiel mir das Lied vom Tod« zurück in die Top Ten der Hitparaden.

Sie sind nachdenklicher geworden. Vielleicht ernüchtert. Oder krasser formuliert: Jetzt hat's ihnen zunächst mal die Sprache verschlagen. Manche mussten ihre Kids von den Privatschulen auf die staatlichen Schulen ummelden; mancher fährt statt Bentley nun Honda. Gestern sahen sie noch von ihrem Beachhaus in Santa Barbara auf den Pazifik, heute hocken sie zu fünft in einem Motelzimmer und blicken auf den Parkplatz, der von Elektrizitäts-leitungen umringt ist. Die TV-Zuschauer, die mit solchen »personal tragedies« konfrontiert werden, wissen wohl: Der Abstand von einer Stadtvilla im noblen Küstenort La Jolla zu einer Sozialwohnung im South East Central von L.A. ist geringer geworden, zumindest psychologisch. Sie versuchen, solche Gedan-ken zu verdrängen, und sie lassen sich auch von Katastrophenbildern in den Fernsehnachrichten selten erschüttern oder verunsichern – wenn, dann allen-falls für 30 Sekunden.

So wenig sie ein Häuserbrand in Paris fasziniert, interessiert sie am Auto des Nachbarn, ob es schöner oder teurer ist. Damit verplempern vielleicht einige unserer Landsleute ihre Zeit, aber in der US-Gesellschaft ist Neid ein Fremdwort. Wir Deutschen betrachten den Besitz des Anderen nicht selten als eine Art Ohrfeige; das ist zwar simpel, trifft aber den Kern. Der Amerikaner lässt sich vom Wohlstand des Nachbarn, des Klassenkameraden oder Kollegen motivieren, für uns hingegen sind Erfolg und Besitz anderer oft negativ besetzt – immer mit der Frage: Beweist der nicht unser eigenes Unvermögen? Wie wir jetzt sehen, haben sich US-Bürger allerdings mit dem Glauben an ihre Zukunft, an Karriere, Reichtum und Ruhm oft genug in einer Welt der Illusionen ver-loren. Wie viele Taxifahrer, Kellner, Portiers habe ich in Hollywood getroffen, die Drehbücher schreiben, Filmmusik komponieren, Videos zusammenstellen, absolut überzeugt davon: »Man, I will make it«, ich werd's schaffen – trotz des wirtschaftlichen Schleudertraumas. Der Limousinen-Chauffeur verrät auf der Fahrt zu einer Filmpremiere freimütig, dass er im Kofferraum ein Skript lie-gen habe, für das ihm bereits 100 000 Dollar geboten worden seien. Darauf lasse er sich natürlich nicht ein, sein Drehbuch sei eine Million Dollar wert und keinen Cent weniger. Wahrscheinlich sitzt er noch immer im Stau und im ölverschmierten Kofferraum, zwischen Reifen und Notsignal, hat sich das Drehbuch mittlerweile verklemmt. Falls es überhaupt existiert.

Diese bodenlose Naivität, die Realitätsverleugnung half den Amis bisher durch ihre dunklen Täler, bis eben ihr Kasino-Kapitalismus enttarnt wurde. Nun müssten sie eigentlich total umdenken, aber nein, sie nehmen hin, was auf sie zukommt, in God we trust. Was bleibt als Alternative, fragen sich die Amis, die auch den Verlust ihrer Häuser bei einem Feuersturm eher gleich-mütig wegstecken, zumindest aus europäischer Sicht. Selbst die als militant eingeschätzten Gewerkschaften der Automobilindustrie haben Lohnredu-zierungen hingenommen, Massenentlassungen akzeptiert. Was ist von ihrer Macht geblieben? Kundgebungen auf der Fifth Avenue in New York wie etwa auf den Grand Boulevards in Paris, Protestmärsche über den Sunset? Null. Nur verbale Empörung, die irgendwann verpufft.

Als ich vor Jahrzehnten beim Bayerischen Rundfunk arbeitete, hatte ich einen Kollegen, der sich Tag und Nacht darüber erregte, dass die gewerkschaftlich vereinbarte Teeküche im Bayerischen Rundfunk nicht im ordnungsgemäßen Zustand sei und zudem polizeilich verordnete Sicherheitsvorschriften missachtet würden. Den Amerikanern ist das so etwas von wurscht, man glaubt es nicht. Bei einem meiner Besuche im Disney-Konzern ist mir aufgefallen, wie Sekretärinnen dort arbeiten mussten, nämlich in fensterlosen Büros. Bei uns wäre das womöglich ein Fall für »Amnesty international«, bei den Amis »ist's einfach so«. »Take it or leave it« ist die Einstellung, schluck es oder hau ab. »Wenn Sie Licht wollen«, wird der Personalchef allenfalls einer klagenden Frau mitteilen, »müssen Sie sich in der Freizeit auf den Balkon setzen.« Die Sekretärinnen nehmen das hin, weil sie, ähnlich wie der Chauffeur mit dem Drehbuch im Kofferraum, bisher davon überzeugt waren, nur eine kurze Zeit auf dem miesen Arbeitsplatz sitzen zu müssen: »Irgendwann bin ich selber Chef. Dann sitze ich am Fenster und eine andere sitzt für mich im Dunkeln.« Manche sitzen allerdings ihr Leben lang im Neonlicht. Dieser Fatalismus ist unglaublich. Als ich vor einiger Zeit einmal wieder die alte Schule meines Sohnes Tristan besuchte, plauderte ich mit der Sekretärin im Direktionsbüro. Sie vertraute mir an: »Eigentlich wollte ich längst weg sein, aber ich habe mich mit meinen Aktien verkalkuliert. Ich wollte mit 60 aufhören, jetzt bin ich 64 und muss noch fünf Jahre arbeiten.« Ohne Selbstmitleid hat sie mir das erzählt, beiläufig. Life goes on. Ich wollte sie bemitleiden, aber das hat sie nicht verstanden.

Die Amerikaner nehmen scheinbar gleichmütig hin, was um sie herum passiert – ein kollektives Achselzucken. Auch Massenproteste gegen den Irak-Krieg hat es nicht gegeben, zumindest in den letzten sechs Jahren nicht. Bewahren wir uns gleichwohl davor, dieses Amerika vorzeitig abzuschreiben. Die USA überraschen immer wieder – selbst ihre Kritiker. Wer in Europa hätte vor wenigen Jahren prophezeit, dass 2009 ein Afroamerikaner Präsident der USA sein würde; ein schwarzer Mann im Weißen Haus, das ist eine Vorstellung, bei der viele US-Bürger erst einmal durchatmen müssen. Aber – die Amerikaner haben sich getraut. Irgendwie schimmert in dieser Gesellschaft, so scheint es mir, immer wieder die Wildwest-Mentalität durch, dieser Zwang, die Bereitschaft, sich durchzubeißen, auch in dieser Krise. Ich habe als sozial engagierter Mensch immer das Gefühl einer Allgemeinverantwortung. Viele Amerikaner aber betonen ohne Scheu: »Das Armenviertel? Das ist nicht mein Problem.« Aufgeklärte Bürger kritisieren zwar das soziale Elend als »nationale Schande«, aber selten nur haken sie sich unter, vereint in einer Lichterkette. Wenn sie im Flugzeug neben einem Fremden sitzen, werden sie blitzartig zu Freunden fürs Leben, zumindest könnte das dem ahnungslosen Ausländer so erscheinen, dem sie ihre Lebensgeheimnisse anvertrauen, als seien sie zur Beichte beim heiligen Benedikt. Sie versprechen anzurufen, zur Hochzeit der Tochter anzureisen und bis der Koffer über das Gepäckband läuft, glauben sie's auch noch selbst. Diese allerorts sichtbare Oberflächlichkeit hilft ihnen – ein Selbstbetrug. Sie versuchen, Gedanken über die trübe Zukunft zu verdrängen, und suchen stets und immer wieder nach Ablenkung: Hollywood, Las Vegas, Kokain, Football, Autorennen, Basketball. Alles ist Entertainment oder wird zu Entertainment. Natürlich ist sehr viel Schrott im Fernsehen zu sehen, da man sich aber durch 100 Kanäle zappen kann, relativiert sich der Schrott. Im Massenangebot bleibt auch für Anspruchsvolle einiges hängen, im »history channel« etwa oder bei den sonntäglichen Fernsehdiskussionen wie »Meet the Press«. Ich befürchte allerdings, dass sich die nächsten Generationen nur noch mit MTV-ähnlichen Programmen begnügen müssen. Und die amerikanischen Verhältnisse werden auch zu uns nach Europa überschwappen. Wann es so kommt, wage ich nicht zu prophezeien. Mir wird jedoch von Tag zu Tag klarer: Meine Generation, ich selbst, wir haben in einer Art »Goldenen Zeit« gelebt.

In Deutschland war ich der klassische Nutznießer eines Bildungssystems, das es in dieser Form nicht mehr gibt. Ich habe umsonst das Gymnasium besucht, und zwar länger als nötig. Mein Uni-Studium hat nichts gekostet. Sogar vom Wehrdienst bin ich verschont geblieben. Vom deutschen Bildungssystem bin ich auf den US-Haifischkapitalismus umgestiegen und hatte das Glück, mit meinen deutschen Mitteln in Amerika mithalten zu können. Ich fühle mich schon fast als eine Art Vaterlandsverräter, weil mir in den USA eigentlich überhaupt nichts fehlt.

Wenn ich Hunger auf Weißwürste mit süßem Senf habe, kein Problem, das gibt's hier beides. Natürlich bin ich in Malibu nicht unter permanenter Medienkontrolle, von den Paparazzi mal abgesehen – noch ein Vorteil also. Wenn ich in einem US-Entertainment-Magazin auf der Liste der beliebtesten Fernseh-Persönlichkeiten der Nation meinen Namen nicht finde, muss ich nicht mit den Zähnen knirschen. Anders in Deutschland: Da stelle ich mir schon die Frage, warum ich nur auf Platz fünf und nicht auf drei oder zwei gelandet bin. Diese Entfernung, mit einem Ozean dazwischen, gibt mir also eine gewisse Entspanntheit. Ich bin, ich weiß, von Beruf Hausclown der Deutschen, und ich bin das gern. Aber ich fühle mich auch in dieser derzeit ein wenig getrübten kalifornischen Leichtigkeit noch wohl, zumal ich in diesem Land ernster genommen werde als in Deutschland – ich zähle mit meinen Möglichkeiten zu den intellektuellen US-Bewohnern. Gleichwohl habe ich meine Existenz nicht exklusiv auf die USA ausgerichtet. Das wird nie passieren. Es ist meine Frau, die eher eine Art »Deutschlastigkeit« lebt. Und der gebe ich gerne nach.

Klaus Heidegger *hatte die erste Dollar-Million schon beisammen, als er gerade mal 22 war: Einnahmen aus dem alpinen Skisport, der den 1957 in Tirol geborenen Rennläufer bis in die Top Ten der Weltspitze brachte – in Konkurrenz mit Skilauf-Legenden wie Ingmar Stenmark und Franz Klammer. Richtig reich aber wurde der schnelle Sportsmann erst, als er 1985 nach Amerika ging. Heidegger baute zusammen mit seinem Schwiegervater Aaron Morse und seiner Ehefrau Jami eine unauffällige New Yorker Pharmacy zu einem exquisiten Kosmetik-Unternehmen aus, dessen Produkte erstaunlichen und verkaufsfördernden Absatz bei der Pop-Prominenz fand. Zu den Kunden zählten Cher und Tom Cruise, Cindy Crawford und Lenny Kravitz. Vor neun Jahren verkaufte Heidegger das Unternehmen an den Kosmetik-Konzern L'Oréal. Für runde 130 Millionen Dollar. Weil es ihm dann zu langweilig wurde, produziert und vertreibt Heidegger neuerdings spezielles Schuhwerk, dessen Machart von den ostafrikanischen Massai inspiriert worden ist – und es läuft schon wieder gewinnbringend. In Amerika, sagt er nun, »könnte vieles anders und manches besser sein«. Ihm aber hat das Land »eine Chance gegeben«, die Europa wohl nicht geboten hätte, »ein Aufstieg in unglaubliche Höhen ist trotz des Börsendebakels immer noch möglich«. Der Unternehmer, der in einfachen Verhältnissen aufwuchs, lebt mit Frau, Sohn und zwei Töchtern auf einem Landsitz bei Los Angeles und hat sich im feinen Küstenort Malibu eine Ranch zugelegt: Wenn Klaus Heidegger dort einen ganzen Tag lang quer über das Grundstück reitet, ist er immer noch nicht am Ende seiner schönen Immobilie angekommen.*

Klaus Heidegger

»Weiter, weiter, ihr Massen, die Uhr zeigt 12.«

Wahrscheinlich habe ich versucht zu jodeln, damals als Bub, denn Jodeln war Tradition, Signalruf in den Alpen, Lockruf für das Vieh. Gemeistert habe ich das aber nie. Ich kannte mich besser aus mit Kaiserschmarrn und Eischwammerln. Alpen-Romantiker könnten in mir ein typisches Produkt der Bergwelt sehen, dem zwischen Pisten und Schänken, Blaskapellen und Hirschlederhosen kräftige Waden gewachsen sind.

Ich bin in Götzens aufgewachsen, Götzens, Tirol. Heute um die 3500 Einwohner. Ein Bergdorf bei Innsbruck, im Schatten jener Berge, in denen 1964 die Olympischen Winterspiele organisiert wurden, und zwölf Jahre später noch einmal, weil die Bürger von Colorado, USA, abgelehnt hatten, die Spiele aus der Steuerkasse mitzufinanzieren. Wir besaßen ein kleines Gehöft und mehrere Grundstücke, lebten aber dennoch ziemlich bescheiden – vor allem nachdem mein Vater gestorben war. Ich war neun Jahre alt. Aber bald danach begann meine erste Karriere. Bergab ging es schnell bergauf.

Als Zwölfjähriger wurde ich Jugendmeister im Slalom, im Riesentorlauf und in der Abfahrt. Diese Siege brachten mir 15 000 Schilling, für mich damals ein Wahnsinnsgeld. Und sie brachten mich schließlich auch nach Amerika – was mich weniger beeindruckte; mein Traum war es, eines Tages ein Hotel zu besitzen, in Götzens oder im Axamer Lizum, wo bei den Olympischen Spielen 1964 die Damenabfahrten gestartet wurden. Um Innsbruck, habe ich mir gesagt, existieren sieben Skigebiete, da ist auch noch ein Plätzchen für den Klaus Heidegger frei. Amerika, das war die Fremde. Mein Vater war ein John-Wayne-Fan gewesen, er mochte diese aufrechten Machotypen, und ich habe mit ihm Filme angesehen wie »Rio Bravo«. Sicher, ich kannte Fotos vom Empire State Building, der Freiheitsstatue, dem Rockefeller Center, aber wenn man plötzlich auf Manhattan steht, wie ich erstmals 1975, hat man andere Gefühle.

Diese Wolkenkratzer, die sich wie unendlich dem Himmel entgegenstrecken, die oberen Etagen verschluckt von Wolken. Ich war mit Berghöhen vertraut, nur dies war so anders, auch hoch, aber aus Beton. Und was für ein Lärm in den Avenuen, Geschiebe, Getöse, Gerüche. Abgase, Abfall, Curry-Dampf, Hotdog-Dunst, Heißluft, die aus unterirdischen Rohren aufzog wie in einem Dampfbad. Dazwischen Menschen in Eile. »Taxi, Taxi«, überall diese Rufe, Faustschläge auf die Kotflügel, Nervosität und immer wieder die Sirenen der Ambulanzen, der Polizei. Ein Penner auf der Treppe vor einer Kirche. Zerlumpt, betrunken. Niemand sieht hin, kaum einer bleibt stehen. Kein Blick für den

Blinden, der auf der Fifth Avenue seine Bleistifte anbietet, kein Blick für den Schäferhund, der ergeben vor ihm liegt.

Voran, ihr Leute, voran auf Pumps, Rollschuhen, Gummisohlen, Krokodillederschuhen und Stilettos, voran im Rollstuhl, barfuß, in Boxerstiefeln, Birkenstock-Sandalen, Flip-Flops. Voran, ihr Soldaten des Konsums auf euren Turnschuhen, Dusch-Sandalen, Cowboy-Stiefeln, schneller, schneller, die Entlassung droht oder eine Beförderung steht an, lauft, lauft in euren Knobelbechern und Ballettschuhen, ihr da auf der Park Avenue, der Amsterdam Avenue, Spring Street, 42nd Street, Broadway, uptown, downtown, Queens, Brooklyn, Bronx, voran zu Wohlstand und zum Herzinfarkt. Die Schatten rücken euch näher, Armut, Hunger, Zwangsversteigerung, Einsamkeit. Ächzen, rennen, atmen, überleben. Weiter so. Weiter, weiter, ihr Massen, die Uhr zeigt 12. Regen. Rush hour. Morgens. Mittags. Abends. Times Square, Manhattan. New York ist hip, hype und die Hölle. Ich ahnte damals noch nicht, dass so mancher dieser New Yorker, Jahrzehnte später, auf meinen Sandalen durch die Streets und Avenues hasten würde – Massai, Massai, doch davon später mehr.

Wir fuhren im Bus zum Weltcup-Rennen in den Hunter Mountains, zwei Stunden nördlich von New York City. Ich bin im Riesentorlauf und Slalom gestartet. 15. oder 16. bin ich geworden. Nicht schlecht für einen jungen Burschen. Ich war 18. Die Amis waren locker, cool. Was bei uns faschierte Laibchen sind, nannten die »Hamburger«, unsere Erdäpfel wurden hier in Silberpapier gebacken, auch 'ne Umstellung. Alles war anders, sogar der Schnee. Den haben sie künstlich produziert. Aber es war doch auch schön. Bärig war das, spitze, diese erste Begegnung. Der Ski lief gut. In der Saison 1977 beispielsweise war ich Zweiter in der Gesamtklassifizierung, also in der Weltcup-Serie ganz vorn dabei.

Ich hatte Talent, doch ich bin weder Olympiasieger noch Weltmeister geworden. Verletzungen und Konkurrenten haben diese Ehre verhindert. Ich habe fünf Weltcuprennen gewonnen. 49 Mal schaffte ich das Podium, war unter den Erstplazierten. Zu meiner Zeit räumte der schwedische Rennläufer Ingmar Stenmark nahezu alles ab, er war der erfolgreichste Skiläufer aller Zeiten: 86 Weltcup-Triumphe, und dann gab's natürlich meine Landsleute, den vier Jahre älteren Franz Klammer, der 1976 in Innsbruck die Goldmedaille in der Abfahrt holte, oder Hansi Hinterseer, ein Riesentalent. Er hat sich später in die volkstümliche Musik eingefädelt und vor allem in Deutschland mit Liedchen wie »Du hast mich heute nicht geküsst« in den Hitparaden der Schnulzen ganz nach oben gesungen.

Offiziell war ich natürlich Amateur, doch ich wurde bezahlt – für Skischuhe, Skistöcke, Handschuhe, Brillen. Ich war 22 Jahre alt, als ich meine erste Million auf dem Konto hatte, nicht Schillinge, Dollar. Und damit habe ich mein Hotel und mein Restaurant finanziert, in Axam. Der Traum wurde erfüllt, aber es war ein großer Fehler. Das wurde mir schon bei der Eröffnungsfeier klar – viel Arbeit, wenig Profit. Die Einheimischen hockten in der Bar und wollten ihren Obstler – kostenlos. Schließlich waren sie meine Fans. Abends gegen elf kam dann oft irgendein Muffer mit seiner Trautsch, und die hockten da bei zwei Kaffee bis morgens um zwei. Die Rechnung betrug 20 Schilling. Auch ohne meine Industriekaufmannslehre hätte ich nachrechnen können, wie hoch mein Stundenlohn netto war: etwa vier Schillinge. Das waren keine angenehmen Stunden damals für mich, vor allem wenn ich darüber nachdachte, was ich mit der Million alles hätte machen können.

Geld weg, Freizeit weg, und auch die Rennergebnisse brachten keinen Trost. 1979 war ich auf Platz 30 in der Gesamtbewertung, ein Jahr später auf Platz 32. 1981 sackte ich auf Rang 98 ab. Doch das war mir bald völlig schnuppe. Bei einem Sommerlehrgang des österreichischen Nationalteams im Zillertal hatte ich Aaron Morse kennengelernt, einen vom Skisport faszinierten New Yorker Pharmazeuten. Und durch ihn kam Amerika auf mich zu, auf zwei sehr schönen Beinen. Aaron war mit seiner Tochter Jami angereist. Sie war Harvard-Studentin, nebenbei arbeitete sie im feinen »Vertical Club« in New York als Aerobic-Lehrerin. Jami sollte nun das nationale Ski-Team im Trockentraining fit machen. Eine Herausforderung: Hier die hübsche Amerikanerin im hautengen Aerobic-Outfit, dort 20 Macho-Typen, kernig, kräftig, jung. Wer bekommt die Holde als Erster ins Bett, das war die bescheuerte Wette. Vor dem Training. Nach einer Stunde Aerobics waren die Muskeln erledigt, die Träume von Bettakrobatik ebenfalls. Ich habe mich zurückgehalten bei diesem Eroberungsfeldzug, und ich lag richtig. Einige Tage nach der letzten Aerobic-Stunde erhielt ich einen Anruf von Aaron Morse: Tochter Jami sei in einen Autounfall verwickelt gewesen, irgendwo in der Steiermark. Ob ich sie abholen und nach Innsbruck begleiten könne. Kein Problem, antwortete ich. Natürlich hatte ich damals keine Ahnung, dass Jami ihren Vater gebeten hatte, mich zum Abholdienst zu verpflichten, niemand anderen. Danach hat sich alles so ergeben. Jami ist nicht, wie geplant, nach New York zurückgereist.

Sie hat das Management meines Hotels übernommen und Deutsch und Französisch gelernt. Sie war 21, ich 27 Jahre alt. Sie hatte keine Probleme mit der Eingewöhnung in unser Alpenland. Ihr jüdischer Großvater war 1921 aus Russland in die USA eingewandert und ihr Vater, Al, hatte sie jüdisch-europäisch erzogen. Einen Religionskonflikt, Jami jüdisch, ich katholisch, hat's nicht gegeben. Zunächst hatte die Familie damit wohl Probleme, nicht für lange allerdings. Al Morse nämlich war, wie ich, ein begeisterter Flieger. Er hatte im

Zweiten Weltkrieg in Clovis, New Mexiko, auf der heutigen Cannon Air Force Base Piloten ausgebildet.

Also sind Al und ich oft gemeinsam geflogen. Er hatte keinen Sohn, Jami ist Einzelkind; ich hatte meinen Vater früh verloren. So entwickelte sich zwischen uns eine tiefe Beziehung. Sein Vater hatte die »Pharmacy« 1921 an der 3rd Avenue Ecke 13th Street im Lower Manhattan gegründet, Sohn Aaron baute sie aus – 13 Angestellte: »Kiehl's«. Er bot mir an, in sein Business einzusteigen – er werde mein Hotel für mich verkaufen. 1985/86 war ich in der Weltcup-Rangliste auf Platz 49 gelandet. Ich hätte wahrscheinlich noch ein Jahr weiterfahren können, bis zum 30. Geburtstag, nur, der Biss war nicht mehr vorhanden, die Bereitschaft zur Qual, zum Risiko hatte mächtig nachgelassen, und dann habe ich mein Hotel an einen Skiverband verkauft und dabei keinen Schilling verloren. Mein nächstes Ziel war Manhattan, New York, die Pharmacy. Aaron und ich waren uns einig: Wir wollen das Produktangebot vergrößern, die Vermarktung verbessern, last, not least den Umsatz drastisch erhöhen. Al bot mir für meine Investition 60 Prozent der Firma an, 40 Prozent wollte er auf Jami überschreiben. Ich aber bestand auf 50/50, mehr nicht.

Ich habe ihm total vertraut. Ich habe mich immer auf meinen Instinkt verlassen, und der sagte dem abgeschlafften Rennläufer: Deine Zukunft heißt Amerika. Meine Brüder haben gegen meine Entscheidung angeredet: Dir wird die Heimat fehlen, die Schönheit der Berge, die Wiesen, der grüne Veltliner, der Birnenbrand, Pressknödel, Crankäse, Trachtenfeste, Schlutzkrapfen, der Ruhm, die Mädel, die Blasmusik – nur den Priester haben sie nicht erwähnt. Meine Mutter war traurig, aber trotzdem großzügig: »Klaus, ich möchte, dass du glücklich bist.« Ich habe alles verkauft. Nur ein Grundstück habe ich behalten, bis heute – mein Stückchen Heimat bis in alle Ewigkeit.

In New York bezog ich mit Jami ein wunderschönes Loft in Soho. Dieser Stadtteil war in den Fünfziger-, Sechzigerjahren noch Fabrikgebiet, Bekleidungshersteller, Schneidereien. Großflächige Räume, die nach und nach von Künstlern übernommen worden waren. Es gab inzwischen unwahrscheinlich schöne Ateliers. Die Idylle währte nur ein, zwei Jahrzehnte. Kommerz vertrieb die Kunst. Zwischen Houston Street, der Bowery, Canal Street und der Sixth Avenue verscheuchte der Luxus die Boutiquen, Luxusrestaurants verdrängten die Hamburger-Brater. Die Häuser sind allesamt restauriert – die eisernen Notleitern an den Außenwänden erscheinen nun wie Skulpturen aus einer anderen Zeit. Ein Loft an der Green Street kostet um 3,5 Millionen Dollar, zwei Schlafzimmer, an der Mercer 7,9 Millionen Dollar trotz der Immobilien- und Aktienflaute. Wir haben Soho genossen, die Unbekümmertheit, die Coffeeshops, die damals noch existierten, die Italiener der Einwanderer-Generation, die weinten, wenn sie über Neapel redeten oder Amore-Lieder aus Palermo hörten. Aber dennoch: Die Umstellung war für mich drastisch. Ich musste im Hinterzimmer der Pharmacy Shampoo umrühren, Rasiercreme, Hautcreme, Stunde um Stunde. Ich musste die Sprache lernen, die Umgangssprache und die der kosmetischen Branche. Ich musste Formeln lernen, die Zusammensetzung von Produkten, die Herkunft der Rohstoffe. Eine Plagerei. Aaron war ein Genie. Er kannte sich aus in der Kosmetik-Produktion. Und auch auf die Moral hat er geachtet. Nach einigen Monaten Loft-Harmonie in Soho erklärte er Jami und mir, er wolle dieses einfache Zusammenleben nicht mehr tolerieren. Wir sollten heiraten. Also: Ehe. Mai 1985. Ich war 28 Jahre alt.

Die Hochzeit bescherte mir meine erste Begegnung mit Kalifornien: Der Schwiegervater nämlich wollte keine Feierlichkeit in New York, sondern im kalifornischen Beverly Hills, wo er seit seiner Trennung von Jamis Mutter eine Villa besaß. Aaron entschied sich als Hochzeitsstätte für das Beverly Hills Hotel. Eine ehrwürdige Herberge. In den Bungalows haben viele Hollywood-Legenden übernachtet. Auf einem wunderschönen Rasen inmitten der Hotelanlage werden häufig Hochzeiten zelebriert – wunderbare Rosen, exotische Blumen. Palmen und jede Menge Sonne. Wir fuhren in Als historischem Cadillac vor. Unsere Hochzeitsgruppe bestand aus fünf Personen. Der Rabbi traute uns in einer wunderschönen Suite. Die jüdische Beschneidung, brit milah, blieb mir erspart.

Ich konnte das Tack-Tack-Tack-Tack vom Tennisplatz hören. Hotelcoach Alex Olmedo, peruanischer Wimbledonsieger, war in Aktion. Vielleicht waren's Jimmy Connors oder Elton John, die dort gelegentlich spielen. Aber mir blieb keine Zeit für banale Sportaktivitäten. Ich musste zurück an die Ostküste – Shampoo umrühren, 20-Kilo-Töpfe. Handarbeit. Links herum, rechts herum. Von morgens um sieben bis abends um acht. Für Aaron war das normal. Der hat seine Karriere damit begonnen, Lippenstifte in einer ärmlichen Mini-Wohnung herzustellen. Die Lippenstift-Produktion war einfach und billig, der Verdienst angemessen. Auch ich, der Ski-Macho, stellte nun Lippenstifte her und testete das Produkt an mir.

Einmal hatte ich mich stark bemalt in wunderschönen Farben. Unser Chemiker drängte mich, zum Lunch mitzukommen. Aaron wollte mit uns in den »2nd Avenue Deli«, eines seiner Stammlokale, »Abe Lebewohl's legendäre Küche«. Der hatte alles, ungarisches Gulasch, Gefillte Fisch oder ein Gericht, das er »instant heart attack« nannte, zwei große, mit Corned beef oder Puter gefüllte Kartoffelpfannkuchen. Und in dieses populäre Restaurant bin ich einmarschiert, bemalt wie ein Apache auf dem Kriegspfad. Die Reaktion der Kellner erschien mir eigenartig, plötzlich kamen Köche aus der Küche und stan-

den vor meinem Tisch. Sie lachten und sagten: Beautiful. Dann blickte ich in
den Spiegel ...

Ich musste hart arbeiten, wirklich hart. Trotz oder wegen der Million, die
ich investiert hatte. Einmal besuchten mich Franz Klammer, das Ski-As, und
Kollege Franzi Weber bei »Kiehl's«. Franzi ist ein toller Typ. Noch 1992, bei den
olympischen Spielen im französischen Albertville, ist er mit 222 Stundenkilometern abgefahren, so schnell wie ein Formel-I-Rennfahrer in Monza. Franzi,
sechsfacher Ski-Hochgeschwindigkeits-Weltmeister, fährt allerdings ohne
Bremse. Seine Knautschzone ist letztlich die eigene Nase. »Schau her«, meinte
Franz, »wie er sich abstrudeln tut.« Da stand ich, im weißen Kittel, inmitten der
Kosmetiktöpfe. Mir zitterten die Hände – vom Rühren. Ich habe meinen Freunden erklärt: »Jetzt weiß ich erst, wie schön unser Leben als Rennfahrer war.«
Ich geb's ja zu: In manchen Nächten nach harten Arbeitstagen habe ich an
Tirol gedacht, an die Berge, die Wiesen und an Obstler, Obstler aus Äpfeln, Bir-
nen, Zwetschgen, Waldhimbeeren gebrannt. Dachte an Gespräche mit Freunden vorm Kamin, draußen vor der Tür Eis und Schnee. Heimat war das. Diese
Träume habe ich meiner Frau nicht anvertraut. Ich wollte sie nicht belasten, ihr
nicht das Gefühl geben, ich sei nicht mehr überzeugt von »Kiehl's«. Von 1985
bis 1992 habe ich jeden Tag gearbeitet, samstags und sonntags eingeschlossen.
Fünf Jahre lang bin ich nicht in Europa gewesen. Stattdessen hat sich meine
greise Mutter ins Flugzeug nach New York gesetzt, ihre erste Reise außerhalb
unseres Ortes Götzens. Zur Sicherheit habe ich zwei ihrer drei Schwestern
ebenfalls eingeladen, Begleitschutz. Drei Ladys, zwischen 65 und 75 Jahre alt.
Ich habe sie im Park Lane Hotel einquartiert, am Central Park South, mit Blick
auf den Central Park und die Pferdekutschen, die Manhattan Fiaker. Meine
Mutter war beeindruckt von der Stadt, bemängelte allerdings den Schmutz.
Ich bin nicht sicher, ob ich sie für Amerika erwärmen konnte.

Je besser ich freilich Englisch sprach, je mehr ich von unseren Produkten
verstand, desto überzeugter war ich von meiner Entscheidung, nach New York
überzusiedeln. Gelegentlich hatte ich sogar Zeit, sonntags zu fliegen: In jenen
Stunden habe ich den Stress, Tirol, Shampoo, Skistürze und das alles vergessen.
In den Abendstunden schwebte ich über Broadway, Brooklyn Bridge und dem
Hudson River. Die City lag unter mir, die Straßenlampen ließen die Avenues
wie unendliche Leuchtschlangen erscheinen. Die Scheinwerfer der Schlepper,
der Fähren auf dem Hudson oder dem East River, tanzten über das Wasser,
erleuchteten die Kaimauern, an denen vor Jahrzehnten die Übersee-Dampfer
mit Einwanderern aus Europa angelegt hatten. Gelegentlich schreckten mich
knappe, kurze Sätze aus meinen Träumen: Anweisungen der Fluglotsen für die
Maschinen, die La Guardia oder den John F. Kennedy Airport ansteuerten.

Kiehl's war inzwischen nicht mehr nur Kosmetik – Kiehl's wurde Kult. Wir hatten den großflächigen Laden mit kleinen, echten Flugzeugen und überdimensionalen Modellflugzeugen dekoriert, mit Lamborghini-Sportwagen ausgestattet und 45 Harley-Davidson – 45! – da reingestellt. Die Tanks waren mit Kiehl's-Logos geschmückt. Wir wollten auch ein Macho-Image schaffen, nicht nur auf Frauen ausgerichtete Kosmetik anbieten. Männer wagten sich in jener Zeit erstmals an Schönheitsprodukte, zunächst zögerlich. Bei Kiehl's konnten sie so tun, als würden sie sich nur für die Harleys oder die Flugzeuge interessieren – am Ende kauften sie so viel wie ihre Frauen.

Zu unseren Kunden zählten sehr bald Fotomodels wie Cindy Crawford, Schauspieler wie Tom Cruise, Sänger wie Lenny Kravitz. Der kam schon in unseren Laden, als er noch Lenny war, der begabte Musiker von nebenan, mit seinen Songs wie »Stand by my woman«, »Let love rule« oder »Again« schaffte er es erst Jahre nach unserer ersten Begegnung in die Hitparaden. Vor seiner ersten Tournee ist er mit einem Super-Bus bei uns vorbeigefahren und hat sich einige Kisten unserer Produkte einpacken lassen: »Klaus, my man«, hat er gesagt, »endlich kann ich mir deine Kostbarkeiten leisten.« Die Lieferungen für Cher, die eine Wohnung am Broadway hatte, habe ich selbst besorgt. Ich war jedes Mal enttäuscht, wenn ich sie sah – sie schien mir so viel kleiner als auf der Bühne. Tom Cruise wohnte, wie wir, an der 2nd Avenue, 17th Street, im feinen »Waterfall«–Apartmentgebäude. Zunächst, glaube ich, mit seiner ersten Ehefrau, Mimi Rogers, später mit Nicole Kidman. Die haben unsere Produkte ständig gekauft.

Amerika, habe ich damals gelernt, ist auf »fashion« getrimmt und auf Trends. Die Glamour-Gazetten, die Modeblätter entscheiden, was »in«, was »out« ist. Einfach so: Restaurants, Frauentypen, Parfum. Kosmetik. Autos. Sobald ein Star sich mit einem Produkt identifiziert, etwa mit einem »Hummer« fotografiert wird (ich besitze ebenfalls einen), von diesem oder jenem Couturier eingekleidet auf dem roten Teppich bei den »Oscars« erscheint, ist ein Trend gesetzt, global verbreitet in den Magazinen, in Fernsehshows, deren Macher wissen wollen, was »in« ist. Kiehl's war »in«. Exklusiv. New York und Natur zugleich, edel und teuer. Die Presse-Clippings über Kiehl's füllen dicke Aktenordner – mit dem Märchen des genialen Einwanderers aus Russland, der der Hollywood-Elite, den Glamour-Gestalten hilft, ihre Schönheit zu erhalten. Faltenlos, schön wie gestern, noch schöner morgen. Ewige Jugend.

Aaron allerdings hatte ganz andere Vorstellungen darüber, wie die Firma weiterentwickelt werden sollte. Er war beglückt über den beträchtlichen Profit, aber unsere Expansion war ihm nicht geheuer. Er war schon zufrieden, wenn er gelegentlich im Lincoln Center eine Oper besuchen konnte. Wir wollten die

Gunst der Stunde nutzen, den unglaublichen »run« auf Kiehl's-Produkte. 1989 einigten wir uns mit Al. Er war bereit, uns seine verbliebenen Firmenanteile zu verkaufen. Ohne Krach. Sogar mit einem persönlichen Kredit, den er uns gewährte. Doch Al wurde es bald schon langweilig. Er hatte stets nur gearbeitet und zwischen Erinnerungen an Armut und der Angst vor morgen gelebt, bis der Kiehl's-Erfolg ihm ruhigere Nächte bescherte. Nach der Geburt unseres ersten Kindes, Nicoletta, schöpfte er neue Lebenskraft. Er konnte sich auf sein Enkelkind konzentrieren. Leider nicht lange – er ist 1995 gestorben.

Wir erweiterten Kiehl's, aus dem Hinterzimmer zogen wir in eine Fabrik um, die wir in Hackensack jenseits des Hudson errichten ließen, im us-Staat New Jersey. Damals, bevor die Holländer in New York landeten, war auch Hackensack Indianerland gewesen. Es herrschte der Stamm der Achkinheshcky. Heute ist Hackensack Industrie-Territorium. Lkw-Verkehr, Container-Verladung. Staus. Und wir, von Kiehl's. Zunächst hatten wir unser Produkt nur zwei Luxus-Kaufhäusern überlassen, Barney's in New York und Neiman Marcus in Beverly Hills. Doch unser Geschäft war nicht aufzuhalten. Anruf von Burt Tansky, dem Boss von Bergdorf Goodman: »Klaus, ich will dein Produkt. Stell mir kleine Probetaschen zusammen. Die schicke ich an unsere besten Kunden.« Bingo.

1994 wird Tansky Chef vom Neiman-Marcus-Konzern, der sein Hauptquartier im texanischen Dallas hat. Wieder ein Anruf von Tansky: »Klaus, komm runter nach Texas, wir müssen reden.« Das Angebot: Kiehl's-Abteilungen in allen Neiman-Marcus-Kaufhäusern, 35-mal. »Nicht zu schaffen für uns«, wehre ich ab, »zu viel.« »Take your time«, ist seine Antwort, »wir gehen langsam voran.« Ich baute eine weitere Fabrik in New Jersey, größer als ein Fußballfeld. Ausgestattet mit den neuesten Maschinen, mit Computersystemen. Ich wollte frische Produkte anbieten, Qualität. Wir wussten: Die Konkurrenz versucht, uns zu kopieren. Im Business ist's wie im Sport: Es wird immer jemand versuchen, dich zu überholen. Wir sind ins Business gegangen mit »Harvey Nichols« und »Harrod's« in London, mit »Ludwig Beck am Rathauseck« in München. Unglaublich, was ein Laden in Paris absetzte, »Colette«, an der Rue St. Honoré. Ein Shop, der sich nicht auf Kosmetik oder Klamotten, sondern auf ungewöhnliche Güter konzentrierte – modern, luxuriös, avantgardistisch.

Kiehl's wollte nie Massenprodukt sein, setzte auf Exklusivität. Eines Tages, so meine Vorstellung, würden wir unsere eigenen Geschäfte eröffnen, in Paris oder Wien, ja in Wien, das hätte mir gefallen, einen Knaller hätte ich dort aufgemacht. Ich war sehr darauf bedacht, Kiehl's Image zu bewahren. Nachdem ich verfolgt hatte, wie unangemessen die Sony-Plaza-Kette in Japan unsere Produkte platzierte, habe ich sie aus 40 Verkaufsstellen zurückgezogen. Die

Japaner waren, behutsam ausgedrückt, überrascht. Ich habe Kiehl's dann bei »Isetan« angeboten, einem Luxuskaufhaus im Shinjuku-Distrikt in Tokio. Die haben dann verstanden, welches Marketing wir uns vorstellten. Unsere Produkte hatten wirklich Qualität. Die US-Konkurrenz hat das frühzeitig erkannt. Wie oft wollte uns ein Konzern übernehmen! Die Amerikaner sind einfach risikobereiter. Es geht hart zu, manchmal gnadenlos. Aber man hat immer eine Chance, man wird nicht, wie häufig in Europa, von schier unabänderlichen Strukturen behindert, nicht von Traditionen noch Gesetzen gehemmt. Hätte ich mit Kiehl's diesen Erfolg in Europa haben können? Wäre Arnold Schwarzenegger in Frankreich oder England Minister geworden? Wahrscheinlich nicht. Arnold, und ich, wir sind, wie viele Österreicher, kreative Beißer mit einem gewissen Charme. Für die gebildeten Amis hat Österreich etwas mit Mozart und Mahler zu tun, nicht aber mit Adolf Hitler. Oder Ernst Kaltenbrunner. Unsere Nation hat diese Schande ja selbst verdrängt. Gelegentlich nur bin ich mit dem Krieg, mit Schuld und Sünde konfrontiert worden. Etwa in einem Fitness-Club an der Upper Westside. Da tratschten die Leute: Aha, Heidegger. Also Deutsch. Folglich: Kiehl's ist ein Nazi-Unternehmen. Schlimmer noch: Kiehl, war das nicht eine Stadt in Norddeutschland, von der U-Boote ausrückten? Kiel oder Kiehl's, Kosmetik oder Krieg, kein großes Denkspiel für manche US-Bürger.

Ich habe diesen Kriegswahnsinn nie verteidigt, nie zu erklären versucht. Wie konnte ich? Sicher war nur: Ich persönlich bin nicht schuldig, weil mein Großvater oder Vater österreichischer Staatsbürger waren und in einem Land lebten, das sich – kollektiv – dem Gefreiten Hitler nicht widersetzt hat. Arnold Schwarzenegger musste sich in den Vereinigten Staaten von Amerika mit Vorwürfen gegen seinen Vater Gustav auseinandersetzen, einem Gendarmen, der sich um 1938 oder 1939 bei der SA meldete, offenbar freiwillig. Vor dem Gouverneurs-Wahlkampf hat Arnold das jüdische Simon-Wiesenthal-Center in L.A. einmal mehr mit Recherchen beauftragt, um jeden Zweifel auszuräumen, ob sein 1972 verstorbener Vater womöglich ein Kriegsverbrecher war. War er nicht. »Wir können Arnold nicht die Schuld seines Vaters anlasten«, befand Rabbi Marvin Hier, Leiter des Wiesenthal-Centers, »absolut nicht.« Meine Frau ist Jüdin. Mein Schwiegervater ist jüdisch. Ich bin von einem Rabbi getraut worden. Ich bin Mitglied im »Beverly Hills Tennis Club«, einem exklusiven, weitgehend von jüdischen Anwälten, Agenten, Produzenten, Geschäftsleuten, Ärzten frequentierten Club an der Maple Avenue. Hat es Widerstand gegen meine Mitgliedschaft gegeben? Nein.

Seit 1991 leben wir an der Westküste, seit der ersten Schwangerschaft meiner Frau. Die Ärzte hatten ihr zu einem wärmeren Klima geraten, zu einer stressfreien Zeit. Unser Unternehmen nämlich wuchs und wuchs. Wir setzten 1999 rund 40 Millionen Dollar um und gewöhnten uns an jährliche Wachstumsraten um 20 Prozent. In Beverly Hills haben wir uns, zunächst mal, in ein ehemaliges Haus des großen Fred Astaire eingemietet und nur zwei Jahre später im San Fernando Valley einen Landsitz zugelegt – später kaufte ich eine Ranch in Malibu hinzu, unweit der Küste. Ich bin jede Nacht von Sonntag auf Montag mit dem sogenannten »Red Eye Special«, der Nachtmaschine von L.A. nach New York geflogen – fünf, sechs Stunden, und am Freitag zurück. In den USA nennt die Business-Branche so einen Menschen einen »bicoastal«, einen Küste-zu-Küste-Typen.

Später habe ich mich ein wenig geschont und bin mit dem Privat-Jet eines Freundes geflogen, der sechs Maschinen besaß. Der Stress freilich wurde nicht geringer, die Herausforderungen als Manager setzten mir zu, weil wir an die Grenzen unserer Kapazität gerieten. Lieferungstermine verzögerten sich, unser Mailing-System war überfordert. Meine Familie war gewachsen, die drei Kinder wollten ihren Daddy sehen, vor allem Nicoletta, die sich zu einer exzellenten Springreiterin entwickelte und mir zeigen wollte, warum ihr Pony 100 000 Dollar kosten musste. Ihr Bruder Maximilian ist eben 11 Jahre alt, aber bereits ein Basketball-Auswahlspieler. Wir sind eben eine sportliche Familie. Wir besitzen acht Reitpferde, darunter meinen Liebling, einen aus Österreich importierten Hengst. Eine teure Sache.

Kalifornien hat Weite, Berge, Wüste, Strand, Wälder, Wildnis und ganz viel Freiheit. Vielleicht erklärt das die relative Gelassenheit der Bürger. Kein Druck wie in New York, keine Großstadt-Aggressivität, das stete »Wer geht hinter dir«-Syndrom. Der Kontakt zu den Menschen ist einfach. Die Behörden lassen ihre Anrufbeantworter mehrsprachig laufen – von spanisch bis koreanisch. Keiner ist hier Fremder, denn alle sind zugereist. Selbst der Gouverneur. Den habe ich durch meine Frau kennengelernt. Noch bevor Arnold die Nichte des US-Präsidenten John F. Kennedy heiratete, traf ich die beiden im New Yorker »Vertical«-Club bei Aerobic. Und als Arnold 1985 bei Rom seinen Film »Red Sonia« drehte, mit dem nordischen Busenweib Brigitte Nielsen in der Hauptrolle, hat er uns drei Tage zum Skilaufen in unserem Hotel in Axam besucht.

Damals war er bereits populär – seine zwei »Conan« wie auch der erste »Terminator« waren Kassenhits geworden und der clevere Produzent Dino de Laurentis machte sich Schwarzeneggers Popularität zunutze: Er gab ihm eine kleine Rolle, drei Wochen Drehzeit, aber vermarktete ihn in der Werbung als einen der Hauptdarsteller. Arnold war nicht glücklich über dieses Spiel mit seinem Namen, aber in den Bergen, beim Schnäpschen war er entspannt, nicht zuletzt auch wegen der feinen Havanna, die er in jener Zeit ohne das Geschrei der Gesundheitsapostel allerorts qualmen konnte. Arnold ist ein exzellenter Skiläufer, sicher, beherrscht – trotz gelegentlicher Ausrutscher, wie in Sun Valley (Idaho) in den Weihnachtstagen 2006. Natürlich schmerzhaft so ein Beinbruch, für Skiläufer gehört das Risiko dazu: Nicht jeder Österreicher wagt auf den Brettern, was Arnold vorlegt. Tempo Harley Davidson. Mit der Harley ist er ebenfalls gestürzt – Rippenbruch. Trotzdem fährt er weiter, immer Tempo, wie auf den Skiern, so in der Politik.

Wir sind keine engen Freunde, aber dennoch habe ich seine Gouverneurs-Wahlkampagnen finanziell unterstützt. Wenn wir uns bei gesellschaftlichen Ereignissen treffen, etwa bei den Stuntmen-Ehrungen, die der österreichische »Red Bull«-Hersteller Dietrich Mateschitz jährlich in Kalifornien organisieren lässt, ermuntert mich der Gouverneur immer wieder: »Klaus, komm rauf nach Sacramento, schau dir das an.« Aber er ist ausgelastet, mein Terminkalender ist ausgefüllt – obgleich Jami und ich Kiehl's nicht mehr besitzen. Seit neun Jahren nicht mehr. Es war eine harte Entscheidung damals. Schon 1998 war der Estée-Lauder-Konzern an uns herangetreten, die wollten uns kaufen. Danach kam L'Oréal mit einem Angebot, das ich als »beleidigend« zurückgewiesen habe. Sie haben es dann erneut versucht: 130 Millionen Dollar. 130 Millionen! Eigentlich eine beruhigende Zahl, aber mir fiel die Trennung trotzdem schwer. Ich hatte mich mit dem Unternehmen identifiziert, mehr als Jami, die ihre Energie auf unsere Töchter konzentrierte; ich war noch so verdammt jung, 43. Und schon Rentner; ein reicher Rentner.

Das Jahr danach war so hart wie der Anfang, als ich in den Shampoo-Töpfen rührte. Von einem Tag auf den anderen war alles vorbei. Meine Frau wollte für eine Übergangszeit Präsidentin von Kiehl's bleiben, aber nach einem Monat hat sie hingeschmissen. Mir haben sie einen Berater-Vertrag gegeben, aber nach wenigen Wochen konnte ich zu nichts mehr raten: L'Oréal war nicht mein Unternehmen, und Kiehl's war es nicht mehr. Die Konzern-Mentalität, die neue Firmenstruktur, nichts hatte mit unserem Kiehl's zu tun.

Die ersten Jahre nach dem Verkauf habe ich mich weitgehend mit den Kindern befasst, die leider, leider kein Deutsch sprechen. Ich war einfach zu oft weg gewesen. Inzwischen reite ich oft auf meinem Anwesen bei Malibu aus. Es ist groß genug: Nach einem Tagesritt habe ich erst das halbe Gelände durchquert. Ich wusste, was ich nicht konnte und noch immer nicht kann: jeden Tag beim Landsmann Puck im »Spago« sitzen und Jewish Pizza essen, mit Räucherlachs und Kaviar belegt. Oder mich für 300 Dollar pro Stunde im Bel-Air-Club zum Golfer ausbilden lassen – nach Einzahlung von 100 000 Dollar oder mehr für die Mitgliedschaft. Ich habe nie von einer Jacht geträumt, die vor St. Barth oder den Bermudas dümpelt, neben dem Dampfer des Königs von

Saudi-Arabien oder des Computer-Milliardärs Paul Allen. 18 Uhr Cocktail, 20
Uhr Dinner, how nice to meet you, dazu Smoking und schwarze Lackschuhe.
Das ist so wenig meine Welt wie polierte Fingernägel oder Schönheits-Chirur-
gie. Und so kam denn der Anruf aus der Schweiz im richtigen Augenblick.
Ein Freund informierte mich über die geniale Entwicklung eines Schwei-
zer Ingenieurs namens Karl Müller. Den hatte die Körperhaltung des kenia-
nischen Nomadenvolkes, der Massai, beeindruckt. Er studierte die Füße dieser
Eingeborenen, Bewegungsabläufe, Schrittlängen und entwickelte einen Schuh,
der überraschende Eigenschaften hatte, auch für mich: Rückenschmerzen weg,
Fußmuskulatur gestärkt. Plötzlich konnte ich schmerzfrei laufen, schmerzfrei
Tennis spielen. Ich vereinbarte einen Termin mit Müller im Sunset Marquis
Hotel in West-Hollywood, und dort haben wir gemeinsam mit einem US-Part-
ner die »Swiss Massai« gegründet.

Nun war ich Schuhfabrikant. Sandalen, Sneaker, Schuhe made in Korea.
Unsere Produkte konkurrieren nicht mit Prada oder Gucci. Sollen sie auch
nicht. Obgleich ein Paar Sandalen auch bei uns 235 Dollar kosten. Aber die
sogenannte »in crowd«, die Trendsetter also, entdeckten unsere Massai-Tech-
nologie, und die Medien reagierten entzückt. Das Klatschblatt »OK« druckte
beispielsweise ein Foto der vormaligen Hugh-Grant-Freundin Jemima Khan
ab, wie sie in unsren Schuhen den Paparazzi zu entkommen sucht, und erklärte
zugleich, dass dies eine Art neuer Wunderschuh sei. Das Resultat? Ein neuer
Modetrend. Verstärkter Absatz. Jährlich verkaufen wir so um zwei Millionen
Paar Schuhe – die New Yorker hasten nun auch auf meinen »Massai« über die
Avenues. Das glaubt einem keiner: Mir geht es in diesem Schuhwerk nicht
hauptsächlich um die Vermehrung meines Vermögens.

Der Massai-Schuh ist auch eine Herausforderung: Ich bin ein relativ religiöser Mensch. Ich glaube an Gott, an Jesus Christus und mit diesem Schuh-
produkt kann ich Gutes tun und Entwicklungshilfe leisten. Für die Massai. Ich
habe sie in Kenia besucht, mit ihnen Kühe getrieben, barfuß, bin mit ihnen
gewandert bis an die 25 bis 30 Kilometer vom Dorf entfernten Wasserlöcher.
Mit einem Teil unseres Gewinns bohren wir in Massai-Dörfern nach Wasser
und bauen Brunnen. Diese Afrikaner, einfache Viehhirten, haben mich beeindruckt: ihre Würde, ihre Bewegungen, ihre Schönheit. Mir ist natürlich klar:
Nicht nur Afrikaner leiden. In meiner eigenen Wahlheimat Amerika könnte
vieles anders und manches besser sein. Amerika ist nach den Turbulenzen an
der Wall Street nicht gerade das perfekte Modell für die Welt, aber wo existiert das? Der Staat allein kann die Gesellschaft nicht verbessern. Die Grund-
einstellung der Bürger muss sich ändern, kluge Afroamerikaner müssen Lea-
dership übernehmen und Barack Obama unterstützen, die weisen Latinos,

die aufrechten Weißen. Einfluss, Veränderung ist vor allem über die Erziehung möglich, die Schulen.

Vor ein, zwei Jahrzehnten, weit vor Arnold, galt das kalifornische Schulsystem als nationales Vorbild. Die Politiker und ihre Steuergesetze haben dann die Fundamente zerstört. Die staatlichen Schulen befinden sich in einem desolaten Zustand: Weder Schulbücher gibt es noch Lehrer, statt Disziplin herrscht Chaos. Natürlich, die sogenannten Ivy-League-Schulen, Universitäten wie Harvard, Princeton, Yale, müssen internationale Vergleiche nicht scheuen. Nur, wer kann das Schulgeld noch bezahlen? Wo lernen die Kinder der Arbeiter und was lernen sie?

Manche Bürger in Kalifornien stiften für Oper, Museen, Krankenhäuser. Eli Broad, der Immobilien-Tycoon, Multimilliardär, habe ich in »Vanity Fair« gelesen, hat sechs Millionen Dollar an die Oper gegeben, weil seine Frau Edythe die »Ring«-Inszenierung in L.A. sehen will – 2010. Diese Kalifornier sind sich ihrer sozialen Verantwortung bewusst – überdies können sie Spenden von der Steuer absetzen. Jami und ich haben den Bau einer Highschool finanziert, ein Gymnasium auch für unterprivilegierte Kids. Ein kleiner Beitrag angesichts der gewaltigen Herausforderung – und eine Rückzahlung, sozusagen. Denn mir hat dieses Land eine Chance gegeben, trotz sprachlicher, kultureller Barrieren. Ich bin reich geworden. Ich behaupte: Ein Aufstieg in unglaubliche Höhen ist auch heute noch möglich, weil die Strukturen nicht erstarrt sind und Vorurteile nicht kultiviert werden. Mir jedenfalls hat Amerika wenig in den Weg gestellt.

Doch geschenkt wurde mir nichts. Ich musste knochenhart arbeiten, und ich habe mein Leben radikal umgestellt. Ich bin seit mehr als 20 Jahren nicht auf Skiern gestanden. Ich habe die gesamte Energie, die ich für meine Skikarriere gebündelt hatte, ins Business umgepolt. Mir wird nach wie vor die Ski-Zeitung aus der Heimat zugeschickt, aber ich blättere sie meist nur durch. Weltcup-Sieger in Japan, in den USA? Dieses oder jenes Rennen abgesagt wegen Schneemangels oder zu starken Schneefalls? Keine Ahnung. Ich weiß, mein Name wird jetzt, falls überhaupt, nicht im Sportteil gedruckt, sondern auf Wirtschaftsseiten. Das Ski-As Heidegger ist Sportgeschichte. Und den Jodler Heidegger wird es nie geben. Meine Frau hat mir weitere Versuche unter der Dusche verboten. Wie sie behauptet, um meine Stimmbänder und den Kehlkopf zu retten. Tatsächlich hat sie Angst, ich könnte unsere Pferde erschrecken.

Gottfried Helnwein lebt seit mehr als einem Jahrzehnt in Kalifornien. Er fand dort »ein Maß an Freiheit, das es woanders nicht gibt«. Mit seinen provokativen Bildern hat der 1948 in Wien geborene Maler, Grafiker, Fotograf und Aktionskünstler weltweit Ruhm erworben. Erste Bilder von Amerika und prägende Eindrücke empfing der Künstler in seiner Kindheit aus »Donald Duck«-Comics, die ihn faszinierten. Das Leben in Entenhausen begeistert ihn noch heute – wohl im Ausgleich zu der düsteren, europäischen Kleinbürgerwelt, in der er aufwuchs. Ungebrochen ist auch seine Verehrung für den Altmeister der Trivialkunst, Walt Disney. Gewisse Mängel in Onkel Dagobert's own country hat der mit Frau und vier Kindern in Los Angeles siedelnde Provokateur inzwischen erkannt. Der Künstler schätzt die Stadt auch wegen ihrer Schwächen. Die Stadt sei »wie eine offene Wunde«, und Helnwein hat den Eindruck, dass man hier den »augenblicklichen, tatsächlichen Zustand der westlichen Welt klarer sehen kann als sonst irgendwo«. Und aus irgendeinem Grunde versuche gar niemand, »dieses Chaos zu regulieren oder irgendetwas an der Situation zu kaschieren«. Doch Helnwein, der international zahlreiche Ehrungen und Preise erhielt, sieht nach vorn. Er hat das Porträt des Gouverneurs von Kalifornien, Arnold Schwarzenegger, gemalt, das der – vorerst – in seinem Privatbüro aufgehängt hat. Und wenn ihm L.A. wegen Smog und Lärm gelegentlich zusetzt, zieht er sich auf sein Schloss zurück – ins ferne Irland.

Gottfried Helnwein

»Nobody cares, nobody gives a shit.«

Ich bin immer ein Einzelgänger gewesen. Für mich war es am wichtigsten, unabhängig zu sein. Ich bin ständig unterwegs gewesen und habe mich nie wirklich irgendwo zu Hause gefühlt, habe nie das Gefühl von Heimat gehabt. Das mag ein Defekt sein. Auf meiner langen Wanderschaft bin ich nun ausgerechnet in Los Angeles gelandet und muss sagen: Für mich, meine Arbeit, für das, was mir wichtig ist, also für kreative Menschen allgemein, ist L.A. derzeit die beste Stadt der Welt. Hier existiert ein Maß an Freiheit, das es woanders nicht gibt. Los Angeles ist eine verkannte Stadt. Wer L.A. hört, denkt sogleich an »cheap entertainment«, an Konsum und Schönheits-Chirurgie. Tatsächlich aber weist L.A. unter seiner Oberflächlichkeit unglaubliche Qualitäten auf. Die Einschätzung dieser Stadt ist unfair, aber mir soll es recht sein, denn gerade an Orten, die unterschätzt werden, gedeihen schöpferische Prozesse oft am besten. Vor allem in der Kunst. Kreativität braucht einfach ein gewisses Maß an Freiheit und Anarchie.

In L.A. kann ich die dümmsten und oberflächlichsten Leute treffen, aber auch die faszinierendsten Künstler. Charles Bukowski hat hier gelebt, Raymond Chandler, Bertolt Brecht, Max Reinhardt waren da, Marlene Dietrich, Ray Bradbury, Walt Disney, Chaplin, Billy Wilder, die Beach Boys, Marilyn Manson, John Cage, Ryland »Ry« Cooder, Beck. Früher wurden diese Zustände in Paris kultiviert, in den Dreißigerjahren und dann, kurzfristig, in den Fünfzigerjahren. Heute ist Paris, was die Kreativität angeht, ein totes Pflaster, eine hübsche Stadt, gut für Touristen. New York hatte seine große Zeit in den Sechzigerjahren. Die Künstler trafen sich in Soho oder in Greenwich Village, als dort niemand leben wollte. Sie haben sich die Lofts unter den Nagel gerissen und dort dieses schöpferische Biotop geschaffen. Das ist Geschichte. Die Zeiten sind vorbei. Die Künstler hatten die Schönheit und das Potenzial der alten Lofts erkannt und das Viertel belebt. Dann rückte die Modeindustrie nach und die Schickeria. Die Preise stiegen ins Unermessliche und heute ist alles ist in den Händen von Prada und Gucci. Die Entdecker haben den Ort längst verlassen.

Los Angeles, vor allem Downtown, ist nun dem Soho der Sechzigerjahre nicht unähnlich. Das wird nicht lange so bleiben, weil auch diese Viertel vor der Entdeckung stehen und folglich die Preise steigen werden. Noch sind sie sicher, die Freaks, die Maler, die Bildhauer, Anarchisten. In Los Angeles erlebe ich eine Art Freiheitsrausch. Ich habe das Gefühl, noch nie so frei gewesen zu sein in meiner Arbeit wie in dieser Metropole. Man fühlt sich unbeobachtet und frei.

Wie anders New York: Politik bestimmt die Kunst, Politik in den Museen, das Getriebe in den Galerien, und ein Kurator ist wichtiger als der andere. Wichtig ist, wen man kennt, in welcher Galerie man ausgestellt wird, wichtig ist allein der Preis, der hochgetrieben wird wie Aktien an der Börse oder fällt. Das hat mit Kreativität nicht viel zu tun. L.A. hingegen hat keinen organisierten Kunstmarkt, keine homogene Kunstszene. Die Stadt ist, kulturell betrachtet, größtenteils Dritte Welt. Kuratoren und Galerien haben keinen großen Einfluss. Warum? Die Mehrheit der L.A.-Bürger weiß gar nicht, was eine Galerie ist. Das mag man bedauern, aber ich erlebe das als unglaubliche Chance und Freiheit. Los Angeles ist eine Stadt, die kein Zentrum hat und die sich auch nicht kontrollieren lässt. Ein Konglomerat, zusammengesetzt aus unendlich vielen ethnischen, sozialen und religiösen Gruppen, wahrscheinlich mehr als sonst irgendwo auf der Welt. Viele dieser Menschen sprechen kein Englisch, sie leben, wie sie wollen. Es ist praktisch alles erlaubt, eine Freiheit, die grenzenlos scheint: »Nobody cares, nobody gives a shit.«

Mir gefällt diese Grundströmung, die seit Anfang des 20. Jahrhunderts hier zu beobachten ist. Wenn ich nur an diesen dürren Burschen denke, Walt Disney, der ohne einen Cent in der Tasche in L.A. ankam, ein mittelmäßiger Zeichner mit größenwahnsinnigen Träumen und Visionen – und die konnte er verwirklichen, weil niemand ihn einschränkte, kritisierte, blockierte. Dieser Geist lebt noch. Los Angeles war eine kleine unbedeutende Wüstenstadt, aber aus einem unerfindlichen Grund wurde sie im 20. Jahrhundert zum Fluchtpunkt aller Kreativen. Aus irgendeinem Grund fehlte hier das sonst übliche Netzwerk der Kontrolle, das darüber zu wachen hat, dass künstlerische Fantasie nicht in den Himmel wächst. Walt Disney hat sein Imperium erschaffen und damit, ästhetisch gesehen, die Welt ein bisschen verändert. Los Angeles hat ihn in seinen Fantasien, in seiner Kreativität nicht gebremst, so wenig wie Charlie Chaplin oder Billy Wilder – nicht zu reden von Arnold Schwarzenegger.

Denn das, was er erreicht hat, ist eigentlich gar nicht möglich. Ich habe noch nie jemanden getroffen, der so ein ungebrochenes Selbstvertrauen hat wie Arnold, der vollkommen frei von jeglichen Selbstzweifeln ist. Er kam aus der österreichischen Provinz und war Bodybuilder zu einem Zeitpunkt, als das noch ein bisschen als peinlich galt. Was irgendjemand über Bodybuilding dachte, war ihm allerdings vollkommen egal, ihm gefiel es, also beschloss er, auch den Rest der Welt davon zu überzeugen. Was ihm inzwischen offensichtlich gelungen ist, denn heute geht fast jeder ins Fitness-Studio und trainiert. Damals hat er auch prophezeit, eines Tages werde er nach Hollywood gehen und so berühmt sein wie Clint Eastwood.

Das klang zu diesem Zeitpunkt etwas unrealistisch, denn wie sollte jemand ohne gute Englischkenntnisse und ohne Schauspielausbildung eine Karriere in Hollywood machen? Aber Arnold hat einen erstaunlichen Instinkt. Er hat die Gesetze und Möglichkeiten Kaliforniens und Hollywoods sofort verstanden. Inzwischen hat er Kinogeschichte geschrieben und ist der amtierende 38. Gouverneur von Kalifornien. Das, was er erreicht hat, hätte er in Europa nicht geschafft, aber auch nicht in Chikago, nicht in Idaho, nicht in Florida und auch nicht in New York. Weil es überall dort diese unsichtbaren Gesetze und Regeln gibt, die darüber entscheiden, was möglich und was nicht möglich ist, wo Traum und Fantasie enden und wo die Realität beginnt.

In Los Angeles sind diese Grenzen nicht so klar definiert. Ich erinnere mich an die vielen Leute, die, als Arnold beschloss, Gouverneur zu werden, sagten: Na ja, als Filmstar hat er's geschafft, aber jetzt übernimmt er sich. Das kriegt er nicht hin. Ich wusste aber schon – er muss es nur wollen, dann schafft er es auch. So sicher wie das Amen in der Kirche. Die Kalifornier haben ihn im November 2006 in seinem Amt bestätigt. Und wenn er Präsident der Vereinigten Staaten werden will, obschon die derzeitige Verfassung dies gar nicht zulässt, dann wird er auch ins Weiße Haus einziehen. Ich habe mich in den letzten zehn, fünfzehn Jahren zunehmend in Richtung Amerika bewegt, da ich viele amerikanische Sammler und immer öfter in den USA ausgestellt habe. Eine Zeit lang hatte ich ein Loft im New Yorker Tribeca, aber dann habe ich mich für Los Angeles entschieden, weil ich in Kalifornien die meisten Freunde und Sammler habe.

Mein Freiheitsbedürfnis hat sicher auch etwas mit meiner Biografie zu tun. Ich bin in der Nachkriegszeit in Wien auf die Welt gekommen und es war für mich, als wäre ich in die Vorhölle hineingeboren worden. In meiner Erinnerung ist alles schwarz und schwer. Die Menschen um mich herum kamen mir grantig und hässlich vor, und irgendwie schien alles verboten zu sein. Dieser Eindruck wurde durch die Tatsache bestärkt, dass ich in einer streng katholischen Familie aufgewachsen bin, die mich ständig daran erinnerte, dass der Heiland für mich gestorben war.

Die einzige Form von Kunst, zu der ich Zugang hatte, waren die Leidens- und Folterbilder in den kalten Kirchenschiffen, wo ich einen großen Teil meiner Kindheit verbrachte, Märtyrer von Pfeilen durchbohrt, gerädert oder gesteinigt, die verzückt gen Himmel blickten, heilige Leichname, Dornenkronen, Herzen, die von Schwertern durchbohrt waren oder aus denen kleine Flammen züngelten. Diese Bilder haben mich in den schlaflosen Nächten meiner Kindheit verfolgt. In einer kleinbürgerlichen Wiener Familie der Fünfzigerjahre gab es nur einen einzigen Daseinszweck: »Brav sein!«

Unsichtbar, grau, sich ducken, nicht auffallen. Ich erinnere mich noch, wie meine Mutter eines Tages einen Nervenzusammenbruch erlitt, weil ich, tag-träumend von der Schule kommend, irgendjemanden nicht gegrüßt hatte. Irgendwann in diesen düsteren Tagen hatte ich ein Schlüsselerlebnis: Mein Vater kam aus dem Büro und brachte mir einen Stoß der ersten deutschen Micky-Maus-Hefte mit. Die hatte ihm ein Kollege geschenkt. Als ich diese bunte Pracht vor mir auf dem Boden ausbreitete, war das für mich ein Kultur-schock; das war so, als wäre ich erst in diesem Moment geboren worden. Ich betrat Entenhausener Boden und wusste – ich war frei. Ich sah mich um und erlebte zum ersten Mal eine Welt, die dreidimensional und farbig war.

Eine Welt, in der es Geldspeicher gab und wo die Menschen Schnäbel und Hundeschnauzen hatten, wie es sich gehört … Da wusste ich, da bin ich zu Hause. Ich war gerettet. Wie ich erst sehr viel später erfuhr, ist es vielen aus meiner Generation damals genauso ergangen. Jedes Mal, wenn ich so ein Heft geschlossen hatte, war die Welt um mich herum wieder zweidimensional, und ich war wieder gefangen – in diesem schlechten Stummfilm in Zeitlupe. Aber das machte mir nichts mehr aus, denn nun wusste ich: Es existiert eine andere Welt, meine Welt, in der auch meine eigentliche Familie lebte, zu der ich gehörte und die immer zu mir halten würde – die Familie Duck.

Zu diesem Zeitpunkt konnte ich noch nicht lesen. Ich war wahrschein-lich vier oder fünf Jahre alt, als ich die ersten Hefte bekommen habe, und ich habe die Geschichten nur durch die Bilder erfahren. Als ich später lesen und schreiben konnte und dieselben Geschichten wieder in mich aufgesogen habe, war ich verblüfft, dass durch den Text in den Sprechblasen eine völlig andere Geschichte entstand als die, die ich in Erinnerung hatte. Ich erkannte, dass die Welt von Entenhausen verschiedene Schichten hatte, in die man vordringen konnte. Und dass jede dieser Ebenen eine etwas andere Realität hatte, die aber ebenso faszinierend war wie die vorhergehende.

Die Ducks lebten natürlich in einer amerikanischen Umgebung: Man sah amerikanische Häuser und Autos, amerikanische Parks und Landschaften und amerikanische Polizisten, das alles machte Entenhausen für uns Europäer noch fremder und seltsamer und viel absurder als für amerikanische Kinder. Außer-halb Entenhausens war ich fest im Griff der katholischen Kirche. Im Kinder-garten war ich von Nonnen beherrscht und in der Volksschule wurde ich von Mönchen unterrichtet, den Schulbrüdern, die sehr altmodisch, aber irgendwie ganz lieb waren. Bruder Albert hat uns auf der Violine vorgespielt und Gut-Punkte verteilt, wenn man brav war. Herz-Jesu-Bildchen und dergleichen.

Nach der Schule kauften wir uns diese Kaugummi-Päckchen, denen Bild-chen von Schlagersängern beigelegt waren. Meine Schulkameraden waren ganz wild darauf. Mich hat das nie interessiert, denn das waren Bilder von Conny und Peter, Lolita und irgend so ein Käse. Bis ich eines Tages, rein zufällig, ein Kaugummi-Päckchen öffnete – und ein Bild von Elvis Presley entdeckte. Das war mein zweiter Kulturschock. Es war ein kleines, schlecht gedrucktes Bildchen, Elvis mit seinen langen, glänzenden, fettigen Haaren und der Locke, die ihm in die Stirn fiel, in einer Hand die Gitarre, die andere zum Himmel erhoben, der voller goldener Sterne war. Ich wusste nicht, wer das war; ich hatte noch nie seine Musik gehört. Ich sah das Bild und war zutiefst erschüttert, denn ich wusste bis zu diesem Zeitpunkt nicht, dass ein Mensch so schön sein konnte. Er erschien mir unirdisch und engelhaft. So ganz anders als die gedrungenen, kurz geschorenen Wiener in ihren Knickerbocker-Hosen, ihren breiten verschwitzten Hosenträgern und klobigen Wienerwaldschuhen. Später habe ich seine Musik gehört, und auch das war wie ein Erlebnis, das hat mich ganz tief berührt, und alles war ganz anders danach.

Ich war etwa 11. Irgendwo in der Provinz, in einem Lokal, in dem ich mit meiner Familie saß, war eine Musikbox, die von Halbstarken mit Geld gefüttert wurde. Immer wieder Elvis. Ich war so fasziniert, dass ich mir Münzen erschnorrte und die auch in die Musikbox warf, stets dieselben Songs, bis mein Vater seinen üblichen Nervenzusammenbruch bekam. Die Charlie-Chaplin-Filme, die uns sonntags nach der Messe in der Pfarrei gezeigt wurden, Donald und Entenhausen, Elvis und die erste Platte von Fats Domino, all dies hat eine große Sehnsucht in mir wachgerufen nach jener Welt, aus der all diese wunderbaren Dinge kamen: Amerika.

Disney war für mich die erste Begegnung mit einer neuen großen Kultur, mit der wirklichen Pop-Art. Das, was Kunsthistoriker heute als Pop-Art bezeichnen, ist nur ein Abglanz davon. Warhol und Roy Lichtenstein haben nur daraus zitiert und willkürlich Details aus Comics herausgegriffen und aufgeblasen und damit dieser großen Kunstform auf rührende Art Referenz erwiesen. Pop-Art heißt »popular art«, also Kunst, die für jeden ohne Vorbildung und ohne intellektuellen Aufwand direkt sinnlich erlebbar ist. Und diese Kunst, die als triviale Kunst bezeichnet wird, war für mich die große Entdeckung, weil sie eine gewaltige Magie und Urkraft hat, so wie Rock 'n' Roll oder Blues; etwas, das einen ganz tief berührt und mitreißt. Ich habe Carl Barks, den Schöpfer Entenhausens, bereits Anfang der Achtzigerjahre besucht. Er war ein sehr zurückhaltender Mensch.

Er wollte von der äußeren Welt eigentlich gar nicht viel wissen. Barks war glücklich, wenn er allein sein konnte, seinen kleinen Arbeitstisch vor sich hatte und sein Enten-Universum weiterentwickeln konnte. Mir war wichtig, ihm zu sagen, welch eine Bedeutung er für mich in meiner Kindheit hatte, und für viele andere in Deutschland und in Europa. Und ich wollte unbedingt, dass seine Arbeiten in einem großen Museum als Retrospektive gezeigt werden. Er hat nur gelächelt und gemeint, das werde nie gelingen. 1994 war es aber doch so weit – die erste Ausstellung mit dem Lebenswerk von Carl Barks wurde im Münchner Stadtmuseum auf einer Ausstellungsfläche von etwa 1000 Quadratmeter das erste Mal in einem Museum gezeigt. Die Retrospektive ging auf Tournee und war in der Folge noch in zehn weiteren Museen zu sehen.

In meiner Jugend hatte ich keine Ahnung, wozu die Schule gut sein sollte. Ich war stets verwirrt und kam mir ziemlich verloren vor, und gelegentlich flog ich auch aus einer solchen hinaus und musste in eine andere wechseln. Mit 16 Jahren wurde ich schließlich in die sogenannte »Höhere Bundesgraphische Lehr- und Versuchsanstalt« aufgenommen. Das war eine Schule für Grafik und Design, meine letzte Chance. Ich wusste, dass ich es diesmal schaffen musste, wenn ich meine Eltern vor einem Herzinfarkt bewahren wollte. Die Chancen standen nicht schlecht, denn es gab keine Mathematik in dieser Schule und es wurde vor allem gemalt und gezeichnet – und das konnte ich. Ich und die vielen anderen »Rebellen« jener Zeit, wir haben die Welt, in der wir lebten, zutiefst verachtet. Ich glaube, es hat nie einen so harten Bruch zwischen zwei Generationen gegeben wie zwischen dieser Kriegs- und Nachkriegsgeneration. Ich wusste damals ganz sicher: Ich wollte nichts mit der Welt meiner Eltern zu tun haben, nichts mit ihrer Tradition, ihrer Geschichte, ihrer Kultur, ihrer Religion. Ich wusste, auf welcher Seite ich stand: auf der Seite Donalds und der Rolling Stones, Jimmy Hendrix und Captain Beefhearts. Für mich gab's nur Blues, Rock'n'Roll, Comics und Underground.

Inzwischen hat sich meine Sichtweise etwas verändert. Durch die zeitliche und räumliche Distanz fiel es mir leichter, die Qualitäten Österreichs zu erkennen, und vor allem die seiner großen kulturellen Vergangenheit. Mir ist auch klar geworden, dass meine eigene Arbeit zutiefst in dieser Tradition verwurzelt ist. Mit ihr fühle ich mich verbunden, mit Kafka, Mahler, Schubert, Haydn und Mozart, mit Künstlern wie Joseph Roth, H. C. Artmann, Wolfgang Bauer, Elfriede Jelinek. Leben würde ich in Wien jedoch nicht so gerne, denn ich erinnere mich an die vielen Intriganten, an all die freundlich grinsenden Leute, die einem sofort das Messer in den Rücken rammten, wenn man sich umdrehte.

Schon als Kind wollte ich nicht in Wien leben, ich hatte bereits damals das Gefühl, am falschen Ort zu sein. Für mich hatte Wien etwas zutiefst Abgründiges, Bösartiges und Gefährliches, das mich mit Furcht erfüllte. Ich wollte die Stadt bereits als 14-Jähriger verlassen, aber Wien hat so eine seltsame Gravitation – man kommt nicht los. Zwei verlorene Weltkriege und der völlige Zusammenbruch mehrerer Systeme, vor allem aber der Absturz von einem Weltreich zu einem winzigen amputierten Etwas, das damals fast völlig vom Eisernen Vorhang eingeschlossen war, haben sicher zu dieser Stimmung beigetragen. Wenn ich heute nach Wien komme, sehe ich, dass sich die Stadt völlig verändert und viel von der alten Größe und Gelassenheit zurückgewonnen hat.

Der Weg nach Amerika führte mich über größere Umwege durch Europa. Ich hatte zunächst geglaubt, ich könnte meinen Platz am Rande der Eifel finden. Ich wollte in der Natur sein und halbwegs in der Nähe von Köln, weil es damals die wichtigste und interessanteste Kunststadt in Deutschland war. Und ich wollte ein Schloss finden, wo ich sowohl mein Atelier als auch meine Familie unterbringen konnte. Schon als Kind habe ich mich immer gewundert, dass ich nicht in einem Schloss wohnte. Die bescheidenen Unterkünfte und Lebensumstände meiner Eltern erschienen mir äußerst merkwürdig, und ich dachte oft:»Wo ist denn eigentlich mein Schloss?« Als Kind war ich wohl Monarchist. Ich vermisste den Kaiser und das Leben bei Hofe und vor allem die Paläste und Parks und die Mode und Eleganz der österreichisch-ungarischen Monarchie. Unweit des Rheins habe ich schließlich ein 1000 Jahre altes, ziemlich heruntergekommenes Schloss erworben, das ich dann über die Jahre Stück für Stück restauriert und ausgebaut habe. Es war eine gute Zeit, ich hatte dort mein Atelier und meine Frau und meine vier Kinder um mich herum. Da es bei uns recht lustig war, gesellten sich noch viele andere Kinder dazu, die nicht mehr nach Hause wollten und lieber durch den Burghof tobten. Eines Tages besuchten uns zwei Freundinnen meiner Kinder aus Mexiko, die kurzfristig beschlossen, zu bleiben. Irgendwann verlor ich den Überblick und genoss das barocke Chaos und das Toben und Kreischen der stetig wachsenden Kinderschar.

Ich bin wahrscheinlich im Grunde meines Herzens ein italienischer Renaissance-Mensch, denn ich kann am besten arbeiten, wenn ich von einer großen, lauten Familien- und Freundesschar umgeben bin und deren Stimmen und Geräusche in mein Atelier dringen. Irgendwann aber wurde es mir zu eng in der deutschen Provinz und ein bisschen zu deutsch, und ich bekam Sehnsucht nach Italien. Ich verbrachte eine Zeit lang an einem der schönsten Orte der Welt im Süden Italiens, zwischen Roma und Napoli, und ich wusste, dass ich nie mehr einen Platz finden würde, der näher am Paradies wäre als dieser. Ich sah mich schon nach einem geeigneten Haus um, aber irgendwann erkannte ich, dass ich meine Arbeit hier nicht würde weiterführen können, die Zustände waren auf ihre Art einfach zu ideal.

Ein Gesellschaftssystem, das bis in die Antike reichte, mit seiner Eleganz, Wärme, Opulenz und seiner unendlichen Gelassenheit der weitreichenden familiären Verbindungen und alltäglichen Korruption, die alles durchdrangen. Ich erkannte schließlich, dass ich zu geprägt war von der langen Zeit, die ich in nördlichen teutonischen Gefilden zugebracht hatte, um mich für dieses Leben noch umstellen zu können. Ich kam mir plötzlich unglaublich gotisch vor. Ich bin besessen von meiner Arbeit und nebenbei lebe ich auch davon, daher muss bei mir die Post manchmal ankommen, und ich brauche irgendeine Art von Infrastruktur, die funktioniert. Dieses uralte und komplexe orientalisch-mediterrane System von gegenseitiger Bestechung, Gefälligkeiten und Verpflichtungen finde ich ja durchaus menschlich und sympathisch, aber ich fürchtete, ich würde mich in diesem fein gesponnenen und in Jahrhunderten gewachsenen wohldurchdachten Geflecht nicht mehr zurechtfinden können.

Für mich hatten diese faschistisch wirkenden, engen schwarzen Uniformen der »Guardia Finanza« und ihre Autos mit Blaulicht und Sirenen etwas Beunruhigendes. Meine Freunde erklärten mir, dass diese Polizeieinheit gegründet wurde, um der stetig wachsenden Korruption Einhalt zu gebieten. Auf meine Frage, was dies denn konkret für ihr Leben und ihr Geschäft bedeuten würde, antworteten sie mir mit einem Achselzucken: »Ach, einer mehr, der zu bestechen ist, das ist alles.« Ich stellte mir plötzlich vor, wie das wirken musste, wenn ich hier mit meiner Familie in eines dieser alten Anwesen einziehen würde. Man würde uns vielleicht für reiche Deutsche halten. In dieser Gegend gab es ja die Camorra. Und vielleicht würde ich eines Tages eines meiner Kinder vermissen und per Post ein Ohr desselben zugeschickt bekommen, mit der Aufforderung, ein paar Millionen zu zahlen, falls ich den Rest zurückhaben wollte. Schweren Herzens verabschiedete ich mich von meinen süditalienischen Plänen und der wunderbaren Küche.

Mir war klar, dass ich irgendwann in Amerika enden würde, aber ich bin wirklich so zutiefst europäisch, dass ich mir unbedingt einen Stützpunkt in Europa suchen musste, um mit meinem Kontinent verbunden zu bleiben, während ich in Amerika lebe. Irgendwann hatte ich diesbezüglich so etwas wie eine Eingebung: Irland. Ein Land, über das ich so gut wie nichts wusste. Das Einzige, was mir leider sofort in den Sinn kam, war dieses blöde alte Lied »It's a long way to Tipperary«. Um Weihnachten 1996 bin ich mit meiner Familie 14 Tage in Irland herumgefahren. Es hat gestürmt, geschneit, geregnet, niemand war auf der Straße, keine Autos, alles leer. Wir sind in kleinen, hässlichen Hotels abgestiegen oder haben Guinness in irgendwelchen abgelegenen, finsteren, verrauchten Pubs getrunken, wo es nach Torffeuer roch.

Ich kann wirklich nicht sagen, warum, aber wir haben uns alle sofort in dieses Land verliebt. Das erste Mal im Leben habe ich so etwas wie ein Heimatgefühl gespürt, was völlig absurd ist, weil ich bis dahin nichts über Irland wusste und keinerlei irische Wurzeln habe. Mich da niederzulassen war eine völlig intuitive Entscheidung. Aber eine der besten, die ich je in meinem Leben getroffen habe. Im Zeitalter der allgemeinen 9/11-Paranoia, in dem Orwells und Huxleys Prophezeiungen von einer völlig überwachten Welt Realität werden, einer Zeit, in der wir jeden Tag ein weiteres Stück unserer hart erkämpften, im Grundgesetz garantierten Freiheiten verlieren, ist Irland die Ausnahme. Ich glaube, dass es das freieste Land der westlichen Welt ist. Niemand wird überwacht, es gibt kein Misstrauen, keinen Neid, keiner kümmert sich darum, was man macht. Ich glaube nicht, dass es hier einen Geheimdienst gibt, den man fürchten muss, und in all den Jahren habe ich kaum jemals einen Polizisten auf der Straße gesehen, und eine gewaltige Armee gibt's auch nicht. Als wir hier ankamen, existierte keine Bürokratie, es gab kaum Regeln und Künstler zahlten keine Steuern, was ich nicht unbedingt als Nachteil empfand.

Irland war 800 Jahre lang besetzt und ist von den Engländern brutal ausgebeutet worden. Doch über ihre Kunst, ihre Lieder, ihre Dichtung haben sie sich ihre Identität bewahrt. Es ist sicher kein Zufall, dass dieses winzige Land, bis vor Kurzem noch das Armenhaus Europas, viele der größten Dichter des 19. und 20. Jahrhunderts hervorgebracht hat. Hier habe ich dieses mir bis dahin fremde Heimatgefühl erlebt. Ich habe erkannt, dass Heimat für mich etwas rein Geistiges ist. Heimat ist für mich dort, wo bestimmte ästhetische Qualitäten existieren, wo ich auf bestimmte kulturelle Traditionen treffe, die mir vertraut sind, und andere Künstler, die ähnlich empfinden.

Wir haben Gott sei Dank auch ein passendes Schloss gefunden, wo ich mich mit meiner Großfamilie ausbreiten konnte. L.A. lässt sich viel besser aushalten, seit ich weiß, es gibt diese grüne Insel auf der anderen Seite des Ozeans, wohin ich mich jederzeit zurückziehen könnte, wenn ich wollte. Eigentlich bin ich in L.A. optisch gesehen wieder ein bisschen in Entenhausen. Viele Häuser, die Skyline, die Straßenlaternen, Parks und die Cops, Polizisten, sehen so aus wie in den Donald-Duck-Geschichten meiner Kindheit. Allerdings entdecke ich nun auch andere Seiten dieses Ortes, die ich mir nicht so vorgestellt hatte. Leute, die hier einen Geldspeicher besitzen, sind in der Regel nicht so gemütlich wie Onkel Dagobert.

L.A. ist eine Stadt ohne Gedächtnis. Es gibt keine Vergangenheit und keine Zukunft, nur das »here and now«. Wenn ich das Atelier für ein paar Wochen nicht verließe, würden die Leute vergessen, dass ich überhaupt existiert habe. Ich finde das wunderbar und empfinde dabei ein Freiheitsgefühl, wie ich es bisher noch nicht kannte. Ich liebe es, wenn es niemanden gibt, der sich um mich kümmert, mich beobachtet, beschützt oder kontrolliert. Niemand muss mich vor mir selbst oder vor der Welt oder die Welt vor mir schützen. Ich komme allein sehr gut zurecht. Ich bin ein völlig harmloser Mensch. Ich brauche keinen, der mich bevormundet oder auf mich aufpasst. Weder den Staat

noch die Kirche. Meine Telefone müssen nicht abgehört, ich muss nicht beobachtet werden. Ich bin nicht gefährlich, politisch nicht subversiv, ich bin nur
ein Künstler. Ich fürchte mich weder vor Terroristen oder Gewaltverbrechern
noch Krankheiten. Ich war noch nie in meinem Leben krankenversichert. Aus
irgendeinem Grund habe ich all diese bürgerlichen Ängste nicht, und daher
sehe ich auch keine Notwendigkeit, meine Freiheiten gegen mehr Sicherheit
einzutauschen. Meine Arbeit wird in erster Linie durch den Verfall der menschlichen Gesellschaft inspiriert, der Dekadenz des urbanen Lebens, dem sogenannten Untergang des Abendlandes. Das ist mein Thema. Deswegen ist Los
Angeles auch der ideale Ort für mein Schaffen.

Die Stadt ist wie eine offene Wunde. Ich habe den Eindruck, dass man hier
den augenblicklichen, tatsächlichen Zustand der westlichen Welt klarer sehen
kann als sonst irgendwo. Aus irgendeinem Grund versucht hier gar niemand,
dieses Chaos zu regulieren oder irgendetwas an der Situation zu kaschieren.
142 verschiedene ethnische Gruppen sind vertreten, es gibt riesige mexika-
nische Stadtviertel, wo nur Spanisch gesprochen wird, es gibt armenische,
koreanische, persische Viertel und Gegenden, in denen nur chassidische Juden
leben, die am Sabbat mit riesigen Pelzhüten und Kaftanen mit ihren Kindern
unter Palmen spazieren gehen und genauso aussehen wie ihre galizischen Vorfahren am Beginn des 19. Jahrhunderts.

Es gibt durch Schlagbäume und Privatarmeen gesicherte Villenviertel der
Reichen und Nobelbezirke, in denen man all die erstaunlichen Kreationen und
Wunder plastischer Chirurgie bewundern kann. In Downtown, ein paar Häuserblocks von meinem Atelier entfernt, existieren ganze Straßenzüge mit Tausenden, meist schwarzen, Obdachlosen, die entweder apathisch auf den Bür-
gersteigen kauern oder verwirrt, schreiend und wild gestikulierend durch die
Straßen irrlichtern. Und ein Stück weiter ist dann South Central, wo es Straßenzüge gibt, die so gefährlich sind, dass nicht einmal die Polizei dort hinfährt,
wo zum Teil Kinder mit einer »Magnum« im Hosenbund den Drogenhandel
kontrollieren. Und in derselben Stadt befindet sich seit einem Jahrhundert das
Zentrum der Traum- und Illusions-Industrie der Welt: Hollywood.

Anfänglich war ich mir nicht sicher, ob Malerei oder Kunst, so wie ich sie
betreibe, in dieser Welt der »special effects« und des industriellen Massen-
Entertainments überhaupt noch eine Funktion haben würden. Und dann habe
ich doch eine ganz große Überraschung erlebt – bei meiner Ausstellung »The
Child« im »San Francisco Fine Art Museum«, 2004, die 130 000 Besucher zählte.
Ich habe noch nie so emotionale Reaktionen auf meine Arbeiten erlebt wie
in San Franzisko. Menschen aller Altersstufen kamen auf mich zu, umarmten
mich spontan und dankten mir. Einige hatten Tränen in den Augen und sagten

mir, wie wichtig sie es fänden, dass ich diese Bilder gerade jetzt und hier zeigte. Im Mai und Juni 2009 habe ich in der »Modernism Gallery« in San Franzisko einmal mehr ausgestellt – »The Murmur of the Innocents«, der zweite Teil meiner Serie »The Disasters of War«. Meine Arbeit ist nicht leicht anzunehmen. Viele Sachen sind provokativ, vor allem für Amerikaner. Ihre Kunst und ihr Kunstverständnis haben sich aus einer puritanisch-protestantischen Tradition entwickelt. Sie können folglich mit provokativen Bildern weniger gut umgehen als etwa ein Betrachter, der in der barocken Tradition Österreichs aufgewachsen ist, wo der Künstler nahezu jede Schweinerei darstellen kann. Ich erkläre mir diese Reaktion auf meine Ausstellung mit einem großen Hunger und einer Sehnsucht nach Kunst. Für mich ist das ein Beweis, dass das Bedürfnis nach Kunst so elementar ist wie nach Religion oder Philosophie.

Viele unserer vergangenen Regime haben – plumper noch als in diesem Land – versucht, Kunst zu zensieren, einzuschränken und zu verbieten. Je radikaler Diktaturen vorgingen, desto kurzlebiger waren sie. Mit einer Ausnahme: Die katholische Kirche, die stets in diktatorischen Prinzipien gedacht und agiert hat, ist 2000 Jahre alt. Das Geheimnis: Die Kirche zählt zu den größten Kunstmäzenen aller Zeiten. Man könnte das philosophisch so interpretieren, dass es vielleicht eine Art Balance gibt, eine kosmische Gerechtigkeit sozusagen. Das Christentum gehört, historisch gesehen, sicher zu den größten Verbrecherorganisationen der Menschheitsgeschichte: Inquisition, Hexenverbrennung, Kreuzzüge. Zur gleichen Zeit aber hat die katholische Kirche die größte und bedeutendste Kulturepoche möglich gemacht: die Renaissance. Sie hat mehr Kunst schaffen lassen als irgendeine Macht vorher, gotische Kathedralen, Renaissance-Paläste, barocke Kirchen und Klöster, Skulpturen, Gemälde, Kirchenmusik von Vivaldi, Mozart, Schubert.

Die Männer, die vor Obama in Washington die Macht ausübten, waren offenbar von einem fanatischen calvinistischen Geist geprägt, der traditionell kunstfeindlich ist und vor allem auf Intoleranz und Selbstgefälligkeit beruht. Warum sind die Puritaner nach Amerika gekommen? König George hatte die Nase voll von diesen engstirnigen Nervensägen und schmiss sie raus. Und plötzlich saßen sie im Weißen Haus und regierten die Welt. Die Ablehnung und den gelegentlichen Hass Europas gegenüber den USA konnte ich nachvollziehen. Trotzdem wäre es unfair, dabei die großen historischen Errungenschaften der Amerikaner und die Qualitäten, die dieses Land immer noch hat, zu vergessen. Ich verdanke Amerika eine Menge. Ich bin froh, dass ich in beiden Welten leben und arbeiten kann, und da jeweils an den besten Orten.

Gerhard Heusch *hatte an zwei Fronten zu kämpfen, als er 1991 nach Los Angeles zog. Der aus Aachen stammende, damals 29-jährige Architekt lebte in einer kleinen Mietwohnung, und gelegentlich ernährte er sich nur von Müsli und Pfefferminztee. Er war dankbar für jeden Auftrag, und sei es der Umbau eines Badezimmers. Und zweitens stimmte für den Zuwanderer in diesem Land, das er sich ausgesucht hatte, die ganze Richtung nicht. Heusch war beseelt von moderner Baukunst, vorgegeben von Leuten wie Ludwig Mies van der Rohe, John Lautner und Rudolph Schindler. Die »Geld-Society« jedoch, die er im Visier hatte, hielt es mit »Glanz, Kitsch und Klassik«, mit Säulen und griechischem Tempelstil. Gerhard Heusch war erfolgreich auf beiden Feldern. Er lebt nun in seinem 300-Quadratmeter-Haus in den Hügeln von Beverly Hills, natürlich selbst entworfen. Mit einer 40 Meter breiten Glasfassade, die Ausblick auf seine Buchen gewährt. Er besitzt ein Porsche Cabriolet und mehrere Polopferde. Und eine Firma, die gute Geschäfte in Nord- und Südamerika macht; sie liefert innovative Entwürfe für Hotels, Restaurants oder Zigarrenclubs und selbstverständlich für Einzelhäuser, an denen Mies van der Rohe seine Freude hätte. Eine Rückkehr nach Deutschland kommt für den Auswanderer nicht infrage. Da fürchtet er den allzu oft »erhobenen Zeigefinger«, den »geballten Frust« und »eine unerklärliche Besserwisser-Mentalität«. Über seine neuen Landsleute kann er sich – aus der Sicht des Architekten – allerdings nur wundern. Den Amerikanern, so hat er beobachtet, fehlt zum Beispiel die emotionale Bindung ans eigene Haus. Die sitzen, wenn es in Kalifornien mal wieder gebrannt hat, auf den rauchenden Trümmern, trinken Mineralwasser oder Champagner und reden schon über den Neubau. Es hat mit der »unglaublichen Mobilität« der Amis zu tun, meint er, die eine »stete Entwurzelung der Bürger« bewirkt. Kritisch setzt sich Heusch nicht nur mit dem Bauwesen auseinander, sondern auch mit den sozialen Verhältnissen. Nebenher ärgert sich der Perfektionist Heusch über die mangelhafte Bauqualität, wie sie im Lande der geradezu unbegrenzten Gewerbefreiheit üblich ist. Wenn in Europa ein Auto gegen eine Hausecke knallt, so erklärt er, ist das Auto hin; wenn in Amerika ein Auto eine Hausecke rammt, ist die Ecke weg.*

Gerhard Heusch

»Jahr für Jahr spielt die Natur Roulette.«

Keine Übertreibung – wer in Kalifornien bestehen, sich durchsetzen und dann behaupten will, muss bereit sein, trockenes Brot zu essen, muss fähig sein, die Augen zu schließen, wenn er an einem »Hamburger« oder Hotdog-Stand vorbeimarschiert und die letzten »Quarter« oder »Dimes«, das Kleingeld, nicht verprassen will.

Ich bewohne inzwischen meinen eigenen, selbst konzipierten, aufgestelzten 300-Quadratmeter-Bungalow mit einer 40 Meter langen Glasfassade – in den Hügeln von Beverly Hills. Glas, Stahl, ganz so, wie mein Vorbild Ludwig Mies van der Rohe es vorgegeben hat: »Weniger ist mehr.« Mein Haus ist in Magazinen mehrmals beschrieben worden, etwa von der Pariser »Elle Décoration«. Das »L.A. Times Magazin« hat meinen Badezimmer-Entwurf auf dem Titelblatt abgedruckt. Ich fahre Porsche und kann mir ein paar Polopferde leisten ... und, und, und.

Aber halt: Ich rede nicht aus einer neureichen, in trister Konjunktur ohnehin gedämpften Überheblichkeit heraus, sondern will die Wirklichkeit in eine Perspektive setzen. 1991 habe ich mich in Los Angeles selbstständig gemacht. Ich habe in einem kleinen Apartment gewohnt, allerdings an einer guten Adresse in West-Hollywood, so wie die Society es von einem internationalen Architekten erwartet. Die Wohnung teilte ich mit einer schönen Dänin, aber nicht das Bett. Gelegentlich dachte ich darüber nach, ob die Wohngemeinschaft anders herum nicht fruchtbarer gewesen wäre. Sie aber wollte offenbar, wie die Mehrheit der Frauen über 18 in L.A., heiraten und hatte wenig Vertrauen in meine Zukunft.

Sie registrierte, dass meine Weimaraner Hündin »Sooka« zwar ihr Fleisch von dem einzigen Porzellanteller fraß, den ich besaß, ich mich hingegen mit Müsli, Pfefferminztee und Früchten ernährte. Ich war immerhin schon 29 und fuhr noch immer keinen Bentley oder Porsche, sondern gelegentlich Fahrrad. Die Konkurrenz war groß in dieser Stadt und ich war beglückt, wenn ich einen Auftrag erhielt, selbst wenn es nur der Umbau eines Badezimmers war.

Es war für mich überdies nicht einfach, weil ich an das Moderne glaubte, an die Vorstellungen von Walter Gropius, an den 1886 in meiner Heimatstadt Aachen geborenen Steinmetz-Sohn Ludwig Mies van der Rohe, an Le Corbusier, Frank Lloyd Wright, Rudolph Schindler, Richard Neutra und John Lautner. Sie verbanden Technologie mit Natur, machten den Innenraum auch zum Außenraum, sogar der Swimmingpool wurde integriert, weil er die Sonne in

die Räume wirft. Ich habe ihre Konzepte übernommen: bewegliche Trenn-
wände, die Räume schaffen, Glasfassaden, Felsbrocken in der Wüste, die
nicht zerschmettert, sondern wie von John Lautner im »Elrod«-Haus in Palm
Springs in das Haus integriert werden. Ich wurde in Kalifornien allerdings mit
einer ganz anderen Wirklichkeit konfrontiert: Säulen, Ornamente, griechischer
Tempelstil – Neoklassizismus.

Manche Multimillionäre kauften, vor allem in der Goldgräber-Euphorie
um die Jahrtausendwende, die Nachbar-Immobilien auf, nur um sie abzurei-
ßen und in einem Park zu leben, mit einem Teich, auf denen Schwäne düm-
peln. Sie träumten von Versailles, einem Palazzo am Canale Grande in Venedig
und so ließen sie bauen. Bei Gala-Diners standen livrierte Diener mit überdimensionalen Kerzenleuchtern auf der Freitreppe aus Carrara-Marmor und
kostümierte Kammerorchester spielten in der von Kronleuchtern und Seiden-
teppichen behängten Eingangshalle Händels »Ankunft der Königin von Saba«
oder Vivaldis »Vier Jahreszeiten«.

Stillos für jene, die ohnehin antiamerikanische Gefühle hegen, stilbe-
wusst für andere, die Fantasie und Experiment als Freiheit verstehen – alles
ist möglich im Westen. Architektonische Verwirrungen, Verirrungen, »klassisch spanisch« werben Makler in den Immobilien-Anzeigen, »spanisch kolo-
nial«, »toskanisch«, »English country«, »Art déco«, »viktorianisch«, »Südstaa-
ten-Stil«, »Tudor«, »Neoklassisch« oder »Beaux Arts«. Betrübt fahndete ich in
meinen ersten Architekten-Jahren in den Anzeigen nach »modern«, nach den
Namen der Avantgarde, Quincy Jones, Raphael Soriano, Craig Ellwood und
meinen anderen Helden – nichts. Weder Wright noch Schindler, Eames oder
Neutra. Ich tröstete mich mit den Worten des weisen französischen Staats-
mannes Georges Clémenceau, dessen Biografie ich in meiner Abiturzeit in Belgien studierte: »Amerika – die Entwicklung von der Barbarei zur Dekadenz,
ohne Umweg über die Kultur«.

Ich bin nicht mit dem Traum aufgewachsen, Architekt zu werden. Ich
habe mich in meiner Jugend nie von Hollywood verzaubern lassen und auch
nicht von Henry James oder F. Scott Fitzgerald. Ich wusste, wer Edward Hop-
per war, Jackson Pollock, Rauschenberg, Lichtenstein, Andy Warhol, nur selbst
diese Pop-Art-Generation hat mich damals nicht überzeugt, zunächst nicht.
Ich bin klassisch erzogen worden, von einer kultivierten, lebhaften Mutter, die
mir in frühen Jahren Paris und die Impressionisten im Jeu de Paume zeigte,
aber leider verstarb, bevor ich ihre eigene Grandeur zu erkennen vermochte.
Und von einem gebildeten Vater, der seine vier Söhne oft auf Reisen mitnahm,
um ihnen die Architektur der Romanik in Frankreich, Italien und Spanien zu
zeigen. Mein Vater war über Jahrzehnte im Vorstand eines französischen Glas-

Konzerns und lebt noch immer in Aachen. Der Großvater, Dr. Gerd Heusch, war Anwalt und sein Bruder Hermann Heusch für zwei Jahrzehnte von 1952 bis 1973 Oberbürgermeister meiner Geburtsstadt Aachen.

Die »Hochzeit des Figaro« wurde mir als Kind auf einer Platte vorgespielt, Herbert von Karajan am Pult, die Berliner Philharmoniker musizierten, der Chor der Wiener Staatsoper begleitete. In unserem Haus wurde nicht über Juan Manuel Fangio, Rocky Marciano oder Uwe Seeler diskutiert, sondern über eine andere Mannschaft: Mahler, Verdi, Wagner, Beethoven, Bruno Walter, Toscanini. Ich habe fotografiert, mich zugleich aber auch für Technik interessiert, das war wohl der Einfluss meines Vaters. Architektur ist die ideale Verbindung all meiner Interessen gewesen. Nach meinen ersten Vorlesungen an der »Akademie der Bildenden Künste« in München wusste ich: Das ist genau das, was du wolltest.

Mehr als vier Jahre habe ich in München studiert und dort mein Diplom gemacht. Die Abschlussarbeit habe ich übrigens in Paris geschrieben, wo ich zugleich in einer französischen Architekten-Firma erste praktische Erfahrungen sammelte, etwa beim Umbau des Centre National des Lettres, ein Gebäudekomplex des 18. Jahrhunderts. Meine Ausbildung war seit meiner Jugend international ausgerichtet – mein Abitur hatte ich in Belgien bestanden, einige Kilometer von Aachen entfernt. Mein Professor in München war ein Italiener, Paolo Nestler, der in seinen Vorlesungen natürlich auch auf das Know-how der Amerikaner im Hochhausbau, den Wolkenkratzern, verwies sowie auf das Engagement und den Einfluss von Walter Gropius und Mies van der Rohe in den Skyscraper-Konzepten. Der eine konzipierte das 49 Etagen hohe »Pan Am«-Gebäude an New Yorks Park Avenue, der andere das »Seagram« an derselben Straße.

Auf einer Computermesse in der französischen Hauptstadt, vor nahezu 25 Jahren, war ich total fasziniert von einem System, das wenig später den Architekten-Beruf fundamental veränderte: computer aided design (CAD). Statt handgezeichneter Entwürfe und Pläne nun zwei- und dreidimensionale digitale Pläne, das Projekt in den Strukturen, Perspektiven erkennbar, im Bruchteil weniger Sekunden korrigierbar und mathematisch akkurat darstellbar. Der Arbeitsaufwand für einen Entwurf, vier, fünf Tage am Zeichentisch, wurde dramatisch reduziert, Minuten noch vor der Präsentation waren Änderungen möglich. Ich war von der Zukunft dieses Computer-Editing überzeugt und entschloss mich, wieder an die Universität zurückzukehren, zu »graduate studies«. Aber in Deutschland existierten entsprechende Computersysteme damals nicht, sondern nur in den USA. Ein Land, das mir vor allem im architektonischen Bereich vertraut war: Nach meinem Zwischenexamen in München

hatte ich in New York bei der Architekten-Firma »Eggers Group« ein Prakti-
kum gemacht. Das Büro dieses Unternehmens war in einem der schönsten
Wolkenkratzer New Yorks etabliert, dem »Wrigley«-Gebäude.
Art-déco-Stil, wunderschöne Aufzugstüren aus Metall, feine Adresse: 32 Park Avenue.

Die Begegnung mit den Skyscrapers hat mich überwältigt – die Formspra-
che, die urbane Dichte. Die auf wenige Quadratmeter gesetzte Beton-Wucht,
die unermessliche Energie – bombastisch! Symbol der Macht, aber auch Ausdruck von Optimismus und Grenzenlosigkeit. An den Wochenenden bin ich
nach Chikago geflogen, in jene wohl amerikanischste aller amerikanischen
Städte. Kolossal-Kultur auch am Michigan-See. In Chikago, nicht etwa in New
York, wurden nach der Entwicklung des Fahrstuhls die ersten eindrucksvollen
Skyscraper hochgezogen. In Chikago steht auch heute noch der höchste Wolkenkratzer der Nation, der »Sears Tower«, 110 Etagen.

Ich bin auch durch Miami Beach gewandert, weil ich mir die Art-déco-
Pracht ansehen wollte, diese unglaublichen Bauwerke. Sie waren vernach-
lässigt worden, umfunktioniert zu Altersheimen, zu tristen Warteräumen des
Todes – mit Blick auf den Beach immerhin. Inzwischen haben Immobilienspekulanten, Investoren aus dem Art-déco-Getto eine High-Life-Zone gestaltet, durch die die Fotomodels stelzen, Yuppies ihre Ferraris röhren lassen – die
Greise sind seit Langem aus ihrem Art-déco-Paradies vertrieben worden. Ich
entschied mich, in Kalifornien zu studieren, an der »University of California in
Los Angeles« (UCLA). Einer der Professoren, Bill Mitchell, war mir aus meinem
Studium über Computer-Design als Genie der Materie vertraut. William Mitchell war ein unglaublich kultivierter, faszinierender Mann. Er verstand es
wie kein anderer, Zusammenhänge zwischen moderner Technologie und der
Geschichte der Malerei herzustellen, er konnte, logisch wie glaubwürdig,
Mathematik und Victor Hugo verbinden.

In meiner akademischen Zeit ist mir nie wieder ein Professor wie William
Mitchell begegnet, der zu der Spezies zählt, die mich bremst, sobald ich ansetzen will, mich über die ach so dämlichen Amerikaner zu echauffieren. Meine
»graduate studies« waren trotz dieses genialen Lehrers kein Paradies. Vielleicht
sind die deutschen Universitäten insgesamt den amerikanischen überlegen,
wie deutsche Akademiker glauben wollen. Bei den fortgeschrittenen Studien,
vor allem an den Elite-Universitäten, wird eine andere Musik gespielt, geht es
ans Eingemachte. 18 Monate habe ich praktisch auf dem UCLA-Campus gelebt,
das Computer-Lab war 24 Stunden geöffnet. Wir konnten an 250 000 Dollar
teuren »work stations« arbeiten, Geräte, die heute 2500 Dollar kosten.

Kaum einer meiner Kommilitonen kannte den Namen eines aufs Moderne
eingeschworenen Architekten, weder Craig Ellwood noch John Lautner. Frank

Gehry, der sich 1962 in Santa Monica niedergelassen hatte, den Namen hatten sie wohl in den Gazetten gelesen – enfant terrible der Architektur, Rebell, eine Art James Dean der Baukunst. Der heute 80 Jahre alte Kollege hatte seinen Namen von Goldberg auf Gehry reduziert, um dem Antisemitismus zu entgehen. Wer kannte Bilbao, diese nordspanische Provinzstadt, bevor Gehry sie durch sein eigenwilliges Guggenheim-Museum auf die globale Kunst-Landkarte brachte? Gehry hat die Kraft, die Ausstrahlung, den Einfluss der Kultur dokumentiert und ist dafür vor zwei Jahrzehnten bereits vom Museum für zeitgenössische Kunst mit einer Sonderausstellung geehrt worden. Ich habe einmal für Gehry gearbeitet – indirekt. Die Architekten-Firma »Dworsky & Associates«, die mich nach meinem Studienabschluss engagiert hatte, vor allem, um eine »Computer aided design«-Abteilung aufzubauen, wollte für Gehry an dem Projekt »Walt-Disney-Konzerthalle« mitarbeiten. Gehry hatte die Ausschreibungen gewonnen, nur war seine Firma damals zu klein, um dieses Mega-Projekt umzusetzen. Dworsky verwies auf das von mir in der Firma aufgebaute CAD-Department, das in Los Angeles für die damalige Zeit sehr »avantgarde« war.

Und das wollte sich Frank Gehry vor einer Entscheidung ansehen. In 36 Stunden, einschließlich Nachtschichten, habe ich seine gezeichneten Entwürfe für die Disney-Hall auf unserem Computer umgesetzt – Dworsky erhielt den Zuschlag. Ich überlegte mir, nach Deutschland zurückzukehren, verwarf aber diesen Gedanken, weil die Avantgarde-Technologie dort noch nicht existierte. Zudem schreckte mich der Gedanke, wieder in ein Land zurückzukehren, das sich relativ oft als Land der erhobenen Zeigefinger aufspielt, der Zeigefinger der Oberlehrer, der Denunzianten. Wer kennt sie nicht, die netten Mitmenschen, die sich als Privatpolizei aufführen und Falschparkern erklären: »Ich werde Sie anzeigen.« Der geballte Frust, eine unerklärliche Besserwisser-Mentalität, die ich in Paris nicht erlebt habe und schon gar nicht in Los Angeles. Denn dort wird man für einen erhobenen Zeigefinger womöglich erschossen.

Ich entschloss mich stattdessen, das Angebot eines japanischen Developers zu akzeptieren, für ihn auf Tahiti ein Hotel zu entwickeln. Ich erinnerte mich an die Paul-Gaugin-Gemälde, die ich in Paris bewundert hatte, die anmutigen Schönheiten, die wie Mona Lisa lächelten, aber auch ihre makellosen Körper offenbarten, während sie sich unter den Palmen ausruhten. Oder an der Lagune das pechschwarze Haar spülten. Nicht, dass ich Frauen suchte, ich war verliebt in eine Iranerin, die ich auf Rosen betten wollte, zumindest auf Palmenblätter – am Ende blieben mir die Dornen. Egal, Tahiti war ein Traum – laue Winde, die die offenen Fenster behutsam schlossen, nicht mit dem barbarischen Knall eines L.A.-Unwetters. Früchte, Fisch, direkt aus der Natur.

Alles schien sanft, entrückt. Der Duft der Blüten legte sich auf die Kissen und berührte die eigene Haut. Paradiesische Zustände in der Tat. Allerdings – nur selten befinden sich die Karrieren im Garten Eden.

Meine alte Schule, die »Akademie der Bildenden Künste« in München, bat mich, zweimal im Jahr ein CAD-Seminar abzuhalten. Auch der Modekonzern »Escada« war an meinem Informatik-Know-how interessiert. Ich habe zunächst den Ladenentwurf der Mode-Macher digitalisiert, danach boten sie mir an, die Boutiquen auch zu entwerfen und als Architekt umzusetzen. Endlich konnte ich mein Wissen anwenden! In Hongkong wie auch in Chikago oder Los Angeles. »Escada« sei Dank: Diese Aufträge waren mein Sprungbrett. Sie bestärkten mich darin, mein berufliches Streben nun doch auf Los Angeles zu konzentrieren, obgleich Paris eher meinem ästhetischen Empfinden entsprach und ich keine griechischen Tempel oder aus Grimms Märchen entnommene Hexenhäuser in die Hollywood-Hügel setzen wollte.

Wahrscheinlich war es die Unordnung, das Chaos im Städtebild, das mich, den bürgerlichen Sohn aus dem betulichen Aachen, faszinierte. Alles Theateroder Opernkulisse in diesem Los Angeles – ein permanentes Labor. Der Städtebau in L.A., so hat Mike Davis in seinem sozialkritischen Werk »The City of Quartz« geschrieben, wurde »der Anarchie des Marktes überlassen, und der Staat, soziale Bewegungen oder Führerfiguren haben sich nur selten eingemischt«. Wildwuchs also, wie Davis kritisierte, die »Kreation des Immobilien-Kapitalismus«. Wohin der führte, können wir soeben sehen.

Edle Galerien, daneben, wie an der »Melrose«, eine Tierklinik. Einige Hundert Meter entfernt sitzen Frauen und Männer vor einem fensterlosen Betonklotz in Rollstühlen. Abgase des pulsierenden Verkehrs beschlagen ihre Brillen. Ein Altersheim. Auf der anderen Straßenseite ein Classic-Car-Dealer, der sich den Parkplatz mit einem Beerdigungsunternehmen teilt. In einem Mini-Shopping-Center nebenan ein Kaleidoskop des Konsums, wie Tausende in dieser Metropole: Tierhandlung, Maniküre-Shop, eine Snackbar, ein Tätowierungsspezialist, allesamt Bretterbuden. Ein Laden steht leer, ein Schild, schwarz auf rot, signalisiert: »For rent«. Und in diesen Tagen immer häufiger: »For sale«.

New York ist Manhattan. Energie-Kultur, Nervenzentrum der Macht. Die angeschlagene, ächzende Wall Street. Stein, Beton. Der Central Park, eine grüne Fläche, die Berührung mit Gras erlaubt, die Begegnung mit Vögeln, die nicht in goldenen Käfigen in der 50. Etage an der Park Avenue hocken. Die Bewohner Manhattans existieren im Schatten der Wolkenkratzer. Die Sonne, der Götterfunken, wenn sie sich denn durch die tieferen Stratokumulus-Wolken gebrannt hat, erreicht die Kreaturen in den Straßenschluchten nicht. Wie anders in Los Angeles, dieser Metropole, die von frierenden, in ihre Betonbunker und Zementburgen in New York, St. Louis und Denver eingeschlossenen Bürgern als »Lalala«-Land belächelt, das in Filmen und Büchern, in den Vorstellungen von Regisseuren und Autoren atomar vernichtet wird, und wenn das nicht reicht, von Bakterien oder Ungeheuern. Los Angeles ist tatsächlich frei – sogar die Sonne. Solange das Wasser aus Colorado oder von sonstwo aus dem Osten nach Kalifornien gepumpt wird, kann L.A. überleben, so lange plätschern die Springbrunnen, bleiben die Vorgärten grün, können illegale Latinos für einen Hungerlohn Orangen pflücken oder Knoblauch, Erdbeeren verpacken und Weintrauben, bleiben die zigtausend kalifornischen Golfplätze bespielbar, selbst wenn das Thermometer 40 Grad anzeigt – und die Klimaanlagen Eiszeit in die Wohnstuben blasen.

In L.A., vor allem Downtown, gibt es sogar Wolkenkratzer: 73 Etagen hoch ist der 1990 fertiggestellte »US Bank Tower«, das höchste Gebäude der Stadt, eine Miniatur im Vergleich zum Empire State Building, das 101 Etagen zählt. Der L.A.-Skyscraper freilich kann Erdbeben verkraften, wenn die Richterskala 8,3 anzeigt, ein sogenanntes »maximum possible event«. Soll heißen: Ein härterer Schlag könnte noch zerstörerischer sein als das Erdbeben 1994, das zwei Millionen Häuser zerstörte oder beschädigte – Gesamtschaden: 42 Milliarden Dollar. Mir sind Erdbeben inzwischen vertraut, diese plötzliche Ur-Stille, der warme Wind, der sich aus dem Nichts nähert, der Boden, der sich zunächst wie eine sanfte Welle bewegt, dann umkippt, stöhnt, Brücken, Autos und Häuser verschlingt, Bäume entwurzelt, Bettler erschlägt und Millionäre. 30 Sekunden Horror, die wie Tage erscheinen, die lähmen, weil nur die Götter wissen, ob dies »the big one« ist, der unvermeidliche Schlag, der alles verschlingt, Kalifornien ausradiert, 36 Millionen Bürger tötet oder zumindest entwurzelt.

Jedoch – sobald der Schutt weggeräumt und der Streit mit den Versicherungen beendet ist, soll es wieder normal zugehen. Kalifornier leben ohne wirkliche Tradition, ohne wirkliche Geschichte. Sie wissen: Jahr um Jahr spielt die Natur Roulette mit ihnen – ein Waldbrand in Laguna Beach über Santa Barbara oder einmal mehr in den Hügeln von Malibu. Brennen die Häuser in Topanga Canyon oder die im Carmel Valley? Feuerstürme überall? Ich war bestürzt und deprimiert, als ich mit einer französischen Freundin nach einem solchen Feuer den von mir restaurierten Bungalow oberhalb des Pacific Coast Highway inspizieren wollte. Nichts war mehr da: Nur noch Asche. In Kalifornien werden die Gebäudestrukturen aus Holz gebaut, weil diese Bauweise preiswerter ist als Stahl und Beton. Kaum je ein Keller, selten ein Dachboden. Holz federt Erdbeben ab, aber Termiten zerfressen das Holz und – die Flammen.

Corinne, die Französin, schwieg und weinte. Die Kleider verbrannt, Erinnerungen vernichtet. Sie hatte vor Jahren einen Nachtclub in St. Tropez besessen, und der europäische Jet-Set hatte bei ihr an der Bar gestanden, die Erben, die mit 20 Millionen teuren Riva-Jachten vor St. Tropez kreuzen und nach der dritten Flasche weißen Burgunder das soziale System Europas verdammen und nach der fünften verraten, dass auch ihre Ehefrauen Arbeitslosen-Unterstützung kassieren, eben »weil sie ja auch eingezahlt haben, mehr als die anderen«. Meiner Freundin hatte das Gejammer in ihrer Heimat missfallen, und diese ewige Hoffung auf »l'Etat«, den Staat, der alles richten werde.

Nun stand sie in den verkohlten Hügeln von Malibu und mit ihr Dutzende von Amerikanern, die Gesichter verrußt. Irgendjemand hatte Champagner in die Elendsgegend transportiert, dazu Plastikbecher, und da saßen wir nun wie Schiffsbrüchige auf einer kleinen Insel – dem Tennisplatz. Das Grün des Belags war der einzige Farbtupfer in dieser schwarz gebrannten Welt. Über uns ein wolkenloser Himmel. Dunkles Blau. Unter uns schlugen die Wellen des Pazifiks an das Ufer. Weiße Gischt. Delfine sprangen aus dem Wasser und tauchten lautlos wieder ein. Eine Idylle also. Die vom Desaster betroffenen Hausbesitzer sprachen inmitten ihrer Ruinen über den Wiederaufbau. Auch Corinne. Sie wollte einen Mahagoni-Fußboden und Glasfassaden, Schiebetüren. Luft. Sonne. Freiheit. Auch ich habe meinen Bungalow nach den Feuerstürmen, nach den Erdbeben gebaut. Ich habe mein Haus auf zehn Stahlpfeilern in den Hang gestellt, die Pfeiler sind fünf Meter tief in der Erde verankert. Querstützende Stahlträger sollen Erdstöße abfangen. Selbstverständlich ist so eine Millionen-Investition auch Roulette. Die Börse etwa nicht?

Mein Vater lebt – auch ohne seine vier Söhne – noch in seinem »Elternhaus« in Aachen. Elternhaus, ein Begriff, der so viel aussagt: Taufe, Kindheit, Mandelentzündung, Tannenbaum, Geburtstage, Abiturfeier, Liebeskummer. Für Amerikaner ist das eher ein Fremdwort. Ihre Kontaktfreude ist auch mit Entwurzelung zu erklären. Nach jedem Umzug sind neue Beziehungen herzustellen, müssen die Kids neue Freunde erobern. Eine Scheidung bedeutet Umzug, die Akzeptanz an einer Universität heißt Packen, ein neuer Job, 3000 Kilometer weit entfernt, und schon steht der Möbelwagen vor der Tür.

Immer wieder beobachte ich, wie schöne Mädchen in Hollywood in verbeulten Pick-Up-Trucks einrollen, deren Nummerschilder sie als Ankömmlinge aus Arkansas, Kentucky, Idaho, Wisconsin oder New Mexiko enttarnen. Auf der Ladefläche des Kleinlasters liegen Matratzen, steht ein Schaukelstuhl. Auf dem Beifahrersitz ist ein Hund zu sehen, umzingelt von Töpfen, Lockenwicklern, einem leeren Vogelkäfig. Der Kanarienvogel hockt auf dem Rückspiegel und zwitschert gegen den Straßenlärm an. Hollywood, here I come – der Traum von einer Karriere, von Ruhm und Reichtum hat sie gelockt, nicht die Stadt L.A. Hier fehlt das urbane Gefühl, die Gemeinsamkeit wie in Berlin, New

York oder London, das Miteinander der Menschen, das Schieben, Anrempeln, die Kommunikation über Blicke, Gesten, Sprache.

L.A. ist eine Stadt ohne Downtown! Glauben Touristen. Nein, Downtown existiert, aber über Jahre ist es das Sammelbecken der Verlorenen gewesen, der Süchtigen, der Verrückten, der Latinos, der Gangs, der aus der Armee verstoßenen, drogenabhängigen GIS, der aus dem Zuchthaus entlassenen Totschläger, der zahnlosen Huren, die sich in Hollywood nicht verkaufen konnten und von Stöckelschuhen auf zerschlissene Turnschuhe umgestiegen sind. Menschen sammeln sich in dieser Stadt nicht zum sozialen Aufruhr, sondern zu Basketballspielen der einheimischen »Lakers« oder »Clippers«, am Beach oder in der Shopping Mall. Oder im Verkehrsstau. Täglich. Vereint und doch allein. Ein halbes Dutzend verschiedener Highways und Freeways umkreisen Downtown, selten aber wagten sich in der Vergangenheit Bürger aus Malibu oder Pacific Palisades in diese Zone, es sei denn, der Opern-Besuch stand an und sie konnten ihre »Lexus« und »Cadillac« in der Tiefgarage direkt unter dem Dorothy-Chandler-Pavillon parken.

Kaum einer dieser L.A.-Bewohner hat je das 1983 eingeweihte »Museum of Contemporary Arts« besucht, nur wenige Architektur-Interessenten wussten von dem 1893 gebauten und 1991 restaurierten Bradbury-Building am South Broadway – ein einzigartiges historisches Kunstwerk aus Glas, Stahl, Eisen. Offene stählerne Fahrstühle, freischwebende Treppen, offene Etagen, der Blick hinauf auf die Glaskuppel – Architekturgeschichte. Welch ein Wunder, dieses Desinteresse: Ehrwürdige Hotels wurden in vergangenen Jahrzehnten zu Notunterkünften für Obdachlose umfunktioniert. Vor dem Gebäude der Heilsarmee warteten täglich Hunderte, Tausende auf ein Bett, und jene, die abgewiesen wurden, krochen in Mülltonnen und Pappkartons, manchmal direkt vor einer Polizeistation. Da der Boden für »development« auch in L.A. und den Vororten knapp wurde, hatten sich Investment-Unternehmen und Immobilienspekulanten Downtown als Goldgrube ausgeguckt. Derzeit sitzen sie auf Blech. Lofts, die vor zwei Jahren noch bis zu einer Million kosteten, werden für die Hälfte angeboten. Galerien, die sich Fabrikhallen gesichert hatten, warten nun auf Kunst-Käufer. Wie wird die Krise die Bohème-Society treffen, die sich zwischen den Hallen etabliert hatte, Maler, Bildhauer, Fotografen, kleine Cafés? Einige Kilometer entfernt sitzt das Opern-Publikum, so wie ich auch, im Smoking in der Oper und bejubelt Placido Domingo, Renée Fleming oder die verführerische Denyce Graves. Ich arbeite in einem Beruf, der mit Mathematik, Geometrie, Stahl, Beton, Statik zu tun hat, eher nüchterne Wirklichkeit. Zum Ausgleich versäume ich selten eine Oper und verliere mich in der anderen Welt: Intrigen, Liebe, Romantik, Krieg und Mord oder Gedanken über den Sinn des Lebens oder den unaufhaltsamen Tod. In den letzten Monaten, Jahre sind's, konnte ich die Konzerte meines Freundes Julian Rachlin nicht besuchen – ein begnadeter, in der Sowjetunion ausgebildeter Geiger. Zuweilen wünschte ich mir, wir könnten tauschen. Mein Computer, mein Zeichentisch für seine Violine, dazu die schönen Frauen, die ihn umarmen, das Publikum, das mit den Füßen trampelt. Architekten sind Künstler, die ohne Applaus arbeiten, es sei denn, sie heißen Rem Koolhaas, Frank Gehry oder auch Norman Foster – unglaublich, wie der britische Kollege die Renovierung des Reichstags in Berlin bewältigt hat, mit welcher unglaublichen Eleganz und Leichtigkeit er moderne Strukturen in das alte Gebäude setzte.

Die Amerikaner gehen, pauschal formuliert, gröber mit ihrem kulturellen Erbe um – wie viele historische Art-déco-Gebäude haben sie in L.A. abgerissen, wie viel Baukunst der modernen Meister zerstört, ich denke an einen 1928 konzipierten Schindler-Klassiker, der auf der der Küste vorgelagerten Santa Catalina Islands stand und 2001 zu Schutt gemacht wurde. Es fehlt dieser stets im Umbruch existierenden Gesellschaft das Bewusstsein für Geschichte, der Sinn für kulturelle Werte. Denkmalschutz? Welche Denkmäler? Natürlich, die Bürokratie hemmt in diesem Land die Fantasie weniger als in Deutschland. Ich erinnere mich an ein Mini-Projekt in Aachen. Der Ausbau eines Giebeldachs in eine Wohnung für meinen Vater. Entwurf abgelehnt. Wir musste vor Gericht klagen – genehmigt.

Auch in Kalifornien existieren Bauvorschriften, Reglementierungen und Einschränkungen, die der Architekt zu berücksichtigen hat. Diese Vorschriften freilich beziehen sich auf Bauhöhe, Größe, Abstandsfläche zum Nachbarn, aber nicht auf die Form des Gebäudes. Ich könnte für einen Auftraggeber in Hamburg zwar ein Haus in Hutform zeichnen, die Behörden würden den Bau allerdings ablehnen. L.A. lässt den Bürgern Freiheit. Die bauliche Verarbeitung, die Qualität der Handwerker ist jedoch meist mangelhaft. Ungelernte Arbeiter werden eingesetzt, in der Mehrheit Latinos, willige Menschen, aber unerfahren. Um es anders zu formulieren: Wenn man hier mit dem Auto gegen eine Hausecke rast, ist die Ecke weg. Dasselbe in Deutschland: Das Auto ist weg.

Deutsche, die über den Pfusch ihrer Handwerker klagen, würden in Kalifornien weder mit Baldrian noch Cognac ihre Nerven beruhigen können. Amerika macht's einfach: drei Monate pauken und die Lizenz zum Bauunternehmer ist gesichert. Jeder, der keinen Kurzschluss verursacht, ist Elektriker. Wahrscheinlich ist es diese Gelassenheit – man könnte auch sagen, Verantwortungslosigkeit –, die Zuwanderer wie mich an den Westen der USA fesselt. Es existieren »home owner associations«, die sich gegen Ausuferungen des Stils oder der ästhetischen Einstellung wehren; in Städtchen wie Beverly Hills entscheidet ein Architektenausschuss darüber, ob ein geplantes kommerzielles Gebäude in das Gesamtbild passt, Ablehnungen sind allerdings selten.

Die Wohnsiedlungen in den Vororten sind meist im Einheitsstil gebaut – Vorgarten, Flachbau, Pool, Rasen. Aber allerorten in L.A. und Umgebung haben Fantasieprodukte ihren Platz gefunden. Der »Capitol Records Tower« in Hollywood ist von den Architekten so konzipiert worden, dass auch Ignoranten erkennen können, wer der Auftraggeber war – das Haus ist geformt wie ein Stapel Schallplatten. Das Hauptgebäude eines 1936 am Sunset gebauten Wohn- und Büroviertels im Flachbau-Stil, »Crossroad of the world«, ist, wie auch das Fabrikgebäude der »Coca-Cola Bottling Company« an der Central Avenue, einem Schiff nachempfunden worden – volle Kraft voraus auf die Boulevards. In Silver Lake befindet sich eine kleine, liebliche Dorfkirche, die »Holy Virgin Mary Russian Orthodox Cathedral«, an der Carmelite Avenue in Beverly Hills steht ein »Hänsel- und Gretel«-Haus, das vor der Umgestaltung in eine gediegene Villa Teil eines Filmsets war.

Das »Architectual Guidebook to Los Angeles«, ein 543 Seiten umfassendes Werk der Architekturkenner Robert Winter und David Gebhard, zeigt die Vielfalt der architektonischen Ströme in L.A., die Verspieltheit auch. Vor allem aber dokumentieren die Autoren, das L.A. architektonisch Klassiker vorweisen kann, so wie Paris, Berlin oder Chikago. In den Dreißiger- bis Fünfzigerjahren ist L.A., ist Kalifornien das Zentrum der modernistischen Bewegung gewesen, »und niemand«, so schreibt Architektur-Autor Reyner Banham, »der sich für Architektur interessiert, kann die Stadt ignorieren.« L.A. war neben Miami Beach die Art-déco-Hochburg der Nation, eine ähnlich eindrucksvolle Sammlung dieser Baukunst ist weder in Brüssel, Antwerpen noch Paris zu finden. An der Caroll Avenue in Angelico Heights stehen – ein weiteres Beispiel für amerikanische Vielfalt – Straßenzüge um Straßenzüge von Häusern im viktorianischen Stil.

Im globalen Bewusstsein ist Kalifornien von Hollywood bestimmt, von Klatsch und Exzessen, Schönheitsoperationen und Erdbeben, Todeszelle, Bandenkriegen, Feuerstürmen. Architektur? In Kalifornien? In Pasadena, behaupten Architektur-Experten wie Robert Winter, stehen Denkmäler amerikanischer Architektur-Kunst. Nördlich des Ventura Freeways, so Winter, befindet sich einer der »reichhaltigsten architektonischen Distrikte des Westens«. Er fordert dazu auf, ganze Straßenzüge in Pasadena zum »historic monument« zu erklären und somit zu schützen. In den Hollywood Hills haben Walter Gropius und Konrad Wachsmann gebaut, in Silver Lake, ein über Jahre von Investoren gemiedenes Viertel, Neutra und Schindler, Lautner, einer der führenden Expressionisten der Nation, Gregory Ain wie J. R. Davidson. Die Stadt und ihre Vororte wie Malibu sind durchsetzt mit ihren Kunstwerken.

Ich habe nicht nur Escada-Boutiquen entworfen, sondern Modernes in die Hügel von Hollywood gesetzt, eine Edel-Boutique für den Schweizer Uhren-Unternehmer Chopard am Rodeo Drive kreiert. Jennifer Lopez beauftragte mich, ihr einen »Salsa«-Nachtclub in L.A. zu bauen, den »Conga Room«. Für den genialen Filmregisseur Wolfgang Petersen und seine mit ihm im Tierschutz engagierte Frau entwarf ich einen Besitz, der in seiner Originalität den Film-fantasien des Regisseurs nicht nachsteht. 270-Grad-Blick über die Metropole, unbehinderte Aussicht in das Mysterium Los Angeles. In der Ferne die Konturen der Hochhäuser von Downtown, der Pazifik.

An meinen Aufträgen konnte ich erkennen: Die jüngere Hollywood-Generation war nicht mehr an Häusern interessiert, die scheinbar direkt vom Set des Südstaaten-Dramas »Vom Winde verweht« an den Strand von Malibu versetzt worden waren, nicht an viktorianischem Schnickschnack, weder an einem in der Provence abgekupferten Schloss noch einer Tiroler Holzhütte, sondern an Klarheit, Nüchternheit, Fläche, Glas, Stahl – modern. Brad Pitt outete sich als Freund moderner Architektur, der amerikanische Modemacher Tom Ford sicherte sich in Palm Springs ein von Richard Neutra konzipiertes Juwel. Vor allem in und um diesen Wüstenort ergatterten die modernen Meister so manchen Auftrag, weil sich die Klarheit ihrer Konzepte dort perfekt umsetzen ließ – die Verbindung von Natur und Technologie, die Öffnung des Hauses, die Akzeptanz der Elemente, in der Kargheit der Wüste, inmitten von Gesteinsbrocken und Kakteen.

Palm Springs ist ein Beispiel für meine These über die unglaubliche Mobilität dieser Nation, der steten Entwurzelung ihrer Bürger. Nie Stillstand. Selten Ruhe. Abbruch. Aufbau. Also stets Neuerung. Europa erstarrt in den Strukturen, widersetzt sich anderen Kulturen. Die Bürokraten bewahren, beharren auf dem, was »das Gesetz« vorschreibt, die Amis lassen sich vom großen Fluss mitreißen, selbst wenn der sie irgendwann an einer Stromschnelle zerschmettert. Man kann es auch so sehen: Sie wurden mitgerissen vom Konsum, der Gier nach Profit. Reichtum war für sie gleichbedeutend mit Sicherheit. Sie waren bereit für das Neue, weil das Alte sie nicht fesselt, weder Tradition noch Geschichte. Dieser Tage verlieren sie das Neue und starren ins Nichts.

Italiener diskutieren, warum das Römische Reich vor annähernd 2000 Jahren untergegangen ist. Ägyptische Intellektuelle forschen unvermindert, weil sie wissen wollen, warum sich ihre Kultur, Tausende von Jahren vor Christi Geburt gewachsen, in der Wüste verlaufen hat – Amerika begann 1776. Die Attentate auf Martin Luther King, John F. Kennedy und 9/11 – das ist ihre Geschichte. Gestern ist Geschichte. Das Vertrauen in die Wall Street? Geschichte. Vor einem Jahrzehnt noch standen die Villen von Palm Springs weitgehend leer. Frank Sinatra, der wie der Geist des schönen Lebens durch die Wüste wehte, war abgetreten; »high life«, das war nun Las Vegas, einige hundert Kilometer östlich.

Designer, Modemacher, Architekten, Filmagenten, Coiffeure, Antiquitätenhändler, in der Mehrheit Homosexuelle, entdeckten und eroberten die Wüstenorte. Und damit die Meisterwerke der Moderne. Unversehens war die vergessene Moderne »in«, die Häuser wurden zu Kunstobjekten, zu Sammelstücken. Produzenten, Schauspieler kauften zwei, drei Neutras, Schindlers, Ellwoods oder Greens auf einmal vom Markt. So schön war's vor dem Crash, so einfach.

Selbst die in manchen Sozialdebatten ach so konservative klassische Kirche hat, bewusst oder zufällig, den Modernismus-Schub an der Westküste mitbewirkt. Die vom spanischen Architekten-Genie Rafael Moneo entworfene »Cathedral of our Lady of the Angels« ist ein futuristisches gewagtes Bauwerk. Eindrucksvoll, einmalig. Made in California. Der Architektur-Autor Winter bekennt: »Die Kathedrale inspiriert selbst die Seelen von Ungläubigen. Gott sei Dank.«

Udo Kier hatte, als er noch jung war und im Rheinland lebte, immerzu »Palmen im Kopf«, so sehr liebte er die. Und wenn er nun, mit 65 Jahren, in Kalifornien durch seine Fenster blickt, kann er zufrieden sein. Er sieht auf Palmen – und sie gehören ihm. Verdient hat sich Udo Kier das mit der Schauspielerei, die ihn schon früh aus dem schlichten häuslichen Milieu forttrug in die schillernde Welt der Experimentier- und Provokationsfilme, zur Andy-Warhol-Factory und in die Kreise um Rainer Werner Fassbinder. Er trat fast nur in Nebenrollen auf, war da aber ständig gefragt. Vor mehr als 17 Jahren ging der eigenwillige Künstler in die USA und spielte rastlos weiter in Filmen von höchst unterschiedlicher Qualität, stets irgendwie auf der Seite des Bösen, jedenfalls gewinnbringend. Mit den Amerikanern steht Kier auf gutem Fuß. »Ich fühle mich an der Westküste wohl, frei, unbeobachtet. In Deutschland werde ich in Klischees eingeordnet, zwischen verrückt und wahnsinnig.« Nur gefällt ihm der Gleichmut nicht, mit dem soziale Missstände und Defizite akzeptiert werden. Die Kalifornier, so hat der Zuwanderer beobachtet, seien von Ängsten um das Alltägliche besetzt und die vielgerühmte Toleranz der Westküsten-Bewohner sei in Wahrheit eine panische Scheu, sich einzumischen und dadurch Ärger einzuhandeln: »Sie gucken einfach alle weg.« Auf die Nerven geht Kier die Eigenart seiner amerikanischen Mitbürger, alles »great« zu finden, ob es sich nun um den neuen Swimmingpool handelt oder um die scheußlichen Kinder. Das könnte er von seinen Palmen schließlich auch sagen. Im Garten hat Kier noch anderes stehen. Einen Mercedes 190 SL zum Beispiel, Cabrio, Baujahr 1956, kaum je gefahren und dennoch kürzlich restauriert. Nur so zur Erinnerung. Great!

Udo Kier

»Egoist, Exzentriker, auch Narziss«

Vietnamesische Geräusche waren das, Kriegsszenen. Hubschrauber orgelten über mein Haus, ließen meine Bambuspflanze tanzen. Meine Hunde bellten und jaulten und verkrochen sich. Gelegentlich hörte ich Schüsse. Ich hoffte, dass es Platzpatronen wären, so wie ich es vom Dreh her kannte, das Blut aus Ketchupflaschen. Ich wusste, dass da nicht Hollywood auftrat, sondern Los Angeles live. Dass es wirklich Schusswunden waren, mit echtem Blut, das aus durchgeschnittenen Kehlen oder zerfetzten Arterien spuckte. Welcome to America, land of the free and home of the brave.

Ich wohne – mein Frontbericht bestätigt das schon – nicht in Bel Air, Pacific Palisades oder Beverly Hills, wo neben der Polizei auch Hilfs-Sheriffs patrouillieren und Schilder im Garten warnen: »Armed response« – auf Eindringlinge wird geschossen. Ich habe mich in Echo Park niedergelassen, einige Kilometer nordöstlich von Downtown L.A. In den Siebziger- und Achtzigerjahren war Echo Park tatsächlich Kampfgebiet der Gangs, ein Umschlagplatz für Kokain, Heroin. Sogar im Baseballstadium der »Dodgers« waren zuweilen Schüsse, die Sirenen der Polizei und der Unfallwagen zu hören, die Hubschrauber zu beobachten, wenn sie sich in die Tiefe stürzten und ihrer Beute folgten, den Dealern und Killern.

Ich habe gewagt, in Echo Park zu investieren, weil ich die Gegend liebe, die Hügel mit Blick auf den »Hollywood«-Schriftzug, und natürlich der Preise wegen, die damals noch, vor fast 20 Jahren, bezahlbar waren. So mancher meiner Freunde reagierte verstört auf meine Entscheidung, mich in dieser Kriegszone niederzulassen. Was sie nicht wussten: Echo Park hat Tradition, hat Filmgeschichte gemacht. Nicht in Hollywood setzten die Filmpioniere die Fundamente, sondern in Echo Park, das zu Beginn der Stummfilmzeit Edendale hieß. Das erste permanente Filmstudio, »The Selig Polyscope Company«, wurde 1909 an der Allessandro Street etabliert, die heute als Glendale Boulevard im Stadtplan verzeichnet ist. In meiner Nachbarschaft hatte sich sogar Tom Mix niedergelassen, dieser edle Filmcowboy. Irgendwann sind sie alle umgezogen, und, wie so oft, folgte das Volk dem Trend, der Hoffnung, Versprechungen – nach Hancock Park, Beverly Hills, Bel Air. In Echo Park blieb der gesellschaftliche Bodensatz zurück. Und die Armut rückte nach. Chinesen, Latinos. Im Volksmund wurden die Hügel auch als »Red Hills« bekannt, weil sich hier politisch Radikale niedergelassen hatten, die in den USA seltenen Gefolgsleute von Marx, von Lenin, wer weiß, vielleicht sogar von Mao.

Ich liebe mein Haus noch immer. Die Bourgeoisie hat die Hügel zurückerobert, nach und nach, die Gangs sitzen in Pelican Bay oder San Quentin hinter Gittern, sind beerdigt oder haben ihre Fronten verlagert in die Sozialsiedlungen, »the projects«. In den Gettos von Kalifornien, keine Frage, werden jährlich ebenso viele Bürger erschossen wie GIS in Amerikas Kriegen hier und dort. Natürlich belasten mich solche Gedanken, diese schrecklichen Statistiken. Aber ich bin kein politischer Eiferer. Ich bin ein unabhängiger Mensch. Bin Egoist, Exzentriker, auch Narziss, sonst hätte ich mich in meinem Beruf nicht mehr als vier Jahrzehnte halten können: 130 Filme, 160, bald 200. Who cares?

Nicht alle Filme, die ich gedreht habe, sind museumsreif. Ich war in Madonnas Video »Erotic« ihr Sexgespiele, und in einem heruntergekommenen New Yorker Leder-Club habe ich mit ihr 30 Aufnahmen für ihr Fotobuch »Sex« gemacht. Ich habe sie gefragt: »Wie weit kann ich gehen?« Sie: »So weit du willst.« Gesagt, getan. »Perfekt gelingt ihm die Pose des dekadenten Flaneurs«, lobt mich Filmkritiker und Cineast Hans-Christoph Blumenberg, und »sieht aus wie ein ›ironisches Zitat‹.« Madonna hat mir zwar keine sexuelle Reife bestätigt, aber mir später geschrieben: »Ich mag Sie. Sie sind ein Verrückter.« Von dieser Sorte habe ich eigentlich auch ausreichend gespielt. Wieder und wieder. Erwürgt, erstochen, ertränkt. Regisseure überlegen inzwischen immer angestrengter, auf welche Art sie mich umbringen können. Vor Drehbeginn von »End of Days« wusste der Regisseur Peter Hyams noch nicht, wie ich zu Tode kommen sollte – den Kopf vielleicht zerquetscht zwischen zwei Maschinenwalzen? Letztlich wurde es, für meine Verhältnisse, reichlich banal: Gabriel Byrne, der Teufel, schlägt mir seine Faust ins Gesicht, am Hinterkopf kommt sie heraus, versehen mit tierischen Eingeweiden, die meine Hirnmasse darstellen.

Ich habe den Adolf Hitler gespielt, im Führerbunker, einen Killer in »Das deutsche Kettensägen-Massaker«, einen Nazi-Fotografen, endlos diese Liste. Nichts war zu krass für mich, den Kritiker als Betriebsbösewicht oder Fiesling apostrophierten. Nicht zu Unrecht: In »Cigarette Burns« habe ich einen reichen Cinephilen gespielt, der seltene Filme hortet. Er lässt sich ein einzigartiges Exemplar, »La fin absolute du monde«, besorgen, und nachdem er den Streifen bewundert hat, im eigenen Kino natürlich, ruft er den Filmhändler in seinen Projektionsraum. Dort liegt der Cinophile mit aufgeschlitztem Bauch, seine Gedärme hat er in den Projektor geschoben – mein Körper ist Kino. Oder, auch nicht einfach zu verkraften: eines meiner neueren Werke: Der »Picasso-Killer«. Ein Kunstvernarrter, wie ich im wahren Leben, tötet sieben Frauen, deren Haut er als Leinwand missbraucht – abgetrennte Finger nutzt er als Schachfiguren. Mein Film »Hexen bis aufs Blut gequält« wurde von der Kritik vor allem wegen vermeintlicher frauenfeindlicher Folterszenen gerügt.

Wahrscheinlich war's ein heftiges Werk: Die englischen Zuschauer erhielten Kotztüten zur Eintrittskarte hinzu – Tüten wie Film sind inzwischen Kult, die Kotzbeutel werden über E-Bay zu Höchstpreisen angeboten.

Es gibt im Weltkino, so das Kölner Filmmagazin »Schnitt«, »wohl nur einen Darsteller, der so eng assoziiert ist mit großen Künstlern wie Warhol, Fassbinder und von Trier, der gleichsam herben Trash nicht scheut, der Kult ist in der Avantgarde und Kult ist im Mainstream ...«, nämlich den Udo Kier. Ich habe nie eine Schauspielschule besucht und stattdessen versucht, mir mein Material, mein Know-how, aus dem Leben zu holen: Ich bin sogar in Irrenanstalten gewesen, um zu beobachten, was dort abläuft. Ich habe in L.A. zwei Tage im Knast gesessen, weil ich mit zwei Martinis im Blut am Steuer erwischt worden war. Zwei Tage mit Totschlägern, Mördern, im L.A. County Jail, auch eine Erfahrung, die ich in meine Rollen einbringen kann. Vor allem habe ich in frühen Jahren hemmungslos gelebt. Zum Bösen habe ich offenbar eine besondere Beziehung. Um den Teufel zu spielen, muss man ein Engel sein. So bin ich privat: Wenn ein Schmetterling abstürzt, steigt mir das Wasser in die Augen. Der Teufel war auch ein Engel, ein gefallener. Das Gute ist für mich einfach zu gut. Das Böse hingegen kennt keine Grenzen.

Ich tauge eben nicht zum Bankangestellten, der daheim das Geschirr spült und die Kinder von der Schule holt. Ich bin derjenige, der um zwölf seinen Smoking anzieht, ein Liedchen pfeift und dann die Familie erschlägt. Ich war beglückt, als mich Christoph Schlingensief im Dezember 2003 für das Wiener Burgtheater verpflichtete. Burgtheater. Ich. Die würden mich nie für einen »Hamlet« verpflichten. Schlingensief natürlich auch nicht. Aber, Respekt, die Wiener hatten die Courage, seine Provokation hinzunehmen und mich dazu. Zwanzig Schritte auf der heiligen Bühne. Die »Götterdämmerung« wird eingeblendet, und im Hintergrund läuft ein Porno, ein Kunst-Porno. Pornos sind wichtig, die müssten in jedem Haushalt als Anregung für Langzeit-Verheiratete laufen. Ich weiß nicht, wie viel die Zuschauer vom Text der Elfriede Jelinek verstehen konnten; sie setzt sich mit dem Irak-Krieg auseinander und versucht zu erklären, wie die Medien ihn in unsere bürgerliche Welt vermitteln. Die Kritik hat die Inszenierung verrissen, der »Zeit«-Journalist Peter Kümmel schreibt über »Bambiland« und Schlingensief: »Wir sehen ihm zu, wie er Bilder malt, mit dem Arsch (und sich filmen lässt), mal mit dem Gemächt (und sich filmen lässt), wie er sich kreuzigen und filmen lässt, wie er sich mit Flüssigkeiten begießt, wie er auf der riesigen Bühne seine eigene Mythologie illustriert, wie er auf einer Filmeinwand eine vermeintliche Obszönität, die Stimulation eines Schauspielerpenis bis zum Samenerguss (in die US-Flagge) mit einer tatsächlichen Obszönität, den Kriegsbildern auf CNN, vermischt, wie er Unsinn in

Megafone bellt und mit tausend Worten immer das eine sagt: Nicht schuldig. Ich will nicht schuldig sein.«

Offenbar hat dem Kritiker dieses Stück nicht gefallen, »eine erstaunlich nutzlose Anrufung des blutigen Lebens und des Schmerzes«, meinte er. Für mich macht es Sinn, eben diese Reaktionen, diese Debatten zu provozieren. Auch das muss Kunst leisten – die Provokation, die zum Denken führt und zur Erweckung aus dem Tiefschlaf. Heimatfilme, Disney-Märchen bieten die Produzenten im Übermaß. Warum darf's nicht anders sein? Ich habe einen Film gedreht, in dem ich im Wasser liege, endlich einmal lebendig, umgeben von Schildkröten, die mit Schmuck überzogen sind. Am Ende werde ich von meinem eigenen Schatten vergewaltigt. Der französische Schriftsteller Joris-Karl Huysmans hat in seinem Roman »Gegen den Strich« solche Szenen beschrieben. Sein 1884 veröffentlichtes Werk wurde als dekadente Literatur verachtet, ja als Bibel der Dekadenz – von der sich Oscar Wilde beeinflussen ließ; Huysmans, der sich zum Ende seines Lebens ins Kloster begeben hatte, zeichnet einen neurotischen dekadenten Aristokraten, der sich aus der Realität zurückzieht, sich in seinem Vorstadthäuschen in einer künstlichen Welt des Ästhetizismus und Mystizismus verliert und an die Schwelle zur geistigen Umnachtung gerät. Eine Szene gefällt mir besonders gut: Der Adlige mit dem Namen des Esseintes lebt ohne Uhr und hat ersatzweise zwei Nonnen engagiert, die jeden Mittag um zwölf Uhr an seinem Fenster vorbeischreiten müssen. Es müssten ja nicht Nonnen sein. Mir würden Vögel gefallen, die mittags um Zwölf in Echo Park ans Fenster picken.

Hollywood ist eine Industrie, und ich bin einer der Facharbeiter – andere, romantische Vorstellungen führen allenfalls zu Depressionen. Mir ist klar: Ein Deutscher hat kaum eine Chance, je zum Hauptdarsteller zu werden. Die Rollen für Deutsche sind beschränkt auf Nazis, wahnsinnige Wissenschaftler, Muskelmänner oder die Vertreter des Bösen; es trifft zu, was etwa die »Berliner Zeitung« einmal über mich notierte: Ich sei »einer der größten Kleindarsteller des deutschen und amerikanischen Kinos«. Das »Hamburger Abendblatt«, das in der Hansestadt wahrscheinlich häufiger der Wasserstandsmeldungen und nicht des Feuilletons wegen gelesen wird, qualifizierte mich hingegen als »den erfolgreichsten Dauerbrenner der Zweiten Liga«.

Hamburg gefällt mir dennoch, eine tolerante Stadt, eine Mischung aus Heimweh und Sehnsucht. Drei Jahre lang, jeweils 24 Drehtage im Jahr, habe ich an der Elbe eine wunderbare Kinderserie für den ARD gedreht: »Vier gegen Z«. Ich foltere und zersäge niemanden, stattdessen schießen aus meinen Augen grüne Strahlen und ich trinke nur grüne Getränke. Ich kann zwar fliegen, meist aber existiere ich unter der Erde, 500 Jahre alt, und denke mir Böses aus. Vier Kinder, ebenfalls mit magischer Kraft ausgestattet, bekämpfen mich. Die Moral der Geschichte: Ich kann Kunst-Kino machen oder in kommerziellen Projekten spielen; ich kann mit dem Dänen Lars von Trier in »Dogville« oder »Manderlay« drehen oder mit Arnold Schwarzenegger in »End of Days« Bomben werfen. Mir bleibt die Alternative. Die Kunst. Mir bleibt die Freiheit. Mit Lars von Trier arbeite ich seit mehr als einem Jahrzehnt an seiner »Dimension der Menschen«. Premiere: 2024. Wir treffen uns in gleichen Kostümen zum vorweihnachtlichen Essen und drehen drei Minuten Feinschnitt. Wenn der Film fertig ist, bin ich 80 Jahre alt und sehe mich in 90 Minuten 30 Jahre altern. Ich hoffe, dass ich den Schock verkrafte.

Falls ich vorzeitig abdanke und die irdische Welt verlasse, kann Lars meine Beerdigung filmen und dann mit einer anderen Person, die an meinem Sarg Tränen vergießt oder glücklich »Adieu« haucht, weiterdrehen. So bleibe ich auch über meinen Tod hinaus im Film am Leben. Auch ein Trost, den ich als ehemaliger Messdiener, Vorbeter und Chorknabe meiner heimatlichen Gemeinde in Köln eigentlich nicht nötig habe. Ich weiß: Das Paradies wartet auf mich. Ich werde ohnehin verhindern, dass eines Tages in den Geschichtsbüchern des Films zusammengefasst wird: »Er ist in Köln-Mühlheim geboren und in Köln-Ostheim gestorben.« Nein, das muss theatralischer sein, lebensbetonender, etwa: »Er raste mit einem orangefarbenen Porsche über die Klippen von Santa Monica.« Die Klippen gibt's, weiter weg vom Strand, den Porsche noch nicht. Vor meinem Haus steht das Auto meiner Träume, ein Mercedes 190 SL, Jahrgang 1956, Cabriolet. Eben restauriert. Ich fühle mich an der Westküste Amerikas wohl, frei, unbeobachtet. In Deutschland werde ich in Klischees eingeordnet, zwischen verrückt und wahnsinnig. Mir werden wunderbare Rollen angeboten: Zuhälter, Schaufensterdekorateur, Friseur. Mir aber ist es lieber, für einen Hollywood-Film (oder ein Video) engagiert zu werden, der mich zwischen die Beine von Madonna führt oder an die üppigen Busen von Pamela Anderson.

Ich lebe auf meinem Hügel in Echo Park nicht im Luxus, in dem Champagner wie Wildwasser fließt. Ich beschäftige weder Diener, Bodyguards noch einen Fitness-Trainer. Meine Haut ist ungestört vom Chirurgen-Skalpell, erhalten in der Straffheit durch dünne Suppe, Lebertran und amerikanisches Milchpulver, die ich als Kind ertragen musste. Und dazu immer nur eiskaltes Wasser auf meiner Haut. Wenn mich meine Freunde früher bei meiner Mutter besuchten, brachten sie als Gastgeschenk 500 Gramm »gute Butter« statt Blumen mit. Wenn ich Freunde zum Dinner bei mir einlade, wird das Kochen zum Ritual. Ich suche jede Tomate, jede Kartoffel auf dem »Farmer's Market« persönlich aus, rieche an ihr, fühle sie und durchschneide sie mit Liebe – wehe jenen, die danach ohne Respekt meine Mahlzeit runterschlingen. Ich muss nicht in Luxusrestaurants dinieren und zwischen den Gängen, wie in Hollywood üblich, einen Kollegen umarmen oder womöglich dessen geliftete Frau, den oder die ich auf den Tod nicht ausstehen kann. Und vice versa. »Darling, wie geht es dir? Wir müssen unbedingt zusammen essen.« Gott behüte! Ich hole mir lieber »dumplings« beim Chinesen, drei Kilometer entfernt von mir, in Chinatown, erste Etage, hinterm Parkplatz. Hummer krabbeln in Wasserbecken um ihr Leben, Chinesen, die vorgeben, nur heimatlichen Dialekt zu reden, schieben unter Dampf gekochte Dim Sum auf Wägelchen durch den »Empress Pavillion«. Ich meide die Cocktail-Szene, diese ewige Heuchelei. »Darling, you are so beautiful.« Lüge. »I must see you soon.« Lüge. »I call you tomorrow«. Noch 'ne Lüge. »Ich habe gestern mit meinem Freund, dem Regisseur, geredet, er will mit dir arbeiten.« Sicher.

Ich entziehe mich dem Zirkus. Ich habe mir eine ehemalige städtische Leihbücherei gekauft, in Palm Springs. In der Wüste. Angeblich hat dort us-Präsident John F. Kennedy in einem Haus des Sängers Bing Crosby anno 1962 seine Jacqueline betrogen – mit Marilyn Monroe, der ehemaligen Norma Jeane Mortenson. Sie hat Palm Springs auf die Landkarte gebracht, den »Raquet Club« etwa, in dem sie die Männer, die Mächtigen von Hollywood, um den Verstand brachte. In diesen Wüstenorten wie Rancho Mirage oder Palm Springs, im Schatten der San Jacinto Mountains, haben großartige Architekten wie John Neutra oder John Lautner und Albert Frey Modernes gebaut, die Zukunft, haben Frank Sinatra, Kirk Douglas, Bob Hope oder der Reifenfabrikant Leonard Firestone, der Expräsident Gerald Ford die Society-Seiten der Lokalpresse gefüllt. Zwei, drei Dutzend Golfplätze wurden in diesem Wüstengebiet gebaut, vielleicht sind's sogar 100.

Auf 10 000 werden die Swimmingpools geschätzt. Ganz einfach: 10 000 Häuser, 10 000 Pools. Albert Einstein hat Palm Springs besucht, Al Capone, der Gangsterboss, und nun bin ich hier angekommen. Meine Nachbarn sind Antiquitätenhändler aus Brentwood, Zahnärzte aus Beverly Hills, Filmagenten aus Malibu, Videoproduzenten aus Hollywood – viele von ihnen sind Homosexuelle. Die Alten tragen übergroße Sonnenbrillen, schwarz, die sie wie zweibeinige Insekten erscheinen lassen. Sie fahren ihren Cadillac meist nur geradeaus, weil die von Arthritis geplagten Arme und Schultern die Lenkbewegung links oder rechts schmerzhaft machen. Palm Springs erinnert mich an die Geschichte von Echo Park – verlassen von den Reichen, verlassen vom Optimismus. Investitionen bleiben aus, die Touristen fliegen nach Mexiko. Oder Las Vegas. Ja, nach Las Vegas. Die Immobilienpreise stürzen ab, Restaurants schließen. Die Antiquitätenhändler ziehen um nach Laguna Beach.

Nun rücken die Latinos nach, sie eröffnen Gemüseläden, Hühnerbratereien, direkt in der Nachbarschaft, in der sich zuvor Luxus spreizte, Cadillacs parkten, Thunderbirds. Gestern. Vorgestern. Und plötzlich, nach zwei Jahrzehnten Flaute, wird alles wieder »chic«. Die Wüste gefällt mir. Meine minimalistische Bibliothek ohnehin. Ich renoviere selbst. Holzvertäfelung und so. Moderne Möbel. Seltene Stücke. Meine Kunstsammlung. Auch Echo Park ist das, was man »Home« nennt, wie »my home is my castle«. In meinem Schlafzimmer steht ein gerahmtes Foto meiner Mutter, daneben ein Bild von Agnes, meinem Patenkind. Sie ist die Tochter meines Freundes Lars von Trier, der vier Kinder hat, von zwei Frauen. Vor den Fotos brennt eine Kerze. Nein, kein religiöser Wahn, Dankbarkeit.

Meine Mutter war von Wehen geplagt mit einem Krankenwagen in dieses Hospital eingeliefert worden, in Köln-Lindenthal. Vornehme Gegend. Mein Leben war also vorgezeichnet, vornehmes Dasein. Zumindest in der ersten Stunde nach meiner Geburt. Dann Fliegeralarm. Britische Bomber, britische Bomben. Es war der 14. Oktober 1944. Hitler saß im Bunker, Udo Kier lag in den Armen seiner Mutter. Die Schwestern sammelten die Neugeborenen ein, meine Mutter weigerte sich, mich auszuhändigen. Bomben trafen das Hospital. Wände stürzten ein, zerschmetterten Schwestern und Babys. Meine Mutter, und damit der winzige Udo, waren von Schutt begraben, durch den mich meine Mutter mit einem Arm zwängte, ein Arm, der Luft brachte und Hilfe. Vielleicht waren es Nazis, die mich herauszogen, oder eine Nutte. Mir war's egal – ich brauchte Luft – dieses Drama, die Vorbereitungen auf meinen Schauspielerberuf? Lars hat mich in seinem »Kingdom« als Erwachsenen die Geburt spielen lassen, meine eigene Geburt. Ich lag im sogenannten Unterbauch, hörte »action« und musste mich auf einem Brett mit vier Rädern durchdrücken – liegend. Mit blutverschmiertem Kopf, wie's wohl auch im Leben ist, guckte ich auf zwei Beine und die Welt da draußen vor der Tür. Drei Tag lang habe ich mich mit der Szene gequält, so ganz nach dem Bibelspruch »Warum bin ich nur aus dem Mutterleib hervorgekommen, wenn ich nur Schmach und Schande ertragen muss«.

Mein Vater hatte meine Mutter belogen, damit ging's schon los. Er hatte sich mit ihr verlobt, obwohl er bereits verheiratet war und drei Kinder hatte. Ihre ganze Liebe hat sie dann auf mich übertragen. Wir waren arm, so arm wie wohl die Mehrheit der Deutschen, die den Zusammenbruch, die Schande ihres Landes in den Trümmern verarbeiten mussten. Einmal in der Woche hüpfte ich in das warme Badewasser, in dem vor mir die Familie geplätschert hatte. Meine Mutter war eine wunderschöne Frau, die das Geld, das sie sich als Schneiderin verdient hatte, für Hasenfelle ausgab, um sich daraus Mäntel zu nähen. Ein Nerz wäre für sie angemessener gewesen, aber sie zog auch im Hasen die Blicke auf sich – ein schöner Kontrast vor und zu den Trümmern. In unserem Haus wurde der Nachbar Meinicke mit einem Hammer erschlagen. Da außer uns nur zwei weitere Familien in dem Gebäude lebten und der Täter nie gefasst wurde, bin ich wohl mit einem Mörder aufgewachsen. Wen wundert bei einem solchen Trauma, dass ich als Schauspieler zwischen Drama und Horror schwebe und Hammer und Messer so häufig einsetze wie ein Metzger am Schlachthof? Weil mein Vater entschwunden war, erhielt ich den Namen meiner Mutter, Kierspe. Als ich Schauspieler wurde, beerdigte ich die letzten drei Buchstaben. Und wurde Ich.

Ich habe vor dem Schulunterricht Zeitungen und Brötchen ausgetragen – jeder Pfennig zählte. Heute sind Gerstenkörner Gesundheitskost, teuer, von den Ernährungswissenschaftlern gepriesen. Wir aßen Gerste in der Not, weil's billig war. Wie Spinat. Noch so ein Gesundheitsprodukt unserer modernen Zeit. Ich musste Spinat essen, täglich. Wegen des Eisengehalts, meinte meine Mutter. Und Erbsensuppe, Bohnensuppe, Gerstensuppe. Kohl. Wirsingkohl. Grünkohl. Rosenkohl. Weißkohl. Rotkohl. Wenn ich darüber nachdenke, kann ich nur sagen: Meine Mutter war ihrer Zeit voraus. Eine Ernährungspionierin. Wie die Mehrheit der deutschen Hausfrauen, die kochte, was sie kriegen konnte. Nicht ein Diätplan, sondern Armut hat sie getrieben: Meine Mutter beharrte darauf, dass ich nach dem Schulabschluss »etwas Vernünftiges« lerne. Im Werkzeughandel erhielt ich eine Lehrstelle, bei der Firma Kruckenberg in Kalk. Mein Monatslohn betrug 60 D-Mark. Ich war ein zarter Bursche und arbeitete mit Spiralbohrern und Schneideeisen. Schrecklich. Lieber wäre ich Dekorateur gewesen oder Modedesigner. Oder Millionär. Einfach so. Stattdessen kassierte ich später als Kaufmannsgehilfe 380 Mark monatlich. Ich wollte mehr Geld verdienen, um jeden Preis. Also arbeitete ich in der Kaufhalle in der Schildergasse und später bei Ford am Fließband.

Mein Traum sah anders aus: Ich wollte raus aus Deutschland. Weg aus der Enge, weg vom Kohlgeruch. Vom Grüne-Seife-Charme. Auslandskorrespondent bei »Bayer Leverkusen« wollte ich werden. Die Firma faszinierte mich. Wir wohnten an derselben Straße, Düsseldorfer Straße 139, Köln-Mühlheim. Die Verlängerung führte nach Obladen am Rhein. Bayer symbolisierte für mich Größe. Zukunft. Die weite Welt. Sprachen. Andere Kulturen. Ich entschloss mich, mein Glück in London zu versuchen. Englisch zu lernen an der St. Giles School. Für Bayer Leverkusen. Amerika hat mich nicht wirklich interessiert. Ich erinnere mich an die GIS, die amerikanischen Besatzer in Deutschland, die mich auf den Arm nahmen, auf ihre verschlossenen Jackentaschen zeigten – die ich dann aufknöpfen durfte, um darin eine Tafel Schokolade zu finden. In einem Vorortskino wurden Sonntagfrüh für 50 Pfennig Eintritt Piratenfilme vorgeführt, in den Hauptrollen der 1959 verstorbene Errol Flynn.

Er war 15, ich 16, als ich Rainer Werner Fassbinder kennenlernte. Auch der hatte ein Vaterproblem und liebte seine Mutter abgöttisch. Wir waren Stammgäste in einer nicht so feinen Kneipe am Neumarkt, »Bei Leni« in der Thieboldsgasse. Arbeitercharme. Fernfahrer, Transvestiten. Hausmeister. Schlägereien waren nicht eben selten. Bier auf das T-Shirt, Glas in die Fresse. Entertainment zur fernsehlosen Zeiten. Zum Karneval, aus Übermut, habe ich mich – fraulich – geschminkt. Sogar im Kleid bin ich aufgetreten. Ein hübsches Ding, so herrlich anzusehen, dass mir Gäste Fotos abkauften, die ein Automat von mir gemacht hatte. Narzissmus hoch drei, damals schon. Fassbinder und ich, wir waren ein seltsames Paar, »the beauty and the beast«. Er wohnte bei seiner Tante und sah schon so aus, wie später, als er berühmt wurde: unrasiert und strubbelig.

In der englischen Hauptstadt, in der ich mit 19 ankam, blieb ich trotz der Sprachbarrieren nicht einsam. Ich war ein schöner Junge, zumindest schien es mir so, denn in der damals modischen King's Road in Chelsea oder der Carneby Street haben mich Männer wie Frauen angesprochen, ein Rendezvous hier, ein Stelldichein dort. Einmal hockte ich mit einem deutschen Freund im Club von Danny La Rue, einem Transvestiten, der als Marlene Dietrich im Abendkleid auf die Bühne trat. Der Kellner kam an unseren Tisch: »Herr Visconti und Herr Nurejew möchten Sie zu einem Glas Champagner einladen.« Ich war arrogant oder selbstbewusst oder beides zugleich und antwortete: »Wenn die was von mir wollen, sollen sie selber kommen.« Lucchino Visconti, der Regisseur von »Tod in Venedig« und »Ludwig II.«, kam wirklich. Und dann hockte ich, der ehemalige Lehrling der Werkzeugmaschinenfabrik Kruckenberg, zwischen Visconti, Helmut Berger und Rudolf Nurejew, einem der größten männlichen Balletttänzer aller Zeiten, der sich 1961 in Paris der Sowjetunion entzog, und ließ mich von kühlem Champagner berauschen, vielleicht war's der Grande Cuvée von Krug oder ein Veuve Cliquot Ponsardin, egal.

Als ich Bergers deutschen Akzent ortete, sagte ich ihm, »toll, wir können also deutsch sprechen«. »Nein«, sagte der Beau, der noch keinen Film gedreht hatte, »ich bin Österreicher.« Nurejew schien zum Ende des Abends wie ein Russe ohne Kopf. Ein kopfloser Tänzer. Er redete immerzu auf »dearest Lucchino« ein: »Die Beine von Nurejew sind müde.« »Oh, Luccho, wenn du wüsstest, wie gern meine Beine jetzt einschlafen würden.« »Darling, willst du die Beine nicht nach Hause begleiten.« Eine italienische Freundin, Luisa, erzählte mir von einem Filmprojekt, »Straße nach St. Tropez«. Gesucht wurde ein französischer Jüngling, Typ Gigolo. Ich bekam die Rolle und hörte auf dem Set wie ich mit Alain Delon verglichen wurde, mit Terence Stamp, den Schönlingen jener Zeit – und nun ich. Der Knabe mit den grünen Augen, der Sensible. In einer Szene musste ich, vor Nizza, aus dem Wasser gleiten. Ich suchte die Kamera. Nirgends zu sehen. Sie hatten mich mit dem »Zoom« erfasst, nur Großaufnahme aufs Gesicht, »The New Face«.

Ich war folglich nicht wirklich überrascht, als ein Mr Zanuck aus Hollywood mir ein Angebot machte. Einen Sieben-Jahres-Vertrag. Er hatte mich in der »Straße nach St. Tropez« gesehen. Ich wusste nicht, dass dieser Daryl Zanuck 200 Filme produziert hatte, darunter »The longest day«. Ich hatte keine Vorstellung von Hollywood, von Amerika, ich war mir nicht einmal sicher, ob ich überhaupt Schauspieler werden wollte oder doch lieber Gärtner oder Dekorateur. Der Vertrag war sehr einseitig. Hätte ich unterschrieben, wäre ich eine Art Leibeigener gewesen, sieben Jahre – oder nach dem Probejahr fristlos entlassen worden. Stattdessen stand ich mit Rolf Eden vor der Kamera, einer Berliner Type, der Discos und Striptease-Lokale populär machte. »Schamlos« hieß der in Wien gedrehte Schwarz-Weiß-Streifen und schamlos war er – ein schräges Ding, in dem ich einen aufstrebenden Gangster und Zuhälter darstellte, »halb Engel, halb Teufel«, wie ein Kritiker urteilte. Dann rief Rom. Rom!! Dolce Vita und Frederico Fellini. Anno 1969.

Ich sollte in «Satyricon» spielen. Satyricon!! Angeblich der obszönste Roman der Weltliteratur, eine dichterische Perversion. Vom römischen Schriftsteller Petronius Arbiter um 65 v. Chr. aufs Pergamentpapier gebracht. Ekolpius verliebt sich in einen Knaben, so wie's damals war. Ich sollte den Ascilto spielen. Unter Fellini. Die Probeaufnahmen verliefen positiv. Wahrscheinlich hätte Fellini mich genommen, wenn nur dieser Franco Zeffirelli nicht aus New York eingeflogen wäre. Er hatte Hiram Keller in »Hair« gesehen und Fellini vorgeschwärmt, wie schön der sei, wie einmalig. Ich sollte eine kleinere Rolle spielen, aber ich habe mich abgeseilt, weil ich ein wenig gekränkt war.

In Rom habe ich mich meist durchbeißen müssen, im wahrsten Sinne des Wortes. Zuweilen hatte ich nichts zu essen, und Freunde haben mich unterstützt. Mein Freund Sigmar Polke, der Maler, kam aus Köln und streifte mit mir durch die Stadt – Rom war fun. Piazza Navona, Espresso, tartuffo. Und Frank Sinatra. Den habe ich zufällig auf der Via Veneto beobachtet, ohne Toupet; Frank ohne Haare, das erscheint mir so wie unser deutscher Papst in Cowboystiefeln. Ich musste nicht nur meine eigene Miete bezahlen, sondern auch die meiner Mutter in Köln, die ich aus der Armut herausgeholt habe. Ich habe ihr nie von finanziellen Engpässen erzählt. Wie sollte sie das glauben: Ich sauste mit einem offenen moosgrünen Jaguar, E-Type, 4,2 Liter, durch Rom, pleite, aber umnebelt vom Dolce Vita, desinteressiert an Krieg und Frieden, ausgerichtet auf Sex und Rock 'n' Roll. Prinzessinnen und Prinzen. Arm und Reich. Schön und Hässlich.

Ich war für alles zu haben. Tabus kannte ich nicht, auch Joints lehnte ich nicht ab. Selbst mit Gruppensex habe ich experimentiert, obwohl ich sehr schnell begriffen habe: Das ist nichts für dich. Filmkritiker Blumenberg, der wohl meine Fotos von damals analysierte, beschreibt den römischen Udo als eine »männliche Nymphe: mit verhangenem Blick und leicht aufgeworfenen Lippen, ein später Bruder der frühen Brigitte Bardot, ein Hauptgewinn in der Lotterie der Lüste«.

Manche meiner Nächte waren anonyme Abenteuer: Kontakt, Lust, Leidenschaft. Wir schlafen miteinander. Am Morgen danach kein blödes »Auf Wiedersehen«. Ciao. Basta. Das war's. Keine Telefonnummer. Kein Name, kein weiterer Kontakt. Ich bin sehr narzisstisch veranlagt, folglich habe ich mich in sexuellen Beziehungen selbst mehr geliebt als meine jeweiligen Partner. Ich bin selten in längeren Beziehungen gewesen. Ich wollte diese Komplikationen nicht, die Treueschwüre vor einem längeren Dreh, Eifersucht, dieses ganze bürgerliche Trallala. Dadurch bin ich beweglich geblieben, nennen wir das frei. Oder entwurzelt.

Eigentlich ist mein gesamtes Leben durch Zufälle geprägt – zufällig die Bomben überlebt, zufällig Fassbinder umarmt, Visconti, Nurejew, Jean Marais, Arndt von Bohlen und Halbach sowie Johannes von Thurn und Taxis in Cannes, Helmut Berger in Rom, allesamt Männer, die außerhalb der Norm lebten. Andy Warhol, Lars von Trier, Gus van Sant, Christoph Schlingensief, Künstler, die sich nicht von Traditionen leiten ließen, sondern experimentierten, provozierten. 1972 stand ich erstmals in einer amerikanischen Produktion vor der Kamera, »Salzburg Connection«, ein Spionage-Thriller, in dem der 1992 verstorbene Helmut Schmid (Ehemann von Liselotte Pulver) meinen Vater spielte und Klaus Maria Brandauer sein Filmdebut hatte. Meine US-Karriere begann, wie sie sich später über mehr als drei Jahrzehnte weiterentwickelte. Ich war der schöne Mörder. Ich hatte vier Auftritte, in denen ich drei Menschen tötete.

Paul Morrissey sitzt auf einem Flug von Rom nach München neben mir – zufällig. Ich kenne ihn nicht. Er fragt: »Und was treiben Sie so im Leben?« »Schauspieler. Und Sie?« »Ich bin Regisseur. Arbeite mit Warhol.« Warhol. Um Gottes willen. Die Kultfigur. Diese Pop-Kunst-Ikone. Schwupp, ziehe ich meine Autogrammkarte aus der Tasche – eine Reaktion, die Minderwertigkeitsgefühle erkennen lässt. Was muss ich ihm beweisen? Schönheit, Jugend? Morrissey notiert sich meine Telefonnummer auf einer Seite in seinem Reisepass. »I will call you.« Den Satz kenne ich, und das andere Versprechen ebenfalls: »We'll keep in touch.« Das war's. Ende. »Goodbye Mr Morrissey. My best regards to Mr Warhol.« Morrissey war für alle Warhol-Projekte zuständig, ausgenommen die Kunstwerke, Campbell-Suppen-Gemälde, Monroe-Porträts. Nicht Andy Warhol, sondern Morrissey hat die Kunstfilme produziert und Regie geführt, die den Underground, die Szene faszinierten:»Lonesome Cowboys« etwa, einen Film über homosexuelle Cowboys. Oder »Trash«, über den Heroinsüchtigen, der mit einem Transvestiten zusammenlebt. Filme, die provozierten und einen Amerikaner namens Joe Dallesandro zum Star machten, zum Warhol-Star, zum Sex-Helden des Undergrounds. Hollywood hätte ihn nicht besetzt, Warhol/Morrissey gaben Joe seine Chance: Ein ehemaliger Jugendkrimineller, dessen Mutter im Knast saß, ein Bandenmitglied, das auf der Flucht vor der Polizei angeschossen wird, macht Karriere.

Wochen nach jenem Flug erreichte mich in München ein Anruf: »Paul Morrissey; erinnern Sie sich? Ich habe eine kleine Rolle für Sie.« »Welche?«, wollte ich wissen. »Frankenstein.« Der legendäre Produzent Carlo Ponti, der »Dr. Schiwago« und »Blow up« auf die Leinwand brachte und Sophia Loren in sein Schlafzimmer, werde das Projekt finanzieren. Und nicht nur Frankenstein, sondern auch »Dracula«. Pro Film musste Ponti damals 300 000 Dollar investieren, so viel, wie heute ein Werbespot für Schuhcreme kostet. Wir verabreden uns im Münchner »Interconti-Hotel«. Morrissey fliegt mit seinem Hauptdarsteller Joe Dallesandro ein. »Heat« hat in Deutschland Premiere. Ein Reporter fragt Morrissey: »Wer spielt im nächsten Film Ihren Frankenstein?« »Udo Kier.« »Der Herr Kier?«, war die Reaktion. »Wie kommen Sie auf den?« Sicher ein Geliebter von Warhol. Oder von Morrissey. Oder Joe, oder von allen, so hieß es. Oder von Ponti vielleicht, armer Ponti, er hat unsere irdische Station unlängst verlassen. Wieder einer. Arme Sophia.

Plötzlich wurde Kier mit großem K geschrieben. War er vielleicht doch ein neuer James Dean oder ein Alain Delon? Wir wurden in einer Villa an der römischen Prachtstraße, Via Appia Antica, einquartiert, ein Haus, das Roman Polanski der Produktion überlassen hatte. Andy Warhol und seine »family« – die hatten das Image von Sex, Drugs and Rock 'n' Roll. Doch nichts davon war zu sehen! Disziplin. Alkoholverbot in den Cinecittà-Studios. Mediziner mussten mir für meine Rolle lateinische Worte einpauken: Manum, nasum und so etwas. Beim Dreh habe ich alles durcheinandergeworfen. Am letzten Drehtag habe ich mir gesagt: Jetzt musst du einen trinken. Und bin in die Kantine gegangen, in der Schauspieler in wunderschönen Kostümen saßen, mit grandiosen Masken. In den Studios nebenan drehte Fellini.

Der weiße Wein war kühl, und ich war zufrieden mit mir. Warhol bedeutete Kunst, auch wenn »Frankenstein« von den Kritikern der Massenmedien nicht in solche Kategorien eingereiht wurde. Andy Warhol hatte sich mit mir fotografieren lassen, er mit seinem Dackel Archibald auf dem Arm. Die Glamour-Magazine druckten die Bilder. Plötzlich war auch ich, irgendwie, Kult oder wenigstens ein Kultverschnitt. Ein Stück Warhol-Geschichte allemal. Ich sehe es noch wie heute: Morrissey steuert auf meinen Tisch zu, auf dem der verbotene Tropfen steht:»Wir werden wohl auch Dracula mit einem Deutschen besetzen.« Ich reagiere sofort:»Mit wem?«»Mit dir.Vorausgesetzt, du hungerst 20 Pfund ab. In vier Tagen.« Arrivederci Crema, adio patate a tartufo, ciao tagliata di controfiletto. Arrivederci funghi porcini, gelato con cioccolato, arrivederci ihr Weine des Chianti. Ich habe nichts mehr gegessen, nur noch Salatblätter, ohne Essig, ohne Öl – Kaninchenkost. Dazu Wasser. Im Film sitze ich im Rollstuhl. Der schwache Dracula, der nicht mehr stehen kann. Bis zur Premiere in Paris anno 1974 hatte ich mich erholt.

Ich wohnte im feinen »Plaza Athenée«-Hotel in der Avenue Montaigne. Gegenüber lebte die greise Marlene Dietrich, die sich nur noch selten aus ihrem Apartment wagte. Eine Stunde vor der Premiere wollte ich mich mit Morrissey verabreden:»Er ist bereits abgefahren«, meldet der Empfang. Aber:»Herr Polanski ist noch im Haus.« Anruf bei Roman:»Gehst du zur Premiere?«»Komm in meine Suite auf ein Glas Champagner. Wir fahren zusammen.« Polanski ist ein witziger, ironischer Mann. Ein Intellektueller.

Im Rolls-Royce fahren wir vor dem Premierenkino an den Champs-Elysées vor. Auf dem roten Teppich steht Morrissey und poltert:»Was treibst du denn hier?« Ich, einer der Hauptdarsteller!! Unverschämtheit. So waren sie, Andy und Paul. Egomanen. Hauptdarsteller? Die anderen sind Komparsen gewesen, unterwürfig. Ich aber nicht. Nicht Udo Kier. Fuck them all. Im Filmmagazin »Schnitt«, das sich über 28 Seiten mit meiner Karriere auseinandersetzte, notiert der Autor, Hans Schifferle:»In beiden Filmen baut Morrissey einen Antagonismus zwischen den aristokratisch-europäischen Horrorfiguren des Udo Kier und des proletarisch-amerikanischen Charakters von Joe Dallesandro auf. Während sich Kier am Rande des Wahnsinns (als Frankenstein) und der Impotenz (als Dracula) befindet, verkörpert Dallesandro eine rohe, kraftvolle Sexualität. ›The Spirit‹ tritt an gegen ›The Body‹. Eine perverse, androgyne Dekadenz prallt auf eine pragmatisch brutale Männlichkeit.« Ich sei, urteilt der Schreiber, in »Frankenstein« und als Dracula eine »großartige Tunte«.

Nach der Premiere tauchen Polanski und ich bei »Régine« ab, einige Schritte von den Champs-Elysées entfernt – eine Institution des Pariser Nachtlebens. Exklusiv. Elegant. Diskret. Régine kennt ihre Glamour-Gemeinde. Roman muss nicht auf einen Tisch warten. Roman ist Star. Zu später Stunde treten mehrere Gentlemen in schwarzen Anzügen an unseren Tisch. FBI? Sittenpolizei? Produzenten. Sie wollen die »Geschichte der O« verfilmen, mit mir in der

Hauptrolle des »René«. Regisseur sollte Just Jaeckins sein, der auch »Emmanuelle« und »Lady Chatterley's lover« gedreht hatte. Ich kannte das Buch. »Nein, mache ich nicht, ich mache keine Pornos.« Ich war irgendwie stolz auf mich – keine Pornos. Roman Polanski freilich redete auf mich ein: »Das musst du machen. Das ist das berühmteste erotische Buch Frankreichs.«

Ich habe zugesagt und bin von Rom nach Paris umgesiedelt, in eine nach dem französischen Schriftsteller Henry Barbusse benannte Rue im 14. Stadtbezirk, unweit des ehemaligen Künstlerviertels Montparnasse. Sängerin und Schauspielerin Ingrid Caven, die von 1970 bis 1972 mit Fassbinder verheiratet war, wohnte in der gleichen Straße, der Regisseur und Fassbinder-Freund Daniel Schmid an der Ecke. Die Wohnung war sehr schön, aber ich habe darauf verzichtet, Möbel zu kaufen. Ich schlief auf einer Matratze, meine schönen Anzüge und Jacken hingen an Haken an der Wand. In der Küche standen zwei Stühle. Ich wusste nicht, wie lange ich bleiben würde, und der Gedanke gefiel mir, einfach abreisen zu können, ohne Möbelpacker. Ich war nicht glücklich über »O«, den der »Spiegel« als einen »Pornofilm für die ganze Familie« qualifizierte. Die erste Szene, im Rolls-Royce, die hat mir gefallen. Wir sitzen hinten. Ich fordere sie auf, ihr Höschen auszuziehen, schneide den Büstenhalter durch. Da sitzt dann die schöne Corinne Clery mit dem nackten Po auf dem Leder. In dieser Szene habe ich mich total auf den Regisseur verlassen, der mir erklärt hatte, ich solle das Mädchen nur leicht berühren. Das erschien mir wie in einem Werbefilm. Heute würde ich das hemmungsloser machen, realistischer. Also ran, zupacken. In einer der Großaufnahmen – sie steigt vor dem Schloss aus dem Rolls-Royce – hat der Regisseur einen Sternen-Filter benutzt. Das sieht so aus, als hätte ich bei ihrem Anblick Sterne vor den Augen. Erotik? Kitsch! Nachdem ich den Film erstmals an den Champs-Elysée gesehen hatte, habe ich meinen Freunden gesagt: »So, jetzt lade ich euch alle zusammen zum Essen ein. Aber bitte kein Wort zum Film.«

Ich komme immer wieder auf den Zufall zurück, weil Zufälle mein Leben so sehr bestimmt haben. Christoph Schlingensief habe ich während der Filmfestspiele – nahezu – unter einem Tisch getroffen, mit Tilda Swinton, in die er sich kurz zuvor verliebt hatte. Diese wunderbare englische Schauspielerin, Offizierstochter, Hochadel, die mit ihrem »Fantasien einer Frau« zur feministischen Ikone wurde. Weil es in der Berliner Kneipe so laut war, haben wir uns unter den Tisch zurückgezogen und beschlossen, einen Film zu machen. Wir haben den Vertrag auf einer Serviette schriftlich festgehalten und mit Rotwein und Händedruck bestätigt, noch immer unterm Tisch. Vier Wochen später haben wir »Egomania – Insel ohne Hoffnung« gedreht, auf der Hallig Langeness. Ich war äußerst engagiert, trotz der Finanzprobleme des Produzenten.

Ich lag einmal auf dem gefrorenen Wattenmeer, bei minus 12 Grad, griff ins Watt der Nordsee, fraß den gefrorenen Schlick und schrie um Erlösung. Soweit ich mich erinnere, hatte Christoph 89 750 Mark vom »Filmbüro Hamburg« als Finanzierung erhalten. Nicht eben viel – Christoph musste danach jahrelang als Aufnahmeleiter beim Fernsehen arbeiten, um seine Schulden abzuzahlen.

Bei meiner ersten Begegnung mit Lars von Trier, auf einem Festival in Mannheim, erschien er mir wie ein Schüler. Er trug Jeans, Turnschuhe, ein T-Shirt. Und jung war er, so jung. Jahrgang 1956. Er hatte sein »Element of crime« im Wettbewerb; nachdem ich den Film gesehen hatte, wusste ich, dass ich mit meinem »Last trip to Harrisburg« keine Chance hatte. Udo, packen, habe ich mir gesagt, aber erst musst du diesen Dänen treffen, dieses Genie. Eine seiner ersten Bemerkungen war: »Ich bin ein großer Verehrer von Fassbinder.« Also musste ich mich nicht mehr erklären, meine Arbeit als Schauspieler. Er hat Nicole Kidman vor die Kamera geholt, Harriet Andersen, eine von Ingmar Bergman oft eingesetzte Schauspielerin, und Lauren Bacall, große Frauen in großen Filmen. Nach den Dreharbeiten mit Nicole für »Dogville«, in Schweden, habe ich in einem Artikel geschrieben: »Bei jedem Film hat man das Gefühl, dass sie sich wie ein Fallschirmspringer in ein Experiment fallen lässt.«

Beim Dinner, vor dem Drehbeginn, sitze ich neben der Diva meiner Kindheit, Lauren Bacall, Ehefrau von Humphrey Bogart, ewige Schönheit. Mir gegenüber sitzt Nicole Kidman, die Frau mit dem Körper einer Göttin. Könnte nur meine Mutter diese Szene sehen. Sie hat die Artikel über mich ausgeschnitten. Sie wurden alle in die Handtasche gepackt. Und wenn sie zum Metzger ging, dauerte es Stunden, bis sie zurückkam, weil sie jedem, der sie sehen wollte oder auch nicht, diese Clippings zeigte. Die Presse hat mich nie niedergemacht oder versucht, mich kaputtzumachen. Die haben akzeptiert, dass ich nicht Gustav Gründgens bin oder Klaus Maria Brandauer, sondern Kier, Udo. Und ich habe Kritik hingenommen, nicht erfreut, natürlich nicht, aber die ist nun mal Ausdruck unserer Pressefreiheit. Ich habe bei »Wetten dass …« ein Stück vorgetragen, das ich selbst geschrieben habe. Hat die Kritik mich gekreuzigt? Nein. Ich habe sogar gesungen. Schließlich habe ich im Kirchenchor meiner katholischen Gemeinde lange genug geübt – hohe Knabenstimme.

Lars ist – und das schreibe ich nicht, weil er ein Freund ist – einer der großen Regisseure der Gegenwart. Ich habe in zehn seiner Filme mitgewirkt, zuletzt in »Manderlay«, wieder ein kontroverses Thema: Auf einer Baumwollplantage im amerikanischen Südstaat Alabama werden die Sklaven befreit, aber sie wollen diese Freiheit nicht, sehnen sich nach der gewohnten Unterwerfungsstruktur zurück. Lars von Trier ist immer wieder vorgeworfen worden, dass er die USA negativ zeichnet, obschon er sie nie besucht hat. Ich weiß: Er leidet unter Flugangst wie ich selbst und hat außer Cannes nur Afrika besucht, einmal und nie wieder. Damals war er 17. Bereits fünf Jahre zuvor ist er mit dem Zug zur Demonstration nach Kopenhagen gefahren – gegen die Weltbank, gegen den Vietnam-Krieg. Seine Eltern waren Sozialisten, er selbst, so hat er »Spiegel«-Redakteuren verraten, sei »eine Art Kommunist geworden«. Amerika sei immer »ein Faszinosum« für ihn gewesen. Sein gesamtes Wissen über die USA, räumt er freimütig ein, habe er als Jugendlicher aus Donald-Duck-Filmen und Comics bezogen. Heute liest Lars über die USA, was er finden kann, er hat sich nahezu akademisch mit dem System auseinandergesetzt. Er ist überzeugt: Aus der Entfernung sieht man manche Dinge besser, als wenn man direkt davor steht.

In seinem Interview resümiert er: »Die Distanz gibt mir mehr künstlerische Freiheit.« Er schreckt vor kaum einem Thema zurück, und er macht Kunst daraus. Die Arbeit mit Lars von Trier, mit Gus van Sant, Fassbinder, David Lynch, dem Regisseur von »Mullholland Drive«, belegt, dass Film immer auch Kunst sein kann, ja sein muss. Mit Werner Herzog habe ich im Frühjahr 2009 an einem von David Lynch produzierten Film gearbeitet, in dem ich ausnahmsweise keinen Mörder, sondern einen Schauspiellehrer darstelle. Hollywood ist Industrie, ausgerichtet auf Massenkonsum, auf Kommerz. Hat nicht bereits Goethe in seinem »Faust« den Theaterdirektor sagen lassen: »Die Massen könnt ihr nur durch Massen zwingen, ein jeder sucht sich selbst was aus. Wer vieles bringt, wird manchem etwas bringen, und jeder geht zufrieden aus dem Haus.« Ich habe mich zwischen diesen beiden Welten bewegt. Ich bin nie Hauptdarsteller gewesen und vielleicht war das für mich auch besser so. Ein Hauptdarsteller soll den Film »tragen«, wie es in der Branche heißt, das Publikum über seinen Namen in die Kinos ziehen.

Wird der Film an der Kasse zu einem Misserfolg, wird nicht nur der Regisseur gekreuzigt, sondern vor allem der Star; eine Chance, vielleicht zwei oder allenfalls drei, gewährt ihm Hollywood, dann ist der berühmte Karriereknick erreicht. Sylvester Stallone war in »Rambo« ein Star, eine Geldmaschine, und auch als Boxer Rocky Balboa, der 1976 erstmals rechte Haken und »upper cuts« schlug. Sein Werk wurde mit einem Oscar geehrt. Danach glückte ihm wenig. Stallone ist 62 und ist 2008 abermals als John Rambo angetreten. Zum fünften Mal. Sein letzter, vorerst letzter, »Rocky« spielte weltweit rund 130 Millionen Dollar ein. Was kommt danach: Rocky im Altersheim, Rocky, der Engel, Rocky, die Wiederauferstehung? Einem »supporting actor«, dem Darsteller einer Nebenrolle, wird kein Produzent ein Kassendrama anlasten können. Gleich wie klein die Rolle ist, als »der Mann im Trenchcoat«, der »Irre mit dem Schlachterbeil« – wenn Kunst mich will, stehe ich vor der Kamera.

Ich kannte die Arbeit von Gus Van Sant, etwa »Mala Noche«, ein Meisterwerk in Schwarz-Weiß, das er 1985 für 20 000 Dollar produziert hatte. Sein »Good Will Hunting« wurde für einen »Oscar« nominiert. Gus van Sant habe ich während der Filmfestspiele auf einer Party kennengelernt. »Für mich«, sagte er mir, »sind Sie einer der besten Schauspieler überhaupt.« Das Lob habe ich gern gehört. Meine Bewunderung für ihn ob solcher Einschätzung meiner Fähigkeiten war kaum noch zu steigern, doch dann versprach er mir einen Job in einem Film, in dem zwei Teenager-Stars Hauptrollen übernehmen würden: River Phoenix und Keanu Reeves.

Deren Namen hatte ich noch nie gehört. Der Film sollte in Portland, Oregon, gedreht werden. Portland: Was wusste ich schon von Amerika? Freunde hatten mir zum 21. Geburtstag ein Ticket geschenkt – London, New York, Los Angeles und zurück. Das war's. Dann kam das von Gus versprochene Drehbuch: »My Private Idaho«, die Geschichte eines Strichjungen namens Mike Waters (Phoenix), der auf der Suche nach seiner Mutter in der Stricher- und Dealerszene von Portland dem jungen Scott (Reeves) begegnet, dem aufsässigen Sohn des Bürgermeisters. Ich sollte Hans darstellen, einen reichen Mercedes-Händler, der sich mit den Jungen einlässt. Zunächst unterhält er sie mit einer Kabarettvorstellung, dann im Bett.

Die Produktion hatte mich, zunächst, im New Yorker »Waldorf Astoria«-Hotel einquartiert. Eine wunderschöne Art-déco-Herberge, in der Staatschefs und Monarchen wohnten, und auch Arthur Miller, der begnadete Autor, mit der ihm angetrauten, zerbrechlichen Marilyn Monroe. Kronleuchter überall, Pagen mit roten Kappen und weißen Handschuhen. Luxus. Gold. Kristall. Gäste im Frack, im Abendkleid, die ihre Limousinen in der Park Avenue warten ließen. Gus van Sant hatte mir die Arbeitserlaubnis beschaffen lassen, einschließlich der »social security«-Nummer. Ein unerlässliches Dokument in Amerika.

Wir haben in Portland im US-Staat Oregon gedreht und in Idaho, einem Staat, in dessen Skigebiete sich Bruce Willis eingekauft hat und Arnold Schwarzenegger. Der Kontakt mit den Teenager-Idolen war entspannt. Kaum war ich im Hotel, forderte River: »Hans, du reicher Knochen, bezahl meinen Kaffee.« Der war sofort in seiner Rolle – der Stricher und der reiche Freier. Die Barmädchen flirteten mit River, nur Alkohol durften sie ihm nicht ausschenken. Er war noch nicht 21. Ein Jahr später war er tot. Drogen? Wahrscheinlich. Eine »overdose« in Hollywood. So die Medien. Gus hat die Dialoge klug vermischt – Straßen-Slang mit Shakespeare-Englisch, zentrale Elemente aus »Heinrich IV« vermengt mit Tunten-Weisheit. Gus wurde in Deauville bei den Festspielen für sein Werk geehrt. Mich lobte der US-Kritiker Frank Maloney für meinen »wundervollen Tanz mit einer Tischlampe«. Immerhin.

Ich glaube mich zu erinnern: Ich habe 3000 Dollar pro Woche verdient. Aber wichtig war nicht nur das Geld, sondern auch die Botschaft, der Inhalt des Films: Homosexualität. Als Autor Vito Russo für sein 1981 veröffentlichtes Buch »The Celluloid Closet – homosexuality in the movies« recherchierte, reagierten die Schauspieler »erschreckt und blieben stumm«. Homosexualität wurde in manchen Bundesstaaten der USA noch bis 2003 mit Gefängnisstrafen geahndet – als »Verbrechen gegen die Natur«. In »Victim«, 1961, war laut Russo erstmals eine Szene gewagt worden, in der ein Mann dem anderen gestand: Ich liebe dich. Dick Bogarde hatte die Szene ins Drehbuch geschrieben: »Halbherzigkeiten sind sinnlos. Entweder machen wir einen Film über Schwule oder nicht.« Das Macho-Amerika freilich, die Nation, die sich mit Cowboy-Legenden und dem Pioniergeist umwehen lässt, die von ihren Waffen nicht lassen will und Football-Spieler verehrt (deren Verstand aussetzt, sobald sie ihre Helme auf die quadratischen Schädel stülpen), wollte nicht hinnehmen, dass Männer Männer und Frauen Frauen begehren können. Selbst die »New York Times« qualifizierte Homosexualität 1961 noch als »abnormality«. Hollywood näherte sich dem Thema entsprechend behutsam. Aber siehe da – Oscar 2009. Sean Penn wird als Hauptdarsteller geehrt für seine Rolle als Harvey Milk, ein Lokalpolitiker in San Franzisko. Eine wahre Geschichte. 1978. Milk, so auch der Titel des Films, verbirgt seine Homosexualität nicht. Im Gegenteil. Er kämpft für Gleichberechtigung. Akzeptanz. Ein politischer Rivale erschießt ihn und den Bürgermeister. Der Regisseur? Gus van Sant, der mich mit River und Keanu vor die Kamera brachte.

Ich habe die Zusammenarbeit mit den beiden genossen, aber nach der Premiere habe ich sie nie wieder gesehen. Häufig leben Filmschauspieler über Wochen, über Monate bei Dreharbeiten zusammen. Wie oft lesen wir in den Klatschkolumnen, wie sich wirkliche und erfundene Romanzen auf dem Set entwickeln, Brad Pitt und Angelina Jolie beispielsweise. Umarmungen, die soll's geben. Nur, selten sieht man sich wieder. Ein neues Projekt an einem anderen Ort. Er (sie) filmt in Marrakesch, sie (er) in Mexiko; er (sie) dreht in Bulgarien und sie (er) in Kapstadt. Ähnlich spärlich entwickeln sich Freundschaften. Bill Pullman (»Independence Day«) beglückt mich vor jedem Weihnachtsfest mit einer Karte, auf der seine Familie fotografisch verewigt ist. Stephen Dorff, mit dem ich in »Blade« zusammenarbeitete, dieses Halbwesen aus Mensch und Vampir, bittet mich zu Premieren und Drinks, das war's. Wenn ich an der Ostküste leben würde, könnte ich mit Lauren Bacall im »Le Cirque« in New York dinieren, aber ich lebe nun mal in den Hügeln von Echo Park, Kalifornien. Mit Lauren habe ich zwei Filme gedreht – sie verfügt über einen gesunden Sarkasmus. Für Bogarts Ehefrau, eine der schönsten Gestalten der Filmgeschichte, muss es schrecklich sein, zu altern: Sie wird, wie andere, vor allem wegen ihres Namens engagiert, wegen jener Erfolge, die hinter ihr liegen.

Mit Arnold Schwarzenegger habe ich in »End of Days« vor der Kamera gestanden. Wir hatten allerdings keine gemeinsame Szene. Mir wäre nie eingefallen, an seinem »trailer« zu klopfen und »Grüß Gott« zu sagen, »lieber Herr Schwarzenegger, ich bin Udo Kier. Keine Angst, ich bin nicht von der ›Bild‹ oder der Sittenpolizei, ich will auch kein Autogramm von Ihnen, ich wollte mich nur vorstellen: Ich bin der Chefpriester in Ihrem Film.« Dann hätte er womöglich geantwortet: »Grüß Gott, Herr Kier, Sie sehen gar nicht aus wie ein Priester, sondern wie der Friseur meiner Frau. War ein Witz. Nice to meet you Udo, grüßen Sie Ihre Frau von mir; ich werde jetzt geschminkt.«

Beim Nachdreh haben wir kurz miteinander geredet, Small Talk nennen das die Amerikaner; ich gönne Arnold Schwarzenegger seinen Hollywood-Erfolg – als Politiker muss er mehr leiden als auf dem Set. Mir sind Begegnungen mit Multi-Künstler Sigmar Polke lieber oder Gespräche mit Marcel Odenbach, der an der Kunsthochschule für Medien in Köln unterrichtet und dort lebt. Mit denen kann ich über Ausstellungen reden, über New York, über Retrospektiven im »Museum of Modern Art«. Ich bin beglückt, wenn ich zu einem Dinner gebeten werde, bei dem Patricia Highsmith am Tisch sitzt, die wunderbare bisexuelle englische Autorin, wie auch Douglas Sirk und seine Frau.

Wie anders dagegen meine Erinnerungen an Fassbinder, an die Ernüchterung, die Vergänglichkeit von Freundschaften. Nach unseren Kölner Exzessen blieb zunächst nicht mehr als Nichts. Er war verschwunden, war irgendwo an einem Theater. Als Assistent. Oder als Kulissenschieber; mir war's gleich. Eines Tages entdeckte ich im »Stern« einen Bericht: »Das Genie und der Säufer«. Doppelseite. Dickes Gesicht. Bartstoppeln. Rainer Werner Fassbinder, mein Komplize von vorgestern. Er war damals am »Theater am Turm« engagiert, Leiter, Regisseur. Ich habe ihn später in München getroffen. Eine unangenehme Begegnung. Er war arrogant, offenbar fürchtete er, ich könne über die düsteren Tage in Köln auspacken, unsere Kneipen-Eskapaden – er und ich. Er hat mir trotzdem eine Rolle im »Faustrecht der Freiheit« angeboten, in dem er selbst die Hauptrolle spielte. Ich habe abgelehnt. Sein Zorn darüber kam über Jahre immer wieder hoch. Wie konnte ich es wagen, ihm, dem Fassbinder, abzusagen. Er hat mir gleichwohl eine weitere Rolle angeboten, den Friseur in »Bollwieser«. Eine oberbayerische Kleinstadt namens Werburg in den Zwanzigerjahren. Der Bahnhofsvorsteher Bollwieser heiratet die Brauereibesitzertochter Hanni, die von Elisabeth Trissenaar dargestellt wurde. Er ist sexuell von ihr abhängig, sie jedoch nicht von ihm. Sie treibt es mit manchem, sogar mit dem Friseur Schafftaler, mit mir also.

Das Team wohnte in München im Hotel »Deutsche Eiche« in der Reichenbachstraße. Fassbinder hatte gedrängt, wir sollten zusammenleben. Das Familien-Ding war nichts für mich. Ich bin Solist. In Köln habe ich – vorübergehend – in einer Wohngemeinschaft gelebt, in der Maastrichter Straße. Wenn abends das Steak verschwunden war, das ich morgens gekauft hatte, überkam mich Hass, einfacher Hass. Wenn vor mir einer das Bad benutzte und es im Überschwemmungszustand hinterließ, begann mein Tag mit Frust. Kohabitation mit Fassbinder, dem Wilden? Ich habe es gewagt. Wir haben gekokst, um neue Visionen zu ergründen, ein anderes Universum zu erkunden, uns abzuheben, abzusetzen von der bürgerlichen Wirklichkeit. Auf der Suche nach Sigmund Freud, Gott, Buddha. Dem eigenen Ich. Ich habe Fassbinder in München, damals wohnten wir in Schwabing in der Clemensstraße, jeden Morgen die wichtigsten deutschen Tageszeitungen besorgt, ich habe ihm das Frühstück vorbereitet, wundervolle Rühreier, mit Kräutern dekoriert.

Und was tat er? Er patschte mit seiner Hand in meine Speisen. Rumms; das war so seine Art. Bösartig. Zugleich war er ehrlich. Er bestand auf Wahrheit, nichts als die Wahrheit. Die Wahrheit, wie er sie sah. Wir lebten, weitgehend, ohne Möbel. In der Küche haben wir Karten gespielt, 17 und 4 oder Rommé. Bei Fassbinder habe ich gelernt, dass man Karten nicht spielt, um zu spielen, sondern um zu siegen. Nicht Entertainment, Triumph. Er hat nur mit Zuckerbrot und Peitsche gearbeitet. Brutal. Freundlich. »Du weißt schon, dass ich dich sehr gern habe«, hat er mir in der letzten Phase unserer Beziehung gesagt; ich antwortete: »Natürlich weiß ich das, sonst würdest du mich nicht so schlecht behandeln.« Ingrid Caven, die tolle Ingrid, vorübergehend Frau Fassbinder, hatte mich – vertraulich – vorgewarnt: »Udo, verlass die Wohnung so schnell, wie es geht. Der Rainer rastet sonst aus.« Ingrid, gelernte Lehrerin, Schauspielerin, die 1969 in Fassbinders Erstwerk »Liebe – kälter als der Tod« eine Prostituierte darstellte, war zu spät gekommen.

Kaum hatte ich meinen Koffer verschlossen, riss ihn mir Fassbinder aus der Hand und warf ihn die Treppe hinunter: »Verschwinde!« Er meinte nicht den Koffer, sondern mich. Er verfolgte mich bis vor das Haus. »Hau ab, weg hier!« »Der Bürgersteig«, habe ich ihm geantwortet, »gehört nicht dir, sondern dem Staat.« Am nächsten Tag hatte ich meinen letzten Dreh für »Lili Marleen«, die Lebensgeschichte der Lale Andersen. Hanna Schygulla, die in 14 der 40 Fassbinder-Filme und -Fernsehstücke auftrat, spielte die Hauptrolle. Die Besetzung in »Lili Marleen« ist beachtlich: Christine Kaufmann, Karin Baal, Barbara Valentin und Fassbinder-Freund Daniel Schmid, der einen Pförtner mimt.

Die gesamte Fassbinder-Truppe ist am Drehort versammelt. Sie warten auf mich. Und auf ihn, den Boss. High Noon in München. Fassbinder kommt auf mich zu. Jetzt haut er dir auf die Fresse, war mein Gedanke. Stattdessen sagt er: »Wo bist du gewesen. Ich habe dich vermisst.« Danach dreht er sich zum Kameramann um, Xaver Schwarzenberg, und weist ihn an: »Du kannst die Szene ohne mich drehen. Ich muss Sportschau sehen, Fußball gucken.« »Xaver«, sagte ich, »meine Szene, das wird hoffentlich die schönste Großaufnahme des Films.« Denkste. Hab' ich auch nicht erwartet. Fassbinder machte den Schnitt. 1981 wurde der Film in Berlin uraufgeführt, am 15. Januar. 17 Monate später war Fassbinder tot, gestorben am 10. Juni in München. Todesursache? Kokain? Schlaftabletten? Selbstmord? 36 Jahre alt ist er geworden.

Ich lebe allein. In Kalifornien. Das ist zwar nicht meine Kultur, aber ich liebe Palmen. In Deutschland kannte ich keine Palmen. Nicht mal Blumen. Die waren unter den Bomben begraben worden wie die Babys in meiner Kölner Entbindungsstation. Aber eine Tante, die mehr Geld auf dem Sparkonto hatte als meine Mutter, schickte mir von ihren Ferienreisen immerzu Postkarten mit Palmen-Motiven: Palmen am Meer, Palmen beim Sonnenuntergang, Schwarze unter Palmen, Esel im Schatten von Palmen. Nackte Blonde unter Palmen. Also verband ich Palmen mit Freiheit, mit Exotik. Ich hatte Palmen im Kopf. In Cannes habe ich diese Palmen erstmals bewundert – und das Licht. Ich war 19. Licht erleuchtet die Seele, zumindest meine. Davon bin ich überzeugt. Warum trinken Finnen und Isländer Unmengen an Wodka? Weil die Dunkelheit sie betrübt. Immer Nacht, nahezu – und keine Palmen. Aber auch ohne Palmen mag ich Deutschland.

Ich liebe Köln und schätze Richter und Polke, den Verleger Benedikt Taschen, den ich auch in L.A. treffe, ich habe die Gespräche genossen mit David Hockney, vor deren irdischen Abgang mit Helmut Newton, Billy Wilder, den Genies, die Österreich, Deutschland und all die Kollaborateure des Hitler-Wahns hätten hassen können, die aber ihren Witz bewahrt haben, Ironie, Sarkasmus – sowie Interesse an der alten Heimat. Hèlas, sie sind unersetzt, unersetzbar. Verewigt in ihren Fotos, in Filmen, in Büchern.

Nach der Premiere von »My Private Idaho« entspannte ich mich in L.A. unter Palmen. Bei einer Freundin, Anna, sie war schwanger, schlief ich auf der Couch. Abends tranken wir Rotwein, made in California, vielleicht vom Weingut des Francis Ford Coppola, die »Niebaum Coppola Estate Winery« im Napa Valley. »Warum bleibst du nicht in L.A.?«, will Anna wissen, deren Freund Kunstmaler ist. »Was soll ich hier? In New York könnte ich zehn Jahre leben, ohne die Stadt zu verlassen. Kultur im Übermaß. Und hier? Die David-Hockney-Ausstellung erreicht L.A. erst, nachdem sie in Berlin, Köln, Paris, New York Station und Schlagzeilen machte.« Noch zwei Glas Rotwein und die Kalifornien-Idee nimmt Konturen an. Hollywood, das Cineasten-Zentrum dieser

Welt. Santa Monica. Santa Barbara. Palmen. Nicht Isar, Spree, Elbe oder der Rhein, sondern der Pazifik, der Tahiti umschwappt, Hawaii und irgendwann Japan erreicht. Noch drei Gläser Rotwein und die nächste Flasche wird entkorkt. California, here I come.

Ich habe eine Mini-Wohnung für 400 Dollar monatlich gemietet und einen knallroten Käfer gekauft, 900 Dollar. Das war vor etwa 17 Jahren. Jetzt blicke ich aus meinem Fenster und draußen steht mein Mercedes 190 SL. Der parkt jetzt schon fünf Jahre auf derselben Stelle; ich habe ihn selten gefahren. Er steht unter meinen eigenen Palmen; wenn es regnet, wird er abgedeckt. Amerika, daran müssen wir uns gewöhnen, will nicht Deutschland sein oder Frankreich. Den Eiffelturm haben sie ohnehin in Las Vegas nachgebaut und Venedig ebenfalls, einschließlich der Gondeln. Hollywood ist gebaut auf Sand und Titten. Eine flache Stadt. Je nach dem sozialen Status oder dem jeweiligen Aktienkurs an der Wall Street wohnen die Leute in kleinen Bretterbuden oder Schloss-Karikaturen mit Pools, die wegen ihrer Größe von den Immobilienmaklern als Hafenbecken angeboten werden könnten. Beverly Hills? Überall gleich.

Der Rodeo Drive? Charme aus der Tiefkühltruhe. Sauber. Steril. Ein klimatisierter Operationssaal des Luxus, in dem Bentleys parken, und Rolls-Royce. Die derzeit irritierte Elite des Konsums vereint: Gucci, Prada. Daneben Bijan, der Luxusladen, in dem Kunden nur nach Anmeldung kaufen können. Oder Ralph Lauren. Boss. Cartier. Frette und die Brooks Brothers aus N.Y. Exzesse des Reichtums – bis gestern. Seit dem Zusammenbruch der Börse stehen Läden leer. An der Montana Avenue, am Robertson Boulevard. In Beverly Hills. Leere und Leid. Ernüchterung. Im Schatten, in der Dunkelheit ihres Daseins zwei Obdachlose. Sie schieben Karren mit Lumpen, ihr Eigenheim. Lange werden sie in Beverly Hills nicht stehen, schon gar nicht liegen: Obdachlose werden nach Hollywood transportiert, nach Santa Monica abgeschoben, wo die liberalen Stadtväter auch das Urinieren unter Palmen tolerieren.

Ich bin überzeugt: Die Mehrheit der Bürger in den feinen Stadtteilen haben Downtown noch nie besucht, die Bandengebiete, die Mordzone. Und wenn ihre Chauffeure sich verfahren sollten und in der Sixth Avenue oder der San Julian Street plötzlich die Hundertschaften von Verlumpten entdecken würden, die in und unter Mülltonnen hausen, singen, weinen, schreien, lachen, Strümpfe tragen, aber keine Schuhe, die von Mücken zerstochen sind, von Läusen geplagt, von Ratten gebissen – dann würden diese L.A.-Bewohner sich wahrscheinlich einreden, dass es doch nur Hollywood-Komparsen seien – schon wieder so ein Drama über die Armut.

Die Verdrängung oder die Abschottung von der Realität erleichtert ihnen den Gottesdienst am Sonntag. Alles wird gut. Nur beten, beichten. Glauben. In dieser Stadt versuchen die Bürger, Konflikte zu vermeiden: Zumindest in Straßen, Kneipen, Kinos. Gewalt, Schusswaffen zwingen zur Selbstdisziplin. Selbst die Polizisten schrecken nicht vor Brutalität zurück. Sie zerren Verdächtige aus dem Auto, drücken sie gegen das Blech, treten die Beine auseinander, legen Handschellen an. Zum eigenen Schutz, behaupten sie.

Wenn mich in Deutschland ein Polizist in dieser Härte gegen ein Auto schmeißen würde, wäre meine Reaktion klar: »Was ist mit Ihnen los?«, würde ich fragen, »stimmt etwas nicht in Ihrem Kopf?« Und: »Ich werde Sie anzeigen.« Solche Sätze würde ich mir in Kalifornien verkneifen. Eine Anklage wegen Beleidigung der Staatsgewalt wäre wahrscheinlich, vielleicht auch noch eine Steigerung: versuchte Körperverletzung, weil ich dem »cop« versehentlich auf die gewichsten Stiefel getreten bin. Also schaut man im Straßenverkehr nicht nach links, weil sich ein Überholer in Compton bedroht glaubt und schießt, nicht nach rechts, weil ein Obdachloser an der Gladys Avenue Missachtung fühlt und die vom Supermarkt »entliehene« Einkaufskarre auf die Fahrbahn katapultiert, sondern man blickt nur nach vorn. Immer nach vorn. Nicht hupen, niemandem die Vorfahrt nehmen. Keine Lichthupe benutzen schön langsam. Vorfahrt gewähren, einfädeln lassen; welch ein tolerantes Volk glaubt der Tourist. Eher ein ängstliches – Angst vor dem Unfall, Angst vor der Schusswaffe. Angst vor der Reparaturrechnung, vor Problemen mit Versicherungen. Sie gucken einfach alle weg.

Bevor es zum Unfall kommt, zur Scheidung, zum Hundebiss, zur Kündigung, dann ist in Kalifornien alles GREAT. Danach folgt die Klage. Schmerzensgeld, Schadensersatz. Unterhalt. Diskriminierung. Amerikanische Gäste haben nach zwei Schritten in meinem Haus gejubelt: »You have a great house.« »Oh, you have a great dog.« »You look great, your food is great.« Nur die Mülltonne wird ausgelassen. Alles ist GREAT, also sollen wir das Negative nicht diskutieren. Zunächst stört dieses great, great, great den Fremden. Alsbald hört man lieber das amerikanische »great« als das deutsche »grauenvoll«. Der Zahnarztbesuch mit Wurzelbehandlung. »Oh, it's nothing.« Die Scheidung der Tochter, ein Jahr nach dem pompösen Hochzeitsfest im »Beverly Wilshire Four Seasons Hotel«? »Everything will work out, all is fine. She is great.« Dieses ewig Immer-alles-great-und-greater-Gerede kann nerven. Auch die vermeintliche Toleranz hat nur selten mit Gleichgültigkeit und Desinteresse zu tun.

Ich bin zuweilen versucht, auf Fragen wie »How are you feeling today« zu antworten: »Meine Nieren schmerzen, ich sehe auf meinem linken Auge alles doppelt, höre in meinem rechten Ohr die Geräusche einer Waschmaschine. Meine Bank ist pleite und mein Haus wird in fünf Minuten versteigert.« Der Kerl, würde er dann denken, ist aus einer Anstalt entflohen, wo diese Kittel hinten zugeknüpft werden. Oder ist das ein Ausländer, vielleicht ein Deutscher? Ich habe übrigens nie Ressentiments wegen meines deutschen Passes zu spüren bekommen – wahrscheinlich, weil ich als globaler Paradiesvogel aus der kollektiven Schuld entlassen worden bin. Aber ich kann begreifen, dass Amerikaner mit Deutschen oder Deutschland hadern, wenn ihre Opas, Brüder, Kinder in Konzentrationslagern ermordet worden sind. Ich erwarte von diesen Menschen nicht, dass sie mich zum intimen Dinner in die Villa einladen oder mir eine Hauptrolle anbieten.

Die Masse der Amerikaner, will ich behaupten, interessiert sich nicht für Deutschland. Die meisten Bewohner in L.A. interessieren sich auch nicht für San Franzisko. Sie sind mit sich selbst beschäftigt und sie tragen Bilder im Kopf: Nazis, das waren die, die immer »Raus, raus« brüllen oder »Du Schwein« und maßgeschneiderte Uniformen trugen, schwarz, und lackierte Reitstiefel. Diese Rollen kennen sie aus den Filmen, in denen die Deutschen den Ausbund des Bösen übernommen haben, gleich nach den Indianern. In einem meiner Streifen trage ich eine SS-Uniform. Lager-Kommandant Franz Hess. Ich erkläre etwa: »Die Gloire meines geliebten Deutschlands wird wiederauferstehen, sobald meine Werwolf-Frau die östliche Grenze überschreitet.« Gemeint ist nicht ein Wolfmensch, sondern offenbar die von Nazis erdachte »Werwolf«-Untergrundorganisation, die unsere feindlichen Besatzer nun ordentlich erschrecken sollte. Banal. Komödie. Natürlich sehen die nachdenklichen US-Bürger die Welt differenzierter. Deutschland symbolisiert das Grauen der Diktatur, steht jedoch auch für kulturellen Spitzenrang.

Kalifornien schließlich ist eine eigene Welt. Wüste, Berge, Schnee – und Hollywood. Was fällt einem nicht alles dazu ein! Das Star-System. Glamour. Übertreibungen. Gleichgültigkeit; Großzügigkeit und allerhand Elend. Der Pazifik. Ich bin am Strand von Santa Monica allerdings noch nie ins Wasser gegangen. Auch nicht in Laguna Beach, weiter südlich. Sie ahnen schon: Ich bin kein Surfer. Das Wasser ist mir zu kalt, zu schmutzig. Ich könnte mir vorstellen, am Strand irgendwo bei Santa Barbara ins Wasser zu waten, bis zu den Knien, und dann den Fans zuzuwinken. Diese Szene erinnert mich an die Starlets in Cannes.

Ich denke an Europa, wenn ich zu lange in Echo Park auf meinen 190 SL sehe, und ich sehne mich nach Kalifornien zurück, wenn ich in Köln mehrfach Rindsrouladen genossen habe, rheinische Art, so wie sie meine Mutter zubereitete. Vielleicht verlasse ich Amerika, vielleicht Deutschland. Und arbeite in der indischen Filmindustrie. 20 Filme im Jahr, so stelle ich mir das vor. Immer Hauptrollen, stets in seidene Schlafanzüge gehüllt. Vor meinem Palast, nicht weit vom Tadj Mahal entfernt, sitze ich unter einem Baum und träume von der sanften Tänzerin, in die ich mich verliebt habe. Oder war es der Prinz? Und nun erscheint sie, oder er. Gleitet die Treppe hinunter. Kommt mir näher. Ich rieche schon das Parfum. »Cut«, ruft der Regisseur, »Udo, du warst großartig. 70 ist für dich kein Alter.«

Ja, Indien, das könnte die Alternative sein. Nie mehr Mörder, nur noch Maharadscha.

Otfrid Liepack ist einer von rund 20 000 Forschern und Wissenschaftlern, die der Bundesrepublik den Rücken gekehrt haben und im Ausland Karriere machen, ohne dabei den Kontakt zu seinem Geburtsland Deutschland zu verlieren. Der Raumfahrt-spezialist steht für den konservativen Lehrsatz, dass einer, wenn er nur hart genug arbeitet, auch zu etwas kommt. Seine glühende Begeisterung für die Geheimnisse des Alls packte den Sohn eines Berliner Physikers erst nach einem Fehlstart: Eine Karriere als Orchestermusiker scheiterte. »Das Waldhorn ist nicht mein Ding«, erkannte Liepack und strebte fortan nur noch zu den Sternen. Sein Eifer und das Wohlwollen einiger Hochschullehrer brachten ihn am Ende seiner Studienzeit in die Raumfahrtszene der USA. Und lange vor dem Abschluss seiner Doktorarbeit durfte Liepack verantwortungsvolle Aufgaben für die US-Weltraumbehörde NASA übernehmen – in Deutschland undenkbar, wie er meint. Nun arbeitet Otfrid Liepack, 41, als »Senior Engineer« am »Jet Propulsion Laboratory« (JPL), dem Planetenerkundungs-Institut unweit des kalifornischen Pasadena, einem Ort, an dem vor Jahrzehnten auch Albert Einstein tätig war. Heute werden von dort aus die amerikanischen Mars-Missionen gesteuert, in die Liepack, wie in zahlreiche andere Projekte, eingebunden ist. Eine Rückkehr in die Bundesrepublik kann Otfrid Liepack sich vorstellen – wenn sein Know-how gefragt ist. Zuvor hatte er von deutschen Kollegen allenfalls düstere Warnungen gehört: »Wage es bloß nicht, zurückzukommen, bleib, wo du bist.« Amerikanischen Lebensverhältnissen, sofern sie stören, kann der Raumfahrttechniker zudem leicht entgehen. Pasadena ist ein Eiland der Eliten, ein kulturelles Angebot und interessierte Mitbürger sind vorhanden, der banale American way of life muss nicht betreten werden. Liepack hat im Übrigen furchtbar viel zu tun, mit dem Mars und mit anderen Himmelskörpern. Da bleibt für Heimweh kaum Platz. Zugegeben: Wenn er an Deutschland denkt, ist das oft ein Spagat der Gefühle. Er möchte schon einmal wieder in Berlin am Wannsee eine Weiße oder am Bremer Marktplatz einen Kaffee trinken. Ab und zu macht Otfrid Liepack auch Urlaub. Und wohin geht es dann so? Zu Weltraumkongressen und natürlich nach Deutschland, welches er seiner Frau und seiner kleinen Tochter immer wieder gerne zeigt.

Otfrid Liepack

»Dem Patienten Erde geht's nicht gut.«

Ich war 13 Jahre alt, als ich im »Kennedy Space Center« in Florida die Raumfähre sah, den Spaceshuttle Columbia. Welch eine Szene: Die Spitze der Fähre erreichte beinah die schwarz-graue Gewitterwand. Weit entfernt war das Grollen des Donners zu hören, es kam näher. Gelegentlich zwängten sich an diesem Tag des Jahres 1981 Sonnenstrahlen durch die düsteren Wolken und warfen ihr Licht auf das blanke Weltraumgefährt. Der Countdown hatte begonnen. Vier Tage bis zum »lift off«.

22 Jahre nach dem Jungfernflug, dessen Vorbereitungen ich damals mitansehen durfte, wurde die Columbia beim Wiedereintritt in die Erdatmosphäre zerstört, 15 Minuten vor dem »touchdown« – am 1. Februar 2003. Die Außentemperaturen betrugen zum Unglückszeitpunkt um 1800 Grad, die Fähre flog mit 20 100 Stundenkilometern. Keine Chance also für die sieben Besatzungsmitglieder. Ein Drama, eine dieser Tragödien, mit denen beim Abenteuer der Weltraumerkundung zu rechnen ist. Mich hat dieser Gedanke allerdings kaum belastet. Ich wollte weder Testpilot werden noch Astronaut, sondern Musiker.

An Amerika bestand kein besonderes Interesse, obgleich die USA mir bereits als Kind vertraut waren, zumindest habe ich sehr früh begriffen, was eine »Schutzmacht« ist. Ich bin in Sichtweite der Berliner Mauer geboren worden, Zehlendorf, amerikanischer Sektor. Zum Weihnachtsfest haben wir US-Soldaten, die GIs, zum Gänsebraten eingeladen, einfach so. Meine Eltern erwiesen damit ihre Dankbarkeit für den Dienst der Soldaten und uns machte es Spaß, englisch zu reden. Für sie waren GIS keine Besatzer, sondern Beschützer. Dass ich dem Spaceshuttle, diesem Prunkstück technischer Kompetenz, beruflich einmal ganz nahe kommen würde, hätte ich mir damals als Schüler und Tourist in Florida nicht träumen lassen.

Die Musik von drüben freilich gefiel mir. Glenn Miller und seine Big Band, der Swing, das war in Ordnung. Ich wollte allerdings nicht Jazzer werden, sondern das Waldhorn spielen, diese kreisrund gebogene Röhre, die Telemann, Mahler, Strauss, Wagner und Schostakowitsch in ihre Kompositionen eingearbeitet haben. Mir war klar: Mit dem Waldhorn würde ich nie zur Legende werden wie der große Miles Davis oder Dizzie Gillespie in der Jazz-Geschichte. Und mit dem Waldhorn ging es nicht allzu gut. Entweder hatte ich zu spät mit der Ausbildung begonnen, reichte meine Luft nicht fürs Ventil oder mein musikalisches Talent war nicht ausreichend. Womöglich trifft alles zu. So oder so, ich war enttäuscht und ratlos.

Zum Leidwesen meiner Eltern, Physiker und Chemikerin, war ich am Gymnasium in den Fächern Mathematik und Physik eher schwach. Wenn man sich ansieht, wie die Karrieren von Kindern erfolgreicher Männer verlaufen, bin ich mit Sicherheit kein Einzelfall: Ist Beckenbauers ältester Sohn ein begnadeter Fußballer geworden, singen die Söhne von Placido Domingo? So sah es zunächst aus.

Geschichte wäre vielleicht eine Alternative gewesen. Nur – ich wollte nicht Lehrer werden oder Dokumentationsjournalist. Zwei Deutsche haben mich besonders fasziniert: Friedrich der Große, König in und von Preußen, der alte Fritz. Und Wernher von Braun, Raketenpionier – und für meinen Geschmack ein bedeutender Mann der Zeitgeschichte. Ich bin Von-Braun-Bewunderer, trotz der Reaktionen, die ein solches Bekenntnis provozieren kann. Die Vorwürfe gegen ihn sind hinreichend bekannt: Er habe bei der Entwicklung seiner Rakete v2, der »Vergeltungswaffe«, etwa 12 000 KZ-Häftlinge als Zwangsarbeiter für einen Stollenbau eingesetzt und viele von ihnen sind dabei umgekommen. Soll man es nur so sehen? Von Braun war von 1937 bis 1945 technischer Direktor der Heeresversuchsanstalt Peenemünde auf der Insel Usedom. Der Stollenbau wurde nicht von ihm angeordnet, sondern von den braunen Horden wie der SS. Er hat Großraketen mit Flüssigkeitstreibstoff entwickelt, die auf Ziele in London abgeschossen wurden. Von Braun soll nach den Angriffen auf England erklärt haben: »Das hätte nie geschehen sollen. Wir haben diese Rakete gebaut, um das Tor zu anderen Welten zu öffnen – nicht um Verwüstungen auf dieser Erde anzurichten. Soll das die Frucht unserer Arbeit gewesen sein?« Um es kurz zu machen: Ob dieser Mann passiven Widerstand geleistet hat oder ein Angepasster war, weil er seine Raumfahrtträume hatte, einer von Millionen Deutschen, die dem Naziregime gehorsam dienten, weil sie ihre Karriere nicht gefährden wollten – all das ist für einige Leute nicht zweifelsfrei geklärt worden.

Ich habe von Braun vor allem als einen genialen Raketenbauer und Visionär gesehen, der den Weltraum erkunden wollte. Die Sowjets hatten Amerika schockiert, indem sie 1957 erst ihren Satelliten »Sputnik« in die Umlaufbahn der Erde geschossen hatten, und dann, vier Jahre später, war Juri Gagarin aufgestiegen – der erste Mensch im All, ein Kommunist! Von Braun und so mancher seiner deutschen Peenemünde-Helfer sollten Moskaus Vorherrschaft brechen. Washington ernannte ihn zum Direktor des »Marshall Space Flight Center« im US-Staat Alabama; benannt nach Außenminister George Marshall, der auch den Marshallplan initiierte – welch ein Zusammenhang. Der Deutsche von Braun war an nahezu allen Weltraum-Projekten beteiligt – »Mercury«, »Gemini«, »Apollo«. Ohne von Braun hätte Amerika die Saturn V

sicherlich nicht entwickeln können, auf der US-Astronauten zum Mond vor-
stießen. Zumindest hätten die Amerikaner länger experimentieren müssen.
Nur logisch, dass Washington the German Genius 1970 zum stellvertretenden
Leiter der NASA ernannte.

Raumfahrt, Luftfahrt – das ganze Berufsbild hatte mich nach der Pleite mit
dem Waldhorn gepackt. Die Berufsberaterin, die ich konsultierte, riet mir allerdings dringend ab, auf einem Luftfahrtstudium zu beharren. Meine Durch-
schnittsnote 4 in Mathematik und Physik hatte sie offenbar irritiert. Letztlich
habe ich mich 1987 an der TU Berlin eingeschrieben. Verkehrswesen, Grund-
lagen des Maschinenbaus. Ich habe in den ersten Semestern nicht viel Spaß
gehabt. Ich war überzeugt, du wirst nie Ingenieur. Ein sogenanntes »Aha«-
Erlebnis hat mich vor Depression und Aufgabe bewahrt und meinem Dasein
die Wende gegeben.

Über einen Kommilitonen geriet ich 1989 zufällig in eine andere Welt, in
die des Segelfliegens. In Hessen absolvierte ich meine ersten Flugstunden.
Plötzlich musste ich mich konzentrieren, mein eigenes Leben in der Luft kontrollieren, bewahren, steuern. Ich war mit Begriffen konfrontiert wie Thermik,
Leewellen, Hangwind, Störklappen, Flugwinkel. Irgendwann flog ich allein.
Totale Stille. Entspannung, solange ich nicht an die Landung dachte. 100 Stundenkilometer schnell, 500 m Höhe. Die Landung schaffte ich ohne Bruch, diese
und viele weitere. Ich hatte mir selbst bewiesen, dass ich meine Zweifel überwinden konnte, durch Disziplin, Engagement, Begeisterung.

Und dann gab es noch einen Ruck. Einer der TU-Professoren, Heinz-Hermann Koelle, ermunterte mich, auf das Fach Raumfahrt-Technik umzusteigen. Wer hätte ein besserer Ratgeber sein können? Koelle war, wie von Braun,
ein Pionier der Raketentechnik und später, für etwa ein Jahrzehnt, von Brauns
Mitarbeiter in den USA. Koelle, wie auch seine Kollegen Roger Lo oder Gerhard Neukum, die nicht nur unterrichten, sondern auch Satelliten oder Spezi-
alkameras für den Weltraumeinsatz entwickeln, haben mich, den unbedarften
Studenten, stets ermuntert, und ich verdanke ihnen viel. Ich war begeistert,
nahezu überwältigt von diesem Stoff. Von Raketen-Geschichte, Raumfahrt-
Antrieben, von der Strömungslehre, den Überschalljets und von der »Concorde«, von Senkrechtstartern und der schier unendlichen Sternenwelt über
unseren Köpfen. »Zwei Dinge«, so hat Albert Einstein einmal gesagt, »sind
unendlich – das Universum und die menschliche Dummheit. Beim Universum
bin ich mir noch nicht ganz sicher.« Wie können Menschen nicht vom Weltall fasziniert und hingerissen sein? Schon von den natürlichen Satelliten der
Planeten unseres Sonnensystems wie Callisto, Atlas, Mimas, Europa, Perdita,
Miranda, Dione oder Titan?

Das Weltall, habe ich in Vorlesungen gelernt, soll vor 13,7 Milliarden Jahren entstanden sein. Kaum nachvollziehbar für die menschliche Vorstellung. Existiert ein Ende? Oder müssen wir weiter, weiter, weiter, weiter noch denken, als unsere Fantasie uns transportieren könnte? Gottes Raum? Der Weg zurück zum Urknall? Zum Schöpfer? Abertausende Philosophen und Denker haben bislang keine Antwort gefunden. Wie viele zig Milliarden Planeten sind noch unentdeckt? Immer wieder sind Schätzungen verkündet worden, und kaum war die Tinte trocken, machten die Wissenschaftler weitere tausend Galaxien aus. »Dies ist ein kleiner Schritt für einen Menschen«, hat Neil Armstrong verkündet, nachdem er am 20. Juli 1969 seinen Fuß auf den Mondboden setzte, »aber ein großer Sprung für die Menschheit.« Seinen Worten ist, auch vier Jahrzehnte später, nicht zu widersprechen.

Gleichwohl haben Politiker, vor allem in Deutschland, in den letzten Jahren das Weltraumforschungsbudget zusammengestrichen, weil ihnen der Kosten-Nutzen-Faktor nicht behagte. Eben 2,9 Milliarden Dollar haben die Europäer ihrer Weltraumagentur ESA 2006 als Jahresbudget zugedacht. Die Kosten für das in Köln etablierte Astronauten-Korps eingeschlossen. Die NASA, Amerikas zivile Behörde für Luft- und Raumfahrt, soll nun dank Obama im neuesten Budget 18,7 Milliarden Dollar einplanen können. Die Behörde hat ihr Ziel klar umrissen: »Das Leben hier zu verbessern, das Leben nach draußen auszudehnen und Leben da draußen zu finden.« Noch werden die Raumfahrer nicht eingereiht in das Gruppenbild historischer Entdecker wie Christopher Kolumbus, Alexander von Humboldt oder David Livingstone. Doch es ist zu hoffen: Sobald der erste Mensch den Mars betreten haben wird (nach drei Jahren Hin- und Rückflug), womöglich 2040, sobald wir auf einem entfernten Planeten Spuren eines anderen Lebens entdecken, wird auch den Skeptikern die Bedeutung dieses kosmischen Abenteuers bewusst werden.

Die Wissenschaft hat über das Projekt »Deep Impact« Spuren von organischem Material auf einem Kometen entdeckt und glaubt überdies, Hinweise auf einen Wasserozean unter der Eiskruste von Europa gefunden zu haben sowie Zonen flüssigen Wassers in dem Saturnmond Enceladus. Auf Saturns größtem Mond Titan haben die Radarinstrumente der Raumsonde »Cassini« Flüssigkeitselemente ausgemacht, die sich über diesen Mond so weit erstrecken wie das kaspische Meer auf Erden. Sicher scheint: Im nördlichen Bereich sind flüssiges Methan oder Ethan entdeckt worden, Gase, die wegen des intensiven atmosphärischen Drucks und der erheblichen Kälte flüssig bleiben. Wo Wasser war, hat es womöglich Leben gegeben. Sobald wir Mikroben entdecken, oder primitive Lebewesen wie Würmer, wird alle Welt nach oben zu den Sternen starren, bis die Halswirbel schmerzen, und jede Sternschnuppe als eine fliegende Untertasse deuten. Selbst wenn wir nachweisen könnten, dass außerirdische Lebewesen vor 30, 40 Millionen Jahren existierten, wüssten wir endlich: Wir sind und waren im All nicht allein.

Vor der Wende gab es im Osten Berlins das Institut für Kosmosforschung, wo ich viel über die Planeten lernte, über Merkur, Venus, Erde, Mars, Jupiter, Saturn, Uranus und Neptun. Pluto, der über Jahrzehnte als Planet galt, ist inzwischen von internationalen Astronomen zu einem Zwergplaneten degradiert worden. Damals bereits war für mich klar: Wenn die Entfernung bis an den für uns sichtbaren Rand des Universums 13,7 Milliarden Lichtjahre beträgt und mehrere Milliarden Sterne vermutet werden, müssen wir damit rechnen: Irgendwo existieren andere Lebewesen. Diese Theorie zu verneinen wäre arrogant. Solange wir ins Weltall aufbrechen, können wir dramatische Begegnungen mit einer anderen Dimension nicht ausschließen.

Die Europäer haben die Concorde entwickelt, den Airbus als einen Konkurrenten von Boeing positioniert, vor allem haben sie mit der Ariane-Rakete eine wichtige Stellung beim Transport von kommerziellen Satelliten in den Weltraum erreicht. Sie könnten ihr eigenes Weltraum-Forschungsprogramm entwickeln. Sie verfügen über das notwendige Know-how. Einer unserer Astronauten, Reinhardt Furrer, der einer meiner Mentoren war und 1995 bei einer Flugshow in Berlin-Johannisthal mit einer ME 108 abstürzte, hat mir einmal gesagt: »Der Airbus fliegt trotz der Deutschen, die Ariane ist ein Erfolg, trotz der Deutschen.«

Wir können im Weltall durchaus mithalten. Die Deutschen sind anerkannt, zuweilen werden sie sogar bewundert, weil sie die Traditionen des Wernher von Braun fortsetzen, quasi seine Erben sind. Aber selbst wenn wir einen deutschen Astronauten auf dem Mond landen lassen könnten, wäre es 80 Prozent unserer Landsleute wahrscheinlich noch immer völlig egal – wie heißt der, Müller Fritze oder Fritze Müller? Wir leisten mehr, als sich der berühmte Otto Normalbürger vorstellen kann: Bei der Explosion der Raumfähre Columbia verlor die deutsche Wissenschaft zehn Forschungsprojekte, beispielsweise eines über die Auswirkung von Schwerelosigkeit auf Tiere und Mikroorganismen. Für diese Experimente, die Rückschlüsse auf Knochenstoffwechsel und Bewegungskrankheiten ermöglichen sollten, hatten die Deutschen den Astronauten Ratten, Ameisen und Spinnen mitgegeben sowie in einem Spezialaquarium Fische und Wasserschnecken. Und wer weiß davon in Deutschland?

Für die im Oktober 1989 ins All gestartete »Galileo«-Mission war ein Staubdetektor vom Max-Planck-Institut in Heidelberg an Bord. Der deutsche Luft- und Raumfahrtkonzern Messerschmitt, Boelkow und Blohm (MBB) hat das Raketenantriebssystem entwickelt, mit dem »Galileo« in die Umlaufbahn des Jupiter und seiner Monde gesteuert wurde. Unglaublich, diese MBB-Leistung. Der Flug dauerte fünfeinhalb Jahre, und in dieser Zeit ist das in Oberpfaffenhofen, bei München, gebaute Triebwerk nur einmal, im Juni 1995, kurz zur Probe gezündet worden.

Zum vorgegebenen Termin erteilten die deutschen Ingenieure um Fritz Krug den Zündungsbefehl und die Sonde nahm den programmierten Kurs. Das ist so, als würde ein Mercedes-Käufer 1995 einen Wagen erstehen und den Motor erstmals 2001 starten. Die 500 Millionen Euro, die dieses Planetenprojekt gekostet haben soll, sind wirklich gut angelegt.

Welche Zukunft wurde Studenten bislang geboten, die Luft- und Raumfahrttechnik oder Astronomie belegten und/oder sich in der Fakultät für Maschinenwesen einschrieben? Warum sollten sie Vorlesungen über Raumfahrzeugbau, Raumflugmechanik, Raumfahrtantriebe besuchen? Eine neue Frage nun: Gibt die geplante deutsche Mondfahrt den Studenten nun die erträumten Jobs? Zu meiner Studentenzeit bot die Raumfahrt, zumindest schien es so, noch Perspektiven – die Europäische Raumfahrtagentur (ESA) etwa oder MBB waren mögliche Arbeitgeber. An der FU Berlin unterrichtete Reinhardt Furrer, der einmal ins All aufgestiegen ist, an der TU Stuttgart sein Astronauten-Kollege Ernst Messerschmid.

Sie verströmten Mut, Aufbruchstimmung. Meine TU-Professoren wie Heinz-Hermann Koelle, der Raumfahrtpionier und von-Braun-Kollege, ermunterten und unterstützten mich nach meinem Umstieg vom Maschinenbau zur Raumfahrttechnik. Ich reiste in meinen Ferien auf eigene Kosten zu Weltraumkongressen, die weltweit von der »Internationalen Astronautischen Förderation« organisiert werden. Ich war in Peking, Melbourne, im japanischen Fukuoka, Rio, Amsterdam, in Jerusalem, hörte mir die Vorträge über die Weltraumstation an, über planetare Raumfahrt. Ich hatte die Chance, in Graz mit Frederick Orday III über mein Idol Wernher von Braun zu reden, und ich traf auf einem der Kongresse den »Apollo 17«-Astronauten Harrisson Schmitt, der mir von seinem Abenteuer im All erzählte. Für mich war das ein Mega-Ereignis, leibhaftig mit einem Mann zu sprechen, der wie keine andere Person, die ich kannte, den Sternen so nahe gekommen war – meinen Sternen.

Konrad Dannenberg war einer jener brillanten Männer, die Schmitt den Aufstieg ins All ermöglichten. Auch ihn habe ich auf einem Kongress einfach angesprochen und ausgefragt, über Peenemünde, seine Beziehung zu von Braun, über Triebwerke, die Entwicklung der »Saturn V«-Rakete, für die Dannenberg in Huntsville, im US-Staat Alabama, gemeinsam mit von Braun zuständig war. In seiner Biografie habe ich nachgelesen: Jahrgang 1912. Geboren bei Leipzig. Er war alt, doch wach, als wir miteinander redeten.

Bis zu seinem Tod 2009 telefonierten wir öfter und er war bis zum Schlussalert und informiert wie ehedem. Er empfahl der Astronautischen Föderation, mich in ihr Geschichtskomitee aufzunehmen – eine Ehre für einen Studenten, der ein Mitglied in der »Deutschen Gesellschaft für Luft- und Raumfahrt« ist. Meine Berliner Professoren haben mich nie gebremst – im Gegenteil. Möglicherweise waren sie verwundert über meine Umtriebigkeit, meinen Kontakt-Eifer, aber letztlich hat mich mein Engagement, um in der Fachsprache zu bleiben, in die richtige Umlaufbahn getrieben. Bei dem Weltraumkongress in Graz begegnete ich auch Bill O'Neil vom »Jet Propulsion Laboratory« (JPL), Pasadena, Kalifornien, dem Planetenerkundungs-Institut der NASA. JPL ist mit dem »California Institute of Technology« (Caltech) verbunden. O'Neil hatte in einem Vortrag von der »Galileo«-Mission erzählt, die er leitete, von der Erforschung von Jupiter und seinen Monden.

O'Neil war ein Experte, ein Veteran der Viking- und Voyager-Missionen – im Auftrag des »Office of Space Science« der NASA und in Zusammenarbeit mit Caltech. Im Februar 1990 war Galileo in 16 000 Kilometern Entfernung an der Venus vorbeigeflogen (Oktober 1991 in 1600 Kilometern Abstand), hatte die Asteroiden Gaspra und Ida passiert und einzigartige Bilder geliefert vom Aufschlag des Kometen Shoemaker Levy auf dem 238 Millionen Kilometer entfernten Jupiter. Im Juli 1995, erläuterte O'Neil damals, werde sich die Tochtersonde vom Mutterschiff trennen, in 82 Millionen Kilometern Entfernung zum Jupiter, und 170 000 Stundenkilometer schnell in die Atmosphäre des Jupiter eintauchen. Innerhalb von zwei Minuten, so der Plan, würde die Sonde auf 3000 Stundenkilometer abgebremst und in 40 Kilometern Höhe sollten sich die Bremsfallschirme öffnen und die Sonde durch die Atmosphäre schweben.

Welch eine Welt der Kalkulationen, welche Maße! 170 000 Stundenkilometer, 170-mal schneller als der Swiss Air Jet, mit dem ich von Berlin Tegel über Zürich nach L.A. flog. Und aus 238 Millionen Kilometern Entfernung die Beobachtung eines Kometenaufpralls. Allmählich erschienen mir solche Entfernungen im All wie Kurzstrecken. Einige Millionen Kilometer – Nachbarschaft. Zum Mond sind's nur 356 410 Kilometer, der erdnächste Punkt. O'Neil, der Guru, der »Galileo«-Projektleiter, hat sich Zeit gelassen zu einem Gespräch mit mir. Vergessen wir nicht: Ich war Student. Er war im Zentrum der Weltraumforschung.

O'Neil war weder überheblich noch arrogant und schließlich wagte ich ihn zu fragen, ob er bei seinem nächsten Besuch des »Instituts für Planetenerkundung« in Berlin bereit sei, vor Studenten einen Vortrag zu halten. Selbstverständlich. Bill O'Neil kam und löste sein Versprechen ein – aber dann: Es erschienen 15 Studenten.

Und: Es kam kein Professor. Kein einziger! Ich war entsetzt, aber ich habe mich durch solche Peinlichkeiten nicht umwerfen lassen. Noch vor Abgabe meiner Diplomarbeit im Januar 1995 habe ich Bill O'Neil einmal mehr um Hilfe gebeten. Ich habe ihm – schriftlich – das Thema meiner Diplomarbeit erklärt und um ein Praktikum gebeten. Und siehe da, JPL antwortete: »Vier Monate.« Praktikumsbeginn: 5. Juni. Am 24. Mai musste ich in Berlin meine letzte Prüfung bestehen, Raumflug-Mechanik, ein Fach, das mir nicht sonderlich behagte. Der Professor war nachsichtig.

Zufällig traf ich vor der Abreise eine Schulfreundin, die ebenso zufällig eine Freundin in Pasadena hatte – und die vermietete mir ein Zimmer. Das JPL gibt zwar Pasadena als Sitz an, jedoch liegt die 72 Hektar umfassende Raumfahrtzentrale 16 Kilometer vom Ortskern entfernt. Die rund 5000 JPL-Mitarbeiter sind privilegiert. Sie verstehen sich als Elite und haben ein gänzlich anderes Lebensgefühl als die Menschen in der nahen Mega-City L.A., die sie in einer halben Stunde erreichen können. Die Einwohner in und um Pasadena, an die 160 000, sind konservativ, bedächtig. Eine Art Landadel hat sich in Pasadena und San Marino niedergelassen – Villen im kolonialen Stil, ein Hauch von den Südstaaten- und Plantagen-Grandeur. Art déco, Spanisch, aber auch »La Miniatura«, ein von dem genialen Architekten Frank Lloyd Wright dem Maya-Stil nachempfundenes Gebäude. Häuser, die sich allerdings mit einem JPL-Gehalt nicht erwerben lassen.

Die Fantasie stößt nicht an Geld-Grenzen. Im Norton-Simon-Museum sind die Meister zu bewundern, Botticelli, Rembrandt, Monet, Degas, Renoir, Picasso; im sogenannten »Old Pasadena« treffen sich College-Kids am Wochenende. Hier gibt es Dutzende von Restaurants, Kneipen, Tausende, die den Verkehrsstau schätzen, weil sie dadurch langsamer an den Mädchengruppen vorbeifahren und sie anhupen können. An jedem zweiten Sonntag des Monats treffen sich Antiquitätensammler auf dem »Rose Bowl«-Flohmarkt, ein entspanntes Volk, darunter auch Kollegen von JPL und der Caltech. Die »Huntington Library« ist von manikürten Gärten umgeben, Rosen, Wüstenpflanzen, Blumenmeere, Gartengestaltung à la Versailles.

In der Umgebung der Caltech befindet sich eine beinahe heile Welt. Das Sternenbanner flattert an weißen Holzzäunen oder auf den zwischen Palmen und Kakteen versteckten Villen, die denen in kalifornischen Nobel-Orten wie Pebble Beach, La Jolla, Newport Beach in Pracht und Preis nicht nachstehen. Im Universitätsclub des »California Institute of Technology« sind die Räume holzgetäfelt. Cambridge-Stil, Elite-Atmosphäre. Sachliche Debatten. Gedämpfte Gespräche. Statt Bloody Mary Mineralwasser; ein Glas Chardonnay vom »Russian River«-Weingebiet zur Dover Sole. Ein blaues Hemd, abgesetzt mit weißem Kragen, dazu eine grüne Krawatte und Adidas-Turnschuhe. Kein Widerspruch. Die Gentlemen erheben sich am Tisch, sobald eine Lady den Raum betritt. Tanzstunden-Eleganz. Immerhin. Im Keller hingegen trifft man die besten Raumfahrtwissenschaftler in kurzer Hose beim Billardspielen.

Das war in den ersten Jahren nicht meine Welt. Ich war Mitglied einer Wohngemeinschaft und kaufte mir ein Fahrrad, weil ich mir ein Auto nicht leisten konnte. Täglich radelte ich 16 Kilometer zu JPL und 16 Kilometer zurück. JPL ist Amerikas Zentrum für Planetenerkundung, JPL is it. Caltech, von deren Wissenschaftlern viele mit dem Nobelpreis geehrt wurden, leitet für die NASA das JPL. Eine logische Entwicklung: Bereits 1936 experimentierte einer der Universitätsprofessoren mit Raketenantrieben. Nachdem die Sowjets ihren Sputnik in den Weltraum katapultiert hatten, stieg der Druck auf Washington, die kommunistische Herausforderung zu parieren.

Am 31. Januar 1958 stieg »Explorer I«, Amerikas erster Erdsatellit, in eine kreisähnliche, etwa 500 Kilometer hohe Umlaufbahn. Offiziell sollte die von JPL programmierte und gebaute Sonde Strahlenforschung betreiben, aber der Weltraumstart war nun auch eine Botschaft an Moskau. Die Ungeduld der amerikanischen Behörden war an noch einem anderen Fakt zu erkennen. Unter wessen Führung wurde die Jupiter-Rakete, eine Modifikation der »Redstone«-Interkontinentalrakete, entwickelt? Der »Army Ballistic Missile Agency« – Wernher von Braun. JPL hatte mich zwar im Projekt »Galileo« nur als »Praktikanten« einsetzen wollen, die Kollegen jedoch haben nie die Einstellung gehabt wie deutsche Handwerksgesellen, denen Lehrlinge zugeteilt werden – Bier holen, Schnauze halten, fegen. Mir wurde Verantwortung übertragen, trotz meiner damaligen begrenzten englischen Sprachkenntnisse.

Ich bin als Gleichberechtigter akzeptiert worden und zudem haben mir die Kollegen lieb und geduldig Schritt für Schritt die Komplexität der deutschamerikanischen »Galileo«-Mission erklärt. Ich wurde einer wissenschaftlichen Gruppe zugeteilt; gemeinsam mit der Kollegin Leslie Tamppari war ich für das PPR, das photopolarimetrische, radiometrische Gerät verantwortlich. Ich habe es programmiert und die von Galileo gesendeten Daten analysiert. Meine JPL-Kollegen waren Mathematiker oder Physiker, Mitte 30, die Chefs 20 Jahre älter. Alle total engagiert, manche wie besessen. Auch ich habe meine fensterlose Kammer wochenlang nur nachts verlassen, zur Fahrradfahrt in die WG.

Im Jet Propulsion Laboratory wird allein nach Leistung befördert, irgendwelche Seilschaften blockieren nur selten eine JPL-Karriere. Charles Elachi, der derzeitige JPL-Chef, ist in den Sechzigerjahren aus dem Libanon in die USA eingewandert. Er hat beim JPL als studentische Aushilfskraft begonnen. Danach ist er Ingenieur und Wissenschaftler geworden – US-Wirklichkeit.

Nach drei Monaten Praktikum hat mir JPL einen – bezahlten – Job angeboten – bis Ende 1997. Ich habe nicht gefragt, wie hoch der Scheck sein würde. Ich war in meiner außerirdischen Welt, und mir war klar: Reich werden konnte ich beim JPL nicht, wohl aber überleben. Und lernen, staunen.

Das Amerika draußen vor der JPL-Tür hat mich zunächst nicht angezogen. Was waren Disneyland, die seilgezogene cablecar von San Franzisko, der Strand bei San Diego im Vergleich zu den Bildern, die mich vom Jupiter, 750 Millionen Kilometer entfernt, auf meinem »Apple«-Computer erreichten? In 82 Millionen Kilometern Entfernung zum Jupiter trennte sich, wie geplant und von O'Neil vorhergesagt, im Juli 1995 die Tochtersonde vom Galileo-Mutterschiff. Die Sonde tauchte in die Atmosphäre des Jupiter ein. In rund 40 Kilometern Höhe öffnete sich der Bremsfallschirm. Dann brach der Funkkontakt ab. JPL lenkte die Muttersonde nach 50 Minuten Haupttriebwerkzündung in ein elliptisches Jupiterorbit. Der Jupiter-naheste Punkt: 185 000 Kilometer. Die weiteste Entfernung: 19,3 Millionen Kilometer. Im September 2003, nach mehrfacher Verlängerung der Mission, steuerte JPL Galileo in die Jupiter-Atmosphäre – die Sonde verglühte.

Kurz vor dem Start der »Cassini«-Mission zum Saturn (1,5 Milliarden Kilometer, 6,5 Flugjahre), die 74 Saturn-Umläufe und die Beobachtung der Monde Iapetus, Enceladus, Mimas, Tethys, Hyperion, Dione, Rhea anstrebte, wurde ich als einer von 250 Mitarbeitern engagiert. Ich hatte inzwischen die »Green Card«, die permanente Aufenthaltsgenehmigung der USA, erhalten. Bei der am 15. Oktober 1997 gestarteten Expedition war ich mitverantwortlich für das von Italienern und Amerikanern entwickelte »Instrument RADAR«, das Saturns Mond Titan beobachten sollte und dort diese gigantischen Flüssigkeitsgebiete entdeckte, ein Bereich wird auf 46 000 Quadratmeilen geschätzt.

Die – unglaublichen – Ausmaße und Entfernungen verdeutlicht schon der Umstand, dass ein von der Erde entsendetes Signal 1 Stunde und 24 Minuten benötigt, um die Cassini zu erreichen. Inzwischen arbeite ich bei JPL als Senior Engineer, die WG ist lange verlassen. Ein guter Amerikaner wird Immobilienbesitzer, und ich bin diesem Trend gefolgt. Ich lebe in Tujunga, abseits von Pasadena in einem typischen kalifornischen Bungalow. Vorgarten. Verheiratet mit der Chilenin Adriana, und seit 2008 stolzer Vater der kleinen Tochter Sophie. Hinter mir die Berge, in denen Motorradfahrer sich an den Wochenenden wie Raubvögel hinabstürzen, als wollten sie ihre Beute krallen. Manche sterben. Ihre Kameraden treten nicht auf die Bremsen, sie geben Gas. Nervenkram. Mutprobe. Entertainment im Schatten des Todes. This is California, man. Freedom. Freedom. Und kein Morgen. Über ihnen das Universum. Raketen. Satelliten. Pioniere, die durchs All schweben.

Sie bewegen die Raser so wenig wie Politiker. Noch immer ist mir schleierhaft, warum die Volksvertreter nicht fasziniert sind von dem, was Menschen Millionen oder sogar Milliarden Kilometer von der Erde entfernt erkunden. Wenn ich Zyniker wäre, müsste ich glauben, dass der Weltraum die Mehrheit der Menschen nur begeistert, wenn Tragödien zu vermelden sind oder die Rückkehr einer beschädigten Raumfähre, die zu explodieren droht. Sind die zwei je 180 Kilogramm schweren »Rover«, die im Januar 2004 auf dem Mars landeten, denn nicht ein wahnsinniger Erfolg des menschlichen Hirns? Da hoppeln zwei Geräte über den Mars-Boden, die eigentlich in 90 Mars-Tagen 300 Meter zurücklegen sollten, aber nun bereits in mehr als 2000 Mars-Tagen zehn Kilometer abgefahren haben.

Sie sind eingesetzt für die Suche und Charakterisierung von Gestein und Böden, die Hinweise auf vergangene Einflüsse durch wasserhaltige Mineralien erbringen, die durch Niederschläge, Verdampfung oder hydrothermale Aktivitäten entstanden sind. Und bitte sehr: Rover »Spirit« hat im sogenannten »Gusev Crater« das nicht witterungsbeständige Mineral »Olivin« entdeckt; Rover »Opportunity« fand, bereits am Landeplatz, das Mineral »Hematite«, das als Indiz für Wasservorkommen gilt. Jedes dieser robotergesteuerten Fahrzeuge ist mit einem sogenannten »Rock Abrasion Tool« (Rat) bestückt, einer kleinen Fräse, die Stein abschabt. Aus der vom Mars übermittelten chemischen Analyse können wir erkennen, ob der Boden vielleicht Eisen enthält.

JPL baut meist die Raumfahrtsonden, die Instrumente werden von Universitäten entwickelt. Während der »Phoenix«-Mission, die im August 2007 startete und rund 350 Millionen Dollar kosten soll, war ich für die Qualitätskontrolle des Betriebes verantwortlich – 20 Jahre nach meinem Studienbeginn in Berlin. Ich bin in der Pflicht, in der Verantwortung. Die Mission war ein voller Erfolg und ich bin stolz und dankbar, daran mitgearbeitet haben zu können.

Mit einer Trägerrakete vom Typ Atlas V soll die nächste Marssonde abheben, deren Startmasse 3,6 Tonnen beträgt. Der Rover mit dem Namen Mars Science Laboratory (MSL), der 2012 auf dem Mars landen soll, ist so groß wie ein Kleinbus und beladen mit unglaublichen Instrumenten. Der Rover kann mit einem Roboter-Arm Gesteinproben sammeln, zerkleinern und in bordeigene Analysegeräte befördern. Mit einem Laserstrahl kann das MSL Schichten eines Steins abtragen, um unterliegende Schichten untersuchen zu können. 75 Zentimeter hohe Felsbrocken, 30 Grad steile Abhänge werden für dieses Gerät kein Hindernis sein. Mit jedem Start ins All sind die Instrumente perfekter geworden, die Berechnungen präziser. Wie kann ein JPL-Mitarbeiter, ein Weltraumforscher irgendwo auf dieser Welt nicht entzückt abheben bei solchen Perspektiven? Der Planet Erde wird vom JPL auch untersucht. Al Gore,

Vizepräsident und Friedensnobelpreisträger, ist ein gern gesehener Gast bei uns. Aufgrund der Daten von Satelliten können wir erkennen, dass es dem Patienten Erde nicht gut geht. Helfen kann ihm aber nur die Menschheit. Auch dafür werden beim JPL neue Techniken entwickelt.

Deutschland bin ich auch weiterhin verbunden. Wann immer es möglich ist, organisiere ich Führungen beim JPL für Politiker oder Berliner Polizisten und Feuerwehrleute. Auch die Philharmoniker waren schon hier. Es gibt viele Deutsche in L.A., man muss sie nur finden. Dann erfährt man, wo es guten Kaffee oder Nutella zu kaufen gibt. Brot wird bei uns selbst gebacken, die Schaumstoffvarianten kommen mir nicht auf den Teller. Ein Deutschlandbesuch ist mindestens ein- oder zweimal im Jahr ein Muss. Sei es nun, um Vorträge in Mittweida bei der Saterra zu halten oder sich mit Polizisten oder Feuerwehrleuten auf der Loretta am Wannsee zu treffen. Der Kontakt zur Berliner Philharmonie darf dabei selbstverständlich auch nicht zu kurz kommen.

Natürlich kann ich mir eine Rückkehr nach Deutschland vorstellen, vorausgesetzt, JPL baut in München, Bremen oder Berlin eine Dependance. Träumerei. Vielleicht ist mein Know-how irgendwann einmal gefragt? Aber lassen sich meine Frau, Tochter und ich noch integrieren? Viele gute Kontakte habe ich zum deutschen Generalkonsulat, wo ich immer wieder neue Freunde mache. Diese müssen leider nach vier Jahren in ein anderes Land weiter. Aber dennoch, E-Mail und Computerkonferenzen lassen die Freundschaften nicht einschlafen. Überhaupt kann man über das Internet viele Entfernungen überwinden. Entsprechend bin ich immer bestens über die »Tagesschau« und die Zeitungen informiert. Das lässt sich alles gut lesen, wenn da nur nicht diese neue Rechtschreibung wäre.

Ich habe wieder einmal Fontane gelesen, die »Wanderungen durch die Mark Brandenburg«. Schon im ersten Satz des Vorwortes steht: »Erst die Fremde lehrt uns, was wir an der Heimat besitzen.« Ich bin zwar 2004 amerikanischer Staatsbürger geworden, das jedoch ist nicht gleichbedeutend mit einer Abkehr von meiner Heimat. Im Gegenteil: Meine Dissertation »Optimierung des Betriebes von Raumfahrtmissionen« habe ich an der TU-Chemnitz bei Professor Müller geschrieben, ein Doktortitel, den ich mir hart erarbeitet habe – drüben und hier. Ich träume von Rudertagen auf dem Kleinen Wannsee und spiele mein Waldhorn in einem Caltech-Orchester, sehne mich nach sonntäglicher Ruhe mit geschlossenen Läden. Stattdessen bin ich mit Konsum konfrontiert – Shopping, Shopping. Shopping zwecks Unterhaltung, aber davon will ich mich nicht einfangen lassen. Ich möchte mich treiben lassen, Kaffee trinken, der auch ohne Eiscremezusatz zu genießen ist, in Berlin Unter den Linden oder am Bremer Marktplatz. Stattdessen stecke ich im Stau. Hinter mir

Shopper, vor mir Shopper. Linke Fahrspur, neben mir Surfer, rechte Fahrspur, neben mir Surfer. Jedes Klischee trifft zu für das Land, in dem ich nun lebe. Und für jedes gibt es den Gegenbeweis.

Ralf Moeller ist ein Arbeiterkind aus Recklinghausen im Ruhrpott. Er ist nun 50 und immer noch mit beiden Beinen fest auf dem Boden. »Ich bin kein Star«, sagt er und hofft doch, dass er mindestens mal zu einem »Golden Globe« kommen wird. Sein Schauspielerleben, das er mit Frau Annette und zwei Töchtern in Los Angeles führt, kommt ihm jetzt schon vor »wie ein Märchen«. Moeller ist ein Bodybuilder, der mithilfe des Krafttrainings und gelegentlicher Anabolika-Experimente seinen Körper zum Kunstwerk modellierte. Er bekam zahlreiche Preise und wurde 1986 Weltmeister in der Schwergewichtsklasse. Der Größte war er ohnehin: 1,97 Meter, Bizepsumfang 58 Zentimeter. 1991 ging Moeller in die USA und nahm die Filmbranche in Angriff. Hartnäckig erkämpfte er sich Muskelmannrollen in der Fernsehserie »Conan – the Adventurer« und in Filmen wie »Gladiator« und »Universal Soldier« – binnen weniger Jahre etablierte sich der gelernte Schwimmlehrer im Kader der gefragten Darsteller. Ralf Moeller bemüht sich, das Bodybuilding vom Ruch des Rotlichtmilieus zu befreien und als ganz gewöhnlichen Sport einzuordnen. Er sieht sich in einer Spur mit seinem Freund und Idol Arnold Schwarzenegger, umstrittener Gouverneur des Staates Kalifornien, und dem Schwimm-Olympiasieger Johnny Weissmuller, der sich in den Zwanzigerjahren als baumstarker, jedoch gutartiger Hollywood-»Tarzan« durch den Urwald schwang. Selbst eine Politikerkarriere, wie bei Arnold, will »Ralfi« nicht ausschließen – in Deutschland. Der »Kultur-Spiegel« präsentierte den Bodybilder a. D. bereits auf einem Titel als deutsche Schwarzenegger-Kopie: »Der Lehrling«. Mit Amerika kommt Moeller gut aus. Zwar entdeckte er unter den Menschen dort »überall Angst«, Angst vor allem vor dem sozialen Niedergang. Aber die Chancen für einen Aufstieg erscheinen ihm immer noch unvergleichlich höher als sonstwo in der Welt. Moeller nimmt sich selbst zum Beispiel: »Im deutschen Film wäre ich nur als Bodyguard, Türsteher oder Zuhälter gecastet worden.«

Ralf Moeller

»Die Brücke, die vom Ruin zum Reichtum führt«

Wenn du mit der Wahrheit zurückhältst,
Wenn du die Wahrheit verbirgst,
Wenn du in der Öffentlichkeit sprichst,
Ohne die ganze Wahrheit zu sagen,
Dann bist du weniger wahr als die Wahrheit.

Jack London

Meine Wahrheit: Ich werde nie so vermessen sein, mich mit einem Robert de Niro, Clint Eastwood oder Sean Connery zu vergleichen. Ich träume trotzdem weiterhin von einem »Oscar«, zumindest von der Ehrung mit einem »Golden Globe«. Und ich glaube daran: Die Grenzen des Machbaren werden im Kopf gesetzt, von uns selbst.

Meine Karriere ist auch eine amerikanische Geschichte, allerdings nicht die des Tellerwäschers, der sich zum Millionär hochspült. Ich konnte mir bereits einen Porsche und eine Harley Davidson leisten, bevor ich nach Hollywood übersiedelte. Es gab schon ein Haus, das ich 1986 in Ruhrfeld-Spielhaus gekauft hatte und in dem meine Eltern wohnen. Ich bin Ruhrpottler, Recklinghausen-Süd, geboren 1959, noch inmitten der Schornsteine und der Kohle. Schöne Erinnerungen. Wir sind auf Lastkähne geklettert im Rhein-Herne-Kanal und sind dort geschwommen, wir haben im Kino die »Schatzinsel« gesehen oder den »Seewolf«. Polizist wollte ich damals werden, so wie ich das im Film erlebte – der Starke schützt die Schwachen. Stattdessen stand ich bis 1987 in weißen Leinenhosen und weißem Hemd im Südbad von Recklinghausen am Beckenrand und pustete in die Trillerpfeife, wenn die Kids Salto rückwärts ins Wasser sprangen: Schwimmlehrer Moeller.

Ich habe meinen Töchtern Jacqueline und Laura das Schwimmbad gezeigt, bin mit ihnen über die heimatliche Merveldtstraße gewandert, die für mich so vertraut ist wie der Sunset Boulevard. Der ist, wie manches in Amerika, gigantisch – um 40 Kilometer lang. Wer ihn befährt, bekommt einen Eindruck von den extremen Dimensionen in dieser Nation: Reichtum in Pacific Palisades und Holmby Hills, Verfall in Hollywood, Armut in Downtown.

Ich arbeite seit 18 Jahren in dieser Mega-City. Wir wohnen oben in den Hügeln von Brentwood, weißer Bungalow, Blick auf's Meer, Swimmingpool. In der Nachbarschaft stehen Springpferde in den Ställen und Bentleys in den

Garagen. Die Latinos, die den Rasen kurz halten, kommen mit dem Bus oder im »pick up truck«, ihrem Symbol für den Aufstieg. Meine Töchter besuchen Privatschulen, 20 000, 30 000 Dollar im Jahr, netto. Wie viele Jahre hätte ich im Südbad von Recklinghausen für diese Summe am Becken stehen müssen? Ich habe meine Chance in L.A. genutzt. In Deutschland wäre ich heute wahrscheinlich Schwimmbad-Leiter gewesen oder, hoch gegriffen, Besitzer einiger Fitness-Clubs. Das ist nicht herablassend gemeint. Meine Schwimm-lehrer-Kollegen sind tolle Typen, prima Kerle. Es soll nur heißen: Mein Leben hat sich anders entwickelt – ich lebe ein Märchen. Mein Freund Arnold ist der Gouverneur von Kalifornien, aber wir stemmen weiterhin die Hanteln zusam-men oder arbeiten an der Zugmaschine.

Er ist einer der mächtigsten Politiker der USA, körperlich ganz bestimmt, zumindest global bekannt wie kein anderer seiner Kollegen. Dennoch knat-tern wir am Sonntagmorgen mit dem Motorrad durch die Malibu Mountains, manchmal auch mit Thomas Gottschalk, falls der rechtzeitig aus dem Bett kommt. Dann bereitet er uns sogar ein Frühstück vor – höchstpersönlich. In seiner Dankesrede nach der »Oscar«-Ehrung für die »Gladiatoren« hat mich Hauptdarsteller Russel Crowe, ein Weltstar, namentlich erwähnt, mich, den Schwimmlehrer a. D. Wenn das kein Märchen ist.

Weil mir das Wort Märchen für meine Gefühle zu einfach erschien, habe ich mal nachgelesen, wie große Männer damit umgehen. Ich entdeckte bei der Gelegenheit Goethe, den mir meine Lehrer in der Hauptschule in Reckling-hausen nicht als Pflichtlektüre vorgelegt hatten, leider nicht. Ein Märchen ist das, schreibt der Dichter, »was uns unmögliche Begebenheiten unter mög-lichen oder unmöglichen Bedingungen als möglich darstellt«.

Unmöglich wird für mich wahrscheinlich sein, Gagen um 10, 20 oder 30 Millionen Dollar für einen Film zu kassieren wie Arnold, Brad Pitt, Leo-nardo di Caprio oder Tom Hanks, um nur einige der Megastars zu nennen. Das sind 0,0000001 Prozent all derer, die in Los Angeles berühmt werden wol-len, 100 000 arbeitslose Schauspieler, 100 000 Träumer, die Koffer in Hotels schleppen, Hamburger braten, Leichen waschen, weil sie den gleichen Traum haben. In Lokalen wie dem »Urth Caffé« an der Melrose oder »Mel's Drive-In« am Sunset sitzen die unentdeckten Talente, Dutzende, Hunderte nippen am Mineralwasser oder am Milchkaffee, die Handys vor sich auf dem Tisch. Sie warten auf den Anruf, diesen einen Anruf, der ihnen die Brücke bauen soll, die vom Ruin zum Reichtum führt. Manche unter denen sind längst Stars in ihrer Heimat, in Italien, Frankreich oder Deutschland, sind Absolventen eli-tärer Schauspielschulen, polyglott, geschult in Tanz und Pantomime. Sie sind in Kalifornien angereist mit der Einstellung: »So, ihr lieben Produzenten, Regisseure, hier bin ich, wo seid ihr, wo sind eure Angebote?« Und natürlich kommen die nicht.

Ich kann dies nachvollziehen, ihren Kampf, im wahrsten Sinne des Wortes, um das tägliche Brot. Sie glauben an sich selbst, an ihre Schönheit, ihr Talent. Die Mehrheit belügt sich selbst, will nicht erkennen, dass Hollywood ihnen nichts zu bieten hat außer Frust. Die haben weder einen Manager noch einen Agenten, sondern Schulden und Angst vor Morgen. Wer von einer »Agency« vertreten wird, hat zumindest eine Chance, sich bei einem »Casting« im Besetzungsbüro persönlich vorzustellen. Da geht's immer um alles. Der Agent organisiert einen Termin. Er weiß: Für eine Rolle wird ein hageres, sportliches Mädchen um 25 gesucht, blauäugig, schwarze Haare, mindesten 1,70 Meter. Das Girl passt in das geforderte Raster, steht vor dem Casting-Büro – pünktlich mit 428 anderen Schönen. Vielleicht schafft die junge Frau es unter die letzten 100, 50, 25, 10, 5, 4. Dann der Anruf. Eine andere hat's geschafft, kann ihre Schulden bezahlen. Und weiterträumen.

Ich selbst habe keine Schauspielschule von innen gesehen. Auf der Bühne habe ich nur in Badehose gestanden – beim Bodybuilding-Wettbewerb. In welcher deutschen Schauspielschule hätte ich nach Abschluss meiner Ausbildung – mittlere Reife, Lehre bei der Stadtverwaltung zum Schwimmlehrer – den 2. Bildungsweg versuchen können? Stellen wir uns das mal vor: 1,97 Meter groß, 125 Kilo schwer. Vorstellungsgespräch an der Folkwang-Hochschule in Essen oder einer anderen Schauspielschule in Berlin, München, wo auch immer. Das Aufnahme-Gremium, ehrenwerte Schauspieler a. D., will wissen: »Haben Sie sich mit Heinrich Heine beschäftigt, John Steinbeck verstanden, den Schiller gelesen? Ist Ihnen ›Nathan der Weise‹ vertraut?« »Nein.« »Was sind Sie von Beruf?«, will einer wissen, als hätte er es nicht in meinen Bewerbungsunterlagen gelesen: »Schwimmlehrer, Schwimm-Meister.« – »Bademeister also?« – »Nein, Schwimmlehrer, staatlich geprüft.« – »Beruf des Vaters?« – »Schweißer.« – »Schweißer sagten Sie?« – »Ja, Schweißer, einer mit der Lötlampe«. – »Herr Möller, waren Sie überhaupt je in einer Theatervorstellung? Haben Sie den ›Sommernachtstraum‹ gesehen oder ›Romeo und Julia‹?« Nichts war mir vertraut – ich habe wenig gelesen und mich nie in einer Schauspielschule beworben. Im deutschen Film wäre ich ohnehin nur als Bodyguard, Türsteher oder Zuhälter gecastet worden. Man wird es kaum glauben: In Hollywood habe ich einen Film gedreht, in dem ich als Pastor auftrat. Ich stand vor der Gemeinde und predigte. Auf Englisch. Und so etwas geht nur hier.

Bin ich ein Hollywood-Star, wie's in den deutschen Blättern berichtet wird? Darüber sollen andere entscheiden. Ohne Bescheidenheit behaupte ich: Ich arbeite mehr als mancher andere deutsche Hoffnungsträger. Bei Dreharbeiten

wird mir – vertraglich – ein »trailer« zugesichert, eine dieser Wohnwagen-ähn-
lichen Schöpfungen, 14 Meter lang, vier Meter breit, in dem sich der Schauspieler ausruhen oder seine Rolle lernen kann. Und ein Fahrer steht mir auch
zu. Das sind erworbene Privilegien. Ich habe – immerhin – mit Ridley Scott
gearbeitet, einem der großen Regisseure. Roland Emmerich, der mit »Independence Day« zu Weltruhm kam, hat mich ebenfalls vor die Kamera geholt. Mit
Tom Cruise bin ich zur Premiere eines seiner Filme nach Berlin geflogen, unvor-
stellbar für deutsche Verhältnisse, dass Ralf Moeller und Tom Cruise mehr sind
als Arbeitskollegen; »Herr Moeller«, wollte ein Journalist wissen, »was machen
Sie schon wieder in Berlin?« Meine Antwort: »Die Badesaison ist vorbei, wir
haben das Schwimmbad in Recklinghausen winterfest gemacht, also habe ich
jetzt Zeit, um mit Tom Cruise einen Film zu präsentieren.«

Die Kinoleute und Kulturschaffenden in Deutschland können mich nicht
recht einschätzen. Sie meinen, so vermute ich, mein Ego entspreche meinem
Oberarmumfang, der zu meinen Hochzeiten 58 Zentimeter maß, übrigens
etwa meine Gesamtgröße, als ich 1959 im Knappschafts-Krankenhaus Recklinghausen das Licht der Welt erblickte. Ich kenne meine Schwächen, meine
Stärken; ich will überhaupt nicht lang drum herumreden: Einige meiner Filmprojekte, etwa der »Icecream Man« oder »Old Shatterhand« sind nie verwirklicht worden. Die »Icelandic Saga« ist – leider – nur über Video in den Handel
gekommen. Die »Gladiatoren« hingegen waren ein absoluter Welterfolg. Und
wo immer ich auftrete, in Cannes oder Kopenhagen, rufen die Leute: »Das
ist er, der Gladiator.« Der Erfolg ist eben nicht kalkulierbar, auch Stars haben
an Filmen gearbeitet, die dann zu einer Kassen-Katastrophe wurden. Ich bin
kein Megastar, die Paparazzi verfolgen weder mich noch meine Frau Annette,
obwohl sie ein unglaublich schönes Wesen ist und nachsichtig zugleich – seit
mehr als zwei Jahrzehnten erträgt sie mich nun schon. Gelegentlich ist sie
mal eifersüchtig, etwa als sie glaubte, meine Liebesszene in »Icelandic Saga«
sei etwas zu heftig und zu intim gewesen. Ich habe sie beruhigt: »Wir haben
an dieser Szene sieben Stunden gearbeitet. Das Einzige, was ich davon hatte,
waren Rückenschmerzen.«

Ich habe keine Probleme mit den Amerikanern und ihrem Lebensstil. Ich
diskutiere mit ihnen nicht über Politik, verrate keine Vertraulichkeiten über
Arnold. Im Vergleich zu manchen Hollywood-Menschen bin ich ein beschei-
dener Typ. Ich treibe mich selten auf Cocktail-Partys herum, denn morgens
gegen acht arbeite ich mit Schulter- oder Lastzugmaschinen, mit Kurz- oder
Langhanteln im »Gold's Gym«, wo sich Boxweltmeister fit machen, Karate-
Champs und Basketball-Profis der örtlichen »Lakers«. Hunderte stählen dort
bereits bei Sonnenaufgang ihre Körper. Das Gym hat Fabrikausmaße. Über

Fernseher werden die Nachrichten eingespielt, schöne Frauen im stoffarmen Workout Dress heben Gewichte, eine Stunde später verteidigen sie womöglich einen Mordverdächtigen vor Gericht. Oder sie bestimmen, wie hoch der Kredit für das nächste Filmprojekt sein darf. Die Eisen, die hier gestemmt werden, neutralisieren Macht und Übermacht. Nach meiner Frühschicht treffe ich mich meist mit Freunden im »Rose Cafe«, einige Schritte vom »Gold's Gym« entfernt. Da hocken legendäre Architekten wie Frank Gehry oder Literaten und solche, die davon träumen, Hemingway zu werden, an ihren Computern; Bodybuilder genießen ihre nur aus Eiweiß zubereiteten Rühreier. Diese Menschen sind eine Sorte für sich: Keine Anzüge, keine Krawatten, schon Jeans erscheinen als »overdressed«. Shorts, T-Shirts, Sandalen, unrasiert, das ist der Auftritt der Kraftvollen.

Es geht hier locker zu und recht neidlos, nicht nur im Gym. Wenn ich mit schwarzen Lackschuhen, einem weißen Anzug, rosafarbenem Hemd sowie gelbem Schlapphut über die Königsallee in Düsseldorf wandern würde, wäre das Urteil der Rheinländer schnell bei der Hand: »Rad ab.« In Beverly Hills hingegen, wo es unendlich reich hergeht und unendlich steril, würden Passanten sagen: »Neuer Trend.« Und wenn ich mit meiner Harley über diese Boulevards und Avenues kreuze, zeigen die Leute, die an der Ampel warten, mit dem Daumen nach oben. Soll heißen: schönes Stück. Und damit meinen sie nicht mich, sondern die Maschine.

Vorm »Gold's Gym« wollte mir ein Penner die Harley putzen, kostenlos, wie er anbot. Weil mir der Verdacht kam, dass er die staatlich verordnete Promillegrenze weit überschritten hatte und das seit Jahren, gab ich ihm einige Dollar in die Hand, Anerkennungsprämie für die Bereitschaft zu arbeiten. »God bless you, buddy«, meinte er, Gott segne dich, Kamerad, und streichelte, bevor ich durchstartete, den Benzintank. Hass auf den Besitz des anderen war da nicht zu erkennen. Zu den Grundgefühlen der Amis gehört schon eher die Sorge, Verlierer zu werden. Angst überall. Angst vor der Entlassung, Angst vor Kriminalität, Krankheit. Angst vor Erdbeben. Vor der nächsten Kreditkartenabrechnung, der anstehenden Hypothekenzahlung. Sozialem Niedergang begegnet man allenthalben. An den Kassen in den Supermärkten arbeiten Frauen und Männer, die sind 70, 80. In Deutschland wären sie in Rente und könnten ihre geschwollenen Knöchel am Strand von Mallorca kühlen.

23 Jahre alt war ich bei meinem ersten USA-Besuch: Bodybuilding-Wettkampf in L.A. Schon der Anflug auf die Stadt faszinierte mich, diese Unendlichkeit, Flachdach-Haus nach Flachdach-Haus, grüne Tupfer Rasen, blaue Tupfer Swimmingpool, von der Wüste bis an den Pazifik. Dazwischen der Koloss L.A. Dann die Bilder, die ich aus dem Kino kannte: Eisläden, McDonald's-Stuben,

Latino-Kids, Afroamerikaner, die in ihren Hosen auch hätten zelten können, derart weit waren sie geschnitten. Girls, Girls, Girls, blond, blonder, blondiert, mehr Make-up im Gesicht als Stoff über dem Busen. Ich suchte den Glamour von Hollywood, die Spuren von Frank Sinatra und Marilyn Monroe, doch dieses Hollywood gab es nicht mehr. Stattdessen Verfall, Penner, Ruinen, verstoßene Hunde, verlorene Kinder.

Dies war urbanes Chaos, aber auch Freiheit, die sich keinem Gesetz unterwirft, bis heute nicht. You take it, or you leave it. Arbeite oder stirb. Ganz simpel. Einfach schrecklich, wenn man so behütet aufgewachsen ist wie ich – ein Einzelkind in Recklinghausen. Während sich andere Kinder in meinem Alter an elektrischen Eisenbahnen erfreuten, experimentierte ich mit Hanteln. Ich war acht oder zehn. Der Umgang mit dem Eisen war Teil des Trainings bei meinem Schwimmclub »sv Neptun 28«, für den ich in der Wettkampf-Mannschaft startete: Ich war immerhin Stadtmeister und Jahrgangsmeister von Westfalen. Ich war sogar bereit, mir auf die Nase schlagen zu lassen, und habe, eben 15, bei »Boxring 28« mit dem Training begonnen.

Nur: In meiner Gewichtsklasse fehlten die Gegner; ich brachte 92 Kilo auf die Waage und war bereits so um 1,90 groß. Die körperlichen Voraussetzungen waren gegeben, Nachfolger von Max Schmeling zu werden, aber ich wollte nicht warten, bis meine Trainer einen Gegner gefunden hatten, der bereit war, mir die Augenbrauen aufzuschlagen – ich warf das Handtuch. In meinem Leben geisterte ohnehin nur eine Figur als Vorbild herum: Arnold Schwarzenegger. Seine Fotos schmückten damals die Umschlagseiten von Groschenromanheften, Werbebroschüren für ein Eiweiß-Konzentrat. Arnold hatte einen Körper, der schien wie von einem der klassischen Bildhauer in Marmor geschlagen; ich konnte mir einfach nicht vorstellen, dass diese Fotos echt waren, diese ziselierten Muskeln, unglaublich. Während eines Urlaubs an der Küste Jugoslawiens sah ich einen solchen Körper erstmals leibhaftig. Na ja, nicht in Arnolds Vollendung, aber immerhin eindrucksvoll. Ein deutscher Bodybuilder war's.

Mein Vater musste mir nach dieser Begegnung am Strand Hanteln aus Eisen schweißen. Wenn ich im Keller unter der Last litt, habe ich mir eingeredet: Mit deinem Body kannst du vielleicht irgendwann Mr Universum werden. Quäl dich, Ralf, leg noch ein Gewicht drauf, zwei. Du bist blauäugig, blond, muskulös. Ein Siegfried. Ich habe mir zwar nie eine Wagner-Oper angetan, aber Siegfried der Drachentöter, das war selbst bis Recklinghausen durchgedrungen.

Ich bastelte Talent und Träume zu einem Karriereplan zusammen, dessen Umsetzung begann, nachdem mir mein Kumpel Manfred aus dem Boxclub ein Bodybuilding-Studio zeigte und mich ermunterte, ihm nachzueifern. Er stemmte mit der Langhantel 90 Kilo, ich schaffte 35. Das Studio gehörte einem ehemaligen Kugelstoßer, Oskar Lutz. Da war nichts vom Chrom und Schick dieser Tage. Stattdessen: leicht angerostete Geräte, stumpfe Spiegel. Das erste Ziel war vorgegeben: Eigengewicht stemmen, also nahezu zwei Zentner.

Am Tag stand der Schwimmlehrer-Lehrling Moeller am Becken des Südbads und brachte den Kleinen bei, mit welchen Bewegungen sie sich über Wasser halten können. Nach Dienstschluss der Weg an die Kraftmaschinen. Von Recklinghausen nach Herne und zurück, zu Fuß und mit der Straßenbahn; täglich zwei Stunden Fahrt, täglich Schweiß, Muskelschmerzen, Zerrungen, Eisen und wieder Eisen. Die Mutter kochte Huhn und Fisch, damit der nötige Eiweißbedarf gedeckt war. Die Qualen konnten mich nicht stoppen. Kapitulation, das war schon damals nicht meine Sache. Im Kino liefen Filme mit Bruce Lee, einer Karate-Legende.

Wenn Lee auf der Leinwand seine Rückenmuskeln bewegte, war ich, wie man so schön sagt, einfach weg. Dahin, habe ich mir geschworen, wirst du auch kommen. Ich habe also Jürgen Brandt in seinem Fitness-Studio besucht, in Essen. Er war deutscher Juniorenmeister im Bodybuilding, später Seniorenmeister. Er überredete mich, mir einen Wettkampf anzusehen. 2000 Zuschauer, immerhin. Wie Skulpturen erschienen mir die Körper-Kunstwerke. Jubel im Publikum, Schweiß auf der Bühne. Mir gefiel die Atmosphäre, die Kraft, die Disziplin, alles, was mit diesem Sport verbunden war.

Ich habe die Häme gegen Bodybuilder in Deutschland nie verstanden, auch nicht den Versuch vieler Blätter, uns immer wieder in den Schatten der Zuhälter, Knastbrüder oder Türsteher zu rücken. Diese Oberlehrertypen, die auf jedem muskulösen Körper einen Hohlkopf vermuten, ahnen nicht, wie viel Selbstdisziplin und innere Kraft hinter unserem Sport steckt. Die Wahrheit sieht so aus: Bodybuilding ist Schwerstarbeit. Ich habe häufig, an einem Tag, insgesamt 30 Tonnen gestemmt und gedrückt. Ich habe auf die richtige Nahrung geachtet, ein unerlässliches Element im Leben eines Bodybuilders. Ich war, ich bin Bodybuilder. 1978 wurde ich deutscher Juniorenmeister, vier Jahre danach Dritter der Weltmeisterschaften, die in Brüssel ausgetragen wurden.

Und dort stand plötzlich mein Idol vor mir, Arnold Schwarzenegger, ewiger Mr Universum. 1981, bei der »Conan«-Premiere in Essen, hatte ich ihm bereits kurz die Hand geschüttelt. Nun, in Brüssel, wollte er mich für einen amerikanischen Fernsehsender interviewen – Arnold höchstpersönlich. Ich musste mich vor dem Interview erst einige Minuten sammeln. Arnold war schon damals berühmt: Bodybuilder und Hollywood-Star. Sein erster großer Film »Conan« spielte weltweit mehr als 100 Millionen Dollar ein. Er hat nicht nur Muskeln, sondern auch Mut, wie die Kalifornier bereits bei seiner ersten Kandidatur für das Gouverneursamt im Herbst 2003 erkennen konnten. Er glaubt an sich, vertraut seinem Charisma. Er spielt kein Theater, sondern ist immer er selbst.

1986 wurde ich in Tokio Weltmeister. Ohne Doping. Wenn ich während des Wettkampfes pinkeln musste, standen zwei Gentlemen im Klo und sahen mir zu – welch ein Vergnügen. In Reagenzgläsern trugen sie meinen Urin so behutsam davon, als sei's der Zünder einer Bombe. Ich war – offiziell – clean. Damit will ich nicht behaupten, dass ich nicht mit dem Zeug experimentiert habe. Schäme ich mich wegen irgendwelcher Drogensünden? Ja, nein. Es wäre eine schönere Welt, wenn wir ohne Sünden, Lügen, Übertreibungen leben könnten, sicher. Vor einiger Zeit habe ich in der »L.A. Times« eine Geschichte über einen Unternehmer gelesen, der Konkurs angemeldet und 5000 oder 6000 Arbeiter, ohne Abfindung, ohne Rente, ins Elend geschickt hat. »Shit happens«, sagen Amerikaner, aber Tage danach hat der Ex-Unternehmer damit begonnen, seine Villa in Bel-Air zu restaurieren, für angebliche 50 Millionen Dollar. Muss ich an die Skandale der Wall Street erinnern, wo selbst einfachen Menschen das Geld aus den Taschen gestohlen wurde von einem Mr Madoff, der 64 Milliarden in Luft auflöste?

Was haben Dopingsünder anders gemacht als das, was uns in unserer Gesellschaft jeden Tag vorgelebt wird? Vielleicht sind sie schuldig, weil wir den Menschen die Illusion genommen haben, der Sport sei die letzte Bastion der Ehrlichkeit. So gesehen bin ich mitschuldig. Aber ich plädiere auf mildernde Umstände. Ich, zum Beispiel, habe für meinen Weltmeistertitel keinen Cent kassiert. Ein Vertrag mit dem Sportartikelhersteller «Puma» brachte mir danach 50 000 D-Mark, einiges Kleingeld kam über Autogrammstunden und PR-Arbeit für Karstadt-Produkte hinzu. Das war's. Arnold hatte 1986 bereits 10 Kinofilme abgedreht und wurde allmählich zum Star. Er surfte auf der Fitnesswelle, die Amerika in jenen Jahren erfasste. Natürlich, Talkshow-Moderatoren, deren Bäuche über die Gürtel schwappten, machten sich über Arnold lustig. Sie haben seinen Akzent imitiert, seinen Namen verdreht und immer wieder Posenfotos einblenden lassen – Arnold, nur Muskeln, »no brain«, das sollte die Botschaft sein. Sie wollten Arnold lächerlich machen. Und nun? Seit sechs Jahren bestimmt er die Politik Kaliforniens. Seine Fernsehpeiniger von damals sind nun auf Mineralwasser-Kurs, setzen auf Diät und zahlen ihrem persönlichen Body-Trainer pro Hausbesuch und Stunde 200 Dollar cash.

Arnold war der Pionier, auch mein Pionier. Er war 12 Jahre älter als ich und hatte vorgegeben, was möglich und machbar war. Ich musste aufs Gas treten. Jetzt und heute. Ich war über 30. Mein Englisch war mäßig, weil ich viel zu faul gewesen war. Ich schickte mein in deutscher Sprache verfasstes Buch »Bodybuilding, Faszination athletischer Körper« an Dutzende von Hollywood-

Produzenten und -Regisseure. Wahrscheinlich konnten die meinen Text nicht verstehen, aber die Fotos mussten sie beeindrucken, zumindest war das meine Hoffnung. Ich hatte richtig kalkuliert. Aus Hollywood meldete sich »Canon«, eine auf Actionfilme spezialisierte Produktionsfirma. »Kommen Sie bei uns vorbei, wenn Sie in Kalifornien sind«, war die Botschaft, »Menachem Golan, der Boss, würde Sie gern persönlich treffen.« Natürlich, kein Flugticket, nicht mal für einen Charter.

Im April, einige Monate nach dem Anruf, hatte ich einen Bodybuilder-Auftritt in L.A. Flug in der Economy-Class. Die Sitze waren so eng, dass meine Knie mein Kinn erreichten. Ich hoffte auf eine Reise ohne Turbulenzen, weil ich mir sonst mit den Knien die Zähne ausgeschlagen hätte. Dann ein Billighotel, was sonst. Da bei »Canon« selbst eine wohlwollende, auf Sprachgestörte eingestellte Telefonistin mein Ruhrpott-Bruchstückenglisch nicht verstanden hatte, stand ich wenig später, ohne Anmeldung und unrasiert, vor der Empfangsdame. Die reagierte so, wie es in Amerika erwartet wird: freundlich. So freundlich, dass ich kurzfristig das Gefühl hatte, ich könnte ihr seit Langem verschollener Verwandte sein.

Ich bin ein Deutscher, erklärte ich ihr, »the Mann von the bodybuilding«. Offenbar war ihr nicht klar geworden, in welcher Sprache ich mich verständigen wollte. »Do you speak English?« »Oh yes, a little, some Brockens.« Der Boss erwarte mich, log ich ihr vor, und »Boss« hat sie wohl verstanden. Da sie meinen Namen auf keiner Besucherliste finden konnte, rief sie im Sekretariat von Golan an. Knappe Antwort: »Mr Golan hat keine Zeit. Er ist mit Vorbereitungen für die Filmfestspiele in Cannes beschäftigt.« Ich möge mich doch im Juni oder Juli wieder melden, zwei, drei Monate später also. Ralf, habe ich mir da gesagt, jetzt oder nie. »Kann ich zumindest meine Fotos in seinem Büro anliefern?« Nein, nein, aber die PR-Lady, Priscilla McDonald, werde sich mit mir treffen.

Priscilla hatte sieben Jahre in Deutschland gelebt und beherrschte unsere Sprache perfekt: »Kann ich den Mr Golan nicht für fünf Minuten sehen, fünf Minuten?« Wieder ein Anruf: »Er konferiert gerade mit Carlo Ponti, danach ist er mit ihm zum Lunch verabredet. Das hätte ich dir eigentlich nicht verraten dürfen.« Ich hatte Hummeln im Hintern – Golan und Carlo Ponti, der Ehemann von Sophia Loren. »Bitte Priscilla, sag deinem Boss, ich bin zwölf Stunden geflogen, um ihn fünf Minuten zu sehen.« Noch ein Anruf. Geduldig hörte ich mir ihre Lebensgeschichte an, sogar Eiskunstläuferin war sie gewesen. Erinnere dich, Ralf, habe ich mir eingeredet, an Kilius, an Bäumler, die Paarläufer. Du musst Zeit schinden. Wer war da noch? Die sächsische Olympiasiegerin. Die Knackige, wie hieß die noch? Vor zwei Monaten hatte sie im kanadischen Calgary ihre zweite Goldmedaille gewonnen. Ah ja – Witt, Katarina. Das Mädchen aus dem kommunistischen Osten. Rede über sie, über Holiday on Ice! Über Eis insgesamt, Speiseeis, Eis im Gin Tonic, Eis in der Antarktis. Nur Eis. Plötzlich Tauwetter: Der Boss lässt bitten. Ein Flur, der nicht enden wollte. Mega-Tür, Mega-Office, Mega-Fensterscheiben – unter mir Hollywood.

Ein historischer Tag – im April 1988. Zumindest für Ralf Moeller aus Recklinghausen. Vor mir stand Menachem Golan, israelischer Staatsbürger, Hollywood-Produzent. »Nice to meet you, Sir, mein English is not so well.« Kein Problem, »wir können Deutsch reden«. Und gleich die Kernfrage: »Was kann ich für Sie tun?« »Ich möchte Film machen.« »Bravo, das wollen in dieser Stadt alle; was hast du bisher gemacht?« Ich hatte, wie ein Staubsaugervertreter, meinen Verkaufstext vorbereitet: »Ich war Mr Universum, so wie Arnold Schwarzenegger. Ich bin der größte, schwerste Bodybuilder-Weltmeister aller Zeiten, 12 Jahre jünger, 1,97 Meter groß – und damit 12 Zentimeter größer als Arnold. Für Millionen von Bodybuildern bin ich ein Vorbild. Wissen Sie, wie viele Leser Magazine wie ›Muscle & Fitness‹ haben? Sieben Millionen; wie viele Fitness-Studios existieren in Deutschland? 5000, deren Kunden werden Kinokarten kaufen, wenn die wissen, in dem Film ist der Moeller drin.«

Schon Muhammad Ali hatte erkannt: Die Menschen können Großmäuler nicht ausstehen, doch sie hören ihnen zu. Nach zehn Minuten Vortrag, Gott sei's gedankt auf Deutsch, erhob sich Golan aus seinem Ledersessel und meinte: »Okay, wir machen einen Film-Deal. Fünf Filme.« Hatte ich richtig gehört? Fünf? Fünf, die Zahl nach vier? Er schob mich am Arm in einen anderen Raum. Offenbar ein Konferenzzimmer. Auf einem der Stühle saß ein Mann, dessen Foto ich auf meinem Flug nach L.A. in einem People-Magazin gesehen hatte: Carlo Ponti (der im Januar 2007 im Alter von 94 Jahren gestorben ist).

»Ich habe Ralf, meinen neuen Star, zum Lunch mit uns gebeten, Carlo, I hope you don't mind.« Wir aßen Lachs und rohe Mohrrüben, der Golan, der Ponti und der Moeller. Erst Arnold, jetzt ich. America, the beautiful. »Mr Golan, ich muss mir jetzt wohl schnell einen Agenten suchen, wegen der Verträge und so.« – »Nichts da! Wir machen jetzt fünf Filme und danach suchen wir dir einen Agenten.« Später habe ich erfahren, dass er mit Jean Claude van Damme, dem belgischen Kampfsportwunder, ähnlich gedealt hat: Fünf Filme, miese Gage, hohe Einspielergebnisse; ihm, dem Hollywood-Novizen, war die Höhe der Gage letztlich unwichtig. Auch ich musste den Fuß in die Tür kriegen, Schuhgröße 48.

Eigentlich war ich an jenem Tag mit Frances Schoenberger zum Lunch verabredet, einer deutschen Hollywood-Korrespondentin. Nein, sie war DIE Hollywood-Korrespondentin, seit Ewigkeiten in der Stadt. Eine Bayerin. Bei der »Bunten« war sie gewesen, beim »Stern«, bei Pop-Blättern, für die sie John Lennon interviewte. Sie machte die Kontakte, ihr Mann Michael Montfort fotografierte. Arnold kannte sie bereits, als er eine kleine Wohnung mit einem Bodybuilder-Freund teilte. Er ist einer der Taufpaten ihrer Tochter. Nie, hat Frances mir erzählt, habe der Pate den Geburtstag ihrer Daisy vergessen. Sie verschaffte dem Produzenten Bernd Eichinger Hollywood-Kontakte, besuchte mit Wim Wenders sonntagsfrüh die Messe. Frances, teilte ich ihr am Telefon mit, »ich werde meinen Termin nicht einhalten können. Ich habe soeben einen Film-Deal mit ›Canon‹ gemacht, fünf Filme.« »Unglaublich«, war ihre Reaktion. »Kann ich das dem Michael Gräter melden?« Der war ein berühmt-berüchtigter Klatschkolumnist der »Bild-Zeitung«. Gräter war entzückt. Eine Story zum Träumen: Ein Deutscher soll ein neuer Richard Burton werden, ein James Dean, Marlon Brando? So stand das in »Bild«: »Der Siegfried aus dem Ruhrpott – Hollywoods neuer Star«.

Dann aber: Arnold Schwarzenegger warnte mich vor dem Fünf-Filme-Deal. Auch er hatte in frühen Jahren einen solchen Vertrag mit Dino di Laurentis unterzeichnet und war am Ende nicht eben glücklich über die lange Bindung für wenig Geld gewesen. Wir hatten uns unten am Meer, in »Patrick's Roadhouse«, zum Frühstück getroffen. George Christie, einer der Kolumnisten des »Hollywood Reporter«, kam hinzu und bat mich, mit ihm über mein Leben zu reden – von Recklinghausen an den Pazifik. Der »Hollywood Reporter« erscheint täglich in einem magazinähnlichen Format. Die Branche studiert den »Reporter« von der ersten bis zur letzten Seite. Produktionsdeals, Filmprojekte, Umsatzzahlen, Krach in den Studios, »all the news« der »industry«, wie es hier heißt, Film gleich Industrie.

Christie veröffentlichte eine Geschichte über meinen Start in Hollywood, einschließlich des »Canon«-Deals. Am selben Tag noch erhielt ich einen Anruf: Peter Young, einer der Agenten der »The Gersh-Agency«, bei der vor Jahrzehnten auch Humphrey Bogart unter Vertrag war. Er wolle mich vertreten – noch ein amerikanisches Märchen. Beglückt meldete ich mich telefonisch bei Golan: »Ich habe einen Agenten gefunden.« Statt Lob nur Tonstörungen, so schien es mir: Gebrüll, hohe Töne, dunkle Töne. »Ich will mit keinem Agenten reden; wir entwickeln jetzt Drehbücher für dich und du tust, was ich dir sage. du fliegst jetzt mit mir nach Cannes, ich stell dich den Medien vor.« Ich wagte einzuwenden: »Es gibt keinen Film, kein Drehbuch. Was wollen wir der Presse sagen?« »Es gibt dich«, erwiderte mein Produzent, »deinen Körper, und den werden wir vermarkten.« Ich parierte.

Also: Fotos, Fotos, Fotos, nahezu unbekleidet, aber behängt mit Dolch, Pistolen und Maschinengewehr – Macho-Kram à la »Rambo«. Ich war in Cannes –

roter Teppich, rötlicher Kir Royal, am Strand entblößten sich langbeinige Blondinen, und mittendrin im Trubel stand ich und beantwortete Reporterfragen. Ich erinnerte sie daran, dass meine Karriere, die noch gar nicht begonnen hatte, so ungewöhnlich nicht sei – Clint Eastwood sei während seines Militärdienstes Schwimmlehrer gewesen, der im heutigen Rumänien geborene Johnny Weissmuller – der zwischen 1924 und 1928 fünf Schwimm-Goldmedaillen gewann und insgesamt 67 Weltrekorde schaffte – habe in Hollywood als Tarzan Erfolg gehabt. Im Lendenschurz schwang der sich von Baum zu Baum und quasselte in etwa 20 Tarzan-Streifen mit den Affen.

Im Übrigen befolgte ich in Cannes Arnolds Rat: Unterschreibe für drei Filme, mehr nicht. Golan war nicht beglückt über diesen Newcomer, der seinen Köder nicht annahm. Was hätten andere deutsche Karriereaspiranten für solch einen Deal getan? Ich war finanziell unabhängig, wir hatten daheim genug zu knabbern. Kein Druck also. Wir einigten uns schließlich auf einen Drei-Filme-Kontrakt. Golan versprach mir, ein Hotelzimmer oder eine Wohnung zu zahlen, 300 Dollar Taschengeld pro Woche sowie kostenlosen Englischunterricht. Vier Monate lief alles wie vereinbart, auch ohne Vertrag, an dem – angeblich – gearbeitet wurde. Dann meldete Golan Konkurs an. Eine herbe Enttäuschung für mich, aber nichts Ungewöhnliches. Wie viele ähnliche Geschichten haben mir andere Schauspieler in den letzten Jahren erzählt! Versprechen, die nicht eingehalten, wie viele Verträge, die nicht unterzeichnet wurden. Noch ein Lunch, noch einen Drink mit diesem oder jenem Agenten, mit Produzenten, Drehbuchautoren, und immer wieder Optimismus, Zuversicht – alles heiße Luft. Mit der in Hollywood ausgepusteten Luft könnte man alle Luftballons Amerikas mühelos füllen.

Meine Filmkarriere beschränkte sich weiterhin auf einen »Tatort«-Auftritt 1986 in Duisburg mit Götz George – 30 Sekunden Ruhm, weil sie einen großen Breiten mit dicken Armen suchten. Und eher kleinkariert ging es zunächst weiter. Ein Anruf aus Italien: Ich solle in der Komödie »Das Auge der Perestroika« spielen, zehn Minuten insgesamt, für 5000 D-Mark Gage. Vier Wochen drehte ich in Italien, eine wunderbare Zeit. Der Film ist zwar nur in Italien gelaufen, aber die Rolle war, nicht nur wegen der Erfahrungen vor der Kamera, mit Vorteilen versehen: In jeder Pizzeria, in der ich nach der Premiere auftauchte, kannten mich die italienischen Kellner und alle beharrten darauf, mir einen Prosecco kostenlos auf den Tisch zu stellen. Ich hatte bereits beschlossen, meine Schwimmlehrer-Karriere zu beenden.

Nun stand die Entscheidung an: Bodybuilder-Profi, weltweit im Wettkampf, oder ein weiterer Versuch in Hollywood? Im Januar 1991 siedelte ich von Recklinghausen nach Kalifornien um. Meine Frau Annette sprach gutes

Englisch, Tochter Laura war eben zwei Jahre alt. Annette hat ihre eigenen Interessen über Jahre zurückgestellt, aber im letzten Jahr ist sie für Obama in den Wahlkampf gezogen. Unsere Jaqueline wurde in L.A. geboren. Sie und Laura sind amerikanisch geprägt, wahrscheinlich sind unsere Mädchen unbekümmerter, freier, als sie in Deutschland gewesen wären. Aber sie sprechen deutsch. Sie freuen sich auf den Besuch bei Opa Helmut, meinem inzwischen 79 Jahre alten Vater, sie erzählen Oma Ursula, sieben Jahre jünger, von ihren Malkursen und Annettes Eltern, Opa Klaus und Oma Marlies, von ihren Erlebnissen bei einem Besuch in Paris.

Ich kann mir mein Leben in L.A. ohne Familie nicht vorstellen. Ich brauche dieses Zugehörigkeitsgefühl. Annette studierte an der UCLA Kunstgeschichte und Literatur. Ein ehrenwerter Entschluss, da ich sie nun abfragen kann, was Charles Bukowski und Truman Capote, Raymond Chandler wie James Ellroy, F. Scott Fitzgerald und Budd Schulberg über Hollywood so alles geschrieben haben und warum Nathanael West in seinem »Tag der Heuschrecke« Hollywood als eine »Müllhalde der Träume« klassifizierte, bereits 1939.

Meine Kinder, das nur nebenbei, sprechen perfekter englisch als ich, eine Erkenntnis, die ich mit so manchem Einwanderer teile, gleich ob sie aus Guatemala stammen oder dem Libanon. Arnold hat mir übrigens die berühmten Steigbügel nicht gehalten, wie so manche Leute behauptet haben. Die gängige Vorstellung war: Schwarzenegger ruft bei einem Regisseur an, und schon ist sein Kumpel drin. Wenn das so einfach wäre! Natürlich, Jane Fonda ist Hollywood-Star geworden wie Vater Henry, Michael Douglas ist seinem Vater Kirk gefolgt, nur was machen die Kinder von Brando, Newman, Eastwood und wie sie alle heißen? Der Sohn von Harrison Ford ist Koch geworden, einer der Söhne Marlon Brandos verbrachte Jahre hinter Gittern.

Im »Gold's Gym« beim Bodybuilding lernte ich Clint Eastwood kennen, welch ein Erlebnis, »Dirty Harry« persönlich. Wow. Mit Arnold und Clint Eastwood kam ich in den Genuss einer schönen Monte Christo, made in Cuba – seither bin ich Zigarrenfan. Ich begegnete Arnolds Anwalt, Jake Bloom, auf einer von Arnolds Geburtstagspartys. Einige Monate nach dieser Party habe ich in seiner Kanzlei angerufen. Die Sekretärin versprach, was alle Sekretärinnen in Hollywood versprechen: »He will call you back«, aber Bloom rief tatsächlich an, zwei Wochen später: »Was kann ich für Sie tun?« »Ich bin Ralf Moeller.« »Ralf who?« »Der Große mit den dicken Armen.« Später hat er meine Verträge ausgearbeitet, für fünf Prozent der Gage. Die Tage gingen dahin. Ich wohnte nun in Hollywood, wusste aber auch, dass ich meinen Arsch hochheben und ackern musste. Hundert Anrufe am Tag. Hier ein Kontakt, dort eine Information. Sprüche klopfen reicht nicht, ein Quäntchen Glück ist unerlässlich. Selbst die Kritiker konnten meinen Elan nicht stoppen, wenn die behaupteten, der Moeller habe nichts drauf, außer Muskeln. Die hatten einfach keine Ahnung, wie hart Amerika ist, wie man sich hier durchbeißen muss.

Ich bin nicht der Typ, der als 20-Jähriger wissen musste, mit welcher Rente er in 40 Jahren auskommen muss. Ich bin im Zeichen des Steinbocks geboren und war und bin bereit zu kämpfen. Niemand hat in L.A. auf mich gewartet – keine Presse am Airport, keine PR-Agenten, die mir Blumen überreichten und mich in einem klimatisierten Cadillac ins »Peninsula-Hotel« chauffierten. Ich arbeitete jeden Dienstag den »Hollywood Reporter« durch, Zeile für Zeile, vor allem die neuen Produktionslisten. Drei Monate nach meiner Ankunft las ich: Actionfilm, »Universal Soldier«, Darsteller: Jean Claude van Damme, Dolph Lundgren – der eine ein Kampfsport-Star, der andere ein Bodybuilder. Wenn die, warum nicht ich, war meine Reaktion. Anruf bei meinem Agenten, Peter Young: »Kannst du mir einen Termin vermitteln?« Die Entwicklungsabteilung der zuständigen Carolco-Studios schien von mir beeindruckt. »Wir bauen dich ein, allerdings muss der Regisseur, Andrew Davis, sein Okay geben.« Wieder warten auf den Anruf.

Auf einer der berühmt-berüchtigten Hollywood-Partys trat ein Mann auf mich zu, der eine Baseballkappe trug, Jeans, ein verwaschenes Hemd. »Was treibst du so Schönes hier?« »Ich warte auf einen Termin mit Andrew Davis. Er will mich für ›Universal Soldier‹ besetzen.« »Den Termin kannst du dir sparen«, sagte der Mann mit der Baseballkappe, »nicht Davis, sondern ich mache den Film. Ich bin der Roland, Roland Emmerich.«

Ich bekam den Vertrag, zwei Monate Dreharbeiten. Ich war einer von drei Soldaten. Noch hatte ich kein Arbeitsvisum. Die Behörden wollten wissen: Warum dieser Bodybuilder? Am Venice Beach könnt ihr Dutzende engagieren, US-Bürger. Die Anwälte argumentierten: Das ist Moeller. Weltmeister. Moellers Muskeln kennen Millionen weltweit. Die Rolle ist auf ihn zugeschnitten, nur auf ihn, Moeller made in Germany. Ich spielte also in meinem ersten Hollywood-Film, mit einem deutschen Regisseur. Über 100 Millionen Dollar brachte das Soldaten-Stück in die Kassen und mich beförderte es aufwärts.

Ich fliege immer wieder mal nach Deutschland, etwa um vertraglich vereinbarte Termine bei Werbekunden abzuleisten. Ich besuche dann meine Eltern in Recklinghausen, meine Arbeitskollegen im Schwimmbad und wandere durch die Nachbarschaft. Sie ist mir vertraut, Deutschland ist mir vertraut. Ich liebe München, die Alpen, aber auch Hamburg. Ich werde beinah melancholisch, wenn ich in einem Hotel an der Elbchaussee übernachte und die Nebelhörner der Frachter höre, die auf der Elbe ihren Kais entgegengleiten oder den Weltmeeren. Ich bin Ruhrpottler, aber Kalifornien hat mich gepackt, wie so viele andere. Deutschland bleibt gleichwohl Heimat, Deutschland fühle ich mich verpflichtet, selbst wenn das überzogen-patriotisch rüberkommt.

Nach den vorletzten Bundestagswahlen haben mich CDU-Obere beispielsweise gefragt, ob ich mir vorstellen könnte, mich für die Jugendarbeit einzusetzen, im Tandem mit der Familienministerin Ursula von der Leyen. Also, Herr Moeller? Ich habe nicht gezögert. Die Gewalt an den Schulen, die Verwahrlosung in den Armenvierteln von Compton, South Central, Boyle Heights, Crenshaw, Athens, Watts war mir aus den TV-News und der »L.A. Times«-Lektüre nur zu vertraut. Ich will mitwirken, dramatische Entwicklungen wie in den USA bei uns zu verhindern: »Jungs«, habe ich den deutschen Kids bei meinen ersten Schulbesuchen gesagt, »was ich geschafft habe, könnt ihr auch.« Jawohl! Mein Einsatz, der Versuch, Kinder zum Lernen zu bewegen, etwa der deutschen Sprache, mein Bestreben, Unternehmen zu bewegen, den Kids Lehrstellen anzubieten, ist keine PR-Masche. Der »Kultur-Spiegel« hat mich mit der Zeile »Der Lehrling« sogar auf den Titel gebracht und die Frage aufgeworfen, ob ich womöglich, wie Arnold in Kalifornien, in Deutschland in die Politik einsteigen wolle – wait and see.

Mein Einsatz für »Starke Typen« bedeutet nicht, dass ich diese oder jene Partei bevorzuge. Meine Stimme erhalten Politiker, Unternehmer, die Perspektiven anbieten und nicht nur Versprechen, sich bewusst sind, dass die Kids nicht mehr erkennen können, warum sie pauken müssen. Wir können den bevorstehenden Weltuntergang beschwören, den globalen Bankrott, im Weltschmerz, im Ozean der Tränen ertrinken, oder wir können reagieren. Gemeinsam oder allein, wie damals Arnold Schwarzenegger, als er sich in seinem »Inner City Games« um die vergessenen Kids in den Armenvierteln bemühte, lange bevor er sich entschloss, Politiker zu werden.

Nein, dieser Beitrag soll nicht zur Politiker-Rede werden – bleiben wir also bei meiner Karriere, die dokumentiert, ohne Wenn und Aber, dass mir wirklich nichts geschenkt wurde und ich mich durchbeißen musste, ich, Ralf Moeller, der »Fleischgewordene Fleiß«, wie der »Spiegel« erkannte. Einige Monate nach meinem Dreh in »Universal Soldier« verlasse ich das Büro der »The Gersh Agency«. Ein Mann kommt mir entgegen, stoppt und erklärt: »Sorry, dass ich Sie so anquatsche. Sind Sie Schauspieler?« »Ich will noch einer werden.« »Ich frage, weil ich genau so einen Typen wie Sie suche. Entschuldigung, ich habe mich noch nicht vorgestellt, Robert Radler, Regisseur. Wir drehen einen Film in Las Vegas, ›Best of the best‹. Eine tolle Geschichte.« Ein Hotelbesitzer, Braccus, lässt unter seiner Herberge Gladiatoren antreten, Kampf bis ans Ende, wie im alten Rom. Oben im Kasino setzen die Gäste auf die Kämpfer. Die für die Endkämpfe Qualifizierten müssen sich gegen Braccus höchstpersönlich behaupten –

»winner takes all«, einschließlich Hotel. Braccus verteidigt Leben und Vermögen und – er verliert nie. Diese Rolle, meinte der Regisseur, sei mir wie auf den Leib zugeschnitten. Ich bekam sie.

Ich drehte mit Eric Roberts, dem Bruder des Hollywood-Darlings Julia Roberts, und anderen guten Leuten. Aber Kontakte zu bekannten Schauspielern oder Regisseuren sind nicht unbedingt nützlich in Hollywood, weil die Kollegen sich selten dafür einsetzen, einem Neuling bei der Rollenbeschaffung zu helfen. Jeder ist sich selbst der Nächste. Die Ungewissheit belastet ständig die Psyche, der Gedanke, diese Rolle könnte die letzte sein. Was dann? Hollywood ist ein Mythos, doch vor allem eine Industrie, der permanente Kampf um Arbeitsplätze. Heute existiert in Hollywood nur noch ein bedeutendes Filmstudio, »Paramount«. Die Konkurrenz wie »Warner Bros.« hat sich im nahen Burbank angesiedelt. »Sony« in Culver City. Latinos bevölkern Hollywood, Einwanderer. Sie sind jetzt Nachbarn der Schauspieler, denen nie ein Drehbuch zugeschickt wird, der Tänzerinnen, deren Bühne, vorübergehend, wie sie hoffen, das Striplokal ist.

So mancher meiner Kollegen hat Angst, mit großen Namen, großen Schauspielern zu drehen. Ich nicht. Ich kann durch sie und mit ihnen nur besser werden. »Action«, die Kamera rollt, dieser Befehl ist für mich wie ein Adrenalinstoß, ein »high« ohne Drogen. In diesen Sekunden, Minuten wirst du beobachtet, vom Kameramann, Beleuchter, Toningenieur, Make-up-Künstler, Produzenten, Regisseur, script girl. Du bist allein. Du und deine Rolle. Du vergisst den Text, verhaspelst dich an einem Wort, einmal, zweimal, absolute Stille, kein Geräusch, niemand hustet; Husten stört den Film, Husten während eines Drehs kostet einige Tausend Dollar.

Der Regisseur beschreibt zum sechsten Mal die Szene, nach einem Dutzend gescheiterter Drehs schleudert er womöglich das Drehbuch in die Kulisse. Dann zählt nicht mehr Ralf, der gutgelaunte Teddybär, ich werde als »actor« gefordert. Jeder Job ist Erleichterung, Bestätigung. Was tun, wenn die Anrufe ausbleiben, die des Agenten des Studios? Depressionen besetzen das Gemüt, ein Normalzustand für viele hier. Ich bin nicht mehr zwischen 30 und 40, jenen Jahren also, in denen Fundamente gesetzt werden und noch alles möglich scheint. Ich bin 50, ein Zahlenstand, der wie bei einem Benzinanzeiger im Auto sich langsam dem roten Feld nähert – das Alter. Hollywood vergibt mir keine schlaffen Muskeln, keine Falten. Ich bin zwar immer noch Ralf Moeller, aber allmählich muss ich mich von den Rollen abwenden, die von der Körpermasse abhängig sind. Der Hauptdarsteller von »Spiderman« war nur 1,60 Meter groß und wog 55 Kilo. Und dieser Zwerg ist ein »Action Movie«-Held. Was sind das für Zeiten?

Vor Jahren habe ich mich mit Moshe Diamond getroffen, einem auf Action-filme ausgerichteten Produzenten. Mr Diamond, habe ich ihm erklärt, »ich will nicht mehr nur in Gewaltszenen auftreten, sondern möchte Rollen, in denen ich auch mal gute Gefühle vermitteln kann«. Diamond sprang aus seinem Sessel, führte mich in ein Nachbarzimmer und zog aus einem Regal ein Buch: Kennst du diesen Autor? Es war Karl May. In den Regalen standen sie aneinandergereiht – »Winnetou«, »Old Shatterhand«, »Durch die Wüste«, »Der Schatz im Silbersee«. Zwei, drei Dutzend Werke, alle Texte in deutscher Sprache. »Können Sie Deutsch lesen?«, fragte ich ihn. »Ja, seit meiner Kindheit in Ulm.« Seine Mutter habe die Mehrheit ihrer Verwandten im KZ verloren, sagt er mir. Sie litt unter Depressionen, Schlaflosigkeit. Aber sie las ihrem Moshe jeden Tag aus Karl May vor, auf Deutsch.

Old Shatterhand, der weiße Trapper, hatte es Moshe besonders angetan. Und ich sollte seinen Helden spielen. Wir unterzeichneten einen Vertrag, der in der Branche »play or pay« genannt wird. Über einen begrenzten Zeitraum, etwa 18 Monate, hält sich der Vertragspartner für dieses Filmprojekt bereit. Wird der Film nicht produziert, erhält der Darsteller gleichwohl seine Gage; ich begann, meinen Körper umzustrukturieren: schlanker musste ich sein, weniger muskulös als Winnetou, der rote Freund des weißen Shatterhand.

Im Frühjahr 1995 sollte Old Shatterhand aufsatteln, ich hatte sogar mit Reitunterricht begonnen. Das Projekt scheiterte – und Moshe Diamond, ein zuverlässiger Mann, zahlte jeden Cent. Unglaublich, wie viele Projekte in Hollywood besprochen und wieder verworfen werden, wie viele Drehbücher ich lese, die nie Wirklichkeit werden. Manager, Agenten, Produzenten, Finanziers stoßen im »Grill on the Alley« in Beverly Hills, einem der bevorzugten Lunch-Lokale dieser Mächtigen, auf die gerade vereinbarte Zusammenarbeit an; ein, zwei Wochen später wird das Projekt annulliert, weil die versprochenen Finanzen irgendwo zwischen Dubai, den Cayman Islands und L.A. versickert sind. Möglicherweise hat es das Geld nie gegeben.

Vor einiger Zeit hatte ich wieder einen euphorischen Schub, wie ich das nenne. Ich hatte einen Anruf bekommen: Dino di Laurentis wolle sich mit mir unterhalten. Dino di Laurentis persönlich, der große Produzent, der insgesamt 600 Filme finanzierte, darunter Arnolds «Conan«. Der Italiener ist Jahrgang 1919, aber unglaublich energiegeladen und ein Gentleman. Er machte mir in seiner Villa in Beverly Hills nach 20 Minuten Unterhaltung ein Angebot: »play or pay«. Ich soll einen historischen General spielen, der die Sachsen und Barbaren gegen die Römer führt. Der Hauptdarsteller: Sir Anthony Hopkins. Einmal mehr ein Weltstar und – Ralf Moeller made in Recklinghausen.

Giorgio Moroder ist der Mann mit der wohl höchsten Einschaltquote aller Zeiten – gut drei Milliarden Menschen hörten zu, als 1988 während der Olympia-Eröffnungsfeier in Seoul seine Hymne »Hand in Hand« gespielt wurde. Vier Jahre zuvor, in Los Angeles, waren es schon fast so viele gewesen, die an Moroders offiziellem Olympia-Song »Reach out« ihren Spaß hatten, und groß oder großartig war so ziemlich alles, was dieser Musiker und Komponist in Noten setzte. Mit 19 verließ Moroder das Südtiroler Grödnertal, in dem er 1940 zur Welt gekommen und in ärmlichen Verhältnissen aufgewachsen war. Er zog mit einer Band durch Europa und entdeckte die musikalischen Möglichkeiten des elektronischen Synthezisers. Moroder machte den Disco-Sound populär, nach dem sich in den Siebzigerjahren alle Welt bewegte. Vor allem entdeckte er die amerikanische Sängerin Donna Summer. Die sang Moroders Produktion »Love to love you, baby« auf einen internationalen Spitzenplatz. Sein Gespür für den Ton, den die Leute hören wollten, war grandios. 200 Gold- und Platinum-Schallplatten hängen derweil in seinem Haus in Beverly Hills, das er 1980 erwarb. Den ersten »Oscar« bekam er für den Soundtrack des Films »Midnight Express«, zwei weitere »Oscars« folgten (»Flashdance«, »Top Gun«). Moroder schrieb die Filmmusik zur »Unendlichen Geschichte« und für viele andere Filme, er produzierte oder komponierte Songs für die Großen des Showbiz: Elton John und Barbra Streisand, Janet Jackson und David Bowie, die Rolling Stones und Michael Jackson, Freddie Mercury und Beyoncé. Von seiner kalifornischen Villa aus, die er mit seiner mexikanischen Frau Francisca und seinem Sohn bewohnt, beobachtet Moroder kritisch die Musikszene (»Kasse, nicht Kunst«) und genießt im Übrigen den Tag. Sein Musikerleben betrachtet er im Rückblick als eine Art Fahrstuhlreise – immer rauf und runter. Das spricht für seine Bescheidenheit, doch so ganz unten hat er sich nie aufgehalten. Nur einmal konnte er nicht abheben. Anfang der Neunzigerjahre hatte Moroder, der den schnellen Autos immer zugeneigt war, gemeinsam mit einem Testfahrer von Lamborghini einen teuren Sportwagen entwickelt. V-16-Zylinder-Motor, Kaufpreis 600 000 Dollar. Doch um die Zeit kriselte die Wirtschaft, der Absatz des »Cizeta-Moroder« blieb stecken. Nun hat er noch ein Exemplar zu Hause stehen und auch das wirft schon wieder Gewinn ab. Das seltene Exemplar, etwas für Sammler, wird jeden Tag teurer, und sein Besitzer schätzt den Preis auf derzeit 800 000 Dollar.

Giorgio Moroder

»60 Sekunden im Schein des Ruhms«

Ich gebe zu: Ich bin unsportlich, von jugendlichen Skieinsätzen mal abgesehen. Dennoch: Ich habe olympische Geschichte geschrieben. Gleich mehrmals. 1984 in Los Angeles, vier Jahre später im Olympiastadion zu Seoul, Korea. Mein Olympia könnte man sich so vorstellen: Start zum 100-Meter-Sprint, Finale. Giovanni Giorgio Moroder aus St. Ulrich, Südtirol, auf Bahn 3. Daneben: Ben Johnson, Kanada. Oder: Moroder, Rückennummer 122, 42 Kilometer Marathon bis zum Gold für Italien – das mein Grödnertal in den Dolomiten bereits nach dem Ersten Weltkrieg eingemeindet und St. Ulrich auf Ortisei umgetauft hat.

Die Wirklichkeit sah allerdings anders aus: Sport ist nicht meine Welt. Die Regeln des Fußballs sind mir erst nähergerückt, seit mein Sohn gegen den Ball tritt. Damals in Seoul war er noch nicht geboren. Aber seine Mutter saß schon neben mir auf der Tribüne. Eine schöne Mexikanerin. Ich habe versucht, bei der Olympia-Eröffnungsfeier in Seoul meine Emotionen zu unterdrücken, als eine koreanische Beat-Gruppe, durch Tausende Lautsprecher verstärkt, den von mir komponierten Olympiasong »Hand in Hand« schmetterte, »lasst uns fühlen wie gemeinsam unsere Herzen schlagen«. Meine Melodie – made for Korea. Zusammengebastelt in Beverly Hills, Kalifornien, am Yamaha-Flügel in meiner Villa in den Hügeln, auf der Fahrt ins Studio, im Lamborghini oder im Ferrari. Oder auch beim Genuss eines marinierten Thunfisch-Filets im »Spago«.

Auf einer weißen Serviette habe ich während des Mittagessens auf der Terrasse des Luxusrestaurants einige Noten skizziert, deren musikalische Umsetzung nun via Satellit drei Milliarden Menschen erreichte. Ich war gerührt und stellte mir die Frage: Hat je zuvor in der Geschichte ein einziges Lied so viele Hörer gehabt? Selbst am Beatles-Klassiker »Yesterday« konnte sich »Hand in Hand« messen. Schon mein Olympia-Song »Reach out«, für die Olympischen Spiele 1984 in Los Angeles geschrieben, hatte beträchtliche Ätherwellen geschlagen, aber im Vergleich dazu war »Hand in Hand« ein musikalischer Tsunami, eine Megawelle, die erdumspannende Freude bereitete.

Ich habe nie Musik studiert. Daheim habe ich meinem Vater beim Klavierspielen zugesehen, das war's. Musiklehrer? Keine Lire war dafür übrig. Giorgio Moroder hatte für seinen Gitarrenunterricht einen Lehrer: Giorgio Moroder. Und ein Idol: Elvis Presley. Aber ich habe immer gewusst, was eine anziehende Melodie ist, die dem Zeitgeist entspricht, habe immer geahnt, welcher Rhythmus bewegt. So war es auch bei dem Song »Hand in Hand«. Ich weiß bei solchen Liedern schon nach zwei Stunden am Klavier: Damit kannst du dich sehen lassen.

An den Wänden meines Hauses ist kein Platz mehr für Gold- und Platinum-Schallplatten. Rund 200 habe ich davon bekommen, zum Beispiel für den Titelsong zu »Top Gun«: »Take my breath away«, oder den Donna-Summer-Song »Love to love you, baby«. Meine Karriere im Musikgeschäft entspricht der Arbeit eines Fahrstuhlführers. Zugegeben, ich werde unvergleichlich besser bezahlt als jene, die in Hotels oder Luxus-Wohnhäusern über Jahrzehnte rauf- und runterfahren, aber für diese Komponistenkarriere sind starke Nerven angesagt und ein Selbstwertgefühl, das so wenig in kritisches Schwanken geraten darf wie der Eiffelturm im Orkan. Das »Unten«-Gefühl war mir vertraut – mein Heimatort, rund 5000 Einwohner, ist auf Tourismus ausgerichtet und zählt zur Prominenz den 1892 in St. Ulrich geborenen Bergführer, Schauspieler und Regisseur Luis Trenker. Immerhin. Das Städtchen liegt 1236 Meter hoch in den Dolomiten und mancher Bürger ist talentierter Holzskulpturen-Schnitzer – wie einer meiner drei Brüder, der sogar für Arnold Schwarzenegger gearbeitet hat. Wir waren arm, so wie die Mehrheit nach dem Krieg. Meine Mutter fertigte Schuhe, die sie gegen Butter und Kartoffeln eintauschte. Meine Spur war nicht auf Hollywood eingestellt, gewiss nicht, ich sollte Landvermesser werden, mich über den Christkindl-Markt freuen und mit einer hübschen, brustbetonten Blonden in Wolkenstein oder St. Christina Kühe züchten. Nur, der Giovanni Giorgio hatte andere Vorstellungen als seine Eltern. Komponist wollte er sein.

Ein Mozart, ein Beethoven, ein Verdi des Pop. Jawohl. Ich war schon weg, als ich 19 war, die Haare schulterlang, einen Bart am Kinn – Bassist in einem Trio, das ein Grieche namens Chorafas zusammengestellt hatte. Ich bewunderte, neben Elvis Presley, die Rock-Legende Bill Haley, Little Richard und auch die Platters, die stimmliche Höhen erreichten wie vorpubertäre Wiener Sängerknaben. Amerika war, trotz dieser Faszination, so weit weg wie der Mond vom Grödnertal. Ich zupfte am Bass in St. Moritz, Stockholm, Montreux, Genf, Amsterdam, Lausanne. Immer nur feine Hotels, immer dieselbe Musik – nachgespielte Schlager. Irgendwann endeten wir nach Dienstschluss, nach dem tausendsiebenhundertzwanzigsten Mal »Volare, cantare« in einem Nachtclub. Drei Musiker spielten. Einer schien geschminkt zu sein, sein Kollege hatte offenbar Öl im Haar. Sie spielten und niemand hörte zu. Den Gästen wäre es sicher lieber gewesen, sie würden nicht spielen. Also rauchten sie, nebelten die Musiker ein, mussten sie also wenigstens nicht sehen. Gelegentlich löste sich der Rauchvorhang. Ich sah die bleichen Gesichter der Kollegen: absolut trostlos. Und an jenem Abend schwor ich mir: Giorgio, mio amico, so wirst du nicht enden. Du wirst Komponist. Jetzt. Heute. Nein, morgen. Mein Trio-Leader Chorafas bremste mich in meinen Karriereplänen: »Für ein Jahr müssen wir noch unsere Verträge erfüllen.«

Also weiter voran mit »incomincio a volare nel cielo infinito, volare, oh, oh, cantare, oh, oh, oh, oh, volare, oh, oh, cantare ...«. Ich sparte jeden Schweizer Franken, jeden österreichischen Schilling, mit dem die Hoteliers unser Trio bedachten. Mir war mit eben 25 klar geworden: Um frei zu sein, musst du Geld in der Tasche haben, besser noch auf einem Schweizer Nummernkonto. Im September 1965 hatte ich immerhin 16 500 Franken gespart, ausreichend für den Abschied von der Band. Unser Schlagzeuger ist nach England gezogen, der hatte keinen Ehrgeiz, wahrscheinlich trommelt er noch immer vor sich hin. Mein Chorafas, dessen Frau in Montreux lebte, wollte mit mir im Auto Europa erkunden, die Stadt suchen, in der wir unsere Talente als Komponisten voll ausleben konnten. In einer kalten Novembernacht, auf der Fahrt in das geteilte Berlin, stoppten Grenzer unsere Autobahnfahrt von Frankfurt nach Westberlin. Ausländer, so beschied uns der Schutzmann, müssten weiter im Norden, irgendwo bei Hannover, die DDR durchqueren. Plötzlich Wahn in der Nacht: Mein griechischer Kumpel begann von seiner Frau im warmen Bett in Montreux zu träumen, ließ mich im Nebel stehen und raste wieder gen Süden. Ich stellte mich auf das Zimmer ein, das mir eine Tante in Berlin überlassen wollte. Und ich hatte Glück: Eine Plattenfirma engagierte mich als Tonmeister – also aufnehmen, mischen, aushelfen. Für sechs Wochen.

Ich bin jetzt 69, der Berliner Job war das einzige Angestelltenverhältnis meines Lebens, einschließlich AOK und Kirchensteuer. Die Musikverleger, Peter und Thomas Meisel, deren Vater Will bereits in den Dreißigerjahren im Musikbusiness aktiv war, suchte Musik für einen Klienten, Ricky Shane. Ich komponierte meinen ersten Song: »Ich sprenge alle Ketten«, und der wurde ein Hit, obwohl der Text nicht eben eine literarische Schöpfung war: »Jeden Tag, wenn ich dich sehe, gibt es Streit bei mir zu Haus. Jeder sagt mir, ›lass sie gehen‹. Doch ich lache alle aus. Ich sprenge alle Ketten. Und sage nein. Nein, nein, nein, nein.« So war's damals. Immerzu Protest. Unser »Nein« kam an. Meine erste Platte wurde ein Bestseller. Ich war rund 30 und diese ersten Erfolge beflügelten mich. Der Ariola-Chef Monti Lüftner hat mich dann mit einem Vertrag als Produzent und Komponist nach München gelockt und mich mit dem in Erlangen aufgewachsenen Michael Holm zusammengebracht – Holm drang mit dem aus den USA importierten Song »Mendocino« in die Hitparaden vor, ich war der Produzent.

Meine Haare trug ich weiterhin zeitgemäß lang. Wir lebten schließlich 1967 in aufmüpfigen Zeiten, Sex, Drogen, Rock 'n' Roll. In jenen Jahren war ich, was man als »produktiv« bezeichnen kann. Ich selbst habe eine Platte besungen,

»Son of my father«, die in den USA nicht einmal schlecht lief. Grund genug, nach Amerika zu jetten, um mich persönlich vorzustellen. Der Münchner Promi-Anwalt, der 1997 verstorbene Axel Meyer-Wölden, flog mit mir nach New York: »Kontakte mit den Mächtigen der Musikwelt.« Wir schafften einen einzigen Termin auf Manhattan, der nicht sonderlich erfolgreich ablief. Ich sprach kaum Englisch, der Anwalt wenig mehr, und dem Plattenmanager gefiel weder unser Englisch noch Meyer-Wöldens arroganter Ton. Der Ami unterbrach nach wenigen Minuten die Sitzung und erklärte: »Ich wünsche Ihnen alles Gute, ich hab 'nen Lunchtermin.« Und weg war er. Mir blieb nicht mehr, als auf die Wolkenkratzer zu blicken, die nun mal so aussahen, wie ich das in Büchern und Filmen gesehen hatte.

Ich habe dann, wie der Fahrstuhlführer, Hunderte von Sachen gemacht: rauf und runter. Bis wir Donna Summer entdeckten. Wir, das waren mein englischer Kollege Pete Bellotte und ich. Für eine unserer Demos, also eine Art Probeaufnahme, suchten wir drei englischsprachige Sängerinnen. Eine davon war die mit einem österreichischen Kellner namens Sommer verheiratete Afroamerikanerin, die in München im Musical »Hair« im Chor gesungen hatte. Mir gefiel die Stimme. »Sobald wir was für dich haben, rufen wir dich an.« Drei Monate später hatten wir einen Song für sie: »Die Geisel«. Im Herbst 1977 brachten wir ihn auf den Markt. In Frankreich, in Holland, kletterte er an die Spitze der Hitparaden, nicht aber in Deutschland: Im September jenes Jahres entführten Terroristen den Arbeitgeber-Präsidenten Hanns-Martin Schleyer, der später ermordet wurde. Kein deutscher Sender wagte noch, einen »Geisel«-Text zu senden.

Wir aber waren nach wie vor von Donna angetan, die inzwischen ihren Österreicher durch einen deutschen Kunstmaler ersetzt hatte. Ich hatte mir ihren Auftritt romantisch-sexy vorgestellt, wie bei dem französischen Kettenraucher und Chansonier Serge Gainsbourg, der mit seiner englischen Geliebten und späteren Ehefrau Jane Birkin »Je t'aime, moi non plus« hauchte. Ich habe Donna meine Vorstellungen vorgetragen und sie ermuntert: »Wenn dir dazu was einfällt, lass es mich wissen.« Ich wusste, dass sie immer wieder Texte schrieb. Eines Tages meldete sie sich: »Ich hab' was – ›Love to love you, baby‹.« Eigentlich sollte sie das Lied nicht selbst singen, aber als wir uns trafen, war mein »Musicland«-Studio zufällig frei; drei Musiker hockten in meinem Büro – let's go! Spontan, inspiriert, verspielt. Das Ding saß. Ich bin mit der Demo nach Cannes zur Musikmesse geflogen, wo sich Pete Bellotte bereits bemühte, Verleger und Produzenten von einem anderen Summer-Lied zu überzeugen. »Love to love you, baby« war das, was man einen Selbstgänger nennt. Neuer Trend, neue Stimme. Synthesizer-Rhythmus, Disco-Sound. Die Zukunft.

America here I come. Genauer gesagt: California. Die Frau von Peter Meisel, Trudi, war mit der Musikszene in L.A. vertraut. Wir wollten Donna Summer anbieten – und mich natürlich. Ich war vor meinem ersten L.A.-Besuch immer überzeugt gewesen, dort sei der Film das Zentrum, die Musiker hingegen nähmen ihre Songs in Nashville auf, in New York. Falsch, wie ich alsbald erkannte: Im »Westlake Recording Studio« haben Prince, Michael Jackson und Stevie Wonder an ihren Alben gearbeitet, bei den »Radio Recorders«, Ecke Santa Monica Boulevard und Orange Avenue, hat Bing Crosby sein »White Christmas« aufgenommen, die Beach Boys »Help me Mr Rhonda« und mein Held Elvis »Love me tender« wie auch »Jailhouse rock«.

Die Stadt ist von begabten Musikern bevölkert – weil sie in den Filmstudios Jobs finden, inzwischen auch an der Oper, die ihr Orchester aus Freelancern zusammensetzt. Es existierte in den heutigen Armenvierteln sogar eine ungewöhnlich kreative Jazz-Szene, vor Jahrzehnten. Das wusste ich anno 1975 nicht, ebenso wenig erkannte ich, wie mich die Anwälte und Produzenten in L.A. mit meinen ersten Musikverträgen über den Tisch zogen. Letztlich, so kann ich im Nachhinein sagen, hatte nicht Geld die Priorität, sondern der Umstand, dass ich mit meinem Sound und der inzwischen mit ihrem Kunstmaler an die Westküste übergesiedelten Donna Summer den, im wahrsten Sinne des Wortes, richtigen Ton getroffen hatte.

1978 – ich lebte zwischen dem »Arabella-Haus« in München und Los Angeles – erreichte mich das erste Angebot, die Musik für einen Hollywood-Film zu schreiben, »Midnight Express«, bei dem der Brite Alan Parker Regie führte. »Midnight Express« war die wahre Geschichte eines Mannes, der in der Türkei beim Rauschgiftschmuggel ertappt wird und für seine Tat im Knast das Grauen ertragen muss. Ich hatte noch nie für einen großen Film komponiert, ich wusste noch nichts von dem Stress, von unendlichen Nächten und Tagen im Studio. Drei Wochen hatte mir das Studio zugestanden, 21 Tage. Der Regisseur, der 90 Prozent des Produkts geschnitten hatte, erklärte mir, welche Musik er sich zu den jeweiligen Szenen vorstellte – hier etwas Treibendes, dort Romantik. Romantik vor allem für eine Homo-Szene?

Ich hab's gewagt und bin dafür von den Puristen, den Moralisten geprügelt worden. Der perverse Moroder, so hieß es, natürlich Italiener, nein Österreicher, so »pervers wie Hitler«. Für den »Midnight Express« hat mich Jürgen Koppers (Jurgen Coopers), ein Tonmeister, unterstützt sowie das Musiktalent Harold Faltermayer. Ein Synthesizer-Genie namens Robby Wedel erwies sich als schöpferisches Wesen. Wir haben mit zehn Spuren, zehn Instrumenten gearbeitet. Alan Parker kam gelegentlich aus London zu uns ins Studio nach München. Ihm gefiel ein Lied besonders, mit einem Einwand: Statt der Flöte sollten wir an dieser Stelle eine Oboe einfügen. Kein Problem für Robby. Nach fünf Minuten hatte er auf seinem Moog-Syntheziser eine Oboe gezaubert. Der Regisseur war beeindruckt. Ich auch. In der Filmwelt bedeutet dieses Einverständnis allerdings wenig. Sobald die Musik in den Film eingepasst ist, führen die Studio-Verantwortlichen das Werk einem Testpublikum vor. Nicht selten mit einem dramatischen Ergebnis: Die Musik wird als schwach empfunden oder als störend, also muss Ersatz erstellt, will heißen, komponiert werden. In einer Woche, in zehn Tagen. Ein anderer Komponist, sanftere oder dramatischere Musik.

So war es zunächst auch bei dem Olympia-Lied für Seoul. Nationalisten irritierte das Engagement eines Fremden, andere Kritiker bemängelten den westlichen Ton. Ich arbeitete Passagen mit koreanischen Instrumenten ein sowie sprachliche Symbole Koreas. Ich habe meine Auftraggeber überzeugen können. Auch meine Kompositionen für den »Midnight Express« kamen an. Ich wurde für einen »Oscar« nominiert, eben 38 Jahre alt und Junggeselle, wohnhaft mal in München und mal in L.A., auf beiden Kontinenten jungen Schönen zugetan. Viele der Schauspieler oder Komponisten, Kostümbildner oder Tonmeister, die für den »Oscar« nominiert werden, schreiben sich vor der Ehrung ihre Dankesreden auf, damit sie, falls sie denn siegen, ihren Pudel Gustav nicht vergessen, Papa und Mama nicht und auch nicht den Vetter Charles, der Hauptmann der Marineinfanterie ist, an der pakistanisch-afghanischen Grenze für die westlichen Werte kämpft und nun über CNN im »Oscar«-Theater seinen Namen hört.

Das ist im ruhmsüchtigen Amerika vielleicht dem Hauptmann mehr wert als der Orden, dem ihm ein General an die Jacke heftet. Ich hatte keine Zeile aufgeschrieben und meine englischen Sprachkenntnisse waren begrenzt. Der Beifall, der Jubel bei der ersten Nennung des »Midnight Express« irritierte mich mehr, als dass er mich erfreute: »Giorgio, wenn du's nun wirst, dann stehst du sprachlos auf der Bühne«, sagte ich mir. Und tatsächlich passierte es: »Best music, original score – Giorgio Moroder.« Mein Magen reagierte mit Krämpfen, wie in Trance wandelte ich auf die Bühne. Küsschen. In meinen Armen der nahezu vier Kilo schwere »Oscar«, ein unscheinbares Kerlchen. Beifall tobt. Einige Worte. Noch ein Küsschen. Abtreten, next. 60 Sekunden im Schein des Ruhms. Für Schauspieler bedeutet der »Oscar« einige Jahre Arbeit – die Studios können mit seinem Namen werben. Für mich änderte sich wenig.

Ich habe auch Fehler gemacht, weil ich kaum jemandem traute. Der New Yorker Rausschmiss mit Meyer-Wölden, die Unehrlichkeit meiner ersten Kontakte in L.A., das hatte Spuren hinterlassen. Regisseur Alan Parker bot mir 1980 an, für »Fame« die Musik zu schreiben, die Story einer New Yorker

Kunstakademie und ihrer Talente. Ich habe abgelehnt. Und ich frage mich bis heute: Warum? Meine einzige Erklärung: Ich habe das Drehbuch nicht verstanden. Parker, der mir mit dem Job bei »Midnight Express« zu meinem ersten »Oscar« verholfen hatte, war wegen meines negativen Bescheids sauer und ich war sehr verärgert über mich selbst, als ich 1981 im Fernsehen die »Oscar«-Ehrungen verfolgte: »Best music, original score: Fame«. Und weiter: »Original song: Fame«.

Wahrscheinlich war das eine Phase, in der die Fahrstuhl-Tour mich mal wieder in den Keller verschlug. Donna Summer hatte unter ungeheurem Getöse gewagt, ihren Produzenten Neil Bogart zu verlassen und auf David Geffen zu setzen, einer der Gurus der Musikszene. Ich habe für sie komponiert, produziert wie früher. Und es ging schief. Die Platte lief nicht, eben weil wir kein gutes Lied hatten. Mea culpa. Es kam schlimmer: noch ein Versuch. Geffen brachte die Platte gar nicht erst auf den Markt. Fahrstuhlführer Moroder hatte auf den Knopf Untergeschoss gedrückt. Quincy Jones, einer der Großen des Metiers, versuchte, Donna unterzubringen, aber auch das war ein Misserfolg. Einmal noch hatte Donna einen Mini-Hit: »She works hard for the money«, dann war's vorbei.

Sie lebt heute in Nashville, Tennessee, verheiratet mit einem Italo-Amerikaner, zufrieden, finanziell abgesichert. Gelegentlich telefonieren wir miteinander: »weißt du noch …?« Zu einem verspätet gefeierten Geburtstag meiner Frau Francisca habe ich mich an einem Februarsamstag an meinen Flügel gesetzt, und wer hat gesungen? Donna Summer. »Yesterday«, die Beatles, und noch einmal Liverpool-Nostalgie, »Let it be«. Im Nachhinein ist man immer klüger, aber ich hätte beizeiten erkennen müssen, dass Disco auslief. Ich hätte umdenken müssen: statt Synthesizer Streicher, gelegentlich ein großes Orchester, die klassische Richtung.

Mein Sound war relativ billig zu produzieren: ein, zwei Musiker plus Synthesizer. Längst vorbei. Ein Zwei-Stunden-Film wird jetzt mit 90 Minuten Musik untermalt – eine unglaubliche schöpferische Arbeit, für die musikalisches Wissen erforderlich ist, das ich nicht habe. Der deutsche Kollege Hans Zimmer ist ein solcher Schöpfer oder auch John Williams, der klassische Werke komponiert und die Musik für »Star Wars«, »Schindlers Liste«, »Harry Potter« und »Superman« schrieb. Trotz dieser bitteren Einsicht entschloss ich mich 1980, meine Villa in Beverly Hills zu erwerben. Später kaufte ich ein Nachbargrundstück mit Haus dazu. Trotz aller Enttäuschungen: Ich war finanziell abgesichert und genoss die Stadt, mein Junggesellen-Dasein.

Was ich bei gelegentlichen Kurzbesuchen in München beobachten, besser wohl, hören kann, ist für mich musikalische Schwarzwälder Kirschtorte. Mit einem »Piep, piep, piep, Guido hat euch lieb« sind die internationalen Hitparaden so wenig zu erobern wie mit »Wadde Hadde dudde da« oder »Ich habe drei Haare auf der Brust«. Die Deutschen haben es über Jahre mit der Dance-Musik übertrieben. Sie haben Billigware produziert, ohne künstlerische Fantasie oder Herausforderung. Einmal, wenn ich mich recht erinnere, hat eine deutsche Sängerin einen Eurovisionswettbewerb gewonnen: Nicole. Das war 1982. Der Titel: »Ein bisschen Frieden«. Welch Wunder, getragen von Heiterkeit. Udo Jürgens ist in Deutschland noch immer ein Star und füllt die Hallen. Man glaubt es kaum, der hatte bereits 1966 mit »Mon chérie« die Eurovisions-Kiste gewonnen. Und seither? In 43 Jahren? Was ist neu? »Heimat, die ich liebe«. Zugegeben: Hip-Hop und R&B sind auch nicht immer zu ertragen, vor allem die auf Wortfetzen reduzierten Texte. Aber diese Musik entspricht unserer Zeit.

Wir können bedauern, dass Deutsche, Franzosen, Italiener mit großen Stimmen den USA-Markt und damit die globalen Hitparaden wegen der englischen Sprachbarrieren nicht aufreißen können – von wenigen Ausnahmen abgesehen. Die sich nun abzeichnende Entwicklung geht weit über nationale Ernüchterung hinaus. Das Internet hat neue Dimensionen eröffnet, Entwicklungen vorgegeben, die noch nicht absehbar sind. Mit eben jenen wenigen Ausnahmen, Clive Davis etwa, haben die kreativen Musik-Genies, die Macher, ihren musikalischen Einfluss weitgehend verloren. Konzerne bestimmen, wie Warner Brothers, Universal Music, Sony. Und die sind vor allem an den vierteljährlichen Umsatzergebnissen interessiert – Kasse, nicht Kunst.

Ich will damit nicht bestreiten, dass die Musik-Unternehmen, die Dutzende von Gruppen und Sängern sozusagen als Investition unter Vertrag nehmen, aber häufig nicht einen Cent mit ihnen verdienen, irgendwie Geld einfahren müssen. Nur: Die stete Furcht vor den Aktionären, die auf Profit drängen, die zunehmende Problematik mit dem Internet erstickt die Kreativität. In zehn Jahren, wage ich zu behaupten, werden Bands die Musik-Konzerne unterlaufen, umgehen und ihre CDs direkt übers Internet anbieten. Prince, mit dem ich früher gearbeitet habe, hat den Kurs bereits vorgegeben. Er hat übers Internet mit einer von ihm angebotenen CD statt drei oder vier Dollar pro Stück zehn verdient. Ich will mich nicht einreihen in den Chor der Alternden, die ihren Refrain dauernd wiederholen: »Früher war alles besser«, so als könnten wir mit dem Klagelied die guten Geister zurücklocken, die uns verlassen haben. Aber, man muss wohl sagen dürfen: Schön war's, aufregend.

Nach dem »Midnight Express« bin ich für »Top Gun« und »Flashdance« mit einem Oscar geehrt worden. Dreimal habe ich den »Grammy« gewonnen, die höchste Ehrung der Musikbranche. Ich habe im Studio mit den Großen dieser verrückten Zunft gearbeitet, als Produzent oder Komponist, mit Elton John wie Roger Daltry, Cher wie Bonnie Tyler, mit Barbra Streisand und David Bowie, Beyoncé und Michael Jackson, Freddie Mercury wie den Rolling Stones. Ohne Überheblichkeit: Ich habe musikalische Zeitgeschichte mitgeschrieben. Ich habe mit Michael Jackson persönlich Kontakt gehabt, ein freundlicher und scheuer Mann. Über Monate habe ich einmal für einen Film komponiert, in dem Michael die Hauptrolle spielen sollte. Alles umsonst. Jackson wurde angeklagt, weil er sich angeblich mit einem minderjährigen Jungen in die Kissen warf. Seine Schwester Janet, damals ebenfalls total scheu, stimmlich schwach und obendrein pummelig, kam zu mir ins Studio, als sie 15 oder 16 Jahre alt war. Noch 'ne Jackson, sagte ich mir, die im Sog des großen Bruders berühmt werden wollte. Ich habe mit ihr die erste Platte ihrer Karriere produziert – sie hat den Durchbruch auch ohne ihren Bruder geschafft. Michael wollte ein Lied von mir aufnehmen, was er in einem Fax bestätigte. Ich war beglückt – eine tolle Chance. Schließlich war er ein Superstar, exzentrisch zwar, aber talentiert. Nur: Mein Lied hat er nie aufgenommen. Warum, war mir bald klar: Er arbeitete für eine CD an mindestens 100 Songs und dann entschied er sich für zehn oder zwölf. Sein Tod hat mich bestürzt – ein Symbol ist zu Grabe getragen worden, Musik-Geschichte.

Musik-Kompositionen, das ist mir alsbald klar geworden, sind eben auch Lotto: Für »Top Gun«, einen Film, in dem Tom Cruise einen Navy-Flieger darstellt, der in einer Top-Gun-Militärakademie ausgebildet wird, wurden von 100 Komponisten insgesamt 160 Melodien eingereicht, von denen der Regisseur zehn akzeptierte. Vier davon habe ich komponiert, darunter der von der Gruppe »Berlin« gesungene und von Tom Whitlock getextete Titel »Take my breath away« – der mir einen weiteren »Oscar« bescherte und eine Handvoll Tantiemen-Dollar. Reichtum ist in diesem Beruf nicht ausgeschlossen, Glück gehört dazu. Gefühl, Inspiration, technisches Know-how und Nerven. Stressbereitschaft. Ich denke an eine Studioaufnahme: Barbra Streisand, Donna Summer. Die eine jüdisch und Perfektionistin, die andere Afroamerikanerin und zuweilen Diva. Im Studio war's wie im Boxring. In der roten Ecke Ms Streisand, das Stimmenwunder aus Malibu, in der blauen Ecke Ms Summer, die Disco-Queen. Ein ungutes Gefühl, schweigende Stutenbeißerei. Der Streisand-Produzent fordert: »Barbra muss mit ihrer Stimme stärker in den Vordergrund.« Ich: »Kein Ton mehr – Donnas Stimme bleibt so erhalten.« Der Titel für die Platte entsprach dem Arbeitsgeist: »Enough is enough.« Wir haben die Stars schließlich getrennt singen lassen und sie später zusammengeschnitten.

Das ist mit der eigentlich umgänglichen Barbra meistens noch nicht das Ende. Ein Kollege hat mir von einem Streisand-Anruf erzählt, morgens um drei Uhr: »Die Mischung, die du mir geschickt hast, gefällt mir nicht – das dritte Wort in der dritten Zeile muss klarer rauskommen.« Dieses Engagement, der Sinn für Disziplin und Perfektionismus, ist unerlässlich für eine lange Karriere, jenseits vom Rauschgift, vom Alkoholismus. Barbra Streisand muss nicht mehr um ihr tägliches Brot kämpfen, so wenig wie die Rolling Stones oder Paul Mc Cartney, für die nicht das Geld, sondern der Auftritt vor 50 000 oder 100 000 Menschen wie eine Droge wirkt. Manche der Entertainer wie Elton John singen, singen und singen, selbst bei Privatiers, weil sie ihren Lebensstil ihrer Musik angepasst haben – hoher Rhythmus.

Für Elton habe ich etwa zwei Jahrzehnte nach der Ur-Version eine zweite Fassung von »Don't go breaking my heart« komponiert. Er ist ein Profi, seit 40 Jahren – 40! 1969 hat er seine erste Single rausgebracht, »Empty sky«. Elton John, der zwischen 1970 und 1982 dreißig verschiedene Titel in die Top Ten brachte, ist nicht aufs Sparen ausgerichtet: Er lässt bei L.A.-Besuchen im »Beverly Hills«- Hotel angeblich drei Bungalows buchen, irgendwo muss er ja sein Gepäck aufbewahren, und auch seinen aus London angereisten persönlichen Tennis-Coach einquartieren. Und überall Blumen, nicht zwei Tulpensträuße, sondern eine Gartenshow in jeder Suite.

Ich habe 1989 meine letzte Filmmusik komponiert, aber nicht, weil ich mich fühlte wie das alte Ehepaar, das bei mir seit zwei Jahrzehnten in der Eingangshalle meiner Villa auf einer Bank sitzt – vom Leben gezeichnet, allem Anschein nach enttäuscht: menschenähnliche Puppen, Kunstwerke. Die Musik ist mein Leben, aber ich habe nicht nur Melodien für Pop und Disco geschrieben, sondern mich auch im Klassischen versucht: Vor Jahrzehnten habe ich die Rechte an Fritz Langs 1926 gedrehten Film »Metropolis« erworben, das düstere Meisterwerk über Menschen und Maschinen. Mit dem Lang-Werk habe ich experimentiert und den Stummfilm musikalisch untermalt.

In Frankreich, in Japan bin ich für mein Experiment gelobt worden, in Deutschland bin ich eingebrochen. Der liebe »Spiegel« hat mich in die Pfanne gehauen. Ich bin ein sensibler Künstler, folglich schmerzt Kritik. Selten akzeptiert ein Autor, Komponist, Dirigent, Schauspieler, Tänzer, Maler einen Verriss ohne Verdruss, aber Kritik hat mich nie in Depressionen gestürzt, sondern ich habe darüber nachgedacht. Ich habe vieles versucht, immer kreativ: habe Uhren entworfen, modern, anders. Ich habe in ein Restaurant in Beverly Hills investiert und wollte einen Kunst-Park im deutschen Harz einrichten. Architektur-Projekte haben mich herausgefordert, moderne Konzepte zu entwickeln nach olympischen Kriterien: schneller, weiter, höher. Ich habe Zeit in Bauprojekte investiert und Geld ausgegeben für Projekte wie meinen Luxus-Sportwagen, den »Cizeta-Moroder«, ausgegeben – ein Knaller: V 16 Motor, über 320 Stundenkilometer schnell und damals, Anfang der Neunzigerjahre, 600 000 Dollar teuer. Bevor der Wagen überhaupt vorgeführt wurde, 1991 bei der Automobilmesse in Genf, hatten mehrere Rocker und Popstars mir ihr Kaufinteresse signalisiert. 30 Exemplare pro Jahr, das war mein Kalkül, waren absetzbar. Der Cizeta-Moroder sollte ein Sammlerstück sein.

Ich habe den Wagen gemeinsam mit einem ehemaligen »Lamborghini«-Testfahrer, Claudio Zampoli, entwickelt und im Ferrari-Standort Modena bauen lassen. Es war ein wunderbares Auto. Kritikern, die mir die Entwicklung als Schnapsidee vorwarfen, entgegnete ich: »Ich trinke vor allem Mineralwasser, rauche nie und esse meist Diätkost.« Auch im Kopf sei alles klar, bestätigt von meinem Internisten. Krank wurde 1992 die Wirtschaft. Wir hatten eben neun Wagen abgesetzt, darunter ein Exemplar für den Sultan von Brunei – dann nichts mehr. Die Auto-Exoten stürzten ab, so auch der von einem Bekannten in Bozen finanzierte »Bugatti«. 200 Exemplare gebaut, 50 abgesetzt. Geschätzter Verlust: zwischen 200 und 300 Millionen. Einen Cizeta-Moroder besitze ich noch. Er ist inzwischen 800 000 Dollar wert – ein Notgroschen fürs hohe Alter. Übrigens: Ich habe noch immer nicht mit Bodybuilding oder Yoga begonnen. Meine sportlichen Aktivitäten beschränken sich auf eine tägliche 30-Minuten-Wanderung durch die Hügel von Beverly Hills. Und da bin ich immer Sieger. Ich gehe allein. In meinen freien Stunden beschäftige ich mich mit Kreuzworträtseln. Das aktiviert meine Gehirnmasse und ist billig – acht Dollar pro Woche, Steuer inklusive.

Tatjana Patitz *lebt in Malibu, Kalifornien, und da ist schön wohnen. Sie wohnt, wenn man so sagen darf, noch ein bisschen schöner: oberhalb des Pacific Coast Highway, auf einer Ranch mit Pferden, Katzen und Hunden. Sie liebe die Natur, sagt das aus Hamburg stammende Supermodel, Kalifornien biete so viel davon: Wälder und Seen, Strand und Palmen. Aber ihr fehlt gelegentlich etwas. Tatjana Patitz vermisst, was amerikanische Regierungsmitglieder meinen, wenn sie verächtlich vom »alten Europa« sprechen. Seit zwei Jahrzehnten genießt die Deutsche, lange Zeit eines der bestbezahlten Fotomodels der Welt, die fabelhafte Wohnlage und die prächtige Umgebung. Doch ihre Bilanz über Land und Leute enthält, wie bei so vielen Zuwanderern, manchen Zweifel. Die Liebe zum Abendland, das weiß sie nun, ist unverbrüchlich. Sie hängt an Paris, wo ihre Karriere begann. Sie war 16, als der schwedische Starfotograf Peter Lindbergh sie entdeckte, und wenig später war sie um zwei Millionen Dollar reicher. »Vogue« und »Marie Claire«, »Elle« und »Harper's Bazaar«, die großen Modehäuser – alle wollten sie haben. Dem »Stern« fehlten die Worte: »Diese Mischung von Charme und Sex-Appeal, die nicht zu beschreiben ist.« Patitz schildert in ihrem Beitrag nebenher auch die Grausamkeit der Modewelt auf beiden Seiten des Atlantiks. Mit Amerikanerinnen hat sie nicht die besten Erfahrungen gemacht, da fehlt es zum Beispiel an Verlässlichkeit – »auf ›you are the best‹ folgt ›Vom Winde verweht‹.« Nicht verwunderlich also, dass das Supermodel aus Deutschland sich vornehmlich mit Freundinnen aus Europa umgibt und sich die Marotten der Mitbürger vom Leibe hält. Ziemlich nervig etwa findet Tatjana, die Schöne, den Schönheitstick im Lande: »Kalifornien ist vernarrt in ›beauty‹.« Und dann »diese panische Angst vor dem Altern, mit 40, das ist schon die Katastrophe.« Dabei ist das rein gar nichts, sagt Tatjana Patitz, geboren am 25. Mai 1966, und weiß, wovon sie spricht.*

Tatjana Patitz

»Nichts ist, wie man es sich vorstellt.«

Seit zwei Jahrzehnten lebe ich nun in Malibu, Kalifornien. Nirgends habe ich länger gelebt, weder in meinem Geburtsort Hamburg noch in Schweden, wo sich meine Eltern für mehrere Jahre niedergelassen hatten. Und es geht mir gut hier.

Ich besitze eine kleine Ranch unweit des Pazifiks, in einem der romantisch-rauen Täler. Ich besitze vier Pferde, zwei Katzen und vier Hunde. Ich liebe die Natur, und schon deshalb kommt mir dieses Land entgegen: Es ist alles vorhanden. Unglaubliche Wälder, klare Seen, Gebirgsbäche, Bären. Adler, Berge und Skigebiete. Schnee und Wüste. Kakteen und Strand. Olivenbäume und Weinberge. Europäer, duckt euch: Wer einmal in Kalifornien gelebt hat, so behaupte ich, kann auf Italiens Amalfi-Küste, auf Sylt und St. Tropez verzichten, diese aufgeregten sandigen, begehrten Society-Oasen. Santa Barbara, Carmel, Pebble Beach, Malibu bieten eine andere, gelassene Schönheit, sie sind weniger gestresst, weniger gespreizt, weniger von Selbstdarstellung getragen. In Newport Beach oder Santa Barbara liegen keine 100-Millionen-Dollar-Jachten vor Anker, auf deren Mahagoni-Deck sich schöne Nackte räkeln, wie Schaufensterpuppen bei »Gucci« oder »Harrod's«.

Bei den Cocktail-Empfängen ist Mineralwasser »in«, produziert auf den Fidschi-Inseln, nicht unbedingt Dom Pérignon. Auf dem Grill gebräunte Hamburger werden gereicht oder auch Hummerkrabben, Hotdogs oder Kaviar. Manche Lady ist geliftet, zumindest entsprechen die Halsfalten oder die Alterflecken auf den Handrücken nicht dem straffen Gesicht, das indianische Strenge widerspiegelt. Der Handgriff des Chirurgen jedoch wird nicht verschwiegen, jeder ist, wenn man so will, für das eigene Gesicht verantwortlich. Kalifornien ist vernarrt in »beauty«. Kalifornien, das sind auch die Menschen mit allen Schwächen und Scheußlichkeiten. Aber klar: Schöne Mädchen und Männer begegnen dir hier häufiger als irgendwo sonst. Es ist eben alles da. Doch es fehlt etwas. Verflixt schwer ist das, feste Position zu einem Land zu beziehen, in dem fast gar nichts unmöglich erscheint: Und vielleicht geht es leichter, den kalifornischen »way of life« aufzuzeigen, wenn man einen Umweg macht über Europa.

Ich liebe Paris. Die Cafés. Friedliche Minuten an der Straße. Café de Flore. Vergangene Zeiten. Sartre in einer Ecke. Edith Piaf in Pigalle. Oder Montparnasse. La vie en rose. Erinnerungen an Barbara, Jacques Brel. »Einen Petit café s'il vous plaît.« Die »Herald Tribune«. Croissants. Kir Royal. Erinnerungen und Sinneseindrücke, die in Kalifornien nicht zu haben sind. Ich habe mir vor wenigen Jahren überlegt, in den Südwesten Frankreichs umzuziehen. Wegen der Pferde, der Wälder, der Ruhe. Für einen Schriftsteller wie meinen Vater, der in der Dordogne lebt, ist das sicherlich die perfekte Wahl. Aber, wohin gehen, wenn der Sohn Freunde sehen will?

Ich habe in Malmö an einem von Amerikanern organisierten Wettbewerb, »Look of the year«, teilgenommen. Ich bin Dritte geworden. Und Peter Lindbergh, einer der Großen seiner Branche, Fashion-Fotografie, hat sich meiner angenommen. Plötzlich war ich Fotomodell in Paris. Allein. Nein, nie allein.

Nach einem knappen Jahr schickte mich meine Pariser Agentur »Elite« nach New York: In Manhattan war die Macht vereint, die über Trends entscheidet, über Mode und Image. Hier hatten sich die Werbeagenturen etabliert, saßen die einflussreichen Redaktionen von »Vogue« und »Harper's Bazaar«, arbeiteten die legendären Fotografen wie Herb Ritts, Steven Meisel, Peter Lindbergh, Bruce Weber, Patrick Demarchelier, Ellen von Unwerth, Helmut Newton (der seinen Wohnsitz in Monte Carlo hatte). Ich war 17 und unbesorgt. Manhattan hat mich weder betäubt oder bedrückt noch in die Euphorie getrieben. Ich habe sehr früh in meinem Leben gelernt: Nichts ist, wie man es sich vorstellt, und: Die Wirklichkeit ist immer anders als die Fantasie.

Ich bin nie arrogant gewesen. Habe immer gewusst: Du bist kein Gehirnchirurg oder Einsteins heimliche Tochter, sondern ein Model. Immerhin war ich, wie es in der Branche heißt, »ausgebucht« – das neue Gesicht. Ich hatte keine Zeit, meine New Yorker Wohnung einzurichten – eine Matratze, ein Stuhl – das war's. 1984 kam dann der erste Titel auf »Elle«. Da war ich 18 und damals schon erfolgte der Ritterschlag. Wie oft war ich auf dem Cover von »Vogue«? 1989 allein im März, April, Juni, Juli, August, November. Warum haben die sechs mal eine andere genommen? Nie in all den Jahren habe ich die Bodenhaftung verloren, obgleich ich mich an Flugplatz- oder Straßenkiosks immer wieder auf den Titelblättern entdeckte: »Cosmopolitan«, »Marie Claire«, »Grazia«, »Dina«, »Woman«, und immer wieder »Elle«, einmal mehr »Vogue«, »l'Officiel«, »Max«, »Madame«.

Ich war total auf meinen Beruf eingestellt. Zuverlässig. Selten übermüdet. Nach dem »shoot« bin ich in meine eigene Welt abgetaucht. Jenseits der Paparazzi, abseits der Partyszene. Natürlich habe ich mir in Paris, London, New York gelegentlich einen Nachtclub angetan, zumal wir damals für ein, zwei Wochen im Team reisten: Kunde, Fotograf, Assistent, Coiffeur, Make-up-Spezialist, Stilistin, Fahrer. Da konnte ich mich nicht einfach abseilen. Mich hat die Partywelt bis heute nicht wirklich angezogen. Ich war zwar verdammt jung, jedoch ausreichend reif, um die Oberflächlichkeit, die Leere dahinter zu erkennen.

Wie sieht der Model-Alltag aus? Termin beim Fotografen, das »go see«, 100 Blondinen, 1,80 bis 1,85 Meter groß, blaue oder grüne Augen, wie vorgegeben, stehen vor der Tür. Frauen, die von der Schuhgröße bis zur Oberweite identisch sind, und nur eine wird engagiert, eine, die ihre Mietschulden oder ihren Agentur-Vorschuss zurückzahlen kann. Sie warten. Sie hoffen. Sie betreten endlich mit ihrem »book«, den Magazin-Ausrissen, den Werbe-Anzeigen, das Studio. Die Kunden und der Fotograf blättern die Seiten durch, zwei Minuten. Fünf. «Thank you for coming. We'll call you.« Absage bei der Agentur. Aussortiert.

Ein Dutzend Termine ohne »booking«, ohne Auftrag, und schon erfassen dich Zweifel. Unsicherheit. Das Selbstvertrauen sackt weg. Allein in der Pariser Bude unterm Dach. Oder in einer Pension in Mailand, vor der die »ragazzi« warten, bereit, aus der Einsamkeit eine Zweisamkeit zu entwickeln. Die Mädchen stammen aus Birmingham, Alabama, Sprötze in der Nordheide, Melbourne, dem französischen Lille, aus einem Vorort von Glasgow oder dem holländischen Utrecht. Sie haben eifrig die Volksschule absolviert und sind dann plötzlich von der Sehnsucht nach einer anderen Welt mitgerissen worden, die Glamour verspricht, Unabhängigkeit und Geld. Einige wenige fangen ihre Träume ein. Die Mehrheit versackt. Sie sind zu naiv gewesen, haben ihre Wirkung überschätzt oder aber nicht den Fotografen getroffen, der an sie glaubt.

Ein Fotomodell muss nicht nur schön sein, einen »look« haben, sondern zur Kamera, zum Objektiv ein Verhältnis entwickeln. Zuweilen bringen Girls die Prioritäten durcheinander und setzen auf ein Verhältnis mit dem Fotografen. Die Lichtbildner – Homosexuelle natürlich ausgenommen – begreifen sich in ihrer männlichen Eitelkeit auch als Imker. Er ist geübt, nutzt die Bienen, genießt das Süße, sie aber können ihn mit ihrem Stachel nicht erreichen. Frauen, die sich in diesem Business nicht verlieren wollen, sollten an sich selbst glauben und für die Zukunft planen. Sie müssen Alternativen entwickeln, ein Lebensmuster außerhalb der Schein- und Scheinwerferwelt. Ich reite gern, schon als Kind habe ich das gelernt; ich male, ich lese viel, auch mal Goethe; ich weiß, wer Stefan Zweig ist, dass Rilke, Heine, wie Zweig, in Paris gelebt haben, fasziniert von der Stadt wie ich; Picasso kann ich von Rembrandt unterscheiden, Chagall von Chanel, Vivaldis »Vier Jahreszeiten« von Mozarts »Kleiner Nachtmusik«. Bravo. Not bad for a model.

Nicht alle Models sind von der Natur nur mit »looks« beschenkt, sonst aber gedankenarme Geschöpfe. Ich habe mich bereits in meiner New Yorker Phase nach Kalifornien umorientiert, mir die Ranch gekauft, um Abstand zu finden von den oft selbstherrlichen Kreaturen der Mode- und Werbewelt. Wie oft bin ich an die Westküste geflogen, völlig erschöpft. Sobald ich die Wellen des Pazifiks höre, die in all ihrer Eleganz und Kraft an die Küste rollen, spüre ich Entspannung, Entlastung. Das Meer ist eine Therapie für mich, trotz des Abfalls, den die Menschen in das Wasser pumpen, des Öls, das die Frachter ablassen, der Scheiße, die sie in die Schönheit der Natur entladen, ohne Gewissen oder Gedanken an morgen. Ich bin eine Grüne. Keine politische Aktivistin, aber engagiert, auch durch Spenden, für den Umweltschutz.

In Kalifornien habe ich mir meine eigene Welt geschaffen, meine Familie, mein Sohn Jonah, inzwischen sechs Jahre alt, und dessen Vater Jason Johnson (von dem ich mich vor längerer Zeit getrennt habe). Ich habe mich nie in diesem amerikanischen Dating-System verloren, eine Art von Vorstellungsgespräch: Mann befragt Frau, lotet aus. See if it works; sie hört zu, bewertet seine Restaurantwahl, das Auto, informiert sich über Job, Haus oder Wohnung, mit Pool oder ohne, geschieden? Kinder? How much is he worth? Sie treffen sich erneut. Diesmal bei Nobu's, dem Edel-Japaner in Malibu oder dem italienischen Society-Koch Giorgio Baldi in Santa Monica. Sie plaudern über's College. Kinder. Hunde. Hollywood. Klatsch. Und dann küssen sie sich. Erste Etappe. Vorausscheidung. Sie spielen ihre Spielchen wie in der Sandkiste. Statt zu sagen: »Du bist mir sympathisch, wir gehen jetzt zum Italiener in der ländlichen Shopping Mall von Malibu mit Blick auf eine Sandkiste und genießen einen Chianti«. Die Fortsetzung folgt.

Bei mir war's komplizierter. Ich war ein sogenanntes Supermodel. Produziert auf mehr als 200 Magazin-Covern. Ich hatte ein Gesicht, in Anführungszeichen. Und mancher Typ hat sich einfach nicht getraut, mir seine Sympathien zu erklären. Nur die Arschlöcher haben mich hemmungslos angebaggert, um es mal auf gut Deutsch zu sagen. Mit meinen Freundinnen habe ich natürlich über diese Erfahrungen getratscht. Meine wirklichen Vertrauten sind allesamt Europäerinnen, aus Österreich, Schweden, England und Deutschland. Ich habe so meine Probleme mit Amerikanerinnen: Mit denen kann ich ganz dick befreundet sein und plötzlich hört man nichts mehr von denen – nach »you are the best« folgt »vom Winde verweht«. Die US-Ladys, ich will es auf Kalifornien beschränken, sind äußerst egoistisch und eifersüchtig und von großem Ehrgeiz getrieben. Wie anders die Europäerinnen, mit denen ich hier befreundet bin. Das ist, im besten Sinne, schwesterliche Freundschaft, tiefgängig und zuverlässig. Die Kalifornierinnen haben eine panische Angst vor dem Altern, sie sind besessen von diesem Gedanken. »40«, das ist schon die Katastrophe. Ich bin 43, seit dem 25. Mai 2009. Und ich habe keine Angst vor dem Altern.

Auf Europareisen bin ich immer wieder beglückt, wenn ich schönen, reifen Frauen begegne, die Frieden halten mit ihren vom Leben gezeichneten Gesichtern und keine Falte wegbügeln. Ich fühle mich heute freier, reifer, entspannter als in jüngeren Jahren. Da ist nichts mehr zu beweisen, ich kann sein, wie ich bin. Ich arbeite noch immer als Model. Kosmetik, Werbung. Mode-Gazetten. Ein Dutzend Europareisen pro Jahr. Versace hat mich gebucht, die deutsche Kosmetik-Firma Claire Fisher, Armani, Chanel. L'Oréal für »Renovist«, meine Kampagne für den Otto-Versand – Werbespots, Titel auf dem Katalog. Meine Filmkarriere habe ich beendet: drei Filme, darunter »Rising Sun«, ein sogenannter »big-budget«-Streifen, in dem Sean Connery die Hauptrolle spielte. Ich musste früh sterben in dieser Rolle und war sprachlos. Ohne Dialog. Ich habe Schauspielunterricht genommen. Bin ich begabt? Ich würde sagen, es geht so. Nur, Liebe oder Leidenschaft für den Schauspielberuf ist in mir nicht entbrannt. Schauspielen aber muss Leidenschaft sein. Und ich hatte noch ein Problem: Als Model wird man nie wirklich ernst genommen.

Eines Tages habe ich den berühmten Blick in den Spiegel getan und mir gesagt: So, nun sei mal ganz ehrlich zu dir. Entspricht Hollywood, die Hollywood-Karriere deinem Wesen, bist du ein Teil dieser Welt oder willst du es werden? Meine Antwort war klar! Will ich nicht. Die Entscheidung war relativ einfach: Ich hatte nicht 50 Hollywood-Filme in meiner Vita, sondern drei und keiner war für einen Oscar nominiert; ich konnte weiter als Model arbeiten, meine Agenturen »Team Management« in New York und »Elite« in Paris haben mich nach dem Abschied von der Hollywood-Karriere sogleich wieder vermarktet. Ich bin jedoch entspannter geworden. Letztes Weihnachten saß ich auf einem meiner Pferde – im T-Shirt. Frühlingsstimmung in den Bergen. Verpflegung in der Satteltasche. Picknick an einem umgefallenen Riesenbaum.

Mein Umfeld stimmt, ich kann meine Wege selbst wählen. Ich fahre selten Richtung downtown, Los Angeles. Das ist eine andere Welt. Ich bewege mich in Santa Monica, Malibu, Santa Barbara. Kalifornien gewährt mir ein entspanntes Dasein – obgleich tief im Unterbewusstsein – natürlich die Angst steckt, etwa vor Waldbränden oder Erdbeben. Nachdem meine Ranch an mehreren Brandkatastrophen vorbeigeschrammt ist, bin ich vorbereitet: Ich weiß, wo im Haus die wichtigsten Dokumente und Fotos verstaut sind. Ein Griff und ich habe meine Vergangenheit gerettet. Die Erinnerung, hat ein Denker mal gesagt, »ist das einzige Paradies, woraus wir nicht vertrieben werden können«.

Wolfgang Petersen *wollte von klein auf filmen und Regisseur sein und hatte weiter keine Wünsche. »Ich wollte träumen, auf Zelluloid«, sagt er. Und noch in der Schulzeit, mit 12, bekam er von den Eltern seine erste Kamera, eine 8-Millimeter-»Dralowid-Reporter«. Petersen, 1941 in Emden geboren und in Hamburg aufgewachsen, legte los, kam nach Umwegen über Theater und Fernsehen zum Kino und seine Träume auf Zelluloid bewegten bald schon die Filmwelt. Er präsentierte ein Meisterstück: »Das Boot«. Die Geschichte einer Feindfahrt in Angst und Enge wurde international gefeiert, ein Kassenfüller, vor allem in den* USA. *Er wurde für sechs »Oscars« nominiert und öffnete dem Regisseur Petersen Hollywoods Türen. Er siedelte um und fand eine »Traumfabrik« vor, in der »big business« regiert, Kampfplatz für Darsteller und Regisseure, Kameramänner und Komponisten. Und seine Filme machten dann schöne Renditen: »In the line of fire« (Clint Eastwood), »Outbreak« (Dustin Hoffman), »Air Force One« (Harrison Ford), »Der Sturm« (George Clooney) oder »Troja« (Brad Pitt). Fünf Petersen-Filme spielten insgesamt 1,5 Milliarden Dollar im Kino ein, weitere geschätzte 1,5 Milliarden durch Video und* DVD. *Inzwischen gehört Wolfgang Petersen zu den wenigen Regisseuren, denen ein »final cut«-Status eingeräumt wird, die also entscheiden, in welch endgültiger Fassung ein Film in die Kinos kommt – »der Ritterschlag«, wie er sagt. Und inzwischen ist er ein Amerikaner. Petersen erwarb die* US-Staatsbürgerschaft. *Oben in den Hügeln über Brentwood, unweit des Getty-Museums, hat er für sich und seine Frau Maria eine stattliche Villa bauen lassen – von einem Architekten, der auch aus Deutschland kommt.*

Wolfgang Petersen

»Merkwürdiges Land, dieses Amerika«

Wir trugen Sandalen, Baumwollstrümpfe, grau, kurze Hosen, geflickt. Geflickt wie die Hemden. Und da standen wir auf den Kais des Emdener Hafens, Ende der Vierzigerjahre, und warteten darauf, dass die Leinen der wunderschönen, gewaltigen Dampfer um die eisernen Poller gelegt waren, diese dicken Taue, die sich am Eisen rieben und mit den Möwen im Chor zu krächzen schienen. Wir warteten – wir hier unten auf die da oben – auf Apfelsinen, Bananen, Schokolade, Kaugummis, Nescafé, die die Matrosen auf uns kindliche Hungerschar hinabwerfen würden, wie Karnevalsnarren Bonbons beim Rosenmontagszug. Amis waren unsere Gönner, schwarze, weiße, auch Chinesen. Uns interessierte die Hautfarbe nicht, nur die Flagge, die am Heck baumelte, Sterne, rot, weiß, blaues Tuch.

Ein Symbol der Hoffnung damals für uns, für Süßes, Seltenes. »United States«, diesen weißen Schriftzug konnten wir auf dunkelblauem Stahl am Heck lesen. Diese Schiffe waren meine ersten Begegnungen mit den Vereinigten Staaten. Die Amerikaner haben uns in ihrer Offiziersmesse zum Essen eingeladen und uns Gerichte aufgedeckt, die wir nicht kannten. T-Bone-Steak, gebackene Kartoffeln, eingedreht in Silberpapier. Heiße Würstchen, die sie »hot dog« nannten und in weiche Brötchen einrollten. Dazu Senf und rote Tomatensauce, »Ketchup«, wie sie uns erklärten.

Amerikaner waren einfach nett. Die hatten diese entspannte Art, und für uns empfanden sie offenbar eine Mischung aus Sympathie und Mitleid. Wir waren sechs, acht, zehn Jahre alt und hatten Hunger wie die Ratten. Wie sollte ich diese US-Charaktere vergessen, die dann im Kino als Richard Widmark, Burt Lancaster und Gregory Peck wieder auftauchten: kantige Typen, zerfurchte Gesichter, Bürstenhaarschnitt. Tätowierte Unterarme hatten sie, ein Zahn saß neben dem anderen, weiße Zähne. Sie lachten eigentlich immer, unsere Ami-Freunde, konnten sie auch – keine Zahnlücken, keine Bruchstellen wie bei uns. Ihre Hemdkragen waren nicht ausgefranst, sondern saßen am Hals wie aus Pappe geschnitten. Keine Falte. Amerika musste ein ganz tolles Land sein.

Ich wollte immer Regisseur werden. Bereits in Emden, als noch die Sohlen meiner Sandalen mit Schlauchgummi ausgebessert wurden, mit Flicken vom Fahrradschlauch. Wir wohnten in einer Baracke am Hafen, eine einfache Behausung, die im Herbst im Nebel versank und im Winter im Frost ächzte. Der Schnee kroch vom Dach durch zersprungene Dachziegeln in unsere Küche und sorgte für Feuchtigkeit und Schimmel. Ich wollte träumen, aber auf

Zelluloid. Als ich eben 12 Jahre alt war, schenkten mir meine Eltern zu Weihnachten meine erste Filmkamera, eine 8-Millimeter-Kamera, eine »Dralowid-Reporter«. Ich wolle mich auf meinen Beruf vorbereiten, verkündete ich. Das ist ja nahezu rührend, wenn man in dem Alter schon so klare Vorstellungen hat und unbeirrbar ist. Film und sonst nichts. Ich habe kleine Spielfilme gedreht und war total besessen. Ich habe mir natürlich »Grün ist die Heide« angesehen, ein Film über Heimat, Heimatvertriebene, Heimatgefühl, mit Sonja Ziemann und Rudolf Prack in den Hauptrollen. Und später dann »High Noon«. Wenn ich diese Filme verglich, war schnell klar, in welchen ich mich wiederfinden konnte: Made in Hollywood.

Irgendwann siedelten wir nach Hamburg um. Nicht an das schöne Alsterufer, nicht an die feine Elbchaussee, sondern nach Bramfeld. Das war ein Arbeiterviertel. Es gab das »Radiant«, mein Kino. »Radiant« habe ich später übrigens meine eigene Produktionsgesellschaft in L.A. genannt. Bramfeld war Hamburg echt. Schrebergärten. Straßenfußball. Roter Backstein, Häuser, denen die Zeit den Putz abgefressen hatte. Meine Mutter träumte davon, dass ich eines Tages Syndikus einer großen Reederei werden könnte. Also: Ich paukte im Johanneum, einer angesehenen Hamburger Eliteschule, Sokrates' Gedanken zur autonomen philosophischen Ethik, dachte über Aristoteles' Ansicht zur Logik nach, über Julius Caesar und Spartakus und erinnere mich heute noch an Plato-Weisheiten wie »Das Denken ist das Selbstgespräch der Seele«.

Letztlich glückte mir sogar das Abitur, Griechisch und Latein, das wusste ich, würden mir zwar bei einer Karriere als Apotheker nützlich sein, nicht aber als Filmregisseur: In der Marschnerstraße gründete Friedrich Schütter 1951 das »Junge Theater«, das er später an die Mundsburg im Hamburger Stadtteil Uhlenhorst verlegte und in »Ernst Deutsch Theater« umbenannte. Schütter war ein Künstler, den ich bewunderte, ein Idealist, Regisseur, Schauspieler. Er hat in »Hunde, wollt ihr ewig leben« gespielt und später in meinen Filmen »Blechschaden« und »Reifezeugnis«. Die Eröffnung seines Theaters begründete Schütter damals mit den Worten, es habe in Hamburg eine Bühne gefehlt, »die jungen und begabten Schauspielern die Möglichkeit gibt, sich zu entwickeln, um eines Tages nicht nur bereit, sondern auch berechtigt zu sein, die Lücken auszufüllen, die Zeit und Alter reißen. Berechtigung erwirbt man durch Können, und Können bedingt Talent und darstellerische Reife. Wo aber soll diese darstellerische Reife herkommen, wenn jungen Schauspielern nicht die Möglichkeit gegeben wird, sie durch gestellte Aufgaben zu erwerben?«

Ich wollte zwar nie Schauspieler werden, aber ich fühlte mich durch diese in der Lokalpresse abgedruckten Worte angesprochen – meine Bemühungen, irgendwo, irgendwie einen Job beim Film zu finden, waren bei null geblieben.

Meine Mutter kannte jemanden, der kannte einen, der Schauspieler war. Und der verschaffte mir Zugang zu den Proben. Das war nicht mehr meine 8-Millimeter-Kamera, meine Fantasiewelt, da standen Profis auf der Bühne. Der Regisseur nörgelte an ihrer Textinterpretation herum, kritisierte Bewegungen, Stimmen; und ich lernte den gesamten Text mit – derart häufig hockte ich im Halbdunkel des Zuschauerraums.

Eines Tages fehlte einer der Darsteller. Ich bot mich als Ersatzmann an. Der Regisseur war total überrascht, dass ich den Text nicht nur kannte, sondern auch mit der erforderlichen Betonung aufsagen konnte.»Was treibst du so in deinem Leben?«, wollte er wissen.»Im Moment gar nichts.«»Weißt du was, mein Regieassistent verlässt mich gerade, wenn du willst, kannst du in meinem nächsten Stück versuchen, ob du das schaffst.« Regieassistent? Ich? Ich will nicht ans Theater, ich will Filme machen. Aber Regieassistent, das hatte einen schönen Klang; und Geld hatte ich auch nicht. Ich war 19 Jahre alt und wurde der Regieassistent Petersen. Nach der Vorstellung, so war's damals üblich, entspannten wir uns beim Bierchen und Schnäpschen in einer der Kneipen, die damals an nahezu jeder Straßenecke aufmachten. Friedrich Schütter, der Intendant, zechte gern, und ich war irgendwie nicht nur Regieassistent, sondern auch Trinkkamerad.

Wir diskutierten über Theater, Krieg und Frauen, nicht immer in dieser Reihenfolge, und mussten häufig mit lauter Stimme reden, weil mit Weinbrand gefüllte Skatbrüder an den Nebentischen ihren »Grand ohne vier« diskutierten. An einem dieser Abende bot mir Schütter einen Ein-Jahres-Vertrag an, 250 D-Mark monatlich. Später, wir hatten den Umsatz des Gastwirts mit Lütt und Lütt, Bier und Schnaps, erheblich steigern können, feierte ich als Regisseur Premiere – ein Weihnachtsmärchen – »Das Christbaumspiel«. Anno 1605, Straßburg. Das war eine wunderbare Lehrzeit. Als 24-Jähriger inszenierte ich mein letztes Stück für das »Junge Theater« – »Ein Mond für die Beladenen«, ein von dem irischen Literatur-Nobelpreisträger Eugene O'Neil verfasstes Werk: Josie, die an harte Arbeit gewöhnte Tochter des jähzornigen Farmers Phil Hogan, verliebt sich in den Eigentümer der Farm, James Tyrone, ein Typ, der säuft und Dirnen liebt. Ein ernstes Stück also, Drama, Komödie, irisch, menschlich.

Dann kamen die Sechzigerjahre; 1966 eröffnete der Regierende Bürgermeister von Berlin, Willy Brandt, die »Deutsche Film- und Fernsehakademie« in turbulenten Zeiten. Meine Erinnerungen an die Leckereien der lieben Amis im Hafen von Emden wurden nunmehr überdeckt von Bildern aus Vietnam: Napalmbomben, die Kinder verätzen, Kampfstoffe, die Wälder entlauben, GIS, die in den Reisfeldern versacken, und mit ihnen ging Amerikas Selbstverständnis unter. Ich gehörte zum ersten Jahrgang der Film- und Fernsehakademie,

35 Studenten insgesamt, darunter auch Holger Meins. Rainer Werner Fassbinder, der später beachtliche Filme drehte, scheiterte an der Aufnahmeprüfung. Meine Eltern waren CDU-Wähler, konservativ, bürgerlich. Sie waren irritiert, verstört über diese APO, die Che Guevara, Ho Chi Minh zu ihren Helden
ernannt hatte. Ich blieb natürlich nicht unberührt von dem Aufbegehren, trug
meine Haare lang, ich fühlte links, links liberal. In den Straßen Berlins, wie auf
den Boulevards von Paris und Rom, gerieten Studenten und Ordnungsmacht
aneinander – der Protest war allgegenwärtig, während ich mich auf meine
Abschlussarbeit vorbereitete.

Hollywood, Amerikas Filmemacher, faszinierten mich weniger. Statt Orson
Welles waren Cineasten wie der Pole Jerzy Skolimowski in mein Bewusstsein
gedrungen, dessen Vater, ein Widerständler, von den Nazis hingerichtet worden war. Roman Polanski, der Skolimowski-Landsmann, beeindruckte mich
mit seiner Bildsprache, der unerbittlichen Klarheit, der Härte auch – seine in
den Sechzigerjahren produzierten Filme wie »Das Messer im Wasser«, »Ekel«,
»Tanz der Vampire« oder »Rosemary's Baby« bestärkten mich in meinem Glauben, der in Deutschland erkennbaren Resignation der Filmer entkommen zu
können. Bei uns hatte das Sexualkunde-Kino des Oswalt Kolle die Filmkunst
weitgehend verdrängt, dieser als moderne Aufklärungsfilme vermarktete
Porno-Kitsch.

Aus Frankreich erreichte uns François Truffaut (»Sie küssten und sie
schlugen ihn«, »Jules und Jim«, »Schießen Sie auf den Pianisten«). Das 1993
verstorbene Genie Frederico Fellini begeisterte mich mit »8 ½«, »Orchester-
probe« oder »La Strada«. Ingmar Bergman wagte sich an komplexe psychologische, metaphysische Themen. Das war eine Filmwelt, in der ich Kunst
entdeckte, wahre Kunst und Wagnis. Das Studium wurde durch die Streiks,
Debatten, Krawalle immer wieder gestört. Ich wollte, ich musste es schaffen,
mich an Fellini, Bergman zu orientieren, an Polanski, der 1966 in Berlin für
»Wenn Katelbach kommt ...« mit dem Goldenen Bären ausgezeichnet worden
war. Oder an deutschen Jung-Filmern wie Werner Herzog, Volker Schlöndorff
oder Peter Schamoni.

Ich wollte als Abschlussarbeit für die Akademie keinen Kurzfilm machen,
sondern einen Stoff behandeln, den ich dem Fernsehen anbieten konnte oder
einem Verleiher. Ein Sprungbrett. Meine Eintrittskarte. Auf 10 500 Mark war
mein Budget beziffert, 10 500 Mark für einen Ein-Stunden-Film, den ich selbst
schrieb: die Geschichte eines Schauspielers, der davon träumt, in Berlin eine
große Karriere zu schaffen, und bereit ist, dafür alles zu opfern. Moral, Menschlichkeit. »Ich werde dich töten, Wolf« habe ich mein Werk betitelt. Nach einer
Woche Drehzeit war mein Geld weg. Ich habe um einen Termin gebeten, bei

dem von mir wirklich verehrten Gründungsdirektor der Filmhochschule, Dr. Heinz Rathsack. Ich habe ihm erklärt, ich hätte mich total verkalkuliert in der Länge meines Drehbuchs, in der Umsetzung meines Stoffes. Ich habe ein wenig den Trotteligen dargestellt, der ohne väterlichen Rat im Abseits endet. Rathsack hat sich meine ersten Drehergebnisse angesehen und war beeindruckt. Mehr Geld, erklärte er, könne er mir nicht bewilligen, aber er würde mir einen Termin beim ZDF beschaffen. Die sollten sich meine Muster und das Drehbuch ansehen.

Der Termin, das Ergebnis meiner Besprechung, hat mich veranlasst, nie für das ZDF zu arbeiten. Mein Drehbuch wurde als »rachitischer Unsinn« bewertet, meine Drehergebnisse als »mangelhaft«. Wie ein geprügelter Hund habe ich mich wieder bei Rathsack gemeldet, der sich sogleich zu meinem Paten profilierte: »Petersen, drehen Sie den Film zu Ende. Wir zahlen das. Ich glaube an das Thema und Ihre Arbeit.« Ich war gerührt. Seine Entscheidung, seine Großzügigkeit und das Vertrauen waren der Auftakt zu meiner Filmkarriere. Mein Film kostete letztlich nicht 10 500 Mark, sondern 50 000. Und der Herr Direktor Rathsack war verständlicherweise nervös. Da er in der Fernseh- und Filmwelt viele Kontakte hatte, bat er Dieter Meichsner, Jahrgang 1928 und Leiter des Fernsehspiels beim NDR, zu einer Vorführung.

Meichsner, auch Schriftsteller und Chefdramaturg, entschied: »Toll, den Film kaufen wir, für 75 000 Mark.« Die Kritiken waren derart positiv, dass Meichsner (nach Rathsack wieder ein mutiger Mann) mir anbot: »Machen Sie doch einen Tatort für mich.« Ich war knapp 30, hatte eben die Akademie absolviert und schon ausreichend Selbstbewusstsein, ihm zu antworten: »Eigentlich will ich Kinofilme machen.« Ich wollte in die Welt der Truffauts und Fellinis einsteigen, nicht beim Norddeutschen Rundfunk im verregneten Hamburg. Meichsner überzeugte mich. »Tatort« bedeute teuer produzierte Thriller, filmähnlich. Am Ende habe ich ein halbes Dutzend davon gemacht, einschließlich, 1977, »Reifezeugnis«, mit der von mir entdeckten Nastassja Kinski. Sie spielte die 16-jährige Schülerin Sina Wolf, die mit dem verheirateten Lehrer Fichte eine Affäre hat – wahrscheinlich der größte ARD-Erfolg aller Zeiten mit mindestens 40 Wiederholungen weltweit. Unglaublich.

In der »Tatort«-Serie, das war mir klar, konnte ich nach dem »Reifezeugnis« kaum einen größeren Erfolg verbuchen. »Wenn es am schönsten ist, soll man aufhören«, diesen biederen Satz habe ich mir zum Leitmotiv erkoren – tschüss habe ich zum »Tatort« gesagt, tschüss. Das war's. Ich habe danach für's Fernsehen noch einen Umwelt-Thriller gedreht, »Smog«, und mich dann, 1973, an meinen ersten Langspielfilm gewagt: »Einer von uns beiden«. Die Geschichte eines Berliner Professors, der seine Doktorarbeit bei einem US-Wissenschaftler abgeschrieben hat. Der Schwindel wird von einem Studenten namens Ziegen-hals entdeckt, der den Professor erpresst. Der Hochschullehrer wehrt sich, das Ende ist tragisch. Den Studenten besetzte ich mit Jürgen Prochnow, der später eine Hauptrolle im »Boot« übernahm. Den Professor spielte Klaus Schwarz-kopf, mit dem ich im »Tatort« bereits zusammengearbeitet hatte. Ja, auch Elke Sommer spielte mit, sie war die »Miezie«.

Jürgen Prochnow war damals ein reiner Fernsehschauspieler, eigentlich war der gesamte Film eine TV-Besetzung. An der Kinokasse war »Einer von uns beiden« kein Erfolg, wohl aber bei den Kritikern. Der Film wurde mit einem Bundesfilmpreis ausgezeichnet und der respektierte »Zeit«-Kritiker Hans-Christoph Blumenberg notierte: »Hier war ein Profi am Werk, der sein Handwerk perfekt versteht. Kein Neuerer, der ästhetische Maßstäbe zu setzen sucht, sondern einfach jemand, der spannende Geschichten spannend erzäh-len kann, ohne in provinzielle Biederkeit zu verfallen. Einen ›Glücksfall‹ nennt man dergleichen.«

Ich hatte den Zufall auf meiner Seite, und Menschen, Profis, die an mein Talent glaubten – Rathsack an der Filmhochschule, Intendant Schütter am »Jungen Theater« und dann kam Rohrbach, Günther Rohrbach, Fernsehspiel-Chef beim WDR. Ein hochgeschätzter Mann. Ein Mäzen des jungen deutschen Kinos. Auch Fassbinder hatte er seine Chance gegeben. Als er die »Bavaria«-Studios in München übernahm, erinnerte sich Rohrbach an mich. Er bat mich nach München zu einem Abendessen und kam gleich zum Punkt: Seit zwei Jahren versuchten Bavaria und ein US-Produzent den von Lothar Buchheim geschriebenen Bestseller »Das Boot« umzusetzen: die Geschichte vom U-Boot 96, das 1941 aus dem französischen La Rochelle ausläuft und auf Feindfahrt geht – mit dramatischen Folgen. »Wollen Sie das versuchen?« Ich kannte das Buchheim-Buch, ein toller Stoff. Ich hatte mich immer wieder darüber geär-gert, dass es den Amerikanern gelungen war, uns das Stück wegzuschnappen. Sie haben Drehbücher verfassen lassen, Paul Newman oder Robert Redford verpflichten wollen, mit großen Regisseuren wie John Sturges oder mit Don Siegel (»Dirty Harry«) gesprochen, doch sie bekamen das Projekt einfach nicht in den Griff.

Auf dem »Bavaria«-Gelände stand dieses Boot bereits – riesengroß, her-ausfordernd, eine Attrappe, die mich provozierte: Try me. Je mehr wir uns mit dem Thema befassten, desto klarer wurde uns: Wir müssen zunächst den Film machen, und dann eine längere Fernsehversion, eine Mini-Serie, internatio-nal finanziert. Ich wollte sogleich die Hauptrolle, den Kapitänleutnant Henrich Lehmann-Willenbrock mit Jürgen Prochnow besetzen. Aber Bernd Eichinger, der Verleiher, war nicht überzeugt. Also gab es Probeaufnahmen mit diesem und mit jenem Schauspieler. Am Ende einigten wir uns doch auf Prochnow – ein Glück.

Mir ging es darum, aufzuzeigen, wie 45 Männer, zusammengedrängt in einer Röhre, die auf dem Meeresboden entlangschrammt, mit den Ängsten, der Nervosität, der Einsamkeit, der Stille und Enge, dem Stumpfsinn und der Banalität dieser Lage umgehen. Eine sehr anspruchsvolle Geschichte, eine »Reise ans Ende des Verstandes«, wie wir auf Plakaten für »Das Boot« geworben haben. Nie war es meine Absicht, für den Krieg zu werben oder die Kameradschaft schönzureden. Krieg ist immer Horror. Bei den Dreharbeiten zum »Boot« hatten wir das Gefühl, hatte ich ständig das Gefühl, an etwas Besonderem zu arbeiten, aber natürlich haben wir nicht an einen Welterfolg geglaubt. Ich saß noch im Schneideraum, als ich den Anruf eines Hollywood-Filmvermarkters bekam. Über einen Informanten, offenbar in München, hatte er vom »Boot« gehört und wollte sich die internationalen Rechte sichern. Diese Leute sind wie Haie, sie kennen keine Gnade, wenn sie große Filme wittern. Der muss der Konkurrenz einfach weggeschnappt werden.

Der Mann ließ einen 25-Minuten-Schnitt in Cannes bei den Filmfestspielen vorführen. Die Folge: Ich hockte noch immer im Schneideraum und sortierte die Filmszenen, als mich einmal mehr ein Anruf aus Kalifornien erreichte. Diesmal bot mir ein Agent an, er wolle mich in Hollywood vertreten und einen ganz großen Star aus mir machen. »Warum ich?« »Well, well, nun tun Sie nicht so bescheiden, Ihr ›Boot‹ hat doch wohl in Cannes unglaubliches Aufsehen erregt. Wissen Sie was, ich muss ohnehin nach Stuttgart, um mir meinen neuen Mercedes abzuholen, ich werde mich jetzt ins Flugzeug setzen und Sie dann mit meinem Mercedes gleich nach Los Angeles verfrachten.«

So sind sie, die Gentlemen vom Film. Keine Widerrede. How much? Unterschreiben. Arbeiten, Geld und Karriere machen. Er kam, ich unterschrieb und nun stapelten sich die Drehbücher auf meinem Schreibtisch – nur keines, das mich vom Hocker riss. Ich hatte ohnehin Zweifel, ob Hollywood meinem doch ziemlich norddeutschen Temperament entsprach. Die Bilder kannten wir: Aufgepumpte Busen, aufgepumpte Muskelmänner, Penner, Palmen, Papageien, die ihren Besitzern aus den Käfigen entwischten und ihre Freiheit nutzten, um auf Rolls-Royce, Jogger und Bentleys zu scheißen. Hollywood reizte mich in dieser Phase nicht, noch nicht. Ich hatte bereits einen Hollywood-Versuch hinter mir, Ende der Siebzigerjahre, darauf komme ich noch. Ich wollte Filme machen wie das »Boot«, deutsche Filme.

Am 17. September 1981 wurde »Das Boot« offiziell vorgestellt. Die Reaktion der Medien war erschreckend – erschreckend negativ. Fürchterlich. Es war für die Kritiker unfassbar, dass deutsche Soldaten in diesem Film nicht nur Täter waren, sondern auch, und vor allem, Opfer. Die Kommentatoren, vor allem die deutschen, waren irritiert wegen der vermeintlichen Neutralität. Jeder Satz der U-Boot-Krieger wurde analysiert. Jeder noch so unschuldige Blick in den Himmel warf die Frage auf nach beabsichtigter Kriegsromantik, nach Verherrlichung des Tötens. Offenkundig sei, so notierte »Zeit«-Kritiker Norbert Grob, »dass die besseren Kriegsfilme nur vom physischen und psychischen Leiden handeln. Sie reflektieren keine ideologische Positionen, sie reflektieren auch nicht die Frage, wer nun im jeweiligen Krieg recht hat oder unrecht, wer darin der Gute ist oder der Böse. Sie zeigen nur das Leben einzelner Menschen vor, die in den Krieg verstrickt sind, ihre Gedanken, ihre Gefühle, ihre Leiden vor allem.« Und: »Von Wolfgang Petersen, dem Regisseur der wunderschönen Kino-Etüde ›Einer von uns beiden‹, konnte man einiges erwarten. Vor allem ein Bewusstsein dafür, dass im Kino die einzige Wirklichkeit Kino ist. Auch dafür, dass im Kino das einzig Wirklichkeitsferne das ist, was der Kinowirklichkeit fern ist. Die Frage nach dem Authentischen im Kino erhält keine Antwort durch die Authentizität von Schrauben und Offiziersmützen oder durch die Wahrscheinlichkeit von Bewegungs- und Verhaltensformen.«

Kluge Worte – intellektueller Dampf. Die Antwort auf die Fragen des weisen Kritikers kam aus Hollywood: sechs Oscar-Nominierungen für »Das Boot«, ein Welterfolg. Selbst das aber schien die deutschen Nörgler nicht zu überzeugen. Mit einem Hauch von Häme kommentierten sie, dass nicht »Das Boot«, sondern der Monumentalfilm »Ghandi« mit dem Oscar geehrt wurde, nicht Wolfgang Petersen als »bester Regisseur«, sondern »Ghandis« Richard Attenborough. »Verlierer Petersen«, so konnte man in der Presse lesen. Erst als die Fernsehserie gesendet wurde, korrigierte die deutsche Presse ihre Schieflage. Die sechs Folgen, hieß es nun, überragen das »Hollywood-Boot« um Schiffslängen, die Serie sei nachdenklicher, sachlicher. Für mich war diese Bewertung abermals schlicht unsinnig. Die Serie ist der Film, nur doppelt so lang. Vielleicht war dieser Umfall der Kritiker lediglich der Versuch, verlorenes Terrain wiedergutzumachen, denn »Das Boot« ist zu einem Klassiker geworden, trotz deutscher Kritik.

Hollywood war noch immer kein Thema für mich, zumal mein erster kalifornischer Versuch, Jahre vor dem »Boot«, nicht eben stimulierend war. Ich hatte mir die Filmrechte für das Buch »The plastic nightmare« gesichert, das später in Deutschland als »Tod im Spiegel«, in den USA als »Shattered« vertrieben wurde. Die Story eines Mannes, der nach einem schrecklichen Autounfall mit einem tragischen Gedächtnisschwund überlebt. Der legendäre Hollywood-Agent Paul Kohner, ein ehemaliger Zeitungsmann, den der ebenso legendäre Studioboss Carl Laemmle 1920 aus Europa nach Hollywood holte, öffnete mir einige Türen – obwohl er von mir zuvor nie gehört hatte. Die Rendezvous waren öde Hollywood-Wirklichkeit: Ich hockte vor den Produzenten, wahrscheinlicher noch vor deren Assistenten oder Vize-Assistenten und erklärte meinen wunderbaren Stoff. Drinnen surrten die Klimaanlagen. Die Eiswürfel in den mit Diet Coke gefüllten Pappbechern, die dem Regisseur (»What was your name again?«) aus Übersee serviert wurden, lösten sich so langsam auf wie die Konzentration der Gesprächspartner. Sie nickten freundlich, zupften an den Hosenträgern, eine Lady, offenbar die Assistentin aus der Entwicklungsabteilung, notierte irgendwelche Informationen auf ihrem linierten gelben DIN-A4-Block, aber auch nicht so viel, dass mir ihre Schreibarbeit Hoffnung gab. Vielleicht war sie gelangweilt und stellte nun ihre Shopping-Liste zusammen, who knows.

Hollywood jedenfalls wollte mich nicht. Enttäuscht flog ich zurück. Ich wollte, auch nach dem »Boot«, deutsche Filme machen, gemeinsam mit Leuten, mit denen ich mich verbunden fühlte: mit Bavaria-Chef Rohrbach, Bernd Eichinger. Wenn wir zusammensaßen, träumten wir davon, eine Art deutsches Hollywood aufzubauen, in München vielleicht. Und schon unser zweiter Erfolg bestätigte uns in unserem Glauben. »Die unendliche Geschichte«, das von Michael Ende verfasste Buch, wurde – finanziell – zu einem größeren Erfolg als »Das Boot«. Die Geschichte, die Abenteuer eines zehnjährigen Jungen in der Anderswelt, seine Begegnungen mit fantastischen Gestalten, mystischen Erfahrungen – das war genau der deutsche Stoff, auf den wir unser Hollywood am Rhein, an der Spree, Isar oder Elbe stützen wollten.

Wir suchten nach Stoffen in der deutschen Literatur, nach Drehbüchern, doch wir fanden nichts, was uns überzeugte. Wir wollten keinen deutschen Film für ein deutsches Publikum, sondern global erfolgreich sein – so wie Hollywood. Mir ist der Gedanke nie aus dem Kopf gegangen, mich an Klaus Störtebeker zu versuchen, dem deutschen Piraten, der auch vor meiner Emdener Küste als Seeräuber aktiv war. Störtebeker war für mich als Kind, was für andere Karl Mays Winnetou bedeutete: ein Traum von Mann. Am 21. Oktober 1400, vielleicht war es ein Jahr später, Historiker streiten sich, wurde der Pirat auf einer Elbwiese in Hamburg hingerichtet, am Grasbrook.

Störtebeker war so was wie der Robin Hood seiner Zeit, darauf aus, den Reichen zu nehmen und den Armen zu geben. Das Volk, das dem Hinrichtungstheater zusah, urteilte auf Plattdeutsch: »Umbringes sünd dat nich wäst. Arm Lüd hätt ne vat geven, rick Lüd wat namen.« Störtebeker konnte mit der bloßen Hand Hufeisen geradebiegen, so stark war er. Nachdem die Stadtvorderen ihm das Versprechen gegeben hatten, jeden der 30 Kumpanen zu begnadigen, an denen er nach seiner Enthauptung vorbeischreiten würde, stand er, so die Legende, tatsächlich kopflos auf, kam an der Reihe seiner angetretenen Piraten vorbei bis an den elften Mann, dann brachte der Scharfrichter Rosenfeld Störtebekers Rumpf zum Strauchceln.

Uns gelang jedoch kein Drehbuch, mit dem eine internationale Finanzierung zu schaffen gewesen wäre. Erste Zweifel setzten ein, ob wir je mit Hollywood konkurrieren könnten. Uns fehlte die Infrastruktur, Filmstoffe, Regisseure, Drehbuchautoren, Schauspieler, die in Hollywood zu Abertausenden herumsitzen. Technisch könnten die Deutschen mithalten – sehen wir uns nur die Kameraarbeit eines Michael Ballhaus an, ein Meister. Ein Roland Emmerich, ein Hans Zimmer – die haben sich in Hollywood durchgesetzt, der eine Regisseur, der andere Komponist. Doch, es gibt sie schon, die deutschen Darsteller, die in Hollywood bestehen können. Jürgen Prochnow, Udo Kier, den lieben Ralf, Ralf Moeller, der verstanden hat, Muskeln zu einem eigenen Markenartikel zu formen. Franka Potente? Da geht es schon los. Kinogebildete Amerikaner kennen sie, aber ist sie ein Star in dieser Stadt? Nein. Hollywood kreiert die eigenen Stars, die – Arnold Schwarzenegger ausgenommen – ohne Akzent sprechen können, die greifbar sind für den Normalbürger. Ich habe mir immer gewünscht, dass Europas Film stärker wird und die Amerikaner herausfordert. Auch deshalb, weil die Konkurrenz Hollywood vor noch größerer Selbstgefälligkeit bewahren könnte.

Mitte der Achzigerjahre hatten sich meine Zweifel an der Möglichkeit eines deutschen Hollywoods noch nicht verfestigt. Nach dem »Boot«, nach der »Unendlichen Geschichte« war noch ein Hoffnungsschimmer vorhanden: Hollywood kam nach München, weil ich – noch – nicht nach Kalifornien wollte. Ich sollte für die »Fox« einen Science-Fiction-Film retten, an dem sich bereits ein Regisseur versucht hatte. »Enemy mine«, die Geschichte eines Erden-Soldaten, der in einer außerirdischen Welt notlanden muss. Der Film wurde, trotz anerkannter Schauspieler wie Dennis Quaid (»Der Stoff, aus dem die Helden sind«) und Louis Gossett Jr. (»Ein Offizier und ein Gentleman«) an der Kasse und bei den Kritikern zu einem »flop«. Misserfolg, das kann ich ohne Arroganz behaupten, war bis zu »Enemy mine« ein Fremdwort für mich gewesen. Hatte ich nicht schon mit meiner Abschlussarbeit an der Filmhochschule Kritiker überzeugt, mit »Tatort«, erst recht mit dem »Boot«, der »Unendlichen Geschichte«? Nun das.

1987 überzeugte mich Albert »Al« Ruddy, der den »Paten« mit Marlon Brando in einer der Hauptrollen produziert und einen Oscar gewonnen hatte, einen seiner Filme in Hollywood zu übernehmen. »Alicia's Book«, mit Kathleen Turner in der Hauptrolle. Mrs Turner, Jahrgang 1954, galt in jenen Jahren als Sexsymbol und war in den Achzigerjahren in Filmen wie »Body heat«,

»Julia und Julia« oder »A breed apart« zu sehen. Ich freute mich auf den Stoff. Endlich keine Männerstory, stattdessen Romantik, Zärtlichkeit, Sinnlichkeit. Wo sollen wir wohnen, wollte ich von Ruddy wissen, meine Ehefrau Maria und ich? Kein Problem. Er sei mit Arnold Schwarzenegger befreundet, und der sei bereit, mir sein Haus zu überlassen, sozusagen von Landsmann zu Landsmann. Ich kannte Arnold damals persönlich noch nicht und war ganz gerührt ob einer derartigen Großzügigkeit.

Ein schönes Haus, in der Tat. Spanischer Baustil in Santa Monica, 21. Straße. Nur einige Kilometer bis zum Strand. Hohe Palmen, aneinandergereiht wie das pelzmützenbedeckte Wachbataillon der Königin von England. Kurzer Rasen wie in Wimbledon, Blumen, im Umfeld beigefarbene Golden Retriever und schwarze Labradors, die darauf trainiert sind, ihre Notdurft auf der Straße zu verrichten, damit Herrchen die Scheiße mit der Plastikschaufel in den Plastiksack kratzen kann. Gelbe Schulbusse, Straßencafés, die Tische mit blau-rot-grün karrierten Decken belegt, Naturkostläden, Antiquitätenshops. Die gemütliche »Locanda Portofino«. Schöne, heile Welt. Damals. Arnold hatte eben seine Maria Shriver geheiratet und war nach Pacific Palisades umgezogen. Welch ein toller Zufall. Santa Monica. Wir standen mit unseren Koffern vor der Tür. Arnolds Assistentin schloss uns auf. Der Schock: keine Möbel. Nichts. Kein Glas, kein Teller. Weder Vorhänge noch Lampen. Leer. Wir waren entsetzt. Sollten wir auf dem Boden schlafen, mit den Koffern als Kopfkissen? Die Assistentin blieb gelassen: Sie können alle Möbel mieten, vom Klopapier bis zum Fernseher, meinte sie. Und wo das? Bei einem Spezialisten. In seiner lagerhallengroßen Ausstellung stehe alles bereit: von Rokoko über Art déco bis zum Bali-Look. Aussuchen, Mietvertrag unterschreiben, zahlen. Der Möbelwagen fährt um 17 Uhr vor, um 19 Uhr ist die Wohnung eingerichtet, einschließlich der Plastikrosen – compliments der Möbelfirma.

Merkwürdiges Land, dieses Amerika, war mein Gedanke, aber immerhin hatten wir nun ein Bett in Santa Monica. Die Arnold-Assistentin sagte mir dann, nahezu beiläufig: »Ich hätt's beinah vergessen, aber die Rechnung wird Ihnen monatlich zugestellt.« Welche Rechnung? Die Miete, 6000 Dollar monatlich. 6000? Ein Irrtum! Hatte der Produzent nicht erklärt, Arnold stelle uns sein Haus als Quasi-Landsmann zur Verfügung? Ja, natürlich, das meinte er auch so, er vermiete von Landsmann zu Landsmann. Business is business. Die Möbelmiete kostete uns mehr als 1000 Dollar, der überdimensionale Pool, geheizt, einschließlich Reinigung monatlich 800 Dollar, summa summarum 8000 Dollar, rund 20 000 Mark beim damaligen Wechselkurs.

Und noch war ich nicht auf dem Set. Die Monate verstrichen. Es gab Probleme mit der Finanzierung; dann lag endlich das Geld auf der Bank. Dann gab es erneut Panik: Die Hauptdarstellerin, verheiratet mit dem New Yorker Immo-bilien-Tycoon Jay Weiss, meldete ihre Schwangerschaft. Neun Monate wollten die Produzenten nicht warten – Projekt gestrichen! Obwohl ich bezahlt wurde, war ich frustriert. In Deutschland war ich volle Kraft voraus gewöhnt, plötzlich steckte ich in der Warteschleife in Hollywood. Zeit zum Treibenlassen. Amerika leicht. Sonniges Wetter, sonnige Gemüter. Alle per du, alles per Kreditkarte. Schwätzchen an der Tankstelle, Bruderschaft beim Coiffeur. Jeder ist »great«, alles ist »great«. Nur Penner nicht und Politiker.

Nachdem mein Filmprojekt abgesagt worden war, wollten wir nicht wieder gleich nach Deutschland zurück. Nach dem Triumph mit dem »Boot« nun in Trauer nach München? Das war's nicht. Ich konnte ohne diese deutsche Scha-denfreude leben. Sieh mal an, der Petersen, auch der hat's nicht geschafft. Der Erfolg des »Boots« mit sechs Oscar-Nominierungen war wie eine Eintrittskarte in die Hollywood-Gesellschaft. Beifall von Clint Eastwood, Bewunderung von Dustin Hoffman. Und immer wieder Anrufe von Produzenten, Agenten. Ein neues Drehbuch. Noch ein Meeting. Ein weiteres Filmprojekt. Termin in Bur-bank, Termin in Beverly Hills, die typische »Development«-Mühle von Hol-lywood – dreiviertel der Projekte sind nur heiße Luft. Männer in schwarzen, maßgeschneiderten Anzügen, Frauen im Chanel-Look. Oder Männer in Turn-schuhen, Jeans und T-Shirt, tätowiert und unrasiert. Oder Frauen, beinah bar-fuß, in Shorts, rot gefärbte Haare, Brillantring in der Nase oder im Bauchnabel – alle hocken sie am Mahagoni-Konferenztisch zusammen, tragen vor, nennen Zahlen, Schauspielernamen, Profit, Drehbücher, Drehorte, schlürfen Mineral-wasser, nennen weitere Zahlen, Drehbücher, Drehorte, schreiben mit, strei-chen durch, das Handy bimmelt, noch eins. Noch 'ne Flasche Mineralwasser. Great project. Welcher Star? How much, too much. Far too much. Lunch.

Neues Meeting, anderes Büro – ein Jahr hatte ich hinter mir und immer war ich total ausgebucht, aber mit welchem Ergebnis? Wir haben uns in Santa Monica ein Haus gekauft, in dem wir bis vor zwei Jahren noch wohnten. Eine Idylle. Kein Luxus. Wärme. Samstag und Sonntag keine Besucher. Ich koche, ich lese. Ich wollte Hollywood nicht verlassen, nicht einfach so, ohne Erfolg; ich bin hartnäckig, Ostfriese eben. Ich wollte es wissen, wie man so schön sagt, mich durchsetzen. Hollywood ist das Zentrum der Filmwelt, anregend, inspi-rierend. In Hollywood werden immer wieder mal fantastische Filme gemacht. Hollywood ist die Messlatte für Darsteller, Regisseure, Komponisten, Kostüm-bildner, Stunt-Personen, Kameramänner, Beleuchter. Hollywood ist auch Frust, für manche ein Leben am Abgrund, zwischen Schnaps und Heroin. Ständig wartet man, in der frühen Phase, auf die eine Chance. Manchmal habe ich mich gefragt, ob das Warten wirklich einen Sinn hat.

Dann meldete sich das andere Ich zu Wort: Geduld, Geduld. Dranbleiben. Mich hat der Erfolg vom »Boot« ermutigt. Ich konnte immerhin einen Welterfolg vorweisen, ich war kein unbeschriebenes Blatt. Für diejenigen, die im internationalen Filmgeschäft nichts bewegt haben, ist Hollywood gefährlich: Versprechungen erscheinen alsbald wie Wirklichkeit, Vorsprechtermine wie das Vorzimmer zum Ruhm. Am Ende bleibt meist Enttäuschung und Einsamkeit. Der kalifornische »way of life« ist verführerisch, weil er zwanglos ist; nahezu grenzenlos für die Fantasie, weitgehend unkontrolliert von Behörden. Kein Personalausweis, kein Einwohnermeldeamt, kein Technischer Überwachungsverein. Die »social security«-Nummer und der Führerschein, damit hat's sich schon. Aber: Am Pool zu sitzen oder die schrägen Typen am Strand von Malibu oder Venice Beach zu belächeln, so habe ich mir eines Tages gedacht, das kann's nicht sein. Ich habe mich entschlossen, Lotterie zu spielen, mit dem Drehbuch, mit dem ich ein Dutzend Jahre zuvor schon einmal in Hollywood war.

Ich habe nicht mehr auf irgendwelche Produzenten-Anrufe gewartet, sondern bin auf sie zugegangen: Hier ist mein Stoff. Den könnt ihr haben. Und auch einen Regisseur habe ich für euch – nämlich mich. Und tatsächlich: MGM und Capella, eine deutsche Produktionsfirma, waren bereit, den Film zu finanzieren. Ursprünglich wollte ich »Shattered« nicht mehr selbst machen, weil ich glaubte, über einen solchen Stoff hinausgewachsen zu sein, Krimis eben. Es ist kein Meisterstück geworden. Die Besetzung war eher B-Qualität, weil wir mit 20 Millionen Dollar haushalten mussten. Der Film war handwerklich in Ordnung, ein »Tatort plus«, nur an der Kinokasse war er kein Erfolg. Für mich war das Ergebnis eher ein Schritt zurück bei meinem Versuch, Hollywood zu kapern. Das fürchtete ich.

Ganz so war's freilich nicht: Clint Eastwood hatte ich erstmals auf einer Party bei Arnold Schwarzenegger kennengelernt. Bei der Gelegenheit hatte er sich als Fan vom »Boot« geoutet. Und dieser Clint Eastwood hatte sich sogar »Shattered« angesehen und sich an mich erinnert. Weil er sich für die Hauptrolle in einem geplanten Film, »In the line of fire«, interessierte, ließ er das Studio auch gleich wissen, mit welchen Regisseuren er sich die Zusammenarbeit vorstellen könnte: Wolfgang Petersen oder Luc Besson (»Codename: Nina«, »Léon – der Profi«, »Johanna von Orleans«). Mich hat »In the line of fire« sofort gepackt, diese Story eines alternden Secret-Service-Agenten, der sich einredet, durch seine Schuld sei das Attentat auf John F. Kennedy nicht verhindert worden. Ich hoffte nur, dass dieses Projekt nicht wieder als eins dieser Hollywood-Windeier enden würde – viel Lärm um nichts, wie so oft.

Nach meinem letzten Misserfolg, das wusste ich, waren meine Karten nicht eben toll. Der nächste Film musste einfach hinhauen. Ich bat, über das Studio,

um einen Termin mit Clint Eastwood. Wir trafen uns in seinem Privatbüro bei
»Warner Bros«, dem 1923 von vier Brüdern etablierten klassischen Studio. Ein
aufregendes Gelände, von einem historischen Wasserturm überragt, auf dem
die gigantischen Buchstaben WB schon bei der Anfahrt zum L.A.-Vorort Bur-
bank erkennbar werden. Im Studiobereich stehen wunderbare Kulissen – New
York in den Zwanzigerjahren, New York heute. Prächtige Südstaaten-Häuser.
Künstliche Eichen, daneben echte Eichen. In 29 überdimensionalen sogenannten Sound-stages kann Warner die Dramen drehen lassen, wie schon die Liebesgeschichten, in denen Ingrid Bergman mitwirkte, Cary Cooper, Humphrey
Bogart, die Elite der Zunft.

In nahezu jeder Gasse parken weiße Trailer, die Star-Mobils, in denen sich
Schauspieler zwischen den Drehs auf Sofas ausstrecken oder duschen können.
Die Eisschränke sind mit Leckereien gefüllt, die Köche am Set bereiten Gour-
met-Küche zu. Eine Traumfabrik, indeed. Das Warner-Management speist in
separaten Räumen, eine geschlossene Gesellschaft. Mahagoni-Tische, Neu-
england-Stil. Nüchtern. Fein. Ein Butler, so elegant wie die Stars, die er bedienen muss. Das Büro von Clint Eastwood, dessen eigene Produktionsgesellschaft eine Vereinbarung mit dem Studio hat, ist mit Ledersesseln dekoriert.
An dem wunderbaren Piano musiziert er zur Entspannung. Ich kann den Spaß
nachvollziehen, in jungen Jahren war ich Schlagzeuger in einer Jazzband.

Vor meinem Meeting riefen mich mehrere sogenannte oder auch echte
Freunde an und warnten mich vor einer Zusammenarbeit mit Eastwood. Er
sei »over the hill«, bereits 63 Jahre alt und seine letzten Filme als Regisseur
wie Hauptdarsteller seien Misserfolge gewesen. Ich habe mich nicht abschre-
cken lassen, was ein Karrieretief bedeutete, wusste ich inzwischen aus eigener
Erfahrung. Wir haben uns zwei Stunden unterhalten, über das Drehbuch, darüber, wie er sich seine Rolle vorstellte. Wir haben uns prächtig verstanden –
wie zwei Verlierer, die zusammen in einem Boot saßen. Er wollte mal wieder
nur Schauspieler sein, sich von seinen »flops« erholen. Ich brauchte einen Hit,
um nicht unterzugehen oder mit wachsenden Selbstzweifeln zu leben. Ich verabschiedete mich von Clint mit dem bekannten »guten Gefühl«. Ich wusste
nicht, dass er sich zwischen Besson und mir entscheiden wollte. Am nächsten
Morgen der Anruf: »Clint macht's mit dir.«

Ich achte Clint sehr. Er ist ein Superstar. Er glaubt an sich und seine Arbeit.
Nach dem nächsten Meeting fragte er mich, ob ich seinen eben geschnitte-
nen Film ansehen wolle: »Ganz frisch, interessiert dich das?« »Was ist's?« »Ein
Western.« Du meine Güte, noch ein Western! Um Himmels willen. Sein letzter
war an der Kinokasse und in der Kritik eingeknickt. Noch ein solcher »flop«
und das Image von Clint Eastwood wäre noch stärker beschädigt, womög-

lich irreparabel. Nicht eben der ideale Hauptdarsteller für einen Film, der mir auf die Beine helfen sollte. Im Vorführraum war ich total überrascht. Welch ein Film, ein Meisterwerk, dieser »Unforgiven«, ein absolutes Meisterwerk. »Unglaublich«, lobte ich Clint, »tolles Werk.« Er war offenkundig erfreut über mein Urteil, vielleicht erleichtert. Nach der Vorführung habe ich Maria angerufen, meine Frau: »Mach den Champagner auf – Clint wird mit ›Unforgiven‹ wie eine Bombe einschlagen und von der Kritik wieder ins All befördert werden.«

So war's: Clint Eastwood wurde 1992 mit einem – weiteren – »Oscar« geehrt. In anderen Worten: Für »In the line of fire« war er »hot property«, ein unglaublicher Marketing-Bonus. Jetzt musste ich nur sein Talent abrufen, sein Know-how und mich bewähren, denn Clint war ein Schauspieler, der selbst Regieerfahrung hatte. Aber er hat sich nicht in meine Arbeit eingemischt, hat sich auf seine Rolle konzentriert. Ich wusste, dieser Mann hat Erfahrung, hinter und vor der Kamera, dem musste ich nur wenig sagen. Es gibt in diesem Film allerdings eine Szene, in der Eastwood Gefühle zeigen muss. Das entspricht weder seinem Gemüt noch seinem Image. Er ist der Schweigsame, der Introvertierte. In seiner Rolle ist er der traumatisierte Secret-Service-Agent Frank Horrigan, der im Bonaventura-Hotel mit der von Renée Russo verkörperten Secret-Service-Agentin am Fenster steht und über seine Schuldgefühle redet.

Ich bemerkte nach dem ersten oder dem zweiten Take, dass Clint Hemmungen hatte, seine Emotionen zu zeigen; er konnte das einfach nicht. Ich habe Renée gebeten, ohne Absprache mit Clint, seine Hand zu nehmen und sie zu drücken, wenn es zu dieser Gefühlsszene kommt. Die Kamera war groß auf Eastwood gefahren. Plötzlich, während er erzählte, ergriff sie seine Hand, und seine Lippen begannen zu zucken. Er verlor den Sprachrhythmus, stammelte, Tränen füllten seine Augen. Clint selbst war überrascht von seinem Gefühlsausbruch, den man nicht in der Schauspielschule lernen kann, zumindest nicht so dramatisch und eindrucksvoll. Renées Händedruck war eben ein Hilfsmittel gewesen, auf das er nicht vorbereitet gewesen war. Aber das zählt zur Arbeit eines Regisseurs – zu erkennen, welche ungewöhnlichen Knöpfe man drücken muss.

Clint Eastwood hat in der Branche das Image, ein Schauspieler zu sein, der nur ein, zwei Takes braucht, und dann ist die Szene im Kasten. In Wahrheit tut er sich aber mit längeren Textpassagen gelegentlich schwer. Ein Satz, drei Worte, die kommen rüber, doch wehe, wenn er längere Passagen bewältigen muss, etwa wie in einer Szene in »In the line of fire«, wo er mit Renée Russo am Lincoln-Denkmal in Washington sitzt und Eis isst. Das wurde für mich zu einer Qual, denn 10, 20 Mal vertat er sich mit dem Text, alle 60 Sekunden überflog zudem ein Jet das Denkmal im Landeanflug auf den Washingtoner »Ronald

Reagan National Airport«. Ich glaube, wir sind auf 36 Takes gekommen, 36! Das war schon deshalb nötig, weil beide Schauspieler in dieser Szene Eis essen mussten – immer die gleiche Armbewegung, Löffelhaltung, Eismenge, damit sich die Szene richtig schneiden lässt. Unsere Cutterin musste wohl an dieser Szene sechs Monate arbeiten, um sie irgendwie ins Lot zu bringen – am Ende ist alles wunderschön geworden.

Ich hatte Clints damalige Lebensgefährtin, eine Schauspielerin, abends angefleht: »Bitte pauke den Text mit ihm.« Ihre Antwort war klar: »Das macht er nicht.« Clint entschuldigt sich nicht für die Sätze, die er verdreht, die Textausfälle. Er erklärt sich nicht. Er ist eben Clint Eastwood. Punkt. Basta. Er hat keine große Beziehung zu Dialogen und vielen Worten. Er ist ein Mann, der mit Körpersprache arbeitet, mit seiner Präsenz, aber nicht mit der Sprache. Er hat den »silent stranger« erfunden, damals in den Spaghetti-Western, etwa »Für eine Handvoll Dollar«, den er in Italien mit Sergio Leone drehte und für den er 1964 einen Oscar erhielt. Er hat sich das Drehbuch angesehen und drei Seiten Dialog in einer Szene ausgemacht. Drei Seiten? Dann hat er sich einen Stift geben lassen und die drei Seiten gestrichen. Dem Sergio Leone, der arg verstört gewesen sein muss, erklärte Clint: »Auf den Text kann ich verzichten; ich halte meinen Zigarillo im Mund, rede nichts und blicke drohend in die Landschaft.« Mit dieser Einstellung hat er einen Charakter geschaffen, den die Welt verehrt, diesen schweigsamen Typen mit Mut und Moral.

Ich bin ein Fan von Clint Eastwood, weil er sich in seiner kreativen Überzeugung nicht beirren lässt. Wie oft hat die Presse ihn niedergeschrieben, versucht, ihn als Film-Rentner abzulegen? Er hat immer wieder seine Auferstehung gefeiert, 2005 mit seinem »Million Dollar Baby«, bester Film, bester Regisseur. Bester Eastwood und wieder, 2007 sein »Oscar«-nominierter Film »Letters from Iwo Jima« – die Geschichte eines japanischen Generals und seiner Soldaten, die Iwo Jima gegen amerikanische Invasoren verteidigen. Mit Schauspielern wie Clint Eastwood habe ich nie Probleme, weil ich selbst vom Theater geprägt bin. Ich gebe ihnen den kreativen Raum, den sie benötigen. Sie spüren meinen Respekt für ihre Arbeit. Viele Regisseure haben Angst vor Schauspielern, weil die spielen können, Talente haben, die Regisseuren fehlen. Dadurch entstehen Missverständnisse, Grabenkämpfe, Barrieren. Ich versuche diesen »personality clashes« zu entgehen, indem ich mich mit den Hauptdarstellern vor ihrem Engagement zusammensetze.

Brad Pitt hatte das Drehbuch zu »Troja« gelesen, noch bevor ich mit seinem Agenten reden konnte. Heißer Stoff verbreitet sich in Hollywood wie die Waldbrände in den nahen Hügeln. Seine Agentur ließ das Studio wissen: Brad würde gern den Achilles spielen. Ein interessanter Gedanke. Die Produzenten sind meiner Meinung: Wir sollten mit ihm reden. Der Regisseur hat nicht das berühmte »letzte Wort«, ob dieser oder jener Schauspieler für eine größere Rolle verpflichtet wird – die Entscheidung wird mit dem Studio im gegenseitigen Einverständnis getroffen. Natürlich, ich könnte einen Schauspieler durchsetzen, trotz der Ablehnung durch die Produzenten. Eine solche Einstellung freilich würde die Zusammenarbeit, und damit das Projekt, belasten. Schlimmer noch: Ich würde die Verantwortung für den Schauspieler übernehmen, womöglich einen Misserfolg des Films provozieren.

Mit Brad Pitt habe ich mich in einem meiner Stammlokale getroffen, dem vor längerer Zeit geschlossenen »Black Forest« in Santa Monica. Wohl das letzte deutsche Restaurant in meiner Umgebung, das sich diesen Namen verdient hatte – Plüsch und Pils, Holztheke, fruchtiger Rheinwein, Obstler, ein romantischer Garten und Deftiges wie Kohlrouladen oder Gulasch vom deutschen Koch. Brad Pitt hat die Stammtisch-Neugier über sich ergehen lassen und die Schnapsrunde ebenfalls. Wir diskutierten die Rolle, fast ausschließlich. So muss das sein: Kein Agent sitzt mit am Tisch, der mögliche Hauptdarsteller und der Regisseur beschnuppern sich: Will ich mit dem, kann ich mit ihm? Ich bin vor der Entscheidung, Harrison Ford für »Air Force One« zu engagieren, nach New York geflogen und habe mich zwei Stunden mit ihm im Hotelzimmer auf Manhattan unterhalten, wo er gerade drehte. Brad Pitt schätzt die Anonymität, wie die Mehrheit seiner Kollegen. Da bildet sich eine Abwehrfront gegen die Gängelei durch Agenten und Produzenten.

Mit Dustin Hoffman traf ich mich im »Toscana«, einem populären Italiener in Brentwood. Um mich mit ihm über mein Projekt »Outbreak« zu unterhalten, in dem er dann die Hauptrolle übernahm. Die Kellner sind Italiener, Radrenn-Fans. Die Tische stehen eng beieinander, kein Blick auf den Pazifik, sondern den San Vicente Boulevard. Draußen Lärm, drinnen Lärm. Pizza oder Steak überall, über alles Parmesan. Dazu Chianti. Oder Mineralwasser. Am Fenster sitzt Richard Fox, einer der Warner-Manager, Abteilung International. Hausbesitzer in Umbrien. Er kennt sie, die Stars. Clint Eastwood ist ein Freund. Dustin Hoffman wird umarmt von einer ehemaligen Opernsängerin, die mit seiner Hilfe ein Kulturzentrum in Santa Monica eröffnet hat, einschließlich Theater und Opernbühne. Ihr Mann, Don Erik Franzen, ist Anwalt des Opernstars Placido Domingo – Hollywood, eine geschlossene Gesellschaft.

Dustin kannte ich seit der denkwürdigen »Oscar«-Nacht 1982 – wir waren mit dem »Boot« sechs Mal nominiert. Seine Komödie »Tootsie« gleich zehn Mal. Eine lustige Geschichte über einen arbeitslosen Schauspieler, der versucht, als Frau verkleidet eine Rolle in einer »Soap« zu ergattern. Statt Dustin wurde Jessica Lange für ihre »Tootsie«-Rolle mit dem Oscar geehrt, allein sie.

Ich hatte mich für den Morgen nach der »Oscar«-Verleihung mit dem eher kleingewachsenen Dustin verabredet. Er hatte seinen Humor nicht verloren: »Verlierer unter sich«, witzelte er, »a very short actor at your disposal.«

Selten entwickeln sich im Filmgeschäft aus solchen Sympathien Freundschaften. Anders als im Theater, wo Schauspieler über Monate, Jahre in einem Ensemble arbeiten, sind Beleuchter, Kabelträger, Kamerafrauen oder Make-up-Künstler, Stuntfrauen, script girls, Köche, Lkw-Fahrer, Assistenten, Schauspieler, Regisseure drei, vier Monate zum Dreh in der Wüste von Marokko, an der Küste von Massachusetts, in Thailand oder Mexiko zusammen. Liebesgeschichten entwickeln sich, es gibt Streit, Heimweh, Eifersucht. Dann Schlussklappe. Vielleicht sieht man sich nie wieder. Hin und wieder verabrede ich mich mit Jürgen Prochnow, mit dem ich fünf Filme gemacht habe und der ein Freund geworden ist. Wenn's der Zufall will, begegne ich Giorgio Moroder, dem Komponisten, der für die »Unendliche Geschichte« den Titelsong geschrieben hat, oder ich genieße ein gutes Essen mit Thea und Thomas Gottschalk bei »Peppone« am Barrington Court. Enge Freundschaften mit George Clooney, Brad Pitt, Dustin Hoffman – Leute, mit denen ich eng und vertraulich gearbeitet habe? Da ist nix. Nein, Hollywood ist Business. Hollywood ist Industrie.

Ein größerer Film kann heute um 150 bis 200 Millionen Dollar kosten, und dann müssen noch für Kopien und Werbung 100 bis 150 Millionen Dollar addiert werden, auch Produktionskosten um 300 Millionen Dollar werden uns trotz Wirtschaftskrise nicht mehr überraschen. Hier wird ein hohes Risiko gefahren, Mega-Roulette. Kein bisschen Romantik. Nur Zahlen, Umsatz, Profit. Die Studios haben sich abgesichert: Selbst wenn der Film an der Kinokasse keine hohen Einnahmen verbucht, kann das Studio über die DVDs und Videos mögliche Verluste ausgleichen oder auf hohe Profite hoffen. Wegen des hohen Finanzrisikos werden schon bei den Dreharbeiten die Regisseure beobachtet, die Muster angesehen, also das, was täglich gedreht wird. Bei Warner wäre der Kontrolleur nicht unbedingt der Studioboss Alan Horn, sondern eher sein Produktionspräsident Jeff Robinov, der vor seinem Einstieg bei »Warner« Agent für Regisseure und Drehbuchautoren war.

Das sind eben Profis: Alan Horn hatte schon bei seinem vorherigen Job, bei »Castle Rock Productions«, mit meinem »In the line of fire« zu tun. Damals hatte ich ein Problem mit den Produzenten, die einen anderen Schluss wollten, den ich als »bescheuert« qualifizierte. »Nee«, habe ich erklärt, »das mache ich nicht.« Die Situation wurde ein bisschen kritisch – hier die Produzenten, dort der Regisseur. Ich habe schließlich Clint Eastwood, meinen Hauptdarsteller, eingeweiht und ihm von der Forderung der Produzenten erzählt. »Das kann doch wohl nicht wahr sein«, sagte er, »gib mir mal das Telefon.« Ein Anruf, sein

Kommentar: »Seid ihr verrückt geworden?«, und der Schluss blieb, wie wir ihn gedreht hatten.

Heute benötige ich diese Art Hilfe nicht mehr, denn die Studios sichern mir den sogenannten »final cut« zu. Ich allein entscheide, wie der Film ins Kino kommt, nahezu. Die kreative Kontrolle ist mir vertraglich zugesichert, die Maximal-Länge des Films vorgegeben – eben weil die Studios nicht an einen Regisseur geraten wollen, der darauf pocht, sein Werk auf Vier-Stunden-Länge oder gar acht zu schneiden, weil er das als künstlerisch unerlässlich deklariert. Immerhin, falls ein Film an den Kassen erfolgreich ist wie »Troja« und aufregendes, ungenutztes Material vorliegt, sind die Studios – gelegentlich – bereit, einen »director's cut« ins Kino (und auf die DVDs) zu bringen. Mein in Berlin vorgeführter »director's cut« von »Troja« war statt der Ur-Version, 2 Stunden 45 Minuten, nun 3 Stunden 15 Minuten lang.

Die Studios versuchen bereits bei den Diskussionen um das Drehbuch, Einfluss auf die Gestaltung zu nehmen, weil sie – im Gegensatz zum Regisseur – vornehmlich auf den kommerziellen Erfolg ausgerichtet sind. Sobald sie zweifeln, ob diese oder jene Szene beim Publikum ankommt, fordern sie, die Szene noch einmal zu drehen – nach ihren Vorstellungen. Für einen Regisseur-Neuling ist Hollywood eine qualvolle Erfahrung. Nur etwa 12 oder 15 Hollywood-Regisseure können auf einen »final cut« pochen. Ich kenne selbstverständlich die Verträge meiner Kollegen nicht, aber ich denke mir, ich kann ohne Widerspruch einige nennen: Stephen Spielberg, Ridley Scott, James Cameron, Martin Scorsese, Oliver Stone, Clint Eastwood und auch Roland Emmerich, der spätestens mit seinem »Independence Day« Hollywood von seiner Klasse überzeugt hat.

»Final cut« bedeutet: Bewährungsprobe bestanden, Umsätze, Profit gesichert. Kreative Kontrolle vertraglich zugesichert. Der Ritterschlag. Meine erfolgreichen Hollywood-Filme haben insgesamt 1,5 Milliarden Dollar in den Kinos eingespielt, und über DVD und Video weitere 1,5 Milliarden. Jeder meiner Filme verdiente mehr als der vorherige, Zahlen also, die in Hollywood nicht geheim bleiben.

Natürlich, in diesem unberechenbaren Hollywood-Geschäft sind Einbrüche wie mit meinem vorerst letzten Projekt, »Poseidon«, nie zu verhindern. Ich bin mit diesem Schiffsdrama zwar gekentert, aber ich vertraue darauf, dass mich das Rettungsboot zu neuen Erfolgen treiben wird. Ich kann nicht oft genug wiederholen: Hollywood ist »big business«, eine Industrie, die zwar von Träumen lebt, von Fantasieprodukten, die aber das Risiko begrenzt, wo immer das möglich ist. Auf jeden Cent kalkuliert, jeden Cent kontrolliert. Selbst wenn ich mein Produkt geschnitten habe und die Studiobosse mir auf die Schulter klopfen, steht noch eine – oft traumatische – Kontrollinstanz aus: »previews«. Irgendwo in den USA, im tiefen Amerika, in Ohio, Nebraska, Oklahoma oder Arizona, organisieren dann Meinungsforschungs-Institute eine Testvorführung des Films. 200 oder 300 Durchschnittsbürger werden, je nach Profil der Zielgruppe (Kinder, Jugendliche, zwischen 20 und 40, Frauen, Männer bis 50) in ein Kino gebeten, ohne zu wissen, welchen Film sie sehen werden; Filmkritiker werden nicht zugelassen.

Erstmals läuft das Produkt vor studiofremdem Publikum. Der Regisseur, der Schnittmeister, die Studio-Executives, zuweilen auch die Hauptdarsteller, sitzen unter den Zuschauern. Und sie zittern, sie leiden. Was, wenn von den 300 Zuschauern 280 das Kino vorzeitig verlassen, was, wenn sie bleiben und nach der Vorstellung in den Fragebögen ein Dutzend Szenen, den Hauptdarsteller oder das Gesamtprodukt zerreißen? Die Zuschauer sind extrem kritisch und extrem beglückt, wenn sie eine Chance haben, endlich Hollywood die Meinung sagen zu können. Viele dieser »previews« gehen völlig daneben. Auch ich bin von Problemen nicht verschont geblieben.

Bei »Troja« beispielsweise, den wir gleich in drei Testvorführungen vorgestellt haben. In der zweiten »preview« konnten wir endlich die Musik einspielen, die wirkliche Filmmusik, die wir in England mit einem Orchester aufgenommen hatten. Unsere Tester haben eine besonders ausgewählte sogenannte »Focus«-Gruppe persönlich befragt: Warum hat der Film Ihnen gefallen? Warum nicht? Exzellent oder nur sehr gut? Die Antwort, 100 Prozent: Die Musik passt nicht zum Film. Wir hatten bis zur Premiere noch vier Wochen Zeit. Was tun? Alan Horn, der »Warner Studio«-Boss, fragte mich: »Wolfgang, wollen wir die Musik komplett neu machen? Alles rausschmeißen, komplett neu?« Hollywood wäre nicht Hollywood, wenn so etwas nicht zu schaffen wäre. Und tatsächlich wurde ein Komponist gefunden, beauftragt und beim nächsten Test war die Musik kein Thema mehr. Bei »Outbreak«, eine Geschichte um einen tödlichen, menschenfressenden Virus, musste ich einen total anderen Schluss drehen, weil meiner vom Testpublikum abgelehnt worden war. Die Außenaufnahmen dieses Films waren ursprünglich in Nordkalifornien gedreht worden, der Rest im Studio. Wir mussten die Dekorationen wieder zusammensuchen und darauf hoffen, dass die für den Nachdreh erforderlichen Darsteller nicht irgendwo anders vor der Kamera standen. Dieser Stress ist Teil des Geschäfts. Der Stress wird vergütet, angemessen. Wir haben uns ein wunderschönes Haus hoch oben in den Hügeln von Brentwood, unweit des Getty-Museums, bauen lassen, vom deutschen Architekten Gerhard Heusch. Panoramablick auf Los Angeles. In der Ferne das Meer, im Garten Olivenbäume und Palmen. Schwimmbad, natürlich. Ein Gästehaus. Springbrunnen. Wir werden wohl in

Amerika bleiben, weil uns bei einer Rückkehr nach Deutschland wieder die Sehnsucht nach Kalifornien packen würde.

Wer weiß? Eine große Portion Sehnsucht und Heimweh ist immer vorhanden, der Gedanke an Aal, geräucherten Aal, an Scholle, die norddeutsche Sprache, das Land, das raue Meer, das Gefühl der Zugehörigkeit – das zieht in die Heimat. Die Art, sich in Deutschland zu ärgern, die erste Unfreundlichkeit, diese scheinbare Unnahbarkeit der Verkäuferinnen, das gefällt mir – wie auch der Regen, weil sich aus diesen Details das Ganze bildet.

Es ist das Gesamtprodukt Deutschland, über das ich mich im »Stern«, »Focus«, »Spiegel« auf dem Laufenden halte, über Internet und Kabelfernsehen. Ich weiß, über welchen Kanal ich die Fußball-Bundesliga verfolgen und mich über Niederlagen meiner norddeutschen Vereine Bremen und Hamburg ärgern oder, endlich wieder, jubeln kann. Wie in diesem Mai, als Werder den UEFA-Cup abräumte. Mir entgeht die nachdenkliche Stimmung der Deutschen nicht, die alle glauben, das Übel dieser Welt sei über ihr Land gekommen. Und das nicht erst, seit die Konservativen um Angela Merkel Macht ausüben. Die Murrer sollen sich dieses Amerika ansehen, die sozialen Leistungen, die keine sind, die Sicherheit, die nur partiell existiert.

Ich bin US-Staatsbürger geworden (aber meinen deutschen Pass habe ich behalten), weil ich Verantwortung übernehmen will, zumindest politische. Ich will wählen, mitreden. Da ein Arnold Schwarzenegger in Kalifornien ausreicht, werde ich nie ein politisches Amt anstreben, aber meinen Beitrag leisten. Wenn ich die Obdachlosen sehe, einige Kilometer von meinem Produktionsbüro entfernt, habe ich zu schlucken. Sie liegen zu Dutzenden auf der Wiese, unweit des Strands, unter den Palmen der Ocean Avenue. Zernarbte Gesichter, zerstörte Seelen. Sie sprechen mit sich selbst oder mit dem Metallkarren, auf dem sie Lumpen transportieren, die noch erbärmlicher sind als die, die sie auf den dünnen Leibern tragen. Im Großraum L.A. soll es etwa 80 000 Obdachlose geben, eine traurige Geschichte.

Dies ist nicht mein Amerika, aber es ist auch Amerika. Wir können mit dem Finger auf Missstände und Missmanagement zeigen und befinden, Amerika sei nicht mehr das Modell für die Welt. Nur, welches Modell bleibt uns denn? Wirklich? Letztlich nur die USA.

Jürgen Prochnow machte nach dem Abitur eine Kaufmannslehre bei der »Dresdner Bank« und schloss die auch ab, war aber gut beraten, bald danach ins Schauspiel zu wechseln. Prochnow gehört zu den wenigen deutschen Darstellern, die sich in Hollywood dauerhaft einrichten konnten. Und er hat eine Karriere gemacht, die nach seiner eigenen Einschätzung in Europa nicht möglich gewesen wäre. Die zweite Ausbildung erhielt der 1941 in Berlin Geborene an der Essener Folkwang-Hochschule für Musik, Tanz und Theater, dann ging es für den Jungschauspieler über die Provinzbühnen, schließlich, in den Siebzigerjahren, unter die Regie des hochrespektierten Theatermanns Peter Zadek in Bochum. Schulterklopfen war angebracht, aber der große Erfolg war nicht in Sicht, schon gar nicht ein Aufstieg in Amerika. Bis »Das Boot« kam, 1981. Jürgen Prochnow spielte in dem Seekriegsdrama, das für sechs »Oscars« nominiert wurde, den U-Boot-Kommandanten Heinrich Lehmann-Willenbrock. Eine Rolle, die schwer zu bewältigen war: der beinharte Alte, voll lieben Gemüts. Er machte es perfekt. Amerikas Kritiker waren beeindruckt, Hollywood öffnete die Türen. Inzwischen spielte der Deutsche in zahlreichen amerikanischen Produktionen: »Der englische Patient«, »Air Force One«, »The Da Vinci Code – Sakrileg«. Jürgen Prochnow hat nun einen Wohnsitz in Kalifornien, hat seine Freude an Palmen und Pazifik, weiß aber nicht mehr, wo er hingehört: »Wo ist Heimat für mich?«

Jürgen Prochnow

»Der am Stock, ist das dein Vater?«

Von der weiten Holzterrasse geht der Blick in die zerklüfteten Berge Kaliforniens. Licht hat mein Haus von allen Seiten, und die Sonne wirft Schatten auf meine Marylin-Monroe-Lithos. Unter mir liegt die Stadt Los Angeles, am Horizont schimmert der Pazifik. Ich wohne recht schön, und auch sonst geht's mir nicht schlecht.

Ich bin Deutscher, aber auch amerikanischer Staatsbürger, und wenn ich mit meinem Jeep am Strand unter den Palmen parke, in Malibu oder Laguna Beach, dann sage ich mir: »Ja, das ist's, dein Zuhause.« Einige Tage oder Wochen später spiele ich Theater in Deutschland. Vielleicht in Arthur Millers »Der Preis« in Hamburg, der schönsten Großstadt Deutschlands. Auf der Alster kreuzen die Segler, der Schweinebraten mit Kruste schmeckt köstlich und ich sage mir: »Ja, das ist's, dein Zuhause.« Mir wird bei diesen Besuchen klar: Ich bin 68 Jahre alt und Deutscher geblieben. Deutsch ist meine Muttersprache, sie ist mir vertraut. Zurück also an die Spree, eine Eigentumswohnung am Wannsee statt Strand am Pazifik, bereit, deutschen Negativismus gegen amerikanische Unbekümmertheit einzuwechseln? Vielleicht, eines Tages, warum nicht. Oder? Meine Tochter Mona wohnt bei meiner Exfrau in München, mein Sohn Roman lebt in den USA. Mein älterer Bruder Dieter sowie meine Schwägerin spielen Theater in Düsseldorf.

Wo ist Heimat für mich? Ich habe vor mehr als 25 Jahren erstmals Hollywood besucht, gemeinsam mit Wolfgang Petersen, meinem Freund, dem Regisseur vom »Oscar«-nominierten Welterfolg »Das Boot«. Wir wohnten im »Beverly Wilshire«-Hotel, im Zentrum der Luxus-Enklave Beverly Hills. Ich erinnere mich: Ich stand am Fenster meiner Suite in der siebten Etage und blickte auf den Pool. Blaues Wasser. Umrahmt von Palmen und Magnolienbäumen, Blüten in Rosa, farbig wie die Bikinis der Frauen, die ausgestreckt auf den weißen Badelaken dämmerten.

Die Außentemperaturen betrugen 26 Grad, mein Zimmer war klimatisiert. Ich musste mich kneifen. Ich konnte das alles nicht fassen. Ich war die Theaterwelt gewöhnt, an das edle Pils nach der Vorstellung, die späte Taxifahrt. Mir waren Produzenten vertraut, die uns Schauspieler anhielten, mit der Straßenbahn zum Drehort anzureisen. Privatchauffeur, schwarze Limousine, rothaarige Fahrerin wie damals in Kalifornien? Keep dreaming, mein Gaukler. Hollywood, 1982, zelebrierte »Das Boot«. Exzellente Kritiken für mich, den Kapitän, Heinrich Lehmann-Willenbrock, der Alte auf Feindfahrt. Ich dachte an meine ersten zwei Jahre am Theater – in Osnabrück. Ja, Osnabrück. Deutsche Provinz.

Ein schönes Örtchen, vor allem in der Altstadt. Ehrenwerte Bürger, große Rollen und große Träume für mich. Damals im Luxushotel wagte ich nicht, mein Fenster zu verlassen und im Fahrstuhl ins Parterre zu fahren. Ich fürchtete, mein Traum würde sich auf dem Weg nach unten verflüchtigen, so wie das Parfum der Society-Damen, die mich im Fahrstuhl umgaben. Rund 100 Film- und Fernsehrollen später kann ich behaupten: Eine solche Karriere wäre in Deutschland nicht möglich gewesen. Sicher, ich habe in Deutschland in tollen Fernsehproduktionen gearbeitet, auch »Das Boot« war ein (deutsches) Kunstwerk, nur Hollywood, ob wir uns damit abfinden wollen oder nicht, ist das Megazentrum. Die Finanzierung, die Produktionen, Vermarktung, alles gigantisch und global, global, global. Film ist in den USA nicht zuerst Kunst, sondern Industrie. Nicht das Lob des Kritikers hat Priorität, sondern die Kasse, der Umsatz. Meine Eintrittskarte für diese Filmfabriken war – »Das Boot«.

Inzwischen spreche ich zwar akzentfreies Englisch, behaupte ich, doch in dieser Stadt bin ich in den Filmstudios häufig »der Deutsche«, trotz meiner Arbeit in Welterfolgen wie etwa »A Dry White Season« (»Weiße Zeit der Dürre«), in dem ich mit Marlon Brando, Donald Sutherland und Susan Sarandon vor der Kamera stand. Es war ein Film über die Apartheid in Südafrika, und so lehnte das damalige Regime die Dreharbeiten im eigenen Land ab. Stattdessen arbeiteten wir für 12 Wochen im benachbarten Zimbabwe, der ehemaligen Briten-Kolonie Rhodesien. Einer fehlte bei der Afrika-Expedition – Marlon Brando. Er wollte sich Hitze, Mücken, Übernachtungen im Zelt ersparen. Er durfte seine Afrika-Szenen in den »Pinewood-Studios« in London drehen.

Wir waren nicht sicher, ob der eigenwillige Kollege anreisen würde. Wann oder in welcher Laune. Er kam – nur die Texte wollte er nicht lernen. Das ist eigentlich so wie ein Jet ohne Triebwerk. Nicht für Brando: Er ließ sich einen Minisender ins Ohr platzieren, unsichtbar für die Kamera, und eine seiner Mitarbeiterinnen, die über dem Set hockte, sprach ihm die Dialogtexte vor. Sobald sie zu schnell oder zu langsam soufflierte, reagierte Brando ungeduldig, vergrätzt. Aber seine Arbeit war perfekt. Zu mir war er äußerst freundlich. In den Pausen wollte er mit mir immer wieder über »Das Boot« reden, einen Film, der ihn beeindruckt hatte. »Das Boot«, »Das Boot«, der Krieg, der Krieg, erneut kamen in solchen Diskussionen Erinnerungen hoch, Fragen auf, die mich seit meiner Kindheit verfolgten.

Erst die Flucht aus meinem Geburtsort Berlin nach Osten, Pommern, wo mein Großvater ein Sägewerk besaß. Dann die Flucht nach Westen, die Russen rückten an. Tieffliegerangriffe auf unseren Zug, Wiedersehen mit meinem Vater, der aus der Hauptstadt nach Mecklenburg evakuiert worden war. Er ist nie Soldat gewesen, hat nie die Uniform der Nazis getragen. Er hat für sie gleichwohl gearbeitet, an Hitlers Geheimprojekt »Fernsehen«. Fernsehen, das hatten die Gefolgsleute des Diktators erkannt, konnte zu einer Waffe werden, Machtinstrument, wie die V-2-Raketen. Propaganda, Propaganda. Statt Volksempfänger Führerfernsehen. Die Russen haben meinen Vater, einen gelernten Fernmelde-Ingenieur, in den Osten verschleppt und in ein Lager gesperrt. Wir wussten nicht, wo das lag, und niemand konnte uns sagen, ob er lebte. Ich war bei meinen Großeltern im zerbombten Berlin untergebracht, erkrankte häufig.

Die Kälte, schreckliche Kälte, die sich mit mir die Bettdecke teilte. Ich musste die Laken nicht glätten, eine dünne Eisschicht ersparte mir diese Mühe. Holz für den Ofen? Ein Traum. Kohle? Keep dreaming. Kein Vater, der hamstern konnte. Hunger also. »Unser täglich Brot gib uns heute« – auch das Gebet blieb unerhört. Ich bin evangelisch erzogen worden, später aus der Kirche ausgetreten. Zwei Jahre nach der Verschleppung kam mein Vater zurück. Ich stand mit meinem Opa am Bahnhof. Zerlumpte, magere Gestalten kletterten aus den Wagons. »Der am Stock, ist das dein Vater?« »Oder der mit der schwarzen Augenbinde?« Ich wusste nicht mehr genau, wie mein Vater ausgesehen hatte. »Der ohne Kragen am Hemd, der ohne Arm, der Einäugige?« Das letzte Skelett, das aus dem Güterzug wankte, das war mein Vater, mein Großvater erkannte ihn.

Ich hatte ihn anders in Erinnerung. Wie genau, wusste ich nicht. Nur anders, nicht todkrank. Bei der Abfahrt in Russland, erzählte er uns, wollten die Bewacher ihn aussortieren, weil er zu schwach, zu krank war. Er kämpfte, er bettelte, flehte. Die Sowjets ließen ihn ziehen. Er wollte leben, seine Frau sehen, seine Söhne. Ein Jahr verbrachte er im Krankenhaus. Das Gewicht, das er ansetzte, machte ihn zum Krüppel. Die morschen Knochen konnten die zusätzlichen Kilos nicht tragen, durch die Belastung schrumpfte er, entwickelte einen Buckel. Im Alter von 54 Jahren war er tot, Herzinfarkt.

Er hat mich nie auf der Bühne gesehen, nie im Kino. Er war ein Gefallener, betrogen um seine Jugend. Meine Kindheit war bestimmt von Armut, Trümmern und Kälte. Meine Mutter strickte für sowjetische Besatzungssoldaten Pullover, ich wanderte durch Berlins Straßen und sammelte, gemeinsam mit meinem Bruder, Kippen für meine Tante, eine leidenschaftliche Raucherin. Sie zupfte den erkalteten Tabak aus den Überresten und drehte sich ihre Zigaretten. Einmal hat mir ein US-Soldat eine Tafel Schokolade zugesteckt, einfach so, wahrscheinlich, weil ich so verhungert aussah. Ich habe diese Leckerei genossen, ein Ami-Freund bin ich deswegen nicht geworden. Meine Faszination für

Kultur, Theater und Literatur wurde von Frankreich geprägt. Ich erinnere mich an Jean Louis Barrault, der die Hauptrolle in »Les Enfants de Paradis« spielte. Meine Helden waren Jean Gabin, der geniale Schauspieler, Filmemacher wie François Truffaut, Jean Luc Godard, vor allem Albert Camus, dessen Werk »Der Fremde« mein Denken bis heute beeinflusst hat, Gedanken zwischen Niedertracht und Noblesse.

Der Umzug meiner Familie von Berlin nach Düsseldorf, 1952, rückte mich geografisch näher an die Grande Nation, vor allem an die Sandstrände der Côte d'Azur, die mich fesselten – so wie heute die kalifornische Pazifikküste. In Düsseldorf kam ich erstmals in Berührung mit einer Welt, in der ich meine Empfindungen ausleben konnte: das Theater. Und das in einer Kirche, der Johanniskirche. Meine Konfirmation war eher Nebensache, in unserer kirchlichen Laienspielgruppe konnte ich so richtig kreativ sein, schreien, weinen, spucken, lachen, singen, kreischen, grölen, schluchzen, jauchzen, tanzen, rülpsen, springen, hinken, schlagen, alles abgesegnet von Kunst und Kirche. Wir spielten aus Freude. Statt Erfolgsdruck Euphorie. Weder Angst vor Kritikern noch dem eigenen Misserfolg.

Ich durfte, als Statist, mit Ernst Deutsch auf einer Bühne stehen, einer der großen österreichischen Schauspieler jüdischen Glaubens, hochbezahlt und unnahbar. Er setzte sich 1938 nach New York ab, verließ, gelähmt in seiner Kreativität durch sprachliche Barrieren, Kalifornien in den Nachkriegsjahren, und kehrte nach Deutschland zurück. Er stand im »Wilhelm Tell« als der tyrannische Landgraf Gessler auf den Brettern, Paul Hörbiger spielte den Tell. Mit diesem Ensemble durfte ich, eben 15 Jahre alt, zu einem Gastspiel nach Norwegen fliegen, meine erste Flugreise. Der erste Auftritt eines deutschen Ensembles nach dem Krieg. Als Ernst Deutsch auf die Bühne trat, erhob sich das Publikum und applaudierte. Manche Stücke, William Shakespeares »Hamlet« beispielsweise, Gotthold Ephraim Lessings »Nathan der Weise«, habe ich mir Dutzende Male in meiner Statistenkarriere angesehen – ich wollte lernen, so groß werden wie ein Max Reinhardt, wie Gustaf Gründgens, Ernst Deutsch, O. W. Fischer, Curd Jürgens, O. E. Hasse. Meine Eltern jedoch verzögerten meinen Aufstieg, weil sie der Überzeugung waren: Ein Gaukler in der Familie – das reichte. Mein Bruder Dieter war bereits Schauspieler, zudem waren sie von meinem Talent offenbar nicht überzeugt. Schauspieler, das waren in ihrer Welt zum Stempeln, also zur Arbeitslosenunterstützung, vorprogrammierte Träumer, nicht selten Trinker. Also: Ich ergriff einen sogenannten vernünftigen Beruf und begann bei der »Dresdner Bank« eine Lehre.

Die habe ich durchgestanden, ich bin Bankkaufmann. Heimlich allerdings habe ich die Aufnahmeprüfung bei der Folkwang-Hochschule für Musik, Tanz und Theater in Essen bestanden. Damit meine Eltern nichts merkten, habe ich Texte im Wald rezitiert. Nach dem Abschluss der Schauspielschule wurde ich am Theater in Osnabrück engagiert. Der Anfang. Und wie so manches andere Talent der Kulturnation Deutschland musste ich nach zwei Jahren Osnabrück zunächst weiter durch die Provinz tingeln – von Aachen über Heidelberg bis Bochum. Dort war Peter Zadek Intendant, von 1972 bis 1979. Was hat der nun von der Bühne des Lebens abgetretene Zadek in dieser Zeit am Schauspielhaus nicht alles inszeniert – »Kleiner Mann, was nun« von Fallada, »Die Möwe« von Tschechow, Shakespeares »König Lear«, Ibsens »Hedda Gabbler«. Ein Großer unserer Zunft ist dieser Zadek, der seine Kunst in England erlernte, gewesen. Er war kontrovers, immer faszinierend. Ein Macher, ein Lehrer, der Deutschlands Bühnen mit seinem übermütigen, provozierenden Geist aus der Lethargie schreckte – Ulm, Hamburg, Wien, das Burgtheater, sogar Bremen, das »Theater am Goetheplatz«, das in seiner Phase zu den interessanten Bühnen der Rheinrepublik zählte, auch weil neben Zadek dort Peter Stein inszenierte.

In meiner Bochumer Zeit lernte ich Wolfgang Petersen kennen – einer der hochgelobten Regisseure der »Tatort«-Fernsehserie. »Tatort« war ein sogenannter »Straßenfeger«, wie's im Jargon heißt, Einschaltquoten von 70 bis 80 Prozent? Beim »Tatort« keine Seltenheit. Ich wurde 1973 erstmals von Petersen verpflichtet, für's »Jagdrevier«, eine Art Western in Schleswig-Holstein. Ich spielte den Kriminellen Ditsche, jung, rebellisch, verschlagen, verloren, der beim Torfstechen aus der Gefängniswelt ausbricht – der Kommissar Finke (Klaus Schwarzkopf) verfolgt ihn. Düstere Bilder aus dem Dorf. Nebel. Der Muff der Kleinbürger. Das »Jagdrevier« brachte eine neue Erkenntnis für mich: die Zunahme der Macht des Fernsehens, obwohl in Deutschland gerade mal zwei Kanäle existierten, das »Erste« und das »Zweite«.

Auf der Bühne hatte ich mir über die Jahre die Lunge herausgeschrien, mein Herz aus dem Leib gespielt. Ich wurde sogar von der Fachzeitschrift »Theater Heute« zum »Schauspieler des Jahres« gewählt, nur, kaum ein Mensch kannte mich. Nach »Jagdrevier« Lob in der Presse. Autogrammwünsche. Nationale Anerkennung. Der Ausbruch aus der Anonymität. Wie sehr unterscheidet sich doch das Theater vom Film: Auf der Bühne steht der Darsteller vor dem Publikum, zuweilen allein, unerreichbar für die Souffleure, und im Saal schwebt auch kein Teleprompter als Rettungsring. Jede Geste ist sichtbar, direkt, ungeschminkt. Kein Versprecher ist digital zu retten, kein Schwächefall zu verstecken.

Im Film hingegen: Der Regisseur unterbricht, der Kameramann fordert mehr Licht oder weniger. Der Schauspieler lernt zwei Sätze, vielleicht zehn. Cut. Wiederholung. Cut. Eine andere Bewegung. Eine andere Geste. Nachdenklicher. Trister – verzweifelt. Cut. Cut. Mehr Leidenschaft. Cut. Tränen hier. Die Hand nach oben. Die Schuhfarbe stört. Cut. Schwarz statt braun, zehn Paare, zehn Farben stehen zur Auswahl. Ein Scheinwerfer platzt, die Make-up-Lady tupft dem Hauptdarsteller den Schweiß von der Stirn. Ein Assistent bringt »Evian«, denn drei Sätze hat der Darsteller bereits gesprochen. Wir zählen die 40. Wiederholung. Auf eine Großaufnahme muss ich gelegentlich den ganzen Tag warten. Einmal mehr Maske, einmal mehr die Frisur, dann die Mitteilung, die Szene sei auf morgen verschoben.

Meine Theaterausbildung erleichtert mir die Arbeit vor der Kamera. Die Jahre am Theater, der Kampf um die Karriere, waren sehr, sehr, hart und von Entbehrungen gezeichnet. 500 Mark brutto, 350 netto, 120 davon fürs möblierte Zimmer. Damen-Übernachtung untersagt, ab 22.00 Uhr Besuchsverbot, deutsche Moral. »Schauspieler sind Sie, auch das noch.« Skepsis, Ablehnung für Gaukler nicht nur in Deutschland. Schon vor 100 Jahren hingen an Hollywood-Hotels Schilder: »Für Hunde und Schauspieler kein Zutritt«. Na also. Dennoch: Ein toller Beruf. Ich möchte die Bühnenerfahrung nicht missen. Theater hat mir Sicherheit vermittelt, die Kunst, mich in Personen hineinzudenken, zu fühlen. Natürlich, mit jedem neuen Projekt kommen neue Fragen, andere Unsicherheiten. Mal ist man Terrorist, mal Mönch.

Aber: Im Theater ist der Rollenwechsel Normalität. Manche Kollegen in Amerika beneiden die Europäer, vor allem die Briten, um ihre Schauspiel- und Theatererfahrung. Aber bitte: Auch unser Wolfgang Petersen ist eine Ausnahmeerscheinung unter den Regisseuren, wie David Lynch, wie Michael Mann. Die Deutschen unterschätzen Petersen. Er hat nicht das Image eines Orson Welles oder Fellinis, aber der Eindruck täuscht: Er ist ein Großer, ein Profi, der seine Schauspieler führt, auf sie eingeht – von Kollege zu Kollege. Er ist kein Selbstdarsteller, eher bescheiden, zurückgenommen, ein norddeutscher Typ eben, den Hollywood und das ganze Tralala nicht verändert haben. Für seine Filmpremieren fordert sein Studio, »Warner Bros«, einen Stylisten an, der Petersen auf Modetrend trimmen muss, die High Society behagt ihm nicht.

Er hat mit Clint Eastwood, Dustin Hoffman und Brad Pitt gearbeitet, und soweit ich weiß, ist es dabei nie zu diesen Hollywood-üblichen Kontroversen zwischen Regisseur und Star gekommen. Petersen auch war's, der den Krieg, das Grauen, anders darzustellen wagte: In seinem »Boot« wurden U-Boot-Soldaten zu Menschen, mit ihren Ängsten, ihrer Verzweiflung. Deutsche Kritiker waren entsetzt: der linke Petersen nun als Kriegspropagandist? Was diese Leute als Verherrlichung verrissen, war tatsächlich ein Dokument. »Das Boot« war Kino-Kunst. Nichts anderes. Die Wahrheit. Bei Weitem nicht alle Landser waren Fanatiker, sie konnten denken und sie schissen sich vor Angst in die blauen Uniformhosen. Oder sie waren das, was wir sonst nur in Hollywood-Produktionen von den Amis kannten: tapfer. Sie waren Kameraden, bis der Tod sie trennte, oder vereinte. Irgendwo im Massengrab.

Petersen ist nie Soldat gewesen, aber er hat Gehorsam, Terror, Trauer, Träume in sein Unterseeboot gepresst und dokumentiert, dass auch deutsche Regisseure, deutsche Schauspieler Weltklasse sein können – sobald sie die Möglichkeiten haben, den Stoff, die Finanzierung. Nur – wir haben selten eine Chance wie mit dem »Boot«. Also bleiben wir Provinz. Schon die Sprache hemmt die Talente, und auch die Verbreitung unserer Literatur. »Das Boot« hat mich gezwungen, von Hamburg nach München umzuziehen. 15 Jahre habe ich in Bayern gelebt, geheiratet, zwei meiner Kinder sind dort geboren worden. Zwei Jahre meines Lebens habe ich wohl dem »Boot« gelassen, eine Investition, die sich lohnte. Ich war nun international gefragt. Für »Beverly Hills Cop« verbrachte ich neun Monate im feinen Hotel »Chateau Marmont« am Sunset Boulevard, wo vor mir schon Greta Garbo und Helmut Newton, Marilyn Monroe, Ringo Starr, Wiliam Holden, Mick Jagger nächtigten. Die Produktion übernahm alle Kosten, auch für Frau und Kinder. Im Film blieben von meiner Arbeit weit weniger Szenen, als mir der Regisseur zugesagt hatte – solche Enttäuschungen muss ein Schauspieler verarbeiten können.

Die Produzenten wollten mich, ich war »hot«, folglich waren sie bereit zu zahlen. 1983 engagierte mich Michael Mann für seine Megaproduktion »The Keep«, »Die unheimliche Macht«. Drehort England. Ich spielte einen deutschen Soldaten. Just zu jenem Moment wollte mich David Lynch für sein Projekt »Dune – Der Wüstenplanet« treffen. In New York. Ein Drama im 23. Jahrtausend – die Menschheit hat das Weltall besiedelt und natürlich streiten sich die Mächtigen um die Planeten. Ich spiele den edlen Herzog Leto Artreides, dem alle möglichen finsteren Gestalten den ihm überlassenen Wüstenplaneten entreißen wollten. Also – Abflug – London am Freitag. Rückkehr von Manhattan in der Nacht zum Montag (mit der Concorde).

Meine Erinnerungen kreisen nicht allein um Planeten, sondern eher um Rigatoni, eine italienische Nudelspeise. Und die wurde von einer wunderschönen Frau zubereitet, die mich als Kind bereits auf Filmplakaten für den »Bitteren Reis« beeindruckte – Sylvana Mangano. Dieser Star war mit dem »Dune«-Produzenten Dino de Laurentis verheiratet, natürlich hat sie auch in »Dune« gespielt. Welch traumhafter Abend in New York! De Laurentis' Apartment in New York, 20. Etage. Unter uns der Lärm der Metropole, der uns nur in Fetzen erreichte. Licht. Lichter. Über uns der Mond, neben mir am Tisch die Schönheit Sylvana und der Regisseur David Lynch. »Dune« wurde sicherlich nicht der erhoffte Erfolg, doch dieses Risiko ist Teil des Business.

Der Schauspielerberuf ist nichts für schwache Seelen, die sich mit Beruhigungsmitteln wie »Prozac« seelisch stabilisieren müssen. Was gibt's nicht alles zu verarbeiten – ein negativer Regisseur, der dem Kameramann die Kamera entreißt und selbst dreht, eine Ehefrau, die Heimweh hat, meine etwa. Oder sprachliche Probleme: Ich erinnere mich an mein erstes Hollywood-Engagement, eine kleine Szene. Drei Sätze auf Englisch. Daran habe ich unendlich feilen müssen, zumal sich Schauspieler nicht nur auf den Text konzentrieren, sondern sich auch in die Person hineinversetzen müssen, die sie darstellen. Ich war nervös wegen dieser drei einfachen Sätze. Ohne perfektes Englisch kann kaum je ein Ausländer in Hollywood Karriere machen.

Mir wurde später bei größeren Produktionen ein Dialog-Coach zugeteilt, der mein »w« oder »v« von deutscher auf englische Phonetik umpolte. Während den Drehs wird »Geduld« oder »Nachsicht« kleingeschrieben – der Schauspieler ist gefordert, jetzt. Ohne Akzent, es sei denn, er trägt eine SS-Uniform und knarrt: »Jawohl, mein Führer. Befehl wird ausgeführt.« Dies ist nicht mehr die Laienspielgruppe meiner Johanniskirche in Düsseldorf, sondern »big business«. Und Druck. Der verschwindet nie – jede Wiederholung zerrt an den Nerven, auch an denen der Kollegen, die selten nachsichtig sind. Freundschaften mit US-Schauspielern entwickeln sich kaum. Drei Tage, Wochen, Monate auf dem Set, dann goodbye, bis bald, irgendwann oder nie wieder.

Selten sitze ich mit meiner Birgit in einem Society-Restaurant. Sie kocht mindestens so gut wie die Edelköche, alles, von Seezunge, Wiener Schnitzel bis zur Gans. An den Weihnachtstagen sind zuweilen Thea und Thomas Gottschalk bei uns zu Gast. Kleiner Kreis. Große Küche. Weihnachtsstimmung. Kerzen. Kleine weiße Eisbären als Tischdekoration, Tannenzweige. Weißer Burgunder, roter Bordeaux. Gespräche, auch über Deutschland. Die andere Welt. Nicht besser, einfach anders. Deutschland, zu selten fröhlich, Ausnahme Karneval oder Fußball-WM, aber treu, wie meine Kollegen vom Theater, von der Schauspielschule wie Klaus Wennemann, der im »Boot« mitspielte. Nach den Vorstellungen hockten wir zusammen, Kollegen, Freunde. Besoffen, beschwingt, beleidigt nach Polit-Debatten. Und, einmal nüchtern, bereit zur Vergebung. Die Entfernung, von hier bis drüben, hat die Freundschaften nicht ausradiert. Sie existieren einfach, sind selbstverständlich, ohne selbstverständlich zu sein. Ich habe nie das Gefühl gehabt, ich sei ausgewandert und habe deshalb auch nie Sehnsucht gespürt nach »der Heimat«, wie jene, die entwurzelt wurden, die großen Regisseure, die großen Autoren, Dirigenten. Ich bin einfach ein Wanderer zwischen zwei Welten, die beide nicht perfekt sind.

Ich empfinde selbst in diesem verunsicherten Amerika noch immer eine große Freiheit, Gelassenheit oder Nachsicht, die auch als Gleichgültigkeit zu definieren ist. Wer will das soziale Elend in den USA bestreiten? Aber soziales Ungemach ist nicht allein ein Produkt made in America: Ich habe vor zwei, drei Jahren unweit der polnischen Grenze einen Film gedreht, in Görlitz. Ein wunderschöner Ort, auferstanden aus den Ruinen, restauriert – ein Juwel. Über 20 Prozent der Menschen dort, wurde mir gesagt, sind arbeitslos. Die Jungen wandern ab, frustriert, verbittert über die Gesellschaft, die ihnen keine Perspektiven bietet. Sie haben die Freiheit, auszuwandern oder sich jenen anzuschließen, die Faschismus, Rassismus propagieren.

Meine Exfrau, Isabel, die Mutter meiner zwei Kinder, konnte L.A. nicht ertragen. Sie hat das Leben in München vorgezogen. Für mich ist es anders: Luft, die Sonne, die Brandung des Pazifiks betören mich noch immer. Mein Haus berührt ein Naturschutzgebiet. Unendliche Stille. Frieden. Unglaubliche Natur. Irgendwo in den Tälern stauen sich die Autokarawanen. Irgendwo wird geschossen. Ich kann, verdeckt von Bäumen, die Villenanlage des Gouverneurs erkennen, auch er Europäer, wie viele meiner Freunde. Ich kann nicht weg, nicht jetzt, nicht heute. Vielleicht kaufe ich mir eines Tages eine Wohnung in Berlin, nächstes Jahr. Oder 2011. Am Nachmittag spiele ich Tennis, Doppel. Mit Blick auf den Pazifik. Außentemperatur 26 Grad im Januar. Vielleicht kaufe ich meine deutsche Wohnung doch erst an meinem 75. Geburtstag.

Wolfgang Puck *wollte gern Architekt werden, kühne Bauten entwerfen – jedenfalls wollte er raus aus dem Nest in Kärnten, in dem er aufwuchs. Doch in der Familie, vier Kinder, gab's nur Armut, ein Studium war nicht zu bezahlen. So wurde aus Wolfgang ein Koch, der statt Häusern schöne Menüs entwarf. Und damit Millionen machte. Dem Auswanderer Puck, der mit seiner dritten Frau und zwei von vier Söhnen eine Villa in Beverly Hills bewohnt, gehören etwa 100 Restaurants in Kalifornien und anderswo in den* USA, *Cafés und Fast-Food-Betriebe der feineren Sorte, 12 Edel-Lokale in Los Angeles, Las Vegas, San Franzisko – ein Imperium, dessen Wert auf 375 Millionen Dollar geschätzt wurde. Der Küchenchef Puck ist – weit über den Topfrand hinaus – eine nationale Größe. Er tritt regelmäßig im Fernsehen auf, für Hunderte von Filmstars richtete er festliche Tafeln aus, für Julia Roberts etwa oder Sidney Poitier. Und seit Jahren sorgt er für 1500 Gäste, die nach der »Oscar«-Verleihung in Hollywood zu einem Gala-Diner gebeten werden. Kaum zu glauben: Bei einer Umfrage des Magazins »Forbes« landete er unter den 100 einflussreichsten Menschen Amerikas. »Manchmal ist das schon ein bisschen übertrieben«, sagt Puck und beteuert: »Ich bin Koch, nichts weiter.« Das alles hatte begonnen im »Hotel Post« im österreichischen Villach, führte zwecks Feinschliff über Les Baux in der Provence und dann vom Pariser »Maxim's« in die* USA. *1982 eröffnete Puck in* L.A. *das erste eigene Restaurant »Spago«, und in den folgenden 27 Jahren ging es nur noch nach oben. Er hielt in seinen Küchen auf Witz und Qualität, achtete darauf, dass in seinen Luxuslokalen die feine Lebensart nicht verkam, und allen schmeckte das. Puck freut sich über das Erwachen der amerikanischen Esskultur – an der er im Urteil der Fachblätter erheblichen Anteil hat. Es sei die Leidenschaft, die ihn treibe, sagt Puck, weniger das Geld. Und wirklich: Wenn die Rede aufs Kochen kommt, lässt er nichts anbrennen. Der Auswanderer, 1949 geboren, will es künftig ruhiger angehen lassen. Die bisher 260 Flugtage im Jahr werden auf 150 reduziert. Das sei dann ein bequemes Leben, beteuert er und er meint es ganz ernst. Denn: Wer sich nach Feierabend sehnt »und auf die Uhr blickt, der tötet die Kreativität«.*

Wolfgang Puck

»Love, live and cook.«

»Der Kerl ist ein Zauberer. Beinah scheint es so, als ob unser einstiges Vaterland so im Abstand von 200 oder 300 Jahren ein neues Wunderkind entdeckt. Es würde mich nicht überraschen, wenn wir auf Wolfgang Pucks Geburtsurkunde einen weiteren Namen entdecken würden – Amadeus.«

Es war ein Freund, der mir diese Zeilen widmete: Billy Wilder. Ein genialer Regisseur, Wiener und Berliner, jüdischen Glaubens. Ein Emigrant, aber doch kein Deutschland-Hasser. Er schätzte Kartoffelbrei und Frauen wie Marlene Dietrich. Ich habe ihm von uns gefertigte Salami in seine geräumige Wohnung am Wilshire Boulevard geschickt und Vollkornbrot aus unserer Bäckerei. Er war mein Stammgast. Der Vergleich mit Mozart, den er vor zwei Jahrzehnten in mein Kochbuch »Recipes from Spago, Chinois and Points East and West« geschrieben hat, bewegte mich damals und er rührt mich noch heute. Allerdings, dieser Vergleich mit dem Wunderkind könnte mich auch beunruhigen. Nicht, weil Mozart nur 35 Jahre alt wurde, so kurzlebig war's eben in jenen Jahren. Schlimmer noch, er wurde, so behaupten Wissenschaftler, in den Tod getrieben, von Köchen.

Ohne Obduktionsbefund wollen einige weise Gentlemen plötzlich wissen, dass nicht allein ein chronisches Nierenleiden, womöglich hitziges Frieselfieber oder ein rheumatisches Fieber Mozart den Tod gebracht haben, sondern auch sein gesunder Appetit – und fahrlässige Köche. Er soll zu viele Schweinekoteletts genossen haben. Und, so die Behauptung, die waren nicht ausreichend durchgebraten. Viren, Bakterien sollen den ohnehin sensiblen Komponisten geschwächt und schließlich niedergestreckt haben.

Ich habe in Mozarts Korrespondenz nachgelesen, einfach um zu wissen, ob er tatsächlich Gourmet oder Vielfraß war. Ich wusste bis dahin nur, dass er Sauerkraut und Leberknödel schätzte, so wie man's von einem Österreicher erwartet. Am 19. Februar 1778 beendet er einen Brief an seinen gestrengen Herrn Vater in Salzburg mit den Worten: »Ich kan nimmer schreiben für lauter hunger.« In einem Brief, datiert »8. und 9. Oktober, Samstag nachts um 11 Uhr«, anno 1791, berichtet er seinem »liebsten, besten Weibchen« Konstanze: »izt habe ich eben ein kostbares Stück Hausen[4] zu leib genommen, welches mir D: Primus[5] (welcher mein getreuer kammerdiener ist) gebracht hat – und da mein Appetit heute etwas Stark ist, so schickte ich ihn wieder fort mir noch etwas, wenn es möglich ist, zu bringen.«

Und: »Sonntag um 7 uhr früh. [...] Ich habe mir mein halbes kapaunel, so mir Freund Primus nachgebracht hat, herrlich schmecken lassen.« Am 4. Juli 1791 informierte er seine Konstanze: »[...] es ist halb 2 Uhr, ich hab noch nicht gegessen [...] ich bin zu matt vor Hunger – adieu.« Zwei Monate vor seinem Tod soll Mozart – einmal mehr – übertrieben haben. Handschriftlich berichtet er in einem Brief vom Freitag, 7. Oktober 1791, seiner Frau, was ihm auf dem Weg zum Theater widerfahren war: »Was sehe ich? – was rieche ich? – – Don Primus ist es mit den Carbonadeln! che gusto!« Mozart beglückt seine Ehefrau mit der Botschaft: »Jetzt esse ich [auf] Deine Gesundheit.«

Nun ahnen wir: Mozart hat's sich schmecken lassen, ein früher Gourmet. Ich bin allerdings nicht das von Wilder vermutete Wunderkind – beim Namen endet der Vergleich. Ich bin auf Wolfgang getauft, wie der Mozart, den die Familie auch Wolfi, Wolferl oder Wolfgangerl nannte. Meine Frau Gelila sagt Wolf zu mir, weil das offenbar meinem Temperament entspricht. Bei meiner Einbürgerung in die USA musste ich 1999 ein Dokument ausfüllen. Beruf? Koch. Was sonst? Ich bin Koch, nichts weiter. »Chef de Cuisine« hat natürlich einen besseren Ton, elitärer. Die Wirklichkeit heißt Arbeit, hartes Handwerk. Selbst historische Größen wie Taillevent, Carême oder Escoffier standen vor den Töpfen, im Dampf, immer 30 Grad Hitze, oder 40, stets Stehen, ewiger Stress. Ich bin Jahrgang 1949 und bereits an der Hüfte operiert.

Der Weg von St. Veit in Kärnten nach Beverly Hills, Kalifornien, so könnte man sagen, hat sich gelohnt: dritte Ehe, vier Söhne, ein österreichischer, ein amerikanischer Pass, sechs Kochbücher, über 100 »Express«-Lokale, Bistros und Cafés, dazu 12 Restaurants von der feinen Sorte, »Spago«, »Chinois«, »Postrio«, »Cut«, über Jahre eine – inzwischen eingestellte – wöchentliche Fernsehshow im »Food-Network«, mein Foto auf Konservendosen und tiefgekühlter Pizza, mein Bild auf Magazintiteln, etwa dem »Wine Spectator«, der mein Küchen-Imperium im August 2003 auf 375 Millionen Dollar schätzte – damals war ich von meiner zweiten Ehefrau noch nicht geschieden, die – noch immer – Partnerin im Unternehmen ist und besser addieren als lieben kann, 60. Geburtstag eben im Pariser »Ritz« gefeiert. Was will man mehr?

Wenn ich eine Vernissage meines Freundes, des Architekten Frank Gehry, an der »Melrose« in West-Hollywood besuche, nur für einige Minuten und in weißer Kochkluft, weil ich wieder in die Küche muss, werde ich von den Kunstliebhabern um Autogramme gebeten. Und wenn ich bei den »Grammy-Awards«, der jährlichen Krönung der Erfolgreichsten in der Musikbranche, an einem Tisch mit Quincy Jones sitze, den Dixie Chicks oder Jay-Z, dann steht's am nächsten Tag in der »Los Angeles Times«, der Puck, »chef of the stars«, war auch dabei. Und wenn ich mir in Las Vegas, wo ich sechs Restaurants besitze, einen Weltmeisterschaftskampf im Boxen ansehe, weil ich den Faustkampf liebe, (solange andere verprügelt werden), muss ich Kartenkontrolleuren vor dem Kampf Autogramme schreiben und nach dem Kampf umarmen mich die geschundenen Boxer. Das Blut ihrer zerdrückten Nasen tropft auf meinen »Brioni«-Anzug.

Ich bin ein Koch, nichts anderes. Aber über einen Mangel an Popularität kann ich mich wahrhaftig nicht beklagen, und manchmal ist das schon ein bisschen übertrieben. In einer Umfrage des Magazins »Forbes« über die »top celebrities«, wurde ich auf Platz 86 platziert – in einem 300-Millionen-Volk. Wer steht vor dir, wollte ich natürlich wissen? Oprah Winfrey, die TV-Persönlichkeit war die Nummer 1, gefolgt von Tiger Woods, dem Golfer. Zwei Afroamerikaner also, zwei Schwarze im angeblich ach so rassistischen Amerika! Meine dritte Frau, Gelila Assefa, ist Afrikanerin, geboren in Äthiopien. Sie steht, beeile ich mich hinzuzufügen, noch vor Oprah auf meiner persönlichen Liste. Natürlich, Bill Clinton, einer der Gäste in meinem Beverly-Hills-Restaurant »Spago«, ist 30 Plätze vor mir eingereiht, und auch Tom Cruise, der etwa so groß ist wie ich, um 1,70 Meter. Aber, Trost ist in allem zu finden: Heidi Klum ist hinter mir gelandet. Und Kate Moss ebenfalls. Also wurde wohl nicht nach Schönheit allein bewertet.

Häufig fahre ich am Sonntagmorgen in meinem Mercedes AMX zum fünf Minuten von meinem Haus entfernten »Farmer's Market« in Beverly Hills; die Anrainer treffen sich hier – sie kaufen, wie ich, Naturprodukte, Salat, Tomaten, Kräuter. Und Blumen. Weiße Tulpen, Sonnenblumen. Ich koche auch daheim. Meinen mit acht Gasplatten versehenen »Viking«-Herd habe ich so stellen lassen, dass ich aus der Küche heraus die sonntäglichen »Football«-Games der Profis auf einem überdimensionalen Bildschirm verfolgen kann. Sport muss sein. Die Villa in Beverly Hills ist von Gelila dekoriert worden. Sie hat die Möbel in der französischen Provence selbst ausgesucht. An meinen Wänden hängen keine Warhols oder Roy Lichtensteins, weder Joseph Beuys noch Jasper Johns, obwohl ich die Modernen durchaus schätze. Ich bin wohl auf Kochkunst fixiert. Im Wohnzimmer hängen acht »Jim Dine«-Aquarelle – Tomaten, Zwiebeln, Artischocken. Und ein Gemälde des US-Künstlers LeRoy Neiman: der junge Puck in Kochuniform. Auf einem der Tische steht, im Silberrahmen, ein Bild meiner Mutter, wir schneiden Salat im Garten. Ein Jugendbild, Puck, der Lehrling, in Schwarz-Weiß, dekoriert den Flur.

Besucher, die beim Betrachten der Kunstwerke immer noch rätseln, welchem Beruf der Hausbesitzer wohl nachgeht, verweise ich auf einen rot gerahmten Spruch: »Kiss the cook«. Kochen ist tatsächlich meine Leidenschaft. Sobald ich die Zeit finde, sause ich in meinem überdimensionalen SUV, einem Cadillac »Escalade«, den Highway 405 Richtung Süden hinunter, in die Nähe von Rancho Santa Fe und kaufe auf der »Chino«-Farm ein, einer von Japanern betriebenen »Organic Farm« – welch'eine Freude, die Kartoffeln aus der Erde zu ziehen, an ihnen zu riechen als wären's Trüffel, oder die ohne Chemikalien gereiften Erdbeeren. Für die »Oscars« 2009 ist das gesamte Menü von mir nach den Prinzipien zusammengestellt worden, die ich nun propagiere: Zurück zur Natur. Nichts als Natur. Ohne Chemikalien, ohne Genmanipulation: Sushi, Hummerschwänze, Austern, Krabben, Mini-Burger, geräucherter Lachs und Kaviar auf Pizza, Trüffel-Risotto.

Nach der Geburt meines vierten Sohns Alexander habe ich den Stress zurückgeschraubt. Statt an 260 Tagen im Jahr fliege ich nur noch 150 Tage durch Amerika: TV-Auftritt in New York oder Tampa, Florida, Wohltätigkeitsveranstaltung für krebskranke Kinder, eine Blitzreise nach Dubai, weil Scheichs mich überreden wollen, auch am Golf zu kochen. Dann zurück nach Beverly Hills – ein Star will mich am eigenen Küchenherd, mit 300 der engsten Freunde. Ich konkurriere mit niemandem, außer mir selbst. Seit der Gründung meines Restaurants »Spago« 1982, Ecke Sunset, Horn Avenue in West-Hollywood, habe ich, ohne Übertreibung, für Hunderte von Stars gekocht, daheim in ihren Villen, über denen dann Hubschrauber knatterten, mit den Paparazzi an Bord – etwa bei der Hochzeit von Jennifer Lopez. Produzent Jerry Weintraub hat mich für eine von ihm in Malibu organisierte Geburtstagsparty für Julia Roberts engagiert – für solche bezahlten Einsätze lässt mich Jerry obendrein auf dem Tennisplatz seiner Villa in Beverly Hills spielen – kostenlos.

Seit 1994 bin ich für das Gala-Dinner verantwortlich, das unmittelbar nach der »Oscar«-Show serviert wird – 1500 Gäste, 1500 Personen, die glauben, Stars zu sein, und viele sind es tatsächlich. Für diesen Event am letzten Februarsonntag engagieren wir mehrere Hundert, größtenteils arbeitslose Schauspieler. Dieser Tag ist für viele von denen die einzige Chance in ihrer Karriere, jemals mit diesem Star oder jenem Regisseur zu einem Dialog zu kommen: »Möchten Sie weißen oder roten Wein?« »Rot. Und mehr Brot, bitte.«Von Träumen und Träumern lebt Hollywood. In unserem Restaurant »Vert« im »Kodak-Center« haben wir eine überdimensionale Küche installieren lassen – vor allem für die »Oscars«. Draußen, auf dem Parkplatz, stehen, zusätzlich, überdimensionale Lkws, rollende Küchen, Mega-Kühlwagen. 300 Köche und ihre Helfer. Pucks Army. Alle in Weiß. 2002, bei den ersten »Oscar«-Feierlichkeiten im damals eröffneten »Kodak-Theater« fiel, fünf, zehn Minuten vor dem Service die Elektrizität aus, und das Gas ebenfalls. Kalte Öfen. Kalte Küche. Kalter Schweiß. Nackte Angst. 1500 Gäste. Geballte Erwartung. Ich bin zwar katholisch erzogen worden, aber kein Kirchgänger. Nun aber erfolgt die Rückkehr zum Gebet: »Herr im Himmel, gib' uns Licht.« Er hat mich erhört. Glaubte ich. Die Männer vom Elektrizitätswerk behaupten, nicht ER, sie seien's gewesen. Ich habe diese Leute im Overall mit »Oscars« beschenkt, aus Schokolade. Der »Oscar«, keine Frage, ist tolle PR für mich, kostenlos, global. Misslingt uns das Dinner aber, melden tausend Reporter, live um die Welt: »Puck's steaks are burned and so is his image.«

Ich bin gelassener geworden. Nach dem Hauptgang wage ich mich in den Saal. Küsschen hier, Beifall dort. Small Talk. Showbusiness. Was sagt Meryl Streep über den »Oscar«-Abend: »Niemals fühlt es sich nicht wie Arbeit an.« Sie weiß: »Man kommt sich vor wie ein sehr kleines Rad in einer großen Maschine.« Die »Oscars« sind eben auch das: Selbstbeweihräucherungs-Messe und Industrie-Ausstellung zugleich. Die Couturiers vermarkten, über die Stars, die sie kostenlos einkleiden, ihre Kollektionen, vor allem auf dem roten Teppich. Einmal flog Giorgio Armani höchstpersönlich ein und ließ seine neueste Kollektion auf den Green Acres Estates des Multimilliardärs Ron Burkle in Beverly Hills am Abend vor den »Oscars« vorführen. Wer trug danach zum »Oscar« seine Kreationen? Cate Blanchett, Beyoncé. Die Diamantenhändler behängen Hollywood-Schöne mit dem Glitzer-Kram und hoffen auf Werbung, die Produzenten träumen vom »Oscar«, der ihre Umsätze in die Höhe treibt. Kamerateams folgen auch mir, mir soll's recht sein. Wieder Scheinwerfer. Der Koch im Licht. Statt im Smoking in gestärktem Weiß. Auf der Jacke die eingestickten Buchstaben W. P.

Trotz aller Beziehungen, trotz der Umarmungen und Küsschen, freilich, zähle ich nur einen naturreinen Hollywood-Gentleman zu meinen Freunden – Sidney Poitier, 82 Jahre jung und Patenonkel meiner Söhne Oliver, Jahrgang 2005, sowie Alexander, geboren im Dezember 2006. Natürlich, zu Arnold Schwarzenegger habe ich seit Jahrzehnten freundschaftliche Beziehungen, er war als Bodybuilder mein Gast und ist es auch heute noch. Welch eine Karriere, zwei Karrieren, nein, drei, Bodybuilder, Filmstar, Politiker, immer oben und ungebrochen in seinem Selbstbewusstsein. Ein anderer bekannter Star, diesmal deutsch, wurde von Maria, einer meiner zwei Schwestern, bei seinem ersten »Spago«-Besuch, vor wohl zwei Jahrzehnten, aus der Anonymität gerettet und von den hinteren Tischen an einen Elite-Platz am Fenster geleitet. Der Maitre d'hôtel war zu Maria geeilt und hatte ihr erklärt, da hinten, der Große, der mit dem langen blonden Haar, soll ein berühmter deutscher Entertainer sein. Einer der Fotografen draußen, vor der Tür, hätte das behauptet. Der Maitre d'hôtel hatte ein Problem: »Ich kenne den Typen so wenig wie die schöne Brünette, die ihn begleitet – doch ganz gleich, wer die beiden sind, wir sind total ausgebucht.«

Meine Schwester näherte sich dem hochgewachsenen Unbekannten, der ein mit Rosen besticktes, blaues Cowboy-Hemd trug, lange, befranste Lederhosen und grün-schwarze Cowboystiefel. »Mein Gott«, jauchzte sie, »das ist er tatsächlich, unser Thommy.« Gottschalk und Ehefrau Thea sind seither Stammgast im »Spago«, auch in Beverly Hills. Tisch – wie immer – draußen auf der Veranda, Blick auf ein Kunstwerk aus Stein, in das der Bildhauer »Passion« meißelte, in einem Dutzend Sprachen, darunter »Leidenschaft«. Voilà, da kommt der ehemalige Disney-Boss Mr Eisner an den Tisch und drückt dem Entertainer aus Deutschland die Hand, Schwätzchen über die Disney-Zeit, voici ein Afroamerikaner, der dem Deutschen anschließend auf die Schulter klopft, Lionel Richie, wieder Schwätzchen über »Wetten, dass ...?«, in dem er aufgetreten ist.

Die »Jewish Pizza« (Crème fraîche, geräucherter Lachs und Kaviar), die Tuna-Tartar-Rollen, die »Spago«-Küchenchef Lee Hefter als Horsd'œuvres an den Tisch bringen lässt, müssen warten, ein weiterer Gast begrüßt den Entertainer, Paul Anka, ein Evergreen. Gottschalk ist auf Sendung. Live aus Beverly Hills. Ich sehe am Nachbartisch Carl Lewis, leicht ergraut, mit Brille, ehedem mehrfach vergoldeter Olympiastar. Er müht sich in Hollywood um eine Schauspielerkarriere – sein Start war nicht so wie der auf der von ihm beherrschten 100-Meter-Distanz – eher Zeitlupe. Freitagmittags hat die »Spago«-Küche Stress, es kommen 300 bis 400 Gäste. Einige von ihnen wollen allenfalls so lange am Tisch sitzen, wie's Kaiser Napoleon ertragen konnte – höchstens 20 Minuten. Andere hingegen bleiben bis zum Abendessen. Nur die Frauen wechseln. Gäste, die alle Stars sind: Opernsänger, Scheidungsanwälte, Produzenten, Witwen wie Mrs Barbara Davis, deren verstorbener Mann Stammgast war – Multimilliardär, Jet-Besitzer. Wenn er auf Maui, Hawaii, Urlaub machte, dann hat er in seinem Privat-Jet meine von ihm geschätzte Gazpacho in Kübeln einfliegen lassen.

Ich versuche, an jedem Tisch die Gäste per Handschlag zu begrüßen, so wie es der legendäre französische Chef Antoine Beauvilliers bereits seit 1790 praktizierte, damals, unter den Arkaden des Pariser »Palais Royal«. Der französische Philosoph und Gourmet Jean-François Revel hat ihn in seinem Buch »Erlesene Mahlzeiten – Mitteilungen aus der Geschichte der Kochkunst« als den »Idealtyp des modernen Restaurateurs« eingestuft: »Er war ebenso aktiv am Herd wie im Saal zwischen den Tischen. Er erinnerte sich der Namen und Gesichter aller seiner Gäste und konnte sie nach 20 Jahren wiedererkennen, selbst wenn sie nur ein einziges Mal bei ihm gegessen hatten.«

Ein solches Gedächtnis habe ich nicht. Im Gegensatz zu Beauvilliers, der sich auf ein Restaurant konzentrieren konnte und 178 Gerichte auf der Speisekarte führte, bin ich für ein Unternehmen verantwortlich, mit Restaurants auf Hawaii, in San Franzisko, Las Vegas, Washington D.C., San Diego, Atlantic City, Beverly Hills, Santa Monica, für mehr als 300 Köche allein in unserem »fine dining«-Bereich. Mit dem Nachtflugzeug jette ich nach New York (fünf Stunden), trete im nationalen »ABC«-Fernsehprogramm »Good Morning America« für fünf Minuten auf und erkläre beispielsweise vor dem Erntedankfest, wie Amerikas Hausfrauen einen Puter backen oder braten können. Danach fliege ich fünf Stunden zurück, führe meinen Golden Retriever Cesar, meinen Labrador Primi über den Rasen am Gehweg, umarme danach meine Frau, spiele mit Alexander und Oliver und schon stehe ich wieder im Restaurant und versuche, wie der Kollege Beauvilliers vor mehr als 200 Jahren, täglich jedem Gast das Gefühl zu vermitteln, dass »allein für ihn gekocht worden« sei.

Selbstverständlich freue ich mich darüber, wenn Fachzeitschriften mich als »den berühmtesten Chef in Amerika« bezeichnen, »zweifellos der reichste dazu«, der »nichts mehr beweisen muss«. Oder wenn mich Blätter mit Wortspielen wie »Puckasso« auf die Höhen des abstrakten Künstlers heben wollen. Ich habe mich trotz allen Erfolges um Erdnähe bemüht. Aber ich weiß: Solange ich im Trend bin, Qualität biete, bin ich der Größte, sobald ich Schwächen zeige, werde ich verspeist. 27 Jahre »Spago« ist an sich bereits ein Wunder, 26 Jahre ein ewig ausgebuchtes Restaurant wie mein »Chinois on Main« in Santa Monica, wer kann so etwas vorweisen? Was ist in dieser Zeitspanne aus dem glorreichen »Maxim's« in Paris geworden, vor drei Jahrzehnten noch ein Mekka der Haute Cuisine für die High Society?

Für mich ist Küche und Kochen immer ein Ausdruck von Freiheit, und Kalifornien ist »fun«. In meinen Lokalen können Gäste den Köchen von ihren Tischen aus bei der Arbeit zusehen, die Konzentration spüren, die Professionalität. Küche direkt. Wie sieht's etwa bei »Taillevent« aus, »Grand Véfour«, »L'Ambroisie« oder »Arpège«, allesamt Elite-Restaurants in Frankreichs Hauptstadt? Hinter jedem Gast ein Diener im schwarzen Tuch, bereit zum Einsatz: Kein Krümel bleibt auf dem Teller, kein Wort ungehört. Der Kellner dechambriert den Wein, als fülle er den silbernen Kelch des Heiligen Vaters für die Messe. Ein Gast, der laut redet oder lacht, wird von den Nachbartischen mit Blicken bestraft wie ein Opernzuschauer, der seine Grippe in der ersten Reihe mit Blick auf den Dirigenten aushustet, just wenn die vom Erstickungstod bedrohte »Aida« in ihrer Gruft nach Luft lechzt und zugleich singt: »Oh terra addio.« Aber Kalifornien ist anders. Gelassener. Unbekümmerter, ja, auch naiver. Sie wollen »fun«, diese Gäste, und den sollen sie haben. Food ist, wie so vieles anderes in diesem Land, Entertainment. Und, ob ich will oder nicht, ich werde als Hauptdarsteller gehandelt.

Da ist ein Fortschritt und an dem bin ich beteiligt. Vor wenigen Jahrzehnten noch wehrten sich die Amis gegen französisches Herrschaftsdenken, also das kulinarische, mit dem Argument: Wir können zwar nicht kochen, doch die Kartoffeln und die Tomaten, die habt ihr von uns importiert – vor Jahrhunderten. US-Snobs tranken zum Dinner – mit vornehmlich durchgebratenen Steaks, Eisbergsalat versüßt mit »Thousand Island«-Sauce aus der Flasche – Martini-Cocktails statt Wein, oder auch einen seichten Kaffee, in dem sich der Süßstoff so langsam auflöste wie Kukident-Tabletten in den Wassergläsern. Was stellte die Weltmacht, kulinarisch betrachtet, vor vier, fünf Jahrzehnten dar?

Ein Niemandsland des Geschmacks, besiedelt in Manhattan vor allem von französischen Köchen, die in Restaurants wie «La Caravelle«, »Lutèce«, »Le Pavillon«, »La Côte Basque« ihre Kunst zelebrierten und die Kennedys und Rockefellers verzauberten. Ihre Zutaten ließen sie aus Paris einfliegen, direkt vom Großmarkt »Les Halles«, der in jenen Jahren noch im Zentrum von Paris etabliert war, pittoresk, romantisch. Neben Bilderbuchszenen einer längst vergangenen Zeit – die Schlachter, die in ihren blutigen Schürzen an den aus Zink und Messing, Kupfer und Eisen geschmiedeten Theken ihren Pastis genossen, in Belle-Époque-Restaurants wie »Au Pied de Cochon« oder dem 1740 gegründeten »Au Chien qui fume«.

Neben dem Markt-Volk standen der Baron von sowieso und seine Baronesse, er im Smoking, sie im Abendkleid von Dior, in den manikürten Händen ihren »Kir Royal«, mit Cassis angereicherten Champagner. Ich erinnere mich an diese Zeiten nur zu gut, ich habe zu später Stunde den Umsatz mit angeschoben. Au revoir Édith Piaf, Georges Brassens, Dalida und Gilbert Bécaud, Serge Gainsbourg und Yves Montand, sie sind nicht mehr unter uns. Der Großmarkt ist in die »banlieu« umgezogen, nahe des Flughafens Orly; aber »Spago« lässt Seezunge oder Heilbutt heute noch aus Paris einfliegen, holt sich den weißen Spargel aus Österreich, die weißen Trüffeln aus dem Piemont, bei meinem Freund Alessandro Bonino in seinem »Tartuffi Mora« in Montforte d'Alba.

Alle zwei Jahre plane ich den Trip in diesen Landstrich – »Pucks Italienische Reise«, meine ganz eigene kulinarische Renaissance. Die Begegnung mit Puccini und Trüffel, in Städtchen wie Alba, Castiglione Falletto, Serralunga d'Alba, allerorts Pasta mit gehobelten Trüffeln. Dazu der edle Rote aus dieser Region, »Barolo« und »Barbaresco«. Experten ist sicher nicht entgangen: Ich habe die Foie gras von meiner Speisekarte genommen, stattdessen sind Trüffeln, von Gourmet-Philosophen vergangener Zeiten als »Diamanten der Küche« klassifiziert, in meinen »Oscar«-Menüs stärker berücksichtigt als je zuvor – nicht zuletzt, weil die amerikanische Küche heute ein hohes Niveau erreicht hat. Allerdings: nur in den Restaurants der Oberklasse. Allerorts, im tiefen Süden und vom östlichen Maine bis zum nordwestlichen Washington, sind fettgetränkte Pommes, zwischen Zwiebeln, Tomaten, Mayonnaise, Salat in beißleichtes Brot gequetschte »Hamburger« noch immer en vogue – täglich, recherchierte Autor Eric Schlosser für seinen Bestseller »Fast Food Nation«, essen 25 Prozent der us-Bürger in Fast-Food-Lokalen. Selbst George Bush, verriet der ehemalige Küchenchef des Präsidenten, Walter Scheib, in seinen Memoiren, bestellte sich zum Lunch »BLT«, ein mit Speck, Salat und Tomaten gebasteltes Sandwich. Obama, habe ich us-Gazetten entnommen, tritt im Gegensatz zu George W. Bush schon mal vor seine Washingtoner Haustür und diniert im »Equinox« oder »Bobby Van's Steakhouse«, aber auch »Ben's Chili Bowl« oder »Five Guys Burger« sind von einem Besuch des Staatschefs überrascht worden. Einfach so stand er plötzlich in der Tür.

Einen Besuch in einem edleren Restaurant leistet sich die amerikanische »middle class« in diesen Krisenzeiten allenfalls zu festlichen Anlässen: Die Tochter hat endlich ihren »boyfriend« überzeugt, ihr einen mit Diamanten besetzten Verlobungsring zu kaufen, die Großeltern ziehen in den trockenen Wüstenstaat Arizona, wo sie in einer Altensiedlung mit ihrer Gicht besser fertig werden wollen. Oder der Sohn, ein Fallschirmjäger, ist in die Berge zwischen Pakistan und Afghanistan abkommandiert worden. Der Restaurantbesuch bereitet ihn dann ungewollt auf die Armeeküche vor. Der Gast kann in diesen amerikanischen Breitengraden nicht sicher sein, ob er die Sauce, die er über sein Steak verbreitete, nicht schon zuvor als Suppe gegessen hatte.

Immerhin wissen diese Amerikaner inzwischen, wer ich bin: 70 Millionen Zuschauer verfolgten die über fünf Jahre lang ausgestrahlten Kochsendungen auf dem »Food Channel« und so mancher Käufer meiner Töpfe, Bratpfannen, Grillgeräte, die ich alle zwei Monate über den »home shopping«-Kanal anbiete, leben in der tiefen Provinz, jenseits von Drei-Sterne-Köchen und roten Oscar-Teppichen. Aber, auch diese Amerikaner nehmen die kulinarischen Veränderungen, die zunächst Metropolen wie New York, Miami, Chikago, San Franzisko, Los Angeles und auch Las Vegas erreichen, allmählich auf – und sind begeistert. Amerikaner mögen zuweilen weltfremd erscheinen, aber sie sind neugierig und lassen sich belehren. Sie kaufen, jährlich, Millionen von Kochbüchern und selbst eine seriöse Zeitung wie die »Los Angeles Times« druckt eine »food-section«.

Ich bin ein Produkt der französischen Kochkultur, ein ewiger, ehrfürchtiger Lehrling der Großen, wie Marie-Antonin Carême oder Auguste Escoffier. Ohne das Genie meines französischen Mentors und Lehrmeisters Raymond Thuillier wäre ich nicht zu einem Pionier der »California Cuisine« geworden, zum Schöpfer eines neuen Stils. Das nur vorweg, um in der Fachsprache zu bleiben, als Horsd'œuvres. Der Hauptgang ist für die Franzosen und die anderen Europäer wahrscheinlich weitaus schwieriger zu verdauen. Denn ich behaupte: Amerikas Köche sind selbst den Franzosen inzwischen ebenbürtig, wenn nicht überlegen. Amerikas Köche experimentieren, wagen auch mehr als die Deutschen und Italiener. Sie sind nicht erstarrt in ihrer Geschichte, berufen sich nicht – wie die Franzosen – immer und ewig auf Guillaume Taillevent, François Vatel und all die anderen, deren Rezepte sie inhalieren wie Priester ihren Weihrauch.

Kalifornien ist nicht Frankreich. Niemand meckert, wenn ich Gäste ohne Büstenhalter, ohne Krawatte oder ohne Socken neben solche setze, die Abendkleider tragen, Frack, und an den Nachbartischen ihre Bodyguards platziere, damit die mit Diamanten abgesetzte Rolex oder der Tiffany-Ring nicht versehentlich mit dem Geschirr abgeräumt werden. Wir bieten keine klassische Cuisine, bewusst nicht. Keiner meiner Köche, behaupte ich einfach, hat Tausende von Escoffier-Rezepten studiert – müssen sie nicht. Wir kreieren den kalifornischen Stil, der der Mobilität der Nation entspricht: Stillstand ist Rückschritt. Vor uns wiegt der Pazifik, 1400 Kilometer Küste. Natur. Naturprodukte. Aus dem Nordwesten, Washington, holen wir unseren Lachs, Austern. Landwirte aus den Weingebieten nördlich von San Franzisko liefern uns vorzügliches Lammfleisch, unendliche Gemüsefelder und Obstplantagen erstrecken sich schon hinter Oxnard, nach 45 Minuten Fahrzeit von Hollywood – Avocados, Tomaten, Erdbeeren, Artischocken, Orangen, Feigen.

Kalifornien ist, flächenmäßig, größer als Japan und gemessen an der Wirtschaftskraft zählte es bis zum nationalen Schwächeanfall zu den stärksten Regionen der Welt; vor Italien, Spanien, Brasilien, die Landwirtschaft allein zählt rund 76 500 Betriebe. Touristen, die sich von ihrer Fahrt gen Norden, an der Küste zwischen L.A. und Carmel, ins Landesinnere verirren, ins »Central Valley«, werden vom Highway aus Menschen erkennen, die zusammengeballt auf den Feldern hocken, als wollten sie sich vor einem nahenden Unwetter schützen: Es sind Latino-Landarbeiter, in der Mehrheit illegale Einwanderer.

Ich sympathisiere mit diesen Menschen, die oft für einen Hungerlohn malochen müssen. Ich bin kein Politiker. Ich bin Koch. Gleichwohl sage ich: Wir müssen andere Lösungen finden als Abschiebehaft für diese Arbeitskräfte, die mithelfen, Amerikas Restaurants mit vorzüglichem Obst und Gemüse zu versorgen. Ich habe frühzeitig auf die kalifornischen Produkte gesetzt, auf eine saucenarme Küche, die Kaliforniens Klima entspricht und der Diversität der Kulturen – ich habe alles verrührt, Sashimi, Sushi und einige Hundert der 8000 schriftlich überlieferten Rezepte Chinas, die Geheimnisse der neapolitanischen Pizzabäcker, die Rezepte Escoffiers und die Tradition meiner eigenen Heimat –

beispielsweise Wiener Schnitzel. Da Schnitzel mit Sushi schwerlich zu verbinden sind, steht das Heimatliche auf der »Spago«-Speisekarte unter der Rubrik »Wolfgang's favorite childhood recipes«, wie Gulasch oder Kraftbrühe.

Ich habe 1981 mein erstes Kochbuch verfasst »Modern French Cooking for the American Kitchen«. Damals bereits habe ich prophezeit: »Amerikas Köche lassen sich von der europäischen Haute Cuisine nicht mehr einschüchtern und zählen nun zu den Innovateuren und eindrucksvollsten Talenten unseres Metiers.« Vor ein, zwei Jahren, bei der Besprechung des Restaurants »The French Laundry« meines Kollegen Thomas Keller im nordkalifornischen Yountville, fragte die Pariser »Le Monde« bestürzt: »Ist es vorstellbar, dass sich das beste französische Restaurant nicht in Frankreich befindet?« So ist es. Nicht nur in Yountville, Napa-Valley, stehen Meister am Herd, amerikanische, sondern auch in meinen Restaurants. Franzosen? Fehlanzeige.

Ich bleibe dabei: Die Deutschen sollen weiterhin ihre Mercedes und Audis nach Amerika exportieren, ihre Köche können daheim bleiben – die Amis können's. Die hochwertigen Kochlehrgänge des am New Yorker Hudson River etablierten »Culinary Institut of America« (CIA), das auch eine Dependance in den Weintälern des nördlichen Kaliforniens etablierte, ist für den Autor Michael Ruhlman ein »Harvard der Küche« und, fraglos, so schreibt er in seinem Bestseller »The Making of the Chef«, »die einflussreichste Kochschule Amerikas, vielleicht sogar der Welt«. Von den insgesamt 23 000 geschätzten Restaurants in New York, Diners, Snackbars, Pizza-Ketten, Steak-Houses und Edel-Lokalen sind inzwischen 567 im prestigebeladenen »Guide Michelin« erfasst, und 42 dieser Luxusrestaurants sind im »Michelin Guide New York City 2008« mit mindestens einem Stern (von möglichen drei) geehrt.

Ich habe mir wirklich nie die Frage gestellt, ob die ehrenwerten Kollegen, die unter den Sternen der Kritiker glänzen, bessere Köche sind als ich. Was ist besser? Ist Beckenbauer ein besserer Fußballer gewesen als Pele, Diego Maradona genialer als David Beckham, der auf Klatschseiten so häufig zu sehen ist wie in den Sport-Gazetten. Können wir Pavarotti mit Caruso, Anna Netrebko mit Maria Callas, Cézanne mit Matisse vergleichen? Wohl kaum. Neuerdings bewertet »Michelin« auch die L.A.-Restaurants. »Spago« wurde in der Ausgabe 2008 mit zwei Sternen bedacht. Kritik muss ich hinnehmen wie andere Kollegen. Vielleicht werde ich sogar strenger beobachtet, eben weil ich mich, im wahrsten Sinne des Wortes, mit Ruhm bekleckert habe und der Chef der Stars geworden bin.

1949 wurde der erste VW-Beetle in die USA eingeführt, kommunistische Truppen marschierten in Peking ein. Und Israel wählte den ersten Premier der Geschichte. In St. Veit an der Glan harrte die fesche Maria Topfschni ihrer

Niederkunft, ihr Geliebter, ein Schlachter, war in der Dämmerung der Verantwortungslosigkeit verschwunden; er war mein Erzeuger. Der ehrenwerte Josef Puck hingegen heiratete Maria 1956 und adoptierte mich – kein einfaches Dasein für meinen Vater, der seinen linken Arm bei einem selbst verschuldeten Sprengstoff-Unfall verloren hatte und gleichwohl als Kumpel Kohle schlug, kein Luxusleben für meine wunderbare Mutter, die weitere drei Kinder gebar, Klaus, Maria sowie Christine.

Ich wollte nie Koch werden, sondern Architekt. Als Kind spielte ich mit einem Puzzle: Ich musste historische Gebäude zusammensetzen, den Eiffelturm, den Triumphbogen, das New Yorker Empire State Building, wie auch das Chrysler Building. Ich fragte meine Oma Christine, die mein Heimatstädtchen am Nordost-Rand des Glan-Tals nur selten verlassen hat: »Sag mal, wer baut so was?« Die Großmutter, die eher mit dem Krankenhaus der »Barmherzigen Brüder« und der Pfarrkirche Sankt Donat vertraut war, zögerte keine Sekunde: »Architekten.« Ich konnte mir den Besuch bei der Berufsberatung ersparen. Ich war 10 und kannte meine berufliche Zukunft – aber das Leben lief letztlich in eine andere Richtung. Meine Großmutter war wohl meine erste Küchenchefin, nachsichtig, wenn der Sechsjährige den Kuchenteig nicht nur in die Backform brachte, sondern gleichmäßig über den Raum verteilte – die Küche war mein Reich, damals schon. Wenn ich meiner Mutter aushalf, die in der Küche des »Hotel Linde« in Maria-Wörth am Wörthersee kochte, bekleckerte ich nicht meine Schürze, sondern meine Schultern, so klein war ich. Und schon zehn.

Irgendwann stand vor der »Linde« ein unglaubliches Auto, ein »Chevrolet«, ein sogenannter Straßenkreuzer. Ja, das war einer, denn er war länger als unser Wohnzimmer und mein Schlafzimmer insgesamt. Ich wusste: Der Besitzer war ein Marokkaner, nur wer hatte sein Auto gebaut? Amerikaner. Die kannte ich eigentlich nur aus den Bilderheften als Cowboys. Nun das. In meiner Kinderfantasie bastelte ich mir »Amerika« zusammen. Ich schlug den Kühen auf der Weide nun härter mit dem Stock aufs Hinterteil, so wie ich mir die Cowboys in Amerika vorstellte, und in dieser Zeit begegnete ich diesen Traumgestalten persönlich – auf einem US-Luftwaffenstützpunkt in England.

Die »Save The Children«-Organisation, die unterprivilegierte, sprich arme Kinder unterstützte, hatte mich drei Monate nach England eingeladen. Erstmals hörte ich die englische Sprache, erstmals kostete ich Cornflakes und Baked Beans. Also, ich war sicher: ich musste einfach Amerika inspizieren – Wolkenkratzer, Straßenkreuzer, Cowboys und nun auch noch Cornflakes, das hat mich beeindruckt. Was bot mir St. Veit, außer dem Chriskindlmarkt, ein, zwei Schlössern und dem Läng-See? Ich war entschlossen zu einer Reise in die USA – nach meiner Ausbildung zum Architekten. Die endete bereits bei der

Berufsberatung. Die Architekturschule müsste ich, falls ich überhaupt aufgenommen würde, in Wien besuchen. Wien? Eine Weltreise für mich. Und wer sollte das bezahlen? Meine Mutter ernährte mit ihrem Lohn die Familie, mein Vater weitgehend die Kneipiers unserer Gemeinde. Da ich Süßigkeiten liebte, entschloss ich mich, Konditor zu lernen. Nur – ich fand keine Lehrstelle. Also doch Koch. Zweite Wahl.

Ich ahnte das damals noch nicht – auch meine Vorbilder hatten andere Berufsvorstellungen gehabt. Auguste Escoffier wollte Maler und Bildhauer werden, und Marie-Antonin Carême Architekt. Ich habe über die Karrieren dieser Großen später nachgelesen. Carême, 1783 geboren, war ein Heranwachsender im nachrevolutionären Paris. Chaos allerorten und Armut. Der Hochadel hatte unter der Guillotine den Kopf verloren und die Edelköche somit ihre Arbeitgeber. Überall eröffneten sie Restaurants, sogar in Versailles, in den Petit-Trianon-Gemächern der enthaupteten Königin, Marie Antoinette. 1814 zählte Paris mehr als 3000 Restaurants. Antonin war das 16. Kind der Familie Carême, die irgendwo in den Slums um die Rue du Bac überlebte, heute eine der edlen Straßen im ehemaligen Künstlerviertel St. Germain. Der Vater aß mit seinem Sohn ein letztes Mal in einer Schänke ein Süppchen, dann irgendwo am Stadtrand von Paris, sagte er ihm »va petit«, hau ab, mein Kleiner, »bonne chance« – der Junge war knapp zehn.

Ein Schankwirt nahm den verzweifelten Knaben auf. Carême machte sich sehr bald einen Namen als Zuckerbäcker, baute griechische Tempel, ägyptische Pyramiden und römische Paläste aus Zucker, Marzipan und Gebäck, schrieb Kochbücher und zwei Werke über Architektur, »Receuil d'architecture« sowie »Projets d'architecture«. Autor Ian Kelly feierte Carême später in einer Biografie mit dem Titel »Cooking for kings – the life of the First Celebrity Chef«. Und ich? Ich wurde Kochlehrling, in Villach, »Hotel Post«. Ich war 14. Meine Oma weinte. Ich nicht. Daheim gab's selten etwas zu lachen. Die Kleinbahn stoppte an jedem Kuhfladen und es wurde auch nach meiner Ankunft nicht besser: eine dürftige Kammer bei einer älteren Frau, ein Küchenchef, der sich als Sadist entpuppte. Wahrscheinlich gehörte das in jenen Jahren zum Erziehungssystem. Die Lehrer prügelten, die einarmigen Väter, die zweiarmigen ebenfalls, einschließlich der Küchenchefs. Ich bin so einigen begegnet – harte Hunde, die rührten und soffen. Manchmal warfen sie mit Töpfen, bei guter Laune mit Kochlöffeln. Nach vier Wochen in der »Post« die erste Bewertung: »Du bist ein nutzloser Bursche. Wenn's nicht besser wirst, dann kannste packen.«

Ich begann meinen Arbeitstag morgens um 8.00 Uhr und machte, nach einer Unterbrechung, gegen Mitternacht Schluss. Draußen hörte ich Kinder Fußball spielen. Ich schälte Kartoffeln, weinte über Zwiebeln, verbrannte mir die Finger. Ich wusste aber: ohne »Gesellenbrief« keine Zukunft oder auf ewig Tellerwäscher. Dem Besitzer der »Post«, ein Rechtsanwalt, musste ich regelmäßig meine Zeugnisse der Berufsschule vorlegen – alles Einser. Er lobte: »Weiter so.« Sein Küchenchef polterte weiterhin: »Nutzloser Kerl.« Ich war nicht sicher, ob ich Koch werden wollte – die Schreierei in der Küche, die Dämpfe, der Chef, der ebenso so viel trank wie mein Vater, das alles setzte mir zu. Täglich musste ich meinem Boss zwei Flaschen Wein aus dem Keller holen. Damit rührte er keine Saucen an, sondern er betrank sich. Dass Wein auch anders genutzt werden konnte, bewies ein französischer Koch aus Dijon, der zu einer »französischen Gourmet-Woche« nach Villach gekommen war.

Er goss den Wein in die Töpfe, zum »coq au vin« etwa, vier Flaschen. Und trank selbst keinen Tropfen. Dieser Franzose aus Dijon vermittelte mir erstmals das Gefühl, dass Küche Kreativität bedeuten konnte, dass Essen nicht gleich Fressen sein musste, sondern mit Genuss zu tun hatte, mit Improvisation, Kunst, Fantasie, mit Strukturen sogar – ich wähnte mich meinem Traumberuf, Architekt, wieder näher. Ich habe dem Meister aus der Senfstadt Dijon eine Bewerbung geschrieben – und er hat mich engagiert, als stagiaire, ein veredelter Lehrling. Dijon, östliches Frankreich, das schien mir zunächst wie ins Leben übertragene »Grimms Märchen« – vor mir der Palast der Herzöge von Burgund sowie die ehrwürdige Kathedrale. Enge Gassen. Männer mit Baskenmützen, die ihr Weißbrot in Meterlänge unterm Arm trugen, die Baguette. Erstmals wagte ich mich an Boudin und Andouillettes, Wurstspezialitäten, die Schockwirkungen auf die Geruchsnerven provozieren können, die eine Wurst wird aus Blut hergestellt, die andere aus Innereien.

Dijon brachte mich erstmals an die Wurzeln, im wahrsten Sinne des Wortes, edler Weine. Burgundische Dörfer wie Puligny-Montrachet, Vosne-Romanée, Chambolle-Musigny oder das Schloss »Clos de Vougeot« – alles Namen, die Weinkenner in Verzückung treiben. »Romanée-Conti Montrachet«, welch ein Produkt, und welch eine neue Welt für Pucks Wolfgang. Der »Kir«, den gelegentlich ein Gast in dem »Hotel Linde« bestellte, hier, in diesem Dijon hatte ihn ein Franzose erfunden, der Bürgermeister Felix Kir, der eines Tages ein Glas Weißwein mit dem in Burgund gezogenen »Cassis«, einer Art versüßtem rotem Johannisbeerenlikör, veredelte – bingo. Weltexport. Made in Dijon.

Am Herd des Restaurants »Les trois Faisans« – ich war 17 Jahre alt – kam mir zum ersten Mal eine Art Erleuchtung; das Gefühl, wirklich Koch sein zu wollen, zu versuchen, ein großer »Chef« zu werden. Sicher, es gab Stress, zumal ich bei meiner Ankunft kein Wort Französisch sprach und keins verstand. Aber: Ich wollte lernen. Ich habe gelernt. Im Frühjahr des folgenden Jahres wurde »unser« Restaurant, »mein« Restaurant vom »Guide Michelin« mit einem

Stern geehrt! Und ich war einer der Köche der Equipe, Köche, die sich auch als Künstler verstanden, die experimentierten, ihren Beruf nicht allein als Arbeit ansahen – so wie es für mich bis heute geblieben ist.

Ich war überzeugt: »Les trois Faisans«, c'est la grandeur. Unübertreffbar. Dann blätterte ich im »Guide Michelin« und entdeckte Restaurants, die waren mit zwei, drei Sternen bedacht worden, »Lassère«, »La mère Brazier«, »Tour d'Argent«, Paul Bocuse und die Brüder Troisgros, Marc und Paul Haeberlin. Ich habe sie alle angeschrieben. Ich wollte mit den Größten arbeiten und nie mehr zurückkehren in Küchen wie im »Hotel Linde« oder »Hotel Post«. Jamais plus, nie mehr, so weit hatte sich mein Französisch unterdessen verbessert.

Einer der Drei-Sterne-Stars antwortete mir. Raymond Thuillier. Ein Poet, ein Maler, ein Koch. Besitzer einer kleinen Luxus-Herberge in Les Baux de Provence und Chef des dazugehörigen Restaurants »L'Ousteau de Beaumanière«, drei Sterne. Ich wusste durch einen Blick in den Atlas in etwa, wo's zu finden war, Les Baux, 30 Kilometer von Avignon, 44 von Nimes, 10 von St. Remy de Provence, heute ein Society-Ort. Ich erreichte Arles, die Stierkämpfer-Stadt mit meinem kleinen Koffer. Ein Kochgehilfe erwartet mich mit einer »camionette«, einem Kleinlastwagen, am Bahnhof. Wir fahren, fahren und immer noch keine Stadt. Wo sind die filles, les femmes, die schönen Südländerinnen? Stattdessen Olivenhaine, eine zerklüftete Landschaft. Und dann der Ort Les Baux. Nur zwei Dutzend Häuser, das zumindest war mein erster Eindruck. Im Vergleich zu diesem Ort war St. Veit eine Großstadt. Ich war allerdings entzückt über die Schönheit des Restaurants – ein Traum. Schriftsteller Frederic Dard notierte: »L'Ousteau« ist eine Philosophie, »Celle du raffinement poussé jusqu'au sublime« – die Feinheit bis ins Göttliche getrieben.

Raymond Thuillier war nicht nur der Boss, sondern auch der Bürgermeister des Ortes. Er hatte weder eine Kochlehre absolviert noch eine Hotelfachschule. Er war Versicherungsunternehmer in Paris, der »Union Vie«. Büro am Place Vendôme, Wohnung in der ähnlich teuren Pariser Rue du Faubourg St. Honoré. Seine Mutter war Köchin, wie meine, Pächterin einer Bahnhofsgaststätte. Raymond stand als Fünfjähriger in der Küche und träumte davon, Koch zu werden. »Du wirst nie solche Sklavenarbeit machen«, bestimmte die Mama. Thuillier kochte daheim – ein Gourmet-Genie ohne Restaurant. Er studierte seinen Escoffier, der in seinem 725 Seiten umfassenden »Kochkunstführer« allein mit rund 270 Eierspeisen-Rezepten aufwartet. Thuillier tüftelte und tüftelte und servierte seine Kreationen Freunden – zunächst daheim in der Rue du Faubourg St Honoré.

1945 entdeckte Thuillier in Les Baux seinen Traumort jenseits von Nirgendwo – im Val d'Enfer, dem Tal, das Dante angeblich in seiner »Göttlichen

Komödie« verewigte. Thuillier ist 51. Und fängt eine neue Karriere an. 1952 ehrt ihn der »Guide Michelin« mit dem dritten Stern, vor allem sein »Gigot d'agneau en croute« wird zu einer seiner Spezialitäten. Thuillier improvisierte selbst in stressvollen Minuten. Nur eine Frage interessierte ihn: Wie können wir aus dieser Seezunge, dieser Wachtel eine Köstlichkeit machen. Er ging mit Produkten um wie sein Kollege Guy Savoy in Paris, der einmal gesagt hat: »Eine Wurzel benötigt drei Wochen, das zu werden, was sie ist, also müssen wir sie respektieren.« Küche eben nicht als Abfüllung, sondern »l'art«. Thuillier veredelte Seezungenfilets an einem Tag mit frisch gepressten Zitronensaft, am folgenden war's Safran. Er arbeitete stets auf einem kulinarischen Hochseil – ohne Netz. Und nie ist er abgestürzt.

Zu seinen Gästen zählten alsbald Charles de Gaulle, der Aga Khan und Pablo Picasso, Englands Queen und Humphrey Bogart – Vorbereitungen für mich auf Hollywood, damals, in Les Baux. Ich stand, meist, neben Thuillier am Herd. Er sagt: »Schmeck meine Sauce ab.« Ich: »Mehr Salz wäre gut.« Er: »Denke ich auch.« Der Kleine und der Große. Ich habe ihn beobachtet und auch seinen Charakter übernommen: Böse konnte er sein. Wurde ich auch. Einmal habe ich aus Wut einen Stapel Teller auf dem Boden zerschmettert, in der Dependance unseres Restaurants, dem »La Cabro d'or«, für die ich verantwortlich war. Der Chef hat mir vergeben.

Er mochte mich, vielleicht, weil auch seine Mutter Köchin war. Er hat mir geraten, über die Großen der Kochgeschichte nachzulesen, etwa den Gourmet-Philosophen Jean Anthelme Brillat-Savarin, der 1825 in seinem Buch »Psychologie des Geschmacks« Weisheiten verkündete wie: »Die Entdeckung eines neuen Gerichts ist für das Glück des Menschen wichtiger als die Entdeckung eines neuen Gestirns.« Oder auch: »Alle, denen es mit Leichtigkeit gelingt, große Vermögen anzuhäufen, werden mit einiger Sicherheit zu Gourmets.«

Ich will keinen Streit mit den Franzosen, non, pas du tout, ihre Meister haben an der Grandeur der Cuisine erheblich mitgewirkt. 1739 beispielsweise erschienen in Paris unter dem Titel »Les dons de comus ou les delices de la table«, die Einsichten eines Kochs namens François Marin, der für Revel das erste moderne Kochbuch verfasste, eben weil er »methodisch und erschöpfend alle Zurüstungen, Kochverfahren und Zubereitungen behandelte«. Das von zwei Jesuitenpatern verfasste Vorwort zu dem Kochwerk erschien Philosoph Revel für die Geschichte der Kochkunst »ebenso wichtig wie das Lehrgedicht des Parmenides für die Geschichte der Philosophie«. Für sie ist ein Koch Chemiker. Der Koch ist Maler. Er macht aus grundsätzlichen Elementen unseres menschlichen Daseins Nahrung, Kunst. Kunst, die Freiheit braucht, und Fantasie ohne Grenzen. Carême, wie ich selbst verhinderter Architekt, fasziniert mich noch heute, weil er nahezu vor 200 Jahren bereits für die Großen dieser Welt kochte, für Talleyrand, Napoleon, den Zaren von Russland, vor allem aber für James und Betty de Rothschild, um 1829 das reichste Paar Frankreichs. Bei diesem Geldadel in der Pariser Rue Laffitte 19 war Victor Hugo ein häufiger Gast, wie auch Honoré de Balzac. Frederic Chopin musizierte nach Carême-Diners, gelegentlich spielte Paganini, der legendäre Geiger. Welche Gesellschaft, die sich damals vereinte: Dazu zählte Heinrich Heine, aber auch der Komponist und Musikdirektor des Théatre Italien in Paris, Gioachino Rossini, der auf die Frage, unter welchen Umständen er in die USA reisen würde, antwortete:»Wenn Carême mich begleitet.« Der 1833 auf dem Friedhof von Montmartre, unweit von Heinrich Heine, bestattete Carême hat eine Vielzahl von Büchern veröffentlicht, sogar mit seinen eigenen Illustrationen. Mir gefällt seine Beschreibung eines typischen Dinners für den Außenminister, eben weil es der Hektik unserer»Oscar«-Dinner entspricht:

»Man sieht etwa zwanzig Köche eifrig beschäftigt hin- und herlaufen und in diesem glühendheißen Schlund mit größter Schnelligkeit arbeiten. Hier glüht ein Kubikmeter Kohle für die Entrées, dort füllt man eine Ladung frischer Kohlen in den Herd, auf dem die Suppen, Saucen und Ragouts kochen, das Gebratene bruzzelt und das Wasserbad brodelt. Vor einem Viertel Kubikmeter lodernden Holzes drehen sich vier Spieße, der eine mit einem Lendenbraten von fünfundvierzig bis sechzig Pfund, der andere mit einem gut vierzigpfündigen Kalbsviertel und die zwei restlichen mit Geflügel und Wild. In diesem Glutofen wird behend gearbeitet, nur der Küchenchef darf sprechen und seiner Stimme gehorcht jeder. Und um schließlich das Maß unseres Leiden voll zu machen, bleiben während etwa einer halben Stunde Türen und Fenster hermetisch geschlossen, damit ja kein Luftzug die Speisen erkalten lässt. So verbringen wir die schönsten Jahre unseres Lebens.« »Aber«, so Carême,»die Ehre gebietet es. Man muss gehorchen, selbst wenn die körperlichen Kräfte fehlten. Es ist die Kohle, die uns tötet.« Der große Chef starb, kaum 50, verbrannt, wie Laurent Tailhade, der Poet und Schriftsteller (»Au pays du mufle«), resümierte,»von der Flamme seines Genies und der Kohle seiner Herde«.

Ich habe meinen Mentor, Raymond Thuillier, ein »historisches Denkmal«, wie die Pariser Kochkritiker Gault und Millau befanden, in späteren Jahren häufig besucht. Er hat mein Leben stark beeinflusst. Durch seine Vermittlung habe ich, nach kurzen Versuchen in den Küchen der Luxushotels »La Reserve de Beaulieu« und »Hotel de Paris« in Monte Carlo, bei »Maxim's« meinen Dienst begonnen, anno 1972. In meinem ersten Kochbuch hat mir Thuillier, der mit 96 Jahren gestorben ist, ein wunderbares Vorwort geschrieben:»Ihm ist bewusst, dass Kochen nicht nur ein wichtiges Handwerk ist, sondern eine

Wissenschaft sowie eine Kunst, die sowohl moralische, physische und intellektuelle Fähigkeiten erfordert, wie auch die Bereitschaft, alles zu geben, um nach Perfektion zu streben. Wolfgang verfügt über alle Talente eines großen Chefs, ich kann das beurteilen, weil er neben mir im Beaumanière am Herd gestanden hat. Er hat die Begierde zu lernen, immer mehr wissen zu wollen: Kochen ist sein Glück, sein Grund des Seins, die Geliebte, der er täglich sein Bestes gibt.«

Oui, oui. Die Platte hat immer geglüht. Am Herd. Im Bett. In Les Baux wie in Paris. Im »Maxim's«, besungen von Maurice Chevalier, wie's der Lehàr für seine »Lustige Witwe« komponierte: »Wir geh'n jetzt ins Maxim.« Ich bin in Paris nie einsam gewesen, mein Auto war mein Magnet – ein grüner Alfa Romeo. Les filles standen auf Alfa (und damit auf Wolf). »Maxim's« was it. Drei Schritte über die Rue Royale bis an den Place de la Concorde. Die Schönheit dieses Platzes hat mich, wenn ich morgens gegen drei Uhr das «Maxim's« verließ, immer wieder gepackt, die Melancholie, die Romantik einer Großstadt, die ich jetzt erst kennenlernte: Hier ein Liebespaar, dort ein »flic« im Umhang und weißem Käppi, der mit einem Straßenfeger diskutierte. Trotz des Nieselregens. Im Hintergrund der Eiffelturm, den Regenwolken umhüllten.

Ich beeilte mich. Irgendwo in einer Bar warteten die Kumpel und, natürlich, die »Mademoiselles«. Kein Wunder, dass ich bei diesem Charme in die Knie ging und – einige Jahre später – eine Französin heiratete. Das »Maxim's« war en vogue. High Society. Griechen-Reeder Onassis. Die Operndiva Maria Callas. Romy Schneider und ihr Beau Alain Delon. Der abgedankte König der Briten, aus raison d'amour. Das »Maxim's«, 1893 eröffnet, war eine Fusion zwischen Belle Époque und Nouvelle Cuisine. Drei Sterne, natürlich. Und ich wurde Demi-Chef de partie. Demi bedeutet nicht halbgar oder halbstark, Demi ist der Halb-Chef. Der Demi ersetzt den Chef, der nicht Ganz-Chef genannt werden muss, weil Chef eben Chef ist.

Nach 23.00 Uhr war ich sogar Chef. Chef de nuit. Der Boss der Nacht. Verantwortung. Um jene Stunde wehte das Opernpublikum in die Rue Royale. Beispielsweise der Opernchef. Herr Rolf Liebermann, ein feiner Schweizer. An einem meiner ersten Nachteinsätze habe ich ihn eine halbe Stunde warten lassen, weil er am Tisch des »Maxim's«-Direktors saß. Und der hatte immer darauf bestanden: Erst werden die Gäste bedient. Dann ich. Am nächsten Tag erwarteten mich verbale Turbulenzen: Schlamperei, Schande, peinlich. Das »j'accuse« des Küchenchefs. Der Demi-Chef Puck wurde auf Achtel-Koch eingedampft. Mir blieb nur: »Je m'excuse«. Meine französischen Sprachkenntnisse verbesserten sich. Damals dachte ich bereits daran, mein eigenes Restaurant zu eröffnen, in Vichy, hatte mir einer meiner Freunde gemeldet, sei ein edles Art-Nouveau-Bistro zu haben. Vichy, warum nicht? Irgendwo in der französischen Provinz. Es blieb ein Traum, zunächst.

Plötzlich stand Jean DeNoyer mit seinem Rolls-Royce vor dem »Maxim's«, ein Franzose aus New York, der mit seinem Lokal »La Goulue« an der 70. Straße – heute an der Madison Avenue – ein Vermögen verdiente. Die Namen seiner Gäste füllten zwar die Klatschseiten, aber selten veranlasste sein Restaurant die Kritiker zu Lobeshymnen. Nicht die Küche war's, sondern das Society-Theater, to be seen. New York, warum eigentlich nicht? Das Puzzle, mit dem ich als Kind meine Architektenpläne erträumte, meldete sich ins Bewusstsein zurück. Der »Maxim's«-Küchenchef erinnerte mich allerdings an mein Versprechen, ein Jahr würde ich mindestens bei ihm arbeiten. Ich bin ein Mann des Wortes. Also sagte ich dem New Yorker Franzosen ab. Nur, der fuhr immer wieder vor dem »Maxim's« vor, um mich abzufangen und auf mich einzureden – meine Kollegen waren überzeugt, der Wolf ist schwul und der mit dem Rolls-Royce ist sein Freier.

Schließlich verkaufte ich meinen kargen Besitz, Alfa Romeo und Stereoanlage, die mir ein- oder zweitausend Dollar brachten. Mein Gepäck bestand aus einem Bündel Klamotten, die ich ungebügelt in meinen Koffer warf. Zugegeben, es war mir peinlich, wie's Gepäck aussah, als der New Yorker Zöllner meinen Koffer durchwühlte. Ich reiste als Tourist ein, ohne Arbeitsvisum. Und auch sonst war ich nicht sonderlich vorbereitet. »Wohin, junger Mann«, fragte mich der Taxifahrer. »Manhattan«, antwortete ich. »Manhattan«, begann der Mann seinen Einführungskurs in amerikanischer Geografie, »ist 21 Meilen lang und 3,7 Meilen breit. Der Hudson begrenzt die Insel im Westen, der East River im Osten. Der Harlem River trennt Manhattan von der Bronx und dem Rest Amerikas.«

Womöglich war er ein High-School-Lehrer, der seine Hypothek für's Reihenhaus in Brooklyn mit seinem zweiten Job bezahlte, nicht ungewöhnlich in diesem Land, zwei, drei Jobs sogar. »Irgendein Hotel neben dem Empire State Building« – wieder eine Weisheit aus meinem kindlichen Architekten-Baukasten. Das Hotel entsprach Pariser Bahnhof-Niveau, Gare du Nord, Gare de L'Est – also grässlich. So anders die Avenues und Streets, in der Upper East Side, der Nachbarschaft des »Goulue«. Uniformierte Portiers vor den Apartment-Hochhäusern, Pudel und Pinscher, die von uniformierten Bediensteten an die wenigen Bäume getragen wurden, ja getragen – um ein Bein zu heben, oder keines, je nach Geschlecht. Auch Hunde können sich an Luxus gewöhnen.

»La Goulue« war Paris. Zumindest so dekoriert. Brasserie-Stil, Zwanzigerjahre. Gerahmte Poster, Kopien von Klassikern – »les danseuses« vom Moulin Rouge, »les riches« beim Derby in Longchamps, Maler in Montmartre, krasse

Farben, tiefes Gelb, mattes Rot, krasses Grün. Die Speisekarte war eine Tragödie, eine Karikatur französischer Grandeur: Onglet l'echalotte, Salade frisées aux lardons, Saucisson de Lyon, Steak frites, Paté de Campagne, l'escargot, soupe de l'onion. Sole meuniere, Steak Tartar, salade du pecheur. »Jean«, sagte ich, »das muss grundsätzlich geändert werden.« »Wolf«, antwortete er, »das bleibt wie's ist. Der Laden läuft.« 2007 hat sein Lokal einen Stern im »Guide Michelin« ergattert, Gourmet-Kritiker ketzern, den habe er von den »Michelin«-Testern nur erhalten, weil er Franzose ist. Und seinen Akzent und Charme nicht verloren hat. Tatsächlich war der Stern ein Jahr später wieder weg. Ich hingegen war damals ohne Job und nahezu ohne Geld. Ich habe dennoch den Goulue-Job abgelehnt – ich wollte entwerfen, experimentieren. Keine Fabrikarbeit. Der mir bekannte und allseits geschätzte Besitzer des »La Grenouille«, ein edles Restaurant, brauchte keinen Koch, aber er verwies mich an einen Landsmann in Chikago, der wiederum von einem Restaurant in Indianapolis wusste, »La Tour«, das einen Koch benötigte. Indianapolis!! Immerhin: das Autorennen, die »500 miles«, Sportlegende.

Ich war naiv und allmählich schwanden die Dollar. Ich verstieg mich in den Gedanken, Indianapolis sei wie Monaco, in Sachen Motorsport. Here I come, der Drei-Sterne-Koch aus Paris. Greyhound-Bus. Hintere Reihe. 32 Stunden. Ein Jet schaffte in dieser Zeit Australien – Paris und zurück. Indianapolis lag im Nebel. Der Manager des »La Tour« wollte keine Arbeitserlaubnis sehen. Ihn interessierte mein Zeugnis vom »Maxim's«, mehr nicht. Amerika war – noch – gelassen. Die Girls von Indianapolis waren von meinem Sprachsalat begeistert. Die Arbeit in der Küche entsprach meinen Befürchtungen: Die Gäste wollten ihre Steaks »well done«, durchgebraten. Also, ich versuchte es mit weniger – die Kellner brachten das Fleisch zurück – »Der Gast beharrt auf ›well done‹.« Rein in die Microwave, die Gäste jubelten: »Vive la France.« Die Küche forderte mich nicht heraus und die Mädchen ebenfalls nicht. Zuweilen wachte ich morgens auf, irgendwo in Indianapolis, neben einer Frau, die ich mir abends schön getrunken hatte und dann morgens nicht mehr erkannte.

Inzwischen war auch mein Freund Guy in Amerika eingetroffen. Ich kannte ihn aus der Küche des »Maxim's«. Er war das, was man einen »Typen« nennt. Guy sieht etwa so aus, wie man sich einen unehelichen Sohn von Sartre ausgemalt hätte – er schielte wie der Philosoph, nur dachte er anders. Ich korrigiere mich, er dachte wenig. Guy ist Franzose, wahrscheinlich verliert er deshalb häufig erst die contenance, dann seinen Job. Ich habe ihn durchgezogen, von Dubai bis Santa Monica. Er ging, er kam. Nun kocht er irgendwo. Allein mit sich und seinem Schatten, auf ewig und immer in meinem Schatten – er ist mein Freund. Er bleibt's. Mit Guy bin ich von Indianapolis gen Westen

geschaukelt, wie in einem Sofa auf Rädern, meinem blaufarbenen »Cadillac«.
In der Wüste, zwischen den Kakteen, haben wir uns niedergelassen, unseren
Käse und den Rotwein genossen; aus dem Autoradio schwappten melancho-
lische Lieder der Cowboys zu uns herüber.

Wir erlebten Freiheit, totale Unabhängigkeit. Weder Frau noch Kind, weder
Schulden noch Arbeit – wer kann das von sich behaupten. Heute. Jetzt? Totale
Freiheit? Ich und mein Schatten, für mehr war ich nicht verantwortlich. Wir
wollten nach San Franzisko, ein Restaurant in der 52. Etage des »Bank of America«-Gebäudes suchte Edelköche. Stattdessen endete ich jedoch in L.A., im
Restaurant »François«. Die Adresse war nicht eben Luxus, ein Understate-
ment. Vor der Tür – Penner statt Palmen. Ich wohnte in einem Studio, die Woh-
nungseinrichtung bestand aus einem Stuhl, einer Matratze. Ich blickte aus
dem Fenster auf Beton, irgendwo dahinter musste der Pazifik die wohlgeform-
ten Surferinnen umarmen.

Bevor ich denen begegnete, traf ich Scott Miller auf der Straße, der in Indianapolis unter mir in der Küche gearbeitet hatte. Ein Koch mit zwei linken
Händen und einem verpickelten Gesicht. Ich habe ihn rausgeschmissen, weil
er trotz einiger Monate an einer Kochschule in Paris offenbar Suppen kaum
von Saucen unterscheiden konnte. Kurz formuliert: ohne Talent. Und ausgerechnet der verwies mich auf Patrick Terrail und dessen Restaurant »Ma Maison« – Scott Miller war dort einer der Köche. Patrick, erklärte er mir, sei ein Verwandter des legendären Direktors Claude Terrail des Pariser »Tour d'Argent«.
Das Luxuslokal kannte ich – obere Etage, Blick auf die Seine und Notre Dame.

Das 1973 eröffnete »Ma Maison«, Ecke Melrose und Orlando gelegen, war
kein »Tour d'Argent«, eher Bretterbuden-Romantik mit dem kleinen Garten
und Sonnenschirmen. Einer der Stammgäste war Orson Welles, der legendäre
Regisseur. Immerhin. Patrick, der Besitzer, trat nicht wie einer auf, der einmal
das »Tour d'Argent« übernehmen könnte – er fuhr zwar Rolls-Royce und trug
eine weiße Nelke im Knopfloch, aber das war's dann auch: Offensichtlich teilte
er sich nachmittags zum Nickerchen das Sofa mit seinem Schäferhund, denn
selten habe ich ihn ohne Hundehaar an Jacke und Hose gesehen. Er suchte
einen Aushilfskoch, für ein-, zweimal pro Woche. Ich sah mir die Speisekarte an, die, erzählte mir Patrick voller Stolz, von Françoise Gilot künstlerisch
gestaltet worden sei, einer Picasso-Geliebten und Matisse-Freundin, die selbst
Malerin war.

Die Maitresse war zweifellos aufregender als die Speisekarte – das Übliche,
Einfache. So etwa 30 Gäste konnte Terrail zum Lunch locken. 30. Ich habe den
Job angenommen, weil ich meine Miete bezahlen musste. Mein Vermieter
wollte nicht wissen, wie eine Gans gestopft oder ein Hase enthäutet wird, er

wollte seinen Scheck. Morgens von acht bis 14.30 Uhr kochte ich im »Ma Maison«, um 15.00 Uhr stand ich bei »François« am Herd, bis Mitternacht. Nichts war da mit 36-Stunden-Woche, bis heute nicht. Wer auf die Uhr blickt, tötet die Kreativität, die Fantasie muss Freiheit haben, auch zeitliche. Patrick Terrail entließ, nach einem Streit, seinen Küchenchef. Er bot mir an, den Job zu übernehmen, ich lehnte jedoch, zunächst, ab. Also kochte ich, fortan, täglich mittags, und Guy löste mich abends ab, bis auch er sich mit Terrail verkrachte. Ich wollte den Ganztagsjob eigentlich nicht, bis sich der Manager vom »François« in meine Küche einmischte. Damit hatte er seine Grenze überschritten und sich an meiner Professionalität vergangen. Ich habe nie an meiner Kreativität gezweifelt, an meinem Talent. Ich habe immer auf meiner absoluten Unabhängigkeit bestanden und auch in »Ma Maison«, an einem hektischen Tag, die für den Sänger Cat Stevens vorbereitete Eierspeisen an die Wand geworfen, nur weil der Terrail sich erneut seinem Größenwahn hingegeben hatte. In solchen Minuten verstärkte sich mein Traum, mein eigenes Restaurant zu eröffnen.

Nach meinen ersten drei Monaten am »Ma Maison«-Herd zählten wir bereits 80 Gäste zum Lunch. Die örtlichen Blätter hatten mich in ihren Kritiken positiv bewertet, und bald traf sich die Society, weiblich, im Garten zum Lunch. Und wo Frauen sitzen, kein Geheimnis, folgen bald die Männer – an den Wochenenden zählten wir 120 Dinner-Gäste. Ich verdiente 350 Dollar pro Woche, etwa so viel wie heute eine Flasche »Château Le Tertre-Roteboeuf«, Jahrgang 1995 im »Spago« kostet, und heiratete meine Französin, Marie-France. Sie hat ihren Wolf nicht oft umarmen können, und wenn, dann zu später, sehr später Stunde.

Endlich konnte ich hochklassige Produkte einkaufen, so wie ich es von »Trois Faisans«, »L'Ousteau de Beaumanière« und »Maxim's« gewöhnt war. Einmal leistete ich mir, auf eigene Kosten, zwei Trüffeln, Erinnerungen an Frankreich. Just an jenem Abend kam Billy Wilder, mit sieben Gästen statt der angekündigten drei. Er wollte seinen Kartoffelbrei. Also habe ich ihm den mit meinen Trüffeln zubereitet. Wilder ließ mich an seinen Tisch kommen: »Wolf, die Kartoffeln sind mir ohne diese schwarzen Wurzeln lieber.« Und: »Wenn's nicht anders geht, mach' mir Salzkartoffeln wie daheim.« Salzkartoffeln. Ich hab' den Trüffelbrei mit nach Hause genommen – gleichwohl hielt meine Ehe nicht. Wir ließen uns scheiden.

Barbara Lazaroff war bereits in meinem Leben, eine clevere Frau aus der New Yorker Bronx. Schön. Tough. »Wie viel verdienst du«, wollte sie sogleich in Erfahrung bringen – Amerikanerinnen wollen wissen, mit welchem Vermögen sie sich betten. »350 Dollar«. »Pro Tag?« Sie meinte das sicher als Witz, vielleicht auch nicht. Mit Geld kannte sie sich aus, wie ich später begriff. Zumindest hatte sie nie ein Problem damit, es auszugeben. Also habe ich Patrick Terrail erklärt: »Verdoppele mein Gehalt, oder ich gehe.« Er zögerte keine Sekunde. Und ich wusste: Das bist du wert, und noch viel mehr.

Der »Ma Maison«-Besitzer lobte mich in meinem ersten Kochbuch mit einem freundlichen Vorwort: »Er kreiert Gerichte wie Picasso und setzt wie der neue Trends. Er ist ein großer Künstler in der Küche, der Herd ist seine Leinwand.« Der Vergleich mit Picasso bedeutete mir wenig, ich wollte mein eigenes Restaurant, selbst mit Terrail als Partner, 50/50. Wir hatten schon einen Namen gefunden: »Mr Vesuvio«. Terrail beharrte darauf, Mehrheitseigner zu sein, 51:49. Ich stellte jetzt dieselbe Forderung. Krach. Debatte. Verärgerung. Ich entschied mich, mein eigenes Restaurant zu eröffnen, fuck Terrail.

Über dem Sunset, mit Blick auf Hollywood, hatte ich ein armenisches Lokal entdeckt, »Kafka's«, abgewirtschaftet, von Prostituierten umgeben, die an der Ecke Horn und Sunset, wenig diskret, auf ihre Kunden hofften. Eine perfekte »location«, ein riesiger Parkplatz gleich nebenan, Gold wert in dieser Auto-Metropole. Die 500 000 Dollar, die wir für den Umbau kalkulierten, hatten uns Investoren zugesichert. Ich wusste, wie mein Restaurant aussehen sollte, ich wusste das seit meiner Lehrzeit in Les Baux. Denn dort waren wir Jungköche häufig bei »Chez Gu« in Salon-de-Provence eingekehrt, das eine Mischung aus Pizzeria und Brasserie war – der Koch bereitete das Essen vor den Gästen zu, der Duft von frischer Pizza durchzog das Lokal. Statt im Backofen bereitete unser Franzose Fleisch und Fisch auf dem Grill vor. Ich war sogleich auf Multi-Kulti ausgerichtet, was schon der Name »Spago« wiedergab, die verkürzte Form von Spaghetti – eine Erfindung übrigens von Giorgio Moroder, dem eine Komponistenkarriere gelang, die meiner Laufbahn nicht unähnlich ist. Patrick Terrail reagierte auf meine Kündigung mit Zorn. Auch mein Angebot, drei, sechs Monate sogar, einen neuen Chef einzuarbeiten, lehnte er ab. »Kreditkarte her, sofort«, herrschte er mich an, »die Wagenpapiere, Schlüssel des Dienstwagens.« Vor mir zerschnitt er die betriebliche Kreditkarte: »Raus«, tönte er, »au revoir.« Eine schmutzige Scheidung, die mich in finanziellen Abwind brachte – ich musste mein Restaurant finanzieren und zugleich über Monate ohne Einkommen existieren. Gott sei Dank waren meine »Maison«-Kochkurse ausgebucht. Terrail hatte nun die Wahl: Die angemeldeten Society-Ladys zu vergrätzen oder die von mir geforderten 3000 Dollar Wochenlohn zu zahlen – er zahlte.

Am Wochenende des 4. Juli 1981 kochte ich das letzte Mal im »Ma Maison«. Ich arbeitete in den Wochen danach an einem weiteren Kochbuch, Barbara (die ich 1983 heiratete) bereitete Umbau- und Einrichtungsarbeiten vor – das erste Restaurantprojekt ihres Lebens. 1982 landete »E.T.« drei Millionen

Lichtjahre von der Heimat entfernt auf der Erde; Arnold Schwarzenegger zeigte sich nahezu unbedeckt und überwiegend muskulös in »Conan, der Barbar«. Turnschuhe wurden zu modischen Prestigeobjekten und Barbara Lazaroff und Wolfgang Puck eröffneten am 16. Januar 1982 ihr »Spago«. Danach war in meinem Leben nichts mehr wie zuvor – Hochstimmung nahm Platz in unserem Restaurant, Euphorie ergriff die Köche, die Kellner. Los Angeles umarmte uns, besetzte die einfachen Metallstühle, drängte sich vor der Tür, an der Bar, vor dem Tresen, der die Küche vom Restaurant trennte. Unsere Pizza-Bäcker wirbelten ihr Backwerk in die Luft und – Elizabeth Taylor wartete auf ihren Tisch, Linda Evans und Marcello Mastroianni, der König von Schweden, Rod Steiger, Joan Collins, Walter Matthau, Billy Wilder. Tony Curtis, der immer einen Orden am Jacket oder Pullover trug, wahrscheinlich die französische »Legion d'Honneur«, kam stets mit einer Braut, die sowohl oben wie unten am Stoff sparte und ihren Busen vorstreckte, als sei's ihr Kühler.

Vor der Tür harrten Dutzende von Paparazzi, die mit einer Stunde Wartezeit ihre Monatsmiete zusammenknipsen konnten. »Spago« was it, der neue Trend – »California Cuisine«. »Spago«, konstatierte der »Wine Spectator«, veränderte nicht nur die Essgewohnheiten der Amerikaner, sondern »demystifizierte große Küche, demokratisierte sie, so wie es einfach nur in Los Angeles möglich ist.« So manche Revolte musste ich niederschlagen, weil Stars um die sechs Tische rangelten, die am Fenster standen, mit Blick auf das Lichtermeer. Wir waren, drei, vier Wochen im Voraus ausgebucht und dennoch: Anruf von Paul Newman, eine Stunde vor Restaurant-Eröffnung um 18.00 Uhr. Tisch für acht Personen, 20.00 Uhr. Talkshow-Legende Johnny Carson, der in Malibu lebte, diskret und abgeschottet, braucht einen Tisch um 21.00 Uhr, einen ruhigen. Ruhe? Chaos war's.

Ein »happening«. »Spago« war »hot«. Selbst Jimmy Stewart kletterte auf einen Stuhl, um einen Jungstar auszuspähen, der die Klatsch-Spalten füllte – Madonna. Es war Hollywood. Fun. Lasst uns feiern. Die Erde bebt zwar immer, nur nicht hier und heute. An New Yorks Wall Street sackten die Aktien, bei uns kletterte der Umsatz. Drei Flaschen »Krug«-Champagner, Tisch 9, Barolo, zwei Flaschen für die Anwälte am Fenster. Wer ist der Milliardär, wer der Bankrotteur? Ist der Glatzkopf mit den Krokoschuhen Mafioso oder Gehirnchirurg? Who cares. Hier wird einheitlich gefeiert, bis die Rechnung kommt.

Während der Olympischen Sommerspiele in Los Angeles meldete sich die – überaus erfolgreiche – deutsche Schwimm-Mannschaft an, inklusive Michael Groß, dem Albatros. Wir dekorierten einen Teil des Restaurants mit schwarz-rot-goldenen Luftballons und deutschen Fahnen. Die Equipe kam, allesamt in Trainingsanzügen. Und meine Gäste erhoben sich, nicht wenige Juden unter ihnen, klatschten Beifall und jubelten: »Germany, Germany.« »Spago« war ein simplifiziertes »Maxim's«, made in Hollywood, ein Erfolg wider Willen.

Ich wollte ein einfaches Restaurant, simple, fantasievolle Küche, mäßige Preise. Und nun das. Society. In-Lokal. Ein Zentrum in Hollywood, gefördert, geprägt auch von einem kleinen, kahlköpfigen Mann – Irving Paul »Swifty« Lazar. Swifty, ein gelernter Jurist, Spezialist für Konkursverfahren, war zunächst aufs Musikgeschäft umgestiegen. Er vermittelte Musiker an die Clubs der Ostküste. Schließlich entdeckte er Hollywood. Er erkannte: Die Filmindustrie benötigt Ideen, und die findet man in Büchern. Swifty wurde Literatur-Agent, der Makler zwischen Autoren und den Studios, die nach Drehbüchern lechzen. Swifty Lazar organisierte im »Spago« über Jahre die After-»Oscar«-Party. Und alle kamen. Selbst wenn sie ihren Drink auf dem Parkplatz schlürfen mussten, wegen Überfüllung. Eine Fahrspur auf dem »Sunset« war am »Oscar«-Abend für die »Spago/Lazar«-Party reserviert; ein halbes Hundert Fotografen wartete in der Horn Avenue mit den 1000 Filmfans auf die Stars. Ich musste keine Werbung schalten, nie. Die Stars umarmten mich, vor den Fernsehkameras, die TV-Teams filmten mich in der Küche, weil sie ahnten, weil sie hofften, gleich kommt Jessica Lange rein und küsst den Chef oder auch Lauren Hutton, das Topmodel, irgendjemand wollte immer mit mir auf's Bild. Frances Schoenberger, eine der frühen Auslandskorrespondenten in Hollywood, war wohl die erste Deutsche, die über mich geschrieben hat, im »Stern«, oder der »Bunten«. Mein Vater ist mit der Illustrierten beim Landeshauptmann vorstellig geworden und hat gefordert: »Sie müssen meinem Sohn jetzt ein Denkmal setzen.« Der Erfolg war nicht allein das Ergebnis der Küchenkunst, sondern hatte viel mit dem »timing« zu tun. Wir waren im Trend der Zeit.

Seit dem ersten Bestseller der legendären Julie Child (»Mastering The Art of French Cooking«) oder Alice Waters (»Chez Alice Pannise Café Cookbook«), seit den ersten TV-Kochstunden des James Beard hat sich Amerikas Einstellung (und Know-how) zur Küche dramatisch verändert. Ich behaupte: Auf Cocktail-Partys in Beverly Hills oder Hollywood wird heute so viel über ein neues Luxusrestaurant getratscht wie über einen neuen Film. Woche um Woche werden Restaurants geschlossen, wie die einmal grandiose »L'Orangerie« in Hollywood (die nun zu einem Luxus-Japaner geworden ist), und Woche um Woche wird Ersatz angeboten – alle träumen von Profit und Sternen.

Dies ist eine Gesellschaft im permanenten Wandel, dauerndem Aufbruch und Aufbau. Absturz, Hölle, Hoffnung. Hoher Umsatz heute, morgen kaputt. Ich habe Restaurants eröffnet, wie »Eureka«, ein nahezu deutsches Restaurant, und keinen Erfolg verbucht. Ich habe mein »Granita« in Malibu geschlossen, weil die Vermieter, Milliardäre, für die Pachtverlängerung horrende Preisvorstellungen hatten. Ich habe »Wolfgang Puck Cafés« am Sunset und an der Montana in Santa Monica dichtgemacht, weil wir damit kein Geld verdienen konnten. Vor allem haben wir uns, damals war Barbara noch meine Ehefrau, entschlossen, das »Spago« am Sunset zu schließen und umzuziehen. Die fälligen Renovierungskosten wären einfach zu hoch gewesen.

Nur – einer meiner Partner war mit dem Plan nicht einverstanden, er bestand auf Erfüllung des Pachtvertrags und die Erhaltung vom »Spago« am Sunset. Ich habe die Stammgäste am 28. und 29. März 2001 dennoch zu Abschiedsabenden in die Horn Avenue eingeladen und danach im »Spago Hollywood« am Sunset nie mehr gekocht. Wunder über Wunder. Das alte Lokal lief, über Jahre, bis zur endgültigen Schließung weiter. Inzwischen hatten wir eine Alternative in Beverly Hills ausgeguckt – das »Bistro Garden« am »Canon«, ein von den Society-Ladys durchaus geschätztes Restaurant: Der Besitzer war ein Deutscher, so wie das Klischee ihn will: Blond, arrogant und gleichwohl charmant, ein Typ also, den Hollywood-Regisseure als General in Nazifilmen hätten besetzen können, damals. Kurt Niklas konnte mich nicht leiden, wahrscheinlich war ich zu erfolgreich. Er hatte geschworen: An alle verkaufe ich, nur nicht an diesen Puck. Am Ende hat dieser Puck eine ihm verbundene Hollywood-Schauspieleragentur zwischengeschaltet. Sie trat als Käufer auf und gab das »Bistro Garden« an mich weiter.

Ein Luxusrestaurant dieser Kategorie ist wahrlich nicht billig – fünf Millionen für Erwerb und Umbau, drei Millionen Finanzierung. Ein hohes Risiko – vergleichsweise einfach sind meine »Express«-Lokale an den Flugplätzen zu finanzieren. Geringes Risiko, hoher Verdienst. Ich bin nicht mehr der Küchenchef im »Spago« Beverly Hills: Die Verantwortung trägt der von mir eingearbeitete Lee Hefter, der am Umsatz beteiligt und vertraglich über Jahre an das Unternehmen gebunden ist. Ein ähnliches Modell habe ich in den »fine dining«-Restaurants und in meinem »catering business« umgesetzt. Im »Chinois« in Santa Monica arbeitet seit dem ersten Tag dieselbe Managerin, eine wunderbare Russin, Bella Lantsman, die ebenfalls am Business beteiligt ist.

Ich hatte nämlich, vor Jahren, erkannt: Du bist zum Sklaven geworden. 260 Tage im Jahr auf Reisen. Kochen und kochen, Konferenzen, Vorträge, Banktermine, Fernsehauftritte und wieder kochen. Und verheiratet war ich ja auch noch. Wenn ich nach Hause kam, in eine schöne Villa in Beverly Hills, spuckten im Garten unsere Lamas, im Wohnzimmer standen ein halbes Dutzend überdimensionale Käfige, in denen bunte Papageien hockten. Und die flöteten, sprachen, sangen, ich habe nicht mehr hingehört. Gelegentlich hauchte ein Vogel: »I love you.« Immerhin. Barbara hatte Gefühlsausbrüche offenbar dem Federvieh überlassen. Ich symbolisierte den amerikanischen Traum, doch ich war einsam, verzweifelt. Im Garten bellten die Hunde, in der Küche meine Frau, weil die Stereoanlage in ihrem Jaguar knarrte oder die Espresso-Maschine spuckte.

Wenn in der Zeitung wieder mal ein Artikel über mich oder eines unserer Restaurants war, aber ihr Name nicht erschien, gab's Zoff. Oder sie wurde erwähnt als Mrs Puck, Drama, Shakespeare-Dimension. Sie beharrte auf Mrs Lazaroff. Ich musste ihr erklären: Ich bin der Koch. Ich rühre die Saucen an. Nicht du. Also wollte sie eine Innenausstattungsfirma, für unsere Restaurants, aber auch für private Kunden. Einverstanden. Ich bestreite nicht eine Sekunde ihre Verdienste, ihr Engagement. Ihren Wert für unser Unternehmen. Ihre Exzesse aber waren unerträglich und am Ende wurde sie's auch. Eines Tages rief mich einer meiner Finanzmanager an. »Wolf, bist du dir eigentlich im Klaren darüber, was Barbaras Firma im Jahr kostet – eine halbe Million.« Und: »Erklär das mal deinen Partnern.« Einmal mehr Drama. Ich musste meine eigene Frau entlassen, quasi. Der ewige Streit, die Eifersuchtsszenen führten mich – mit ihr – zum Psychologen. Der riet: »Keine Interviews mehr ohne Barbara, kein Titelfoto ohne sie.« Rührend.

Ein bedeutender Chefredakteur rief mich kurz darauf tatsächlich an: »Wolfgang, wir wollen dich auf den Titel bringen.« »Nur mit Barbara.« »Ist die jetzt bei dir Küchenchefin?« Zuweilen, wenn der »American Airlines«- oder »United«-Jet auf einem Flug von irgendwo in starke Turbulenzen geriet, kam mir der Gedanke – wenn das Ding abschmiert, ist's auch keine Katastrophe. Ich blickte auf die anderen Passagiere, mit ihren Kindern, auf die am Flugplatz wahrscheinlich eine Oma oder die Patentante wartete, dachte an meine Söhne und schämte mich wegen meiner dunklen Gedanken. Ich musste mich retten, befreien, andere Wege gehen – ich fand Gelila, meine schöne Äthiopierin, von Beruf Modedesignerin. Barbara, in Geschichten dieser Art von hoher Sensibilität, ortete die Rivalin – Gelila entkam nach New York. Ich folgte ihr – gelegentlich. Nur – wir waren auf Manhattan selten allein. Ein Privatdetektiv beschattete uns und fotografierte häufig. Für Barbara. Nun Drama, nur noch Drama.

Morgens begleitete ich meine Kinder zu Fuß zur Schule und setzte mich in die »Spago«-Küche ab. Gelegentlich traf ich mich zum Lunch mit einem meiner Freunde, Pierre Selvaggio, Besitzer des feinen Italieners »Valentino« am Pico Boulevard in Santa Monica. Ich bin der Patenonkel seiner beiden Kinder. Er war Veteran in Frauendramen, nichts anderes erwarte ich von einem Italiener. Ich habe mich sogar von meiner Geliebten, Gelila, verabschiedet, weil ich die Ehe retten wollte. Vergebung. Noch mehr Käufe von Designer-Kleidern, und wieder sagte nur der Papagei: »I love you.« Kochen wurde zu meiner Therapie. Nur im Restaurant war ich in Sicherheit, ohne Klagen, Krisen, Forderungen. Ich wiederhole, damit ich mir nicht Vorwürfe anhören muss, ich sei ein Macho, der den Einsatz seiner Frau nicht würdige. Tue ich nicht! Es gibt überhaupt keinen Zweifel – Barbara hat das Unternehmen gemeinsam mit mir aufgebaut. Und dafür kassiert sie heute eine Menge Geld. Gönne ich ihr. Sie ist überdies die Mutter von zwei prächtigen Söhnen, unseren Kindern. Aber geht sie mich, oder Gelila, heute sanfter an? Keep dreaming. Sie ist aggressiv wie zuvor, wandert durch die Restaurants, begrüßt Gäste, die nicht wissen, warum diese schwarzhaarige, Versace-umwehte Lady ihnen die Hand schütteln will. Sie ist Partnerin, sehr wohl, und schon deshalb rügt sie Kellner und einmal hat sie es gewagt, die Arbeit des »Spago«-Küchenchefs zu bemängeln. Der reagierte sofort – er nahm die Schürze ab, gab sie Barbara und erklärte: «Hier, koch du.«

Ich habe mein Unternehmen umstrukturiert, reduziert, Verantwortung delegiert. Neue Restaurants sind entstanden, wie das vom Architekten Richard Meier im »Regent Wilshire« konzipierte »Cut«, das »Jai« in San Diego oder »The Source« in Amerikas Hauptstadt. »Cut« ist modern im Design und erfolgreich mit toller Küche, so begehrt wie »Spago« in den Gründungsmonaten. Nun jedoch stehe nicht mehr ich in der Küche, sondern ein Ami. Talentiert. Begabt, wie von Franzosen erwartet wurde, damals. Ich trete, derzeit, nicht im Fernsehen mit einer eigenen Sendung auf, von meinem Catering-Geschäft habe ich 49 Prozent an einen Konzern verkauft. Auch das Management von meinen Konserven- und Pizzafirmen haben andere Unternehmen übernommen – Campbell Soup beispielsweise. Ich bin natürlich über Lizenzverträge weiterhin beteiligt. Trotz aller persönlichen Kümmernisse in den vergangenen Jahren bin ich heute ein glücklicher Mensch.

Ich habe Gelila am ersten Juli-Wochenende 2007 – auf Capri – zu meiner Frau gemacht und mit ihr dort unseren zweiten Hochzeitstag gefeiert. Mein Unternehmen ist in solide Strukturen eingebettet. Ich habe, natürlich, so manches Mal über meine Karriere nachgedacht und mir die Frage gestellt: Wäre das auch in Europa denkbar gewesen? Als ich Europa verlassen habe, vor 36 Jahren, gab's die Europäische Union in derzeitiger Organisation noch nicht. Grenzen und Gesetze, bürokratische Barrieren erschwerten die Expansion in andere Länder. Und dennoch, Friedrich Jahn mit seinem »Wienerwald« hat einige dieser Grenzen überwunden und Hunderte, wenn nicht Tausend Hähnchen-Restaurants eröffnet. Ich hätte in Wien, München oder Berlin zwei, drei Luxusrestaurants gründen können, so wie ich's bei Raymond Thuillier in Les Baux erlernt hatte. Aber das wär's gewesen. Nie hätte es dieses Volumen, diese Vielfalt, diesen Enthusiasmus, die Bereitschaft zu Investitionen und Risiko gegeben wie in den USA.

Ich habe nie daran gedacht, nach Österreich zurückzukehren, etwa ein Haus zu kaufen am Wörthersee. Vielleicht setzen wir uns, eines Tages, an der Amalfi-Küste oder in Aix en Provence zur Ruh', who knows. Unsere Villa in Beverly Hills vermittelt schon ein bisschen dieses Gefühl von Provence, Olivenbäume, Sonnenblumen, überall Rosen, rustikale Möbel. Und wenn ich am Herd steh', dann versuche ich, wie Raymond Thuillier, zu kochen, perfekt und dazu eine Prise Improvisation. Getreu meiner eigenen Philosophie: Love, live and cook.

---

[4] Hausen = Stör

[5] bürgerlich: Joseph Deiners, Wiener Gasthof »Zur Goldenen Schlange«

Jörg Rupf wollte eigentlich nur Musik machen und nichts weiter, aber Vater Rupf, ein Beamter, war strikt dagegen. Aus den Traummelodien wurde ein ordentliches Studium der Rechte, aus dem Sohn ein Verwaltungsrichter, dessen restliches Dasein genau abzusehen war: immer geradeaus, auf der schmalen Spur. Heute ist Jörg Rupf Schnapsfabrikant, macht Wodka, Kirschwasser und Birnenbrand, fährt einen Mercedes 320 CLK und blickt von seinem Betrieb aus, hinweg über kupferne Kessel made in Germany, auf die Skyline von San Franzisko. Richter Rupf – der eher zufällig in die USA gekommen und vom freundlichen Wesen der Amerikaner beeindruckt war – hat sich vorgenommen, die Trinkgewohnheiten in seiner neuen Heimat zu korrigieren. Die Wein- und Mineralwasser-Kultur der Kalifornier steht zwar fest gegen seine Schnäpse, seine Firma macht gleichwohl inzwischen »ordentliche Geschäfte«. Jörg Rupf macht das einerseits Freude, aber auch wieder Sorgen; denn »je schlechter die Zeiten, desto mehr wird getrunken«.

Jörg Rupf

»Ich komme nicht mehr zurück.«

Ich bin in Colmar, Elsass, 1944 geboren worden und es war gleich gefährlich. Mein Vater war Forstmeister, die Eltern meiner Mutter besaßen in Freiburg eine Brauerei, in die wir uns vor den letzten Wirren des Krieges geflüchtet hatten. Vier Bomben trafen das Gebäude, nur zwei explodierten. Die Engländer haben durch ihre schlechte Produktion, die später bei ihrer Automobilherstellung ihre Fortsetzung nahm, mein Leben gerettet. Wären die Blindgänger explodiert, hätten wir nicht überlebt.

Ich habe Jura studiert, auf Wunsch meines Vaters. Verwaltungsrecht. Und landete prompt bei Gericht. Verwaltungsgerichte treffen im Rechtsstreit zwischen Bürgern und Verwaltung die Entscheidungen. Zwei Jahre habe ich das durchgestanden, dann ging ich ins Innenministerium, um in der Gemeindegebietsreform aktiv zu werden. Berührung mit Menschen? Wenig. Alles ist da distanziert, administrativ, auf die Sache bezogen. Eigentlich wäre ich viel lieber Musiker geworden – ich habe mir dann auch eine Geigenausbildung gegönnt und in Würzburg im Kammerorchester gespielt. Doch meine Eltern hielten nichts von dieser Idee. Der Krieg, die Nachkriegszeit, es waren Überlebensjahre, und mit Musik war kein Geld zu verdienen. »Du wirst Jurist, wie dein Großvater«, hieß es.

Das bayerische Kulturministerium, in das ich später wechselte, entsprach genauso wenig meinen Vorstellungen. Ich hatte mit Künstlerverträgen zu tun, nicht mit der Kunst selbst. Ich beschloss, an der Uni eine Habilitationsarbeit zu beginnen, mich mit Kunstförderung und Kunstfreiheit zu befassen, etwa Vergleiche zwischen Deutschland und den USA. Und da ich im bayerischen Kulturministerium auch für die Münchner Staatsoper zuständig war, drängte sich eine Recherche an einer US-Oper auf – in San Franzisko zum Beispiel.

Ich war 33 Jahre alt bei meinem ersten USA-Besuch. Die Erfahrungen in San Franzisko hatten mich überrascht. Diese Energie, mit der das Leben hier vorantrieb. Aber auch das Einfühlungsvermögen der Menschen, ihre Freundlichkeit. Ich blieb zwei Monate und flog ein Jahr später, 1979, wieder nach San Franzisko. Dann schrieb ich die berühmte Postkarte: »Ich komme nicht mehr zurück.« Ich hatte mich entschieden: Nie mehr Arbeit in einer Behörde, nie mehr Untertan in einer Firma. Meine Faszination für Musik war unverändert. Nur, ich kannte viele Musiker, und die wurden, meist, schlecht bezahlt. Und meine Angst war: Du spielst nur irgendwo hinten mit und ärgerst dich über den Dirigenten.

Kammerorchester hatten es mir besonders angetan. Inzwischen hatte ich meine Frau kennengelernt, eine amerikanische Pianistin – zwei Musiker in einer Familie? Noch ein Problem! Schließlich habe ich mich mit einem Geigenbauer zusammengetan und habe Geigen verkauft, kostbare Geigen, sogar eine Stradivari. Wir waren finanziell erfolgreich, aber es war ein aufreibendes Geschäft. Ich habe die Versteigerungen geliebt, denn wertvolle Geigen sind Kunstgegenstände. Es ist mir dann tatsächlich gelungen, eine »Guadagnini« zu erwerben, ein wunderschönes Instrument, noch besser als manche »Stradivari«. Ich habe mein gesamtes Geld zusammenkratzen müssen, um die kaufen zu können. Und dann? Dann habe ich mich entschlossen, sie zu behalten. Letztendlich hat mir der Schnaps geholfen, diese Verrücktheit zu überstehen.

Die Brennerei hatte ich damals schon in Gang gebracht. Ich hatte mich an Pressemeldungen über ein »wine tasting« zwischen USA-Weinen und Bordeaux-Produkten erinnert und an die Überraschung, nein Sensation: Die amerikanischen Weine wurden besser bewertet als die französischen. Das brachte mich auf den Gedanken: In Kalifornien regnete es selten, die Früchte waren hervorragend. Also musste es doch tolle Brände geben, Apfel, Birne, Kirschen. Ich habe mir auf einem Weingut zwischen Oakland und Berkeley einen kleinen Schuppen gebastelt, 20 Quadratmeter, und eine Brennerei eingerichtet (Amerikas erste Obstbrennerei). Die praktische Seite war Kinderkram im Vergleich zur Bürokratie: Nichts wird in den USA bürokratischer kontrolliert als die Alkoholproduktion und -einfuhr. Erhöht wurde die Problematik durch meinen Pioniereinsatz. Die Kontrolleure kamen in meine Bretterbude und wollten wissen: Wo steht die automatische Abfüllanlage? Ich produzierte gerade mal 40 Kisten im Jahr. Das größte Problem für die Bürokraten ist nicht die Produktion, sondern die Verkaufskontrolle in den Bundesstaaten. Erinnern wir uns an die »Prohibition« – als die 1933 aufgehoben wurde, haben sich die Bundesstaaten das Recht vorbehalten, den Alkoholverkauf zu regeln. In jedem Staat muss man als Wein- oder Schnapshändler mit einem Großhändler arbeiten, der vom Staat zugelassen ist. Für diese wenigen Importeure und Großhändler sind die kleineren Produzenten wenig interessant.

Ich habe 18 Monate für meine Genehmigung gekämpft. Mein Jurastudium hat mir alles natürlich leichter gemacht. Die wissen am Ende immer noch nicht, was in meiner Brennerei abläuft, letztlich ist denen das auch egal, solange alles gemacht wird, wie es im Buch steht. Ein Wunder in Amerika ist wiederum diese zwischenmenschliche Ebene: Wie sich Menschen treffen, Interessen anziehen. Ein Schweizer Student, der an einer Weinbauschule in Wädenswil am Zürichsee seinen Abschluss gemacht hat, bewarb sich bei mir um einen Job. Er kannte sich aus in der Brennerei, seine Familie produzierte Obstler. Über ihn habe ich einen Kontakt zu Hans Tanner, einem hervorragenden Schweizer Chemiker der Eidgenössischen Forschungsanstalt, herstellen können, der mit den modernsten Entwicklungen vertraut war. Dem verdanke ich sehr viel.

Ich war relativ zufrieden mit meinem Produkt. Konkurrenz existierte nicht, zumindest nicht im Großraum San Franzisko. Meinen ersten Birnenschnaps habe ich persönlich in einem berühmten Restaurant der Stadt vorgestellt. Der Besitzer hat mir zugehört, ist aufgestanden und mit einer schönen Flasche zurückgekehrt, einem alten »Poire Williams«. »Das ist das, was Sie mir anbieten?« »Genau das.« »Dann habe ich gute und schlechte Nachrichten; ich würde Sie gern unterstützen, aber diese Flasche Birnenschnaps, ein edler Tropfen, lagert bei mir seit fünf Jahren.« Unverkäuflich.

Tatsache ist: Amerika hat eine Cocktail- aber keine Branntweinkultur; ein Gin Tonic, eine Bloody Mary vor dem Essen, Alka Seltzer danach. Aber kaum Cognac, wenig Calvados, selten ein Birnenschnaps oder Kirschwasser. Ich bin selbst kein großer Schnapstrinker, jedoch Optimist. Amerika hat sich neuen Trends immer wieder geöffnet: Vor drei, vier Jahrzehnten waren weder Mineralwasser en vogue noch Croissants, Kaffee entsprach eher dunkler Brühe, heute existieren Tausende von »Starbuck's«, »Coffee Bean's« und wie sie alle heißen. Früher habe ich nur Importbier getrunken, jetzt ist gutes amerikanisches Bier im Angebot. Amerikaner haben zum Steak mit Pommes Kaffee getrunken oder Tonic Water. Heute ist ihre Weinproduktion eine der größten der Welt und »Napa Valley« bringt italienische Winzer in Chianti, französische Schlossherren im Burgund oder Bordeaux um ihren Schlaf. Aber wir kommen über eine gewisse Grenze nicht hinaus, weil die Restaurants nicht mitziehen. Europa denkt anders: Sobald du an einem Tisch sitzt, gehört der dir, notfalls bis Mitternacht. Einen Cognac, einen Calvados, eine Birne. Und noch eine. Drüben. Nicht hier. Amerikanische Kellner bieten keinen Schnaps an, sie bringen stattdessen, unaufgefordert, die Rechnung. Goodbye. Wir brauchen den Tisch für die nächsten Gäste. Wenn ich bei Amerikanern eingeladen bin, dann bringe ich ihnen eine Flasche Schnaps mit und hoffe, dass sie ihn trinken.

Ich bin Sternzeichen Stier und entsprechend stur. Ich bin überzeugt, dass wir uns durchsetzen, weil ich mein Konzept, meine Strategie, geändert habe. Ich setze vermehrt auf Wodka, ein Getränk, das die Amerikaner kennen und mögen. Wir haben mit Frucht-infundiertem Wodka begonnen, aus gesetzlichen Gründen nennen wir ihn »flavored Vodka«, tatsächlich wird der wie Geist hergestellt. Wir nehmen nicht vergärte Zitrusfrüchte, legen die in Alkohol und destillieren sie erneut. Die Großhändler schätzen unseren Wodka und nehmen uns zugleich Schnaps und Whisky ab. Unsere kleine Firma macht ordentliche Geschäfte, denn je schlechter die Zeiten, desto mehr wird getrunken.

Ich habe in den USA praktisch keine deutschen Freunde, ich habe mich oft daran gestört, wie viele Vorurteile sie gegen die Amerikaner vorbrachten. Amerika freilich durchwandert derzeit ein Tal, das mich irritiert, die politische Situation belastet mich. Das, was Amerika an moralischer und wirtschaftlicher Führung vorzuweisen hatte, ist unter Georges Busch vernichtet worden. Unter ihm beobachteten wir den Ausverkauf an den Militarismus, der schon für andere Kulturen der Anfang des Abstiegs und Niedergangs war. Die Hoffnung, dass dieser Trend gestoppt wird, liegt jetzt allein bei Obama.

Ich habe meine Produktionsstätte verlegt: auf einen ausgemusterten Marine-Militärflughafen (in Alameda), an der Bay von San Franzisko. Dort, wo einst die Propeller-Maschinen, später Jets parkten, stehen nun meine Brennkessel, made in Germany. Kunden und Freunde, die den Stützpunkt erreichen, sind zunächst verwirrt: Ein Wachhäuschen an der Einfahrt, frisch gestrichen, nur ist kein Militärpolizist zu sehen. Alles scheint wie aus längst vergessenen Grandeur-Zeiten, Zweiter Weltkrieg, wundervolle Gebäude im Stil der Dreißigerjahre. Maschinen-Zeit, ein wenig Art déco. Nostalgie zieht über die Landebahn. Und mit ihr eine neue Botschaft: Schnaps statt Krieg.

.

Maria Schicker dachte zuerst, sie sei im Film. Neben ihr bremste ein Wagen, mit quietschenden Reifen. Vier Männer, alle im Trenchcoat, umringten die junge Frau, 21, blond und hübsch, die sich auf dem Weg zur Arbeit befand. Es war kein Kino, es war die DDR. Maria Schicker wurde festgenommen und verschwand im Grau des ostdeutschen Staatssicherheitsdienstes, Standort Gera, Thüringen. Sie hatte sich kritisch geäußert über diesen Staat, »ein Konstrukt der Angst«, und war wohl denunziert worden. Die Stasi konstruierte eine fantasievolle Anklage, es reichte für zweieinhalb Jahre Haft. »Ich war weg«, schildert Maria Schicker den landesüblichen Vorgang. 18 Monate hielt sie durch. Prügel gab es ständig, wenn gefoltert wurde, drehten die Wachen die Musik lauter. Schließlich wurde sie von der Bonner Regierung und Amnesty International 1977 freigekauft, wie damals viele politische Gefangene. Maria durfte in den Westen ausreisen. Sie besann sich auf ihr Talent zum Schneidern und Malen, machte Karriere als Kostümbildnerin bei Film und Fernsehen, lernte bei Dreharbeiten einen Mann aus Los Angeles kennen, heiratete den – und war 1994, gleichsam über Nacht, Amerikanerin. Die Kostümbildnerin Schicker setzte sich auch in der neuen Heimat durch, wurde für den »Emmy« nominiert – sozusagen der »Oscar« des Fernsehens. Das lichte und farbige Leben der Kalifornier gefiel ihr von Anfang an. Maria arbeitet auch als Malerin, inspiriert von dem »besonderen Licht« in Los Angeles, und stellt aus. Sie kann damit auskommen, dass die Amis »immer freundlich sind, solange man sich im Konkurrenzkampf nicht in die Quere kommt«. Und sie war überrascht über »die Armut der politischen Debatte, die kulturelle Wüste. Die Naivität. Die Brutalität«, all das, was sie auf dem American way of life so begleitet. Im November 2008 hat sie Obama gewählt. Vielleicht wird sie sich jetzt eines der schmucken Häuschen in den Hügeln von Los Angeles kaufen. Von Grau hat sie genug, und diese Häuschen sind »so bunt und gut gelaunt wie die Menschen hier«.

Maria Schicker

»Für Staatsfeinde war der Tod immer natürlich.«

Gera ist mein Geburtsort, Thüringen, im Osten Deutschlands. Heimat von Goethe, Schiller, Bach, Nietzsche, den Giganten deutscher Kultur, aber auch »the dark side of the moon«: Buchenwald, deutsche Schande.

Ich werde mich bis ans Ende meiner Tage an den Skoda erinnern, der in Gera neben mir stoppte – mit kreischenden Bremsen. Vier Männer im Trenchcoat umringten mich. Ein schlechter Spielfilm? Nein, die Wirklichkeit in der DDR. Ich war 21. Im schönsten Thüringisch erklärten die Männer: »Zur Klärung eines Sachverhalts bitte mitkommen.« Wir hatten schon »Wanzen«, die Abhörmikrofone, in unserer Wohnung entdeckt, wahrscheinlich auch zur Klärung eines Sachverhalts – Widerstand gegen das Regime. Erstmals konnte ich nun die Gesichter dieser anonymen Macht sehen, die, wie sich später herausstellte, aus etwa jedem sechsten DDR-Bürger einen Spitzel machte.

Der Trenchcoat war ihr Arbeitsanzug, und schwarzes Leder, auch das wahrscheinlich von der Gestapo übernommen. Am ersten Tag bin ich nur verhört worden – Namen, Adressen, Treffen. »Sie hatten die Absicht, die Republik zu verlassen, gesetzeswidrig. Sie sind, wurde uns zugetragen, in der antipolitischen Agitation engagiert.« – Ein großes Wort damals. Drei Wochen vor der Verhaftung hatte ich geheiratet. Nun war ich im Prinzip weg. Nein, nicht im Prinzip. Ich war weg. Noch am Abend der Festnahme wurde ich in die Untersuchungshaft gebracht. Anwalt anrufen? Eltern, Ehemann? Keep dreaming, baby. Verhöre, kein Telefon. Vier Monate lang. Vor mir waren Akten ausgebreitet. Daten, Wohnorte, Kneipen, Namen. Der Fahrplan meines Alltags. Mein Mann wurde in einem anderen Raum verhört. Und auch ein Freund, der in unserer Wohnung so manches Mal übernachtet hatte. Ein angeblicher Freund, heute zumindest bin ich nahezu sicher: Er war ein Spitzel. Beweisen kann ich nichts. Ich habe keinen Fingerabdruck, kein Abhörprotokoll. Ich kann allerdings eins und eins zusammenzählen. Die haben ihn festgesetzt, um ihn zu decken, nichts anderes.

Vorbei. Ich war nicht mehr ich selbst. Ich saß in Gefangenenkleidung in einer Einzelzelle. Allein mit der Stille. Diese Ungewissheit und tausend Fragen ohne Antwort – Spitzel saßen nebenan. Selbst unter der Dusche war keine Ruhe. Nackte, die den Staat destabilisieren wollten. Absurd. Ich habe meine Tränen unterdrückt. Vor diesen Scheißkerlen, diesen Scheißweibern, die mich 24 Stunden am Tag beobachteten, selbst auf dem Klo, wollte ich nicht zusammenklappen, um Gnade bitten. »Das Wort Gnade in einem sündigen Mund«,

hat Shakespeare geschrieben, »ist nur Entweihung.« Der Staatssicherheitsdienst hat meine Eltern informiert: »Ihre Tochter ist wegen staatsfeindlicher
Hetze verhaftet worden.« Sie konnten mich besuchen, ich wollte ihnen jedoch
in meinem desolaten Zustand nicht gegenübertreten. Nach meiner Erklärung,
dass ich den Besuch nicht wolle, hat der Staatssicherheitsdienst meine Eltern
dennoch vorgeführt. Wahrscheinlich erhofften die sich einen Nervenzusammenbruch, Tränen mit anschließender Beichte, sobald meine Eltern vor mir
säßen – an einem Tisch, beäugt und durch eine Trennwand aus Glas isoliert.

Mein Vater war ein starker und kluger Mann. Bei unserer Begegnung hat
er sich zusammengerissen, obwohl ihm nicht entgangen war, wie der Knast
mir äußerlich und innerlich zusetzte. An seinen Gesten, Handbewegungen,
Augen, eine Art instinktive Geheimsprache, habe ich deuten können, dass er
hinter mir steht. Ohne Wenn und Aber. Ich war irre stolz auf ihn.

Ich wusste von seinem Republikverdruss, dem quälenden Gefühl, eingesperrt zu sein. Mein Vater ist nie Parteimitglied geworden, aber er war trotzdem
privilegiert. Er hat sich arrangiert, wie man sich unter einer Diktatur anpasst.
Da er erfolgreicher Techniker war und für Staatseigene Betriebe wichtige Arbeit
leistete, durfte er auch nach dem von Walter Ulbricht und Nikita Chrutschow
betriebenen Mauerbau anno 1961 in den Westen reisen, zu Messebesuchen
etwa. Seine Frau und seine beiden Töchter blieben als Pfand zurück. Mein Vater
war es, der mir zum ersten Mal von Amerika erzählte. Er war Kriegsgefange-
ner in Boston und in England gewesen, fünf Jahre insgesamt. Mein Vater war
16, als er eingezogen wurde. 16 und ein dünner Hering, wie ich auf einem Foto
erkennen konnte. Als er heimkehrte, gab's den Hitler nicht mehr. Im Osten
Deutschlands, in der sowjetisch besetzten Zone, hatten Wilhelm Pieck und die
sowjetischen Sponsoren anno 1949 das Erbe des Faschismus übernommen.
Mein Vater, von Beruf Feinmechaniker, war ein Bastler, ein Tüftler. Wenn ich
ihn in seiner Werkstatt besuchte, hat er mir seine Gedanken zur DDR anvertraut,
seine Kritik. Seine Sicht war sicher die Basis für meine Regimekritik. Ich wollte
Freiheit. Welche Freiheit? Frei denken, reisen, kritisch fragen, zu meinem Gott
beten, nicht Stalin anhimmeln und Mao, Pieck, Ulbricht, Honecker, Castro.

In meiner DDR-Schule waren kritische Fragen nicht zugelassen. Amerika?
Kein Thema. Und wenn, dann war es negativ besetzt. Sie waren die Bösen,
der Fluch der Welt, die den Indianern das Land gestohlen hatten, die Vietnam
mit Napalm entlaubten. Das traf zu. Aber es war nur die halbe Wahrheit. Und
prozentual gesehen war das immer noch mehr Wahrheit als das, was uns Karl
Eduard von Schnitzler von 1960 bis 1989 Woche um Woche montagabends in
seinem »Schwarzen Kanal« vorsetzte – Hetze, die pure Polemik. Die DDR war
ein Konstrukt der Angst. Oder anders gesagt: Dieses Kartenhaus wurde durch

Einschüchterung, Bedrohung, Freiheitsentzug zusammengehalten. Rund 300 000 DDR-Bürger insgesamt wurden wegen politischen Widerstands oder versuchter Republikflucht verhaftet, angeklagt und eingesperrt. Ich war kein Widerständler, keine DDR-Kopie der edlen Sophie Scholl. Sie war eine Heldin. Punkt. Ich war Systemkritikerin. Man traf sich unter Freunden, zu fünft oder zu zehnt, und diskutierte über die negativen Seiten des Regimes. Die Unterdrückung der Meinungen, der Religion. Den Sinn oder Unsinn der Mauer. Von 1949 bis zum Mauerbau sind etwa 2,5 Millionen Bürger aus dem Arbeiter- und Bauernstaat geflohen, zwischen 1962 und 1989 überwanden, immerhin, 5000 den Todesstreifen.

Der Prozess gegen mich war Theater, mehr nicht. Volksbühne. Im Gerichtssaal war Publikum zugelassen, vornehmlich Staatssicherheitsleute. Vielleicht auch mein Verteidiger. Ich kann mich an ihn nicht erinnern. Diesem System war zuzutrauen, dass mein Ankläger auch mein Verteidiger war oder umgekehrt. Beide wurden von der Macht entlohnt. Absurd das Ganze. So absurd wie die Betonmauer. Absurd wie die Anklageschrift. Sie war unendlich lang. Wunderbar erfunden. Sie haben eine Frau angeklagt, die ich nicht kannte. Weder ihren Charakter noch ihre Überzeugungen. Die haben eine Figur aufgebaut, die mit mir nichts zu tun hatte. Meinen damaligen Mann, Jörg, habe ich erst im Gerichtssaal wiedergesehen. In der Verhandlungspause wurden wir in Handschellen vor dem Gerichtssaal auf eine Bank gesetzt. Keine Emotionen. Keine Tränen. Zwei Gestalten, zwei Opfer des Regimes. Wir hatten uns seelisch und physisch verändert. Waren gealtert. Abgestumpft. Jörg wurde zu 4 ½ Jahren, ich zu 2 ½ Jahren Haft verurteilt.

Für die nächsten 18 Monate meines Lebens sollte ich in der Dunkelheit verschwinden – im 1861 gegründeten, königlich sächsischen Weiberzuchthaus Hoheneck, Sachsen. Burg Hoheneck, das größte Frauenzuchthaus der DDR. 1974 zählte der Knast 1612 Frauen, zu 40 Prozent politische Häftlinge. Wie beschreibt man den Geruch von derart vielen Menschen, die wie im Zoo hinter Gittern leben? Diese Ausdünstung von Depressionen, Angst, Einsamkeit, Gewalt. Frauen, die sich gegen die Unterdrücker empörten, neben Frauen, die ihre Kinder erstachen. Das war System. Alles war System. Die Kriminellen wurden als Spitzel gegen die Politischen eingesetzt – gegen Vergünstigungen.

Auch hier war ich wieder, wie die Kreaturen in Orwells »1984« unter Beobachtung und Kontrolle. Mein Weg führte in die Dunkelheit, in die Abgründe menschlicher Niedertracht, in die Verhöre und Einzelhaft. Prügel von den Aufseherinnen war normal. Hungerstreiks gab es, immer mal Widerstand. In meiner Haftzeit sollen 70 Gefangene gestorben sein. Eines natürlichen Todes, hat der Amtsarzt wahrscheinlich auf der Sterbeurkunde bestätigt. Für Staatsfeinde, so die Logik, war der Tod immer natürlich. Die Frauen, die uns bewachten, waren brutal. Bittere, harte Geschöpfe, die in diesem kafkaesken Inferno für die Weltherrschaft des Kommunismus ihre Mitmenschen quälten – sobald gefoltert wurde, stellten die Wachen überlaute Musik an. Beethoven und Wagner übertönten dann die Schreie.

In den unteren Verliesen sickerte Wasser durch die Zellenwände und bedeckte den Steinboden. Die Betten waren aus Beton gefertigt und Frauen, die diszipliniert werden oder sterben sollten, mussten ohne Decken schlafen. Spätestens nach einer Woche in diesem Wasserloch wurde der geschwächte Körper vom Fieber erfasst, dann kam die Lungenentzündung. Die von den Amerikanern auf Kuba etablierten Folterzellen, die Exzesse amerikanischer Verhörspezialisten in Bagdad und die Verschleppung angeblicher oder wirklicher Terror-Sympathisanten durch CIA-Agenten haben mich nicht nur empört. Ich fühle mich in meiner Überzeugung bestätigt, dass eine Internationale von Geheimdiensten existiert und wir allesamt Marionetten sind, mehr nicht. Ich glaube sofort, dass es im Osten, in den ehemaligen Vasallenstaaten Moskaus, US-Geheimdienstlager gegeben hat und immer noch gibt, in denen »Vernehmer« oder ihre Komplizen den vermeintlichen oder wirklichen Feinden die Daumenschrauben anlegen. Dennoch: Wir können verzweifeln an unserer Demokratie, aber sie ist immer noch kritikfähig, bereit, Übel durch die Medien aufzudecken und in Parlamenten zu diskutieren – im Gegensatz zu den sogenannten Kommunisten.

Über die Folter, die auch ich ertragen habe, hat der französische Schriftsteller Michel Eyquem de Montaigne wahre Worte gefunden: »Wer die Qualen der Folter aushalten kann, sagt die Wahrheit nicht, und wer sie nicht aushalten kann, auch nicht.« Ich war mit 29 Frauen in zwei ineinander übergehenden Schlafräumen untergebracht. Eine Dusche. Zwei Toiletten. Wir mussten arbeiten – acht Stunden täglich. Ich habe Bettwäsche und Hemden für »Quelle« genäht, sozialistischer Arbeitsdienst für den Kapitalismus im Westen. Andere Gefangene haben Möbel für »Ikea« hergestellt. Wir verfügten weder über einen Fernseher noch über Bücher. Allmonatlich war ein Agitationsnachmittag angesetzt: die Vorführung regimefreundlicher Filme. Einmal habe ich mich zum Hungerstreik entschlossen. Der versprochene Besuch meines Mannes war verschoben worden. Aber es hat nichts gebracht. Sie sagten nur: »Wenn Sie, Strafgefangene Schicker, nichts essen wollen, werden wir Sie nicht zwingen.«

Drei Wochen habe ich durchgestanden, dann wurde ich zur Knastkommandantin, Oberstleutnant Bartsch, geführt: Sie hat mich gehasst, weil ich mich nicht unterwerfen wollte. »Strafgefangene Schicker, wie soll es jetzt weitergehen? Sie wissen, Ihr Verhalten kann zu Strafverschärfung führen, mit ungeahnten Konsequenzen.« Besserung habe ich ihr nicht versprochen, ich wollte einfach dieses hämische Grinsen der Genugtuung nicht sehen oder einen Satz hören wie:»Einsicht ist nie zu spät, wir werden uns in Zukunft sicher besser verstehen. Abtreten, Strafgefangene Schicker.«

18 Monate bereits diese Eintönigkeit, der dumpfe Gestank verzweifelter Frauen, die ihre Sexualität unterdrückten und praktisch ohne Pflege und Hygiene lebten. Wir, die Gefangenen, wussten, dass Westdeutschland politische Häftlinge freikaufte. Die Transporte gingen spärlich, obwohl die DDR mit der harten Valuta dringend rechnete. Egon Bahr führte erfolgreiche Verhandlungen. Seit 1964 bis zum Ende der »Deutschen Demokratischen Republik« wurden Polithäftlinge freigekauft. Ich weiß heute: Insgesamt sind 33 755 DDR-Bürger für 3 346 900 755 Mark und 12 Pfennige freigekommen. Die 12 Pfennige hat wahrscheinlich Bonn für mich bezahlt ... nein, nein, diese Ungewissheit verzehrte meine Seele, zerstörte meine Nächte. Wann? Wohin? Womöglich nie. Täglich wurde die eine oder die andere abgeführt und kehrte nie mehr zurück. Nach unten, ins Verlies, oder in die Freiheit, gen Westen?

»Strafgefangene Schicker, packen Sie Ihre Sachen. Mitkommen.« An die Grenze? Bitte, jetzt! Stattdessen wieder Stasi-Verhör. Und ein Angebot:»Wir lassen Sie ausreisen. Wie wär's, wenn Sie aus dem Westen für unseren Dienst berichten?«»Ihr ekelt mich an«, habe ich geantwortet. Eine solche Bemerkung hätte mich direkt in die Nasszelle katapultieren können. Mir war's wurscht. Doch stattdessen schoben die Stasi-Leute mir Dokumente zur Unterschrift vor. Entlassung aus der Staatsbürgerschaft der DDR und die Ausreisepapiere. Mein Herz schlug bis zum Anschlag. Kein Schlaf mehr. Warten auf die Freiheit, Abreise in das andere Deutschland, das ich nicht kannte. In der Effektenkammer musste ich mir die Bekleidung abholen, die ich 18 Monate zuvor getragen hatte. Eine makabre Reise in die Vergangenheit.

Im Bus, der uns über die Grenze in den Westen bringen sollte, saß vorn ein Staatssicherheitsmann. Der Deutsche-Ost fuhr bis zur Grenze mit, stieg aus und begrüßte den Deutschen-West, einen Kollegen vom Verfassungsschutz. Offenbar kannten sie sich, Handschlag. Schulterklopfen, wie auf der Kegelbahn. Dienst für den Staat. Der Busfahrer drehte das Kennzeichen – von Ost nach West. Der Schlagbaum hob sich, wie ein letzter Gruß der DDR an uns. Ich war frei. Staatenlos. Arbeitslos. Voller Hoffnungen. Aber wieder in einem Lager. Notaufnahme Gießen. Keine verschlossenen Türen mehr, aber erneut Verhöre: Bundesnachrichtendienst. Wieder ein Beamter, der dem Staat zutrug.

Diesmal für die Freiheit. Zwei Wochen Lager. Ich wollte raus. Gleich wohin, scheißegal. Die Beamten boten mir die westdeutsche Staatsbürgerschaft an und überreichten mir, wie allen anderen Leidensgenossen, 200 Mark netto. Alles Gute, sagte der Herr vom BND, der einen grauen Anzug trug, eine graue Krawatte und braune Wildlederschuhe. Jörg, mein Mann, wurde drei Monate nach mir aus der Haft entlassen. Er hatte es geschafft, mir die Adresse von Verwandten zukommen zu lassen, die in Oberfranken lebten. Das waren konservativ ausgerichtete Leute, kleinbürgerlich. Aber sie haben mich wie eine Freundin aufgenommen. Sie waren nett und hilfsbereit – nur haben sie nie verstanden, was ich in der Hölle ertragen musste, wie das KZ-Dasein mir zugesetzt hatte. Ich brauchte Zeit, mich zu finden. Ich wollte mir den Ballast von der Seele reden, die Haftzeit, aber sie wollten oder konnten mir nicht zuhören. Ich bin dann weitergezogen. Auf der Suche nach mir selbst. Auf Entdeckungsreise in ein anderes Land, das Deutschland hieß und sich nicht demokratisch nannte, sondern danach strebte, es zu sein.

Meine Eltern hatten kein Telefon. Ich habe im Haus gegenüber angerufen, bei Nachbarn. Das waren Spitzel, klar, aber mir war das egal. Ich war auf einem anderen Planeten, einer anderen Umlaufbahn. Ich hörte die Stimme meines Vaters, meiner Mutter. Erleichterung, Erlösung. Jörg und ich, wir sind Freunde geblieben, wie in Gera und auch noch während der Kerkerzeit – gemeinsame Vergangenheit. Und dann war ich wieder allein. Nein, umgeben von 50, 60 Millionen Konsumenten. Von Werbung. Mercedes. Deutsche Bank. Cafés. Delikatessen-Läden. Italienischen Eisdielen. Ich habe Geschichten von Zuchthäuslern gelesen, die nach 10, 20 Jahren hinter Gittern ihre Geschmacksnerven verloren hatten, weil die trostlose Knastkost ungesalzen und ungewürzt war. In der Freiheit wussten sie in den ersten Wochen nicht, ob sie Zitroneneis aßen oder Currywurst. Alles schmeckte gleich. Ich musste mich an den Konsumüberfluss auch erst gewöhnen – der mich abschreckte und zugleich anzog.

Paradox – schließlich fand ich einen Job in München, in einer Boutique. Nicht erst im Knast hatte ich an der Nähmaschine gesessen. Meine Mutter hatte mir das Schneidern beigebracht. Ich hatte zudem das Gefühl für Farben und habe gemalt, einfach so. Mir gefiel der Job, weil ich nicht nur für Änderungen eingesetzt wurde, sondern, allmählich, auch Kleider entwerfen und nähen konnte. Christine Kaufmann und George Tabori zählten zu den Kunden und andere, die im Filmgeschäft oder in der Werbung tätig waren. Eine Kundin engagierte schließlich mich, die Republik-Verstoßene, als Stilistin. Mein erster Job war ein Werbespot für Nivea. Dann kam der erste Film, »Beate S.«, und ein weiterer Kostümeinsatz in Rom, »The Little People«, ein Zweiteiler fürs Fernsehen, eine deutsch-italienische Koproduktion. In Rom erlebte ich zum ersten Mal dieses ganz besondere Licht. Warme, vibrierende Farben. 1982 habe ich dann an einem Film gearbeitet, in dem Armin Mueller-Stahl, ein DDR-Landsmann, wenn man so will, die Hauptrolle spielte – »Der Westen leuchtet«.

Soviel stand inzwischen fest: Ich hatte das berühmte »Händchen« für Stoffe, Kostüme, Epochen. Ein Projekt, in Österreich 1994 gedreht, hatte es mir besonders angetan: »Hasenjagd – vor lauter Feigheit gibt's kein Erbarmen«. Eine dramatische, wahre Geschichte. Dieser Film hatte weitreichende Folgen: Am Drehort, im ehemaligen KZ Mauthausen, lernte ich einen Amerikaner kennen, der zur Filmcrew gehörte. So ist das mit der Liebe – plötzlich war München, war Berlin, wo ich mich unterdessen niedergelassen hatte, nicht mehr meine Priorität. Ich wollte Kostümbildnerin bleiben. Und den Kerl haben. Blieb eine Möglichkeit: L.A., sein Wohnort. Und: Hollywood. Ich hatte mit diversen Film- und Fernsehprojekten ausreichend Geld verdient, musste nach meiner Ankunft in Kalifornien, im April 1994, nicht sofort Arbeit finden.

Amerika hatte mich bis dahin eigentlich nicht wirklich interessiert. Es gab noch so viel zu entdecken – in Europa. In der DDR hatte ich statt Englisch Russisch gelernt und ich liebte Italien. Freundlich waren sie zu mir in L.A. Ich glaubte, das sei eine Reaktion auf meinen Charme oder weil ich blond war und mit Akzent sprach. Dieser Eindruck war falsch. Sie sind immer freundlich hier, solange man sich im Konkurrenzkampf nicht in die Quere kommt. Das habe ich früh bemerkt und das erlebe ich auch noch heute. Das also war die Weltmacht, der Todfeind Moskaus. Ich war überrascht. Über die Armut der politischen Debatte, die kulturelle Wüste. Die Naivität. Die Brutalität. Den Konsum. Die Obdachlosen, die wie Fliegen vom kapitalistischen Kuchen vertrieben werden, unter Brücken hausen, in Metalltonnen, in Pappkartons auf der Straße liegen wie Müll. Ich war überrascht über Türschlösser, die sich anders drehten als bei uns.

In L.A. existiert eine »Costume Designers Guild«, die als »Local 892« eine Unterabteilung der »International Alliance of Theatrical and Stage Employees« ist. Über 700 Kollegen in einer Stadt. Es gibt nicht für alle Arbeit, also gibt es Konkurrenzkampf. Ich musste eine Aufnahmeprüfung bestehen und das Kostümbild von drei verschiedenen fiktiven Filmen entwerfen: ein Projekt aus dem 16. Jahrhundert, eines, das in den Sechzigerjahren stattfand, und Nummer drei, ein Script, das in der Zukunft spielte. Research, zeichnen, Stoffe finden, Schnitte entwickeln, Kostüme entwerfen, budgetieren und zu guter Letzt die Präsentation des Ganzen. Sechs Wochen Zeit für diese aufwendige Arbeit. Ich wurde aufgenommen. Also – Gewerkschaftlerin war ich jetzt, akzeptiert von der Gemeinschaft der Filmschaffenden. Enttäuschungen blieben mir gleichwohl nicht erspart: Die Geschichte mit einer »Georgia O'Keefe«-Produktion, Hauptrolle Ben Kingsley, ist mir besonders nahe gegangen. Ich hatte die Kostüme für die Darsteller entworfen und angefertigt, 500 Komparsenkostüme im schönsten Design der Zwanzigerjahre (für die Außenaufnahmen) vorbereitet, hatte alles in den Verleihhäusern in Hollywood zusammengesucht – und dann wurde das Projekt eingestellt, von einem Tag auf den anderen. In solchen Stunden der Enttäuschung tröste ich mich mit Bach, Miles Davis und ich male.

Kostümbildnerin ist ein wunderbarer Beruf. Kreativität und Handwerk sind gefordert, und oft haben wir mit unseren Designs erheblichen Einfluss auf die Modetrends. Edith Head beispielsweise, eine historische Figur in Hollywood, hat die Darsteller in mehr als 500 Filmen eingekleidet und ist mit acht Oscars und 35 Nominierungen geehrt worden. Sie war es, die aus Audrey Hepburn diese Kind-Frau gestaltete, die Greta Gabor und Grace Kelly zu Ikonen machte – das war nicht der Regisseur allein. Die Kostüme waren's auch. Von 1938 bis 1967 war Edith Head Chefdesignerin für »Paramount«. Der legendäre Produzent Samuel Goldwin hat sogar Mitte der Dreißigerjahre Coco Chanel nach Hollywood geholt, allerdings war sie weniger erfolgreich. Leider haben sich inzwischen Modemacher ins Metier gedrängt, Armani zum Beispiel oder Ralph Lauren. Sie zahlen den Produzenten unglaubliche Summen, damit sie zumindest die Hauptdarsteller einkleiden dürfen, als »product placement« , wie das in der Branche genannt wird. Für mich, für die Kollegen bedeutet das nicht allein Umsatzverlust, sondern auch eine kreative Katastrophe.

Nach vier Jahren kam die Scheidung von meinem Ami. Plötzlich war ich allein in Los Angeles, dieser Stadt, in die Gera 100 Mal hineinpasst. Schon nach dem Fall der Mauer hatte ich mir die Frage gestellt, ob ich nach Ost-Deutschland zurückkehren sollte, patriotisch formuliert, zur Mitarbeit an der Wiedervereinigung. Meine Freunde in Gera erklärten: »Um Gottes willen, nein. Bist du wahnsinnig?« So mancher Nachbar hatte Selbstmord begangen, weil die Enttäuschung über die neue Welt stärker war als die Hoffnung. Ich lebte inzwischen in einer anderen Welt. Nein, habe ich mir dann gesagt, nur wegen der Scheidung gehe ich nicht nach Deutschland zurück. Ich wollte nicht das berühmte Handtuch werfen. Das kann es nicht gewesen sein, war meine Überzeugung und das war richtig. Ich hatte Zeit, zu malen und meine Werke in Galerien, etwa im kalifornischen Küstenörtchen Venice, auszustellen.

Ich habe eine Firma gegründet, »Schicker Design«, und entwerfe nun für Privatkunden Kleider. Für meine Arbeit für die Mini-Fernsehserie »Hitler, The Rise of Evil«, in der Peter O'Toole den Reichskanzler Hindenburg darstellte, wurde ich für den »Emmy« nominiert, vergleichbar mit dem »Oscar« für die Fernsehwelt. Meine Kolleginnen haben mich 2004 und 2006 mit dem »Costume Designer Guild Award« geehrt, für »Excellence in Costume Design for TV«. 2007 bin ich erneut nominiert worden, für meine Arbeiten für die CBS-Fernsehserie «Cold case«, Geschichten über verstaubte Kriminalfälle, die nun, mit neuester Technologie, aufgedeckt werden.

Meine Welt in L.A. ist weiterhin auch von Deutschland mitgeprägt. Jährlich aus Anlass der »Oscar«-Verleihungen werden die deutschen Filmemacher in die Villa Aurora eingeladen, eine historische Stätte. In diesem im spanischen Stil erbauten Haus, oben in den Hügeln von Pacific Palisades, mit einem wunderbaren Blick über Santa Monica, hat Schriftsteller Lion Feuchtwanger von seiner Ankunft in Kalifornien 1943 bis zu seinem Tod 1958 gearbeitet. Die Witwe Feuchtwanger hat die Villa der »University of Southern California« (USC) vermacht, und die Uni hat sie an eine deutsche Stiftung verkauft. Hunderte drängen sich zur deutschen »Oscar«-Party: Kameraleute, Fotografen, deutsche Stars, deren Filme nominiert wurden, Produzenten, die sie finanzierten.

In der Villa Aurora hat mich bei einem solchen »Oscar«-Empfang auch die Geschichte eingeholt, meine eigene und die von Millionen DDR-Bürgern – »Das Leben der Anderen«. Endlich kann durch diesen mit einem Oscar bedachten Film eine neue Diskussion über Deutschland in Gang gebracht werden. Was passierte hinter dem Eisernen Vorhang, nach dem Ende des Holocaust? Der Regisseur Florian Henckel von Donnersmarck war gekommen, dazu reisten einige der Hauptdarsteller des Dramas an, das die Stasi-Schande dokumentiert, die Bespitzelung. Größer konnte der Kontrast nicht sein: Hier die Herrlichkeit, der Blick auf Palmen und den Pazifik, dort das düstere Ministerium für Staatssicherheit in der Normannenstraße in Berlin-Lichtenberg.

Ich besitze einen deutschen sowie einen amerikanischen Pass – vielleicht bleibe ich eine Reisende zwischen den Welten, zwischen deutschem Tiefsinn und Geschichte einerseits und der amerikanischen Einfalt und Toleranz auf der anderen Seite. Kalifornien lässt mich Maria Schicker sein. Vielleicht kaufe ich mir ein Häuschen, so ein buntes, gutgelaunt wie die Menschen hier. Ich entwerfe weiterhin Kostüme, für »Dark Street«, einen »Film noir«, wurde ich für eine »Oscar«-Nominierung vorgeschlagen. Eines meiner Filmprojekte heißt »Friendship« und ist die Geschichte von zwei Jungen aus Ostberlin, 1989, die nach dem Mauerfall durch die USA reisen und die kulturellen Unterschiede hautnah erleben. Für mich eine Zeitreise ganz besonderer Art. Fantasie und Interesse ist erforderlich in meinem Beruf sowie Selbstdisziplin. Vor allem aber der Glaube an mich selbst und die Neugier auf mehr. Ein ganz wichtiger Anker in meinem Leben ist meine Schwester und unsere Familie. Deshalb reise ich noch immer gern nach Gera in Thüringen.

»Steh gerade«, hat meine Mutter immer gesagt. Okay, mach' ich.

Cornelius Schnauber war Professor für deutsche Literatur, Geschichte, Rhetorik, Ausdruckskunde, Oper und Film an der »University of Southern California« (USC) in Los Angeles, und er schrieb, als sei all dies nicht genug für einen deutschen Gelehrten, auch noch Bühnenstücke und Romane. Seit 1966 bemüht sich der Wissenschaftler darum, deutsches Kulturschaffen in Amerika sichtbar zu machen (seit 1968 an der USC), und niemand schien dazu besser geeignet als ein Mann mit einer so enormen akademischen Spannweite. Schnauber gründete Institute und Museen, die diesem Zweck dienen sollten, und die Republik dankte es ihm ein wenig: Er erhielt das Bundesverdienstkreuz am Bande und dann auch noch eins »1. Klasse«. Nun ist der Professor emeritiert und er stellt sich die Frage, ob es die Mühe wert gewesen ist. Das Ergebnis solcher Mission ist schwer messbar, jedoch: Auffällig sind die Folgen der Kulturarbeit nicht. Deutsche Literatur zum Beispiel, so fand Schnauber auf langen, kalifornischen Testläufen heraus, ist in den Buchläden kaum zu haben. Dabei hätte gerade seine Wahlheimat die Chance gehabt, künstlerisches Potenzial aus dem deutschen Kulturraum an sich zu binden – vor Jahrzehnten schon, zur Nazizeit. Etwa 1500 Kunstschaffende hatten sich vor dem Hitler-Regime abgesetzt und waren nach Los Angeles und in die umliegenden Strandorte geflüchtet: Schriftsteller wie Thomas Mann und Bertolt Brecht, Alfred Polger oder Alfred Döblin, Theater- und Filmgrößen wie Max Reinhardt und Fritz Lang, Schauspieler wie Peter Lorre und Fritz Kortner. Doch diese Elite, so beschreibt Cornelius Schnauber das anschließende Desaster, entdeckte Amerika nicht und Amerika stellte sich blind, als die Verfolgten kamen. Erst nach einigem Druck wurde den außerplanmäßigen Zuwanderern die Tür geöffnet. Aber »die Menschen in der Diaspora waren entwurzelt, destabilisiert«, die meisten mittellos, fast alle ratlos. Es begann schon mit der Sprachbarriere, die vor allem den Theaterleuten den Zugang zur Bühne erschwerte. Billy Wilder, erst Drehbuchautor, dann Regisseur, hörte andauernd Sportreportagen, um sich im Englischen zu üben. Fritz Lang, schon Regisseur von Weltruhm, versuchte es mit Comics. Kaum einer fasste Fuß in der neuen Welt. Carl Zuckmayer beschrieb seine Gemütszustände Weihnachten 1939: »So einsam, so fremd, so gottverloren« sei er »niemals vorher oder nachher« in seinem Leben gewesen. Die Spuren dieses einzigartigen Flüchtlingsstroms sind verloren, eine kulturelle Hinterlassenschaft ist nicht auszumachen. Bei seinem Gang durch die Buchläden fand Cornelius Schnauber ab und zu mal einen Band Goethe oder Manns »Buddenbrooks«. Keinen Böll, nichts von Walser. Aber dann: In Santa Monica gab es einen Grass. Doch der stand unter »Reiseliteratur« und da ging es um seine Fahrt nach Kalkutta.

Cornelius Schnauber

»Genies vereint wie nie zuvor in einer Stadt«

»Denk' ich an Deutschland in der Nacht,
Dann bin ich um meinen Schlaf gebracht.«

Heinrich Heine, 1843

Eine göttliche Erleuchtung war's, wieder eine. Der Papst wird zur Päpstin, eine Frau auf dem Heiligen Stuhl, endlich Gleichheit. Der mächtige Kardinal im Vatikan wehrt sich gegen den Aufstieg des Weibes, obwohl die erhobene Maria der Revolution womöglich zugestimmt hätte.

Mein Theaterwerk sollte vor einigen Jahren in Sommerhausen, nahe Würzburg, uraufgeführt werden. Nur, heftiger Widerspruch, so ist mir zugetragen worden, habe die Premiere verhindert: Der örtliche Bischof habe, so wurde mir berichtet, mein Werk einem Kardinal namens Ratzinger in Rom zukommen lassen. Der inzwischen zum Heiligen Vater beförderte Bayer soll den Glaubensbruder in Würzburg aufgefordert haben, das auch von kirchlichen Geldern mitfinanzierte Theater anzuhalten, das teuflische Werk des (protestantisch getauften) Ketzers Cornelius Schnauber vom Spielplan zu streichen. Sonst – adieu göttliches Geld. Uns ist die Weisheit vertraut: Money talks. Also: keine Aufführung. Womöglich hat der Bischof den Gottesbruder Joseph Ratzinger nur vorgeschoben, überrascht hat mich die Reaktion freilich nicht. Ich bin 1939 in Freital-Rabenau bei Dresden geboren worden und folglich war mir Zensur vertraut: Ich habe als 16-Jähriger in der DDR mein erstes Theaterstück vorgelegt. Es wurde abgelehnt, weil ich darin einen utopischen, sozialistischen Staat zu Zeiten der Griechen beschrieben hatte. Und auch der war an Diktatur und Korruption gescheitert.

Seit 1968 lebe ich nun in Kalifornien, und ebenso lang bin ich an der »University of Southern California« (USC) in Los Angeles Professor für deutsche Literatur, Geschichte, Rhetorik, Ausdruckskunde, Oper und für Film gewesen. Zugegeben, ein weites, widersprüchliches Arbeitsgebiet. Auf der »Spiegel-Online«-Seite bin ich einmal als »Multi-Talent« und »Vielschreiber« qualifiziert worden, meine Themen seien »so gegensätzlich wie der Autor selbst«. Ich kann mit dieser Charakterisierung leben, denn sie trifft zu: Ich habe 25 Bücher verfasst, eine Biografie beispielsweise über den legendären Tenor Placido Domingo. Den, wie so manchen anderen bekannten Opernkollegen, stimme ich persönlich an der Oper auf schwierige deutsche Texte ein, bei Wagner-Inszenierungen etwa, die 2010 an der L.A.-Oper mit dem »Ring«-Festival besonders gefeiert werden.

Ich habe den »Mord bei der Karthäuse«, einen Kriminalroman, geschrieben, und ich bin die Wege abgewandert, die Thomas Mann, Bertolt Brecht, Otto Klemperer, Fritz Lang und Erich Maria Remarque während ihres Exils in Kalifornien gegangen sind. »Spaziergänge durch das Hollywood der Emigranten«, heißt der Buchtitel. Vor zwei Jahren habe ich im MET-Theater zu Hollywood die US-Premiere meines Zwei-Akters »Wagner und Mendelssohn – Musik und Frauen« gefeiert. Der 1847 gestorbene Komponist Felix Mendelssohn kehrt aus Gottes Reich in den Palazzo Vendramin, am Canale Grande, zum kränkelnden Richard Wagner zurück, dessen nationalistische Tendenzen und Klagen wie die »Verjüdung der modernen Kunst« dem Kollegen Mendelssohn missfallen haben. Wagner versucht den Zorn des Juden zu dämpfen, zumal der ihm seinen irdischen Abschied prophezeit (was 1883 eintrat).

Kürzlich habe ich meine Biografie zu Papier gebracht, 37 Jahre nach der Veröffentlichung meines ersten Werkes »Wie Hitler sprach und schrieb. Zur Psychologie der faschistischen Rhetorik«. Für mich wirklich kein kompliziertes Thema: Ich habe an der Universität Hamburg meine Doktorarbeit in »Phonetik, Literatur und Politische Wissenschaften« abgelegt. In jenen Jahren auch lernte ich einen Juso-Vorsitzenden kennen, der mich bat, ihm aus meiner Tonbandsammlung (fast aller Hitler-Reden) einmal eine in voller Länge vorzuspielen. Ich wählte die um 90 Minuten lange Ansprache zum »Ermächtigungsgesetz.« »Wenn ich nicht wüsste, welches Unheil und Grauen dieser Typ über die Welt gebracht hat, wäre ich vielleicht, wie so viele Deutsche, von seiner Rhetorik begeistert gewesen und Mitglied der NSDAP geworden«, erklärte mein Zuhörer – Gerhard Schröder.

Hitler hat mich fasziniert. Seine Kunst, die Massen nicht über den Verstand, sondern Emotionen zu packen, erinnert mich an die Arbeit von Hollywood-Regisseuren in Horrorfilmen. Hitler war ein Schauspieler, der seine Reden nicht ablas, weil er vom Volk nicht mit Brille gesehen werden wollte – Image also, Vermarktung, Massen-Manipulation. Wir kennen das Ergebnis nur allzu gut. Ein Drama außerirdischer Dimensionen. Mit einer Konsequenz des Wahns habe ich mich intensiv auseinandergesetzt – den rund 1500 Dichtern, Denkern, Komponisten, Schauspielern, Psychoanalytikern, Filmregisseuren, Kamerakünstlern, die sich an die Westküste der USA retten konnten: die Intelligenzia Europas entwurzelt, vertrieben, Genies vereint wie nie zuvor in der Geschichte in einer Stadt. Die kulturelle Seele Deutschlands, Österreichs, nein Europas, das »who's who« der Kultur: Igor Strawinsky wie Bruno Walter, Otto Preminger und Fred Zinnemann, Ernst Deutsch und Max Reinhardt, Franz

Werfel, Alfred Döblin, Peter Lorre und Billy Wilder, Vicki Baum, Adorno, Horkheimer, Otto Klemperer, Lotte Lehmann. Die Kräfte der Kreativität. Denker
wie Einstein, Skeptiker wie Marcuse, Schöpfer wie Schönberg.
Welch ein Verlust – die kulturelle Identität Europas ausradiert, unersetzbar bis in alle Ewigkeit. Ohne englische Sprachkenntnisse waren die Intellektuellen, vor allem Autoren und Theaterschaupieler auf Almosen angewie-
sen, reduziert zu geistigen Größen im Schatten des Nichts. Nur ein Beispiel:
Max Reinhardt, welch ein Theatermann! Er hat 1934 in der Hollywood-Bowl
(eines der größten Freilicht-Theater Kaliforniens – 18 000 Plätze) einen genialen »Sommernachtstraum« inszeniert, der wohl größte Theatererfolg in der
Geschichte Amerikas. Nur: Nach drei Jahren musste das Wien/Berlin-Genie
aus finanziellen Gründen seinen »workshop«, seine Theaterschule, schließen.
1943 starb Reinhardt in New York. Ernüchtert erkannte der geniale Theatermann: »In einer Stadt, in der die Fläche dominiert – die Fläche der Film-Lein-
wand –, kann man gerechterweise nicht die Entwicklung der dreidimensio-
nalen Kunst des Theaters erwarten.«

Ich bin in der DDR aufgewachsen, in der selbst ein Karl May als reaktio-
när verleumdet und boykottiert wurde. Mein Bild von den USA war beschränkt.
Ich sprach kein Englisch und allein durch Zufall bin ich an die Romane der
Lederstrumpf-Saga des James Fenimore Cooper geraten, der 1826 seinen »Die
letzten Mohikaner« verfasste, seinen ersten »Western«. Natty Bumppo, die
Hauptfigur, war mein Held – ein Jäger, Fallensteller, Pfadfinder und obendrein,
das wurde mir erst später bewusst, ein (früherer) Umweltschützer. Er respektierte die Natur. Meinen Western-Helden irritierten die »Äxte der Baumfäller«.
Die »Ehrlichkeit der Wälder«, wie er sich ausdrückte, verzauberte ihn. Natty
Bumppo unterwarf sich nicht den von Politikern, Richtern, der Obrigkeit vorgegebenen Gesetzen, er wollte im Rhythmus der Natur leben, frei, die Prärie ohne Zäune, ohne Siedlertrupps, die mit ihrem Ballast der Zivilisation die
Natur erdrückten.

Das war mein, zugegeben, begrenztes Bild von Amerika, das ich aber tatsächlich, 1966, entdeckte, so wie Cooper es beschrieben hatte, in Grand Folks,
Nord-Dakota. Mein Hamburger Professor, zu dessen Lieblingsschülern ich
zweifelsohne zählte, hatte mich an die »University of North Dakota« vermittelt. Nord-Dakota ist für US-Bürger gleichbedeutend mit Sibirien. Kantig, kalt.
Urig. Ungeschminkt. Wirkliches Pionierland. Temperaturen um minus 20 Grad
in den Wintermonaten sind Normalität. In solchen Tagen werden auch die
Dörfer und die Hütten in den Indianer-Reservaten der Spirit Lake Sioux und
Turtle Mountain Chippewa vom Schnee erstickt. Für Indianer hatte ich, wie
der ebenfalls bei Dresden geborene Karl May, unendliche Sympathien. Ich war

eben 12, als ich ein Theaterstück über die Apachen versuchte. Sie waren die Unterdrückten, Verschmähten, Verfolgten, Ausgebeuteten – so wie die Bürger der DDR. Die zumindest wurden medizinisch versorgt, hungerten nicht.

Ich war neugierig auf das derbe Nord-Dakota – und verliebt in eine kalifornische Studentin, die ich während des Studiums in Hamburg kennenlernte und alsbald heiratete. Ein Jahr unterrichtete ich in Nord-Dakota deutsche Literatur: Manch deutscher Einwanderer hat sich hier, unweit der Grenze zu Kanada, niedergelassen – die Deutschen waren derart geschätzt, dass die »Northern Pacific Railroad« 1872 eine Siedlung »Bismarck« benannte, in Erinnerung an den deutschen Kanzler Otto von Bismarck. Die Idee: »Bismarck« sollte heimatliche Gefühle wecken und deutsche Einwanderer dazu bringen, in den bevölkerungsarmen Staat (auch heute nur knapp 700 000 Einwohner) zu ziehen. Bismarck ist tatsächlich Hauptstadt geworden; und in einem anderen »deutschen« Örtchen, in »New Leipzig« wird jährlich sogar ein Oktoberfest gefeiert.

Ich hatte zwar meine Doktorarbeit in Hamburg noch nicht abgeschlossen, aber der Chairman der Deutschabteilung an der »University of Southern California« widersetzte sich 1968 meiner Berufung an die USC nicht. Die Auflage: Vorlage der Dissertation in Hamburg nach dem ersten US-Jahr. Mein Drang nach Amerika war im Elternhaus keineswegs vorprogrammiert worden; im Gegenteil: Mein Vater, ein gelernter Kaufmann, war einer der sogenannten alten Kämpfer, der sich bereits vor der Machtergreifung 1933 mit Hitler im Gleichschritt wähnte. Wie der Volksverführer glaubte auch mein Vater an die jüdische Weltverschwörung. Er war, schlicht formuliert, ein überzeugter Nazi, aber, wie so mancher Deutsche in dieser Zeit, von Widersprüchen gezeichnet:

Unsere Nachbarn in dem herkömmlichen Etagenhaus, in dem wir lebten, waren Kommunisten. Die hörten über »Volksempfänger«, heimlich, bei meiner Mutter (deren Eltern engagierte Sozialdemokraten waren) »BBC London«, den Feindsender. Das Abhören dieser Propaganda wurde als Hochverrat mit dem Tode bestraft (gleichwohl sollen schon 1941 etwa eine Million Deutsche den »Verrat« gewagt haben). Mein Vater, in jenen Jahren Abteilungsleiter der deutschen Arbeitsfront, überraschte die Nachbarn, als sie bei uns dem Feind lauschten, und sagte kein Wort.

In unserer äußerst begrenzten Bibliothek standen während der gesamten Nazizeit zwei Romane von Heinrich Heine, unwahrscheinlich, dass meinem Vater die jüdische Herkunft des Dichters entgangen war. Nach dem Attentat auf Hitler im Juli 1944 wurden die Treuesten der Treuen, also auch mein Vater, an die Front kommandiert – als Überwacher der Militärs. Mein Vater wurde als Polit-Kommissar im besetzten Turin, Italien, eingesetzt. Er hatte, so mein

Eindruck, keine dramatischen Probleme bei seiner durch die Kapitulation erzwungenen Kurskorrektur. In den Nachkriegsjahren arbeitete der Nazi a. D. für die Sowjets bei der Demontage von Werften in Rostock und Dresden. Eine deutsche Geschichte, meine ich, nahezu Normalität, der »Zeitgeist«, von dem Goethe schrieb.

Ich gebe zu, das deutsche Drama scheint unendlich weit entfernt von kalifornischer Wirklichkeit und sie wissen wirklich wenig, diese Kalifornier, über den »input« europäischer Kultur in Hollywood oder auf den Musik- und Theaterbühnen. Nicht nur sie, auch Europäer haben vergessen, verdrängt oder nichts gelernt über die Filmgeschichte, dass ein Deutscher, der in der Schweiz geborene Stummfilmstar Emil Jannings, bei der ersten »Oscar«-Verleihung 1929 für gleich zwei Filme geehrt wurde, »Der Weg allen Fleisches« wie »Der letzte Befehl«. Ich habe außer meinen »Spaziergängen durch das Hollywood der Emigranten« auch ein Buch mit dem Titel »Deutschsprachige Künstler in Hollywood. Emigration zwischen 1910 und 1945« veröffentlicht. Ich bin jedoch nicht so vermessen, in meinen Beiträgen die gesamte Filmgeschichte, den Einfluss deutscher oder österreichischer Schauspieler oder Regisseure resümieren zu wollen, einige Aspekte sind jedoch unerlässlich für jene, die versuchen wollen, das komplexe »Hollywood« in Beziehung zu unserer Geschichte zu verstehen: Der Österreicher Erich von Stroheim führte bereits Anfang der Zwanzigerjahre in seinen Filmen wie »Greed« oder »Der Hochzeitsmarsch« Elemente ein, die von der Literatur des deutschen Naturalismus, des österreichischen »Fin de siècle« sowie der deutschsprachigen Expressionisten beeinflusst waren: die naturalistische Genauigkeit in Bühnenbild und Kameratechnik, krasse Darstellung sozialer Armut, sarkastische Zeichnung der materiellen und erotischen Begierden von Adel und Bürgertum, Pazifismus als Ideal für die Zukunft der Menschheit. Ich habe in meinem Buch »Spaziergänge« betont: »Schon Charlie Chaplin hat in seinen Slapstick-Komödien die Welt des kleinen Mannes dargestellt, aber von Stroheims ›Sozialkritik‹ und sein Sarkasmus in der Darstellung gesellschaftlicher Dekadenz, die er zudem mit sexueller Gier als Kontrast zu wahrer Liebe verbindet, sind nicht ohne die Theorien des Naturalismus und Sigmund Freuds denkbar, und das Flair seiner Gestaltung ist nicht ohne den Einfluss Arthur Schnitzlers zu erklären.«

Ich habe mir alle Filme der frühen Jahre, vor allem die der Emigranten-Cineasten angesehen, und mir wurde dabei bewusst: Ernst Lubitsch kreierte bereits im Hollywood der Zwanziger- und Dreißigerjahre subtile Komödien (wie später auch Billy Wilder), die von den Komödien Heinrich von Kleists, vor allem aber von den frühexpressionistischen Dramen Frank Wedekinds und Carl Sternheims geprägt sind und darüber hinaus die Theaterpoesie seines Lehrers

Max Reinhardt erkennen lassen. Lubitsch kreierte den nach ihm benannten »Lubitsch-touch«, mit dem die Filmemacher dem Schnitt oder der Rüge der puritanischen Zensoren zu entkommen suchten. Vergessen wir nicht: In jenen Jahren waren Küsse, Umarmungen, brutales Töten, Liebesbeziehungen zwischen Schwarz und Weiß verboten, Wörter wie schwanger, Geschlechtsverkehr, Hure waren untersagt. Und Ehepaare, selbst wenn sie bekleidet waren, durften nicht in einem gemeinsamen Bett liegen. Amerika liebte im Einzelbett, obendrein getrennt von einem Nachttisch, der eine Art Maginot-Linie der Keuschheit markierte.

Lubitsch zeigte keine zu beanstandende Bettszene in ihrer entfesselten Hingabe, sondern suggerierte etwa: Ein Paar geht ins Schlafzimmer. Die Tür fällt ins Schloss. Sie wird, kurz darauf, wieder geöffnet, von innen. Eine Hand, nur sie ist zu sehen, hängt ein Schild an die Tür: »Bitte nicht stören.« Jeder Zuschauer ahnt: Jetzt wird kein Schach gespielt. Nur, der Zensor konnte nichts angeblich Anstößiges sehen, die Fantasie der Zuschauer blieb unbeschnitten. Diese moralische Selbstzensur, der sich Hollywood bis in die Fünfzigerjahre unterwarf, hat ein Österreicher, Otto Preminger, 1953 in seiner »Die Jungfrau auf dem Dach« erstmals angekratzt. Er ließ seine Schauspieler »Jungfrau« sagen und »schwanger«. Einfach shocking, skandalös. Sechs Jahre später wagte Preminger sich in seiner »Anatomie eines Mordes« noch weiter. Seine Darsteller sprachen über »Geschlechtsverkehr«, »Empfängnisverhütung«, »Samenbildung« und »Orgasmus«. Preminger brach später ein weiteres Tabu: In »Carmen Jones« hatte er, ein »first« für Hollywood, einen Film nur mit Afroamerikanern besetzt, die damals noch als »Nigger«, »Neger« oder »Farbige« beleidigt wurden. Preminger war ein Genie, wie auch sein Kollege und Landsmann Fred Zinnemann.

Welcher deutsche oder amerikanische Fan des Klassikers »High Noon« (»Zwölf Uhr Mittags«), ahnt, dass der Regisseur ein gebürtiger Wiener war, der sowohl mit seinem Antikriegsfilm »Verdammt in alle Ewigkeit« wie dem Musical-Film »Oklahoma« die Kritiker begeisterte? Zinnemann, Jahrgang 1907, ganz deutlich zu erkennen, orientierte sich bei der Strukturierung der Konflikte zwischen Individuum und Gesellschaft, Individuum und Staatsräson, Religion und Schicksal, am Aufbau griechischer und deutscher Dramen sowie an der Ethik Schillers. In – nahezu – allen großen Werken der Einwanderer ist europäische Kultur erkennbar: Paul Leni, einer der Pioniere von Grusel- und Kriminalfilmen, hat etwa 1927 in seinem Erfolgswerk »Die Katze und der Kanarienvogel« expressionistische Elemente so ins Visuelle umgesetzt, dass das Bedrohliche, wie ich in meinem Hollywood-Buch formuliere, »nicht mehr durch direkte Greueltaten, sondern durch Raum, Gesichter und Szenerie aus-

gedrückt wurde«. Die Umsetzung romantischer und expressionistischer Elemente ins Visuelle sind auch in Friedrich Wilhelm Murnaus legendärem Hollywood-Film »Sonnenaufgang« zu erkennen. Murnau starb, noch bevor sich
seine Kollegen aus Europa an die Westküste retten mussten, 1932 bei einem
Autounfall auf einer Fahrt nach Santa Barbara.

Mein – späterer – Freund Fritz Lang hatte bereits mit seinen in Deutschland gedrehten Filmen in Hollywood Einfluss ausgeübt. Mit seinem »M – eine
Stadt sucht einen Mörder« (1931) etwa gelang ihm eine differenzierte, psychologisch stimmige Charakterisierung eines Verbrechers (die Hauptrollen
besetzte Lang mit dem 1935 in die USA geflüchteten Peter Lorre), die sich von
den Schwarz-Weiß-Schablonen amerikanischer Western abhob und sich mit
der sozialen (Berliner) Welt im Stil der neuen Sachlichkeit verband. In unseren
Gesprächen hat er stets betont: »In meinen Film sind oft deutsche Literatur-
traditionen eingeflossen.« In seinem »Gehetzt – Du lebst nur einmal« wird der
Held zum »Verbrecher aus verlorener Ehre«, die Motiv-Verbindung zu Schillers gleichnamiger Erzählung ist erkennbar.

Lang war mit einem Schiff, erster Klasse, nach New York gekommen und ist
dann, per Zug, nach L.A. gereist. Am Bahnhof empfing ihn der Chefdramaturg
der MGM-Filmstudios persönlich. »Deutschlands Verlust ist Amerikas Gewinn«,
erklärte der Ami – wohl wahr. Bereits bei ihrer Zusammenarbeit am ersten
Filmprojekt gerieten freilich der Amerikaner und der Emigrant aneinander.
Lang hat die ständigen Korrekturwünsche über sich ergehen lassen (die sieben verschiedenen Drehbuchentwürfe hat er mir vermacht), am Ende wurde
der Film nicht gedreht. Mit »Fury« (»Blinde Wut«) allerdings, einem Thriller
mit Spencer Tracy in der Hauptrolle, feiert Lang seinen ersten amerikanischen
Erfolg. Er hatte, wie eine Vielzahl der Flüchtlinge, Sprachprobleme, die Billy
Wilder etwa mit dem intensiven Anhören von Sportreportagen zu überwinden
suchte, während Lang sich zwecks Sprachstudium auf Comics konzentrierte.

Tragisch gestaltete sich die Sprachbarriere vor allem für die aus Europa
angereisten Theaterleute. Sicher, der Österreicher Paul Henreid war bei den
Frauen so beliebt wie Marilyn Monroe Jahrzehnte später bei den Männern,
Peter Lorre, Francis Lederer oder Marlene Dietrich, Hedy Lamarr, Luise Rainer
(zweifache »Oscar«-Preisträgerin) wurden in größeren Rollen besetzt, Ernst
Deutsch freilich quälte sich. 1939 spielte er in einer Inszenierung des großen
deutschen Theaterregisseurs Leopold Jessner im legendären »El Capitan-
Theater« (das heute zum Disney-Konzern gehört) am Hollywood-Boulevard
in Schillers Drama »Wilhelm Tell« den Landvogt Gessler in englischer Sprache – nach drei Aufführungen wurde das Stück abgesetzt, die Theatergruppe
der Emigranten, »The Continental Players«, aufgelöst. Unter dem Pseudonym

»Ernest Dorian« stellte Deutsch während der Kriegsjahre jene dar, die ihn vertrieben hatten: Nazis. Ein Schicksal, das er unter anderen mit Alexander Granach und Fritz Kortner teilte.

Der Regisseur Berthold Viertel schrieb seiner Frau Salka nach dem Reichstagsbrand und seiner Flucht aus Berlin in die Hauptstadt der Tschechoslowakei: »In Prag war ein richtiges Flüchtlingslager. Da waren Ernst Deutsch und Aufricht und Polgar und Wolffenstein und Arnold Zweig etc. Alles auf der Flucht: Brecht und Weill und Kerr und Theodor Wolff, die Brüder Mann, Pempfert etc., etc. [...] Es gibt noch Paris und London – und Amerika und Prag. So zusammengeschrumpft ist die Welt.« Sie schrumpfte zu einem Nichts. Wie die Hoffnung. Paris, Prag gerieten unter die Knobelbecher. Amerika versteckte sich hinter mentalen Barrikaden, versuchte Neutralität. Washington hatte die Quoten für Einwanderer auch nach dem Vormarsch der Nazis nicht erhöht, 1939 durften so viele Deutsche einwandern wie 1933. Wohin? Was tun? Frau Viertel antwortete ihrem Mann in einem Brief, Hitler werde »vorübergehen wie die Hunnen vorübergegangen sind – wie Napoleon vergangen ist.« Hitler sei doch nur »der momentane Sieg des deutschen Spießers, und wir werden sehen, wie lange sich dieser behaupten kann. Noch ist Russland da und Amerika.«

Am Ende war Rettung nötig: Die »League of America« und das New Yorker »Emergency Rescue Committee« setzten sich für die Aufnahme geflohener deutscher Intellektueller in die USA ein, der »European Film Fund« in L.A. veranlasste die Filmstudios, berühmte Schriftsteller wie Alfred Döblin, Alfred Polgar oder Leonhard Frank für 100 Dollar wöchentliche Gage auf ein Jahr zu engagieren – der Anstellungsvertrag wurde zur Eintrittskarte in Amerika. Oder der Film-Fund organisierte Affidavits, das waren notwendige finanzielle Bürgschaften für Einwanderer, die in den USA weder ein Vermögen noch einen Arbeitsvertrag besaßen.

Heinrich Mann, seine Frau Nelly, Franz Werfel, Golo Mann quälten sich, verfolgt von der Gestapo, zu Fuß durch die Pyrenäen, retteten sich nach Lissabon und dann in die USA. Bertolt Brecht hat sich erst 1939 engagiert um ein Visum für die USA bemüht. Er war mit seiner Frau, der Schauspielerin Helene Weigel, die jüdischen Glaubens war, bereits nach der Machtübernahme Hitlers aus Deutschland geflüchtet, hatte sich nacheinander in Dänemark, Schweden und Finnland niedergelassen. Der Vormarsch der Nazis freilich zwang ihn zum Entscheid: To be or not to be. Flucht oder Wagnis? Einer seiner Freunde war der Schriftsteller Lion Feuchtwanger, der bei einer Moskau-Visite 1936/1937 von Stalin empfangen wurde – er war von dem Diktator auch später äußerst angetan. Gleichwohl ließ er sich nicht auf der Halbinsel Krim, sondern in Kalifornien nieder.

Feuchtwanger informierte seinen Freund Brecht gelegentlich über Neuerscheinungen auf dem amerikanischen Literaturmarkt, einmal machte er Brecht auf John Steinbecks Werk »Früchte des Zorns« aufmerksam. Brecht hatte bereits einmal, aus Anlass der Aufführung seines Stücks »Die Mutter« zwischen Oktober 1935 und Februar 1936, New York besucht. Da Brecht im skandinavischen Exil in finanzieller Not war, unterstützte ihn so mancher Freund, etwa der Schauspieler Oskar Homolka, der 1926 unter Brechts Spielleitung die Titelrolle in »Baal« am Deutschen Theater Berlin übernahm. Auch die Schiffspassage, vier für die Familie Brecht, eine für die Brecht-Sekretärin Ruth Berlau, eine junge dänische Schauspielerin, wurde von Freunden bezahlt, darunter Fritz Lang. Brecht reiste per Zug von Helsinki nach Wladiwostock und von dort, am 13. Juni 1941, an Bord des schwedischen Frachters »Annie Johnson« nach San Pedro, Kalifornien, einem Hafen von L.A.

Er erreichte Amerika am 21. Juli (der Frachter versank, später, nach Torpedotreffern). Am Kai warteten Marta Feuchtwanger, die Frau seines Freundes Lion, und der Schauspieler Alexander Granach. Brecht sprach wenig Englisch und selbst später, als er sogar schwierigen Diskussionen folgen konnte, lehnte er ab, sich – fehlerhaft – in einer fremden Sprache auszudrücken. Er beschränkte sich bei Debatten auf Deutsch. Ihm gefiel das Leben im »Schauhaus des easy going« nicht, er mochte weder das trockene Klima noch das Brot dort.

Die 1889 im damals österreichischen Galizien geborene Salka Viertel war in all jenen düsteren Jahren Betschwester und die Mutter der (Exil-)Kompanie, bestrebt, Nähe, Menschlichkeit, Geborgenheit zu vermitteln: Autor Carl Zuckmayer etwa (»Des Teufels General«, »Der fröhliche Weinberg«) erinnert sich an sein erstes Weihnachtsfest in Kalifornien, 1939 in einem italienischen Kellerlokal in San Franzisko, gemeinsam mit seiner Frau: »So einsam, so fremd, so gottverloren wie niemals vorher oder nachher in unserem Leben.« Dann – das Silvesterfest bei Salka Viertel an der Mabery Road in Santa Monica: »Man kannte zwar kaum die Hälfte der Eingeladenen, die Deutschen nämlich, aber man war auch mit den anderen verschiedenster Nationalität, den Schriftstellern, Schauspielern, Künstlern, mit oder ohne Namen, wie durch Zauberschlag vertraut, verwandt, verschwistert und irgendwie auf diesem Stern plötzlich wieder zu Hause.«

Zuckmayer begegnete in Kalifornien auch Heinrich Mann, dessen Buch »Professor Unrath« er für den Marlene-Dietrich-Film »Der blaue Engel« zum Drehbuch verarbeitet hatte. »Der Zauber jenes Silvester-Abends«, schreibt Zuckmayer, »wurde nicht vom Whisky, vom Gin oder vom Mitternachtspunsch erzeugt, sondern einzig und allein durch die ausstrahlende Wärme und den inneren Reichtum einer Frau« – Salka Viertel. Sie war bereits 1927 mit einem vom Regisseur Friedrich Wilhelm Murnau für ihren Mann, den Regisseur Berthold Viertel, vermittelten Dreijahresvertrag in Kalifornien sesshaft geworden, eine Veteranin also im Hollywood-Dasein. Sie selbst verfasste nicht nur Drehbücher für die scheue Schwedin Greta Garbo, sondern war auch ihre Vertraute. Frau Viertel organisierte überdies das legendäre Geburtstagsdinner zum 70. des Heinrich Mann (dessen Frau im kalifornischen Exil Selbstmord beging), wo sich die Brüder auf abgelesenen Sympathie-Bekundungen vor Werfel, Feuchtwanger, Döblin und dem Literaturkritiker Ludwig Marcuse feierten. Salka Viertel schätzte das Rede-Manuskript des Geburtstagsgastes Thomas Mann auf etwa 15 Seiten, für manche Autoren beinah ein Buchkapitel.

Die Emigranten hatten Zeit zum Nachdenken, zur Diskussion, weil sie die von Heinrich Heine formulierten Voraussetzungen erfüllten: »Die Freiheit der Meinung setzt voraus, dass man eine hat.« Zum 65. Geburtstag Alfred Döblins hält Heinrich Mann die Begrüßungsrede, Fritz Kortner, Peter Lorre, Alexander Granach, diese großen Schauspieler deutscher Sprache, lesen aus Döblins Werken. Dichter und Denker privat, in ihrer eigenen, oft engen Welt des Exils. Sie wanderten am Strand, spielten Schach und erkundeten, wie Brecht, die Eigenheiten des American way of life, Vitamintabletten etwa, die ihm gefielen. »Fünf Tage Vitaminzufuhr, und ich war in Ordnung.« Fritz Kortner schien nicht bereit, sich dieser neuen Welt anzupassen. »Er denunzierte selbst das Klima«, erinnert sich Brecht.

Häufig kannten sie sich aus der Heimat und hatten dort, wie Homolka, mit Brecht gemeinsam gearbeitet oder auch Peter Lorre, der in Wien mit Paul Verhoeven, Marlene Dietrich und Hans Moser auf der Bühne stand und von Bertolt Brecht in »Pioniere in Ingolstadt« für die Berliner Volksbühne verpflichtet worden war, 1929. Peter Lorre verließ Deutschland 1933, weil, wie er verkündete, »für zwei Mörder wie Hitler und mich in Deutschland kein Platz ist«. 1935 erreichte Lorre, nach einem Zwischenaufenthalt in Paris, Hollywood. Einmal mehr, auch für ihn, ein schwerlicher (Neu-)Beginn – vorübergehend teilte er sich ein Zimmer mit Billy Wilder. 1941 dann der Durchbruch: »Die Spur des Falken«, Regie John Huston. Einer der Hauptdarsteller: Humphrey Bogart, mit dem Lorre 1942 auch im Liebesdrama »Casablanca« vor der Kamera stand.

Salka Viertel traf sich häufig mit Helene »Helli« Weigel. Mit ihrem alten »Packard«-Cabriolet fuhren sie gemeinsam zum Zentralmarkt in Los Angeles: »Man konnte dort für zehn oder zwölf Dollar für eine ganze Woche einkaufen.« Salka Viertel erinnerte sich an Brecht in ihrem Buch »Das unbelehrbare Herz« als »schmächtigen Mann, mit dunklem Haar, der stets sehr ruhig und begründet, seine sehr bestimmten Ansichten darlegte, die ebenso klar und revolutionär waren wie seine Gedichte, seine Prosa und seine Stücke. Er war genauso wie sein geniales Werk, das er der Welt hinterließ.« »Das Auffallendste an ihm«, schreibt Frau Viertel in ihren Erinnerungen, »waren das Fehlen jeder Pose und, falls man dies so nennen kann, seine exklusive Einfachheit. Ich fand ihn immer sehr liebenswürdig und freundlich; bei hitzigen Diskussionen war er stets um Gelassenheit und Höflichkeit bemüht, aber er konnte natürlich auch scharf, sarkastisch und ungeduldig sein.«

Und: »Vielleicht irre ich mich, doch ich kann mich nicht erinnern, ihn je laut lachen gehört zu haben. Er lächelte sein feines Lächeln, lachte aber nie richtig und herzlich wie zum Beispiel Helli, die er immer ›die Weigel‹ nannte.« Am 25.12.41, so notiert Brecht in seinem Tagebuch, feiert er Weihnachten mit der Schauspielerin Elisabeth Bergner, ihrem Ehemann Paul Czinner, einem Schriftsteller und Regisseur, wie auch den Feuchtwangers und Fritz Lang. Silvester verbringt er wieder bei Czinner, mit dem er in jener Zeit zwei-, dreimal in der Woche Film- oder Theaterprojekte bespricht.

Erich Maria Remarque, wir erinnern uns, hat ein wunderbares Buch verfasst, im »Westen nichts Neues«, sein einziger Bestseller, und über Jahre eine »liaison amoureuse« (oder lediglich spirituell) zu einer Diva unterhalten, die mehr als nur einen wirklich großen Film in Hollywood vermelden konnte, Marlene Dietrich, der »Blaue Engel«. Mehr als 200 Seiten umfassten die in »Sag' mir, dass Du mich liebst … Zeugnisse einer Leidenschaft« abgedruckten Liebesbriefe – Marlene, kein Zweifel, trieb Remarque zu literarischem Wahnsinn. Als die Dietrich ihm 1938 ihre bevorstehende Reise nach Italien verkündet, schreibt Remarque: »Hebt sich nicht schon die Welle, weich und unendlich, Wolke, Wind, halkyonischer Frühling über stygischen Gewässern, blühen in meiner Brust nicht schon Narzissen, streift meine Stirn, nicht schon der Sturm der Gefühle, aufgerührter, schwankender Horizont, Traum über Buchten, die nie Schnee gesehen haben?«

Im Gegensatz zum liebestrunkenen Remarque war Bertolt Brecht ein frustrierter Intellektueller. Er arbeitet hier und da an Filmprojekten, die abgelehnt werden. Er schreibt für »Reader's Digest« einen Aufsatz über Hitler – der kommt per Post prompt zurück.

Die US-Amerikaner erscheinen dem Autoren alsbald tatsächlich als Nomaden, die »ihre Berufe wie Stiefel wechseln«. Sie »bauen Häuser für nur 20 Jahre und wohnen die Zeit nicht aus, so ist ihre Heimat nichts Lokales.« Brecht hat zwar, in Santa Monica an der 26. Straße, auch eines dieser Häuser erworben, mit Honoraren aus Film- und Schreibarbeit, doch war er verärgert, verstimmt darüber, gezwungen zu sein, seine Ideen anzudienen, zu verkaufen.

Als Brecht endlich, mit Fritz Lang, an dem Drehbuch »Hangmen also die« (»Auch Henker sterben«) arbeitet (für das er schließlich mit insgesamt 10 000

Dollar honoriert wurde), gerieten die klugen Köpfe verbal aneinander. Brecht verstand sich als Missionar für das epische Theater, Lang beharrte darauf, dass seine Werke die Massen ansprechen müssten, die freilich nicht über Intellektualität, sondern Emotionen zu erreichen sind. Lang hat immer wieder versucht, Brecht zu unterstützen, nur der deutsche Poet hat sich – selten – dankbar erwiesen.

Der eher links ausgerichtete Mike Davis, Autor von »City of Quartz, Ausgrabungen der Zukunft in Los Angeles«, kritisierte Brecht in seinem 1990 veröffentlichten L.A.-Buch als Heuchler: Der Emigrant, der sich in Berlin am liebsten mit Lumpen-Halbweltlern herumtrieb und mit der Arbeiterklasse redete, hätte nicht ein einziges Mal die Armenviertel von Los Angeles besucht und die Nähe der amerikanischen Arbeiter gesucht. Brecht habe den Mythos von der Konvergenz von Himmel und Hölle fabriziert, ohne die »höllischen Teile von Los Angeles je gesehen zu haben«. Im Gegensatz zu dem desillusionierten Brecht gehörte Fritz Lang zu denjenigen, notierten Erika und Klaus Mann, »denen Hollywood ganz vorzüglich bekommen ist.« Lang, attestierten die Mann-Kinder, habe in Kalifornien »sein großes und reiches Talent erst wirksam gemacht«.

In »City of Quartz« resümiert Mike Davis über die Exilanten: »Zum Teil litten sie darunter, dass sie so eng aufeinanderhockten.« Theodor W. Adorno, der während des Krieges in L.A. mit Max Horkheimer die »Dialektik der Aufklärung« geschrieben hat, bestätigt in »Minima Moralia« (einem Tagebuch, das er während des Kriegs in Los Angeles führte): »Die Isolierung wird umso schlimmer, je mehr feste und politisch kontrollierte Gruppen sich formieren, misstrauisch gegen ihre Zugehörigen, feindselig gegen die abgestempelten anderen. [...] Die Beziehungen zwischen den Verstoßenen sind mehr noch vergiftet als die zwischen den Eingesessenen.« »Die Exilanten lebten«, so Davis, »von den ansässigen Angelenos isoliert wie eine Miniaturgesellschaft in einem selbstauferlegten Getto und klammerten sich an ihre Vorurteile aus der Alten Welt wie an einen kulturellen Rettungsring.«

Die Emigranten, mit »wenigen Ausnahmen«, klagten bitter, dass es keine europäische (oder auch nur Manhattaner) »civitas« gab: keine öffentliche Begegnungsstätte, kein weltläufiges Publikum, keine historische Aura und keine kritischen Intellektuellen. »Zwar war nach allen Seiten hin viel offenes Land vorhanden, aber anscheinend kein Raum, der ihren Maßstäben von einer ›zivilisierten Urbanität‹ genügt hätte.« Trotz all seiner Fleischtöpfe und seines Zaubers, meint der »City of Quartz«-Autor Davis, empfanden die Emigranten Los Angeles als »kulturelle Antithese zu ihren nostalgischen Erinnerungen an Berlin oder Wien vor dem Faschismus. Und je länger das Septemberlied des

Exils dauerte, desto mehr wurde Los Angeles zum Symbol einer ›Antistadt‹, einer ›Vorortwüste‹.«

Ich kann die These des Soziologen nur unterstreichen, wonach die Herausbildung eines kritischen Konsensus über Los Angeles bzw. Hollywood (»die in den Köpfen der meisten Intellektuellen hoffnungslos miteinander verschmolzen waren«), zu einem neuen Bild, zu einem neuen Verständnis der USA führte. Davis analysiert: »Die bisher herrschende Romantik – europäische Fantasien über Cowboys, Lindbergh und Wolkenkratzer – wurde jetzt durch wirkliche Erfahrungen in einer Stadt vermittelt, von der sich der Rest der USA ein genauso quasi utopisches Bild machte wie die Deutschen in den Zwanzigerjahren von Amerika als Ganzem.«

Hanns Eisler, ein Arnold-Schönberg-Schüler, der zwischen 1937 und 1947 in L.A. lebte und seinen Unterhalt mit Filmmusik verdiente, beklagte sich über die »entsetzliche Idylle dieser Landschaft, die an sich mehr dem Gehirn der Bodenspekulation entspringt, weil die Landschaft ja von sich aus überhaupt nichts hergibt. Würde man dort drei Tage das Wasser einstellen, würden die Schakale wieder auftauchen und der Sand der Wüste«. Dennoch wäre Hanns Eisler in Hollywood geblieben, wäre er nicht wegen einer Lüge über seine früheren kommunistischen Beziehungen von der US-Regierung nach Prag abgeschoben worden, trotz der Proteste seiner Freunde wie Charlie Chaplin, Strawinsky oder auch Leonard Bernstein. Eisler ließ sich letztlich in der DDR nieder und komponierte »Auferstanden aus Ruinen«, die DDR-Nationalhymne. Erich Maria Remarque hat in seinem »Schatten im Paradies« über sein Dasein an der Westküste formuliert: »Das abgegriffene Wort vom Verkauf der Seele an den Teufel galt hier wirklich.«

Remarque soll L.A. 1942 für New York verlassen haben, weil sein gewohnter Morgenspaziergang keinen Spaß mehr machte, die »leeren Bürgersteige, Straßen und Häuser« atmeten für den Schriftsteller zu sehr die Wüste, wie er meinte. Erich Maria Remarque war nicht der einzige Flüchtling, der sich aus L.A. absetzte, manche wagten bereits in den Nachkriegsjahren den Weg zurück in die Ruinen des verwüsteten Europas: Brecht setzte sich 1947 in die DDR ab, wie auch (aus New York) Schriftsteller Stefan Heym. Otto Klemperer verließ die USA bereits vor 1950, Ernst Deutsch kehrte in die deutsche Sprache zurück, Horkheimer, Adorno folgten, enttäuscht, vielleicht verbittert über das amerikanische Experiment. Thomas Mann zog, 1952, in die Schweiz.

Sicher scheint: Die Autoren, Musiker und Filmer sind an der Pazifikküste nie zu einer homogenen Gruppe geworden. Zu eitel, zu weit auseinander in ihren politischen Überzeugungen, vereint eigentlich nur in ihrem Hass auf Hitler. Autoren wie Franz Werfel mussten sich nicht um ihre – finanzielle –

Existenz sorgen, seine Werke wurden auch in den USA verkauft; sein 1942 abgeschlossenes »Das Lied von Bernadette« wurde zu einem Bestseller und einem Filmerfolg; Werfel und seine Frau Alma (ehedem Frau Mahler und ehedem Frau Gropius) verdienten Millionen. In ihrem Haus in Beverly Hills, am North Bedford Drive, traf sich die geistige Elite der Diaspora – Bruno Walter, der das »Columbia Symphony Orchestra« mit Film-Musikern der »Columbia«-Filmstudios besetzte und auf Weltniveau brachte, war ein Werfel-Nachbar. Zu den Gästen, die sich bei den Werfels begegneten, zählten Otto Klemperer, der zwischen 1933 und 1950 die »Los Angeles Philharmonic« in L.A. führte, sowie Arthur Rubinstein, Wladimir Horowitz, Strawinsky, Sergej Rachmaninow und Arnold Schönberg, der in seiner Villa in Brentwood gelegentlich Tennis gegen George Gershwin spielte.

Igor Strawinsky und Arnold Schönberg wurden nie gemeinsam eingeladen – sie hassten sich. 13 Jahre, so die Legende, lebten sie in L.A. und wenn sie sich, zufällig, etwa bei der Premiere der »Genesis Suite«, im Theater trafen, grüßten sie sich nicht. Ich bin übrigens überzeugt, Arnold Schönberg, der 1951 starb, gehört zu den einflussreichsten Persönlichkeiten unseres Jahrhunderts. In meinen »Spaziergängen durch das Hollywood der Emigranten« habe ich sogar behauptet: »Was er für die Musik und ganz allgemein für die Kunsttheorie geleistet hat, ist mit dem vergleichbar, was Albert Einstein, der ebenfalls für einige Zeit in Los Angeles lebte, aber dann nach Princeton ging, für die Physik und Naturwissenschaften leistete.« Der Grund für meine Überzeugung: seine Zwölfton-Technik. Jeder ernstzunehmende Komponist unserer Zeit muss sich mit ihr, zumindest theoretisch, auseinandersetzen, seiner Methode des Komponierens mit zwölf Tönen, denn sonst fehlt ihm ein wesentlicher Teil der modernen Tradition, was sofort erkennbar ist.

Thomas Mann freilich war, wie der »New Yorker« einmal resümierte, der »Goethe von Hollywood« oder der »Kaiser aller deutscher Emigranten«, wie Ludwig Marcuse in seinem autobiografischen Werk »Mein zwanzigstes Jahrhundert« ketzerte. Der Schriftsteller hatte sich zunächst an der Ostküste, an der angesehenen Princeton-Universität niedergelassen und gelehrt. Letztlich, bestätigte Mann, sei ihm »das Movie-Gesindel in Hollywood im Grunde lieber gewesen als die ›Gelehrte Atmosphäre‹ an der Hochschule«. Am Amalfi Drive, später, am 1550 San Remo Drive in den Pacific Palisades, hat Thomas Mann 1941 von zwei deutschen Einwanderern eine Villa »von nüchterner Sachlichkeit« bauen lassen, in der er einige der bedeutendsten Werke der deutschen Literatur verfasst hat, beispielsweise die Romane »Lotte in Weimar« (in Princeton begonnen), »Der Erwählte«, »Joseph der Ernährer«, »Doktor Faustus« sowie die Erzählung »Das Gesetz«, Teile von »Felix Krull« und des in Zürich abgeschlossenen Werks »Die Betrogene«. Er war, erinnerte der große Autor, »dem Druck der oft würgenden Not der Zeit ausgesetzt«, aber er konnte »doch unter relativ milden und zuträglichen Umständen« leben und arbeiten. Von Mann, so Marcuse, »wurde alles erwartet, ihm wurde alles verdankt, er wurde für alles verantwortlich gemacht. Auf ihn konzentrierte sich alle Devotion, gegen ihn ging alle Rebellion.« Tatsächlich hat er, unterstützt von Bruno Frank, dem Autoren und Schwiegersohn der berühmten Operettensängerin Fritzi Massary, auf die Amerikaner (erfolgreich) eingewirkt, die Deutschen von einer Internierung (wie es den Japanern widerfahren ist) zu verschonen. Die Deutschen wurden zwischen 20.00 Uhr und 6.00 Uhr mit einer Ausgangssperre belegt. Auch Bertolt Brecht, noch nicht 45, musste sich für eine mögliche Auslosung und Einberufung zum Militärdienst melden. Thomas Mann, soviel scheint sicher, hat sich für die Westküste auch entschieden, weil er seinen Kindern eine anspruchsvolle, musische Ausbildung sichern wollte. Nicht New York war damals das Zentrum der Klassiker Amerikas, sondern Los Angeles. Beinah ist man geneigt zu fragen, welcher große Musiker sich in den turbulenten Kriegsjahren nicht am Pazifik angesiedelt hat.

Das Ausmaß der Zuwanderung, der Ansammlung von Höchstbegabung und Talent ist schon aus Namen wie Rachmaninow, Schönberg oder Strawinsky abzuleiten, aber auch aus der Tatsache, dass ein Opern-Genie wie Karl Ebert an der USC, meiner Universität, ein Opern-Departement aufbauen konnte, das in seinen Inszenierungen dem Weltniveau vom »Covent Garden«, der »Met« oder »Scala« nicht nachstand. Welche Gespräche, Diskussionen muss es übrigens bei den Werfels gegeben haben, zwischen Thomas Mann und Strawinsky oder in der Villa Aurora[6] oben in den Hügeln bei Lion Feuchtwanger, der für die sowjetische »Prawda« Kommentare verfasste und dabei auf den Pazifik blickte.

Die Intellektuellen lasen aus ihren unveröffentlichten Werken oder stritten darüber, wer Hitler zur Macht verholfen habe. Wähler aus allen Schichten des Volkes (so das Argument Mann) oder waren es die Machenschaften des Großbürgertums und des Kapitals, wovon, natürlich, Brecht überzeugt war. Diese eher zersplitterte Gemeinschaft, die der Größenwahn von Hitler & Co an die westliche Küste Amerikas getrieben hat, verstand sich prächtig in der üblen Nachrede und dem Streit. Wie heißt's so schön: Sie küssten und sie schlugen sich. Schönberg und Thomas Mann fetzten sich öffentlich, weil sich der Komponist von Zeilen in Manns »Doktor Faustus« verunglimpft glaubte. Bertolt Brecht bezeichnete Thomas Mann als »Reptil«, das sich nicht vorstellen könne, dass man von sich aus, beispielsweise aus Überzeugung, in Deutschland etwas anderes erblicken könne, als ein zahlkräftiges Leserpublikum.

Harte Worte, einen verehrten Mann als »Reptil« zu bezeichnen – entsprechend erfolglos waren Bemühungen der Freunde Thomas Manns, Hanns Eisler und Lion Feuchtwanger, Mann und Brecht zu einer Aussöhnung zu bewegen, und wenn auch nur auf ihrer gemeinsamen Basis des Antifaschismus.
Eisler erkannte: »Misstrauen, Renitenz bis zu bösartigen lauten Bemerkungen
machten ein Zusammensein von Thomas Mann und Brecht ziemlich unan-
genehm.« Brecht, milde formuliert, war nicht eben Diplomat, sondern Provokateur. Schönberg war für ihn »ein alter Tyrann«, Helene Thimig, die Ehefrau
Max Reinhardts, wirkte auf ihn »wie ein müder, abgearbeiteter Todesengel«.
Die Ehefrau Alfred Döblins bewertete der Autor als »ungewöhnlich dumm
und spießig«. Horkheimer und Pollock waren für Brecht ein »Doppelclown«.
Fritz Kortner war gekränkt, weil Brecht, den er immerhin finanziell unterstützt
hatte, ihm im neuen Lang-Film keine Rolle verschafft hatte, Brecht beklagte
sich über Lang, weil der – entgegen einer »strikten Abmachung« – Helene
Weigel in dem Film »Hangmen Also Die« nicht in der Rolle einer Gemüsefrau
besetzt hatte. Franz Werfel lud seinen Freund, den österreichischen Schriftsteller Friedrich Torberg (bei dem Marlene Dietrich häufig kochte), nicht ein, oder
nur widerstrebend, wenn Brecht seinen Besuch ankündigte – sie hassten sich.
Fritz Lang war mit Kameramann und Regisseur Karl Freund (»The Mummy«)
verfeindet, seit gemeinsamen Drehtagen irgendwo, irgendwie. Als Frau Lang,
gegen den Wunsch ihres Mannes, dennoch an der Freund-Beerdigung teil-
nahm, gab's Krach im Lang-Haus.

Die Menschen in der Diaspora waren entwurzelt. Destabilisiert. Verzwei-
felt. Einsam. Hoffnungslos. Oder optimistisch – wie Billy Wilder, der Zyniker.
Sie verdammten Amerika, wie Brecht, oder sie arrangierten sich, wie Thomas
Mann, wie Werfel. Keiner dieser Flüchtlinge war wohl umstrittener als eben
Bertolt Brecht, der vor dem »Ausschuss für unamerikanische Aktivitäten« in
Washington seinen letzten, großen Auftritt (in Amerika) hatte. Ein historisches
Datum, dieser 30. Oktober 1947. Der Kongress, der die Unterwanderung der
Hollywood-Industrie durch Kommunisten untersuchen wollte, lud 19 Autoren
und Regisseure zu öffentlichen Verhören vor; es gab die sogenannten »friendly
witnesses« (die Kollegen denunzierten) und die »unfriendly witnesses« (die
Aussagen über ihre politischen Meinungen verweigerten). Mehr als 500 prominente Amerikaner unterzeichneten eine Protestresolution gegen die Anhö-
rungen. Thomas Mann beispielsweise erklärte: »Als in Deutschland gebürtiger amerikanischer Staatsbürger bezeuge ich schließlich, dass mir gewisse
politische Tendenzen schmerzlich vertraut sind. Geistige Intoleranz, politische
Schnüffeleien und Einschränkungen der Rechtssicherheit, und all das wegen
eines angeblichen ›Notstandes‹. Genauso hat es in Deutschland begonnen ...«

Meine Gedanken verführen mich – beinah –, die Analyse des Thomas Mann auf die vergangenen Jahre der USA zu übertragen. Washington D.C., unter George W. Bush gleich geistige Intoleranz, politische Schnüffeleien, Folterungen, Einschränkung der Rechtssicherheit. Aber bleiben wir bei Washington, 1947 – Humphrey Bogart, Judy Garland, John Huston, Paul Henreid, um nur einige der Hollywood-Größen zu nennen, demonstrierten in der Hauptstadt gegen die Einschränkung der Verfassungsrechte. Von den 19 nach Washington Vorgeladenen blieben letztlich nur 10, die berühmten »Hollywood Ten«. Der Elfte war Bertolt Brecht: »Ich gebe zu«, erklärt er den Kongress-Abgeordneten, »daß die Grundlage meiner Stücke marxistisch ist, und stelle fest, daß Stücke, besonders historischen Inhalts, anderswie nicht intelligent geschrieben werden können.« Kennt er Gerhard Eisler, den deutschen Kommunisten? »Ja, er hat mich besucht.« »Zu welchem Zweck?«, wollte ein Ausschussmitglied wissen. »Um mit mir Schach zu spielen.« »Haben Sie über Politik diskutiert?« »Ja, manchmal haben wir auch über Politik diskutiert.« Dann eine Frage, die von manchem Genossen erwartet, befürchtet, erhofft war: »Mr Brecht, waren Sie jemals oder sind Sie Mitglied der kommunistischen Partei?« »Im Einverständnis mit den 18 und den Anwälten«, schreibt Brecht in seinem Journal, »beantworte ich, als Ausländer, die Frage, und zwar, wahrheitsgemäß mit Nein.« Im Nachhinein befand der Autor, der nach seiner Anhörung mit einer der nächsten Maschinen Amerika verlässt und am 1. November in Paris, Le Bourget, landet, das Verhör als unverhältnismäßig höflich; es endete ohne Anklage. Ihm kam zugute, dass er mit Hollywood fast nichts zu tun gehabt und nie in die US-amerikanische Politik eingegriffen hatte, außerdem damit, dass seine Vorgänger im Zeugenstand die Aussage verweigert hatten.

Mir war 1968, bei meinem Arbeitsantritt an der USC in Los Angeles, nicht bewusst, welche Dramen die Emigranten zu verarbeiten hatten, oder wie stark das Image unserer Kultur, vor allem der Literatur, in Amerika beschädigt worden war, offensichtlich irreparabel, und das bereits vor Hitler, nämlich seit dem Ersten Weltkrieg. Vor diesem Konflikt hatte das Bildungsbürgertum der USA Goethe, Schiller, Kleist, Kant, Schopenhauer, Hegel, Heine, Rilke als Apostel einer neuen Kultur verehrt – nach Rom, Athen, nun Grandeur und Gloire der deutschen Dichter und Denker, musikalisch umrahmt von Wagner, Beethoven, Brahms, von Mozart, dem Wunderknaben aus Salzburg, von Schubert, Mahler aus Österreich.

Ich habe mich redlich bemüht, das Bild der Deutschen zu korrigieren, über das demokratische Deutschland zu sprechen, über Autoren wie Böll, Grass, Walser. An der Uni habe ich vor Jahrzehnten das »Max Kade Institute for Austrian-German-Swiss-Studies« gegründet, das nach einem unserer

Gönner benannt wurde, dem Pharmazeuten Max Kade. Deutsche oder öster-reichische Autoren wie Hermann Kesten, Helmut Qualtinger, Peter Handke oder der Schweizer Friedrich Dürrenmatt, der den »Besuch der alten Dame« oder »Der Richter und sein Henker« verfasste, wie auch Bundeskanzler Hel-mut Kohl oder die Schweizer und österreichischen Bundespräsidenten Willi Ritschard und Rudolph Kirchschläger, um nur einige wenige unter den fast 200 Prominenten zu nennen, haben im Rahmen meiner »German Semester« Einladungen für Vorträge oder Seminare akzeptiert. Ich habe keine Einladung zu Podiumsdiskussionen ausgelassen, bei denen deutsche Schuld, Sünde und Sühne diskutiert wurden.

Ich habe den deutsch-jüdischen Dialog mitbegründet und habe so manches Mal mit Fritz Lang und Friedrich Dürrenmatt über den Niedergang deutscher Kultur gesprochen, über Möglichkeiten einer Renaissance. »Was tun«, fragte ich die genialen Männer. »Was können wir tun«, war die Frage auf meine Frage, »Geschichte können wir nicht ausradieren, Erinnerungen nicht ersticken.«

Lapidar ausgedrückt: »Was ist, das ist.« Die deutschen Kultur–Hoheiten schließen ihre Goethe-Institute, die USC, aber auch Stanford, schaffen die Dok-torandenprogramme in Germanistik ab und mich überkommt der – traurige – Gedanke: Wenn es Hitler nicht gegeben hätte, und diesen Katastrophen-Krieg, würde in diesem Land, vor allem in Hollywood, kein Mensch mehr über Deutschland reden. Vor Jahren hatte ich Kontakt zur Besitzerin des Thomas-Mann-Hauses; sie wollte es an den deutschen Staat verkaufen, zu einem günsti-gen Preis. Ich habe Joschka Fischer, den damaligen Außenminister, informiert, die Entscheidung blieb aus, weil der Herr Minister mit dem Kosovo-Konflikt ausgelastet war. Krieg statt Kultur. Machtdenken statt Nachdenken.

Gegen Ende seines Lebens war mein Freund Fritz Lang oft verbittert, zugleich aber konnte er der anhänglichste und weichherzigste Freund sein. Ich erinnere mich an einen unserer Restaurantbesuche, die meist am Samstag stattfanden. Er konnte wegen seines nachlassenden Augenlichts nicht mehr arbeiten: Eine ältere Kellnerin, wie alle Kolleginnen in gelber Uniform, kommt an unseren Tisch, um die Bestellung aufzunehmen. »Ich habe einen jungen Freund hier«, sagt Lang zur Kellnerin, ich war in den Dreißigern, »der will mit Ihnen heute Abend ausgehen.« Sie verließ, sichtbar verlegen, unseren Tisch. »Fritz«, kritisiere ich, »das war eine alte Frau, wahrscheinlich Ende 60. Das ist nichts für mich, wirklich nicht.« Eine andere Bedienung kommt an unseren Tisch, diesmal äußerst schön und jung dazu. Lang: »Ich muss mich bei Ihnen entschuldigen. Ich wusste nicht, dass Sie eine ältere Dame sind.« Die Junge reagiert verstört, verwirrt, sie hatte nichts verstanden, wie konnte sie? »Mit der, lieber Fritz«, wagte ich anzumerken, »würde ich in der Tat gerne ausgehen, sie ist eine Schönheit.« Nun, beinahe wie in einer Hollywood-Komödie, kehrt die ältere Serviererin zurück und bedient. Lang: »Mein Freund hat sich doch entschieden, mit Ihnen auszugehen.«

Lang, der in Hollywood 22 Filme machte, hat seine letzten drei Werke – »Der Tiger von Eschnapur«, »Das indische Grabmal«, »Die tausend Augen des Dr. Mabuse« – in Deutschland gedreht. Die Kritiker haben seine Arbeit zerfetzt, die deutschen, nicht die französischen. Die haben Lang gelobt. Lang war gekränkt, sicher, gleichwohl hat er sich nicht in antideutsche Ressentiments verstiegen. Wenn er je nach Europa zurückgekehrt wäre, dann hätte er sich nicht in Wien, sondern in Berlin niedergelassen. Das freilich sind nie Pläne gewesen; laute Gedankenspiele, mehr nicht.

Lang hat später oft über seine Wiener Kindheitstage geplaudert, sich an den Christkindlmarkt erinnert – in solchen Stunden trat Wien wie Atlantis aus ihm hervor. 1968, acht Jahre vor seinem Tod (Lang ist auf dem Forest-Lawn Hollywood Hills Cemetery beerdigt worden), hat er an die in Paris lebende Lotte Eisner geschrieben, die über Lang ein Buch veröffentlicht hatte: »Aber in Deiner Abneigung gegen Deutschland hast Du ein Kapitel geschrieben, in dem Du Dir selbst unrecht tust, und deshalb muß ich diesen Brief schreiben, so schwer es mir fällt. Du hast einmal – (genau wie ich) – den deutschen Kulturkreis geschätzt, hast Dich – (genau wie ich) – gegen den deutschen Antisemitismus aufgelehnt, ... aber kannst Du Schiller, Kleist, Heine aus Deinem Leben streichen? Den Faust liebe ich tief innerlich! Und gestern nachts am Swimming-pool des kleinen Motels, das Du ja kennst, habe ich leise vor mir hingesagt: ... Klinge kleines Frühlingslied/ kling hinaus ins Weit.! [...] Es gibt Dinge, die zu uns gehören und die man nicht aus dem Herzen reißen kann.«

Was ist am Ende geblieben von diesen Dingen, von der geschriebenen Kultur, diesem Deutschland, das seine jüdische Intelligenzia über Grenzen und Ozeane hetzte, weil das nationale Ich vor der Moral, der Menschlichkeit, der Zivilisation und Kultur kapitulierte? »Mehr Licht« sollen Goethes letzte Worte vor seinem Tod gewesen sein, mehr Licht wünschte ich mir in Amerika für das Wissen über diese großen Dichter, über Weimar auch, wo sich Goethe von seinem Freund Friedrich Schiller ermuntern ließ, wieder zu schreiben und nicht von einer Liebelei in die andere zu stolpern.

Ein Besuch bei »Barnes & Noble« an der Third Street, Ecke Wilshire Boulevard in Santa Monica. Ein üppiges Sortiment in den Regalen. Shakespeare? Hamlet, Henri IV, insgesamt fünf Regale. Goethe? Ein »Faust«, ein »Leiden des jungen Werther« und »Die Wahlverwandtschaften«, aber kein »Götz von Berlichingen«. Baldwin, Balzac, Bellow? Im Angebot. Böll? Fehlanzeige. Dann Erleichterung. Thomas Mann: »Der Zauberberg«, »Die Buddenbrooks«,

»Joseph und seine Brüder«. Suche nach Walser. Unter »V« Voltaire natürlich. Kein Walser unter »W«. Grass? Nichts. Aber Arthur Golden, die »Erinnerungen einer Geisha«, Borge, Baudelaire, Beckett, Bukowski, Charles. Kein Brecht. Womöglich sind sie vergriffen, unsere deutschen Helden, zu konservativ für das liberale Santa Monica. Also: Suche in Brentwood, bei »Dutton's«, Winter 2008, bevor dieser ehrwürdige Buchhändler am San Vicente Boulevard, einer der letzten unabhängigen der Stadt, geschlossen wurde. Volltreffer: Walser. Robert Walser, ein Schweizer Autor. Endlich: Brecht, »Selected Poems«. Und auch Stefan Heym. Ehemals Flüchtling. Dann GI. Soldat für die Freiheit. Staatsbürger der USA, dann der DDR. Wieder Shakespeare, wieder fünf Regale. Neben Budd Schulbergs Klassiker »On the Waterfront«, Schiller? Ein »Wallenstein«, nicht »Wilhelm Tell« und auch keine »Räuber«. Aber selbst Hermann Hesse, der ehemalige Bestseller-Autor der amerikanischen Hippie-Bewegung, ist kaum noch zu finden. Dabei gibt es fast alle Werke von ihm oder von Goethe und Schiller auf Englisch im Druck, nur liegen sie in den Buchläden nicht aus. Endlich ein Günter Grass und ein Goethe, in der Abteilung »Reise-Literatur«, Grass in Kalkutta, August 1987 bis Januar 1988, daneben Goethe, »Italienische Reisen«, Aufbruch 1786, Veröffentlichung 1829. Immerhin sind unsere Autoren als Reiseführer populär und die antideutschen Ressentiments, kultiviert in Film und Fernsehen, scheinen zu verblassen – derzeit.

Ich sage »derzeit«, weil in diesem aufgeregten Medienstaat jedes Thema kippen kann, von heut' auf morgen. Deutschland ist, trotz Wiedervereinigung, keine Supermacht geworden und über den Geist der (katholischen) Welt wacht nun ein Deutscher, der Hitlers Uniform getragen hat – Joseph Ratzinger. Die Gazetten, natürlich, haben den 14 Jahre alten Hitlerjungen nicht in Lederhosen, sondern in Uniform abgedruckt. Aber: In ihren Kommentaren blieben die Kolumnisten gelassen, ja nachsichtig. Seine Familie war im Widerstand gegen den Diktator vereint, und damit auch der kleine Joseph. Vor zehn Jahren noch hätten die Publizisten einen solchen Heiligen Vater in brauner Brühe ertränkt, ihn in ihren Karikaturen in Knobelbechern unter der Kutane und mit einem Oberlippenbart gezeichnet. Nichts davon. Unser Bayer blieb unbefleckt, wurde vom Joseph zum Benedikt und thront auf dem Stuhl des Stellvertreters, von rechten Religiösen respektiert, bemüht um Akzeptanz – vielleicht also doch Hoffnung, dass der Papst, in meinem Theaterstück, zumindest, zur Päpstin wird – auf einer Bühne in Deutschland. Es muss ja nicht Würzburg sein.

---

[6] Die Villa Aurora an der Paseo Miramar in Pacific Palisades ist heute eines der wenigen Häuser, das an die Zeit der Emigranten erinnert, eine Art Gedenkstätte an die Exilanten und ihre Schöpfungen. Künstler aus Deutschland können hier heute wohnen und arbeiten, auf einige Monate.

Uwe Schulz ist einer von 12 Millionen illegalen Einwanderern, die nach den Schätzungen amerikanischer Behörden im Land leben – und so ist sein Name hier frei erfunden. Jährlich werden es mehr, vor allem Latinos sickern vom Süden her ein, besetzen die nun selten gewordenen Arbeitsplätze in den Obstplantagen oder in der Gastronomie. Mauern und Zäune, wie sie entlang der mexikanischen Grenze gezogen wurden, sind diesem Zustrom nicht gewachsen. Die Polizei kümmert sich wenig um die rechtswidrig Zugereisten, sie muss Räuber und Mörder jagen und hat damit gut zu tun. Dennoch ist die Angst, entdeckt zu werden, unter den Illegalen allgegenwärtig. Uwe Schulz hält diesen Druck seit 25 Jahren aus. Er besitzt keine »green card«, die den Aufenthalt sichern würde, aber immerhin die »social security card«, die bei der Jobsuche unabdingbar ist. Ohne diese Karte, hat er seinerzeit einer Sachbearbeiterin in der zuständigen Behörde erklärt, könne er ja nicht mal ein Geschäft aufmachen oder ein Bankkonto eröffnen, und das sah sie ein. Der 1961 geborene Hamburger, der in einem Weinhandel Kaufmann lernte, ist mit seinem Dasein in den USA zufrieden. Angefangen hatte es mit der – privaten – Überführung einer »Ente« von New York nach L.A. Als er Kalifornien entdeckte, ergriff ihn die Begeisterung. Schließlich, nach einer zweiten Reise durch die USA, fand er den Weg nicht mehr zurück. Es war zu schön. In den elf Jahren danach hätte es zwar etwas schöner sein können. Schulz fuhr tagtäglich einen schweren Beton-Laster – eine Mordsarbeit. Inzwischen aber restauriert er deutsche Oldtimer, die Geschäfte gehen gut. Nach Deutschland zieht ihn nichts zurück. Nachts hört er manchmal das bedächtige Tuten der Nebelhörner am Hamburger Hafen, er fühlt die Wärme des Kachelofens in seiner Stube und draußen ziehen die Barkassen vorbei. Aber das ist ein Traum und es soll einer bleiben. Allerdings: Die Gefahr, dass es Wirklichkeit und Uwe Schulz doch noch aus Amerika entfernt wird, ist gewachsen. Der Terrorismus hat das Problem der Illegalen wieder zum Thema gemacht und Schulz hört nun nachts auch den Lärm von Politikern, die »schreien: Raus, raus, raus«.

Uwe Schulz

»Sie hätten die Berliner Mauer importieren sollen.«

In meinen Träumen begleiten mich noch immer die Nebelhörner, die wie Posaunentöne dröhnen, klagend, tief. Das aufgeregte Geschrei der Möwen, das sich mit dem Geschnatter der Enten mischt, die von einem Bauern aus dem Alten Land auf dem Hamburger Fischmarkt angeboten werden. Nebel und Nieselregen liegen über den Verkaufsständen. In Glaskisten hüpfen weiße Mäuse, Tiere ohne Stammbaum, Helden für Micky-Maus-Fans. Wo werden sie enden, frage ich mich, in der Jackentasche eines Trunkenbolds, in einem Abflussrohr oder als Kater-Frühstück einer Katze? Die Nylons der Nutten sind auf ihre Knöchel gerutscht. Der Regen dämpft nicht den Elan des Bananenverkäufers, der mit seinem Bass die Gitarristen der Heilsarmee übertönt. Jesus auf Fischmarkt-Niveau, eine neue Variante. Ich sehe nachts manchmal die Scherenschleifer vor mir, spüre die Wärme des Kachelofens in unserer Stube, von der aus ich die Barkassen beobachten konnte. Die transportierten von den Landungsbrücken die Hafenarbeiter zu den Kais, an denen Frachter ihre Ladungen löschten – Kaffee, Kakao, Bananen, Zitronen, Tee, Teakholz, Orangen, Mandarinen – Produkte, die anders rochen als Brathering oder Steckrüben. An den Ladungen der Frachter, den Farben und Düften, entzündete sich meine kindliche Fantasie. Ich stellte mir vor, wie es wohl in den Ländern aussähe, in denen diese Kostbarkeiten angebaut wurden. Ein eigenartiges Gefühl überkam mich, wenn ich am Heck der Schiffe Namen ausmachte wie Manila, Monrovia, Istanbul, Saigon oder Alexandria, New York und Sydney. Ich konnte diese Orte geografisch nicht einordnen, ich ahnte nur: Irgendwo, weit entfernt, existierte eine andere Welt, aus der wohl auch die Tiere kamen, die ich bei »Hagenbeck« im Tierpark bestaunte, die Affen, Elefanten, Zebras; Melancholie befiel meine Jungenseele, sobald ich den Hafengeruch einatmete, den Wind aus Kakao, Brackwasser, Orangen und Dieselabgasen.

Ich habe Hamburg verlassen, von Fernweh getrieben. Seit 25 Jahren lebe ich in Los Angeles. Und zwar illegal. Unter meinem Geburtsnamen. Sagen wir Uwe Schulz oder Dieter Meier, das klingt so schön deutsch. Ich lebe hier ohne die »green card«, die permanente Aufenthaltsgenehmigung. Morgen können Fahnder der Einwanderungsbehörde an die Tür meiner Wohnung klopfen. Die Handschellen bereit. Anklage. Abschiebehaft. Aus der Traum. Mehreren Hunderttausend Illegalen ist es 2008 so ergangen. Trotz Obama wird es in diesem Jahr nicht anders sein. Werde ich polizeilich gesucht? Nicht wirklich. In Los Angeles werden 2009, so Polizeiprognosen, mehr als 200 Menschen erschossen, erstochen, zerstückelt werden. Die Polizei ist ausgelastet. Sie fragt selbst Latinos, die ohne Versicherung, ohne Führerschein gestoppt werden, selten nach der »green card«. Polizisten wollen Mörder, Totschläger stellen, Kidnapper, aber nicht illegale Einwanderer, die bei ihnen die Autos waschen und als Babysitter arbeiten. Kriminalbeamte zählen zu meinen Kunden wie auch Streifenwagen-Polizisten. Ich bin Firmenbesitzer, zahle Steuern, habe einen – echten – kalifornischen Führerschein, eine echte »social security card«, die Sozialversicherungs-Karte, die neben der »green card« bei der legalen Arbeitssuche unerlässlich ist. Aber: Ohne »green card« bin ich ein Illegaler, einer von geschätzten zwölf Millionen im Land.

Ich bin deutscher Staatsbürger, besitze einen deutschen Reisepass und einen grauen Führerschein, ausgestellt in Hamburg. Ich könnte mir heute ein Flugticket kaufen und mit der Lufthansa nach Frankfurt oder München fliegen, mich einstellen auf Schneeregen, Einwohnermeldeamt, Arbeitsamt, Orkan, Sozialbehörden, Allgemeine Ortskrankenkasse, Nebel, Steuerbehörde, Kraftfahrzeugmeldeamt, U-Bahn, Ohlsdorfer Friedhof sowie Trauerweiden. Meine Rückkehr wäre gleichbedeutend mit meinem Abschied von Amerika. Fremden, die ihren Aufenthalt um mehr als 12 Monate überziehen, wird die Rückkehr auf ein Jahrzehnt verboten. Die Fluggesellschaft müsste den Behörden meine Ausreise signalisieren, die US-Beamten würden erkennen, wie lange ich – illegal – in den USA gelebt habe und mir die Wiedereinreise verweigern – bis in alle Ewigkeit.

Ich könnte mir einen Anwalt suchen, der bereit ist, mich zu vertreten und mir eine »green card« zu besorgen – unter 25 000 Dollar ist die nicht zu haben – in der Grauzone der Bürokratie. Nur, 25 000 Dollar sind Utopie und sicher ist nicht, wie die Behörden reagieren, sobald ich bei denen aktenkundig bin – trotz Anwalt. Ich könnte, wie es beispielsweise Russen tun, gegen Honorar eine Amerikanerin heiraten, also eine Scheinehe eingehen. Aber: Welchen Erpressungen würde ich mich aussetzen; bereits nach dem ersten Streit könnte meine »Ehefrau« mich bei den Einwanderungsbehörden denunzieren. Auch sie müsste eine Strafe einkalkulieren, aber die wäre vermutlich eine Fußnote zu dem, was ich zu erwarten hätte, nämlich Knast – und Uwe hinter Gittern.

Also bleibe ich – vorerst – weiterhin in der Illegalität und hoffe auf Obama, auf eine, in Washington debattierte, Amnestie. Sie wird auf sich warten lassen: Amerika ist weniger tolerant, weniger großzügig als vor den Anschlägen auf Manhattan und Washington, »9/11«, wie hier das Kürzel ist. 9/11 hat die USA aus der Selbstgefälligkeit gerissen, aus dem Selbstverständnis. Die Großmacht hat Grenzen erkannt und jetzt bauen sie die sogar: zwischen Mexiko und Amerika, 3000 Kilometer lang. Sie hätten einfach die Berliner Mauer importieren sollen, einschließlich Kettenhunden und Scheinwerfern. Jetzt patrouilliert Amerikas Volksarmee an der Grenze. Die Militarisierung einer Grenze zwischen zwei Staaten, die sich nicht im Kriegszustand befinden, also Mexiko und die USA, ist wohl einmalig in der Welt und einer Nation, die sich auf ihre Einwanderungsgeschichte beruft, unwürdig.

Die Freiheitsstatue vor New York ist das Überbleibsel einer anderen Zeit, ein Denkmal für die amerikanische Entfremdung vom Mythos. An den Grenzen werden Touristen fotografiert wie Kriminelle, Fingerabdrücke eingeschlossen – der berühmte Kampf gegen die Terroristen. Als würden die heute legal über die Grenze einreisen, unter ihrem richtigen Namen, mit einem in Kairo oder Rabat offiziell ausgestellten Pass. Die Vorstellung, Terroristen könnten mit klassischen Grenzkontrollen gestoppt werden, ist eine politische Fata Morgana. Sie dient allein der Volksberuhigung. Kontrolliert werden, heute, intensiv, annähernd 300 Grenzübergänge, einschließlich Flugplätzen.

Aber: Was einige Hunderttausend Latinos trotz intensiver Grenzkontrollen jährlich noch immer schaffen, plus einiger Hundertschaften von Rauschgiftlieferanten, nämlich die Überquerung der Grenzen zwischen Texas, Arizona, New Mexico und Kalifornien, soll Terroristen nicht gelingen? Der Bau von Tunneln etwa nicht, wie zwischen Berlin-Ost, Berlin-West? Die gibt es schon, diese Tunnel. Die »Tunnel Task Force« der Einwanderungsbehörden entdeckt sie regelmäßig. Dutzende. Machen wir uns nichts vor: Die Helfer der Terroristen, zumindest ihre Sympathisanten, sind bereits in den USA, legal.

Und auch die Vorstellung, Amerika könne auf die Arbeitskräfte aus dem Süden verzichten, ist ein Selbstbetrug. Ohne die Illegalen werden Kaliforniens Felder brach liegen und das Obst wird an den Bäumen verfaulen. Wer schneidet die Rosen vor den Luxusvillen, wer wäscht die Teller in den Restaurants, wenn alle Latinos an der Grenze abgefangen und alle Illegalen, wie von Rechtsradikalen gefordert, abgeschoben werden? Schön, ein Gastarbeiterprogramm wird irgendwann den Latinos Arbeit zusichern, auf drei Jahre begrenzt. Nur – wie werden diese Gastarbeiter reagieren, sobald sie erkennen, dass sie nach den drei Jahren abgeschoben werden? Sie werden abtauchen. So wie 3,6 Millionen Ausländer, die nach Schätzungen der Behörden legal ins Land eingereist sind, als Studenten, Geschäftsleute, Touristen, und dann einfach geblieben sind – so wie ich. Ich glaube, ich bin in Kalifornien der einzige Illegale aus St. Pauli, der Labskaus und Erbsensuppe kochen und einen Bordeaux von einem Burgunder unterscheiden kann.

Ich bin nämlich in einer Weinhandlung in Hamburg als Einzelhandelskaufmann ausgebildet worden; inzwischen restauriere ich deutsche Oldtimer, Mercedes 300 SL etwa, Baujahr 1955, oder die ehrwürdigen VW-Käfer-

Cabriolets, zwei, drei Jahrzehnte alt, gelegentlich sogar einen Kabinenroller von Messerschmitt. Ich stemme keine Gewichte und drehe mich auch nicht am Strand von Zuma Beach oder im südkalifornischen Coronado, ölgetränkt und wie ein Hähnchen am Grillspieß in der Sonne. Ich surfe nicht, aber ich beobachte von meinem VW-Bus aus die Surfer, wie sie am Surfrider Beach in El Secundo oder am Topanga State Beach den Wellen trotzen. Mein Leben sind Vergaser, Zündkerzen, Achsenfett, Kabel, Starter, Dichtungen, Lenkräder, Karosserien, Benzintank, Öl, Verteiler, Schaltungen, Räder, Windschutzscheibe, Hebebühne. Ich habe nie ein Spiel der Profi-Basketballspieler der »Los Angeles Lakers« live gesehen und auch nie um ein Autogramm gebettelt, obwohl auch Hollywood-Stars zu meinen Kunden zählen. Restaurants? Gelegentlich. Ein Franzose. Hundert Schritte von meiner Wohnung entfernt.

Ich bin Jahrgang 1961 und Junggeselle. Ich arbeite allein. Gelegentlich helfen mir Latinos. Illegal, legal. Mir gleich. Wie könnte ich sie nach Papieren fragen, der Amerika-Patriot ohne amerikanischen Pass? Als ich meine erste Werkstatt im kalifornischen Venice mietete, einige Schritte vom Beach entfernt, schickte mir die Stadtverwaltung Feuerwehr-Vertreter und dann den »buildings inspector«, so ein Typ von der Bauverwaltung. Sie wollten kein Visum sehen, weder eine Schufa-Auskunft noch ein polizeiliches Führungszeugnis. Welch ein Wort, Führungszeugnis. Wohl exklusiv deutsch. Also auch keinen Meisterbrief, kein Gesellenzeugnis. Sie wollten lediglich sicher sein, dass mir bei einer Fehlzündung die Decke nicht auf den Kopf stürzt und ich nach einem Ölwechsel den Dreck nicht direkt in den Pazifik laufen lasse.

Ich bin Unternehmer, illegal zwar, doch auch Steuerzahler. Ein Experte, der aus Schrott Luxus macht. Meine Mutter hat nie verstanden, warum ich nicht in der Weinhandlung Karriere machen wollte, nach der Lehrzeit zweiter Verkäufer, dann Stellvertreter des Chefs, der seine drei Verkäufer zum Weihnachtsfest in den Ratsweinkeller einlud. Ich wollte den Kunden nicht erklären, warum vielleicht »Cröver Nacktarsch« zum Karpfen besser passt als der »Michelsbacher Piesporter«, denn ich mochte weder Karpfen noch Mosel oder Rheingau, sondern schätzte »Holsten Edel«, ein gutes Bier. Vor allem wollte ich weg, weg aus der Enge. Den Schiffen folgen, die mein Fernweh geweckt hatten.

Die Gelegenheit ergab sich eher zufällig: Ein Freund bat mich, eine »Ente«, den 2 CV, von New York nach Kalifornien zu fahren, das Geschenk für seine Tochter zum 16. Geburtstag. Ich schaukelte mit dieser gelb-schwarzen »Charleston-Ente«, deutschen Nummernschildern, über Florida gen Westen. Nach jeder Kurve schien es mir, als würde von unsichtbaren Mächten und deren Helfern ein Vorhang hochgezogen – Erstaunliches, Schockierendes, Atemberaubendes. Immer neu. Alles anders. Ich habe meiner Mutter geschrieben, wie ich mich fühlte, als ich am Ende des »freeway 10« durch einen Tunnel fuhr und sich plötzlich der Strand von Santa Monica vor mir auftat: »Du fährst durch den Tunnel, durch das künstliche Licht und dann kommst du raus. Auf der linken Seite ist der Santa Monica Pier und der Ozean. Egal, welche Farbe er an bestimmten Tagen hat, von grün über blau über schwarz, der Ozean ist immer schön. Die Goldküste von Kalifornien. Der breite goldene Strand, sauber und ordentlich mit wenig Leuten drauf, nicht wie Sylt im Sommer oder Mallorca. Einige Minuten weiter Malibu, die Berge, die Häuser einzeln verstreut, die Häuser direkt am Strand, die einzigartigen Häuser, ganz anders, ganz speziell, bunt, architektonisch nicht langweilig. Eine Baracke und daneben ein modernes Haus aus dem Bilderbuch. Die Sonne, der Sonnenschein, die Temperatur, das Grün der Landschaft, Palmen, eine leichte Brise. Eine eindrucksvolle Welt, kein Vergleich mit dem Fischmarkt.«

Freunde wollten mich überreden, die Rückreise zu streichen. Sie hatten erkannt, wie mich dieses Kalifornien gepackt hatte. Ich fühlte mich frei, befreit. Und trotzdem entschloss ich mich, nach Deutschland zurückzukehren, zurück in den Schneeregen, den Ordnungssinn, die Besserwisser-Mentalität. Kein Kontrast konnte größer sein als der zwischen meiner deutschen Wirklichkeit und kalifornischen Erinnerungen: Dort der Highway 1, der an Kaliforniens Küste entlanggleitet, Surfer, Seelöwen, Wale im Pazifik, Winzer, Holzfäller, buddhistische Mönche in den Hügeln. Hier Hamburg, Nörgler, Nebel, Ladenschlussgesetze. Noch einmal eine Chance, der Notausgang: Ich überführe einen Mercedes von New York nach Kalifornien. Dieses Mal fahre ich durch. Fast ohne Schlaf: drei Tage, vier Nächte. Kalifornien. Der Sonnenuntergang. Dunkelrot. Die Palmen. Wieder die Versuchung: Bleib einfach hier! Meine Mutter brauchte mich. Ich reiste zurück. Einmal noch. Und wieder bedrückte mich die Finsternis, die Tage, die Nacht blieben, die Menschen, die offenbar nur während des Karnevals zu singen wagen. Lasst uns schunkeln. Und den anständigen Willy Brandt abwählen. Den klugen Helmut Schmidt dann auch noch. Die Sozis, weg mit denen. Keine Experimente. Türken raus. Kalter Krieg, noch immer. Die Mauer. Winterschlussverkauf. Oh Tannenbaum. Lametta und Knallfrösche in der Silvesternacht. Fröhliches Deutschland.

Ich wollte, ich musste weg, trotz der Tränen meiner Mutter. Ich kam mit zwei Koffern in L.A. an, meine »Isetta«, auf Raten gekauft, schaukelte mir auf dem Atlantik nach. Meine englischen Sprachkenntnisse waren mäßig und folglich habe ich meine erste Führerscheinprüfung nicht bestanden. Kein Problem, do it again, Sam. Ich habe meinen deutschen Führerschein vorgelegt und meinen Reisepass. Nach 15 Minuten besaß ich eine »temporary driver's licence«, das Original kam per Post. Die »social security card«, ohne die kein us-Bewohner auf einen legalen Job hoffen kann, habe ich erhalten, weil ich die Sachbearbeiterin im zuständigen Amt überzeugen konnte: Ohne »social security card« kann ich kein Bankkonto eröffnen, ohne Bankkonto erhalte ich weder eine Kreditkarte noch eine Wohnung, weder einen Telefonanschluss noch den Führerschein.

Da ich seit Bundeswehr-Tagen Lastwagen fahren konnte, habe ich mich bei einem Unternehmen beworben, das den Beton für den Bau des Highway 105 anlieferte, auf überdimensional großen Lkws, auf denen hinten der Betonmischer lärmte, im Rhythmus der Sprechtexte der Disney-Comics: Quietsch, ratter, rumpel. Einfach formuliert: schrecklicher Krach. Die Transportfirma hat sich noch nicht mal meinen Führerschein angesehen und nur die »social security«-Nummer notiert. Ich musste der Gewerkschaft beitreten und habe dann für elf Jahre, sieben Tage pro Woche, Beton gefahren. Ich war abends sehr erschöpft, denn die Fahrerkabine war nicht klimatisiert. Die Temperaturen am Steuer hätten selbst Beduinen in den Hitzestreik getrieben. Ich fuhr und fuhr, Beton, Beton, Beton, und niemand stellte mir eine Frage, wunderte sich über meinen Akzent, oder meine Wanderstiefel, die zumindest farblich zu meinen braunen Shorts passten. Die Amerikaner tolerieren so beinah alles – einem kalifornischen Vermieter ist es beispielsweise egal, ob man in seiner Wohnung eine Python hält, die man mit in zoologischen Supermärkten erstandenen Mäusen oder Ratten füttert, solange der Scheck mit der Miete pünktlich im Briefkasten liegt. Kein Mensch ist verwundert oder macht dumme Bemerkungen, wenn ein hemdloser, großer Dürrer in hochglanzpolierten Reitstiefeln am Strand eine Art Stechschritt übt, gekleidet in eine lilafarbene Dreiecks-Badehose, auf dem Kopf einen Stahlhelm der deutschen Wehrmacht. Gehässige Kommentare bleiben aus, weil der Mann aus seinem Rucksack eine Maschinenpistole ziehen und schießen oder der Stiefel-Träger ein Hollywood-Star sein könnte, der für seine nächste Rolle übt – und verrückt ist ohnehin jeder Zweite hier, mindestens.

In Kalifornien werden manche Autos, wen überrascht das noch, ohne Stoßstange gefahren und ohne Versicherung. Autos, die in Deutschland vom TÜV sofort als Schrott aus dem Verkehr gezogen würden, sind mit vier Lautsprechern ausgestattet, eine rollende Diskothek. Durchschnittlich dreimal im Monat schießen irgendwelche Leute auf dem Highway auf irgendjemanden, und sobald ein Schuss tödlich endet, sperrt die Polizei die sechsspurige Autobahn und sucht nach den Patronenhülsen. Selten werden die Täter gefasst, aber stets erklärt der Polizeichef, seine oft übergewichtigen Mannen seien den Tätern auf der Spur, der Fall werde geklärt, ganz sicher. Bei seinem Jahreseinkommen – rund 300 000 Dollar – würde ich auch alles versprechen.

Beinah täglich unterbricht das Fernsehen die Sendungen – ein »pursuit« auf dem Highway 101, 405, 110, 10 oder 710, Verfolgungsjagd der Polizei auf einen Bankräuber, Ausbrecher, Drogendealer. Es sind Dramen, Komödien, die sich auf dem Highway abspielen. Hubschrauber der Stationen KNBL, KCAL, KTLA steigen auf, die Kameramänner, die an Gurten zwischen Himmel und Erde hängen, richten ihre Teleobjektive auf die rasenden Hondas, Hummers, Cadillacs, Thunderbirds und Pick-up-Trucks, aus denen sich die Fahrer hinauslehnen, gelegentlich sind sie volltrunken, und mit Pistolen auf die Verfolger schießen. Bei Tempo 180 oder 200.

Als »mechanisierten Stierkampf« klassifizierte der oberste Sheriff von L.A. dieses Straßentheater, von dem das Fernsehen jährlich über Tausend Vorstellungen bietet. Ein Internetservice, »pursuitalert.net«, alarmiert die Kundschaft über solche Verfolgungsjagden. Polizisten rammen ihre Wagen in die Hecks der Verfolgten, platzieren Nagelsperren auf der Straße, zuweilen schießen sie – olé.

»Autopia« nennen Experten den Autowahn meiner Stadt – alle sieben Minuten wird ein Fahrzeug gestohlen, zweimal täglich sitzen Autobesitzer oder Passagiere im Fahrzeug, wenn Diebe zuschlagen, das sogenannte »carjacking«.

Nicht dass wir uns missverstehen, wahrlich nicht alles ist chaotisch in diesem Land oder klappert. Benjamin Franklin, der Denker, der Staatsmann, hat den ersten Blitzableiter gebastelt – und wer hat erstmals ein Flugzeug, für 12 Sekunden und 36 Meter Flugstrecke, in die Luft gehoben? Amerikaner. Die Gebrüder Wright. Cadillac hat (1912) die ersten Serienfahrzeuge mit elektrischem Anlasser gebaut, in den USA wurden die ersten (funktionierenden) Verkehrsampeln aufgestellt. Aber annähernd ein Jahrhundert später herrscht auf den Straßen der Metropolen Chaos, vor allem in L.A. Dennoch gibt es trotz aller Planungen und ewiger Debatten keine Hochgeschwindigkeitszüge, die etwa Los Angeles mit San Franzisko verbinden oder San Diego mit Las Vegas, und die Fluggesellschaften kreisen zwischen finanziellem Notstand und Notlandung. Was bleibt? Das Auto, das allmählich in die Luxuskategorie eingereiht werden muss, denn welcher Arbeiter, der täglich 100 Kilometer abfährt, in L.A. eher Normalität, kann sich die Benzinpreise leisten?

Ohne Auto keine kalifornische Zukunft. Die Highways, Freeways, Parkways sind die Adern der Nation, in und um Los Angeles insgesamt 50 000 Kilometer Strecke. Sie winden sich durch die Mega-Metropole, verbinden 87 Städte, Städtchen und Siedlungen jenseits des Zentrums, allgemein verstanden als L.A. County. Der Stau ist ein »way of life«. In der »rush hour« sind Durchschnittsgeschwindigkeiten von 15 bis 20 Stundenkilometern Normalität. Das ist Postkutschen-Rhythmus im Computer-Zeitalter. Die »Metro«, die Untergrundbahn, kann inzwischen mit etwa 120 Streckenkilometern Entlastung anbieten – das entspricht der Länge eines einzigen L.A. Boulevards, dem Selpuveda. Die Busse stecken im Verkehr oder in der Garage zur Reparatur – die Armen hocken an den Haltestellen oder gehen zu Fuß. Letztlich bleibt eben nur das Auto, die Akzeptanz von zwei, drei Autostunden zum Arbeitsplatz und zurück, ausreichend Zeit zum Schminken, Kaffeetrinken und Telefonieren.

Tausende von Fahrzeugen, Hunderttausende womöglich, ich habe es schon erwähnt, werden ohne Versicherung gefahren und ohne gültige Kennzeichen. Vor allem von Kaliforniens Einwanderern. Jeder Dritte unter den kalifornischen Autofahrern fährt ohne, oder ohne ausreichende, Versicherung, was wiederum die »Normalbürger« dazu bewegt, Versicherungen gegen »uninsured motorists« zu kaufen. Die Illegalen kaufen Klapperkisten von irgendeinem Landsmann, dem Roten Kreuz oder der Heilsarmee, denen gütige Herzen den Schrott als Spende hinterlassen. So quälen sich die dampfenden, klappernden, schaukelnden Karossen über die Highways, am Lenkrad meist Zugereiste, die zuvor womöglich nur Eselkarren oder ein Fahrrad steuerten.

Liebe Menschen, in der Tat arbeitswillig, in der Mehrheit fleißig, nur eben unversichert. Manche ihrer Führerscheine sind gefälscht. Die Polizei stoppt die Schrottmobile selten. Und wenn, dann schreiben sie ein Strafmandat, das den Bürger nie erreicht, weil die Post ihn nicht findet, oder sie beschlagnahmen den Wagen, was den Einwanderer nicht schreckt, da die anstehende Reparatur für ihn ohnehin unbezahlbar war. Den Kaliforniern ist vorgeschrieben, ihre Abgaswerte in der Norm zu halten, aber ein »TÜV« existiert nicht. Folglich kann ein Kalifornier auch mit einem Panzerspähwagen durchs Gelände rattern, solange die Ketten die Straße nicht aufreißen. Diese Unbekümmertheit hat zu so mancher Fehleinschätzung dieser Nation geführt. Die sogenannte Freiheit ist auch als Gleichgültigkeit zu deuten, als Egoismus, Desinteresse am Dasein des Nachbarn, am Schicksal des Kollegen. In meiner Situation kommt mir das eher gelegen. Ich will keine indiskreten Fragen beantworten und in meiner Anonymität verharren – bis zur Amnestie.

Mich haben die Amis hingenommen, wie ich bin. Eigentlich verhalte ich mich wie die Mehrheit: Ich hasse Krawatten, Anzüge und weiße Oberhemden. Meine Garderobe beschränkt sich auf Jeans, Sporthemden, braune Schnürstiefel oder Sandalen. Gelegentlich fahr' ich mit meinem VW-Bus, Baujahr 1982, in die Santa-Monica-Berge, lege mich auf meinen Schlafsack und sehe hinauf auf die Sterne und Satelliten, so wie ich als Kind auf die Frachter blickte, wenn sie in den Hamburger Hafen glitten. Ich bin kein Bürger der Vereinigten Staaten, aber auch kein wirklicher Deutscher mehr, zumal ich das neue, wiedervereinigte Deutschland nicht kenne. Ich telefoniere einmal in der Woche mit meiner Mutter, die nicht verstehen kann, warum Kalifornien mein Paradies sein soll.

Sie hat mich mehrmals besucht und ich habe ihr die Schönheiten offenbart, die Wüste, den Strand, aber sie ist ihrer Überzeugung treu geblieben: »Die Lüneburger Heide gefällt mir besser.«

Sicher, nach unseren Telefonaten, ausgestreckt auf dem Schlafsack in den Bergen von Santa Monica, denke ich wieder an Möwen, Barkassen, Rote Grütze, Räucheraal, Alsterschwäne, Ewer-Scholle, Plattdeutsch, Hafenkonzert, Rollmöpse, Alsterfleet, Freddy Quinn, Kachelöfen, Nieselregen, Sturmflut, Alsterwasser, Büsumer Krabben, Heidi Kabel und Butterkuchen – aber das sind Erinnerungen, Bilder der Vergangenheit. Amerika ist meine Heimat, auch wenn Amerika mich abschieben will. Zugegeben: ein Widerspruch. Raus, raus, raus, schallt es aus dem Kongress, verhaftet die Illegalen, kerkert sie ein, vertreibt sie. Raus, raus, raus. Ich bin vorgewarnt. Jährlich fassen die Einwanderungsbehörden Tausende von US-Bewohnern, die wie ich ihre Visa überzogen und die Rückreise nicht angetreten haben. Ich bin wieder mal umgezogen.

Elke Sommer wollte nach dem Abitur eigentlich Dolmetscherin werden, aber dann fuhr sie mit der Mama nach Viareggio. Dort, auf dem mediterranen Tummelplatz, gab sie einer Urlaubslaune nach, ließ sich zur allerschönsten »Miss« wählen und machte durch Zeitungsbilder den hochgeschätzten Filmschauspieler und Regisseur Vittorio de Sica in Rom auf sich aufmerksam. Für die Pfarrerstochter aus Berlin, Jahrgang 1940, begann eine Filmlaufbahn in Italien, 1959 folgte das erste deutsche Stück, die Verfilmung des Traven-Romans »Das Totenschiff« mit Horst Buchholz. Dann schritt Elke Sommer mit langen Beinen gen Hollywood. Sie spielte in den Sechzigerjahren neben Paul Newman und Curd Jürgens, Bob Hope und Gert Fröbe. 1963 wurde der Film »Das Mädchen und der Staatsanwalt«, in der sie eine Hauptrolle spielte, für die »Golden Globe Awards« nominiert. Danach kamen zweitklassige Rollen und eine Einladung des Schahs von Persien. Der wollte nur das eine, setzte zunächst seinen Charme ein und, als das nicht half, einige Diamanten. Die Sache, sagt sie, blieb unvollendet. Das ganz große Glück im Filmgeschäft jedoch war Elke Sommer versagt: Manche Medien mochten ihr den künstlerischen Ernst nicht abnehmen, was sie heute noch ärgert: »Mir hat die deutsche Presse oft übel mitgespielt.« Sie engagierte sich auf der Theaterbühne, mit respektablem Erfolg. In Chikago wurde sie zur besten Schauspielerin des Jahres gekürt und mit dem »Joseph Jefferson Award« geehrt.

Inzwischen hat Elke Sommer, nun 69, in Kalifornien ihren Frieden gefunden. Sie lebt in Beverly Hills und ist mit einem deutschen Hotelchef verheiratet. Sie »wurschtelt im Garten herum«, malt und stellt unter dem Pseudonym »E. Schwartz« international ihre Bilder aus, spricht auch ohne Dolmetscherstudium fließend sieben Sprachen. Sie fühlt sich wohl in Amerika. Aber, sobald ihr Ehemann sich zur Ruhe setzt, kann sie sich fünf, sechs Monate pro Jahr in der deutschen Heimat vorstellen. Aus der Oberflächlichkeit der Amerikaner, die deutsche Zuwanderer so stört, zieht Elke Sommer sogar einen Gewinn. Diese fromme Verlogenheit beispielsweise, immerzu »a nice day« zu wünschen, findet sie weitaus besser als die Muffeligkeit an deutschen Kaufhaus-Kassen: »Da lobe ich mir doch die amerikanische Heuchelei, es macht das Leben leichter.«

Elke Sommer

»Jeht nischt. Die Maschine is schon geputzt.«

Kein Skat mehr mit ihr, nichts mehr mit Buben und Pik Ass, Null Ouvert und Schneider angesagt. Meine Mutti, die Oma, ist tot. Am Ende lebte sie in ihrer eigenen Welt. Mein Haus in Marloffstein, nördlich von Erlangen, habe ich trotzdem nicht verkauft, trotz der irren Kosten. Wenn ich nur an das Heizöl denke! Aber ich hänge am Fränkischen, an dem, was man Heimat nennt. Die Sprache ist Heimat. Freunde. Die Kneipe von der Anna, »Ludwigshöhe«, in Adlitz. Wenn ich in Deutschland, in meinem Haus bin, dann geh ich oft runter und ess' Schäufele, Schweinsbrodn oder bloß Kniedla mid Soß. Oder wenn der Sohn der Gastwirtin ein Reh geschossen hat, den Bruch, die Innereien. Ich esse alles. Und ich liebe Pilze. Ich weiß, wo in den Wäldern bei uns im Herbst die Pilze stehen, ich kenne jeden Weg in unserer Natur.

Das sind die Wurzeln, von denen die Dichter geschrieben haben, wie Friedrich Schiller im »Wallenstein«: »Mit heißen Tränen wirst du dich dereinst heimsehnen nach den väterlichen Bergen.« Wenn ich mit meinen Freunden in der Kneipe sitze, wird viel getrunken und fränkisch gesprochen, volle Pulle fränkisch. Das ist für mich wie eine zweite Haut, sich fränkisch fühlen. Wie viele Nächte habe ich in meinem Leben in Hotels verbracht und mich nach einem Heim gesehnt. Seitdem ich mit meinem zweiten Mann Wolf Walter verheiratet bin, dem ich den Kosenamen »Papa Bär« verpasst habe, koche ich. 20 Jahre am Herd. Für ihn, die Liebe. Davor, in meiner ersten Ehe mit dem Journalisten und Autor Joe Hyams, der 20 Jahre älter war als ich, habe ich kaum je eine Wurst gebraten. Vielleicht war er damals schon das, als was ich ihn heute bezeichne, ein »Wurm«, und ich habe das instinktiv gemerkt.

Er war ein Ami, einer der eigenen Art. Ich hoffe nicht, dass er der typische Vertreter der US-Männer ist. Selbst unsere Scheidung war noch ekelhaft. Ich bin nicht stolz auf diesen miesen Abgang aus der Zweisamkeit, aber die Geduld war erlahmt. Aus. Batterie tot. Wie sah's denn aus! Ich habe wie verrückt gearbeitet, viel Geld verdient, und wenn ich dann ausgepowert vom Dreh in die Tür fiel, stand er nicht etwa mit Rosen im Eingang, sondern grinste und schwenkte einen Autoschlüssel, als sei's ein Weihrauch-Kessel. Er hatte wieder mal ein neues Auto gekauft – von meinem Geld. Ich war wahrhaftig nie geizig, aber: Er hat keinen Aschenbecher mit in unsere Ehe gebracht, sondern Schulden und Alimente, Verpflichtungen. Er hat keinen Cent von der Hypothek bezahlt, er hat genommen und genommen, und ich habe mich immer häufiger gefragt, ob eine solche Partnerschaft Sinn macht. Ich wusste, warum ich ihn geheiratet hatte – ich war 15, als mein Vater starb. Ich hatte niemanden: keinen Bruder, keine Schwester. Weder Onkel noch Tanten, Opa oder Oma, nur die Mama. Ich wollte von Joe Wärme und Geborgenheit, jüdische Menschlichkeit, Intelligenz. Ich war überzeugt: Der Typ liebt dich. Was war an mir nicht zu lieben? Ich habe gut verdient, viel gearbeitet und nicht schlecht ausgesehen. Hat er mich respektiert? Hat er gegeben? Er fuhr alle drei Jahre ein neues Auto, ich einen 16 Jahre alten Audi, den ich liebte, bis er auseinanderfiel. Und eines Tages habe ich mir meinen Hund geschnappt, meine Gitarre und mich in einen kleinen Park in Beverly Hills gesetzt – zum Nachdenken. Es reicht, habe ich entschieden, goodbye Joe. Lieb dein neues Auto.

Zu einer Rückkehr nach Deutschland hat mich diese Tragödie damals nicht genötigt. Möglich ist schon, dass wir fünf, sechs Monate im Jahr in Deutschland verbringen werden, sobald mein Mann sich aus dem Hotelgeschäft zurückzieht. Aber keine Eile. Ich wohne in Beverly Hills in einem wunderbaren Haus, umgeben von Tieren und Natur. Ich wurschtel im Garten herum, laufe barfuß und weiß: In Fürth sind minus 17 Grad, bei mir am Schwimmbad 25 Grad plus. Meine Freunde in Franken sitzen am Kamin, ich spiele Golf. Früher war ich eine gute Tennisspielerin. Ich habe meinen Platz allerdings seit zehn, elf Jahren nicht benutzt. Doch, ich werfe meinen zwei Hunden dort die Bälle zu.

Golf ist eine Therapie, obgleich ich keine nötig habe. Behaupte ich einfach mal. Es verhindert den Psychiaterbesuch, davon bin ich überzeugt. Ich spiele seit acht, neun Jahren, mein Index ist 12.8. Bescheiden ausgedrückt: ein ausgezeichnetes Niveau. Früher war Golf für mich einfach blöd. Dieses Herumlaufen mit den Stöckchen, »Eisen«, wurde ich belehrt, das Herumfahren mit einem Wägelchen, das Drumherum erschien mir ziemlich »old fashioned«. Bis ich eben Wolf kennenlernte, damals, als ich in New York eine Unterkunft suchte, für vier Monate. Ich sollte als Tamara in »Tamara« auf der Bühne stehen. Ich erinnerte mich an einen hilfsbereiten deutschen Hoteldirektor im »Essex House« namens Gerling, und den versuchte ich zu erreichen: »Sorry«, war die Antwort, »der arbeitet jetzt in Kairo. Unser neuer Generaldirektor stammt allerdings ebenfalls aus Deutschland, der Mr Wolf Walter.« »Kann ich ihn sprechen?« Konnte ich. Seither spiele ich Golf, denn auch »Papa Bär« ist Golfer.

Der Tod meiner Mutter beschäftigt mich, ich bin nun die letzte Schletz. »Sommer« ist mein Künstlername, den ich mir schon bei den Anfängen meiner Filmkarriere zulegte. Ich bin kinderlos geblieben, nach vier schlimmen Fehlgeburten. Die Familie stirbt aus. Meine Mutter war eine schwache Frau. Ich war mehr Mutter für sie als sie für mich. Sie war sehr auf sich selbst bezogen; klar, gelegentlich hat sie sich auch um mich bemüht und das war dann ganz toll. Ich habe ihr Leben finanziert, und für sie war das alles so selbstverständlich wie für Mr Hyams. Wahrscheinlich ersticke ich Wolf mit meiner Liebe und Fürsorge. Er ist so anders. Wenn er das Hotel, das er in Universal City führt, verlässt, ruft er mich an. Steckt er im Stau, dann meldet er Verzögerung. Er weiß, wie es um mich steht. Ohne seine Gegenwart empfinde ich eine maßlose Leere. Alle Gefühle sind auf diesen einen Mann gerichtet – eine unglaubliche Verantwortung für mich, für ihn. Es wäre eine absolute Katastrophe für mich, wenn Papa Bär etwas passieren würde.

Allein in Deutschland? Obwohl ich in Düsseldorf, München, Hamburg wie in Erlangen richtige Freunde habe? Das Leben in Deutschland ist, praktisch gesehen, für mich allein einfach komplizierter: Als ich in Düsseldorf im »Theater an der Kö« spielte, hatte man mir eine Wohnung in der Altstadt gemietet. Ein Markt war in der Nähe. Ich habe mir jede Blume angesehen, neue Züchtungen und Farben, auch Enziane in Töpfchen, von denen ich gleich ein halbes Dutzend kaufte, eigentlich alles, was Wurzeln hatte. Die sterile Theaterwohnung entwickelte sich bald zum Dschungel. Aber der städtische Lärm, der nervte. Das Parken, das nervte. Tiefgaragen, die ich nicht gewohnt bin. Kein Platz, selbst unter der Erde nicht. Irrfahrten durch die Gänge. Stop and go beim Parken. Also bin ich aus der wunderschönen Altstadt in einen Vorort gezogen, nach Meerbusch. Kleines Häuschen, Stille. Ich war mutterseelenallein. Abends kamen zwei Mäuschen – vor der Vorstellung. Sie hockten im Garten und warteten auf mich und meinen Käse. Wieder kein Parkplatz in der Innenstadt, und wenn du zehn Minuten überziehst, stehen schon die Herren mit den weißen Mützen auf dem Kopf vor dem Auto und schreiben ihre Strafmandate.

Anderes Beispiel: Ich gehe sehr ungern »shoppen«, aber wahnsinnig gern Lebensmittel einkaufen – und zwischen Deutschland und den USA ist da ein krasser Unterschied. In Los Angeles, gleich ob ein billiger oder luxuriöser Laden, zwitschern die Kassiererinnen: »Have a nice day.« Natürlich ist denen gleich, ob mein Tag angenehm verläuft oder im Zinksarg endet. Aber man sagt: »Ich wünsche Ihnen frohes Schaffen.« Oder: »Danke für Ihren Besuch.« So wie liebe Verwandtschaft reden die. Mir allerdings ist wurscht, warum die zwitschern oder ob dieses Getue oberflächlich ist, ich verlasse den Laden nicht wie eine Strafgefangene, die auf Bewährung entlassen wird, so wie in Deutschland. Ich denke beispielsweise an einen »Real-Markt«. Die Check-Out-Damen, nennen wir sie Damen, obwohl sie von der Sorte sind, die auch ein Herren-Klo benutzen könnten, erheben die Stimme: »Haben Sie kein Wechselgeld?« »Nein, tut mir leid.« »Junge Frau, wo sind wir hier, dies ist nicht die Kreissparkasse.« Oder an der Wursttheke: »Kann ich noch einige Scheiben Aufschnitt haben?« »Jeht nischt. Die Maschine is schon geputzt.«

Da lobe ich mir doch die amerikanische Heuchelei, es macht das Leben leichter. Selbst das Theaterpublikum in Deutschland reagiert anders, gleich ob in Erlangen, wo ich »Oscar und die Dame in Rosa« spielte, oder in Düsseldorf, wo ich mit dem Zwei-Personen-Stück »Sechs Tanzstunden« auf der Bühne stand – hier wie dort gibt es die Erwartungshaltung: Jetzt zeigen Sie mir erst mal, was Sie können, Frau Sommer. Hollywood-Karriere? Wir sind in Deutschland. Brecht-Heimat, Goethe-Genie, Schiller-Denken, Böll-Sprache (darf man Grass nach seiner ss-Enthüllung noch nennen?). Mann, Tucholsky, Heine, Hesse. Sie wissen schon: Kultur-Macht Deutschland. Die Amerikaner klatschen bereits, weil die Vorstellung beginnt. Sie freuen sich, diese Schauspielerin, die sie im Film gesehen haben oder im Fernsehen, direkt erleben zu können, life, zum Anfassen. Das deutsche Publikum hingegen muss erarbeitet, erobert werden.

Ich habe mir eingeprägt: Wenn die denken, die ist kühl, zickig und arrogant, dann denken sie das eben. Bleib gelassen. Spiel deine Rolle, so wie sie gespielt werden muss. Vergiss das Publikum. Denk an den Text. Der Beifall, der erst am Ende ertönt, ist in Deutschland dann auch glaubwürdig, das »Bravo« ist ehrlich, so wie die »Buh«-Rufe, die mir zum Glück erspart geblieben sind. In unserem Deutschland ist Theater eben nicht Entertainment, sondern vor allem Kunst. Die sogenannten Edelfedern der Kultur-Redaktionen zerrupfen das Bühnenbild, die Fehlinterpretation des Autors durch den Regisseur, den philosophischen Irrweg des Autors, die Darsteller, die lieber Blumen auf dem Großmarkt anpreisen sollten, statt Arthur Millers Worte zu verdrehen.

Nach der Premiere, nach dem Verriss, trifft wahrscheinlich eben dieser gebeutelte Regisseur die Edelfeder in der Kneipe gegenüber des Theaters. Gemeinsam ertränken Schauspieler, Journalisten, Regisseur und der Chef der Bühnenarbeiter-Gewerkschaft die hässlichen Zitate in Bier und Schnaps. Sie beschließen, bis ans Ende ihres Lebens »Du« zu sagen, Gustav Gründgens nicht mehr zu zitieren, sondern Theatermacher wie Jürgen Flimm oder Ivan Nagel zu loben – allesamt in den usa bekannt wie Negerküsse. Eine gewisse Überheblichkeit in der deutschen Theaterszene ist nicht zu leugnen, Amerikas Bühnenkunst wird häufig niedergeschrieben, obgleich kaum ein deutscher Theaterkritiker, ein Beispiel nur, je in Chikago war, eine echte Theaterstadt. Ich habe während meiner aktiven Hollywood-Zeit immer wieder die Bühne gesucht, für mindestens sechs, acht Wochen im Jahr. Und ich kann den deutschen Kollegen nur sagen: Unterschätzt das us-Theater nicht. Ihr würdet euch wundern, liebe Kollegen, wie diszipliniert, wie schwungvoll an amerikanischen Bühnen gearbeitet wird.

Jeder Auftritt gehört für einen us-Schauspieler mit zum Existenzkampf und erfordert deshalb totale Hingabe. Wir wissen: Kritiker, etwa der »New York

Times«, können ein Stück am Broadway mit zwei Artikeln killen und die Karriere des Hauptdarstellers beenden. In Deutschland, so habe ich immer wieder gehört, werden ältere Kollegen, denen kaum noch eine Rolle angeboten wird, in den Betriebsrat gewählt – und damit sind sie auf Jahre unkündbar. Statt Arthur Miller, Tennessee Williams, Sam Shepard oder Neil Simon liest der unterbeschäftigte Staatsbedienstete deutscher Bühnen angeblich seine »Bild«-Zeitung. Hinter der bei uns immer wieder erwähnten amerikanischen Oberflächlichkeit ist Härte verborgen, Druck und Angst herrschen auch auf der Bühne. Kein Engagement ist absolut sicher, kein Intendant verhindert die Absetzung eines Stücks wie in Deutschland, wenn nur noch vier Leute im Parkett ihre Butterbrote essen. Heutzutage, das habe ich auch in meinem Buch »Unter uns Pfarrerstöchtern – oder?« kritisiert, hat ein Heranwachsender fast keine Chance mehr, auf einer deutschsprachigen Bühne den »Faust« – einen Eckpfeiler unseres Kulturguts – in der von Goethe gedachten Form und Sprache kennenzulernen.

Die amerikanische Wirklichkeit sieht anders aus: In dieser Welt auf der Bühne oder vor den Hollywood-Kameras zu bestehen, erfordert Talent, Glück, die Bereitschaft, Einsamkeit zu verkraften, Enttäuschungen, den Druck auszuhalten. Wie viele deutsche Schauspielerinnen hatten in den letzten 50 Jahren, in einem halben Jahrhundert also, tatsächlich Erfolg in Hollywood? Damit meine ich nicht die ein bis zwei respektablen Erfolge einer Franka Potente, sondern Karrieren, die in der Geschichte Hollywoods Erwähnung verdienen. Ich kenne zwei: Marlene Dietrich. Und Elke Sommer. Mir hat die deutsche Presse oft übel mitgespielt, mir Affären angehängt, die keine waren, mich zum schauspielerisch untalentierten Sexsymbol abgestempelt. Die Kritiker in Deutschland haben – oft bewusst – übersehen, mit welchen Stars ich vor der Kamera stand: mit Peter Sellers, Dean Martin, Bob Hope, Paul Newman, Robert Vaughn, Albert Finney, Lex Barker, Telly Savalas. Oder die deutschsprachigen Filmer: Gert Fröbe, Horst Buchholz, Curd Jürgens, Mario Adorf, Bernhard Wicki, Romy Schneider, Götz George. Zu viel Eigenlob? Sicher nicht. Mit jedem Namen verbinden sich Geschichten. Beispielsweise 1969: Mit Curd Jürgens und Robert Mitchum drehte ich im Iran »Die schmutzigen Helden von Yucca«. Ich spielte die äußerst verführerische Geliebte eines Bandenchefs. Offenbar überzeugend, denn eines Tages erschien ein Abgesandter des Schahs auf dem Set. Die kaiserliche Hoheit wünschte mich kennenzulernen. Sein Interesse, erkannte ich alsbald im Palast, war nicht auf den Film begrenzt. Der Kaiser wollte mich verführen. Vergebens. Er versuchte es zunächst mit Charme, dann mit Diamanten. Kein Erfolg. Er legte nach: Eine Sonderausführung eines Bugatti-Rennwagens? Ich blieb meinem Joe treu.

Auch Peter Sellers versuchte, mich während der Dreharbeiten zu »Ein Schuss im Dunkeln«, ein Film übrigens, der Legende wurde, über den Einsatz von kostbarem Schmuck zu gewinnen. Ich mochte ihn, ich sah in ihm eine tiefe Traurigkeit, die nach Erlösung suchte. Wir hatten ein kollegiales, freundschaftliches Verhältnis. Peter lud mich und meine Mutter sogar auf sein wunderbares Anwesen bei London ein und machte mir einen Heiratsantrag. Übrigens: Der einzige Kollege, den ich nicht mochte, war Jack Palance. Der war menschlich so, wie er aussah: ein Arschloch. Marlene Dietrich, das hat mein Exmann für eines seiner Bücher recherchiert, war keine tolle, aufrechte Frau, vom Gefühl her war sie zwischen kühl und kalt angesiedelt. Sie war Mutter, sogar Ehefrau, doch ausgelastet mit einer Person: Marlene Dietrich. Ihr verbaler Widerstand gegen Adolf Hitler hat ihrer Karriere genutzt, instinktiv hat sie das verstanden. Hollywood hat Marlene Dietrich auch deswegen engagiert, weil die kühle Blonde dem deutschen Klischee entsprach und sie trefflich in die Kriegspropaganda passte: Femme fatale gegen den Führer. Ich habe den berühmten »Sprung über den Teich« ohne Kriegsdienst erreicht, durch Zufall: entdeckt, im Bikini, an einem italienischen Strand.

Ich hatte, eben 18, mein Englisch-Studium in London abgeschlossen. Meine Mutter lud mich zur Belohnung nach Viareggio ein. Schöne Männer. Italienischer Charme noch und noch. Wir gingen zum Tanzen, meine Mutter und ich. Am Eingang hängten mir die Kontrolleure eine Nummer um den Hals: 8. Ich war damit Kandidatin in der Wahl zur »Miss Viareggio«. Bild in der Zeitung. Besuch von einem Besetzungschef einer Filmgesellschaft, die eine Rolle zu vergeben hatte: deutsche Touristin in Italien. Die Probeaufnahmen in Roms Filmstadt Cinecittà glückten – ich stand erstmals vor der Kamera, ohne je eine Schauspielschule besucht zu haben. Der geniale Regisseur, Produzent und Schauspieler Vittorio de Sica hielt mich für die ideale Besetzung in seinem Film »Männer und Edelmänner«. Ich spielte ein venezianisches Dienstmädchen, das den reichen Edelmann verführt. Ein halbes Dutzend italienischer Filme folgten und schließlich druckte die »BZ« im März 1959 Fotos der kurvigen Pfarrerstochter, die Italiens Machos verwirrte. »Gucken Sie mal genau hin«, erklärte ein BZ-Schreiber den männlichen Lesern, »wenn diese Bombe nicht in Hollywood explodiert, dann heiße ich nicht mehr Oswalt Kolle.«

Explosion in Hollywood, diese Prophezeiung alarmierte offenbar den damals äußerst erfolgreichen Produzenten Atze Brauner, der mir einen Vertrag über sieben Filme anbot – ich war eben 20 und unterschrieb. Das Glück, der Zufall, brachten mich in meiner Karriere weiter voran. Anno 1962 bekam ich die Hauptrolle in »Das Mädchen und der Staatsanwalt« mit den Kollegen Götz George und Wolfgang Preiss. Dieser Film (eine Mutter wird angeklagt, weil sie zuließ, dass ihre Tochter mit ihrem Geliebten in ihrer Wohnung übernachtete) war einer der wichtigsten in meinem Leben. Denn er wurde für die »Golden Globe Awards« nominiert, eine Vorstufe zum »Oscar«. Plötzlich kam der berühmte Anruf aus Hollywood. Der Produzent Pandro Berman höchstpersönlich. Er bot mir eine Rolle in dem Zweiter-Weltkriegs-Drama »Die Sieger« an, mit Paul Newman in der Hauptrolle. Wir drehten in England, in der Normandie, in Berlin. Erstmals arbeitete ich mit Romy Schneider, Jeanne Moreau, Melina Mercouri, Peter Fonda, George Peppard und Albert Finney zusammen – eine unglaubliche Besetzung.

Mein Weg nach Hollywood war nun vorgezeichnet. Ich sollte die »Sauerkraut-Bardot« sein, eine germanische Marilyn Monroe, das personifizierte Fräuleinwunder. MGM, das »Sieger«-Studio, bat mich auf meinem Flug an die Westküste, in New York einen Zwischenstopp zu machen. Ich sollte für den Film in der Presse werben. Alles war gigantisch in dieser Stadt, unglaubliche Kontraste waren zu sehen. Ich war neugierig. Ich habe die Eindrücke gesoffen, wie ein Kamel das Oasenwasser. Ich bin gelaufen. Unendlich weit. Avenues, Boulevards. Und weitergelaufen. Die Amsterdam Avenue hinauf bis an die 110. Straße, Central Park North, danach, etwa 120. Straße, dem unsichtbaren Grenzstreifen zwischen Schwarz und Weiß, Arm und Betucht, Verkifft oder Versoffen: Harlem. Straßen, die heute nach afroamerikanischen Helden benannt sind: »Malcolm X Boulevard« oder »Adam Clayton Powell Boulevard«, vormals »Seventh Avenue« Jazz, Gospel. Schwarze Gauner. Afroamerikanische Huren. Rosafarbene Cadillacs. Krokodillederschuhe. Black is beautiful. Und mittendrin – 125. Straße – die Blonde aus Erlangen. Hi baby. Hi, my name is Elke. Ich fühlte mich nie bedroht. Niemand hat mich belästigt, bedrängt. Walk baby, walk. Schwarz neben Schwarz. Weiß in der Minderheit. 1 : 100 000. Ich war die eine. Made in Germany.

Ich erinnere mich im Detail an meinen ersten Besuch in einem Filmstudio in Hollywood. Produzent Berman hatte mich zum Lunch in die Kantine von MGM eingeladen. Mein erster Dreh in Hollywood war beschlossen. Ich würde mit Paul Newman in »Der Preis« vor der Kamera stehen. Paul, der ein wunderbarer Mann war, mit einer ebenso fantastischen Ehefrau, spielte einen Literaten, der vor der Ehrung mit dem Nobelpreis seinem Hobby nachgeht – polizeiliche Schnüffelarbeit. Ich bin die Lady vom Auswärtigen Amt, die auf ihn aufpassen soll. Nacheinander stolzierten die schönsten Frauen in die MGM-Kantine, lange Haare, lange Beine, 32 Zähne kariesfrei. Blendax-Weiß. Überwältigt von dieser geballten Ladung Schönheit wollte ich von meinem Gastgeber wissen: »Warum haben Sie ausgerechnet mich verpflichtet?« Ich war knapp 22 Jahre alt, ein wenig pummelig, diese Wunder-Weiber hatten mich aus dem

Gleichgewicht gebracht. »Sehen Sie sich selbst auf der Leinwand an«, antwortete er. »Nein, nein«, erwiderte ich, »das tue ich mir nicht an. Denn wenn ich Mist gebaut hätte, dann würde ich danach Tag und Nacht leiden.« Nun setzte der Produzent zur Predigt an: »Die Mädchen, die hier herumlaufen, mögen schön sein, schöner als Sie, aber Sie haben etwas, was die nie haben werden: Ausstrahlung. Charme, der von der Leinwand aus die Zuschauer packt. Sie werden diese Qualitäten nie verlieren, weil sie Teil Ihrer Persönlichkeit sind. Diese Ausstrahlung wird Sie bis ans Lebensende nicht verlassen.«

Ich war nicht überzeugt, blickte auf die Gazellen, die an unserem Tisch vorbeischwebten und sagte mir ganz schlicht: »Scheiße.« Negative Gedanken aber hassten diese Hollywood-Typen mehr noch als den Kurseinbruch an der Wall Street. »You are going to be a star«, trompetete mir der legendäre PR-Agent Henry Rogers von der Hollywood-Agentur »Rogers & Cohen« ins Ohr und stocherte mit seinem Zeigefinger vor meinem Gesicht herum, als sei er ein Scheibenwischer. Das kann ich überhaupt nicht ertragen, diese Zeigefinger-Gymnastik, aber der Mann glaubte offenbar an mich, also habe ich, wie's Mädchen in Erlangen in der Tanzschule lernen, gelächelt und gehaucht: »Thank you.« Ich habe eigentlich nie Angst vor bösen Kritiken gehabt, diese Gedanken an einen Karriereknick. Ich habe mich als Heranwachsende nicht schlaflos in den Kissen gewälzt und von Hollywood geträumt, von Blondinen wie Ingrid Bergman, Greta Garbo oder Marilyn Monroe. Ich bin aus reinem Zufall in diesen Beruf geraten, und wenn's nicht geklappt hätte, dann wäre es mir damals wurscht gewesen, zumindest hätte es mir nicht das Herz gebrochen.

Ich weiß inzwischen: Gleich wie wir aussehen, gleich wie klug wir sind, irgendjemand ist immer schöner, intellektueller. Ich bin nie mit einem »Oscar« geehrt worden, wär' schön gewesen, aber es hat nicht sollen sein. Ganz ohne Ehrungen bin ich nicht geblieben: Ich bin für meine Theater-Arbeit in den USA mit dem »Joseph Jefferson Award« ausgezeichnet worden, und vor einigen Jahren hat mir der »Playboy« Freude bereitet, mit einer harmlosen, verspielten Umfrage: die 100 erotischsten Frauen des 20. Jahrhunderts. Und siehe da: Ich zählte dazu. Platz 31. Immerhin. Claudia Schiffer schaffte es auf Nummer 59. Sogar vor Marlene Dietrich war ich platziert, allerdings hinter Marilyn Monroe, Jayne Mansfield, Raquel Welch, Sharon Stone, Grace Kelly und Sophia Loren. Über Sinn und Unsinn solcher Erhebungen kann man sich natürlich streiten, aber wenn eine Frau allmählich in den Spätsommer ihrer Schönheit gleitet und wohlerzogene Kinder sich von der Parkbank erheben, um ihren Sitzplatz anzubieten, dann wirkt ein solches Umfrage-Ergebnis wie eine Frischzellenkur.

Also, ich war stolz, gebe ich zu – das Mädchen aus Erlangen eines der erotischsten Geschöpfe dieser Erde. Ich habe mich sogar noch 1988, damals war ich beinah 49, für den »Playboy« nahezu hüllenlos fotografieren lassen. Warum nicht? Für mich sind Sexualität und Nacktheit, das habe ich auch in meiner Autobiografie erklärt,»zwei Paar Stiefel, vergleichbar mit Erbsen und Birnen, beide genießbar, aber beide verschieden im Geschmack«. Ich habe mich allerdings noch nie in irgendwelchen Filmbetten gewälzt, finde Pornos grässlich und würde mich selbst eher als sittentreu einstufen. Aber ich laufe nackt in meinem Haus herum, male nackt, schwimme nackt. Für mich ist das immer ein bisschen Freiheit.

Ich bin oft gefragt worden: Sind Sie Schwedin? Nein, war meine Antwort: 100 Prozent Deutsch. Diese Herkunft verstörte so manchen Filmschaffenden in Hollywood, von denen viele jüdischen Glaubens sind. Ich habe immer verstanden, warum sie mich geografisch lieber weiter im Norden angesiedelt hätten. Da ich selbst eine äußerst nachtragende Person sein kann, hätte ich sogar einsehen können, dass mich diese Menschen nicht engagieren wollen. Aber ich habe das nie erlebt. Ich bin Jahrgang 1940 und durch meine späte Geburt vor manchem bewahrt geblieben. Zudem hatte ich einen Juden geheiratet. Das war kein Akt der Wiedergutmachung, gewiss nicht, eher die bereits erwähnte Suche nach einem Vater. Ja, die Männer. Ich habe 1985 mit Maximilian Schell in der Sowjetunion vor der Kamera gestanden, für »Peter der Große«. Die Produzenten haben uns auf dem Set besucht. »Hallo«, sagte Max, »ich bin Maximilian Schell, aus der Schweiz.« Ich habe ihn gefragt: »Was soll der Zusatz Schweiz, das ist doch blöd. Soll ich fortan erklären, Sommer, Deutschland, oder die Sophia Loren, Italien?«»Ich will nicht, dass die denken, ich sei ein Deutscher«, war seine Antwort. Blöd war das, sogar beleidigend.

Ich habe das Ende des großdeutschen Irrsinns bei Erlangen, in der fränkischen Schweiz erlebt. Wir waren im August 1943 aus Berlin evakuiert worden und im ehemaligen Waffensaal der Burg Egloffstein einquartiert. Kaltes Wasser, zwei Betten. Ewiger Hunger. Mein Vater, von Beruf evangelischer Pfarrer, hörte heimlich BBC London, den Sender des Feindes. Für die Nazis war das Landesverrat. An einem Morgen hörten wir plötzlich laute Stimmen, Knobelbecher knallten über die Holzböden – mein Vater schob mich mit dem Radio unters Feldbett. Ich sah zwischen Boden und der Wolldecke Stiefel, ein Dutzend, hörte die Stimme meines Vaters. Plötzlich wieder Stille und keine Knobelbecher mehr. Meine Mutter war total hysterisch; ich verließ mein Versteck – der Papa war weg. Und der Jude auch, den mein Vater im Waffensaal versteckt hatte. Verschleppt von den Stiefelträgern. Ich trat vor die Tür und sah die blauen Blümchen, ich glaube, die heißen Leberblumen, wie eine riesige Decke ausgebreitet vor dem Schloss. Schüsse waren zu hören, Artillerie. Plötzlich Schreie: »Die Amis kumma. Die Amis kumma.«

Einer der Nachbarn eilte mit einem ausziehbaren Fernrohr vor die Tür. Vom Schloss aus konnten wir die Panzer, Jeeps und Lkws der Amerikaner sehen. Als der inzwischen auf einen Apfelbaum gekletterte Nachbar sein Fernrohr gen Süden richtete, muss es in der Sonne geblitzt haben. Die GIS schossen sofort auf den Mann, für ihn war der Krieg und das Leben beendet. Die Nazis, die hinter dem Schloss, unter den Birnbäumen, ihr Quartier aufgeschlagen hatten, rückten im Eilmarsch ab – meinen Vater ließen sie zurück. Lebendig. Ich habe seine Befreiung den Amis ewig gedankt. Was auch immer in Washington politisch lief, ich habe meine Kritik gedämpft – das Leben meines Vaters haben damals die Amerikaner gerettet. Mit diesem Gedanken kann ich – selbstverständlich – nicht jede Absurdität amerikanischer Politik hinnehmen, vergessen will ich das Opfer der US-Nation im Zweiten Weltkrieg dennoch nicht.

Ich habe damals auch einen GI der amerikanischen Besatzungsmacht kennengelernt, der für mich der »Onkel Earl« wurde, ein Soldat, der allem Feindeshass zum Trotz Nächstenliebe zeigte. Meine Mutter bügelte ihm die Uniform und wusch seine Wäsche. Er revanchierte sich mit Kaffee und Schokolade – nach dem Krieg kostbare Güter. Wenn meine Eltern zum Hamstern gingen, bei den Bauern ihre letzten silbernen Kerzenhalter gegen Steckrüben eintauschten, bin ich mit Onkel Earl ins Gasthaus »König« rein, das für deutsche Gäste »off limits« war, und habe die Zigarettenkippen vom Holzboden aufgesammelt, habe sie sorgfältig verpackt in ein Täschchen aus Pappe und die Tabakkrümel meinem Vater gebracht. Der konnte daraus Zigaretten drehen und sie eintauschen, gegen eine Scheibe Wurst oder Käse. Onkel Earl hat das ermöglicht, ein Amerikaner; das hat sich in meinem kindlichen Hirn eingeprägt: Freiheit und Wurst gleich Amerika.

In L.A., auch das ist mir klar, habe ich mehr europäische als amerikanische Freunde. Die Amis befinden sich auf einer anderen Wellenlänge. Ich zähle zu meinen Kontakten einige US-Ladys. Ich liebe sie nicht von ganzem Herzen, aber ich mag sie. Zunächst würde ich behaupten, dass Amerikanerinnen materialistischer sind, zumindest die auf kalifornischer Seite. Die Westküsten-Ladys achten nicht nur darauf, ob der Mann, der sie zu einem Rendezvous gebeten hat, Perlon- oder Kaschmirstrümpfe trägt. Sie kennen auch die Preise einer »Edward Piquet 18 k Red Gold« oder einer »Tourbillon Opera 2«, die mit mehr als 500 000 Dollar gehandelt wird.

Die Ami-Weiber reden vollkommen ungeniert daher: »My husband is an asshole, totally.« Dann erklären sie, warum sie sich nach der Geburt ihres zweiten Kindes unter das Messer eines Schönheits-Chirurgen legten: Der Busen war abgeschlafft und ihr an Straffheit gewöhnter Mann war dadurch sexuell aus dem Gleichgewicht geraten. Er. Nicht sie. Eine meiner US-Bekannten hat, beim ersten Lunch, ihre Bluse aufgeknöpft und mir die Schnittstellen gezeigt, die mir wie Picassos Striche erschienen. Stellen wir uns das in Deutschland vor. Die Lebensbeichte nach dem ersten Glas Chablis. Alles: Konkurs, Diamanten, Schwangerschafts-Unterbrechung, Schlafstörungen, Blähungen des Vaters, Mutter, die einem Guru hörig wurde, die Tochter hat Probleme mit Akne, der Sohn ist 14 und ein Bettnässer.

Nach dem zweiten Glas die Erklärung, von Frau zu Frau: I love you. Mir ist's gleich, ob das ein emotionales Erdbeben ist oder einfach dahergesagt. Die Frau hat Vertrauen, oder sie denkt gar nicht darüber nach, was sie ausplaudert, sondern sie muss reden, sich entladen. Ich höre mir das alles an. Wahrscheinlich sind das meine Gene. Mein Vater war schließlich Pastor der Gemeinde Haselhorst in Berlin. Diese Naivität und diese Redseligkeit, diese Unverfrorenheit gegenüber dem Partner – das ist nicht auf Frauen begrenzt. Ich spiele manchmal Golf mit einem älteren Herrn. Der verrät mir all die Leiden seiner Frau, berichtet von ihrer Tablettensucht, frei von der Leber weg. Ich vertue meine Zeit nicht mehr auf Hollywood-Partys, selten zumindest. Gelegentlich treffe ich einen Kollegen, eher zufällig. Umarmung, Freude. Drei Sätze, that's it. Man arbeitet auf dem Set zusammen, über Wochen. Eine Familie, das Filmteam. Beinah. Elke hier, Küsschen dort. Dann »Klappe«, Film im Kasten. Adieu: »We will be in touch.«

Ich glaube, ich bin seit 20 Jahren nicht mehr im Kino gewesen. Im Kino herumsitzen und Popcorn knabbern ist öde. Ich sehe mir Filme auf DVD an, daheim, mit Papa Bär. Mir gefallen intime Dinner, so wie gelegentlich bei Malcolm, einem Chirurgen, der mit einer deutschen Sabine verheiratet ist. Malcolm Lesavoy ist über das Fernsehen berühmt geworden, in einer Sendung, die so schön kitschig ist. Ein als hässlich klassifizierter Mensch wird, auf Kosten der Produzenten, zur »Schönheit« umoperiert, neue Nase von Malcolm, gestylter Busen, alles im Fernsehen zu verfolgen. Eine andere Frisur, kreiert von einem Prominenten-Coiffeur, Gucci-Kleider oder Armani-Anzug.

Malcolm und seine deutsche Schönheit leben oberhalb des Topanga Canyon. Pferde auf der Koppel. Rustikales Holzhaus. Cowboy-Romantik, dazu ein Schuss Enzian. Alpenglück am Pazifik. Nur die Jodler fehlen. Die Gastgeberin hat selbst gekocht – klare Brühe, Gulasch. Weder eine schwarze Zofe in der Küche noch Diener aus Guatemala. Am Tisch zehn Gäste, der Chirurg räumt die Teller ab. Gemütlichkeit, Gelassenheit. Jenseits von Hollywood, am Hawks Nest Trail. Die Köchin wird gelobt, der Chirurg bietet kubanische Zigarren an und Obstler. Er trinkt an diesem Abend wenig. Wahrscheinlich muss er am nächsten Morgen wieder in den Operationssaal – er flickt eine zerfetzte Hand oder eine Lady der Hollywood-Gesellschaft träumt von einem neuen Popo.

Helmut Sorge würde seine eigene Karriere nicht eben klassisch nennen, und diese war wohl auch nur in den sogenannten Aufbruchjahren möglich, in denen nicht der Hochschulabschluss als Messlatte galt, sondern auch Lebenserfahrung, Fantasie und Durchsetzungsvermögen. Die geplanten Studien in den USA erwiesen sich für den Einwanderer bereits 1961 als finanzielle Fata Morgana. Statt sich mit Literatur und Psychologie auseinanderzusetzen, überwand Sorge Stacheldrahtverhaue, Minenfelder und die Gaskammer – in einem Ausbildungscamp der US-Streitkräfte. Der sprachlich begabte GI wurde zunächst nach Frankreich abkommandiert, danach nach Deutschland. Dort hockte Sorge nicht etwa in einem Panzer oder sicherte West-Berlin an der Mauer vor den Sowjets; er spielte Fußball für die Armeeauswahl. Damals kam ihm der Gedanke, eine Karriere als Sportredakteur anzustreben, und tatsächlich boten mehrere Redaktionen ihm ein Volontariat an und, unerhört in der Geschichte des Magazins, der »Spiegel« engagierte 1963 einen Redaktionsasssistenten, eben Sorge. Es gab kein Zurück, 40 Jahre lang arbeitete er für das Blatt, vor allem im Ausland, vornehmlich in den USA, die ihn bis heute faszinieren. Für Sorge ist die amerikanische Nation wie eine Wanderdüne, nichts bleibt, wie es mal war. »God's own country« muss sich heute sogar fragen, warum selbst der göttliche Segen offenbar abhanden gekommen ist. Die über Jahre erkennbaren chauvinistischen Tendenzen in den USA, das Desinteresse am Elend oder sozialer Gerechtigkeit ließen den Journalisten zunehmend an dem Modell Amerika zweifeln, chaotisch, erschöpft, verunsichert schien das Land, nicht erst seit die Wall Street Banker sich als Zocker enttarnten. Nur, eben gab sich Sorge noch negativen Gedanken über den erkennbaren Rassismus hin, da wählte das Land einen Afroamerikaner ins Weiße Haus – unfassbar, doch Wirklichkeit. Ewiger Widerspruch, der dem jungen Einwanderer bereits in den ersten Monaten in dem Land der unbegrenzten Möglichkeiten begegnete: Nach einem Autounfall wurde Sorge von seinem Arbeitgeber, einem Hotelier, entlassen – zum Abschied schenkte der Ami dem Einwanderer einen gut erhaltenen »Studebaker«, einen Wagen, so der Hotelier, »der dir die Mobilität sichert, die du in diesem Land brauchst«. Mobil ist der Korrespondent geblieben. Er hat Geschichte nicht studiert, sondern gelebt: Er hat Jassir Arafat in einem Terrorlager in Jordanien aufgestöbert und Muhammed Ali interviewt, als er wegen seiner Weigerung, in Vietnam zu kämpfen, ins Zuchthaus sollte. König Hussein von Jordanien begleitete er nach Saudi-Arabien. Er hat über Großwildjäger geschrieben und über junge Toreros in Spanien. Ein Journalistenleben, das in dieser Dichte heute kaum noch denkbar ist. Trotz aller Begegnungen, menschlicher Kontakte und Tragödien hat der Autor seine Erinnerungen an die frühen Jahre im zerstörten Hamburg nicht verdrängt, die Armut, die Angst. Besonders klar sind seine Gedanken an eine Zahnärztin, die ihren Bohrer durch ein fahrradähnliches Instrument bewegte und gelentlich schlapp machte, wenn der Bohrer dem Nerv nahe war. Das war für Sorge noch schlimmer als der Verzehr von Spinat.

Helmut Sorge

»Man kann sich auch gleich an Kaviar gewöhnen.«

Ich war 10 und träumte vom Butterpaket. Sechs Eier, Butter, Schmalz, eine Mettwurst. Ich wollte, ich musste das Paket gewinnen. Der Amtsarzt hatte auf meiner Lunge einen Schatten diagnostiziert. Ein Indiz für Unterernährung. Ich hatte zehn Pfennig in der Tasche, das Geld für mein U-Bahn-Ticket. Die Heimfahrt von St. Pauli zur Kellinghusenstraße.

Ich war auf dem Hamburger »Dom«, einem Volksfest. Der Stadtteil Eppendorf, in dem ich geboren wurde, lag sechs Kilometer entfernt. Zehn Pfennig. U-Bahn-Ticket oder Butterpaket. Das war die Frage. Von irgendwoher, einem Karussell wahrscheinlich, schallte die Melodie »Wenn die Elisabeth nicht so schöne Beine hätt« zu mir herüber. Nicht Beine faszinierten mich, sondern Butter. Heute ist's umgekehrt. 125 Gramm Butter hatte der Fürsorgearzt mir wegen des Lungenschattens monatlich als Sonderration zugestanden.

St. Paulis Heiligengeistfeld wurde zu meinem Las Vegas. Zehn Pfennig gezahlt, Los gezogen, eine Sekunde Spannung wie beim Roulette. Schwarz oder Rot? Champagner oder Selters? Leitungswasser! »Niete« las ich. Nicht »leider Niete«. Unmissverständlich und in Großbuchstaben: »Niete.« Anders gesehen: weiterhin der Schatten auf meinem Röntgenbild, wieder keine Butter und auch kein Schmalzbrot. Stattdessen zum dritten Mal in dieser Woche Fischsuppe. Keine Bouillabaisse, sondern ganz banal ausgekochte Karpfenreste. Wir wohnten an der Alster, nicht mit Blick auf weiße Schwäne, sondern auf die Ruine des ausgebombten Alster Canoe Clubs (ACC) sowie auf zwei, drei am Winterhuder Kai vertäute Schuten, in denen Karpfen zappelten. Allerdings nicht lange. Der Fischgeruch vereinte sich in unserer Küche mit dem Duft der grünen Seife, mit der zuvor die bunte Wäsche gekocht wurde, wahrscheinlich in jenem Topf, in dem der Karpfen seine letzte Substanz an eine Karpfengräten-Brühe verlor, die so schmeckte wie eine verrostete Thunfischdose.

Unsere Wohnung, dritte Etage mit Balkon, man ahnt es, war kein Testlabor für Chanel oder Dior – hier vereinigte sich der Duft der Armut mit Resignation. Von den vier Zimmern waren drei von Fremden besetzt, zwangseingewiesen vom Wohnungsamt, Ausgebombte. Insgesamt 17 Personen – die eine Toilette und ein Bad teilten, das die Größe eines Zugabteils 2. Klasse hatte. Die WG kochte in Etappen, auf Gas. Kohlrabi, Wirsingkohl, Steckrüben, Weißkohl, Schweinebacke, Schweinepfoten, Eisbein. An Feiertagen gab's Salzheringe und Pellkartoffeln oder Birnen, Bohnen und Speck. Wenn es regnete oder schneite, hingen an drei Wäscheleinen im Bad Schlüpfer, Strümpfe, Handtücher, Büstenhalter, Arbeitsanzüge der drei Familien. Meist wurde kalt gebadet, denn die Gasflammen in der Küche waren ständig von irgendwelchen Töpfen besetzt; und wenn frühmorgens oder nach Mitternacht tatsächlich warmes Wasser die Wanne füllte, wuschen wir Kinder uns nacheinander, allen voran meine ältere Schwester. Ich empfand diese Bevorzugung als ungerecht, zumal mir mein Bruder Willi verraten hatte, dass unsere Ruth Mitglied im BDM, dem »Bund Deutscher Mädchen«, war und noch zu Kriegszeiten Hitler verehrte. Ich wurde in Hamburg-Eppendorf geboren, am 28. März 1942. Ich enttäuschte meine Eltern bereits in den ersten Sekunden meines Lebens. Sie erwarteten ein Mädchen. Und nun das. Bei diesem Schrecken blieb es nicht an jenem Datum: In der mondhellen Nacht zum Palmsonntag, 28./29. März, berichtet Hans Brunswig in seinem bedrückenden Buch »Feuersturm über Hamburg«, wurde um 23.15 Uhr Fliegeralarm gegeben – drei Dauertöne. Die Warnzentrale hatte »einige Maschinen« geortet, von denen sieben Hamburg überflogen und 300 Brandbomben im Hafengebiet abwarfen. Die Splitter der deutschen Flak-Geschosse prasselten auf das Glasdach unserer Veranda – wir wohnten in jenen Tagen im Parterre. Eine Hebamme hob mich in die zerstörerische, zerstörte Welt, in der Gustav Mahlers »Kindertotenlieder« eine treffende Nationalhymne gewesen wäre:»Sieh uns nur an, denn bald sind wir dir ferne.Was dir nur Augen sind in diesen Tagen, in künft'gen Nächten sind es dir nur Sterne …«

Die stete Flucht bei jedem Alarm, dieses Aus-dem-Schlaf-gerissen-Werden, hat womöglich mein Unterbewusstsein gezeichnet.Vielleicht erschrecken mich deshalb heute Gewitter oder die Sirenen der Feuerwehr. Sicher ist: Ich habe als Kleinkind mehr Nächte in Luftschutzkellern,Tief- oder Hochbunkern verbracht als in einem Kinderzimmer. Wenn die Behauptung der Psychologen zutrifft, dass sanfte Musik, eine musische Einführung in das Leben, die innere Ausgeglichenheit eines Menschen beeinflussen kann, dann habe ich tatsächlich die falschen Noten erwischt.

Mein Vater, Jahrgang 1905, geboren auf dem elterlichen Bauernhof in der Südheide, ist nie Parteigenosse gewesen und weder Wüstenfuchs in Nordafrika noch Ritterkreuzträger an der Ostfront geworden – drei Monate Volkssturm, das war's. Nach der Feuersturmnacht vom 27. auf den 28. Juli 1943 war Wilhelm Sorge mit der »Technischen Nothilfe« in Stadtteile wie Billbrook, Hammerbrook und Rothenburgsort abkommandiert worden, wo die Bergungstrupps in den Straßen und Ruinen 26 409 Tote fanden, verbrannt, erstickt. Bei einem dieser Einsätze begegnete mein Vater SS-Soldaten wie auch Häftlingen des am südöstlichen Stadtrand gelegenen Konzentrationslagers Neuengamme – vereint in dieser makaberen Welt, um zu retten, was nicht mehr zu retten war.

Ich war drei Jahre alt, als die »Royal Air Force«, am 31. März 1945, ihren letzten Tagesangriff auf Hamburg flog. Fünf Jahre der Angst, des Schreckens, der Zerstörung lagen hinter der Stadt, von 563 533 Wohnungen blieben 114 757 unbeschädigt. Statistiken, die das Grauen nicht widerspiegeln können, diese Nervenbelastung in den dunklen Luftschutzkellern, in denen das in Mülleimern und Töpfen gesammelte Löschwasser mit jedem Bombeneinschlag zu schwappen begann, wo selbst jene beteten, die ihrem Gott abgeschworen hatten. Unser Haus war bei den insgesamt 213 Luftangriffen auf Hamburg verschont geblieben, so wie weite Teile Eppendorfs. In der vierten Etage, links, wohnte auch ein Blockwart, ein überzeugter, aber rangniederer Nazi-Funktionär, der meinen Vater anzeigen wollte, weil er unseren Nachbarn, einen jüdischen Arzt, vor dem Abtransport auf dem Lkw umarmt hatte; er trug bereits den Judenstern. Dieser Parteigenosse wurde nach der Kapitulation von der Hausgemeinschaft geschnitten – kein Wort. Aussätziger. Elender Nazi. Die Missachtung währte nicht über den Sommer 1945 hinaus: Denn der Blockwart, der im Krieg ein Schwein war, wusste auch, wo die vierbeinigen Artgenossen zu finden waren.

Schinken, Wurst, Schnitzel gefällig, Herr Nachbar? Der Schwarzmarkt war seine Welt. Kaffee, Frau Nachbarin? Der Geächtete unseres Hauses ward über Nacht zum Gelobten. Wie hatte Goethe formuliert:»Ein Kranz ist gar viel leichter binden, als ihm ein würdig Haupt zu finden.« Die Nachbarn klopften nicht mit Schrubbern an seine Decke, wenn er nach Mitternacht seine»Die Fischerin vom Bodensee ist eine schöne Maid, juchee« überlaut abspielte. Bei dem ehemaligen Blockwart klopfte niemand, um sich zu beschweren. Bei ihm nicht. Denn nach Schweinebacke und Koteletts lieferte der Nazi alsbald auch Nylonstrümpfe (was ihn im Geist meiner Schwester in Hitlers Nähe rückte), Zigaretten und echten Cognac.

Vom rohen Schinken oder den Wiener Würstchen unseres Schwarzmarkthändlers habe ich nicht viel gesehen, da mein Vater nichts zum Handeln hatte – stattdessen aß ich täglich im Gemeindehaus der St. Johanniskirche, eines von 100 Kindern, die in diesem Bezirk vom Amtsarzt für die»Schwedenspeisung«-Ausgabe bestimmt worden waren. 1800 Kalorien benötigte damals ein Mensch zum Überleben. In der britischen Besatzungszone, zu der Hamburg zählte, waren die Nahrungsmittelrationen 1946 auf 1216 Kalorien gefallen und die Fettzuteilung auf wöchentlich 50 Gramm begrenzt, so viel, wie Jugendliche sich heute auf ein einziges Brötchen schmieren.

Der Fürsorgearzt hatte mich in die Gruppe der »C«-Kinder eingereiht, der besonders gefährdeten. Die von schwedischen Hilfsorganisationen finanzierten Suppen, Hafergrütze mit Trockenmilch und Zucker, Erbsensuppe aus

Erbsenmehl oder Trockenerbsen, Wurzelsuppe mit Fleisch, Nudelsuppe mit Speck oder Schinkenwürfeln, haben mich wahrscheinlich vor dem Hungertod bewahrt. Am 25. März, drei Tage vor meinem fünften Geburtstag, wurde in den »Kammerspielen« ein treffendes Stück aufgeführt: Thornton Wilders »Wir sind noch einmal davongekommen«.

Ein Großteil meiner Klassenkameraden in der Volksschule Knauerstraße wuchs ohne Vater auf. Gefallen vor Stalingrad. Gefangen in einem sibirischen Salzwerk. Abgesoffen mit dem U-Boot im Atlantik, erhängt am eigenen Fallschirm an einem der Kirchtürme von Chartres. Kreta, Warschau – wo war das, was wollten die Männer dort? Ich kannte nicht einmal die Ostsee. Die lag 50 Kilometer entfernt. Unser Spielplatz waren die Ruinen oder die zugefrorene Alster – Minustemperaturen um 20 Grad. Nichts war normal in meiner Welt, nicht mal unsere Zahnärztin. Sie hätte ohne Doping in der Tour de France mitfahren können, stramme Waden, keine Atembeschwerden, muskulöse Oberarme. Sie trainierte täglich. Stunden. Ihren Bohrer nämlich trieb sie durch Dynamo-Rotationen an, indem sie auf fahrradähnliche Pedale trat. Betäubungsspritze? Fehlanzeige. Wenn die gute Frau ihr Trettempo verlangsamte oder schlapp machte, blieb gelegentlich der Bohrer stecken, nah am Nerv, selbstverständlich. Vor jeder Behandlung bei ihr versprach ich mir selbst, nun endlich die zur Stärkung der Zähne propagierte Milch zu trinken. Ich hatte einfach teuflische Angst davor, dass diese tretfeste Zahnärztin von einem Muskelkrampf gestoppt wurde.

Mein Vater hatte mal einen Traum. Er wollte Pianist werden; nicht so einer wie Arthur Rubinstein oder Vladimir Horowitz, nein, Klavierspieler, in einem Orchester, auf einem Kreuzfahrtschiff. In der familieneigenen Hamburger Kneipe »Zum Rosengarten« übte der Bauernsohn, aber immer wieder wurde er gestört von Möbelpackern und Schlepper-Kapitänen, die nach dem siebten »Lütt und Lütt«, Bier und Schnaps, »Adieu mein kleiner Gardeoffizier« anstimmten und das väterliche Piano-Solo zum Verstummen brachten. Der Traum ließ sich nicht umsetzen. 1929, ein weiteres Drama – der Zusammenbruch der Weltwirtschaft. Das Geld war futsch, und alsbald fuhr ein Möbelwagen vor und starke Männer trugen den Flügel aus dem »Rosengarten«. Mit ihm verschwand die musische Hoffnung. Auch der Bauernhof war weg. Darauf einen Schnaps.

Und noch einen. Nach dem Krieg etablierte sich an nahezu jeder Straßenecke eine Kneipe. Mein Vater musste nicht weit laufen: Im Erdgeschoss unseres Wohnblocks führte Hugo Herzbruch sein »Altes Storchennest«. Freitags war Zahltag. Am nächsten Morgen war der Kater noch da, die Kohle aber, die war weg. Ertränkt die Vergangenheit, über die Autor Wolfgang Borchert, der 1921 in Eppendorf, Ecke Tarpenbekstraße/Nissenstraße, geboren wurde, so eindringlich schrieb. Wie verarbeitet seine Romanfigur, der Russland-Heimkehrer Beckmann, das Drama? Er säuft:»Der Schnaps hat mir das Leben gerettet, mein Verstand ist ersoffen. Prost.« Und:»Die anderen ersaufen in Angst und Verzweiflung! Wer Schnaps hat, ist gerettet! Prost …« Bis zu meinem 20. Lebensjahr habe ich kaum je Alkohol getrunken und nie geraucht. Alkohol war mir bis dahin derart zuwider, dass ich in Leihbüchereien nach Religionen forschte, die den Alkoholkonsum verdammten. Im Koran wurde ich fündig. Und auch bei den Mormonen, die obendrein Kaffee und Zigaretten ablehnen. Außerdem erschienen mir beide Religionen interessant, weil sie die Vielweiberei akzeptierten – für vier legale Frauen wäre ich durchaus bereit gewesen, auf Schweinefleisch zu verzichten.

Meiner Mutter hat der Krieg besonders zugesetzt, der Stress, der ewige Schrecken. Die Nerven. Resignation. Erschöpfung. Sie setzte als Erziehungsmittel Teppichklopfer, Kochlöffel, Feuerzangen ein, ohne zu zögern. Und nur gegen mich. Das empfand ich als unfair, aber ich war selten pünktlich und hatte eine Leidenschaft, die meine mütterlichen Prügelstrafen zur Routine werden ließen – Fußball. Wann auch immer ich mit Milchkanne und Einkaufsnetz über den Eppendorfer Marktplatz schlenderte, spielten meine Kumpel bereits. Natürlich durfte ich dabei nicht fehlen. Dunkelheit bedeckte allmählich den Bolzplatz. Die Konturen meiner Mutter zeichneten sich am Horizont ab wie Theodor Storms »Schimmelreiter« am Schleswig-Holsteiner Norddeich. Flucht war unmöglich. Entschuldigungen gab es keine. Tapfer erwartete ich den ersten Schlag. Meine Freunde reihten sich auf wie ehedem die Pariser zur Hinrichtung auf der Guillotine am Place de la Concorde. Ein Volksschauspiel:»Sorges Tod«. Meine Mutter schlug Kombinationen wie Hamburgs Boxheld Hein ten Hoff.

Hatte ich meine – öffentliche – Prügelstrafe hinter mir, erhöhte meine Mutter als selbsternannter Staatsanwalt das Strafmaß: Stubenarrest. Nicht mit Brot und Wasser wie in der Bastille. Schlimmer: Spinat. Grüner Spinat durch den Wolf gedreht. Dieses Gemüse galt als vitaminreiches Rezept für unterernährte Kinder – woher hat der kauzige Seemann Popeye, diese amerikanische Comic-Figur, seine Muskeln? Für mich war und ist Spinat Folter, ein frühes »waterboarding«. Folglich hockte ich bis zu zwei Stunden vor meinem mit Spinat gefüllten Teller. Ich war allein. Ich und der Spinatpamps. Langsam wechselte der Brei die Farbe: dunkelgrün, lila, hellbraun, dunkelbraun, schwarz mit leichter Tendenz zu weiß. Ich kannte mich mit den Farbkombinationen derart gut aus, dass ich an einer Hochschule für Design und Grafik im Bereich Farbpsychologie mit Auszeichnung durch die Prüfung gekommen wäre. Irgendwann bedeckte eine weiße Schicht das schwarz-lila Etwas, wahrscheinlich war es das erkaltete Schmalz.

In jenen düsteren Jahren protestierten Eltern noch nicht gegen Prügelstrafe und Repression an den Schulen. Selbstverständlich nahmen sich einige Erzieher zurück, wie etwa mein Schwimmlehrer, der Bademeister Siegfried Dinse. Er trug weiße Hosen, weiße Hemden, den Kragen gestärkt. Womöglich hatte ich mein späteres Faible für Weiß von ihm abgekupfert. Dinse, der im Juni 1968 nach 32 Jahren am Wasser pensioniert wurde, war schon zu Lebzeiten eine Legende im »Kelle«, der »öffentlichen Badeanstalt« am U-Bahnhof Kellinghusenstraße. Er war klein gewachsen. Seine Glatze, ich war sicher, polierte er jeden Morgen mit Bohnerwachs. Dinse trällerte unendlich viel auf seiner Trillerpfeife, rügte einen Einbeinigen und drohte ihm mit dem Ausschluss vom Badebetrieb, weil er ohne Krücken über die Fliesen hüpfte, und versprach mir, zurück am Beckenrand, mich zu ertränken, wenn ich nicht bald ohne Korkweste schwimmen würde.

Ich war überzeugt: Der meint's ernst. Einmal, ich hing wie ein ertrunkener Hecht an dem Stock, den er vor mir durchs Wasser zog, ließ er sein Lehrgerät fallen und klapperte auf seinen – weißen – Holzsandalen in den Duschbereich, weil sich dort ein Mann die Badehose ausgezogen hatte. Dinse schrie, trillerte auf seiner Pfeife, tobte, schmetterte Sandalen gegen die Kachelwand – ich kämpfte unterdessen, vergessen, um mein Leben, schluckte so viel stark gechlortes Wasser, dass mir selbst Hilferufe unmöglich waren. Mein Schwimmlehrer kam zurück, brüllte: »Gut so, guuuut so, guuuuut so«, und verschwand erneut. Im September 1953 bestätigte mir die Schulbehörde in einem »Fahrtenschwimmer-Zeugnis«, dass ich bei der Schwimmprüfung einen »Kopfsprung aus 1 Meter Absprungshöhe und 30 Minuten ununterbrochenes Schwimmen« geschafft hatte.

Wir Kinder waren arm. Und reich zugleich. Wir waren frei. Straßenkinder, die nicht wie an unsichtbaren Hundeleinen via Handys mit den Eltern verbunden waren, sondern eine eigene Fantasiewelt kreierten. Wir veranstalteten unsere Olympischen Spiele, einschließlich der aus Gemüsekästen gebastelten Siegertreppchen. Wir klauten Birnen und Äpfel aus Schrebergärten, deren hohe Maschen- und Stacheldrahtzäune uns nicht stoppen konnten – der Hunger trieb uns über nahezu alle Hindernisse. Wir bauten Seifenkisten-Rennwagen und waren Kumpel. Kriegsbeschädigt auch wir. Vereint in der Entbehrung. Irgendetwas hatten sie alle verloren – ihr Haus, ihren Vater. Sie waren Waisen, Halbwaisen und hungerten wie ich. Einige Jahre nach dem Krieg habe ich meinen Vater gefragt: »Warum hast du den Juden nicht geholfen, unserem Arzt, warum hast du diese Nazis nicht bekämpft?« Kindlich naiv erwartete ich eine Selbstanklage. »Als die ersten Bomben auf Hamburg fielen«, antwortete er, »da war's zu spät. Da ging's um unser eigenes Überleben.«»Wusste er wirklich nichts vom Konzentrationslager Neuengamme, das 1938 geschaffen wurde und in dem seine SPD-Parteigenossen wie Kurt Schumacher hinter Stacheldraht hockten? Die Umarmung unseres verschleppten Nachbarn war sein einziger Widerstand.

Mein Klassenlehrer an der Oberschule Breitenfelderstraße, Karl Babendererde, Jahrgang 1910, bekannte sich vor den Schülern zu seiner Parteimitgliedschaft, zu Fallschirmjägereinsätzen in Griechenland. Jawohl, er hatte sich verführen lassen von der Diktatur, und ja, er hat für seinen Irrtum bitter bezahlt – seine erste Frau wurde bei einem Bombenangriff in Deutschland getötet. Bei der Entnazifizierung wurde Babendererde vom Lehrdienst – zunächst – ausgeschlossen. Stattdessen arbeitete er als Maurer. Gelegentlich rutschte ihm die Hand aus, schlagkräftig war er. Wohl wegen seines zweiten Berufes.

In Mathematik wurde ich, selbst nach Nachhilfestunden, nicht besser und ich wusste auch, warum: Goebbels war schuld, Joseph Goebbels, Hitlers Propagandaminister. Einfach und glaubhaft zu erklären. Dieser Herr Goebbels hatte einen Studienfreund. Und der hieß Jamke. Karl Jamke. Ein rundlicher, jovialer Mann, der Schnürstiefel trug. Und sobald Jamke auf die Wandtafel eine Logarithmus-Rechenregel geschrieben hatte, stand einer meiner Mitschüler auf und fragte:»Herr Jamke, trifft es zu, dass Goebbels 1921 an der Uni Heidelberg mit einer Dissertation zum Thema ›Deutsche Romantik‹ promovierte?«
»Goebbels, Goebbels – das ist nicht Teil meines Unterrichts. Aber wenn wir schon bei dem Thema sind, jawohl, über Romantik hat er geschrieben; er wollte sogar mal Priester werden. Das wäre sicher besser gewesen. So, meine Herren, jetzt geht's an die Arbeit. Keine Sabotage mehr.« Das Pausenzeichen erklang und ich wusste noch immer nicht, was den natürlichen vom dekadischen Logarithmus unterschied. Mir war's gleich. Ich wollte ohnehin nicht Atomwissenschaftler oder Astronaut werden, sondern Hotelier oder Schauspieler.

Wie mein Schwager, Otto Reimer, engagiert am»Deutschen Schauspielhaus« zu Hamburg,»Theater am Goetheplatz«, Bremen und»Schillertheater« Berlin. Er hat in zwei Filmen vor der Kamera gestanden, im»Späten Mädchen« und »Gift im Zoo«, vor mehr als einem halben Jahrhundert. Hollywood hat bei ihm nie angeklopft. Eine gewisse lokale Popularität erreichte er mit einer Rundfunksendung im geteilten Berlin:»Musik kennt keine Grenzen«. Er las beispielsweise die Botschaft von Oma Augusta aus Pankow, die ihre liebe Familie in Pinneberg via Otto grüßen ließ:»Ihr fehlt mir sehr am Hundertsten.« Dazu Musik: Heinos»Schwarzbraun ist die Haselnuss«. Oder Vico Toriani mit seinem»Kalkutta liegt am Ganges«.

Das Theater faszinierte mich. Als Kind besuchte ich Jahr um Jahr ein Weihnachtsmärchen, meist mit Otto in der Hauptrolle. Er brachte mich hinter die Kulissen und auf die Bühne. Blick in den Zuschauerraum. Eine andere Perspektive, auch fürs Leben. In einer Laienspielgruppe spielte ich den Beerdigungsunternehmer in Borcherts »Draußen vor der Tür«. Ein erster Versuch. Hatte ich wirklich Talent? Allmählich musste ich über die – berufliche – Zukunft nachdenken. Hotelmanager, das wär's. Direktor im New Yorker »Waldorf Astoria«-Hotel, im »Claridge's« in London, oder war der Blick auf den Genfer See vorzuziehen, vom »Beau-Rivage« aus? Ich trat in Hamburg durch die Drehtür des »Vier Jahreszeiten« an der Binnenalster und des »Atlantik« an der Außenalster, beobachtete die Pagen und die Portiers am Eingang, die schwarz gekleidet waren, mit goldenen Schlüsseln am Revers. Kronleuchter, Kristallgläser, Silbertabletts, getragen von Kellnern mit langen, gestärkten Schürzen. Ein Bild für meine Zukunft, eine Alternative zum Theater.

Ich war angetan von dieser Atmosphäre, bereit, eine Hotelfachschule zu besuchen, mit dazugehöriger Ausbildung in Küche und Restaurant. Aber entsprach die erwartete Unterwürfigkeit meinem Naturell? Ich war mir schließlich nicht sicher, ob ich nicht doch lieber Kapitän eines Kreuzfahrtschiffes werden sollte, ein Traum, den ich wahrscheinlich in Hamburg mit 66 666 Kindern teilte. Aber ich war zumindest geografisch vorbereitet, glaubte ich. Denn ich hatte mit zehn Jahren angefangen, ein Konsulat nach dem anderen, insgesamt über 100, abzuklappern. Ich bat in den diplomatischen Vertretungen um Broschüren, Reiseprospekte, Landkarten, Literatur. Früh kannte ich mich aus in dieser Welt – ich wusste, dass Dänemark Grönland verwaltete, New York nicht Hauptstadt New Yorks war. Ich wusste von Piranhas, die im Amazonas abgesoffene Rinder in Sekunden zu einem Skelett reduzierten. Ich kannte mich aus mit Pygmäen und hatte gelesen, dass ihre Heimat, der belgische Kongo, 86 Mal größer war als Belgien selbst.

Ein Schriftsteller hatte es mir in den Fünfzigerjahren besonders angetan: Rolf Italiaander, der Bücher verfasst hatte wie »Marokko – Land der Kontraste«, »Im Lande Albert Schweitzers« oder auch »Der ruhelose Kontinent«. Dass er als 19-jähriger Student bereits eine Radtour durch Nordafrika gemacht hatte, verriet er mir bei einem Besuch, den ich ihm spontan abgestattet hatte. In irgendeiner Zeitung hatte ich gelesen, damals war ich wohl so um die 12 Jahre alt, dass der Autor in Eppendorf lebte, in der Heilwigstraße, zehn Minuten Fußmarsch von meiner Ludolfstraße entfernt. Ich habe mir die Adresse besorgt und einfach geklingelt.

»Herr Italiaander, entschuldigen Sie die Störung, bitte, aber ich wollte Sie zum Marokko-Buch befragen.« Er ließ mich eintreten. Die Wände seines Büros waren mit unendlichen Regalen bedeckt. Ich hatte noch nie so viele Bücher in einer Privatwohnung gesehen. Bücher waren im Dasein meiner Familie eher Luxusgut. In den dramatisch kalten Wintern der Nachkriegsjahre opferte mein Vater sogar ein zerfleddertes Wilhelm-Busch-Werk, um den Küchenofen anzuzünden – ich weinte, als zunächst »Plisch und Plum« und später auch noch Erich Kästners »Das fliegende Klassenzimmer« zu Asche reduziert wurden. Italiaander zeigte mir ein Bündel loser Seiten. Mit der Schreibmaschine geschrieben. »Der weiße Oganga. Albert Schweitzer. Eine Erzählung aus Äquatorialafrika«. Ich hatte noch nie ein ungedrucktes Manuskript gesehen. Meine Bewunderung für diesen Mann stieg ins Unermessliche, zumal er mir eine Widmung in das mir bereits bekannte »Land der Kontraste« schrieb und mich ermunterte: »Marokko ist eine Reise wert.« Ich habe den Autor, der 1991 in Hamburg gestorben ist, nie wieder gesehen, diese Begegnung freilich ermunterte mich, das Abenteuer zu suchen, so wie er es gewagt hatte, oder Ernest Hemingway, dessen Sohn Patrick ich einmal im US-Staat Montana besuchte.

Für die Schule habe ich eine Prüfungsarbeit unter dem Titel »Schuppen 84 – Güterumschlag im Hafen« verfasst, 85 DIN-A4-Seiten, anno 1957. Damals waren die »United States Lines«, von deren Schiffen die »American Forwarder«, »American Scout« oder »American Clipper« am Schuppen 84 anlegten, eine der größten Fracht- und Passagierreedereien der Welt. Ich wusste aus dem »Täglichen Hafenbericht«, wann die »Merchant« anlegen würde oder die »Southerland«. Sonntagabends hörte ich in den Rundfunknachrichten die »Durchsage an unsere Hamburger Hörer: Für Morgen werden für Hafenarbeiten zusätzliche 1000 Arbeitskräfte benötigt. Arbeitslose nicht unter 20 Jahren werden gebeten, sich am Montag zwischen 5 und 6 Uhr beim Arbeitsamt Admiralitätsstraße zu melden«.

Morgens standen Tausende von Schuppenarbeitern an den Pontons der St.-Pauli-Landungsbrücke, setzten Gangführer, Fruchtpacker, Kranführer in den grün-weißen »Hadag«-Dampfern oder Barkassen über, auf denen ich mich mit Quartiersleuten, Tallymännern und Schauerleuten drängte, die wie ich zum Roßkai wollten. Dies war eines der faszinierendsten Erlebnisse meiner Jugend – ich begegnete auf den Schiffen erstmals Chinesen und Schwarzen, die ich nur aus der Lektüre kannte, ich sah in Gitterkäfigen »gelöschte« (abgeladene) Löwen und Elefanten, live. Diese Bilder prägten meine Fantasien, die vom Duft der Orangen und des Kaffees umnebelt wurden, von Exotik und Fernweh. Ich musste, wollte weg.

Für die USA hatte in jenen Jahren die »re-education«, die Umerziehung der vom Nationalsozialismus indoktrinierten Bevölkerung, höchste Priorität. In diesen zunächst von der »Psychological Warfare Division« betriebenen Demo-

412 *Ab nach Amerika!*

kratisierungsprojekten spielten alsbald die »United States Information Center« eine wichtige Rolle. Mir wurde diese Institution am Hamburger Dammtor als »Amerika Haus« vertraut, für mich eine kulturelle Erleuchtung. Erstmals in meinem Leben hörte ich, live, New-Orleans-Jazz, intoniert von schwarzen Musikern. Ich lernte zu differenzieren zwischen »Country« und »Folk«. In der – geheizten – Bibliothek hatte ich erstmals Zugang zu allen Werken Hemingways, dessen Romane wie »Wem die Stunde schlägt« oder »Der alte Mann und das Meer« mir die Flucht in eine andere Welt ermöglichten – ins Märchen, in die unendliche Welt der Fantasie.

Die Experten der psychologischen Kriegsführung, die das Demokratisierungsprogramm entworfen hatten, fanden in mir ein williges Opfer: Ich hockte auf einem Holzstuhl im Auditorium des Amerika Hauses, hörte College-Chöre aus Milwaukee oder Mitschnitte von Met-Aufführungen in NewYork. Im Filmvorführraum des Amerika Hauses eröffnete sich eine neue Welt – das gelobte Land, God's own country. Keine Messerschmitt-Kabinenroller und bmw-Isetta, sondern verchromte Straßenkreuzer, doppelt so lang wie das Sofa in unserem Wohnzimmer und fraglos besser klimatisiert; auch die Stereoanlagen übertrafen unser »Grundig«-Gerät. Den Amis, die ich auf der Leinwand sah, fehlten weder Arme noch Beine und auch keine Zähne – alles Colgate-Weiß. Vor ihren von Bomben unbeschädigten Bungalows reckten sich Palmen in den blauen Himmel, und die Girls fuhren Cabriolets.

In unserem Eppendorfer 6-Etagen-Haus dudelte der Blockwart a. D., vierte Etage links, weiterhin seine »Fischerin vom Bodensee«, inzwischen aber war er von einem »Borgward 1800« auf einen »Mercedes Benz 220« umgestiegen. Später kam er mir zumindest musikalisch näher. Er ersetzte die »Fischerin vom Bodensee« durch Freddy Quinns »Brennend heißer Wüstensand«. Ich verbrachte inzwischen Tag um Tag am Schuppen 84 und verfolgte, wie »meine« Dampfer auf der Elbe von bulligen Bugsier-Schleppern Richtung Baltimore oder Philadelphia geschoben wurden, oder ich nervte mit meinen vielen Fragen im Amerika Haus die Amis, die zufällig, etwa während eines Konzerts mit Gershwin- oder Bernstein-Kompositionen, neben mir saßen.

Einer von ihnen war Jerry Casey. Er war Flugkapitän bei der »Flying Tiger Airlines«, einer Luftfrachtgesellschaft; Mr Casey war verheiratet mit seiner aus Kanada eingewanderten Bonnie, zwei Kinder. Vorübergehend war Jerry in Hamburg stationiert. »You must come and see us«, meinte Mrs Casey, »wir haben ausreichend Platz.« »Lieber heut' als morgen«, antwortete ich. »What stops you?«, fragte Jerry. »Das Visum. Ich brauche einen Bürgen, einen Job, einen Studienplatz.« 1961: Rod Laver siegt in Wimbledon und die »Westside Story« erhielt den »Oscar« als »bester Film«, Sowjetkosmonaut Yuri Gagarin

stieg ins Weltall auf und Helmut Sorge in eine Lockheed »Super Constellation«. Amsterdamer Flugplatz Schiphol. »Flying Tiger Airlines«. Frühjahr. Kurs
auf USA, drei Mann Besatzung, Captain Jerry Casey, mein Bürge, sowie ein Co-
Pilot und ein Navigator.

Hätten die vielen Luftlöcher bei mir nicht das bekannte, unkontrollierte
Magengefühl verursacht, dann wären in den Wolken zwischen Island und
Neufundland meine Karrierepläne noch fester gezurrt gewesen als mein Gurt
am Cockpit-Sitz: Pilot. Fünf, sechs Millionen deutsche Einwanderer hatten
seit 1820 das Land der unbegrenzten Möglichkeiten per Schiff und Flugzeug
erreicht – jetzt zählte ich dazu. Mein erster Flug überhaupt und nun Landeanflug auf San Franzisko. Halb abgetaucht im Nebel konnte ich Konturen der
»Golden Gate«-Brücke erhaschen, dann fuhr Jerry das Fahrgestell aus – »touch
down« in Kalifornien. Amerika überraschte mich nicht – die Girls in Cabriolets
kreuzten tatsächlich meinen way of life, und auch die charmanten Old Ladys,
die aus mir unerfindlichen Gründen ihre Haare blau färbten.

Ein Hotel in San Mateo, eine knappe Fahrstunde vom Flugplatz entfernt,
engagierte mich als Fahrer für einen VW-Bus, mit dem ich Flugpersonal vom
und zum Airport transportieren musste. Ich verdiente meine ersten Dollars –
bis ich in eine Öllache steuerte, die Kontrolle über den VW verlor und mich
mehrfach überschlug. Ich hatte eine Gehirnerschütterung, der Bus einen Total-
schaden. Danach misstraute der Hotelier meinen fahrerischen Fähigkeiten
und sagte: »I have to let you go.« Auf Deutsch: Du bist fristlos entlassen. Kaum
hatte ich die Nachricht verdaut, holte er einen »Studebaker« Jahrgang 1953
aus der Garage, gab mir dessen Schlüssel und erklärte: »It's yours. Ohne Auto
bist du hier verloren. Das Auto sichert dir die Mobilität, die du in diesem Land
brauchst.« Einfach so.

Der schwache Motor ächzte, spuckte, bockte und schaffte die Hügel allenfalls ohne Ampelstopp. Rot war gleichbedeutend mit Rückwärtsgang und
neuem Versuch der Berg-Besteigung bei Grün. An einem der Sommertage, ich
hatte mich soeben an der Stanford-University in Palo Alto über Aufnahme-
bedingungen informiert, rollte ich mit meinem »Oldtimer« an mehreren Fuß-
ballplätzen entlang, alles Rasen. Ich stoppte und verfolgte das Training. Der
Coach schien erbost, weil ihm ein Spieler fehlte. Er entdeckte mich unweit der
Eckfahne und rief mir zu: »Hast du schon mal gegen einen Ball getreten?« Ich
hatte Turnschuhe an und drehte den mir zugespielten Ball mit Effet nahezu
von der Eckfahne ins Tor. Ein Zufallstreffer, vom Wind getragen, aber drin. »An
welcher Fakultät bist du eingeschrieben?«, fragte mich der Coach, der sich
nach dem Match als Fred Priddle vorstellte. »So weit bin ich noch nicht«, antwortete ich.

Zwei Monate lang spielte ich täglich zwei, drei Stunden.»Wir müssen sehen, dass wir ein Stipendium für dich loseisen. Vorerst«, so beschied er mich, »kannst du die ›freshmen‹ übernehmen«, Studenten im ersten Uni-Jahr. »Wie viele Bälle brauchst du?« Ich dachte an meinen Hamburger Verein »Victoria« und sagte: »Vier«. »Du hast 30 Spieler, wieso nur vier Bälle?«»Also 30«, korrigierte ich mich, was ich nicht wirklich ernst meinte. Am folgenden Tag lieferte der Platzwart 30 Bälle, neu, nicht geflickt. Die Studenten waren diszipliniert, engagiert. Nur mit meinem Vornamen Helmut kamen sie nicht klar und suchten nach Alternativen – »Hell« war ihnen zu höllisch, »Mud« zu schlammig. Schließlich einigten sie sich auf »Mel«, als den amerikanische und französische Freunde mich kennen.

Drei Monate jobbte ich als Fußballtrainer – ohne so was wie die in Deutschland unerlässliche Lizenz der Kölner Sporthochschule. Während der Semesterferien besuchte ich im kalifornischen Visalia einen Rancher, dessen Tochter ich in der Tanzschule Bartels am Hamburger Rondeel beim Walzer kennengelernt hatte. Einmal mehr: Die Welt, die ich im Hamburger Amerika Haus auf der Leinwand bestaunte, tat sich 310 Kilometer nördlich von Los Angeles vor mir auf – der Wilde Westen. Cowboys, Kuhherden, schwarze Köchinnen, die morgens um fünf übergroße, mit Spiegeleiern bedeckte Steaks auf die Holztische knallten. Die Cowboys waren harte Typen wie jene, die ich aus Groschenromanen kannte; sie fingen ihre Pferde tatsächlich mit Lassos ein.

Mir war ein sogenanntes »Quarterhorse« zugeteilt worden, ein für die Rinderarbeit zugerittenes Pferd. Am dritten Morgen fuhr der Rancher in einem Lkw vor, verlud fünf gesattelte Gäule und drei Cowboys. Nach einigen Kilometern setzten wir die Cowboys ab, nach 20 Kilometern stieg der Rancher aus, führte sein Pferd über die Lkw-Rampe an das Tor zur Weide und erklärte mir: »Du fährst jetzt fünf Kilometer weiter. An einem weißen Gatter parkst du den Truck und reitest östlich; irgendwann erreichst du die Herde und die Cowboys.« »Ich habe noch nie einen Lkw gefahren«, wagte ich einzuwenden, »und wo, verdammt noch mal, ist Osten?« »Schalten, Steuern, ist so wie beim Auto«, rief der Rancher und galoppierte in die Unendlichkeit. Ich kam wie befürchtet mit dem Zwischengas nicht zurecht, also fuhr ich die gesamte Strecke im ersten Gang; das Pferd hinter mir schnaubte und trat mit einem Huf so stark gegen die Holzplanken, dass mir Zweifel an der mir vom Rancher versprochenen Sanftheit des Pferdes kamen. Willig ließ das Ross sich vom Lkw führen. Sobald wir auf der Weide waren, drehte der Kerl sich im Kreis, bockte und plötzlich lag ich im Dreck. Und ich war glücklich. Ich war eben 19, Besitzer eines »Oldtimers«, Assistent eines Fußballtrainers an einer berühmten Universität und als Cowboy hatte ich mich im San Joaquin Valley auch versucht.

Ende September 1961 störte ein Brief meine Idylle.»The President of the United States. To Helmut Sorge. Order to report for induction«. Mein Einberufungsbefehl: »26. Oktober 6.45 Uhr morgens«. Das Nichterscheinen werde mit »einer Geld- und Gefängnisstrafe geahndet«. Was tun? Schon im Korea-Krieg und während des Vietnam-Konflikts waren Einwanderer eingezogen worden – und gefallen, Einwanderung gleich Pflicht fürs neue Vaterland. Ich könnte mich der Uniform durch vorzeitiges Einschreiben an der Uni entziehen. Auch ein Rückzug nach Deutschland war denkbar. Würden Knobelbecher der Bundeswehr bequemer sein? Stationiert bei Stade nahe der Unterelbe oder Pfullendorf am Bodensee?

Mein Freund (und Bürge) Jerry sah den Dienst an der Waffe positiv:»Du bist krankenversichert, kannst über deine Karriere nachdenken und, falls du Glück hast, die Welt sehen.« Und Stanford? Ja, Stanford. Eine unglaubliche Perspektive. Doch dort würde selbst ein Stipendium nicht ausreichen, um die horrend hohen Studiengebühren zu bezahlen. Also – Waffendienst. Die Begegnung mit der Armee war zunächst ein Schock – Haare weg, Privat-Klamotten ebenfalls, die Identität auf eine Nummer reduziert: us 56 32 99 16. Grünes Uniformtuch, übergroß, schwarze Schnürstiefel, eine grüne Kappe. Die Unterwäsche? Ohne Tarnfarben. Gestern total frei. Heute totale Unterwerfung. Yes, Sir. No, Sir. Yes, Sir. No, Sir. Hände an die Hosennaht, die gewichsten Stiefel zusammenknallen. Alles im Laufschritt oder mit Liegestützen – »give me ten«, krächzte Master Sergeant John Baker, sobald man bei neun angekommen war, bellte er: »Kannst du nicht laut zählen? Weitere zehn.« Beim us-Militär wurde nicht gesungen, sondern im Chor aufgesagt:»One, two, one, two, one, two, three, four.« Grundausbildung auf Grundschulniveau. Wie schön war's in den idyllischen ersten Kalifornien-Monaten, am Strand zu wandern, barfuß, die rötliche Sonne versackte am Horizont.

Nun Gewaltmärsche über den fürs Militär gesperrten Beach, auf dem die Schießanlagen standen und die Kammern für Gasmasken-Übungen.»It never rains in California«, wie oft hatte ich diesen Song gehört. Und Cowboy-Lieder wie »You are my sunshine«. Irgendwann ist die Sonne weg, wie an unserem Militär-Beach. Dauerregen im November, kühle Nächte im Dezember. Biwak, Zeltlager am Pazifik. Idylle? Strafbataillon. Die auf dem metallenen Frühstückstablett gehäuften Rühreier, aus Puder gefertigt, verflüssigten sich. Unsere Stube war mit 24 Mann belegt. Metallbetten standen übereinander. Das durchschnittliche Amerika hatte sich in der »Company B, Third Battle Group, First Brigade« versammelt: schwarz, gelb, weiß. Dämlich, intelligent, alles »present and accounted for«. Die Unteroffiziere redeten wenige zusammenhängende Sätze und wenn, dann sprachen sie wie anfahrende Dampfloks. Morgens um vier Uhr betraten sie die Schlafräume, Sergeant Humphrey weiß, Sergeant Coursey schwarz. Neonlicht an, Trillerpfeife, lauter als die der Bahnhofvorsteher am Hauptbahnhof. Betten machen, rausrennen, antreten zum »daily dozen«, Frühsport. Danach im Laufschritt zur Kantine – Hab-Acht-Stellung vor der Tür. Essen fassen; kauen. Zehn Minuten. Im Laufschritt zurück. Double time: Schwarze Rekruten schimpften mit den weißen Kameraden auf die schwarzen und weißen Ausbilder, die Druck machten, jeden Tag mehr.

In den Streitkräften sind Schwarz und Weiß – offiziell – seit 1948 gleich, Sklaven sind die Afroamerikaner schon seit 150 Jahren nicht mehr. Ich spürte keinen Rassismus in unserer Stube, nur gemeinsam geteilten Frust. Unsere Kompanie zählte rund 300 Mann, nur etwa 20 davon waren Afroamerikaner. Würden Schwarz und Weiß in Little Rock, Arkansas, in jenem Jahr 1961 an einem Tisch in einer Bar sitzen? Wohl kaum. Kein Problem in Fort Ord. Der Gepäckmarsch durch den Sand an Kaliforniens Küste, der feine Sand, der sich in die Stiefel schlich und scheuerte, bis die Blasen unter den Sohlen platzten, übertünchte die Hautfarben. Die Mehrheit meiner Kameraden waren Colasüchtig, Pancake-verfallen, Hamburger-abhängig, Hotdog-bedürftig – und folglich übergewichtig.

Ab 21 Uhr war in den Schlafräumen Stromsperre. Nur auf dem Klo blieb Licht. Einige GIs hockten auf dem Betonboden und putzten ihre Stiefel auf Hochglanz oder reinigten ihre M-1-Gewehre. Die Klos hatten keine Türen – der eine schiss, der andere schrieb Liebesbriefe. Morgen würden die Eignungstests anstehen. In den »multiple choice tests« waren die zutreffenden Antworten anzustreichen:

Wer war Abraham Lincoln?

a)   Automarke
b)   Footballspieler
c)   Meeresforscher
d)   Staatsmann
Nächste Testfrage:

Was ist Alabama?

a)   Panzertyp
b)   Erfrischungsgetränk
c)   US-Staat
d)   Frauenname

So in etwa. Aus solchen Tests wurde später die militärische Eignung und Verwendung abgeleitet; offensichtlich war ich keine Kämpfernatur. Ich musste nie in einem Panzer sitzen, habe keinen Flammenwerfer bedient und wurde auch nicht mit einem Fallschirm auf dem Rücken aus der Tür einer Transportmaschine getreten. Das Pentagon hat mich in Fort Ord (das die »California State University« inzwischen teilweise übernommen hat) zur »Army Administration School« abkommandiert – Schreibstubenkarriere.

Die GIS in Fort Ord habe ich Ende 1975 wieder besucht, für eine Recherche über das psychologische Trauma der US-Streitkräfte nach dem Vietnam-Debakel. Ich hatte bei meinem ersten Termin mit einem Major eben die ersten Sätze gewechselt, als zwei, drei Schüsse im Vorzimmer knallten, dann nach einigen Sekunden noch einer. Mein Interviewpartner eilte aus der Tür, kam Sekunden später, sichtlich blasser, zurück:»Just a little incident«, ein kleiner Zwischenfall, mehr nicht. Im Vorzimmer lagen zwei Leichen – eine Obergefreite und ihr Freund, auch er Soldat. Mord, Selbstmord. Der Major schlug vor,»um die Spurensicherung nicht zu stören, sollten wir durchs Fenster steigen.« Ich folgte ihm ohne Widerspruch. Sein Vorgesetzter, Oberst James Crow, der Kommandeur der»3rd Basic Combat Brigade« versicherte mir:»So etwas passiert hier nicht alle Tage.« Bravo.

Weniger dramatisch verlief meine eigene militärische Karriere – ich wurde nach Frankreich abkommandiert. Das war damals, im März 1962, noch eine NATO-Nation. Ich meldete mich zum Schreibstubendienst in einer Nachschubeinheit im Westen Frankreichs, Camp de Gron, Bretagne.»United States Army, Sub Installation Saint Nazaire, Post Area Command«. Wir waren, im wahrsten Sinne des Wortes, weit ab vom Schuss. Vom Hafen St. Nazaire schleppten uniformierte Lkw-Fahrer Nachschub gen Osten, dorthin, wo sich Sowjets und Alliierte zum nuklearen»high noon« eingegraben hatten. Mehr hatten wir nicht zu tun. Abwarten und in der einzigen örtlichen, GI-freundlichen Disko,»La Fiesta«, tanzen.

Mein direkter Vorgesetzter, Gary Gardner, ließ keinen Zweifel: Er wollte nicht General werden. Er diente als Zeitsoldat, ein an der Uni vom»Reserve Officer's Training Corps« ausgebildeter Leutnant. Er schlief nicht in der Kaserne, sondern in einem Beach-Apartment in La Baule, einem feinen Strandbad. Mein Dienst bestand weitgehend darin, ihn zu holen, wenn unseren Stützpunkt eine Alarmmeldung erreichte. An jedem Wochenende unterschrieb er, sozusagen als Gegengeschäft, meinen Drei-Tage-Pass, der mir die Übernachtung irgendwo in einer Strandherberge ermöglichte. Mein Leutnant nannte mich nur noch»Schicklgruber«, nachdem er in einem Historiker-Magazin gelesen hatte, dass Hitler eigentlich Hiedler hieß und sein vermeintlicher Großvater ein Fräulein Schicklgruber geschwängert, aber nicht geheiratet hatte. Und sie sei eine direkte Vorfahrin des Herrn Hitler, dem »Heil Schicklgruber« wohl nicht ins Propaganda-Programm gepasst hätte. Legende?

Mein Leutnant überließ mir seinen – offiziellen – Jeep, einen mit weißem Stern auf der Kühlerhaube, mit dem ich – inoffiziell – den Strand oder ein kleines Fischerdörfchen, La Turballe, besuchte. Dort, im Häuschen der Oma, wartete meine Freundin Josette. Madame la grand-mère kaufte Fisch direkt am Kai, an dem die »Pêcheurs« anlegten. Zehn Minuten später standen nicht nur Austern auf dem Tisch, sondern Langusten und weiße Fischfilets, die im Vergleich zu dem traurigen Hamburger Karpfen Drei-Sterne-Qualität hatten. Abgerundet mit einem Gläschen Sancerre, war der Fronteinsatz für Amerika auszuhalten.

Am 18. Oktober 1962 antwortete Gardner nicht auf meine Anrufe. Diesen Alarm, das wusste ich, konnte, durfte er nicht verpassen. Ich raste im Jeep zum Strandcafé in La Baule, in dem er täglich seine »Herald Tribune« las. »Leutnant«, meldete ich ihm außer Atem, »wir stehen vor einem Weltkrieg. Kein Witz; Alarm. Ausgangssperre. Back to base.« Shit, war seine Reaktion, shiiiit. Amerikanische U-2-Spionageflugzeuge hatten auf Kuba sowjetische Mittelstreckenraketen vom Typ ss-3 entdeckt und Baustellen für neue Abschussrampen, Reichweite: 4000 Kilometer. Showdown vor Kuba. Seeblockade. Im Camp de Gron musste jedwede Privatkleidung gebündelt und mit Namensschildern versehen werden. Erstmals wurde auf dem Stützpunkt scharfe Munition ausgegeben; Maschinengewehrschützen gruben sich hinter den Zäunen und am Eingangstor ein. »Im Kriegsfall ist mit Angriffen kommunistischer Agenten aus St. Nazaire zu rechnen«, erklärte der Kommandeur. Jedweder Kontakt mit Zivilpersonen ist ab sofort zu unterbinden. Mann, ich war verliebt! Und nun das – Krieg. Das hatte ich bereits hinter mir. Glaubte ich.

Die Sowjets verkündeten, die Blockade sei »an act of aggression«, Moskaus Flotte würde die amerikanischen Kriegsschiffe ignorieren. Wir hörten über die »American Forces Network« (AFN) Minute um Minute dieses Showdowns. Atomkrieg? Möglich. Wir ahnten nichts von geheimen Verhandlungen zwischen Moskau und Washington, dem Abzug amerikanischer Raketen aus der Türkei und, im Gegenzug, dem Abzug sowjetischer Raketen aus Kuba. Wir hatten Angst, verdammte Angst. Ende Oktober erreichten uns die ersten Entwarnungs-Meldungen. In jenen Frankreichtagen kam mir erstmals der Gedanke, mich im Journalismus zu versuchen. Vielleicht als Sportreporter?

Unter dem Titel »La France et l'Allemagne aujourd'hui« veröffentlichte die in St. Nazaire verlegte Tageszeitung »L'Eclair« am 4. Januar 1963 meinen ersten – gedruckten – Artikel. Mein Bekenntnis zur deutsch-französischen Freundschaft, auf die meine Josette sicher ihren weiblichen Einfluss hatte. Da ich meine amerikanischen Vorgesetzten nicht durch profranzösische Elogen irritieren wollte, unterzeichnete mein Übersetzer, der örtliche Poet Joel Danilov (»Les ondes du silence«), den Beitrag mit »Helmut«. Mein Leutnant hatte sich auf Schicklgruber fixiert, meine Kameraden kannten mich nur als Mel, überdies konnte kaum einer von ihnen, außer Beaujolais, ein Wort Französisch, also bestand keine Enttarnungsgefahr. Meine Zukunftspläne verdichteten sich zunehmend auf – Journalismus. Ich hatte keine hehren Gedanken. Mich interessierte es nicht wirklich, die »vierte Gewalt«, also das Volk, in einer Kontrollfunktion zu vertreten, die öffentliche Meinung zu prägen und die Staatsmacht, Parlament, Regierung und Justiz, zu überwachen.

Mein Freund Doug Morris, Jahrgang 1938, hat noch nie in seinem Leben einen Menschen verprügelt. Als ich ihm im Camp de Gron begegnete, war er mit einer Pistole ausgestattet und einem Schlagstock. Er war Militärpolizist, aber nicht gefürchtet. So nach dem Motto: Flower power. Make love, not war. Nachdem er in irgendeiner von GIS zerlegten Kneipe in St. Nazaire Frieden gestiftet hatte, kam er ins Camp zurück, ging in die Kirche, die in einer Barracke untergebracht war, setzte sich ans Klavier und komponierte. Schlager, nicht Schlagstöcke waren seine Welt. Er gründete eine Band, die er »The GIS« nannte, sehr einfallsreich indeed.

Die uniformierten Soldaten, inklusive Doug, traten im französischen Fernsehen auf und verkauften sogar einige tausend Platten. Doug faszinierte die Musik und eine schöne Bretonin – Monique; die hat er geheiratet, vor mehr als 45 Jahren. Kurz nachdem er Schlagstock und Pistole abgegeben hatte, kletterte ein von ihm komponiertes Lied, »Sweet talking guy« (1966), in die Hitparaden, einige Jahre später hatte er mit »Smoking in the boys room« Erfolg. Heute ist Doug Chairman und CEO (alleiniger Geschäftsführer) der »Universal Music Group«, die zum französischen Vivendi-Konzern gehört. Wir treffen uns gelegentlich in Paris, zuletzt Ende April 2009. Doug wurde von der inzwischen abgelösten Kulturministerin Christine Albanel mit dem »Ordre des arts et des lettres« ausgezeichnet. In seiner Dankesrede verwies Doug auch auf seinen Kameraden Mel, mit dem er Waffenbruder der Franzosen gewesen sei. Über Doug Morris und seine Vertrauten war mir immer wieder der Kontakt zu Musikern möglich, Eminem etwa.

Eminem und ein halbes Dutzend schwarzer Kollegen erwarteten mich – dank Doug – in einer Hotelsuite in Detroit. Sie verfolgten überlaut die populäre »Jerry Springer Show«, Fernseh-Trash, Transvestiten, Prostituierte, Inzest-Bekenner, Kinderschänder outen sich. Eminem ist schließlich zum Gespräch bereit. Erste Frage. Antwort Rapper: »Fuck.« Zweite Frage: Antwort Rapper: »Fuck. Fuck.« Dritte Frage: Antwort Rapper: »Fuck. Fuck. Fuck.« Ich war irritiert, derart eloquent hätte ich mir Eminem nicht vorgestellt.»Toll, Ihr Vokabular«, sagte ich. Die Rapper jubelten, klatschten;»Let's get serious«, meinte der Musiker dann. Ich versuch's noch mal:»Mr Mathers, Ihre Texte sind obszön und aggressiv. Sie selbst gelten als roh und bösartig. Sind Sie das Ihrem Image als weißer Rapper schuldig?« Mathers:»Nein, erstens bin ich ein ganz lieber Mensch, und zweitens sind meine Zornattacken offensichtlich Symptome des sogenannten Tourette-Syndroms.« Ich:»Zu dem gehören unkontrollierte verbale Entgleisungen. Wollen Sie allen Ernstes behaupten, Sie seien psychisch krank und für Ihre Texte nicht verantwortlich?« Mathers:»Ja, das Tourette-Syndrom muss die Erklärung für mein merkwürdiges Verhalten sein. Schauen Sie, wenn ich im Aufnahmestudio arbeite, dann überkommt es mich. Ich will ›Vögel‹ sagen und ›Bienen‹, stattdessen höre ich aus meinem Mund: Fick, Scheiß, ich erwürge deine Mutter.«

In meiner Gedankenwelt reiste ich mit Hemingway, Winston Churchill, John Steinbeck sowie Robert Capa in die Kriegsgebiete. Ich stellte mir vor, wie Hemingway nach dem Einmarsch in Paris ins»Ritz« stürmte und die Bar »befreite«, die heute seinen Namen trägt. Und Marlene Dietrich, die schöne Berlinerin, die wegen ihrer Sympathien für die Siegermächte bei den Deutschen in Ungnade fiel, räkelte sich in Hemingways Wanne, ließ geeisten Champagner über ihren Busen rieseln – und zupfte Ernest am Bart. So gesehen war Journalismus eine Perspektive, obgleich mir Madame Dietrich, bei allem Interesse an ihrem Typ, zu reif erschien. Jahre später, ich war Korrespondent in Paris, habe ich sie vor einem – schriftlichen – Interviewtermin in ihrer kleinen Wohnung an der Avenue Montaigne mit Blumen überhäuft. Madame, verriet mir die Concierge später, habe die beim edlen»Lachâume« in der Rue Royal kunstvoll gesteckten Blumen umgehend in den Abfalleimer geworfen, weil sie Schnittblumen – angeblich – nicht ausstehen konnte.

Oktober 1963. Weder spielte ein Armee-Orchester Sousas»Stars and stripes forever«, noch marschierte eine Ehrengarde auf, das Sternenbanner voran. Mein Leutnant, sonnengebräunt vom Strand-Dasein in La Baule, steckte mir eine»Good conduct medal« neben meine metallene Scharfschützen-Medaille an die Uniformjacke und überreichte mir den Brief eines kommandierenden Generals, in dem der mir bestätigte, ich hätte als Fußballer der us-Armeeauswahl den»Spirit of the American fighting man« gezeigt, aufrecht und kampfbereit. Eine Urkunde bewies überdies:»Ehrenhaft entlassen.« Reservist.

Der Vater eines Eppendorfer Freundes stellte für mich den Kontakt zu einem Chefredakteur her, der menschlich und professionell eine Ausnahmeerscheinung ist: Claus Jacobi. Wie vereinbart meldete ich mich im April 1963 schriftlich bei ihm in der Chefredaktion des Nachrichtenmagazins»Der Spie-

gel« im Pressehaus am Hamburger Speersort. Seine – schöne – Sekretärin (wie
ich später sah), das Fräulein Schumacher, bat mich im Juli zu einem Redak-
tionsbesuch. Claus Jacobi, der, eben 34 Jahre alt, zum »Spiegel«-Chefredak-
teur ernannt worden war, würde mit mir über die Chancen für eine journalistische Karriere reden. Er trug ein weißes Button-down-Hemd und ein weißes
Taschentuch im Jackett seines dunkelgrauen Wollanzugs. Blaue Krawatte,
braune Lederschuhe, vermutlich made in England. Ein Gentleman. Eingekleidet beim New Yorker Herrenausstatter Brooks Brothers. Ehemals Korrespondent in Washington. Ein Mann von Welt, der Königsberger Klopse schätzt.
Über die Sprechanlage bat er einen Redakteur namens Rudolf Glismann
in sein Büro. Glismann, damals für das Ressort Sport zuständig (später Autos),
war einer, den man als »Type« bezeichnen würde. Selbstbewusst bis an die
Grenze der Frechheit. Bestimmt. Direkt. Als Jugendlicher freiwilliger Einsatz an
der Ostfront – Kopfschuss. Narbe. Eine Mischung aus Frankreichs Lino Ventura und Eddie Constantine. »Glissi, ich brauche Ihre fachmännische Unterstützung, eine Volontärsstelle in einer Sportredaktion.« Der Sportredakteur
zum Chef: »Herr Jacobi, für den da, Ihren amerikanischen Kriegshelden?«
»Sorge, nehmen Sie's nicht persönlich. Glismann ist Jäger. Die schießen
manchmal vorbei.« Im August meldete sich Rudolf Glismann (der später ein
Freund wurde) schriftlich im Camp de Gron: »Die ›Hamburger Morgenpost‹
sucht gerade einen Volontär, und zwar einen mit speziellem Interesse für Sport.
Der zuständige ›Morgenpost‹-Redakteur, Bodo Grosch, bittet Sie, ihm umgehend zu schreiben.« Unterdessen hatte ich auch mit Herbert Zimmermann
in der »Hauptabteilung Sport« des NDR in Hamburg Kontakt aufgenommen,
der mich vor Weihnachten im Funkhaus empfangen wollte: »Wir können in
einer kurzen Unterhaltung sicherlich schnell klären, ob und in welcher Form
wir etwas für Sie tun können.« Kein Versprechen. Aber eine Antwort von der
Legende, die mit ihrer enthusiastischen Fußballreportage vom WM-Titelgewinn
in Bern 1954 Deutschland ein wenig von den Nachkriegs-Depressionen ent-
sorgt hatte.

Auch Fritz Wirth, der Sportchef der »Welt«, antwortete persönlich auf meine
Bewerbung. Er erteilte mir zwar eine Absage (»… in den nächsten zwei Jahren
sind kaum noch Möglichkeiten, neue Volontäre bei der ›Welt‹ einzustellen.«),
aber zumindest meldete auch er sich bei dem unbekannten GI in Frankreich.
Jahre später, er war wie ich Korrespondent in Washington geworden, zeigte ich
ihm seinen Zehn-Zeilen-Brief, datiert 22. September 1963. »Da sehen Sie mal,
wie man sich täuschen kann.« Im November wurde ich von Claus Jacobi wieder in die Redaktion gebeten. Bestandsaufnahme. Rudolf Glismann berichtete
von seinen Bemühungen, ich erzählte von einer mir angebotenen Volontärs-

stelle bei »Interpress«, einem internationalen Pressedienst, der seine Büros in einer schönen Villa an der Alster hatte. »Sorge«, sagte der Chefredakteur plötzlich, »warum wollen Sie eigentlich nicht bei uns arbeiten?« Bevor ich antworten konnte, intervenierte Glismann: »Herr Jacobi, man muss mit Hering anfangen, nicht gleich mit Kaviar.« Jacobi: »Glissi, Sie täuschen sich, man kann sich auch gleich an Kaviar gewöhnen.« Das konnte ich. Glaubte ich. Doch so manches Mal hatte die Arbeitszeit Herings-Qualität – drei, vier Uhr morgens, mehrmals die Woche. Ich wurde zu Hans-Detlef Becker, dem Verlagsdirektor, bestellt, »HDB«, wie er im »Spiegel« hieß. Er würde mich zum 15. Dezember 1963 als Redaktionsassistent anstellen. 600 D-Mark brutto, Probezeit von drei Monaten, die mit vierwöchiger Frist jeweils zum Monatsende aufgelöst werden konnte. HDB war, so erkannte ich schnell, ein mächtiger, gefürchteter Mann. Er verhandelte über Verträge, Gehaltserhöhungen, entschied über Einstellungen und Rausschmiss mit, kontrollierte, prüfte, überwachte. Ich war überzeugt von den »Spiegel«-internen Gerüchten, HDB sei Geheimdiensten besonders verbunden.

Nach Vorlage einer Taxirechnung für eine Nachtfahrt zu meiner Ein-Zimmer-Wohnung hinter dem Blankeneser Bahnhof erbat der Verlagsdirektor schriftlich eine Erklärung von mir für die Kosten-Diskrepanz zwischen dieser Quittung und der aus der vorletzten Nacht. »Falls Sie seit gestern nicht umgezogen sind«, notierte er mit grüner Tinte, »erwarte ich eine glaubwürdige Begründung zum Erstattungsbetrag.« Die beanstandete Summe: 1,80 D-Mark. Ich konnte ihm einen Ausschnitt aus dem »Hamburger Abendblatt« über die Sperrung der Elbchaussee nach einem bösen Unfall an meine »Hausmitteilung« heften – erledigt. Grüne Tinte war ein Markenzeichen HDBS. Wenn er mit grüner Tinte auf eine Druckfahne schrieb: »Pissgeschichte«, ohne Namen, ohne Initialen, dann debattierten auch die zwei Chefredakteure nicht mit ihm. »Pissgeschichte«, das war die Guillotine. Der Kopf (die Druckfahne) endete nicht wie bei einer Pariser Hinrichtung in einem rot gefärbten Korb, sondern in einem banalen Abfalleimer.

HDB war eine personifizierte Institution. Der Mann im Schatten Rudolf Augsteins, in Gründerjahren Chefredakteur. Zynisch, analytisch. Augstein provozierte in den täglichen Ressortleiter-Konferenzen, debattierte, hinterfragte, attackierte – Becker hockte in dem für ihn reservierten Drehstuhl und schwieg. Die Ressortleiter freilich beobachteten diskret die Reaktionen des »Spiegel«-Gurus: verdrehte er die Augen (negativ), nickte er (positiv oder negativ), wippte er mit seinen Maßschuhen (unentschlossen), seufzte er (negativ). Gelegentlich sagte er zwei Sätze. Meistens zersetzend, komisch. Alle lachten, nur der Betroffene schwieg und fürchtete die Kündigung. Kein Alkohol im Dienst, verfügte

HDB, nachdem einer der Redakteure im Suff den Konferenzraum mit dem Klo verwechselt hatte und einer der Geisteswissenschaftler auf der falschen Seite eines Zuges ausgestiegen war – bevor der im Bahnhof angehalten hatte. Der 1921 geborene Becker trat, im Gegensatz zu Augstein, nie zu einem Umtrunk auf. Wir Jungredakteure versuchten, möglichst nicht einige Minuten nach 10 Uhr in der Halle des Pressehauses aufzutauchen, denn dann fuhr Becker im Fahrstuhl zur Konferenz und reagierte auf den morgendlichen Gruß verspäteter Redakteure, falls überhaupt, mit »Guten Abend«. Er wollte nicht wissen, ob wir uns bis vier Uhr morgens mit unseren Texten gequält hatten, oder gar bis 5.30 Uhr, als die ersten Putzkolonnen eintrafen. Für HDB waren solche Überstunden eher ein Beweis für unsere journalistische Unfähigkeit.

In meinen frühen Jahren in der Redaktion galt »Der Spiegel« in der Branche als Strafbataillon des deutschen Journalismus, eben weil integre Journalisten wie H. D. Becker für Disziplin sorgten, in den Redaktionen, in den Texten. Der Weltkriegs-Veteran, Unteroffizier bei der Funkabwehr des Oberkommandos, war »amused«, so schien es mir, als ich ihm erstmals begegnete – ein GI in seiner Redaktion, das war etwas Neues. Und einen so jungen Redakteur, 21, hatte HDB bis dahin nie eingestellt. Im Gegensatz zu ihm – und Rudolf Augstein – beherrschte ich die englische Sprache und konnte mich auf Französisch verständigen, ausreichend für die Auswertung internationaler Zeitungen und Magazine. Ich wurde dem Ressort »Personalien, Hohlspiegel, Briefe, Rückspiegel« zugeteilt, das Meldungen und Nachrichten formulierte, Politik, Unterhaltung, Woche um Woche, 50, 80 Manuskriptseiten und entsprechend intensive Recherchen. Die Ressortleiter, Martin Virchow und Hans Joachim Schöps, ergänzten sich – der eine war entspannt, genoss den Schnaps (obgleich er Diabetiker war) und Sekretärinnen. Der andere versuchte, sich dem Klischee eines geborenen Westfalen zu nähern: introvertiert, streng, intelligent, nachdenklich, knorrig, ehrlich. Humor hinter vorgehaltener Hand. Beethoven zugetan und Borussia Dortmund. Denker. Mensch.

Schöps, der sein Büro durch Zigarrenqualm einnebelte, bei 30 Grad im Schatten selten Jackett, Krawatte oder Weste ablegte, war ein Ressortleiter ohne Wenn und Aber. Tough. Er ließ meinen Kollegen Manfred Kohnke, heute Chefredakteur des Feinschmecker-Führers »Gault Millau« Deutschland, und mich manche Meldung fünf, acht Mal schreiben und übte schließlich Kritik an unseren Texten – handgeschrieben. Vier Blatt, auf denen er die 15-Zeilen-Geschichtchen zerfetzte. Danach setzte sich Schöps, man ahnt es schon, an seine Schreibmaschine, zack, zack, und schon waren die von uns verhunzten Zeilen druckreif. Kein Wunder, dass unser Ressortleiter alsbald zu Höherem berufen wurde – er wurde einer der Chefs des wichtigen Deutschland-Ressorts. Kohnke und ich wurden, nach unverhohlener Skepsis des HDB, zu Ressortleitern bestellt. Im November 1965 teilte uns die Chefredaktion mit, wir sollten obendrein die Leitung der Panorama-Redaktion übernehmen (»Ihre Leistungen in den von Ihnen bisher betreuten Spalten lassen uns zuversichtlich hoffen, dass Sie Panorama weiterentwickeln und in eine so attraktive Rubrik, wie es die Personalien sind, verwandeln werden.«). Mein Gehalt kletterte auf 1600 D-Mark brutto.

Eben hatte ich mich an den redaktionellen Rhythmus gewöhnt, da erreichte mich ein grauer Umschlag – Bundeswehr-Kreisersatzamt. Einberufungsbefehl. Meine Gesprächspartner im Generalkonsulat der USA an der Hamburger Außenalster meinten einstimmig: »Sie sind Reservist der US-Streitkräfte. Nach NATO-Vereinbarungen kann die Bundeswehr Sie nicht einziehen.« Vizekonsul John Kornblum[1] erklärte seinem Kollegen Werner Brandt[2], dessen Vater aus Bremen in die USA eingewandert war: »Die Deutschen sind von Stempeln beeindruckt. ›Adler‹ schätzen sie besonders. Also knallen wir unsere Erklärung für die Bundeswehr mit Stempeln voll.« Zum benannten Termin meldete ich mich bei den Behörden in amerikanischer Uniform. »Good conduct medal« sowie Schießauszeichnungen an der Jacke. Die Bundeswehrwachen salutierten, die Schreibstubenkräfte wussten mit mir nichts anzufangen. Letztlich endete ich beim Behördenleiter. »Sie könnten sich zumindest mustern lassen.« Dann sei ich »erfasst«. »Wie Sie aus dem Schreiben sehen können, bin ich bereits erfasst – in Kalifornien.« Ergebnis? Abtreten. Wir verzichten.

Ich eilte in die Redaktion zurück – uniformiert. Die Konferenz lief, ungesehen würde ich mein Zimmer erreichen. Denkste. Anruf aus dem Konferenzraum: Bitte kommen. Rudolf Augstein wollte mich in Uniform sehen – im Zweiten Weltkrieg hatte er bei der Wehrmacht gedient, wie auch Jacobi, der als Seekadett in der Kriegsmarine aktiv war. »Sorge ist da, keine Furcht mehr vor den Sowjets«, freute sich der Verleger und alle lachten. Wahrscheinlich bin ich der einzige uniformierte US-Obergefreite, der je an einer »Spiegel«-Konferenz teilgenommen hat.

Nachdem ich ein Angebot des »Stern«, in seine Nachrichten-Redaktion zu wechseln, abgelehnt hatte, überredete ein neuer Ressortleiter der Auslandsredaktion, der vormalige Pariser Korrespondent Dr. Dieter Wild, die Chefredaktion, meinem Wechsel in sein Ressort zuzustimmen. Eine meiner ersten Geschichten: Adam Clayton Powell, Pastor und Politiker des New Yorker Schwarzenviertels Harlem. 1944 wurde Powell, als zweiter Afroamerikaner in der Geschichte überhaupt, in den US-Kongress gewählt. Powell, ein Mitglied der Demokratischen Partei, war flamboyant, extravagant. Er schätzte Krokodillederschuhe, goldene Manschettenknöpfe und Maßanzüge mit Weste. Er war mit einer Nachtclub-Sängerin verheiratet. Häufig bezahlte er, wie Kollegen in der Abgeordnetenkammer ermittelten, seine Reisen in die Karibik mit staatlichen Geldern. Sobald die Story über den angeblich korrupten Abgeordneten ruchbar wurde, forderte Chefredakteur Jacobi eine Geschichte über den Fall, den ich recherchieren und schreiben sollte. Nach einigen Korrekturen gab Dieter Wild die Geschichte zum Druck frei. Plötzlich knatterte meine Wechselsprechanlage:»Herr Jacobi bittet Sie, umgehend in sein Büro zu kommen.« Ein Glückwunsch war kaum zu erwarten. Glückwünsche waren im»Spiegel« so selten wie Dienstwagen.

Jacobi zeigte auf mein Manuskript und fragte:»Meinst du das ernst?« Zurück in meinem Zimmer warf ich meine maschinengeschriebenen Seiten in den Mülleimer, drückte sie zwischen Orangen- und Bananenschalen. Nach einigen Minuten wieder das Sekretariat der Chefredaktion:»Sie möchten mit Ihrer Geschichte zu Herrn Jacobi kommen.« Ich glättete das Manuskript sorgfältig, entfernte Kerne sowie Bananenreste und reichte dem Chefredakteur meine Blätter:»Sorge, was hast du mit dem Manuskript gemacht?«»Dort abgelegt, wo's Ihrer Meinung nach hingehört.«»Na, so schlimm ist's auch wieder nicht.«Vor mir diktierte er seinen Sekretärinnen meinen Text um – perfekt. »Schönes Wochenende«, sagte der Chefredakteur.

Die Recherche von unterschiedlichen Themen, gestern die Mörder, heute die Mönche, morgen die Marineinfanterie, war für mich nie eine Belastung, sondern Herausforderung. Die»Spiegel«-Redaktion verstand sich als intellektuelle Elite. Ich war Autodidakt. Für mich wurde die Redaktion, die journalistische Arbeit, zu einer Schule des Lebens. Zum ersten»Spiegel«-Gespräch, das ich allein führte, wurde ich von der Chefredaktion 1967 in die USA abkommandiert. Alle Versuche aus Hamburg, einen Interviewtermin mit dem Boxer Cassius Clay zu arrangieren, der wegen seiner Weigerung, in Vietnam zu kämpfen, zu fünf Jahren Zuchthaus verurteilt wurde, waren gescheitert – der damals 25 Jahre alte Ex-GI Helmut Sorge musste an die Reporter-Front. Ich fand den Weltmeister im Büro seines Anwalts, und Clay war zum Gespräch bereit. »Übrigens«, fragte er sogleich zu Beginn des Interviews:»Haben Sie Geld mitgebracht?«»Wofür?«»Für den armen, guten alten Weltmeister. Nur ein paar hundert Dollar.«»Geht es Ihnen so schlecht?«»Nein, aber was meinen Sie, wie viel Geld ich in der Zeit verdienen könnte, in der wir hier jetzt reden? Ich könnte mehrere Kämpfe bestreiten und damit Millionen Dollar verdienen.« Ich hielt dagegen:»Bei uns haben Sie das bessere Publikum.«

Während wir diskutierten, zeichnete er Figuren, die der»Spiegel« abdruckte; ich war beglückt über das Ergebnis. Im Hotel spielte ich mein »Uher«-Gerät ab – kein Clay-Wort. Nichts. Nichts. Nichts. Was tun? Clay, der darauf beharrt hatte, mit seinem Muslim-Namen, Muhammad Ali, angesprochen zu werden, war abgereist. Konnte ich ihm nachreisen? Und was würde ich ihm erklären? Maschine kaputt und Sorge ebenfalls? Vor allem: Was konnte ich nach Hamburg melden? Außer Spesen nichts gewesen? Ich hatte die Nadel des Aufnahmegeräts verfolgt – sie bewegte sich. Das Band war also gelaufen. Ich eilte gegen Mitternacht in eine Shopping Mall und kaufte mir ein anderes Gerät. Auspacken, Band einlegen. Luft anhalten. Clays Stimme. Entwarnung. Erleichterung – der Abspielmechanismus meines Tonbandgeräts war defekt.

Nahezu 40 Jahre nach unserem Rendezvous in Houston überraschte mich Muhammad Ali mit seinem Besuch in meinem Haus in Hollywood. Wir arbeiteten an »GOAT« (Greatest Of All Time), dem vom Kölner Verleger Benedikt Taschen vermarkteten Mega-Werk über den berühmtesten Boxer der Gegenwart. Der von Parkinson gezeichnete Ali sackte erschöpft in einen tiefen Sessel, schlief ein Stündchen und blätterte dann durch die ersten Seitenabzüge. Als ich dem Champ ein – privates – Foto von unserer ersten (von vielen) Begegnung zeigte, kommentierte er mit verhaltener, leiser Stimme: »Yes, Sir, we surely did not get younger«, mit Sicherheit sind wir beide nicht jünger geworden.

Damals, damals. 1967 war ich der jüngste »Spiegel«-Redakteur, wie der »Spiegel« seinen Lesern in einer sogenannten »Hausmitteilung« verriet – ich befand mich während des Sechs-Tage-Kriegs zwischen Israel und den arabischen Nachbarn auf dem 77 600 Tonnen großen US-Flugzeugträger »America«, eines der wichtigen Schiffe der im Mittelmeer kreuzenden 6. US-Flotte. Der Befehlshaber, Vizeadmiral William Martin, mit einer Deutschen verheiratet, ließ mich mit einem Hubschrauber auf seinen Raketenkreuzer »Little Rock« fliegen. Der Admiral diskutierte mit seinem Stab Entwicklungen an der arabisch-israelischen Front. Plötzlich verlangte die Funkzentrale dringlich nach dem Flottenchef. Der Admiral kehrte nach einigen Minuten zurück. »Gentlemen, we are at war.« Das von uns 600 Kilometer entfernte US-Spionage-Schiff »Liberty« war von zwei Maschinen mehrfach angegriffen worden – Tote, Verwundete, Chaos. Die »America« katapultierte vier mit Raketen und Bomben bestückte Phantom-Abfangjäger sowie zwei Skyhawks vom Deck. Der vorgegebene Kurs: Ägypten. In jenem Juni 1967, davon waren die von Admiral Martin alarmierten Pentagon-Bosse überzeugt, wollte Kairo die USA zu einer Attacke provozieren und die Sowjets in den Konflikt ziehen – via Washington.

Der Vizeadmiral erklärte mir nach seiner Rückkehr aus der Funkzentrale: »Alles, was Sie hier gesehen und gehört haben, ist off the record.« Als die neun Toten und Dutzende von Verletzten auf die »America« transportiert wurden, war ich wieder an Bord des Flugzeugträgers. Inzwischen waren die Jets von ihrem Angriffskurs auf Ägypten zurückgerufen worden – Israel hatte sich zu der Attacke bekannt:»Ein Irrtum.« Weltweit druckten die Blätter den»Spiegel«-Bericht nach. Die»Volkszeitung« in Prag betitelte den Text mit der Schlagzeile:»Der Weltfrieden hing an einem Faden.«

Mich schreckten die Einsätze nicht, weder im nordirischen Terrorkrieg noch in Palästina, wo ich 1968 in einem Zelt im Jordan-Tal einem Terroristen begegnete, der Jahre später vor den Vereinten Nationen für einen eigenen Staat plädierte: Jassir Arafat. Als ich mit ihm sprach, hieß er noch Abu Amar und kaum ein Nahost-Experte glaubte an ihn – zu viele Palästinenser-Führer vor ihm waren im Kampf gegen den»zionistischen Feind« gescheitert. Auch die Hamburger Redaktion ließ mein Gespräch mit ihm, das von einem Vertrauten übersetzt wurde, der an der Technischen Hochschule in Darmstadt studiert hatte, über Wochen liegen. Schließlich der Abdruck – und Schlagzeilen.

Im Mai 1968, nach fünf Redaktionsjahren in Hamburg, bot mir der»Spiegel« an, am 1. Januar 1969 eine Redaktionsvertretung in Washington zu eröffnen. Zwei-Jahres-Vertrag, sechs Monate Probezeit, 1500 Dollar brutto. Ich zögerte nicht mit meiner Unterschrift. Amerika, das ahnte ich damals noch nicht, würde mich bis ans Ende meiner Tage begleiten. Joachim Schwelien, einer der angesehenen Publizisten in der US-Hauptstadt, kommentierte in einem im Oktober 1969 vom NDR ausgestrahlten»Bericht aus Amerika«:»Seit einigen Monaten ist endlich auch wieder der ›Spiegel‹ mit dem jungen und fixen Helmut Sorge in Washington durch einen eigenen Korrespondenten vertreten; der Anspruch des Nachrichtenmagazins auf Allwissenheit hätte die Anwesenheit eines eigenen Berichterstatters schon seit Jahren erfordert.« Wie heißt's so schön: better late than never. Und, so Schwelien, der auch für die»Zeit« berichtete:»Am Sitze des Weißen Hauses und der amerikanischen Regierung tummelt sich jedenfalls ein ausländisches Pressekorps von einem Umfang und wohl auch von einem Format wie in keiner anderen Hauptstadt der Welt.«

Ich war nun einer der etwa 20 deutschen Korrespondenten von Tageszeitungen, Agenturen und Fernseh- und Rundfunkanstalten. Amerika war trotz der Schar von ausländischen Berichterstattern unfassbar und unvergleichbar. Ein Kontinent. Die Entfernung von Los Angeles nach Boston, 4100 Kilometer, entspricht etwa der von Frankfurt nach Saudi-Arabien. Die 1910 Kilometer, die Chikago im Norden vom südlichen Miami trennen, sind so weit wie von Hamburg nach Istanbul. Korrespondent zu sein ist die nachgelebte Qual des Sisyphus. Der Berichterstatter soll über das Jetzt, das Heute berichten und sich morgen mit dem Präsidenten zum Frühstück treffen können, selbstverständlich allein und nicht off the record. Schon in den ersten Monaten nach der»Spiegel«-Büroeröffnung 1969 musste ich manche meiner Illusionen über dieses Amerika korrigieren, begegnete ich erstmals wenige Straßen vom Weißen Haus entfernt der Armut einer Weltmacht, der Hoffnungslosigkeit der Schwarzen, den Vergessenen Amerikas. Die Korrespondenten in Washington trafen sich häufig privat. Vor allem die jüngere Generation, Ulrich Mulert und Jürgen Leinemann von der DPA, Harald Hotze, UPI. Wir machten auch die Nacht zum Tag. Wir waren frech, verwegen, jung. Und frei von direkter, redaktioneller Eifersucht oder Hierarchie-Denken. Wir fuhren Ford-Mustang Cabriolet und tanzten bei TV-Mann Gerd Ruge bis drei, wechselten zum Frühstück zu den Hotzes gegen vier. Irgendwie war Aufbruchstimmung; die heimatliche Abneigung gegenüber politisch anders eingestellten Redaktionen existierte nicht. Ich hatte mir ein kleines Haus gemietet, das später in einer Zeitung erwähnt wurde, die den »Spiegel« oder seine Redakteure noch nie zuvor gelobt hatte, der schwarze »Bayernkurier«. Kurt Georg Kiesinger, der Bonner Kanzler, war »in town«, um Richard Nixon zu besuchen. Mit ihm waren 31 Journalisten in der Luftwaffen-Boeing angereist. In der Botschaft waren die Kollegen, darunter der angesehene »Spiegel«-Reporter Hermann Schreiber, mies bewirtet worden. Da ich – zufällig – an jenem Abend feierte, lud ich die Bonner Kollegen dazu, und entsprechend, lobte Wolfgang Johannes Müller, »genoss man die Party, die der Washingtoner ›Spiegel‹-Korrespondent in einem hinreißenden Gammel-Haus und einem winzigen, herzigen Garten im Schwabing-ähnlichen Georgetown gab. Man muss wissen, wo man sich trösten lässt.«

Nur drei Monate nach meiner Ankunft in Washington hatte ich einen Gesprächstermin mit Henry Ford II organisiert, in seinem Hauptquartier in Dearborn, Michigan. Auto-Experte Glismann, der mich vor meiner Einstellung beim »Spiegel« auf journalistisches Herings-Niveau drücken wollte, hatte keine Scheu vor dem Industriellen und setzte ihm mit den Fragen heftig zu. Irgendwann verriet uns der Automobil-Industrielle und Erbe: »Ja, privat fahre ich Maserati.« Oder: Jaja, er habe die Erfolgszahlen von VW in den USA falsch eingeschätzt. »Vor 20 Jahren hätte ich das nicht für möglich gehalten. Da sieht man es, ich habe mich geirrt.« Zwei Tage nach dem Gespräch, zurück in Washington, machte mir der Ford-Personalchef telefonisch ein Angebot: »Henry wants to hire you«. Immerhin – Henry persönlich; PR sollte ich für ihn machen, mit Sitz in Dearborn, US-Staat Michigan. Ich zögerte. Washington war ein journalistischer Traum.

Unterdessen hatte Rudolf Glismann in Hamburg den Chefredakteuren verkündet: »Euren Sorge seid ihr los – Ford hat ihn geholt.« Hans Detlev Becker reagierte sofort. Er schrieb mir: «Zu meiner Freude erlaubt es der bisherige Verlauf Ihrer Tätigkeit in Washington, schon jetzt auf das Rücktrittsrecht des Verlages zu verzichten.«»Probezeit, sechs Monate, aufgehoben.«»Ich hoffe, dass Ihnen die Arbeit in Washington nun umso mehr Freude macht.« Ich sagte das Ford-Angebot ab.

Inzwischen hatten wir Korrespondenten eine Fußball-Mannschaft aufgestellt, für die wir sogar Jürgen Leinemann, Jahrgang 1937, reaktivieren konnten, der nach einer erfolgsversprechenden Karriere als rechter Verteidiger bei »Victoria Burgdorf« (eine Kleinstadt am Rande der Südheide) mit 17 wegen einer Knieverletzung aufgeben musste. Alsbald wurden mir von unseren russischen Kollegen von »Iswestija« und TASS, die ihre Büros wie DPA, »Spiegel« und UPI ebenfalls im »National Press Building« einquartiert hatten, herausgefordert. Am Nachmittag des Showdowns die erste Überraschung: Zuschauer.

Mehr noch – ein Dutzend Fotografen und Fernsehteams; ich erinnere mich an das Ergebnis nicht, nur dass mir zwei Tage später zwei Gentlemen in Dunkelblau im »Spiegel«-Büro ihre Dienstausweise vorlegten: FBI. Die Bundeskriminalpolizei. Sie wollten mir Fotos zeigen. Porträts von Männern, die ich kannte, bei denen ich, privat, sogar zum Gänsebraten eingeladen worden war: unsere sowjetischen Fußball-Gegner. Dieser Gentleman, erklärte mir einer der Beamten, ist als TASS-Korrespondent akkreditiert, tatsächlich arbeitet er für den Geheimdienst. Und der, und der, alle Kicker, deren Bilder die FBI-Fahnder auf den Schreibtisch blätterten, waren offenbar keine Schreiber, sondern Spione. »Wir können Ihnen den Kontakt nicht verbieten«, so der FBI-Agent, »aber wir würden Ihnen doch empfehlen, Ihre Beziehungen einzuschränken.«

Schon vor meiner Washington-Akkreditierung wurden in arabischen Zeitungen, etwa der französischsprachigen ägyptischen Tageszeitung »Journal d'Egypte« Meldungen verbreitet, wonach meine angeblich für den BND im Nahen Osten gesammelten Informationen (etwa über Ausbildungscamps des palästinensischen Widerstands) an den israelischen Geheimdienst weitergeleitet wurden. Am 9. Oktober 1968 meldete Bagdads Zeitung »Alef Ba«, ich sei ein »Playboy« und ein Abenteurer, der während seines Militärdienstes auf den Spionagedienst vorbereitet worden war: »Es ist bekannt, dass der ›Spiegel‹ eines der Magazine ist, das an der von den USA und Israel geplanten psychologischen Kriegsführung teilnimmt.« Chefredakteur Johannes K. Engel schickte dem Auslandsressort eine humorvolle handgeschriebene Notiz: »In anderen Worten: H. Sorge ist durchschaut.«

Ich informierte Hans-Detlev Becker über die Zeitungsberichte und fragte: »Wollen wir über diese Fantasieprodukte hinweggehen?« Becker handschriftlich: »Was könnte man dagegen unternehmen?« Richard Sorge, der ein echter (und erfolgreicher) Spion war, hat mich mit seinem Namen wie ein Schatten begleitet. Deutsche Diplomaten in Washington wie Paris verbreiteten, ich sei ein Sohn von Richard, dessen Lebenswandel leicht auf meinen übertragbar sei: Er schätzte Frauen, war untreu und ein Trinker. Und Journalist war Sorge ebenfalls, für die »Frankfurter Zeitung« in Tokio.

Als ich dem damaligen Außenminister Willy Brandt bei einem Washington-Besuch vorgestellt wurde, rief er aus: »Sorge, Sorge, ist der nicht schon lange tot?« In der Tat: Gehenkt in Tokio, am Jahrestag der Oktoberrevolution, am 7. November 1944. Sorge, der perfekt Japanisch sprach, war sicher einer der erfolgreichsten Spione der Neuzeit. Unter anderem meldete er an Stalin bevorstehende Angriffspläne der Wehrmacht auf die Sowjetunion. Moskau ignorierte die Sorge-Nachricht als Fehlinformation. Ich habe die letzte Geliebte des Spions gemeinsam mit meinem »Spiegel«-Kollegen Tiziano Terzani in einem Vorort von Tokio besucht, wo sie in einer kleinen Wohnung die Wände mit Sorge-Fotos behängt und Sorge-Skulpturen aufgestellt hatte – ihr privates Museum für den Mann, über den sie tapfer sagte: »Er war kein Verräter. Er wollte Frieden.« Die Greisin, die mir ein auf Japanisch verfasstes Buch mit Widmung über ihren persönlichen Helden überreichte, war bereit, mit uns zu reden, weil auch sie in mir einen Verwandten ihres Richards vermutete. Sie erzählte, Tiziano übersetzte, wie sie nach der Kapitulation von ihren Behörden und Landsleuten missachtet und geschnitten wurde, wegen ihrer Liebe zu dem Deutschen, der auch japanische Geheimnisse verraten hatte. Die Russen retteten sie vor der Verarmung. Monat um Monat hielt ein sowjetisches Diplomatenauto vor ihrer Tür, ein Vertreter Moskaus stieg aus und überreichte ihr Cash in einem Umschlag.

Als »Helmut Sorge« meldete ich mich zu früher Stunde, gegen 7 Uhr Ortszeit, im »Plaza«-Hotel zu New York, März 1971. »Ich möchte mit Herrn Strauß verbunden werden.« »The right honorable Mr Strauß from Germany?« Ja, den. »Ich verbinde.« »Ja?« »Herr Strauß, entschuldigen Sie bitte die frühe Störung. Hier ist der ›Spiegel‹. Stimmt es, dass Sie heute Nacht überfallen worden sind?« Strauß: »Keine politischen Geheimnisse, kein politischer Skandal, nichts für den ›Spiegel‹.« »Aber es trifft doch wohl zu, dass zwei Prostituierte Ihre Geldbörse, Ihren Diplomatenpass und Führerschein geklaut haben.« Der Minister a. D., der dem »Spiegel« nicht eben zugeneigt war, schien ausreichend unter Schock, zumindest vergaß er für einige Minuten, aufzulegen: »Ja, so war's. Mit raffiniertem Griff ist eine mir in die Hosentasche gefahren, ich konnte mich nicht einmal so schnell umdrehen, und davon war'ns. Also, nun reichts. Grüß Gott.«

Ich sicherte mir beim zuständigen New Yorker 19. Revier die Durchschläge des Polizeiberichts und die Privatadresse der zwei Cops. Sie hatten die Prostituierten Ecke 60. Straße und Madison gefasst, eine schwarz, 27, die andere weiß, 23. Die Polizisten hatten keine Probleme mit einem Interview, sie hielten es auch für überflüssig, ihre Vorgesetzten um Genehmigung zu bitten. Auch das war, ist Amerika.

Weniger gestört im Umgang mit der Presse, ohne Hemmungen, entspannt, selbst einfache Bürger stehen vor Fernsehkameras und kommentieren diese Tragödie oder jene Begegnung mit dem Präsidenten, mit Astronauten oder Angelina Jolie – five minutes of fame, das baut sie auf.

1972 hat mich Jürgen Leinemann, der stilsichere DPA-Kollege, in Washington abgelöst – ein engagierter Journalist, später ausgezeichnet mit dem Egon-Erwin-Kisch-Preis, Autor des Buches »Höhenrausch«, das den Realitätsverlust von Politikern und Journalisten thematisiert. In jenem Jahr eröffnete ich in der englischen Hauptstadt das erste – offizielle – »Spiegel«-Büro. London bedeutete für Korrespondenten weder »tea« im Buckingham Palace noch die Royal Box, den von der Society bevorzugten Tribünenplatz in Wimbledon. Sondern beispielsweise die »industrial revolution«, ein Jahrhundert alt, die ihre Spuren bis heute hinterlassen hat. In Liverpool wie Manchester, Leeds oder Wolverhampton. Im Norden, im Zentrum, existiert das andere, ärmere, vielleicht sogar menschlichere, ehrlichere England, das durch eine anders eingefärbte Sprache gezeichnet ist, durch einen anderen Lebensstil als den der aufgeregten Hauptstädter.

Auslandsreporter können diese Insel nur verstehen, wenn sie diese derben Landstriche bereisen, die indischen, schwarzen, muslimischen Gemeinden der Insel besuchen, die glorreiche Geschichte erfassen, die kolonialen Kriege verstehen, die damit verbundene globale Macht, die England einmal darstellte, den Niedergang und die Kauzigkeit. Meine Begegnung mit England, fünf Jahre meines Lebens, auf wenigen Seiten darzustellen, meine Kontakte mit Terroristen und königlichen Hoheiten, Premiers wie Margaret Thatcher und Edward Heath oder Unterhausabgeordneten, muss Fragment bleiben, eine Skizze.

In Nordirland herrschte damals Bürgerkrieg und London hatte die – direkte – Macht übernommen. Protestanten, arm, kämpften gegen Katholiken, arm. Arbeiter gegen Arbeiter, im Namen jenes allmächtigen Herrn, vor dem sie beide knieten. Ende Januar hatten britische Fallschirmjäger in Londonderry (für die Katholiken ohne »London«) 27 nordirische Bürgerrechtler niedergeschossen, warum, konnten mehrere Untersuchungsausschüsse nicht klären. Sicher war: 14 Menschen waren tot. Der in der Geschichte als »Bloody Sunday« registrierte Sonntag war für die »Irish Republican Army«, die IRA, die gegen die britische Macht für eine Wiedervereinigung Irlands kämpfte, nicht nur ein Trauertag, sondern auch ein Triumph. Die ganze Welt war nun Zeuge geworden, wie London die Iren misshandelte, die Welt würde ihren Widerstand nun hinnehmen.

»From the dark side of the moon« meldete sich Pink Floyd in jener Zeit, der Hit entsprach der irischen Stimmung – dunkel, aufmüpfig. Ich habe einige der IRA-Killer, die Katholiken waren und bei einem Mönch beichteten, getroffen. Sie hatten Derry zu einer »no go zone« für die »Besatzungsmacht« erklärt und agierten wie eine Befreiungsarmee. Die Provisional IRA, Oglaigh Na N Eireahn, stellte mir einen mit »Buggy« unterschriebenen Presseausweis der berühmt-berüchtigten »Bogside Company« aus. Martin McGuinness, Jahrgang 1950, traf sich mit mir, ohne Bodyguards in seinem Schatten, ohne Revolver am Gürtel. Er soll, so behaupten britische Geheimdienste, der Führer in Derry und ein Killer gewesen sein. McGuinness ist nie wegen Mordes angeklagt worden. Heute ist der Nordire Parlamentsabgeordneter und Vize-Regierungschef in Nordirland, US-Präsident Barack Obama empfing den Ex-Terroristen vor einigen Monaten im Weißen Haus.

Joe Cahill, einer der Führer der frühen Stunde, vergaß nie, mich bei gelegentlichen Interviewterminen daran zu erinnern, dass IRA und Nazis im Zweiten Weltkrieg Waffenbrüder waren, vereint im Kampf gegen die verhassten Briten. Gott sei Dank wussten die IRA-Oberen nichts von meiner Freundschaft zu Grey Ruthven, dem Earl of Gowrie, der als Minister im Nordirland-Office auch zuständig war für die nordirischen Zuchthäuser, etwa Long Kesh. Bei einem meiner Nordirland-Besuche fragte mich einer der IRA-Führer in Derry: »In welchem Hotel wohnen Sie?« »City Hotel.« »Und wann reisen Sie ab?« »Morgen Mittag.« »Good timing«, lobte mein Interviewpartner, gute Planung. Nach meiner Ankunft in London am nächsten Abend hörte ich die BBC-Nachrichten: »Das Londonderry ›City Hotel‹ wurde heute bei einem Bombenanschlag beschädigt.« Good timing, indeed.

»Twiggy«, ein nahezu magersüchtiges Fotomodel, schmückte damals die Titelblätter von »Vogue, ein »Design Kaufhaus«, »Biba«, an der Kensington High Street wurde zu einer Shopper- und Touristenattraktion. Die Modegazetten propagierten »new nonchalance in fashion«, umschwappt vom Beatles-Song »Let it be«. London, nicht NewYorks Chelsea oder Soho, waren en vogue, mein sanftmütiger Kollege Thilo Bode, Korrespondent der »Süddeutschen Zeitung«, glaubte eine »Sturmflut des süßen Lebens zu erkennen«. Thilo kannte sich aus mit Wasser – im Mai 1945 setzte der Kapitänleutnant Bode seine U-858 auf den Sand an der Küste des US-Staates Delaware.

Das »Spiegel«-Büro unweit des Britischen Museums teilte ich mir mit einem aus der Tschechoslowakei nach London geflohenen Freund, der Geschichte geschrieben hat und ein Symbol war: Harry Bohrer, Jahrgang 1916. Er war von Juni bis Dezember 1946 der erste Chefredakteur eines Magazins namens »Diese Woche« gewesen, das in Hannover erschien. Aus »Diese Woche« wurde sehr bald »Der Spiegel« und das kam so: Die Informationseinheit der Britischen Armee, deren Chef ein Major namens John Chaloner war, hatte beschlossen, den Deutschen im Rahmen der Demokratisierungs-Bemühungen ein Magazin zu bescheren. Unteroffizier Bohrer, dessen Schwester und Eltern im KZ ermordet wurden, sprach perfekt Deutsch – journalistische Erfahrung hatte er nicht. Schon nach der ersten Ausgabe von »Diese Woche« am 16. November 1946 klagte London über den aggressiven Ton der Redakteure, zu denen auch ein Rudolf Augstein zählte. Die Besatzungsmacht beschloss, den Deutschen das Blatt zu überlassen. Innerhalb von 24 Stunden sollte der Titel geändert werden – »Der Spiegel« ward geboren. Nun saß ich im Büro neben der historischen Gestalt – Harry trug meist schwarze Anzüge, einen schwarzen Schirm und Bowler, selbst wenn das Thermometer auf Tropentemperaturen kletterte. Jeden Morgen begoss er seine Geranien, jeden Abend kippte er selbst einen Whisky, ohne Eis. Zwischendurch ärgerte er sich über die angeblich gehässigen Fragen, die der »Spiegel« britischen Politikern in Gesprächen stellte, oder er kritisierte mich, weil mir »die nötige Distanz« zur IRA fehle.

Mein Freund Grey Gowrie und dessen Ehefrau Adelheid, Gräfin von der Schulenburg, entsprachen weit mehr Harrys Vorstellungen von »Klasse« als ich: Der Lord hatte seinen Vater im Krieg verloren, mehrfach ist Grey zum Minister ernannt worden und war ein Führungsmitglied der konservativen Partei. Und seine Frau hatte, wie ihr Mann und Harry selbst, im Krieg und an seinen Folgen gelitten: Ihr Vater, Fritz Dietlof von der Schulenburg, war, eben 42 Jahre alt, im August 1944 vom Volksgerichtshof zu Tode verurteilt und am selben Tag gehenkt worden – Adelheid war gerade zehn Monate alt. Die Gräfin war eine Kollegin, Korrespondentin der »Quick«. Sie war schön und gescheit. Häufig luden mich die Gowries zu ihren Dinners ein, die in ihrer Dachwohnung am Covent Garden Tänzerinnen, Abgeordnete, Maler und Auktionäre, Schriftsteller, Professoren und Journalisten vereinten.

Bei den Gowries lernte ich auch Elizabeth, Prinzessin von Jugoslawien, kennen – eine schöne, faszinierende Frau, eine Verwandte der Queen und einer Vielzahl von Adligen in aller Welt. Sie war weder angepasst noch arrogant, sondern einfach unkonventionell und witzig – eine königliche Hoheit zum Verlieben. Mit meinen Eltern in Bendestorf, Nordheide, plauderte sie auf Deutsch, mit den Dienstboten ihres in Paris lebenden königlichen Vaters auf Französisch, mit dem Verwalter der Villa Demidoff bei Florenz, wo sie aufwuchs, auf Italienisch. Meldungen in Klatschzeitungen und Fotos mit einer ihrer Töchter, Catherine Oxenberg, die kurzfristig als Hollywood-Schauspielerin Karriere machte, irritierten sie nicht. Wenn Prinz Charles in ihr Haus zum Dinner kam, ließ sie von ihren Haushälterinnen Nasi Goreng servieren, ein scharf gewürztes Reisgericht, und Wein der einfachen Kategorie.»Luxus hat er ausreichend zu Hause«, meinte Elizabeth.

Ich habe die Briten bewundert für ihre Geduld, Sachlichkeit, ihren Witz.

Immer wieder habe ich vor Wimbledon, dem Tennis-Mekka, beobachtet, wie Tennisfans über Kilometer und Kilometer in der Schlange auf ein Ticket warteten, manche 20 Stunden. Nachdem mein Freund Brian Moynahan, mit dem ich in der»Sunday Times«-Fußballmannschaft kickte, seinen Kindern Katie und William und mir sein Buch»Fool's Paradise« gewidmet hatte, riefen nach der Veröffentlichung Freunde und Familie bei ihm an und beglückwünschten ihn zu seinem neuen Hund:»Was ist das für einer, Dackel oder Pinscher?« »Wen meint ihr?«»Na ja, den Helmut.«

Während des traditionellen Nachmittagstees in Wimbledon habe ich später oft mit der aufgeweckten Barbara Feltus, Jahrgang 1961, über ihren ein Jahr jüngeren Freund gesprochen. Ihren Boris, den Nationalhelden. Und über Tennis, wenn der Guru, Manager Ion Tiriac, sich zu uns setzte. Boris Becker duschte unterdessen, föhnte sein rötliches Haar und sprach dann mit der Weltpresse. A star was born. Und weil er Deutscher war, qualifizierten britische Gazetten ihn als»Panzer«. Also noch mehr Tee. Und Erdbeeren mit Schlagsahne. Wimbledon-Tradition. Barbara, eine sensible, emotionale Frau, brauchte länger als Boris, um sich von einem Match zu erholen. Sie war immer im»tie break«, weit länger, als die Regeln es vorsahen.

Als Barbaras Vater Harlan starb, fuhr ich zur Beerdigung – in einer kalifornischen Kirche jenseits von L.A. zelebrierten die Freunde, meist Afroamerikaner, das Leben des Verblichenen. Bewegt sprach Becker-Sohn Noah vor der Trauergemeinde über seinen geliebten Opa. Einer fehlte – Boris, Ex-Ehemann. Der Schwiegersohn. Das war gestern. Geschichte.

Ich habe für Boris Becker ein Manuskript über sein Leben erarbeitet, das unter dem Titel»Augenblick, verweile doch« kurzfristig in die Bestellerliste aufstieg. Wir sind zusammen gereist, zuweilen im Luxus abgestiegen, in Londons »Claridge's« beispielsweise, in seinem Apartment in Monte Carlo, auf Mallorca, Besuch in Leimen, bei der rührenden Mutter, die eigens für mich vom Konditor Sahnestückchen holte, Lunch mit dem Arbeitskollegen John McEnroe im»San Lorenzo« am Beauchamp Place zu London. Boris hat sich bei den mit Tonband aufgezeichneten Erinnerungen konzentriert, sein Bierchen geschluckt und nachgedacht, etwa über seine (1993 geschlossene und im Januar 2001 geschiedene) Ehe oder über seinen Konflikt mit Günther Bosch, seinem ersten (Profi-) Trainer. Bosch war, in der frühen Phase, Mutter, Taschenträger, Beichtvater, Trainer, Balljunge in einer Person. Wenn Boris sich mit einem Groupie, damals weiß, bettete und das vereinbarte Trainings-Rendezvous verschlief, hockte der umgängliche Bosch in der Hotelhalle und grämte sich. Irgendwann hat er in Australien hingeschmissen und Boris war empört. Verrat, Verrat.

Der Ruhm hat Boris Becker nicht nur auf die Seiten der Klatschblätter katapultiert, er hat ihn misstrauischer werden und an Loyalität zweifeln lassen. Deshalb auch hat er manche Freundschaften ad acta gelegt. Er ist einfach weitergezogen, von einem Hotel zum anderen, von »Wetten dass ...?« zur nächsten Show. Selbstvermarktung. Gestern Tennis, jetzt Poker. Gestern hat er über die Erziehung von Kindern geschrieben, morgen versucht er seine eigene Talkshow. Alles ist öffentlich, einschließlich der Verlobung, Entlobung, Versöhnung, Scheidung. Hochzeit eins, Ehe zwei. Und immer sind ihm Schlagzeilen sicher. So wie er es kennt, seit er am 1. Juli 1985, ungesetzt, in Wimbledon siegte, 17 Jahre und sieben Monate alt, so jung wie kein Wimbledon-Champ je vor ihm.

In unserer Zusammenarbeit hat er nie ein böses Wort gesagt. Letztlich ist er auch mir gegenüber misstrauisch geblieben. Ich denke, meine freundschaftliche Beziehung zu Barbara passte nicht in sein Raster. Freundschaft zu einer Frau, ohne ein Ende in der Waagerechten? Greisenkram. Er ist sich treu geblieben, seit unserem ersten Rendezvous für das Buchprojekt – in seiner Villa in München ging er während unseres Gesprächs zum Eisschrank und holte sich ein Bier, das er aus der Flasche trank. »Und ich?«, wagte ich anzumerken. »Du trinkst doch kein Bier«, erwiderte Boris, verließ den Raum und kehrte zurück mit einer Flasche französischen Rotweins vom Feinsten – und einem Glas. Die ganze Flasche für mich allein.

Ein Geheimnis will ich verraten: Ich habe im New Yorker Madison Square Garden, 20 000 Plätze, vor den Weltstars Chris Evert (heute mit der Golf-Legende Greg Norman verheiratet) und Martina Navrátilová gespielt – gegen eine Frau der Tennisextraklasse – Sylvia Hanika, damals in der Weltrangliste unter den ersten Fünf. Ich selbst bin nie in irgendeiner Rangliste geführt worden; das einzige Turnier, das ich je gewonnen hatte, hatte im »Terrarossa«-Tennisclub, im italienischen Städtchen Vicchio, abseits der Schlagzeilen stattgefunden; Schafe, Zypressen und zwei Tennisplätze, das war's. Die 1959 geborene Sylvia kannte ich durch Begegnungen bei Turnieren, so wie auch Barbara, Boris und meinen Freund (und Lehrer) Alex Olmedo, der vor einem halben Jahrhundert Wimbledonsieger wurde. Sylvia besuchte mich in Washington und wir fuhren für das »Masters« der Frauen nach New York. Plötzlich der Anruf in meinem Hotel – Sylvia: »Mein Trainer ist krank, du musst mit mir trainieren.« Ausreden fielen mir ohne nachzudenken ein – keine Klamotten, keine Schuhe, kein Schläger. Also unmöglich. »Mein Ausstatter hat alles da, die Limousine holt dich gleich ab.« Da stand ich nun, Centre Court, in der Arena. Die Scheinwerfer erhellten den Platz, die Kameraleute des Fernsehens berei-

teten ihre Übertragungen vor. Hier, im März 1971, hat Joe Frazier Muhammad
Ali zu Boden geschlagen – und gewonnen. Keine Zuschauer. Noch nicht. Wir
schlugen Bälle, ganz einfach, weil alles präzise kommt und Sylvia gnädig war.
Dies war eher das, was 100-Meter-Läufer tun, bevor sie in die Startblöcke
gehen – Lockerung.

Ein schönes, erhabenes Gefühl. Endlich mal auf einem Platz, mit Blick auf
die Ränge, wo die Reporter auf Klappstühlen sitzen und urteilen, wie schwach
der Aufschlag von Federer war, wie verrissen die Nadal-Rückhand in diesem
Match und überhaupt … Dann erblickte ich Chris Evert mit ihrem britischen
Ehemann John Lloyd. Und plötzlich setzte sich Martina Navratilova dazu –
eine Freundin hielt ihr Hündchen. Ich ging ans Netz und erklärte Sylvia:»Bitte,
bitte, keine Aufschläge, lass uns keine Punkte spielen.« Ich war weder Trainer
noch Profi, auf die Stars am Platz muss ich den Eindruck eines Typen gemacht
haben, der bei einem Preisausschreiben von Tchibo den ersten Preis gewonnen hatte: eine Trainingsstunde mit Sylvia Hanika in New York.

Ich habe in den Jahren so manches Interview und Gespräch mit Tennis-
Größen geführt, weil nach den ewigen Siegen von Boris Becker, drei in Wimbledon und 49 Turnier-Triumphe insgesamt, das öffentliche Interesse an Tennis gewaltig war. Steffi Graf und Boris besetzten wie ein doppeltes Lottchen
der Tenniswelt die Schlagzeilen der Sportgazetten. Die Medien, es musste so
kommen, wurden auf mich aufmerksam, vor allem das deutsche Blatt »Titanic«, Auflage um 60 000, immerhin so viel wie mein kindliches Lieblingsblatt
»Die Rasselbande«, bevor sie eingestampft wurde.

»›Spiegel‹-Mann Helmut Sorge«, erkannte das Satiremagazin, »unter den
vielen seltsamen ›Spiegel‹-Redakteuren sind Sie vielleicht der seltsamlichste,
wunderlichste.« Ich weiß nicht, wie andere exzentrische »Spiegel«-Kollegen
darüber dachten, dass sie selbst in der Verrückten-Rangliste hinter mir platziert wurden, aber mich hat die Ironie der Didaktiker bewegt: »u. W. haben Sie
a) für den ›Spiegel‹ überhaupt noch nie was anderes getan, als Tenniscracks
vor Ihr Mikro zu zerren, und dies b) Ihrerseits immerzu in einem weißen, ja
knallweißen Sommeranzug entsprechend gekleidet, wie den Starfotos allzeit
zu entnehmen ist. […]«

»Andersrum, ›Spiegel‹-Redakteur Sorge: Sorgen Sie sich wirklich so sehr
um die Lage im Tennis (Rückhand, Schnallen, Top Ten, Tie breaks, Rammeln),
dass Augstein in seiner rasenden Bekifftheit Sie schon mit einem Spion gleichen Namens durcheinanderbringt und Ihnen also komplett zu Willen ist, und,
kriegt er schon kein ›Spiegel‹-Gespräch mit Kohl, über Sie, Sorge, schon um
Hugh Hefner zu dupieren, wenigstens als Krone Ihres, Sorges Wirken, eins
mit der erstmals nackerten Steffi Graf anpeilt?«»Ja?« Nein. Ich hab's nicht

versucht, weil die »Titanic«-Kollegen auch mich nackert wollten, »ohne den stromlinienförmigen weißen Interview-Pflanzeranzug.« »Das wäre, indeed, shocking gewesen.

In der Euphorie des Lebens verloren meine Träume – vorübergehend – Sinn und Seele. In New York musste ich in der »Chapel« der Vereinten Nationen eine Trauerrede für meinen Freund Ulrich halten, dessen Herz, noch nicht 40, in den Bergen Colorados versagte, so jung, so verdammt jung und bereits verkalkt. Aus Uganda erreichte mich in jener Zeit eine bunte Postkarte eines weiteren Freundes, des Fotografen Hans Bollinger. »Alles läuft schief.« Und dann kam die telefonische Nachricht, er sei erschossen worden, von Aufständischen, im Bürgerkrieg. Vor seiner Abreise aus Paris hatte meine amerikanische Freundin Mary-Beth Hans eine dunkelgrüne Uniformhose aus Armeebeständen geschenkt, mit großen Taschen für seine Objektive und Filme, und ein dazu passendes Hemd. Die Afrikaner haben ihn, so ausgestattet, als Söldner vermutet und offenbar seine Teleobjektive als Waffen. Nach diesen Verlusten drohte ich in eine Sinnkrise zu versinken. Was sollte das alles? Was tun? Sollte ich meinen Lebensweg weitergehen, nicht über die Geburt nachsinnen und den Tod fürchten, sondern das Leben dazwischen abschreiten, Schritt für Schritt? Ich habe mich auf die Gegenwart besonnen.

1976 bin ich von London nach Paris versetzt worden – in eine andere Welt. England, meine Dachwohnung in Kensington, der Nachtclub »Tramps« in der Jermyn Street, Tennis auf dem Rasen des »Queens Club«, Oper im ländlichen Glyndebourne, Dinner bei »Mr Chow«, Shakespeare-Aufführungen in Stratford upon Avon, diese Erinnerungen zählen zu den angenehmen meines Lebens. Paris ist einfach anders, ein »Fest für's Leben«, wie Hemingway seine Paris-Erinnerungen betitelte. Statt Tee nun »le petit café«. Statt Humor Schadenfreude. Statt in Zeitungspapier eingewickelte »fish and chips« nun »fruits de mer«. Statt Selbstironie auf der Insel fortan Selbstverherrlichung diesseits des Kanals. Beobachtungen wie diese führen zwangsläufig zu Klischees, die oft auch Fragmente von Wahrheit enthalten: Ich erkannte sehr schnell, dass die angeblich selbstgefälligen, gestressten Franzosen auch liebevoll, charmant und menschlich sein können, ja sogar selbstkritisch. Ich habe Frankreich in allen Schattierungen erlebt, von zerbrechenden Öltankern an der Küste der Bretagne bis hin zum klugen Justizminister Robert Badinter, der vor einem »Spiegel«-Gespräch mit meinem Kollegen Dieter Wild und mir in seinem eleganten Büro Champagner servieren ließ und sich mit uns ein Länderspiel der französischen Fußball-Nationalmannschaft im Fernsehen ansah – die Priorität war klar gesetzt. Ich wurde Paris-Apologet und dessen Propagandist – eine schönere Großstadt existiert nicht auf diesem Planeten.

Beim Einzug in meine erste Pariser Wohnung anno 1976, oberste Etage, Rond Point des Champs Elysée, war mein Freund Olivier Todd (den ich in London bei einer BBC-Debatte im Fernsehen kennenlernte) bereits ein anerkannter Autor – er hat über Sartre geschrieben (»Un fils rebelle«) und über die Suche nach seinem jüdischen Vater, einem österreichisch-ungarischen Architekten, der Mutter Todd, eine gebürtige Engländerin, vor Oliviers Geburt verlassen hatte (»L'année du crabe«). Später verfasste er Biografien, die weltweit zu Bestsellern wurden, über Jacques Brel, Albert Camus sowie André Malraux, allesamt komplexe Figuren, wie Olivier selbst, dessen engster Freund der Philosoph und Autor Jean-François Revel war, der so unterschiedliche Werke verfasste wie »Uns hilft kein Jesus und kein Marx« oder »Erlesene Mahlzeiten – Mitteilungen aus der Geschichte der Kochkunst«.

Gelegentlich hockten wir in Oliviers Küche am Place de l'Odéon, ein unter französischen Intellektuellen typisches Rendezvous. Die Freunde diskutierten über ihre – schwierigen – Söhne, der eine, Emmanuel, Historiker und Soziologe, verfasste einen Bestseller über den Niedergang Amerikas, der andere, Revels Sohn Mathieu Ricard, ist ein buddhistischer Mönch und einer der engen Vertrauten des Dalai Lama geworden (1999 veröffentlichten Vater und Sohn gemeinsam ihren Bestseller »Der Mönch und der Philosoph«). In den letzten Tagen vor dem Tod seines Freundes, im April 2006, ließ Olivier im Krankenhaus Kremlin-Bicêtre ein Bett ins Krankenzimmer schieben und schlief neben dem sterbenden Jean-François.

Olivier Todd, Jahrgang 1929, hat eben wieder ein Buch verfasst – die tragische Liebesgeschichte eines Nazisoldaten und einer Widerstandskämpferin. Wie so viele Franzosen hat mein Freund das Kriegsdrama nicht vergessen, den Deutschen freilich vergeben. Er ist kein Einzelfall. Obwohl die Nazis im April 1944 noch rund 960 000 Franzosen in Gefangenschaft hielten und in allen deutsch-französischen Kriegen seit 1805 etwa 3,4 Millionen Franzosen gefallen sind, stehen die Deutschen auf der Sympathie-Skala vor den Briten, die im Zweiten Weltkrieg immerhin Alliierte waren. Die Deutschen, könnte man glauben, hatten Qualitäten, mit denen die Angelsachsen nicht konkurrieren können. Die inzwischen verblichene Wirtin eines urigen Restaurants auf der Ile de la Cité war beglückt, als ich mich als ein neuer Nachbar – und Deutscher – vorstellte: »Die deutschen Soldaten waren als Liebhaber unschlagbar«, wusste sie.

Übertreiben wir nicht. Natürlich haben Franzosen die Deutschen gehasst und bekämpft, rund 1400 Franzosen fielen als Widerständler in den Straßen der Hauptstadt, wie in Häuserwänden eingelassene Gedenktafeln in Paris beweisen. Und auch mit Worten haben sie nicht gespart, um Deutsche zu beleidigen, wobei »Boches«, »Frisés«, »Teutons«, »Fridolin« oder »Fritz« einfach zu übersetzen sind. Bei »Chleuh« (oder »Schleuh«) war schon anthropologisches Wissen erforderlich: In den marokkanischen Atlas-Bergen oder im Souss-Tal lebende Berber, die häufig grüne oder blaue Augen haben, blond dazu, waren aus der Sicht der Kolonialherren schmuddelig und ungebildet. Kurz: typisch deutsch. Selbstverständlich kommt es bei einer solchen Nachbarschaft wie zwischen Franzosen und Deutschen (allein wenn man ans Elsass denkt) immer mal wieder zu einem Schluckauf in den Beziehungen.

Das zentralistische Frankreich, mit dem Machtzentrum Paris, ist ein Labyrinth der Macht, der Manipulationen. Sie sind eng miteinander verbunden, die Oberen des Staates – über das Pariser Gymnasium »Henri IV«, die Hochschule für Politische Wissenschaften (Science Po), die Résistance und die Elite-Hochschulen wie die ENA (École Nationale d'Administration). Sie treffen sich zur Jagd und bei Auktionen, lunchen in der »Brasserie Lipp« oder dinieren in Schlössern jenseits von Versailles. Die Mächtigen Frankreichs existieren noch immer in einer geschlossenen Gesellschaft.

Nicolas Sarkozy ist eine Ausnahme, und angeblich überwindet er Minderwertigkeitskomplexe und kompensiert fehlende Zentimeter, indem er die Absätze seiner Schuhe anheben lässt. Zumindest körperlich kommt er auf die Höhe der Elite-Schüler. Einen davon, Ex-Premierminister Dominique de Villepin, kenne ich aus gemeinsamen Washington-Zeiten. Er musste sich dieser Tage vor Gericht wegen einer Verleumdungsaffäre verantworten – Sarkozy ließ ihn juristisch verfolgen.

Als wir uns kennenlernten, war der »Premier Secretaire« de Villepin eben von der Afrika-Abteilung des Quai d'Orsay nach Washington versetzt worden. Mein Freund Philippe Faure, Jahrgang 1950, brauchte dringend Verstärkung – der Staatschef persönlich hatte ihm eine – heikle – Mission anvertraut: Vertrauenskampagne für Frankreich, für den linken Präsidenten, der es gewagt hatte, 1981 Kommunisten in die Regierung zu berufen – zum Entsetzen Washingtons. Erstmals seit 1947 war die kommunistische Partei wieder in der Regierung vertreten.

Der Informationsdirektor Faure, einer von zwei Söhnen des Mitterrand-Freundes und Ministers Maurice Faure, bekam »carte blanche«. Und das sah so aus: ein Gourmet-Chef, der mittags für die einflussreichen Chefredakteure und Kolumnisten der USA kochte und abends erneut. 20 Gäste täglich. Mindestens. Dom Pérignon, Krug, Heidsieck, Champagner vom Feinsten. Extra sec, demi brut? Foie gras? Foie d'oie? Faure erhielt die Finanzierung für ein Magazin, »France«, das über Frankreichs »façon de vivre« berichtete, obendrein konnte der Informationsdirektor Faure direkt das Büro des Staatschefs kontaktieren, für exklusive Interviews – gelegentlich flogen privilegierte Kolumnisten mit der »Concorde« zum Interviewtermin nach Paris.

Dominique de Villepin war einer der Propagandisten, wie auch die direkt von der ENA an die Washingtoner Botschaft versetzte Cathérine Colonna, heute 53 und Frankreichs Botschafterin bei der UNESCO. Ich war häufig Gast bei den Faures, deren Bewirtungsbudget astronomische Höhen erreichte, denn nahezu jeder TV-Star akzeptierte die Dinner-Einladungen. Ob letztlich das Image Frankreichs oder das der linken Regierungen verbessert wurde, ist schwer abzuschätzen. Tatsache ist: Auch einflussreiche Kongressabgeordnete wie Tom Foley, damals Vorsitzender des Landwirtschafts-Ausschusses und später mächtiger Mehrheitsführer im Kongress, legten Berührungsängste mit den linken Franzosen ab – Foley wurde sogar von Frankreich mit der »Legion d'honneur« geehrt.

Freund Philippe ist selbstverständlich ENA-Absolvent. Sein Vater, ein umgänglicher, lebensfroher Franzose, war über Jahrzehnte Mitterrands Freund und ein einflussreicher Politiker. Täglich kam Philippe daheim mit den Mächtigen in Berührung, folglich kennt er sich aus im »networking«: Dominique de Villepin stieg auf bis in das Amt des Regierungschefs, weltweit gelobt für seine Rede vor der Uno (als Außenminister), in der er gegen den Irak-Krieg der Amerikaner und Briten wetterte. Und Cathérine Colonna diente Staatschef Jacques Chirac zehn Jahre als Pressechefin und wurde dann zur Europaministerin nach Brüssel befördert. Philippe selbst, mit beiden eng befreundet, rückte im März 2006, via Botschafter-Posten in Mexiko-City und Rabat, zum Generalsekretär des Quai d'Orsay (Außenministerium) auf – bis Nicolas Sarkozy die Macht übernahm, der Villepin verachtet und mit ihm jene, die als Vertraute des Rivalen gelten. Mit anderen Worten: Faure zog wieder um, diesmal nach Tokio, November 2007.

Freundschaften wie zu Philippe, ein Vertrauensverhältnis zu Madame Colonna oder Dominique de Villepin sind eher Zufall und nicht Normalität – allein die gemeinsame Zeit, die engen Kontakte in Washington, gaben mir den Zugang. Längst bin ich nicht mehr »Spiegel«-Korrespondent in Paris, aber die Freundschaften sind davon nicht betroffen. Sobald Philippe seinen Heimaturlaub antritt, bin ich Gast auf seinem Landsitz – eine alte Mühle auf einem See nahe Chartres, erreichbar nur mit einem Motorboot. Auch hier trifft sich französische Polit-Elite, diskret, privat.

Ich wollte nie Karrierist sein, eingebunden in Strukturen, im Machtkampf mit Kollegen, Streit um das Büro, das mehr Fenster hat als das andere, üble Nachrede in der Kantine. Gleichwohl, im Februar 1985, habe ich meine Prinzipien verraten – der »Spiegel« bot mir zum 1. August des Jahres die Nachfolge des von mir geschätzten Michael Naumann an, der die Verlagsleitung des Rowohlt Verlags übernehmen sollte. Naumann war, mit Dieter Wild, einer der zwei Ressortleiter »Ausland« und einer der wenigen Chefs im »Spiegel«, die es wagten, in den Konferenzen Rudolf Augstein zu widersprechen.

Ich durfte wieder einmal umziehen. Diesmal von Washington (wo ich nach Paris noch einmal drei Jahre arbeitete) nach Hamburg. Eine Fehlentscheidung. Die Bearbeitung der Texte, die ewigen Konferenzen, Diskussionen, das stete Manipulieren und Taktieren, der Druck. Das war nicht meine Welt. Kurzum: Ich bin in der Position als Auslands-Chef gescheitert. Zunächst wurde ich im Juli 1986 der Chefredaktion direkt als »Ressortleiter mit Sonderauftrag« unterstellt, wenig später wurde ich als »Redakteur mit Sonderauftrag« nach Paris versetzt. Ein Dasein im Niemandsland. Vergessen von den Chefredakteuren, verachtet von Kritikern, die nicht allein an meiner Arbeit mäkelten, sondern meine Vorliebe für weiße Anzüge oder Jacken belächelten, die für Birkenstock-Träger mit den dazugehörigen grauen Baumwollsocken eine Disqualifikation an sich bedeutet. Immerhin, ein Vertrags-Paragraf ließ Amerika wieder näher rücken: »Sollten nach dreijähriger Tätigkeit von Paris aus Chefredaktion und Sie es für sinnvoll erachten, ist als Dienstort Los Angeles vorgesehen.« Hätte ich 1979 doch das Angebot annehmen sollen, als ZDF-Korrespondent nach Rio de Janeiro zu wechseln?

Ein buntes Blatt fragte nach, ob ich an einem Job an der amerikanischen Westküste interessiert sei, auch die Chefredaktion in einem Sport-Magazin wäre möglich gewesen. Ich wollte mich auf Interviews und Reportagen begrenzen, etwa über junge Star-Toreros, die ich durch Spanien begleitete. Ich wollte Hemingways Spuren suchen, beispielsweise bei Großwildjägern in Zimbabwe, wo ich im tiefen Busch einen greisen Schweden auftat, der mit Hemingway in Kenia jagte und nun im Busch auf seinen Heldentod wartete – zertreten von einem Elefanten oder von einem Panther zerrissen, das war sein Traum. In meinem Beruf, bei diesen ewig wechselnden Themen, habe ich nie die sogenannte Langeweile gespürt, die innere Leere, die Fragen nach dem Warum, dem Morgen.

Als ich das erste Mal zu einer Reportage nach Vietnam reiste, lebte das Land wieder in Frieden. Die seelischen und körperlichen Wunden waren noch nicht verheilt, weder hier noch dort – ich reiste mit US-Veteranen nach Saigon, Da Nang, Hanoi. Eine Reise zurück in den Schmerz, als die unerschütterliche Naivität durch eine einzige Patrone zum unauslöschbaren Trauma wurde, das Fragment einer Handgranate Leib und Zukunft lädierte. Die Mehrheit der Exsoldaten in meiner Reisegruppe hatte Vietnam nicht verarbeitet. Durch die Begegnung mit der Vergangenheit erhoffen sie Erlösung von ihrem Elend, den

Angstzuständen, den schrecklichen Träumen, den Schuldgefühlen. Wie viele wurden zu Kriegsversehrten, obwohl ihnen keine Mine die Beine weggerissen hatte wie William Fero aus Wisconsin, den ich nach Vietnam begleitete? Sie haben gesoffen und gekifft, getötet und gevögelt und alsbald war dieses wilde Leben Normalität, akzeptiert von den Vorgesetzten, solange die Menschen im Fadenkreuz der GIS »cooks« waren, Vietnamesen.

In der Heimat freilich wurden sie mit Verachtung empfangen, weil sie Verlierer waren und als solche nicht in dieses System passen. 18 Monate diente Larry Junior Webster in Vietnam, für Tapferkeit wurde er mit einem »Bronze Star« ausgezeichnet. Seit 1984 sitzt der Vietnam-Held, heute um 60 Jahre alt, mit der Gefangenennummer C-38259 in der Todeszelle des kalifornischen San Quentin. Ich habe ihn vor 25 Jahren für eine Recherche über die Todesstrafe besucht, Monate nachdem er wegen eines Raubmordes verurteilt worden war, er und fünf Komplizen; »Das Schlimmste ist die Ungewissheit«, gestand der Weiße, »mir wachsen ein Haufen grauer Haare.« Drei der mehr als 600 Gefangenen im Todestrakt warten bereits mehr als 30 Jahre auf den Henker. Webster darf hoffen. Für ihn ist schon »lebenslänglich halb tot«, aber er ist »in keiner Eile zu sterben«, sagte er mir. Amerikas Justiz ist verunsichert. Zu viele Unschuldige werden eingekerkert oder hingerichtet – Gouverneur Arnold Schwarzenegger musste in seiner Amtszeit selten über eine Hinrichtung oder Begnadigung entscheiden. In San Quentin sind in den 33 Jahren nach der Wiedereinführung der Todesstrafe etwa so viele Häftlinge dem Henker zugeführt worden wie Selbstmörder aus den Todeszellen den Kühltruhen der Gerichtsmediziner – 14.

Weder Politiker noch Kolumnisten wagen zu beschreiben, was sie tatsächlich befürchten: Dass Barack Obama sein Experiment nur auf begrenzte Zeit verwirklichen kann – die Attentate auf Ikonen wie John F. Kennedy oder Martin Luther King werfen ihre Schatten auf Obamas Dasein. So gesehen, ist der Präsident bereits heute ein Nationalheld, ein mutiger Mann. Der Harvard-Absolvent kennt die Geschichte, die Schwächen seiner Nation: Das Land ist durchsetzt mit Fanatismus. Rassisten, religiösen Eiferern, Waffennarren, vereint im Wahn. Die Akzeptanz der Gewalt als Teil des Systems und des American way of life irritiert, erschreckt und wirft Fragen auf nach sozialer Verantwortung, ja nach Moral und Menschlichkeit. Kaum nachzuvollziehen, wie US-Bürger diese Wirklichkeit verdrängen. Tatsache ist: In den sechs Kriegsjahren im Irak sind bisher um 4300 GIS gefallen. Im Jahre 2008 wurden in den 25 größten US-Städten 4291 Zivilisten ermordet. Die Folge: In Amerikas Zuchthäusern sitzen mehr Menschen hinter Gittern als irgendwo anders in der Welt – mehr als zwei Millionen, darunter 140 610 Lebenslängliche.

Der Strafvollzug ist zu einer Industrie geworden, die mehr Beschäftigte zählt als amerikanische Automobilkonzerne und Flugzeugbauer insgesamt, vor der Krise. Kalifornien, 36 Millionen Einwohner, verwaltet so viele Zuchthäuser wie staatliche Universitäten – 33. Mehr noch: Das »Department of corrections and rehabilitation« zählt weit mehr Mitarbeiter als das «California State«-Universitätssystem. Manche der Vollzugsbeamten verdienen, vor allem durch Überstunden, Nachtschicht, Wochenenddienst, Gefahrenzulage, inzwischen mehr als Hochschulprofessoren.

Natürlich, Hamburg ist auch nicht nur von der Außenalster geprägt und dem Treppenviertel von Blankenese. Düstere Viertel wie Steilshoop, Billstedt, Jenfeld – ausgemusterte Menschen, Drogenabhängige und Obdachlose lassen auch an unserem Sozialsystem zweifeln. Nur: Amerika hat um 300 Millionen Einwohner und entsprechend hoch ist der Anteil der psychisch Kranken, die irgendwo in Mülltonnen schlafen, entsprechend stark ist der Andrang vor Hilfsorganisationen, beispielsweise einem Karmeliten-Kloster in San Franzisko, das Obdachlose ernährt, entsprechend traurig ist das Dasein jener Kids, die beispielsweise in South Central, einem Getto von L.A., in der »52nd Street school« unterrichtet werden.

Die Kinder lernen, wer Henry Ford war oder Abraham Lincoln, aber auch, bei sogenannten »drop drills« oder »bullet drills«, wie sie sich vor den Kugeln retten können, die bei »Gang«-Schießereien in die Schulmauern einschlagen. Kinder, die schwanger auf der Schulbank sitzen, sind hier Normalität wie der Vater, der 20 Jahre wegen Totschlags im Knast sitzt. 1250 Kids zählt die Schule, die ich 1998 erstmals besuchte. Welch eine Gruppe, diese 50 hochmotivierten Lehrkräfte – bereit, auf eigene Kosten Bücher zu fotokopieren, weil den Kids das Geld fehlt, bereit, einen Mini-Bus zu finanzieren, damit die Kinder erstmals in ihrem Leben den Beach und den Pazifik sehen – 15 oder 20 Kilometer entfernt.

Amerika ist einer gigantischen Wanderdüne ähnlich – nichts, nahezu nichts bleibt. Alles verändert sich. Gestern mussten die Afroamerikaner von Weißen getrennte Toiletten benutzen und in von Weißen kommandierten schwarzen Einheiten für die Heimat sterben, die in der Verfassung das »Streben nach Glück« festgeschrieben hat. Heute ist der mächtigste Mann des Staates ein Afroamerikaner und trotzdem glüht der Rassismus, einem Schwelbrand gleich, weiter. Gestern bestimmte die »Wall Street« das Wohlergehen der globalen Wirtschaft, zählten die Bankiers von Manhattan zu den Mächtigen der Welt – heute steht Amerika vor dem Bankrott und die gebeutelten Investoren, die ihre Millionen verloren, packen an Supermarktkassen die Konserven und Cornflakes in die Tüten der Kunden. Ein aus Albanien entkommener Bürger, der sein Trinkwasser aus der Regenrinne schöpfte, ein aus Guatemala durch die

Wüste zwischen Mexiko und Arizona gestolperter Arbeiter, der daheim einen Tropfen Wein allenfalls genießen konnte, wenn der Priester ihm den Kelch mit dem Blut Christi reichte, muss auch heute noch Amerika als Paradies empfinden, selbst wenn er als Knecht Salatköpfe aus der kalifonischen Erde zieht oder Hühnern für »Kentucky Fried Chicken« den Hals durchtrennt und sie rupft.

Billy Wilder hat einmal gesagt: »Die Amerikaner werden misstrauisch, wenn man nicht einer von ihnen werden will. Im Gegensatz zu den Franzosen, Engländern, Schweden und den meisten anderen Völkern, die es misstrauisch macht, wenn man zu ihnen gehören will.« Was ist dieses Amerika, das Amerika? Der dramatische Reichtum, die abstoßende Gleichgültigkeit ob des Elends? Extreme Freundlichkeit oder extremes Desinteresse an sozialer, kollektiver Verantwortung? Oder steht Amerika für ausgeprägtes Konkurrenzdenken, brutalen Vernichtungsdrang oder Kirchenchöre, die den Weihrauch über die derzeit 3500 Todeskandidaten in den Zuchthäusern pusten?

Gestern, nachdem Amerikas Soldaten in den Reisfeldern Vietnams versackt waren, ihre Illusionen verloren hatten und die Überzeugung, unbesiegbar zu sein, schaffte man die Wehrpflicht ab. Heute fallen erneut die Ärmsten der Nation in Afghanistan und im Irak. Unter den 500 Kaliforniern, die in diesen beiden Konflikten bislang starben, waren über ein halbes Hundert nicht einmal Staatsbürger, sondern Einwanderer aus Guatemala, Südkorea, Kolumbien, Kambodscha. Sie retteten sich aus den Arbeitslagern der Khmer Rouge, entkamen der Armut San Salvadors, dem Elend von Manila und starben für Amerika. Fünf Prozent aller heute aktiven us-Soldaten, 69 000 GIs, sind außerhalb der USA geboren – sie sind nichts anderes als amerikanische Fremdenlegionäre, die für einen us-Pass ihr Leben riskieren. Ein zu hoher Preis.

Für diese Einwanderer ist Amerika ein Traum geblieben, trotz der Wolken des wirtschaftlichen Niedergangs, die God's own country derzeit verdunkeln. Wir wissen längst, dass die USA in diesem Zustand kein Modell für Europa sind. Aber vergessen wir nicht, wie viele Millionen sich in den vergangenen Jahrhunderten über den Pazifik und Atlantik in das gelobte Land retteten. 50 Millionen Amerikaner berufen sich auf deutsche Vorfahren. Auch heute sind die USA weiterhin das begehrteste Einwandererland unseres Planeten. Etwa 12 Millionen Illegale, so Schätzungen, haben die jetzt von Militärs und Hightech bewachten Grenzen überwunden, und sie strömen weiterhin in den Norden, getrieben von Hunger, dem Elend in ihrer Heimat. Welches Land erreichen sie? Hunderte von Millionen Waffen in privater Hand. Jährlich bringen sich in Kalifornien mehr Menschen um, als bisher GIs im Irak gefallen sind. Eine Hälfte der Amerikaner, konstatierte Gore Vidal, »hat nie eine Zeitung gelesen, eine Hälfte hat nie gewählt. Hoffen wir, dass das dieselben Hälften sind.« Ein

Volk zu vieler Dummköpfe, könnten Amerika-Kritiker nach neuesten Erhebungen behaupten – rund 30 Millionen US-Bürger haben Probleme mit dem Lesen und Schreiben, etwa sieben Millionen wurden als »non literate« klassifiziert. Das heißt: Sie sind unfähig, auf einer Medikamentenpackung das Wort »Erwachsene« zu verstehen und die Anweisung, wie bei einer versehentlichen »overdose« zu reagieren ist. Kaum haben wir den Kopf geschüttelt über das marode Erziehungssystem, da erreichen uns aus Oslo die Namen der neuesten Nobelpreisträger – Amerikaner, Amerikaner, Amerikaner.

Einer Weltmacht unwürdig ist die Tatsache, dass rund 50 Millionen US-Bürger ohne Krankenversicherung leben. Immerhin werden sie in teilweise erbärmlichen staatlichen Krankenhäusern, in der Notaufnahme, irgendwann, nach Stunden oder Tagen behandelt. Ein Notaufnahme-Mediziner des inzwischen wegen diverser ärztlicher Verfehlungen geschlossenen »Martin-Luther-King«-Krankenhauses in einem der L.A.-Armenviertel riet mir allerdings, bei den ersten ernsten Krankheitssymptomen einfach auf der Straße umzufallen: »Der Unfallwagen bringt Sie direkt in die Notaufnahme, ohne Wartezeit.« Patienten, die noch gehen können, so die Logik, sterben nicht. Sie müssen warten.

Wie das System in der Wirklichkeit aussieht, erlebte ich im Herbst 1988 mit meinem Freund, dem amerikanischen Fotografen John Neubauer, im südlichen Florida. Nach einem Interview mit dem Schriftsteller James Michener wollten wir uns vor unserem »Mayfair«-Hotel in Coconut Grove die Füße vertreten. Neben mir plötzlich ein dramatischer Schrei – John war auf einen halb geöffneten Gullideckel getreten und in einen Elektrizitätsschacht gestürzt. Sein linkes Schienbein war bis auf die Knochen aufgeschlagen. Blut vermischte sich mit dem einsetzenden Gewitterregen. Ich zog John an die Mauer einer Shopping Mall. Mit den von mir aus einem Geschäft geholten Handtüchern legte ich einen Notverband an und wartete auf die Feuerwehr. Ein Unbekannter reichte mir seine Visitenkarte: »Falls Sie einen Anwalt brauchen, rufen Sie mich an.« Die Feuerwehr kam wie zu einem Großbrand mit drei Einsatzwagen, aber sie brachten weder einen Unfallwagen noch einen Arzt mit. Die Feuerwehrleute versorgten John mit Sauerstoff und verbanden die tiefe Wunde und den lädierten Schienbeinknochen. Der Brandmeister fragte mich: »Wollen Sie einen Unfallwagen oder ein Taxi?« »Taxi? Wofür ein Taxi?«, fragte ich. »Mit einem Last-Taxi ist der Transport ins Krankenhaus billiger.«

John wollte einen Unfallwagen. Der kam. Private Firma. Der Fahrer forderte eine Kreditkarte für die Transportkosten. Er erzählte mir, er sei in Bremerhaven stationiert gewesen, als Navy-Seal. Ein tolles Land, euer Deutschland, schwärmte er. »In welches Krankenhaus geht's, privat oder staatlich?« Mein Freund war versichert, also eine Privatklinik. Bevor ein Arzt sich die Verletzung ansah, kam eine administrative Kraft, forderte wieder eine Kreditkarte sowie den Namen der Versicherung und die Mitgliedsnummer. Danach schoben sie John in den Operationssaal. »Will er im Krankenhaus bleiben?«, fragte mich eine Krankenschwester nach der Operation, »oder ins Hotel?« »Ins Hotel?« »Ja, sicher, bei uns kostet das Zimmer 600 die Nacht, im Hotel 250. Und alles, was er tun muss, ist liegen.« John entschied sich für das Hotel, in dem sein Koffer ohnehin schon stand. Er hat die Stadt auf Schadenersatz verklagt. Und ausreichend Geld erhalten, um seine Anwaltskosten abzudecken. Er war einer der Privilegierten – ein krankenversicherter US-Bürger.

Die extremen Gegensätze bestimmen mein Bild der USA – das unglaubliche, unwürdige Elend, die Großzügigkeit der Menschen, ja, die Amis sind großzügig, freundlich, hilfsbereit und ihr begrenztes Wissen belastet sie keinesfalls. Ihre Nachbarn sind nicht klüger und haben die Grenzen der USA nie überschritten. Kein Land hat mich geprägt wie eben diese USA, in der unterm Sternenbanner so viele widersprüchliche Amerikas existieren. Die den Amis immer wieder angelastete Oberflächlichkeit macht das Miteinander einfacher – die Einladung zu Drinks wird nicht missverstanden als eine Debatte über den Niedergang des Kapitalismus.

Ich habe Joan Kroc gekannt, eine eindrucksvolle Frau. Kroc, who? Kroc wie McDonald's, der Buletten-Brater. Ihr Mann, Ray Kroc, hat aus einem Fleischkloß-Laden einen globalen Konzern gebastelt, aus dem Nichts. Und Joan war die Erbin. Die gelernte Organistin hinterließ in ihrem Testament 1,5 Milliarden Dollar für die Heilsarmee. Joan Kroc bestimmte detailliert, wie das Geld angelegt werden muss, nämlich im sozialen Bereich. Für mich ist die 2003 gestorbene McDonald's-Mehrheitsaktionärin ein Symbol des hehren Amerika. Gemeinsam mit ihrer schönen Tochter Linda hat sie den nuklearen Wahnsinn bekämpft, Anti-Atom-Organisationen finanziert und Bücher zu diesem Thema verlegen lassen. Sie hat für mich in Palm Springs Termine mit der tablettensüchtigen Präsidenten-Ehefrau Betty Ford und dem Reifen-Industriellen Leonard Firestone ermöglicht – für eine Story über die legendäre Betty-Ford-Clinic, in der Prominente versuchen, ihrer Suchtkrankheit zu entkommen, wie ehedem die Alkoholiker Ray Kroc und Leonard Firestone.

Amerika ist für mich nicht die Illusion, der Traum geblieben, den ich mir in meiner Jugend gebastelt hatte. Der Idealismus, der naive Enthusiasmus hat Kratzer abbekommen. Die Glorifizierung wurde von der Wirklichkeit eingeholt. Tatsache aber bleibt: Auf die USA passt jedes Klischee, jede Kritik und jedes Lob. Hier die extremen religiösen Eiferer. Dort die Frauen, die über Monate auf einem Ast sitzen, um einen Baum vor der Motorsäge zu schützen. Das Desinteresse an sozialer Verantwortung ist einer Großmacht unwürdig, die sich als Missionar einer demokratischen, gerechten Welt versteht. Nur – über Stiftungen der Millionäre und Milliardäre werden Projekte der Psycho-Chirurgie in Heilanstalten finanziert, die Drahtseilbahn in San Franzisko, die Disney-Konzerthalle in Los Angeles, Opern, Orchester, Hochschulen und Kliniken für Illegale. Der Rover auf dem Mars ist Amerika. Homo-Ehen in San Franzisko, Ku-Klux-Klan in Mississippi und Starbuck's, das alles ist Amerika. Alles ist abstoßend und anziehend zugleich. Teil des Mosaiks, aus dem sich God's own country zusammensetzt. Dieses Land lässt keinen Fremden gleichgültig und unbewegt. Die Unendlichkeit der Natur, die unberührte Schönheit, die grenzenlose Ignoranz mancher US-Bürger, die begnadete Intelligenz der anderen. Amerika provoziert, irritiert. Zuweilen erscheint diese Nation wie eine Mischung aus gigantischem Kinderspielplatz und einem überdimensionalen Las Vegas. Ein Leben zwischen Spaß und Spiel, fuck reality. Zocken, nicht zaudern. Fuck the slums, fuck the blacks, fuck the latinos, fuck them all. Und, vergiss nicht, rechte Hand aufs Herz, God bless America. Die Kontraste haben mich gefesselt, die Geschichten, die das Leben zeichnete: Palm Beach, Florida. Keine Strandvilla unter zehn Millionen Dollar. Winterlicher Fluchtort des New Yorker Geldadels. Oder des aus Chikago. Wer keine Villa (mehr) hat, bucht im »Breaker's«. Vor mehreren Jahren spielte dort zum Dinner ein 12-Mann-Orchester. Smoking. Auf der Tanzfläche beobachtete ich ein Dutzend Ladys. Allesamt elegant, in edle Abendkleider gehüllt. Geföhnte Haare, gefärbt wie ein Blumenladen. Allesamt zwischen 70 und scheintot. Die Gentlemen, die die Hochbetagten im langsamen Walzer über das Parkett wiegen, sind zwischen 30 und 40 und geschminkt. Sie sind ebenfalls geföhnt und schwarz gekleidet, tragen dazu passende schwarze Lackschuhe. Ballettänzer a. D., Blumendesigner oder Make-up-Künstler?

Ich frage Kris, den aus Kroatien eingewanderten Oberkellner, wer die erlesenen, gelackten und lackierten Gäste seien. »Der Tanzclub von Palm Beach.« Gigolos und ihre Damen, in der Mehrheit Witwen. Douglas Dennis, dem ich vor einem Jahrzehnt begegnete, hätte in jüngeren Jahren ebenfalls einer dieser Gigolos sein können, hochgewachsen, blond, muskulös. Dennis lebte ebenfalls in einem warmen Südstaat, Louisiana. Er hat sogar nahezu ein Jahrzehnt lang in Kalifornien und Lateinamerika den Luxus genossen, Diener, Pool, eine vermögende Geliebte, Deutsch-Amerikanerin. Doch über Jahrzehnte blickte Dennis nicht auf Palmen, sondern auf Stacheldraht und Stahltüren.

Er saß in einem berüchtigten Zuchthaus, der »Lousiana State Penitentiary«, auch »The Farm« genannt. Douglas Dennis nahm wohl zu Recht an, dass er in dieser Haftanstalt sterben würde. Er hatte 1957 in einem Gefängnis einen Mitgefangenen zu Tode getrampelt, ein »Unfall«, wie er behauptete. Und sie-

ben Jahre später tötete er einen anderen Häftling mit 15 Messerstichen, weil
»der mein Feind war – das musste sein«. Douglas wurde zum Tode verurteilt.
Nur, 1972 hat das Oberste Bundesgericht die Kapitalstrafe, vorübergehend, für
verfassungswidrig erklärt – Douglas Dennis durfte wieder ans Leben denken.
Er entwickelte sich zum Musterhäftling. Schließlich wurde er, wie von ihm kalkuliert, für staatliche Dienste eingesetzt, als Diener, Gärtner, Putzmann und
Chauffeur. Komplizen draußen besorgten ihm gefälschte Papiere, Führerschein
und Reisepass. Und 1979 war der Musterhäftling verschwunden – nach Lateinamerika. Die Dokumente waren, sagte er mir, »nahezu perfekt«, das »nahezu«
wurde ihm letztlich zum Verhängnis.

Douglas hatte eine Deutsch-Amerikanerin kennengelernt, die ihren Ami
liebte, zumal er sich nicht als Doppelmörder vorgestellt hatte. Vier Jahre nach
dem ersten Rendezvous überzeugt sie ihn, mit ihr nach Kalifornien zu ziehen,
Haus mit Pool, wie gehabt. Douglas war im Nachhinein sicher: »Das war eine
dumme Entscheidung.« Schwer, ihm zu widersprechen. In Kalifornien lebte er
weiterhin standesgemäß. Bedienstete. Pool. Er arbeitete sogar in einem angesehenen Job. Computer. International. Verbunden mit manchen Reisen. Einmal, er war in Eile, öffnete er die Wagentür und vergaß die Papiere, die er aufs
Dach gelegt hatte. Der »Schwede«, wie ihn die Knastkameraden nannten,
musste neue Dokumente beantragen, einschließlich Reisepass. Das FBI kam
ihm nach sechs Jahren kalifornischer Idylle auf die Spur. Dann hatten sie ihn.
Die deutsch-amerikanische Geliebte hat ihm geschrieben – einmal. »Fröhliche Weihnachten«. Und ihre Unterschrift. 52 Jahre hat er gesessen. Obwohl
er wegen eines Herzleidens seine letzten Jahre im Rollstuhl verbrachte und
ehrenwerte Bürger wie Ex-FBI-Agenten und Zuchthausdirektoren seine Gna-
dengesuche unterstützten, lehnten die Behörden ab – im Mai 2009, mit 73 Jahren, ist er nach einem Herzanfall gestorben.

Mich fasziniert diese Nation nun schon ein halbes Jahrhundert. 50 Jahre
Begegnungen, vor allem mit Kalifornien, das Henry James einmal als »Italien
im Rohzustand« qualifizierte, welches sich wie Neapel oder Palermo stets zu
erneuern versucht, unterbrochen durch Schießereien der Gangs oder durch
ein Erdbeben, das Kalifornien täglich, jetzt, heute, verschlucken könnte. Das
Gefühl des bevorstehenden Untergangs erlebte ich im Oktober 1987. Das
Zimmer bebte, die Gardinen flogen mir entgegen, obwohl ich die Klimaanlage
abgestellt hatte. Mehrere Kacheln lösten sich von der Badezimmerwand und
krachten auf den Boden. Mein Zimmer im »Beverly Wilshire«-Hotel lag im
achten Stock. Für mich keine Frage: Das Hotel stürzt ein, die Decke wird dich
erschlagen. Hinaus auf den Gang also, der Fahrstuhl ist außer Betrieb. Alarm-
glocken. Die acht Etagen hinunter, bekleidet mit einem Bademantel, weiß, was

sonst, und weißen Tennisschuhen. Vor dem Schalter am Empfang steht ein Herr im weißen Bademantel, weißen Tennisschuhen – der Schauspieler Klaus Maria Brandauer. Einen Tag zuvor war er angekommen. Gegen fünf Uhr ist er aufgewacht. Der Jetlag. Er hat im Drehbuch gelesen, er erzählt mir von einer Szene mit dem Kaiser Franz I, Beethoven und Goethe in Karlsbad. Ja, mit seinen Gedanken, so Brandauer, sei er in Karlsbad gewesen, als dieses Beben ihn in Todesangst versetzte. »Stellen Sie sich vor, Sterben in einem Hotel!« Als wir beide, unrasiert und ungekämmt, den Frühstücksraum betreten, lenken uns Kellner direkt in den leeren Ballsaal. Ein gedeckter Tisch inmitten von 200, denen die Tischdecken fehlen. Über uns wackeln die Kronleuchter. Erneut. Brandauer verspricht: »Ich werde das Rauchen aufgeben.« Wieder die Angst, wieder die Flucht vor die Tür. Der Schauspieler sagt: »Ich reise ab, sobald wie möglich. Nach New York.« Der deutsche Hoteldirektor Kurt Stielhack (noch ein Auswanderer) riet mir: »Wenn es wieder kracht, bleiben Sie am besten unter dem Türrahmen stehen. Da fallen Ihnen keine Steine auf den Kopf.«

Massenflucht ist auch nach schweren Beben kaum je zu beobachten. Die Amerikaner akzeptieren offenbar in allen Lebensbereichen, dass ihre Gesellschaft ihnen keine Stabilität und Sicherheit garantiert – weder ein Krankenhausbett noch einen Sarg. Das zwingt zur Akzeptanz von Turbulenzen und ermuntert sie zu Experimenten und Improvisationen. Das heißt: Sie reagieren anders auf Krisen als Europäer. Sie sind auf Unsicherheiten eingestellt und geschult. Wenig scheint im Amerika dieser Tage noch kalkulierbar, trotz des engagierten Obama. War der Boom nichts anderes als eine vom »Kapitalismus« erdachte, andere Version der Potemkischen Dörfer? Nichts als Schein? Oder hat sich die Gesellschaft einfach verselbstständigt und ist zu einem gigantischen Hollywood geworden? Kulissen werden aufgebaut, umgestellt und wieder abgerissen.

Nach den vielen Reportagen, etwa über die geknechteten Illegalen, die auf den Feldern des kalifornischen Gilroy Knoblauch verpacken, Zwiebeln in dem von John Steinbeck in »Früchte des Zorns« verewigten Salinas schneiden oder den Recherchen in dem auch von männlichen Vollzugsbeamten bewachten Frauenzuchthaus Chowchilla, hat der »Spiegel« im Jahre 2000 entschieden, ein Büro in Los Angeles zu eröffnen, am Rand der Hügel von Hollywood. Hollywood, dieses Symbol des Entertainment-Business, ist in weiten Teilen vergammelt, bevölkert von Dealern, Nutten und Obdachlosen. Das »Kodak Theater«, wo jährlich der »Oscar« zelebriert wird, ist zu später Stunde ein Mekka der Entwurzelten, vor allem die Straßen in der Nachbarschaft. Im globalen Bewusstsein existiert das Image von Hollywood wie der überdimensionale Schriftzug in den nahen Hügeln. Als Filmstadt ist Hollywood Geschichte. Gewiss, in den sogenannten »in«-Restaurants, bei »Mr Chow« in Beverly Hills, »Yvi« am Robertson Boulevard, »Dan Tana's« am Santa Monica Boulevard, sitzen Stars, die Klatsch-Gazetten gelegentlich selbst mit Geschichten versorgen. Sitzen sie dort mit echten Freunden? Oder wird mit Produzenten gedealt, mit einem Regisseur geredet? Gibt es das überhaupt, echte Freundschaften zu Stars?

Wolfgang Petersen ist ein erfolgreicher Regisseur, ein charmanter Emdener, der mit seiner nachdenklichen Frau Maria in einem gediegenen Haus oberhalb der Stadt lebt, mit Rundblick über L.A. Ist er deshalb täglich von den Stars umringt, mit denen er gearbeitet hat, Clint Eastwood, Harrrison Ford, George Clooney, Brad Pitt? Ist er einmal monatlich mit ihnen im »Josie's« verabredet oder im »Toscana«? Alle sechs Monate? Nein. Wenn Regisseur und Hauptdarsteller sich zufällig treffen, dann umarmen sie sich, verabreden einen Termin in zwei, drei Wochen, »as soon as I get back into town«, und das war's. Ich hatte einmal eine Verabredung zum Lunch mit Sandra Bullock, die dem Rummel um die Hollywood-Schönen eher skeptisch gegenübersteht: »Jeder sogenannte Star, dem dieses Wort etwas bedeutet, verdient eine Tracht Prügel.« Sie kam allein zu unserem Treffen, einem von ihr ausgewählten »Diner«, einer gehobenen Snackbar am Rand von Hollywood, jenseits der Paparazzi. Vielleicht wollte sie mit mir nicht gesehen werden?

Kein Glamour in diesem Lokal. Sekretärinnen von nebenan, Verkäuferinnen. Niemand erkannte Sandra Bullock. Sie kam im Jeep, trug Jeans, ein kariertes Hemd und Sonnenbrille. Ohne Bodyguards, ohne PR-Agenten. Sie bestellte Bratkartoffeln und Spiegeleier, so wie sie es von ihrer geliebten deutschen Oma kannte. Am Ende bot die Schauspielerin an, die Rechnung zu teilen, 27,50 Dollar. Küsschen. Goodbye. Ein neuer Termin. Für sie. Für mich.

Über Wolfgang Puck, den Glamour-Koch, habe ich Sidney Poitier kennengelernt, den großen afroamerikanischen Schauspieler einer anderen Zeit. Er ist Taufpate von zwei Puck-Söhnen und Stammgast im »Spago«. Thea und Thomas Gottschalk sind Freunde geworden. Ein seltener Umstieg von beruflichen Kontakten zu Vertrauen. Gottschalk schätzt die kalifornische Anonymität, die Normalität, die es ihm ermöglicht, barfuß und unrasiert in seinem Bentley im »McDonald's drive thru« am Pacific Coast Highway vorzufahren und »Cheeseburger« zu bestellen, unentdeckt von den Paparazzi, die am Strand von Malibu, am Kinderspielplatz oder vor dem Italiener »Fra di noi« in Deckung stehen, bereit zum Abschuss – ein Foto, das ihnen womöglich die Monatsmiete zahlt.

Die direkten Begegnungen mit Stars sind meist begrenzt, mit vorgegebener Zeit für Interviews, die den neuesten Film promoten sollen. 15 Minuten, allenfalls 20. Bei einem Treffen mit Robert Redford im November 2001 wollte der

Darsteller von mir wissen, wie es sich in Hamburg wohnen lässt, er plauderte über deutsche Küche und deutsche Frauen – eben weil seine Lebensgefährtin Sibylle Szaggars eine Künstlerin aus Hamburg ist. Und dort hat Redford sie im Juli geheiratet. Ich hatte noch keine Interviewfrage gestellt, da knallte die PR-Lady ins Hotelzimmer:»Time is up.« Mr Redford intervenierte:»Ich brauche noch 15 Minuten.«»If that's what you want.« Sichtlich verärgert verließ sie den Raum, denn draußen vor der Tür warteten wahrscheinlich zwei Dutzend Reporter aus der bunten weiten Welt, von Australien bis Lettland.

Bei einem Interview fragte mich Liv Tyler, die Tochter des Aerosmith-Sängers Steven Tyler:»Stört es Sie, wenn ich rauche?« Nein, natürlich nicht, eine ganze Stange Zigaretten hätte sie verpaffen können – bei solcher Schönheit, einem derartigen Charme. Sie beantwortete, routiniert, drei Fragen, unterbrach erneut:»Kann ich meine Schuhe ausziehen, ich bin total kaputt nach diesem Tag.«Ja, natürlich, bei solch schönen Füßen und Beinen. Die legte sie nun aufs Sofa und beantwortete Fragen zu ihrem Bertolucci-Film»Gefühl und Verführung«. Wieder steht eine PR-Dame in der Suite:»Liv, darling, do you have a party?«Ja, sagte sie,»für die Länge einer Zigarette.«

»Als Korrespondent in Hollywood«, so hat Frances Schoenberger in ihren Erinnerungen»Barfuß in Hollywood«notiert,»lebt man in zwei Welten gleichzeitig und kann es niemandem recht machen: Die Manager der Stars interessieren sich nicht dafür, was ein deutscher Chefredakteur von ihren ›Schäfchen‹ will, und die Redaktionen in Deutschland verstehen nicht, warum sich die amerikanischen Künstler nicht geschmeichelt fühlen, dass man sie auf der anderen Seite des Atlantiks groß herausbringen will.« Frances, deren Mutter Fannerl Gangkofer die Oberwirtin im»Gasthof zur Post« im bayerischen Kollbach war, ist über Jahrzehnte die deutsche Journalistin mit den besten Kontakten in der Stadt gewesen.

Als ich Frances Schoenberger vor vier Jahrzehnten in New York kennenlernte, war sie für»Bravo« und»Bild« aktiv, und Willy Brandt war Bundeskanzler in Bonn. Ich lud Frances, ehedem Privatsekretärin von Hildegard Knef und folglich geübt im Umgang mit den Launen berühmter Menschen, nach Washington ein – zu einer Party, die ich für Horst Ehmke organisiert hatte,»Willy Brandts linke rechte Hand«, wie er sich selbst nannte. Guido Goldmann, der Kissinger-Vertraute und Harvard-Professor, wachte über seinen Freund, den Bonner Politiker, der 23 Schönheiten aus acht Ländern zur Tanz-Wahl hatte, einschließlich der Tochter des stellvertretenden CIA-Chefs Kurt Meyer. Die Folge der langen Nacht, meldete»Welt am Sonntag«-Reporter Manfred Kohnke, mein Freund und ehemaliger»Spiegel«-Kollege, nach Deutschland:»Abgekämpft sackte Ehmke am Sonnabend in den Flugzeugsessel.«

Ende 1972, Frances war eben 27 Jahre alt, wechselte sie mit ihrem Verehrer im Schlepptau, dem Fotografen Michael Montfort, nach L.A. Dem Biergestank, Qualm, Gegröle und Gelächter, den Spezies, Säufern und Raufbolden des heimatlichen Wirtshauses war sie endgültig entkommen, zumindest physisch.

Zunächst »Bravo«, dann sicherte sich »Burda« die Mitarbeit der engagierten Bayerin, die die »Bunte« bediente, »Freizeit Revue«, »Bild und Funk«, »Ambiente«, elf Zeitschriften insgesamt, die Frances Schoenberger für jeden um Hollywood buhlenden oder an Schlagzeilen in der Heimat interessierten Entertainer wichtig werden ließ. In einem der für Korrespondenten unerlässlichen Fachblätter, »Daily Variety«, las die umtriebige Frances erstmals von einem Bodybuilder, den die beeindruckten Konkurrenten »die Österreichische Eiche« nannten – Arnold Schwarzenegger, geboren und aufgewachsen in Thal bei Graz, den sie erstmals im Frühjahr 1976 bei einem Bodybuilder-Wettbewerb im kalifornischen San José traf.

In »Barfuß in Hollywood« erklärt Arnold Schwarzenegger seinen Ehrgeiz, die Disziplin, die ihn von Thal über München nach L.A. brachten: »Das ist seit meiner Kindheit meine Art zu überleben. Ich wollte nicht so leben wie die Menschen um mich herum. Ob es nun Bauern sind oder Schneider, Tischler, Polizisten. Ich habe mehr erwartet vom Leben. Also habe ich mich entschlossen: Ich will es besser haben. Und dann hat es nur noch eins gegeben: trainieren, trainieren, gewinnen. Ich muss Mr World werden! Ich muss nach Amerika! Ich muss Mr Universum werden! Ich muss zur Schule! Ich muss was lernen! Ich muss weiter! Für mich gab es nur eine Option. Und die war, raus aus Österreich und in Amerika etwas erreichen.«

Also – ab nach Amerika. In seiner Phase als »Conan – der Barbar« und »Terminator« wurde Arnold Schwarzenegger in Europa, auch in der »Spiegel«-Redaktion, eher belächelt – Muskeln, zumal solche Pakete im Übermaß, wurden von Intellektuellen als obszön abqualifiziert, und jene, die täglich das Gesamtgewicht einer Lokomotive stemmen, als Dummköpfe. So einfach ist's. Nur: Arnold Schwarzenegger ist ein Mann, der nie an sich zweifelte und durch Immobilieninvestitionen bereits vor seiner Hollywood-Karriere nicht allein mit trockenem Brot überlebte. Die Disziplin, die ihm drei Karrieren ermöglichte, Bodybilder, Schauspieler und Gouverneur, brachte er ständig in seine Selbstvermarktung ein.

Er beschäftigte Presse-Agenten, aber nach einem »Spiegel«-Gespräch klingelte bei mir in Paris morgens gegen vier das Telefon. Am Apparat war Arnold. Er war in Aspen zum Skilaufen, aber er wollte schnell seine Änderungswünsche durchgehen – Satz für Satz. Negative Bemerkungen über Graz? Streichen. Er wolle seine Mutter nicht betrüben. Plötzlich Pause. »Ich rufe in zwei Stunden zurück. Ich muss jetzt mit Mel Gibson auf die Piste.« Zwei Stunden später – Arnold. Ich hatte ihn im »Schatzi's« kennengelernt, seinem Restaurant in Santa Monica. Dort konnte der Gast nicht nur Wiener Schnitzel genießen, sondern die verlorene Zeit auf der Toilette mit dem Lernen deutscher Vokabeln ausgleichen – Nachhilfeunterricht wurde über Lautsprecher eingespielt.

Nach der Geburt ihrer Tochter Daisy im September 1982 baten mich Frances und der ihr inzwischen angetraute Michael, einer der beiden Taufpaten zu sein – der andere war Arnold, der katholisch erzogen und durchaus gläubig ist. Pünktlich erschien ich mit meinem Freund und Kollegen Jochen Schöps in der Kathedrale am Sunset, wo sich bereits Dutzende von kreischenden Kids vor der Kirche eingefunden hatten – Arnold war also bereits angekommen. Der Priester tat so, als sei Arnold Herr Soundso – vorm Herrgott sind eben alle gleich. Mich drängte er sofort mit einer Frage in die Nähe des Fegefeuers: »Sind Sie katholischen Glaubens?« Ich überlegte mir kurz, die halbe Unwahrheit zu sagen. Da ich mich an heiliger Stätte befand, sagte ich: »Christ!« »Katholik?« »Nein, nicht wirklich.« »Dann kann ich Sie nicht in diese christliche Pflicht nehmen.« Frances hob die Hände, so als solle mich der Segen doch noch überkommen – Arnold musste allein in die Verantwortung. Da er dreimal so viel Muskeln vorweisen konnte als ich, war ich nicht besorgt um Daisy, die inzwischen eine junge, schöne Frau ist.

Sie hockte vor nunmehr 26 Jahren auf dem Schaukelpferd, Arnold, Frances, Jochen und ich begossen die Taufe mit Champagner, Michael blieb beim vertrauten Bier. Wie's im Leben so kommt, trat alsbald Ernüchterung auf. Die Ehe scheiterte. »Montfort war ein Trinker«, hat seine Exfrau Frances geurteilt, »genau wie Bukowski, der wenig redete und erst am Nachmittag nach dem ersten Bier ansprechbar wurde. Mit Bukowski zu trinken war ein Höhepunkt für ihn. Bukowskis Literatur über Saufen und die Schattenseiten des Lebens wurden Montforts Leidenschaft.« Montfort heiratete zum dritten Mal und verließ mit seiner – diesmal tschechischen – Frau die USA. Am Ende fand er Amerika »zum Kotzen«. Nach dem Tod seiner dritten Frau kehrte Michael nach Kalifornien zurück. In einer Urne. Sein letzter Wunsch: Bestattung neben seinem 1994 verstorbenen Freund Charles Bukowski in San Pedro, im südlichen Teil von L.A. Bevor seine Tochter Daisy die Grabstätte mit Erde überdeckte, kippte sie eine Flasche Pinot Grigio auf die Urne. Eine noble Geste. Charles und Michael sollten nicht dursten und ihre Wiedervereinigung feiern. Prost.

Mit Grundsatzerklärungen, ich weiß, ist behutsam umzugehen. Ich wage gleichwohl die Behauptung: Wie verknöchert, verbiestert, gehemmt, schüchtern ein Fremder auch immer sein mag, gezeichnet von seiner Kultur, Erziehung, der tragischen Geschichte seiner Heimat oder des persönlichen Daseins, in Kalifornien stellt sich irgendwann Leichtigkeit ein, Erlösung, Erleichterung, der heimatlichen Enge entkommen zu sein. Die Menschen sind – grundsätzlich – freundlich, die Auto-Parker, die Tütenpacker, selbst die Strafvollzugsbeamten von San Quentin, es sei denn, man rückt mit einer Feuerwehrleiter an. Akzeptieren wir einfach, dass die Amerikaner oberflächlich sind. Was heißt das letztlich? Sie wissen nicht, wer Ramses II war oder welche historische Bedeutung ägyptische Pharaonen hatten? Mag sein, und manches Mal dokumentiert die »Dämlichkeit« so mancher Bürger den Bildungsnotstand Amerikas – als hätte Obama nicht bereits ausreichend mit Notständen zu tun. Aber ebenso häufig trifft man auf gebildete Amerikaner, die über Stunden mit Detailkenntnissen über die griechische Mythologie glänzen können.

Im täglichen Dasein Kaliforniens fehlt der erhobene Zeigefinger, wird das Oberlehrer-Getue, der Neid, das Besserwisser-Gehabe unseres sonst so schönen Landes nicht wirklich vermisst. Selbst deutsche Zuwanderer entspannen sich so weit, dass sie nicht unbedingt im Restaurant nach Rotkohl und Rouladen suchen und in der »pharmacy« nach Klosterfrau-Melissengeist oder Kukident, sondern den American way of life hinnehmen und sogar schätzen. Eben wegen dieser Entspanntheit waren auch die Kontakte zu den deutschen Stars an der Westküste, siehe Gottschalk oder Braeden, Elke Sommer oder Udo Kier, Regisseur Edel oder Komponist Moroder, nie ein wirkliches Problem.

Ganz einfach eigentlich. Locker. Reservierung im Restaurant des Hotels »Shutter's on the beach«, Blick auf den Pazifik. Lunch mit Marthe Keller, der Schweizer Schönheit, die an der Oper von L.A. im November 2003 »Lucia di Lammermoor« inszenierte, mit der Sopranistin Anna Netrebko als Lucia. Dinner mit Gottfried Helnwein im »SR 23«, einem Japaner im ehemaligen Industriegelände nahe Downtown. Lunch mit Maria Altmann in der »Polo Lounge« des »Beverly Hills«-Hotels. Oder auch ein Rendezvous privat, beispielsweise bei Harold Nebenzal. Er kocht häufig selbst. Ein Genie, dieser Mann. 87 Jahre alt und gegenwärtig lernt er den chinesischen Mandarin-Dialekt – zusätzlich zu den sechs Sprachen, die er bereits beherrscht. Harold war Produzent (»Cabaret«) und schreibt Bestseller (»Café Berlin«). Sein Know-how über die Entertainment-Welt ist nicht überraschend: Sein Vater war Seymour Nebenzal, einer der großen Filmproduzenten seiner Zeit, dessen Werke wie »M – eine Stadt sucht einen Mörder« und »Das Testament des Dr. Mabuse« zu Klassikern geworden sind.

Der in Berlin geborene Harold ist ein Weltbürger. Auch in L.A. isst er nicht, oder selten, amerikanisch. Sein Haus ist im japanischen Stil gebaut, seine Frau ist gebürtige Koreanerin, sein Friseur Vietnamese. Am liebsten lädt er mich zum Essen bei den Iranern in Brentwood ein, weil er bei der Bestellung mit seinen Farsi-Sprachkenntnissen glänzen kann. 2005 waren wir gemeinsam zur Hochzeit des Verlegers Benedikt Taschen am Comer See eingeladen, in die Villa d'Este. Taschens dritte Ehe, Harolds erste – jüdische – Trauung. Er amtierte als Rabbiner-Ersatz. Alles ist Beziehung in dieser Stadt. Oder Zufall. »Man« kennt sich eben. Mein Freund Edgar Baitzel, der Chef der L.A.-Oper (im März 2007, eben 51 Jahre alt, gestorben), war so ein Beispiel. Edgar war eine eher untypische Auswanderer-Geschichte. Der Münchner Opernchef August Everding hatte Edgar als Assistenten verpflichtet, was ihn in Kontakt mit den Großen der Branche brachte: Wolfgang Sawallisch, Carlos Kleiber sowie Muti, aber auch Achim Freyer, der 2010 Edgars Projekt »Der Ring der Nibelungen« in der kalifornischen Metropole umsetzt. Edgar Baitzel begegnete Placido Domingo in seinen Jahren als Operndirektor in Bonn (1992 bis 1997), wo er mit der in den USA engagierten Opernlegende vier Co-Produktionen vereinbarte. Eines Tages wollte der Tenor/Dirigent wissen: »Edgar, kann ich dir die Westküste schmackhaft machen?« Er konnte. Domingo wurde an der Oper in L.A. der Chef, Edgar Baitzel sein Macher. Die Baitzels, Christina, meine Tennispartnerin, sowie die drei Kinder, adaptierten den American way of life, Papa verhandelte unterdessen global mit den Großen der Musik. Er überzeugte Woody Allen, Maximilian Schell, Marthe Keller oder William Friedkin, sich an der Oper als Regisseure zu versuchen.

Wenn ich Placido Domingo sprechen wollte, machte der zuverlässige, disziplinierte Edgar den Termin möglich – einmal traf ich den Meister am Fluglatz von L.A. um Mitternacht, Stopp zwischen dem New Yorker Wohnsitz und einem Auftritt in Korea. Zwei-, dreimal kam seine Assistentin in die Erste-Klasse-Lounge: »Placido, die warten auf dich am gate.« »Die können zwei Minuten warten.« Dann: »Placido, die machen die Tür zu.« »Stelle deinen Fuß dazwischen.« Er verriet mir nicht nur, dass er vor den Vorstellungen zu Sancta Cecilia, der spanischen Schutzheiligen der Musik, bete, sondern auch zu Sankt Blasius, dem Schutzheiligen des Halses. Er hat mir nie anvertraut, welcher Heilige für ihn über seinen Fußballclub Real Madrid wacht, ich weiß allerdings, wie der Tenor sich während der Fußball-Weltmeisterschaft die Spiele ansieht: Hinter der Bühne, in den Kulissen, steht ein Fernseher.

Gottfried Helnwein malt Arnold Schwarzenegger, der vom ehemaligen Kiehl's-Besitzer Klaus Heidegger im Wahlkampf finanziell unterstützt wird. Giorgio Moroder erfindet für seinen Landsmann Wolfgang Puck den Restaurant-Namen »Spago«, was kleine Spaghetti heißen soll, und Wolfgang Petersen überdenkt, ob er Nebenzals »Café Berlin« nicht verfilmen sollte. Selbstverständlich habe ich beim Lunch, beim Dinner mit Petersen über seine Kindheit geredet, Eric Braeden nach unserem ersten Tennismatch gefragt, warum er ausgewandert ist, und ich war erstaunt, wie identisch die Lebensläufe dieser, meiner, Generation doch sind. Eines Tages, habe ich mir gesagt, werde ich das aufschreiben und versuchen zu begreifen, was all diese Leute dazu getrieben hat zu entscheiden: ab nach Amerika.

Nicht allein die Offenheit macht den kalifornischen way of life entspannter, sondern auch die Vielfalt der Kulturen und Kontakte: Mein Taxifahrer, Marc, ist ein Franzose, der als Friseur nach Amerika einwanderte, Maitre d' wurde und schließlich auf »yellow cab« umstieg. Wenn er frühmorgens einen Termin verschlief, kam er im Pyjama angefahren. Henryck Wenderlich, mein Blumenmann, ist ein Pole, der sich ein Mietsgebäude erarbeitete. Meine Friseurin, Batia, habe ich vor Jahrzehnten bei einer Recherche in Israel kennengelernt, eine jüdische Irakerin, die ihren Salon in Beverly Hills mit ihrer Schwester Aleeza führt. Juan Duarte, mein Haushandwerker, stammt aus Guatemala, arbeitet als Anstreicher und handelt nebenbei mit Antiquitäten. Uwe Schulz, der in diesem Buch zu Wort kommt, restaurierte und reparierte mein vw Cabrio mit dem amtlichen Kennzeichen »News 3«. Meine treueste, charmanteste Freundin in L.A., Monique Kemp, ist gebürtige Holländerin. Das Hotel »Casa Del Mar«, in dem ich so manches Gespräch für dieses Buch führte, wird, welche Überraschung, von einem Deutschen geführt, Klaus Mennekes. Sicher, zwei Dutzend Namen habe ich vergessen, verdrängt vielleicht, weil nicht alle in der Fremde Freunde werden. Meine Tennispartner wie Gerhard Heusch, Eric Braeden, Wolfgang Puck sind allesamt Europäer, zu denen wohl eine instinktive, von Vergangenheit und Kultur geprägte Beziehung besteht.

Wieder einmal saß ich mit Ralf Moeller im »Caffé Roma«, einem Hinterhof-Italiener unweit des Rodeo Drive. Plastiktische, Plastikstühle, der Coiffeur der Stars nebenan – gefärbte Haare, Tätowierung auf den Unterarmen. Ralfs Handy klingelt. Eigentlich klingelt es immer. Die eine Tochter, die andere Tochter. Die schöne Ehefrau. Mein Freund schien die Nachricht von einem Lottogewinn zu erhalten: »Toll. Wunderbar. Spitze.« Arnold kommt. Der Gouverneur. Sein Freund. Das personifizierte Einwanderer-Symbol. Arnold, der ehemalige Panzerfahrer der Österreichischen Armee, der immer seinen eigenen Stoßtrupp führte, nach vorn, nach vorn. Stillstand ist Rückschritt. Gewichte stemmen, Muskeln schaffen, Hollywood knacken, eine Kennedy heiraten, Gouverneur werden, und wenn der Kongress die Verfassung ändert, fährt sein Möbelwagen womöglich vor dem Weißen Haus vor und Ralf bringt die Hanteln. Man darf doch wohl noch träumen in Amerika?

Arnold betrat den Innenhof, wie man es von einem Politiker erwartet – Bodyguard hinter sich, Bodyguard vor sich, links ein Mann, rechts eine

Frau. Sie tragen Aktenmappen. Der Gouverneur bleibt an unserem Tisch stehen, klopft seinem Vertrauten auf die Schulter und sagt zu mir:»Lässt du dich immer noch von diesem ›Spiegel‹ quälen?«»Die Arbeit hier ist ein Geschenk für mich«, antwortete ich. Arnold:»Du solltest dir einen anderen Weihnachtsmann suchen.« Freundlicher Small Talk. See you later. Arnold ist auf Sendung – Öffentlichkeit. Überall Paparazzi. Jeder Gast ist ein potenzieller Spitzel. Anruf bei einer Klatsch-Gazette. Info an die gegnerischen Politiker. Als er eine Havanna-Zigarre aus dem Etui holt, strecken sich ihm vier Feuerzeuge und zwei Streichholzschachteln entgegen. Ralf pafft mit. Ich muss weg, ich muss arbeiten. Nicht als Reporter, sondern als Mann im weißen Anzug. Hollywood hat mich entdeckt!!

Shawn Mewshaw, der Sohn eines meiner Freunde (Autor Michael Mewshaw) und Jungregisseur, hatte mich morgens angerufen, hörbar gestresst. »Heute Nacht kannst du mit deiner Hollywood-Karriere beginnen.«»Wie heißt sie«, wagte ich zu spaßen. Kein»date«, keine Verabredung zu einer möglichen Romanze. Ein Schauspieler war krank und fiel aus für seinen Kurzfilm, »Late Night«, den Shawn bei den Filmfestspielen in Sundance, Utah, vorführen wollte. Er brauchte einen»Maitre d'«, einen Oberkellner. Drei Sprechsätze. Das, ermunterte er mich,»traue ich dir zu«. Immerhin. Drehbeginn 22 Uhr in einem französischen Luxusrestaurant am Little Santa Monica Boulevard in Century City –»La Cachette«.

Dort hatte ich bereits einmal mit Wolfgang Petersen und seiner Frau Maria diniert. Nun wurde ich ›geschminkt, gepudert und mein Text, drei Zeilen, wurde mir von einem script girl überreicht. Eine weitere Dame legte mir so viel Schminke auf, dass ich davon ausgehen musste, so alt auszusehen, wie ich nie sein werde. Dann Brillantine in das leicht ergraute Haar, Lack, straff zurückgekämmt, noch mehr Lack – eine Autolackiererei hätte mit der verspritzten Menge ein Kühlerhaube reparieren können. Dann die Probe. Mit Frances McDormand. Wenn schon, denn schon –»Oscar«-Preisträgerin 1996, für ihre Rolle als Polizeichefin Marge Gunderson in»Fargo«. Sie ist 15 Jahre jünger als ich und hat 150 Jahre mehr Schauspielerei drauf. Mrs McDormand war freundlich. Sie fragt nicht, ob ich in New York bei Lee Strasberg gelernt habe. Die Frage hat sich nach dem ersten Versprecher erübrigt. Also jetzt. Klappe.»Roll« – Kamera läuft.»Guten Abend. Herzlich willkommen. Darf ich Sie an Ihren Tisch begleiten?« Und als sie saßen, musste ich noch hinzufügen:»Darf ich Ihnen die Weinkarte reichen?« Die Nebentische, 15, 20, waren mit Komparsen besetzt, die ihre Filetsteaks schnitten, ihren Hummer genossen, der das Kantinenessen am Dreh weit übertraf, und sogar echter Rotwein aus Bordeaux wurde ausgeschenkt, sobald die Kamera rollte, ein teurer Tropfen obendrein.

Dank meiner Versprecher, falschen Schritte ins Licht oder in den Schatten, zu nahe an Mrs McDormand, zu leise, zu schnell am Tisch, wurde den Komparsen sechsmal Filetsteak serviert, sechsmal Hummer und viel Rotwein aus Bordeaux. Ich war ihr – ungewollter – Held in der Nacht, denn sie wurden überdies pro Stunde bezahlt. Endlich brachte ich den Text in die richtige Tonlage, stand im Licht, ohne dass die Schminke erkennbar wurde, Frau McDormand lächelte inzwischen so, wie man einen Todeskandidaten auf dem Weg zur Guillotine ermuntert – der zweite Hauptdarsteller stolperte. Cut, rief Shawn und rügte nicht den gefallenen Kollegen, sondern mich: »Noch einen Versprecher und die Küche hat keine Steaks mehr.« Solche Nachrichten bauen wirklich auf und stärken das Selbstbewusstsein. Was hätte Marlon Brando getan?

Die Stille zwischen den Einstellungen machte mir zu schaffen. Die Kameraleute flüsterten – wahrscheinlich über mich. Die Make-up-Lady tupfte mir die Stirn ab. Vielleicht hatte sie Angstschweiß gesichtet oder war überzeugt, dass ich schweißgebadet bin. Mrs McDormand, die ihre ersten Schauspielerfahrungen auf einer Karibikinsel machte, wollte mich offenbar trösten:»It'll be be fine«, hauchte sie,»alles wird gut.« Und tatsächlich – morgens um 3 Uhr ließ der Küchenchef die letzten Steaks servieren und ich sprach »Oscar«-verdächtig, bewegte mich wie Clint Eastwood.»Cut«, rief Shawn, »beautiful, just great.« Ich habe mich nicht abschminken lassen. Vielleicht wollte ich dieses erhabene Gefühl, in einem wirklichen Film, mit einer »Oscar«-gekrönten Darstellerin, vor der Kamera gestanden zu haben, für die drei Leute, die in Hollywood noch nicht schliefen, sichtbar mit mir herumtragen. Ich befürchte, Shawn hat meine Szene aus dem Film geschnitten, zumindest hat mich kein Filmkritiker angerufen und auch zu Talkshows wurde ich nicht eingeladen.

---

[1] Von 1997 bis 2001 US-Botschafter in Berlin.

[2] Berater des Mehrheitsführers im US-Repräsentantenhaus; von 1993 bis 1995 »Sergeant at Arms«, ranghöchster Administrator des US-Kongresses.

Rudi Unterthiner lernte ein Amerika kennen, das sich offenbar davongemacht hat, verscheucht von der Ich-Gesellschaft, geplagt von der Terror-Angst, dem wirtschaftlichen Verfall. Es war ein Land, in dem die liberalen Tugenden noch etwas galten, Großmut herrschte und Hilfsbereitschaft. Nur so kann sich Unterthiner erklären, dass er dort über viele Jahre weitgehend in der Illegalität leben und arbeiten konnte. Sein turbulenter Lebenslauf begann 1938 in Südtirol. Die Familie war arm, in der Küche spazierten die Hühner umher, doch Rudi konnte das Abitur machen. Bald danach entzog sich der deutschstämmige Jüngling dem Wehrdienst für die Italiener, floh ins nahe Österreich und fuhr dort zum Geldverdienen in die Kohlengrube. In 400 Metern Tiefe träumte er von den USA. *Die Amis und das Schicksal waren ihm gnädig: Unterthiner wurde zu einem überaus wohlhabenden Schönheits-Chirurgen in Beverly Hills und Palm Springs. Inzwischen hat er sich in sein Haus nebst Insel vor Vancouver zurückgezogen. Über Jahre hatte sich Unterthiner, nur mit einem abgelaufenen Studentenvisum in der Tasche, im Lande durchgeschlagen und war immer wieder auf Menschen getroffen, die beide Augen zudrückten. Er machte sogar den Pilotenschein und sprühte mit seiner Maschine Schädlingsbekämpfungsmittel auf Amerikas Äcker. Das Medizinstudium verlegte der illegale Einwanderer ins Nachbarland Kanada – wo es ihn nicht mal etwas kostete. Und dann endlich traf er auf einen Mann, der etwas bewegen konnte. In den Rocky Mountains von Colorado, beim Skifahren, kam Unterthiner mit Robert Kennedy ins Gespräch, Bruder des späteren* US-*Präsidenten, und der lief nicht los und petzte, sondern sorgte dafür, dass Rudi endlich Papiere bekam. Der Habenichts aus Tirol ließ sich in Beverly Hills nieder und war ein Arzt mit Grundsätzen. Schönheitsoperationen, die ihm unvertretbar oder unsinnig erschienen, lehnte er ab. Einmal in der Woche flog Mediziner Unterthiner in seinem Privat-Jet nach Mexiko und verschaffte den Einwohnern eines abgelegenen Dorfes ärztliche Versorgung, kostenlos. Im Übrigen kamen die Patienten aus der Hollywood-Prominenz. Von Unterthiners Künsten profitierte offenbar auch Frank Sinatra, dem ein Nachbargrundstück im Palm Springs nahen Rancho Mirage gehörte. Sinatra hatte dort seine ganz wundervolle Modelleisenbahn-Anlage untergebracht. Unterthiner schenkte ihm dazu, just for fun, eine rote Stationsvorstehermütze mit den eingestickten Buchstaben »F. S.«, und als er dann später mal rüberging zum Nachbarn, saß Frankie Boy inmitten seiner Modellbaulandschaft und spielte Eisenbahn, die Kappe auf dem Kopf.*

Rudi Unterthiner

»Ich schneide Fische auf, aber keine Frauenbusen.«

Die Instrumente vor mir im Cockpit zeigten die Katastrophe an. Ein Triebwerksausfall. Ich flog über Palm Springs, Kalifornien, und hatte vier Passagiere an Bord, darunter meine Schwester. Es war der zweite Flug ihres Lebens. Meine Gäste plauderten hinter mir über meinen Sohn Shane, der eben in Santa Barbara geheiratet hatte, seine schöne Frau aus Montana, das Dinner bei Kerzenlicht. Ich dachte an Notlandung, Absturz, mein unvollendetes Testament. Auch ohne Einsteins Hirnkapazität wusste ich: Ohne Triebwerkschub würde die neue Maschine, zehn Flugstunden insgesamt, wie ein Meteorit vom Himmel fallen. Ich versuchte, meine Stimme auf Operationssaal-Sachlichkeit zu halten:»Wir haben ein Problem. Die Gurte ganz fest schnallen. Und Augen zu.« Dem Kontrollturm in Palm Springs meldete ich»Mayday: Ich versuche eine Notlandung.«

Stille. Absolute Stille, das Dasein zwischen Leben und Tod. 300 Meter bis zum Boden. Ich drücke die Maschine zum Sturzflug senkrecht. Keine Sekunde zum Gebet. Dann ziehe ich an, versuche den schweren Jet in die Horizontale zu bringen, unglaubliche Kräfte widersetzen sich mir. Geschafft, einige Sekunden bleiben mir durch den Schwung, um die Maschine in der Luft zu halten. Vor mir die Wüste. Kakteen. Palmen. Kein Highway, den ich erreichen kann. Runter, nur runter. Aufschlag. Das Fahrgestell ist weg, die Düsen abgerissen. Vor mir taucht eine Sanddüne auf. Ich kontrolliere nichts mehr, rieche Treibstoff, Öl und Wüstensand. Dann schlage ich gegen die Cockpit-Scheibe, ein harter Ruck, der mich vom Sitz reißt. Die Gurte schnüren sich in meinen Körper, pressen sich auf meine Rippen. Atemnot. Meine Maschine steht. Ein Wrack. Kein Feuer. Meine Schwester klettert aus ihrem Sitz und zündet sich, größter Leichtsinn, eine Zigarette an, und ich kann nicht mal mehr schreien, meine Stimme ist weg.

Das war vor einem Jahrzehnt. In den letzten Jahren bin ich nur noch selten geflogen. Und nie mehr nach Puertecitos, einem Fischerdorf, 200 Meilen südlich von Mexali im mexikanischen Staat Baja California. Puertecitos hatte mich gerettet, mir an jedem Wochenende Kraft gegeben, meinen Job in Beverly Hills und Palm Springs weiterzuführen. In Puertectos konnte ich Arzt sein, meine Freunde, die Fischer, Arbeiter, Bauern, behandeln – Haifischbisse und Lungenentzündungen heilen, statt Nasenkorrektur und Lidstraffung vorzunehmen, gebrochene Arme flicken und Geburtshilfe leisten statt Brustreduzierung oder Face Lifting.

In meinem im Mai 2008 in Kanada veröffentlichten Roman »Faces, souls and painted crows« ist ein Chirurg namens John Reiter die Hauptfigur. Reiter ist Unterthiner, die Patienten sind eitle Hollywood-Schauspieler, die – zumindest für einige Sommer – über das Skalpell ihre Jugend zurückgewinnen wollen. Zuweilen bin ich nach einem Eingriff am Freitag direkt zum Privat-Flugplatz in Santa Monica gerast und habe mich erst in der Maschine umgezogen. Ich bin gelegentlich in meiner A36 Bonanza nur mit der Unterhose bekleidet die 90 Minuten nach Puertecitos geflogen und habe mich gefragt: Was würden wohl deine Patienten sagen, wenn die dich so sehen könnten? Auf dem Sitz hinter mir lag mein grüner Operationskittel, blutbefleckt.

Zugegeben, mein Leben war ein Abenteuer. Ich bin in Österreich als Kumpel in die Grube gefahren und habe Kohle geschlagen. Ich habe Hollywood-Stars die Haut über die Ohren gezogen. Meine Frau ist eine Indianerin, die eineVertraute des Entertainers Frank Sinatra war. Mein Enkelsohn Jesse James, Jahrgang 1989, verdient seit 12 Jahren als Kinder- und Jungstar in Hollywood Millionen. Er hat 2001 mit Johnny Depp vor der »Blow« vor der Kamera gestanden und mit Ben Affleck in »Pearl Harbor«.

Über Jahre habe ich in den Vereinigten Staaten von Amerika illegal existiert, eines Tages begegnete ich einem Gouverneur namens Ronald Reagan, der zu meinem Freund und zum Präsidenten der USA wurde. Mehr als 30 Jahre habe ich Industrielle und Bankiers operiert, verblassten Schönheiten Silikongel-Implantate eingesetzt, Politikern das Doppelkinn entfernt oder die Nase gerichtet, Rhinoplastik nennt man das. Zeitungen wollen wissen, dass Hollywoods Macho-Held John Wayne wie auch Talkshow-Master Johnny Carson, Frank Sinatra wie auch das Jockey-Phänomen Billy Shoemaker zu meinen Patienten zählten. Ich bin zum Schweigen verpflichtet. Nur so viel: Ich war häufig Gast bei Frank Sinatra. Und es stimmt: Ronald Reagan hat mich zu politischen Einsätzen nach Europa geschickt, und wenn ich gewollt hätte, wäre ich Amerikas Botschafter in Rom oder Wien geworden.

Aber ich bin 71 und habe mich entschieden, meine verbleibenden Jahre zu genießen. Auf einer Insel vorVancouver, Kanada.Vor meinem Besitz ankert meine Jacht, in meinem Schlafzimmer hängt ein Ölgemälde, das meinen Heimatort Sterzing, Südtirol, zeigt, mittendrin der »Zwölferturm«, Indianer und Jäger sind meine Freunde, gemeinsam mit ihnen beobachte ich die Grizzlybären, die aus den Wäldern an den See herabsteigen und sich Lachse krallen. Ich schneide Fische auf, aber keine Frauenbusen mehr. Wenn ich einem Kind helfen kann, es von einer sogenannten Hasenscharte zu befreien, will ich das, kostenlos, tun, aber ich sauge kein Fett aus dem Gesäß, verlängere keine Penisse oder vergreife mich mit einem Skalpell an einerVagina. Die Exzesse der

Schönheits-Chirurgie widersprechen meinen moralischen Vorstellungen und meinen ästhetischen Empfindungen.

Ich bin in Neapel, Italien, geboren worden. Rein zufällig. Der Zufall hieß Benito Mussolini. Der Diktator. Der »Duce«. Adolf Hitler hatte am 7. Mai 1938 (in Rom) den Italienern meine Heimat vermacht. Es sei sein »unerschütterlicher Wille« und sein »Vermächtnis an das deutsche Volk, die von der Natur aufgerichteten Alpengrenzen für immer unantastbar zu machen«. Welch ein Drama für Hunderttausende, nahezu allesamt deutschsprachige Tiroler, die nach dem Ende des Ersten Weltkriegs 1920 von den Siegermächten den Italienern zugesprochen worden waren. Unterdrückung folgte auf die Annektierung, die »Italienisierung«. Aus Bozen wurde Bolzano, Brixen zu Bressanone, mein Heimatort Sterzing zu Vipiteno.

Die deutsche Sprache wurde verboten, selbst Grabinschriften mussten in italienischer Sprache auf die Steine gemeißelt werden. Mein Vater, Lehrer und Schuldirektor, wurde wie Tausende von Lehrkräften in den Süden deportiert, an die Universität von Neapel. Kein geglücktes Experiment – trotz des Verrats durch Hitler, auf den die Tiroler vor seiner Wahl gesetzt hatten. Sie wollten ihre Wiedervereinigung. Stattdessen blieb ihnen die Option: heim ins Reich oder Zwangsdeportierung in den Süden. 76 000 Tiroler verließen ihre Heimat, Italiener rückten nach. Am Ende kam die Ernüchterung, Bombenanschläge. Heute ist Südtirol in Europa integriert, die Zweiteilung, hier Italiener, dort deutschsprachige Südtiroler, besteht weiterhin.

Bei mir daheim habe ich nur eine Ehrung, nur einen Orden ausgestellt: das goldene Tiroler Ehrenkreuz. Ich wurde 1938 geboren. Meine Mutter war eine gebürtige Italienerin, deren Mutter aus der Schweiz stammte. Den Krieg habe ich in Südtirol überlebt, trotz der unzähligen Bomben, die die Alliierten über der Brenner-Bahn, der Zug- und Autobahnverbindung, abwarfen. Sie wollten die Gleise treffen, auf denen deutsche Soldaten gen Süden rollten, oder Richtung Nordafrika, um Ernst Rommel zu stärken. Täglich verkrochen wir uns in Bunker und Unterstände, die in die Berge gehauen worden waren.

Wir waren fünf Kinder zu Hause. Und arm. Mein Vater hielt sich einige Hennen in der Küche, wegen der Eier. Nach vier Jahren in einer Zwergschule in Pardaun haben mich meine Eltern in einem katholischen Internat erziehen lassen. In Brixen, 30 Kilometer von Sterzing entfernt. Für einige Jahre, dann ging ihnen die finanzielle Puste aus. In Sterzing, 3000 Einwohner, existierte damals kein Gymnasium, nur eine Berufsschule. Ich entdeckte freilich, zufällig, in einer Publikation eine Geschichte über eine italienische Militärakademie. Die 1787 gegründete Bildungsschule für die Kinder von Adligen, die rund 1000 begabte Kinder bis 16 Jahre militärisch, sportlich, akademisch ausbildete.

Meine Eltern waren entsetzt: Ihr Junge, Sohn eines südtirolerischen Patrioten, in einer dunkelblauen Uniform, mit silbernen Knöpfen an der Jacke und einem goldenen Säbel an der Hüfte? Vaterlandsverrat. Ich war ein Bub, 14 Jahre alt, und wusste nichts von Patriotismus, Deutschtum oder Vaterlandstreue. Ich fuhr mit dem Zug gen Süden – einmal mehr nach Neapel. Kein Mensch in Sterzing ahnte, welche Schule ich besuchte. In den Ferien habe ich mich während der Heimfahrt umgezogen, Uniform aus, Lederhosen an. Wäre ich in Sterzing in italienischer Uniform aufgetreten, hätten mich meine Leute wohl erschlagen. Drei Jahre marschierte ich im Gleichschritt mit Italiens vorprogrammierter Elite, den künftigen Generälen, Industriellen, Botschaftern, denen ich Jahrzehnte später wieder begegnete. Ich bestand mein Abitur und kehrte in das noch immer deutsch-nationale Südtirol zurück. Ich war ratlos, arbeitslos. Zu allem Überfluss erreichte mich ein Einberufungsbefehl des italienischen Militärs. Ich war empört – meine Klassenkameraden der Akademie waren an Offiziersschulen abkommandiert worden, nur ich, der Südtiroler, sollte mit den Gemeinen dienen – no way. Ich musste nicht lange überlegen. Ich würde mich absetzen, verschwinden, über die Grenze, vielleicht sogar ab nach Amerika, von dem mir ein ausgewanderter Verwandter vorgeschwärmt hatte.

Nur mein Freund, der Steckholzer Seppele, war eingeweiht. Nachts verschwand ich über die Berge nach Österreich. Innsbruck lag knapp 40 Kilometer von Sterzing entfernt. Ein Rucksack, mehr Gepäck hatte ich nicht. In der Nähe von Graz fand ich einen Job – als Kumpel. In einer Braunkohle-Grube. Der Beruf war mir vertraut, mein Großvater war Steiger. Meinen Eltern schrieb ich, ich sei an einer Hochschule eingeschrieben. Tatsächlich arbeitete ich in der »Österreichisch-Alpinen-Montangesellschaft«, die heute »Voestalpine« heißt, ein Stahlkonzern, der Milliardenumsätze verbucht. Ich fuhr täglich ein, 400 Meter tief. 13 Monate in der Steige. Gebückt, geduckt. Staub und Feuchtigkeit.

Ich war 18 und gelegentlich stellte ich mir die Frage, ob ich wohl mein gesamtes Leben in der Tiefe, im Keller des menschlichen Daseins existieren müsste, im Kohlebergwerk Seegraben. Zwei Jahre zuvor hatte ich mich für drei Monate nach London abgesetzt. Ich wollte meine Sprachkenntnisse verbessern. Das »Durley House«-Hotel an der Sloane Street hatte mir einen Job angeboten. Drei Pfund pro Woche. Ich hatte mir einen Bürojob vorgestellt. Assistent der Reservierungs-Abteilung. Oder Page. Uniformen waren mir seit der Militärakademie vertraut. Nur, der Personalchef des Hotels stieg mit mir in den Fahrstuhl und drückte nicht auf den Knopf »Obergeschoss«, sondern »Keller II«. Unterthiner im Unterkeller.

Das erhoffte Büro war die Abwaschküche, die mich an den Roman »Erledigt in London und Paris« von George Orwell erinnerte: Auf den abgeräumten

Tellern erreichte mich gelegentlich – wie es auch Orwells Romanfigur im Pariser »Hôtel des trois Moineaux« in seinem Job als Abwäscher erlebte – ein ungegessener Hummerschwanz oder eine angenagte Gänsekeule, die ich genoss. Der Dampf begleitete mich nachts auf mein Zimmer, das eher die Größe eines Versehrten-Klos hatte. Die Matratzen waren entsprechend feucht, ich träumte von der Sonne. In der Grube erinnerte ich mich an die Londoner Dämpfe und die ewige Dunkelheit. Meine Kollegen im Bergwerk waren harte Typen. Mutige Menschen. Vielleicht hatten sie sich mit den Gefahren abgefunden, wie Soldaten, die an der Front Tage unter Beschuss sind und sich vom 800. Granateneinschlag nicht bei der Nassrasur stören lassen. Über ihnen knarrten Holzbalken, hinter ihnen quietschten die Förderkörbe an den Kabeln, auf denen Ratten balancierten wie Seiltänzer.

Ich träumte von Amerika. Ich glaubte an Amerika. Der erste US-Bürger, der mir zuhörte, war ein amerikanischer Konsul, Edwin Pancoast, den ich an der US-Botschaft in Rom besuchte. Er war gelassen, großzügig, hilfsbereit. Ich war inzwischen etwa 20 Jahre alt. Pancoast, der gute Ami, riet mir, Kontakt zur Fulbright-Stiftung aufzunehmen, die ausländische Studenten an US-Universitäten und Colleges vermittelte und Flug und Aufenthalt finanzierte. Ich schrieb an die Stiftung und wurde akzeptiert. Rudi Unterthiner, der Ex-Kumpel aus Tirol und Absolvent der elitären italienischen Militärakademie, machte sich auf den Weg zum Carleton-College, Northfield, Minnesota, eine Autostunde südlich von Minneapolis.

Am New Yorker Flugplatz Idlewild (der 1963 auf John F. Kennedy umbenannt wurde) trat mir im September 1958 ein Kulturschock entgegen. Ein Klotz von Mann mit breitkrempigem Hut. Ein Sumo-Ringer in Uniform. Kahlschädel, Knarre im Halfter – »Immigration«. Er blaffte mich an wie ein Kettenhund, nur – ich verstand kein Wort! Eine Lady eilte heran, die sich ob der Schriftzeichen an ihrer blauen Uniform als »Air France«-Bedienstete identifizierte. Auch sie redete auf mich ein, tippte mehrfach mit ihrem Zeigefinger auf meine Jacke, außer »mon dieu, mon dieu«, Erinnerungen meiner christlichen Erziehung, verstand ich kein Wort. Endlich kam ein Typ, der mir in gebrochenem Italienisch erklärte: »Mit der nächsten Air-France-Maschine wirst du abgeschoben.« Ein Schock, in der Tat. Warum? Ich konnte keine Röntgenaufnahme von Herz und Lunge nachweisen, das erforderliche »Chest-X-Ray«.

Die Nacht verbrachte ich folglich nicht auf der Park Avenue oder vor dem Empire State Building, sondern in einer Zelle am Flughafen, in Abschiebehaft. Morgens standen diese Bürokraten vor der Zelle – der mit der Knarre, der nun trotz des Nieselregens eine Rayburn-Brille trug, und eine Frau vom italienischen Konsulat, die in die Gewichtsklasse des »Immigration«-Typen passte und bellte wie er. Meine Abschiebung sei für 18 Uhr angesetzt, erklärte sie mir. Ob ich das Ticket cash oder mit einem Reisescheck begleichen wolle. Ich verkündete ihr, ich hätte 28 Dollar in der Tasche und eine »Greyhound«-Buskarte nach Northfield, Minnesota. Ich bot ihr an, statt eines Flugtickets eine Röntgenaufnahme zu bezahlen, in irgendeiner Klinik in der Nähe des Flugplatzes. Der Grenzbeamte, der seinen Kaugummi im Mund drehte, als wollte er die Propellerbewegung eines Flugzeugs nachahmen, erhöhte seinen Kau-Rhythmus, als die Konsularvertreterin ihm meinen Vorschlag offenbarte. Unter Polizeibegleitung wurde ich zu einem Militärhospital gefahren. Die Röntgenaufnahmen bewiesen: Unterthiner schleppte weder eine Tuberkulose noch Typhus ins Land, also durfte er Amerika betreten.

Ich war der einzige arme Hund am Carleton-College, einer privaten »liberal arts«-Hochschule, 1866 gegründet, ländliche Umgebung. Heile Welt. Die Studenten schienen mir alle wie Abkömmlinge der »Mayflower« – amerikanische Adelige à la Rockefeller, Whitney oder Vanderbuilt. Meine Mutter hatte mir inzwischen mitgeteilt, die »carabinieri« seien bei uns im Haus gewesen, um mich, notfalls in Ketten, zum Militärdienst abzuführen. Mir war klar: Ich wollte, ich konnte nicht zurück. Mein Visum freilich war auf ein Jahr begrenzt. Ich musste mich nach 12 Monaten USA in die Illegalität begeben. Ohne Visa, Arbeitsgenehmigung, US-Führerschein, Sozialversicherungsnummer, Geld. Ein Studienfreund vermittelte mich an seinen Vater, der Ingenieur in einem Bohrturm-Unternehmen in Colorado war. Für einige Monate hatte ich einen Job, zwei Dollar pro Stunde, sowie Berge, die mich an die Alpen erinnerten – die Rocky Mountains.

Nahe Aspen (US-Staat Colorado), in einem Skigebiet, lernte ich einen österreichischen Skilehrer kennen, der mich an meine missliche Situation erinnerte – in einigen Tagen, erklärte er mir, würden die Einwanderungsbehörden ihn als »Illegalen« abschieben. Er bot mir seinen Wagen, einen Chevrolet Baujahr 49, zum Verkauf an. »Ich besitze keinen Cent«, gestand ich. Er: »Dann behalt's halt, ohne Zahlung.« Das Auto wurde zu meinem Schlafzimmer, über Monate. Da ich keine Papiere vorweisen konnte, nur meinen Pass mit dem abgelaufenen Studentenvisum, nahm mich niemand auf, nicht einmal der »Christliche Verein Junger Männer« – soviel zum Christentum. Ich muss gerecht bleiben: Die Christen gestatteten mir, in ihrem Wohnheim zu duschen.

Ein Däne namens Tuppenberger, dem ich Ski-Unterricht gab, bot mir Unterkunft auf seinem Grundstück an – in einem Anhänger. Ein gottverdammtes Dasein. Ich hungerte oft, aber weinte selten. Denn immer, wenn sich der Schatten von Depression auf meine Seele legte, traf ich hilfsbereite Amerikaner. Einer meiner Ski-Schüler verwies mich auf das Whitworth-College in Spokane im nördlichen US-Staat Washington, eine Schule, die sehr an ausländischen Studenten interessiert war. Ich wurde akzeptiert – ohne Papiere. Damals existierte noch das andere Amerika, das sich im Triumph des Sieges im Zweiten Weltkrieg sonnte. Die Kommunisten waren die Feinde, diese gottlosen Gesellen. Sicher: Rassismus war Normalität, die »Nigger« mussten ihren Urin in für sie reservierten Toiletten abschlagen, sie waren für die Weißen die amerikanische Kaste der Unberührbaren. Auch damals schon predigten religiöse Eiferer, verfolgten Politiker kommunistische Sympathisanten oder jene, die sie als solche einschätzten, wie etwa den Immigranten Charlie Chaplin. Nur: Für US-Bürger und Millionen von Einwanderern existierte kein Land auf der Welt, das freier schien. Die Bürokraten erdrückten die Kreativen nicht, kein US-Präsident forderte den Bau einer Mauer zwischen Mexiko und den vier südlichen Grenzstaaten der USA.

Ich habe immer wieder ohne Papiere Arbeit gefunden, weil das Land noch nicht von einer Terroristen-Phobie erfasst worden war. Ich habe beispielsweise eine Privatmaschine geputzt, und der Fluglehrer hat mir als Gegenleistung Flugstunden gegeben. Ich war ein illegaler Einwanderer, aber ich konnte einen Pilotenschein erwerben. Mehr noch: Nach meiner Prüfung habe ich als sogenannter »crop duster« gearbeitet – ich bin mit einem Doppeldecker mit Chemikalien über Kartoffel- oder Weizenfelder geflogen und habe das Schädlingsgift versprüht. Ich bin heute schwerhörig, beidseitig, womöglich eine Spätfolge der Chemikalien, die ich inhalierte. Was wusste ich damals von den Giften, was hätte es verändert? Während ich im Tiefflug über die Ländereien knatterte und Amerikas Ernte vor Ungeziefer schützte, träumte ich von einem Beruf, der mich seit Kindheitstagen reizte: Arzt.

Ein toller Plan, Rudi, sagte ich mir, aber von deinem Giftspritz-Honorar kannst du dir kaum Benzin für dein klappriges Auto leisten – und die medizinische Ausbildung war teuer, gottverdammt teuer. Wieder half der Zufall: Kanada. Das Land im Norden bildete Mediziner an staatlichen, kostenlosen Universitäten aus. Und – die kanadische Ausbildung wurde von den US-Gesundheitsbehörden anerkannt. Ich trampte gen Norden, immer noch ohne Papiere. Ich beschaffte mir an der Universität von Alberta in Edmonton einen Studienplatz und hoffte auf eine – spätere – Aufnahme in die Medizinische Fakultät. Der zuständige Leiter freilich erklärte, meine Chance auf Aufnahme sei gleich null. Sein negativer Bescheid bedrückte mich zwar, aber ich hatte gelernt zu kämpfen. Ich besuchte jedes Mitglied des Aufnahmegremiums persönlich, einfach so, und plädierte bei den Professoren auf eine Chance; ich überzeugte sie und wurde als Medizinstudent eingeschrieben. Im dritten Studiensommer habe ich im US-Bundessaat Idaho an einem Krankenhaus für psy-

chisch gestörte Kinder gearbeitet, auf schlicht Deutsch gesagt, in einer Irren-
anstalt. Die Zustände waren grausam und menschenunwürdig. Ich wollte Arzt
werden, aber das, was die Mediziner dort veranstalteten, erschreckte mich: Das
waren keine Götter in Weiß, sondern trübe Gestalten, die spritzten und prügelten, auf Tabletten setzten und auf Ketten, mit denen die sogenannten Pfleger
Kinder an Wände und Bettenrahmen fesselten.

In dieser dunklen Welt des Terrors begegnete ich einer schönen Indianerin,
19 Jahre alt. Linda war eine Studentin, die sich, wie ich selbst, für den Sommer
zum Krankendienst gemeldet hatte. Wie alle Hospital-Angestellten musste sie
vor der Einstellung medizinisch untersucht werden. Der »Arzt« war ich, Medizinstudent Unterthiner. Die Frau, die damals nackt vor mir auf dem Untersuchungstisch lag, habe ich später geheiratet. Wir sind inzwischen mehr als
vier Jahrzehnte ein Paar, Eltern von drei Kindern – und Opa und Oma. Die
Mutter meiner Indianerin hat nie zugegeben, dass sie auf einem Schoscho-
nen-Reservat in Idaho aufgewachsen ist, ihr Vater ein »Ute« war, ihre eigene
Mutter dem Stamm der »Paiute« angehörte – Indianer waren Verstoßene, die
keinen Weißen heiraten durften. Als ich zum Studium nach Kanada zurückkehrte, erwarteten wir unser erstes Kind, unseren Sohn Shane, der 1967 im
Royal Alexandra Hospital geboren wurde und heute Dokumentarfilmer ist.
Ich habe meine Medizinausbildung, Teil I, im selben Jahr an der »University
of Alberta medical school« abgeschlossen, ein Jahrzehnt nach meiner ersten
Fahrt in die Grube. Jetzt konnte ich mit dem Skalpell arbeiten, der Spaten war
endgültig Vergangenheit.

Ich hätte in Europa eine solche Karriere nie geschafft. Vergessen wir nicht:
Ich habe weitgehend in der Illegalität gelebt, studiert und gearbeitet. Einmal
bin ich von Beamten der Einwanderungsbehörde gestellt worden. Und wieder
entkommen. Aber: Mehrere amerikanische Senatoren, darunter auch Robert
Kennedy, haben mich dabei unterstützt, durch einen Kongress-Bescheid mein
Dasein in den USA zu legalisieren. In welcher europäischen Nation wäre eine
solche Karriere denkbar? Ein chinesischer Illegaler, Absolvent an der französischen Eliteschule »ENA«? Ein albanisches Mädchen Piloten-Schülerin in
Lübeck, ohne Papiere? Robert Kennedy lernte ich beim Ski in Colorado kennen. Ich erzählte ihm 1960 von meinen Problemen, und er versprach mir: »Im
Juli, davon bin ich überzeugt, wird mein Bruder von seiner Partei zum Prä-
sidentschaftskandidaten ernannt und im November ins Weiße Haus gewählt.
Und dann werden wir dir helfen.« Er hat Wort gehalten.

John F. Kennedy wurde 1963 erschossen, Bruder Robert fünf Jahre später. Eine Politkarriere habe ich selbst nie angestrebt. Ich wollte mir meine
Unabhängigkeit erhalten, vor allem die politische, und Mediziner sein. Nach

meinem Studium wollte ich mich auf Neuro- oder Gehirnchirurgie spezialisieren. Aber ich habe sehr schnell erkannt, wie sehr mich die Arbeit mit den Todkranken belastete, Gehirnschläge, Lähmungen, Krebs. Man muss ein harter Hund sein oder werden, um das durchzustehen. Ich war einfach zu weich für's tägliche menschliche Drama. Eine Ausnahme: die Wiederherstellungs-Chirurgie, Rekonstruktion der Normalität nach Unfällen, Kriegsverletzungen oder die Korrektur angeborener Missbildungen.

Ein Schlüsselerlebnis war für mich die Einlieferung eines vier Jahre alten Jungen in die Notaufnahme des »Vancouver General Hospital«, an dem ich als Assistenzarzt arbeitete. Das Kind hatte mit einem motorisierten Rasenmäher gespielt und sich dabei beide Hände total zerfetzt. Ich assistierte dem Handchirurgen – acht Stunden im Operationssaal. Nach einigen Stunden hat der Kollege den OP mit den Worten verlassen: »Mach weiter so. Sieht gut aus.« Venen, Sehnen, Arterien, Knochen, Haut, alles musste zusammengeflickt werden, es war wie ein Puzzle.

Dieser Eingriff war nicht nur meine Meisterprüfung (der Junge konnte beide Hände wieder voll nutzen), sondern brachte mir auch die Erkenntnis über mein Talent: die Feinarbeit. Nicht Knochensägen und Amputationen reizten mich, sondern die eher künstlerische Komponente. Drei Jahre lang habe ich Gefäßchirurgie praktiziert, und in der allgemeinen Chirurgie Lunge, Herz und Leber operiert, aber mein Ziel war gesetzt: Wiederherstellungs-Chirurgie, Schönheits-Chirurgie. Meine Geduld wurde belohnt. Einer der führenden Schönheits-Chirurgen seiner Zeit, John Longacre, stellte mich in Cincinnati (Ohio) in seiner Klinik »Bethesda« ein, an der auch der vom »Spiegel« als »Michelangelo des Skalpells« gelobte brasilianische Kollege Ivo Pitanguy gelernt hatte. Longacre, Autor so mancher Fachbücher, war nicht nur ein beeindruckender Mediziner, sondern ein angenehmer Mensch. Wir sind Freunde geworden. John bot mir einen hochbezahlten Job an, mich aber zog es zurück an die Westküste. Ich sehnte mich nach Bergen wie in Tirol zurück, dem Schnee und dem Ozean.

Östlich von L.A., in Lancaster, habe ich mich mit meiner ersten chirurgischen Praxis niedergelassen. Zu meinen Patienten zählten eine Vielzahl von Motorrad-Süchtigen, die vor allem an den Wochenenden durch die Berge knatterten – und stürzten. Ich gipste Brüche ein, flickte Sehnen und transplantierte Haut. Einer meiner Patienten war ein Star, den der Komiker Buddy Hackett in meine Klinik schickte. Auch der Hollywood-Beau war gestürzt und musste – diskret – versorgt werden. Über das sogenannte »word of mouth« kamen andere Schauspieler in meine Klinik, gelegentlich entfernte ich einen Krähenfuss, straffte Ober- oder Unterlid, die sogenannte Blepharoplastik.

1975 eröffnete ich eine Praxis in Beverly Hills, 9201 Sunset Boulevard. Damals arbeiteten in Los Angeles und Umgebung vielleicht zwei Dutzend Schönheits-Chirurgen. Und heute? Unglaublich, wie viele Kollegen sich in Südkalifornien niedergelassen haben. Ich war ausgebucht. Aus Europa und Asien reiste, heimlich, Prominenz an, gelegentlich habe ich in meiner Praxis im Wüstenörtchen Rancho Mirage (nahe Palm Springs) Hollywood-Stars morgens um drei Uhr operiert, um den Medien zu entkommen. Schönheitsoperationen waren verpönt wie Homosexualität. Und dennoch: Allein 1985 habe ich insgesamt 326 »face lifts« durchgeführt. Schon in jenem Jahr habe ich Busenreduzierungen oder -vergrößerungen abgelehnt, zumal ich nicht mehr Fremdkörper, die Implantate, ohne medizinische Not in einen Frauenkörper einbauen wollte. Auch die Liposuktion, das Fettabsaugen, habe ich nie versucht. Menschliche Körper sind für mich keine Autos, in die der Arzt bedenkenlos Ersatzteile einbauen kann, sondern bestehen aus komplexem Gewebe, Zellen, Blut und Wasser. Patienten haben mir Fotos vorgelegt, von dieser oder jener Schönheit und mich angefleht: »Doktor, so will ich aussehen, bitte, bitte.« Und: »Der Preis spielt keine Rolle.«

Die Scharlatane unserer Branche versprechen Nasen à la Michelle Pfeiffer oder einen Angelina-Jolie-Schmollmund. Tatsache bleibt jedoch: Kein seriöser Arzt kann ein solches Ergebnis garantieren. Ein Besuch im Restaurant des »Bel Air«-Hotels, in der »Polo Lounge« des »Beverly Hills«-Hotels oder im »Founder's Room« an der Oper bestätigt meine These: Viele Frauen können den Eingriff nicht verheimlichen. Ihre Gesichter sind glatt und faltenlos, aber zuweilen so stark gestrafft, dass das Lächeln wie aus einem Gefrierfach entnommen scheint. Und selbst wenn der Schnitt nicht zu erkennen und die Haut mit Laser wie zu einer Eisfläche poliert ist, bleiben häufig genug Altersfalten am Hals oder die von braunen Flecken bedeckten Handrücken.

Sicher, auch der Halsmuskel kann gestrafft und die Haut durch Platysmaplastik geglättet werden, die pigmentierten Hautveränderungen werden inzwischen ebenfalls weggehobelt. Aber die geschrumpften Waden, die Falten um die Knieknochen sind auch durch Armani-Kleider oder Gucci-Stiefel nicht zu verdecken. Letztlich, so glaube ich, bleibt das Face-Lifting für manche Society-Lady ein Symbol ihres Reichtums. Sie verheimlichen den Eingriff nicht mehr, reden über Peeling, Laser, Botox und über ihren Chirurgen wie über ihren Coiffeur. Die Ehemänner, inzwischen selbst am Lid operiert oder von Fettmengen befreit, die Haare gefärbt und die Manneskraft viagragestärkt, betrügen ihre gelifteten Gemahlinnen gleichwohl mit einer Yoga-geformten 24-Jährigen, die sich für ein Porsche-Cabriolet bettet oder für eine wertvolle Diamantkette von »Cartier«.

Ich habe mir meine Distanz zu dieser plakativen Welt erhalten, indem ich mit meinen üppigen Honoraren meine Flüge in den Süden, zu meinen armen mexikanischen Freunden, finanzierte. In einem Buch mit den Briefen Mozarts habe ich gelesen, was er dem Abbé Joseph Bullinger in Salzburg schrieb:»Sie wissen wohl, die besten und wahrsten Freunde sind die Armen. Die Reichen wissen nichts von Freundschaft! – Besonders die darinnen geboren werden.« Ohne die Würde dieser Mexikaner, ohne ihre Natürlichkeit hätte ich Kalifornien, die körperorientierten Manien, die Bodybuilder nie ertragen können. Nicht den Materialismus, das stete Gerede über den Dollar und Profit, Lippenaufspritzung, Gesäßstraffung, Verjüngung der Vagina.

Nichts ist berechenbar in Kalifornien – morgen ist eine andere Nase»in«, ein neues Gesicht der Modetrend. Du wirst verklagt, weil die Sonne zu hoch steht oder die Bäume hinter der Hecke nicht geschnitten sind. Du wirst verklagt, weil dein Hund das Bein am vergoldeten Stoßflügel des Rolls-Royce vom Nachbarn gehoben hat oder weil deine Frau»oben ohne« am Pool dämmerte. Geld regelt das Dasein. Geld setzt die Trends, beeinflusst Mode, Schönheits-Chirurgie, das Schönheitsideal. Auf 15 Milliarden Dollar wird der Umsatz der dekorativen Chirurgie mittlerweile geschätzt, nahezu zehn Millionen Eingriffe werden im Jahr in den USA registriert.

Die ehemalige»New York Times«-Journalistin Alex Kuczynski hat in ihrem Buch mit dem Titel»Beauty Junkies: inside our obsession with cosmetic surgery« beschrieben, wie sie nahezu süchtig geworden ist bei dem Versuch, ihre Schönheit zu erhalten und vermeintliche Mängel zu korrigieren. Sie ist keine Ausnahme. Amerikanische Fernsehserien wie»Extreme Makeover« erreichen hohe Einschaltquoten, weil den einfachen Seelen in Iowa, Oregon, Maine oder Maryland vorgeführt wird, wie Schönheits-Chirurgen, Stilisten, Coiffeure aus jedem hässlichen Entlein eine wunderschöne Prinzessin zaubern können.

Ich muss kein Prophet sein, um zu behaupten: Schönheitsoperationen werden zur Normalität, so wie der Besuch beim Zahnarzt. Wer zu den Lesern von Klatschkolumnen oder -magazinen zählt, dem wird die Tragik (oder sollen wir es Komödie nennen?) um Michael Jackson, der afroamerikanischen Pop-Ikone des letzten Jahrtausends, nicht entgangen sein. Jackson soll sich, will man den Klatschblättern glauben, mehr als 20 Mal einer Nasenoperation unterzogen und obendrein versucht haben, seine Haut zu bleichen. Der im Juni verstorbene Entertainer behauptete, er sei nur zweimal an Nase und Kinn operiert worden, weil bei einem Unfall während eines Drehs zu einem Werbespot sein Gesicht beschädigt worden sei. Und seine Wandlung von Schwarz auf Weiß sei nicht die geniale Tat eines Schönheits-Chirurgen, sondern Folge einer Hautkrankheit.

Die unendliche Diskussion um die Jackson-Nase allein dokumentiert die Faszination für Schönheitsoperationen und den Trend. So mancher eitle Chefredakteur oder selbstbezogene Industrielle, der nicht mehr wagt, am Strand von St. Tropez, Kampen, Ibiza, South Miami Beach oder Mallorca in Badehose aufzutreten, lässt sich heute das Fett absaugen, das Doppelkinn und die Krähenfüße entfernen, trifft sich daheim mit einem Gymnastiklehrer oder Bodybuilding-Experten, setzt auf Diät, verzichtet auf den Bordeaux und – wird damit weder erotischer noch schöner. Allenfalls kann er, nach seiner 50 000-Dollar-Investition in sein Äußeres, in den Spiegel sehen, ohne zu erschrecken. Er ist weder zu Sean Connery noch George Clooney geworden, aber immerhin, sein Selbstwertgefühl ist für einige Jahre gestiegen.

Ich bin ein absoluter Vertreter jener, die eine Selbstbestimmung über ihren eigenen Körper einfordern. Wenn Amerikas Frauen kleine Brüste als »Krankheit« empfinden, will ich mit ihnen so wenig streiten wie mit jenen Frauen, die 50 oder 80 Jahre alt sind und gegen Schwangerschafts-Unterbrechungen auf die Barrikaden steigen. Aber ich denke anders. An die Freiheit. An mein Recht, die Verantwortung für mein Ich. Und das schließt ästhetische Operationen ein, meinen Traum von körperlicher Vollendung. Von Perfektion. Absoluter Schönheit. Plakative Schönheit ist durch den chirurgischen Eingriff partiell herstellbar, nur wirkliche Schönheit ist sicher mehr: Aura, Charme, Charisma. Klugheit. Viele meiner Kollegen, von denen es weltweit inzwischen 11 000 geben soll (etwa 6500 sind in der »American Society of Plastic Surgeons« und der »American Society for Aesthetic Plastic Surgery« gemeldet), vermarkten sich als Bildhauer, Künstler, die den Körper, die Haut als Leinwand missverstehen; sie folgen den von Hollywood und den Medien gesetzten Schönheitsidealen.

»Gesichter sind die Lesebücher des Lebens«, hat der Cineast Fellini einmal gesagt. Sicher ist ihm zuzustimmen, und ich kann nicht bestreiten, dass ich in diesem Sinne einer dieser »Bücher-Verbrenner« war. Selbstverständlich kann ich die Gefühle von Frauen nachvollziehen, die im Herbst ihres Lebens stehen und verfolgen müssen, wie ihre Brüste sacken und das Fett sich unter der Haut der Oberschenkel wellt. Mit Tausenden von Frauen habe ich über den Verlust des Selbstwertgefühls gesprochen, die verblassende Sexualität. Ich war dann eher Psychologe als Chirurg. Ich habe, ohne Scheu, erklärt, dass die Jugend mit einer Lipoaspiration oder einem Silikongel-Implantat nicht zurückzuerobern ist, sondern allenfalls die Illusion.

Meine eigene Frau hat mich bedrängt, bei ihr ein »face lifting« zu machen. Ich habe mich lange geweigert, weil sie für mich so schön war wie an jenem Tag, als sie in der Verrücktenanstalt nackt auf meinem Untersuchungstisch lag. Sie aber zählte die Falten. Sie trug ihre Tränensäcke wie Ballast, die Krähenfüße waren die Warnlampen des nahenden Alters, das wir nicht ausbremsen können. Letztlich habe ich die Operation gewagt, den ersten Schnitt in Höhe der Schläfen gesetzt und habe dann das Skalpell wie bei Tausenden von Operationen am Haaransatz entlanggeführt, vorbei an der Innenlinie des Ohres bis in den behaarten Nackenbereich.

Nach dem Eingriff war das von mir so geliebte Gesicht geschwollen, Normalität, wie auch die im Wangen-, Mundwinkel- und Halsbereich zuweilen sichtbaren Blauverfärbungen. Wahrscheinlich habe ich mehr gelitten als Linda. Sie erwachte aus der Vollnarkose und drückte mir die Hand. Ich glaubte ein Lächeln zu erkennen, vielleicht habe ich mir das nur eingebildet, weil ich mich beruhigen musste. Sie hat mir vertraut, doch ich muss gestehen: Ich bin nicht sicher, ob sie durch den Eingriff »schöner« geworden ist. Das ist für die Mehrheit der Patienten letztlich auch nicht die Frage. Sie wollen glauben, dass sie jünger aussehen, wieder begehrenswert sind. Anders ausgedrückt: Die dekorative, ästhetische Chirurgie soll meist kein medizinisches Problem beheben, sondern durch den Eingriff vor allem einen Gemütszustand verändern. Die Altersentwicklung, so die Hoffnung, soll durch die Operation zumindest äußerlich verlangsamt und empfundene Anormalitäten korrigiert werden. Ich habe mir oft die Frage gestellt: Wer ist schön? Wer definiert Schönheit? Der Jugendkult, kein Zweifel, hat Einfluss auf diesen Begriff, vollschlanke Chefredakteurinnen, untersetzte Regisseure, die sich auf Plattform-Schuhen auf die Höhe ihrer Schauspieler schrauben, definieren das Schönheitsideal unablässig neu: Mal werden üppige Formen à la Marilyn Monroe als Trend vermarktet, danach die zierliche Figur der Audrey Hepburn. In einem Jahr zeigen Mannequins unter Seidenblusen ihre Brüste, dann nur noch Knochen.

Ist Marlene Dietrich, die sich angeblich die Nase korrigieren ließ, eine klassische Schönheit oder Sandro Botticellis »Venus«? Erregt Penelope Cruz die Fantasien oder Renoirs »Die Badenden«? Ist Brad Pitt schöner als Albrecht Dürer in seiner »Aktstudie«? Arnold Schwarzenegger männlicher als Rodins »Das eherne Zeitalter«? Wer verkörpert diese Schönheit ohne Wenn und Aber, fragen Autoren beispielsweise in dem von Angelika Taschen herausgegebenen Werk »Schönheits-Chirurgie«. Sean Connery, James Dean oder George Clooney? Was sind die Kriterien für Schönheit – Nase, Augen, Muskeln, Körpergröße, Haare, das Lächeln, die Stimme, der Gang? Haare blond, gewellt oder zum Pferdeschwanz à la Johnny Depp gebunden? War Sophia Loren schöner als Brigitte Bardot, selbst im Badeanzug? Audrey Hepburn begehrenswerter als Ingrid Bergman? Ist Angelina Jolie attraktiver als Marilyn Monroe?

Die Wahrheit ist: Wir, die Konsumenten, lassen uns von den Medien, von Hollywood unterhalten, wir wissen, dass es die absolute Schönheit nicht gibt, es sei denn, wir verharren im klassischen Griechenland. Wir wissen, der Marilyn Monroe wurde die Kinnpartie – chirurgisch – verbessert und Greta Garbo musste sich für Hollywood die Zähne richten lassen. Das ist der Preis, den Hollywood von Stars einfordert, damit die Illusion der Perfektion, der Makellosigkeit erhalten bleibt, selbst bei Nahaufnahmen. Wissen wir noch, welche Schönheit unkorrigiert ist? Müssen wir das wissen, oder ist alles nur ein Ratespiel der Medien, die immer wieder Trends ankurbeln, damit die Auflagen steigen? Vielleicht irritiert die Gegner der Schönheits-Chirurgie, dass nun nichts mehr echt scheint, zumindest wir nicht mehr sicher sind. Mein Gott, ein deutscher Bundeskanzler hat juristisch protestiert, als Zeitungen ihm unterstellten, er habe sich die Haare gefärbt!

Was soll's. Muss ich wissen, ob dem Papst in Rom ein Stiftzahn eingesetzt wurde? Welch ein Mediengetöse in Italien um Premier Silvio Berlusconi. Nein, nicht wegen seiner einmal mehr verkündeten Scheidung oder einer Niederlage seines Mailänder Fußballclubs, sondern in Schlagzeilen fragten die Blätter der Nation: Ist er geliftet? Einer meiner Kollegen in Santa Monica ist selbst zu einem Medienstar geworden, weil er sich auf Penisverlängerungen und Vaginakorrekturen spezialisiert hat sowie die Umwandlung von männlichen zu weiblichen Geschlechtsorganen. Das ist ein Thema für die Frau, die beim Friseur unter der Trockenhaube sitzt, aber auch für den Mann. Von Verlängerung und Verdickung wird geschrieben und auch, dass das Normalmaß eines Penis im erigierten Zustand 13 Zentimeter beträgt – an die Messlatte, ihr Männer und dann unters Messer!!

Diese Exzesse sind zur Normalität geworden, eine Lidstraffung ist inzwischen wirklich zu banal, Anti-Aging-Behandlungen sind »in«. Schönheits-Chirurgen haben sich sogar darauf spezialisiert, Beine zu strecken, damit Kurzwüchsige, diese Napoleon-Typen, sich von ihren Komplexen befreien können. In Asien kreieren Kollegen aus Schlitzaugen westliche Modelle. Autor James Ellroy beschreibt in seinem Bestseller »L.A. Confidential«, wie ein Schönheits-Chirurg Prostituierte in Schönheiten wie Marilyn Monroe umzufunktionieren versucht, damit die Freier mit der Illusion im Bett herumturnen, sie sei's wirklich. Könnte ein begabter Chirurg Osama bin Laden eine neue Identität verpassen? (Falls das nicht längst geschehen ist.) Sicher. Wir können ihn nicht von seinen geschätzten 1,94 bis 1,98 Meter auf das Maß von Dustin Hoffman kürzen, aber eine neue Nase, andere Augenfarbe, gefärbte Haare, Glatze, andere Ohrform, statt seiner vermuteten 71 Kilo eine Gewichtszunahme um 50 Pfund – warum nicht? Sein Bart müsste natürlich ebenfalls ab.

Ich habe in meinem Roman von einem CIA-Agenten namens Jack Cott geschrieben, der mich aufforderte, einen Spion so zu verändern, dass »selbst

seine eigene Mutter ihn nicht mehr erkennt«. Selbst die Fingerkuppen musste
ich ihm abtrennen. Ich habe den Patienten nie zuvor gesehen und nie mehr
danach. Fiktion? Einigen wir uns auf »Romanfigur«, denn auch Chirurgen wollen lange leben. Lange bevor Saudi-Arabiens Terroristen die Jets in das World
Trade Center in New York steuerten, hatte ich in meiner Praxis den Besuch
eines Spaniers, der keine Visitenkarte hinterließ. Er bot mir einige hundertau-
send Dollar Honorar für die Gesichtsveränderung eines auf internationalen
Fahndungslisten ausgeschriebenen Revolutionärs. Er hat das Einsatzgebiet
nicht benannt, ich habe Kolumbien nicht ausgeschlossen oder einen Basken-
Führer. Letztlich habe ich abgelehnt.

Ich habe wahrscheinlich zu häufig Kriminalromane gelesen oder Mafi-
osi-Filme gesehen, um zu wissen, wie solch ein Abenteuer ausgehen kann.
Patient neu, Arzt tot. Logisch – der Chirurg ist der Einzige, der den Verfolgten
identifizieren könnte. Trotz dieser gelegentlichen Herausforderungen ist mir
die Oberflächlichkeit meiner medizinischen Tätigkeit bewusst geworden. Ein
mexikanischer Freund, ein Fischer, hat mich mit einer Frage getroffen: »Warum
operierst du Menschen, die nicht krank sind?« Eine berechtigte Frage. Wahrscheinlich hat mich meine eigene Eitelkeit getrieben, das Wissen um mein
Know-how, für das Patienten bereit waren, hohe Honorare zu zahlen.

Die Armut, die ewige Flucht, die Existenz ohne Papiere hat mich gegen
die Verlockung des Geldes nicht immun gemacht – im Gegenteil. Zu meiner
Entschuldigung kann ich nur vorbringen, dass ich mir mit meinem Engagement im mexikanischen Puertecitos eine moralische Rechtfertigung geschaffen habe. Ich war ästhetischer Chirurg, aber auch praktischer Arzt. Mein Einsatz für die Armen war keine PR-Idee, sondern entsprach meinem Bestreben,
Menschen in Not helfen zu können. Mit dem Absturz in Palm Springs habe ich
mein Engagement in Mexiko weitgehend beendet und nun in den Norden, zu
den Fischern und Jägern unweit Vancouvers verlegt.

Ich hatte Puertecitos nicht über das Rote Kreuz oder eine UN-Hilfsorga-
nisation gesucht, mein permanenter Begleiter, der Zufall, hatte mich vor diesem vergessenen Fischerdorf zur Landung gezwungen. In meinen freien Stunden flog ich damals in einer »Cessna« Fracht von Kalifornien nach Mexiko.
Bei einem dieser Einsätze begann der Motor zu spucken. Unter mir schroffe
Küste, Felsen, das Meer. Ich konnte eine Straße erkennen, keinen Acker. Endlich – eine Landzunge. Darauf eine Schotterpiste. Ich taumelte der Erde entgegen, Seitenwind, Gegenwind, Sand und keine Alternative. Das Motoröl rieselte
über die Cockpitscheibe, der Propeller der einmotorigen Maschine begann zu
bocken, stoppte, drehte sich für einige Sekunden schneller als zuvor, dann wieder im Windmühlentempo. Ich krachte auf die Piste – Vollbremsung.

Die Einwohner umringten das Flugzeug und bekreuzigten sich – ein weißer Mann, der ihre Sprache verstand und ihnen versprach zurückzukommen, um ihnen medizinisch zu helfen? Ich habe Wort gehalten, 22 Jahre lang. Ich habe nie in Bel Air, Pacific Palisades oder Beverly Hills gewohnt, den Oasen des zuweilen obszönen Reichtums, in denen meine Patienten lebten, umringt von Chauffeuren, Zofen, Gärtnern, bedient von Butlern, massiert von Indern. Oder Thai-Mädchen. Nach der letzten Operation (April 2006) bin ich mit dem Auto nach Santa Monica gefahren und umgestiegen in meine Maschine – 40 Minuten später landete ich auf meiner Ranch in der Wüste, unweit von Palm Springs. Einen Kilometer von mir entfernt lebte, vor vielen Jahren, Frank Sinatra. Ich habe eine unserer Begegnungen, sie liegt Jahrzehnte zurück, nie vergessen: Auf seinem Grundstück hatte er mehrere Häuser bauen lassen – eines für seine elektrische Eisenbahn. Der Entertainer war ein begeisterter Sammler, ein Miniaturzug-Freak, der von seiner Schaltzentrale aus seine Expresszüge an Miniatur-Dörfern vorbeiführte, über Brücken und durch Täler.

Ich hatte einmal, bei einem Besuch in Sterzing, von einem Bahnhofsvorsteher eine rote Mütze als Geschenk erhalten, F. S. war über dem Mützenschirm eingestickt. Die habe ich Frank geschenkt; er war gerührt über meine Geste, wegen der Initialen vor allem. Ich habe mich nicht getraut, ihm zu verraten, dass mit F. S. nicht er, sondern die staatliche Eisenbahngesellschaft »Ferrovia di Stato« gemeint war. So habe ich den Megastar Amerikas erlebt – er saß mit der roten Mütze in seiner Eisenbahnhalle und rangierte Lokomotiven, ließ über den Bahnhofslautsprecher einspielen: »All aboard, der D-Zug nach Chikago fährt ab an Gleis 3.« Er ließ die Schranken niedergehen, schaltete grünes Licht oder rotes und war nur noch Kind.

Frank Sinatra war mir vertraut, auch als Arzt. Vor allem aber war er von Linda angetan, die ihn mit ihren indianischen Weisheiten beeindruckte, mit den Geistern, die sie anrief. Einmal hatte er wegen angeblicher Mafia-Beziehungen Probleme in Las Vegas. Die Behörden verweigerten ihm eine Spielkasino-Lizenz. Linda schickte an Sinatra die von einem indianischen Medizinmann formulierten Weisheiten, mit denen böse Geister zu vertreiben waren. Sinatra erhielt trotz aller Widerstände seine Lizenz. Er war überzeugt, so verriet er Linda, dass ihre Botschaft ihm letztlich die Kasinotüren geöffnet hatte.

Sinatra war sehr selbstbezogen und erzählte bei Diners am liebsten über sich selbst. Und er war ein überzeugter Katholik. Über seinem Bett hing ein gerahmtes Bild des polnischen Papstes, unter dem Bett hatte er eine israelische Uzi-Maschinenpistole versteckt – beten und schießen war wohl sein Motto, oder umgekehrt. Er war Taufpate meiner Frau Linda, als sie katholisch wurde, aber dabei sollte es nicht bleiben. Eines Tages erklärte Frank mir: »Rudi, du hast deine Linda nie in einer Kirche geheiratet und das wirst du jetzt nachholen. Ich organisiere das für euch.« An einem Abend haben wir uns in der katholischen Kirche zwischen Rancho Mirage und Palm Springs getroffen, in Cathedral City, ein treffender Name. Frank Sinatra führte Linda Unterthiner vom Stamm der Schoschonen am Arm zum Altar. Die Kirche war leer. Unsere drei Kinder waren Trauzeugen, zwei Priester zelebrierten die Messe und Frank summte »Ave Maria«.

Rosie Westerman schmachtete schon als Kind nach »Romantik und Abenteuer«, und sie war früh auf den Beinen, als beides vorbeikam: Eben mal 15, lief sie mit dem Zirkus der entgeisterten Mama davon. Von Münster aus, wo der Zirkus zu Gast gewesen war, ging es durch Europa. Rosie lebte zwischen Dompteuren und Akrobaten, mistete Ställe aus und arbeitete mit Bären – und sie verschlang die Bücher von Karl May, insbesondere solche mit dem edlen Winnetou und mit Old Shatterhand, der, wie man weiß, Grizzlys mit dem Messer bezwingen konnte. Die junge Frau war danach auch ohne Zirkus viel unterwegs, aber dann, in Kalifornien, war das Abenteuer zu Ende. Rosie Westerman begegnete dem »echten Winnetou«, wie sie sagt, einem Indianer vom Stamme der Sioux – Floyd Red Crow Westerman, einem der wohl bekanntesten Indianer der Vereinigten Staaten. Sie heirateten und lebten in Marina del Rey, einer Gemeinde am Pazifik. Der groß gewachsene Sioux, der in einem der unzulänglichen Reservate für die Ur-Einwohner Amerikas geboren wurde und im Dezember 2007 im 71. Lebensjahr gestorben ist, kämpfte als Sänger, Schauspieler und Aktivist zeitlebens für die Rechte seines Volkes und gegen das Vergessen all der Schandtaten, die sich das weiße Amerika den Indianern gegenüber zu Schulden kommen ließ. Die Ausrottung der Indianer betrachtete Floyd Red Crow für vergleichbar mit dem Holocaust. An der Seite von Showbiz-Größen wie Marlon Brando, Harry Belafonte und Sting sang er für Frieden und ökologisches Pflichtbewusstsein. Höhepunkt seiner Künstlerkarriere war die Hauptrolle des Indianer-Häuptlings in dem Kevin-Costner-Film »Der mit dem Wolf tanzt« – ein Welterfolg. Das deutsch-amerikanische Verhältnis war bei Rosie Westerman und Floyd Red Crow offenbar in besten Händen. Sie hielt sich aus der Politik heraus, importierte und trainierte deutsche und belgische Schäferhunde für sicherheitsbedürftige Amerikaner; er kämpfte gegen die Unterdrückung durch den weißen Mann.

Rosie Westerman

»Die duftenden Blumen sind unsere Schwestern«

Ich bin mit dem Zirkus geflohen, weg aus der Bürgerlichkeit von Münster, Westfalen. Weg von katholischer Enge, der Begrenzung, der Intoleranz. Der Zirkus gastierte in der Stadt. Ich war wie verzaubert von den Tieren, dem Stallgeruch, den Scheinwerfern, die die Trapez-Künstler einfingen und die Jongleure. Was wusste ich, eben knapp 15, von der Dressur der Tiere und den damit verbundenen Qualen? Ich habe nur die Romantik und das Abenteuer gesehen, die Freiheit, die der Zirkus für mich versprach. Hat sich nicht selbst eine monegassische Prinzessin namens Stephanie vorübergehend in einem Zirkuswagen gebettet? Mein Vater, in Ostpreußen geboren, starb, als ich 12 Jahre alt war. Ich wurde zu einem aufsässigen Teenager. Wahrscheinlich würden die Analytiker meinen Trotz, den Freiheitsdrang mit dem Tod meines Vaters erklären. Aber vergessen wir Sigmund Freud. Ich war nicht auf der Suche nach Antworten, sondern nach Abenteuern.

Der Zirkus-Virus hatte mich gepackt. Zirkus, Zirkus, Zirkus. Nur das. Ich entschied mich, den Clowns zu folgen, den Degenschluckern und den Elefanten. Das gab Krach mit meiner Mutter, Lügen im Zirkus: »Ich bin 16, meine Mutter lässt mich ziehen.« Weg war ich. Ohne Papiere. Rosie im Zirkus. Auf Wanderschaft durch die weite Welt. Ich lernte auf Elefanten zu reiten, ich habe Ställe ausgemistet und mit Bären gearbeitet. Der Zirkus war meine Heimat – und das Spinnengewebe, in dem ich mich verfangen hatte. Zwei Jahre zogen wir durch Italien, ein Traum war das. In meiner Freizeit las ich die Werke von Karl May, ich verschlang sie. Winnetou, mon amour. Jetzt lebte ich diese Wirklichkeit. War Old Shatterhand nicht einem Grizzlybären begegnet, Bären, mit denen ich im Zirkus arbeitete? Ich verstand die Botschaft zu gut, dass ein solcher Bär »mit einem einzigen Biss einen Kopf in Knochenbrei verwandeln kann«. Nach meiner Begegnung mit den Zirkusbären wuchs meine Bewunderung für Old Shatterhand, den aus Deutschland stammenden Landvermesser, der zu einer Legende und zum Freund Winnetous wurde. Da ihm Gewehr oder Pistole fehlten, erzählte Karl May, wagte sich Old Shatterhand nur mit einem Messer bewaffnet in den Kampf mit einem Grizzlybären, der einen Shatterhand-Kollegen getötet hatte. Der Mann gegen das Biest.

Nach einigen Jahren Zirkus-Wanderschaft kam ich nach Münster zurück. Wider besseren Wissens. Ich ahnte: Du wirst dieses Kerker-Dasein nie mehr ertragen. Sagte nicht ein Sprichwort: »Besser frei in der Fremde, als ein Knecht daheim«? Ich ging wieder auf Wanderschaft, bestärkt durch Albert Schweitzers Worte, an die ich mich aus dem Unterricht erinnerte:»Freiheit besteht vor allem darin, das zu tun, was man nach seinem Gewissen tun soll.« Ich verbrachte Wochen, Monate mit Indianern in Brasiliens Tropenwald, irgendwo im Amazonasgebiet. Zwei Jahre durchstreifte ich Australien, diesen weiten Kontinent, abseits der Großmacht-Allüren und Bürgerkriege. Einmal nur noch wollte ich zur Abmeldung – zum »Abschied für immer« – nach Deutschland zurück, und dann, via Amerika, nach Australien reisen. Mit der Zwischenstation New York. Die Stadt hat mich gepackt, durchgeschüttelt – und erschreckt. Erdrückende Wolkenkratzer. Beängstigende Hast. Manhattan erschien mir wie eine gigantische Fessel, die sich um mein Gemüt legte. Australien, ich komme! Nur noch ein Stop: Los Angeles. Das war vor mehr als 20 Jahren. Ich habe Australien nie mehr erreicht. Ich lebe in Kalifornien, in Marina del Rey, am Wasser. Und importiere deutsche und belgische Schäferhunde. Ich habe noch immer einen deutschen Pass, war jedoch mit einem Amerikaner verheiratet, Floyd Red Crow Westerman: einem Indianer. Sioux. So wie's Karl May geschrieben hat. Mein Winnetou. Echt. Im Oktober 1985 habe ich ihn das erste Mal gesehen, bei einem Filmfestival in San Franzisko. Im Winter 2007 ist er gestorben, in seiner Heimat Süd-Dakota haben wir ihn beerdigt.

1985 hieß es für mich nicht mehr »Winnetou, mon amour«, sondern »Floyd, my man«. Hollywoods Indianerfilme, Indianer-Dokumentationen. Floyd war der Star. Er sang damals vom trüben Dasein seines Volkes. Massaker. Ausrottung. Vertreibung. Es waren wehmütige Lieder, und er war ein Indianer mit der Stimme eines Weißen, eine Art Johnny Cash. Seine Botschaft gefiel mir, sein Charisma und die langen schwarzen Haare, die wie ein Wasserfall vom Kopf auf die Schultern fielen und den Rücken bedeckten. Draußen vor der Tür wartete ich nach der Show auf Freunde, machte im Dunkeln die Konturen eines Autos aus, hörte dann seine Stimme: »Können wir Sie irgendwo hinfahren?« »Thanks. Ich werde abgeholt.« Too bad. Wie gern hätte ich mit ihm gesprochen. Eine Woche später besuchte ich mit einer Freundin, einer Navajo-Indianerin, einen »benefit« in Los Angeles, eine Künstler-Show zugunsten der Navajo-Bewegung. Und plötzlich entdeckte ich ihn wieder, Floyd. Die Gitarre begleitete seine Klagen, sein Haar war zu einem Zopf gebunden. Durch meinen Akzent riet er sogleich: »Sind Sie Deutsche?« Er erzählte mir von seiner Liebe zu Schweinshaxe und Bratkartoffeln, seinen Begegnungen mit Heinrich Böll und Petra Kelly, die er auf einer Tournee mit Harry Belafonte in Deutschland kennengelernt hatte. Belafonte und Floyd waren in Europa bei Friedenskundgebungen gegen die Nachrüstung der NATO aufgetreten.

Floyd war stolz auf seine deutschen Sprachkenntnisse, die sich auf »Amerika – 200 Jahre sind genug to me, die Miete ist fällig« beschränkten. Er war ein indianischer 68er. In jenem Jahr hat er die »Amerikanische Indianer-Bewegung« mitbegründet, die vom FBI als »radikal« eingestuft wurde, militant wie die schwarze Black-Panther-Truppe. Im Februar 1973 beispielsweise hatten sich 300 Aktivisten des »American Indian Movement« (AIM) im »Pine Ridge«-Reservat in Süd-Dakota zu Protesten gegen die Verarmung und die Missachtung der Indianer versammelt. 85 Prozent der Ogalala Sioux, die dort wohnten, waren arbeitslos, 97 Prozent existierten unter der – offiziellen – Armutsgrenze. Also Grund genug zu protestieren. Der Staat freilich rückte mit der Ordnungsmacht an, mit bewaffneten FBI-Agenten, die Floyd und seine Blutsbrüder umringten, 71 Tage lang. Belagerungszustand. Floyd entkam den Truppen immer wieder, er hatte Auftritte an Universitäten, gab Radio-Interviews, hatte Kontakte zu Sympathisanten – dann schlich er zurück.

Zunehmend gerieten Polizei, FBI-Agenten, sogar die Nationalgarde aneinander, immer heftiger. Zwei Jahre nach den Protesten in »Pine Ridge« kam es dann zu einer bewaffneten Konfrontation, im Juni 1975. Irgendwann fielen Schüsse. Wieder tote Indianer. Auch zwei FBI-Agenten wurden erschossen. Einer der – angeblichen – Täter, Leonard Peltier, sitzt seit mehr als 30 Jahren im Zuchthaus, unschuldig, wie seine Anwälte argumentieren. Zu zweimal »lebenslänglich« wurde er verurteilt. Rache musste sein, Rache war immer Teil des Systems der weißen Macht im Vernichtungskrieg gegen die Indianer. Spätestens seit jener Konfrontation, daran habe ich keinen Zweifel, wurde Floyd vom FBI observiert. Er hat sich nie gescheut, die Wahrheit zu sagen, öffentlich zu erklären, dass die Ausrottung der »Native Americans«, der amerikanischen Ur-Einwohner, nichts anderes gewesen sei als »Holocaust«. Floyd hat nie bei den Protestaktionen der Indianer gefehlt. Er hat sich an Besetzungen beteiligt und ist inhaftiert worden, gemeinsam mit Marlon Brando, Hollywood-Ikone und Sympathisant der Bewegung. Brando hat der Gruppe nicht nur finanziell geholfen, sondern offenbar selbst Zuchthausstrafen riskiert. Nach dem blutigen »shoot-out«, der Konfrontation, so habe ich gelesen, hatten einige der Aktivisten, nach denen das FBI wegen der Morde fahndete, ihren Hollywood-Freund Brando kontaktiert und um Hilfe gebeten. Er soll ihnen für die Flucht die Schlüssel für sein »Motor Home«, seinen eleganten Camper, überlassen haben. No questions asked.

Die Polizei stoppte das Brando-Mobil auf einem Highway im nördlichen Oregon, Denis Banks, ein Schulfreund meines Mannes, konnte entkommen, vorerst. Nachdem Brando für seine Rolle in »Der Pate«, einem Film über einen mächtigen Mafia-Boss, mit einem »Oscar« bedacht worden war, lehnte er die Auszeichnung ab. Stattdessen schickte er, im März 1973, eine Vertretung auf die Bühne, eine Indianerin namens Sacheem Littlefeather. Sie erklärte:

»Wegen der negativen Darstellung der Indianer im Film und Fernsehen sowie den neuesten Ereignissen in »Wounded knee« (»Pine Ridge«-Reservat) ist Marlon Brando nicht bereit, die Auszeichnung zu akzeptieren.« Ein wunderbarer Werbe-Coup für die Indianer-Bewegung – Amerika war einmal mehr von der Vergangenheit erfasst und angeklagt worden. Ich will für Floyd Red Crow für seine Indianer-Freunde nicht Ghostwriter sein. Er kann, sollte seine Geschichte selbst erzählen, zumal ein auf Indianer ausgerichtetes Magazin »Native people« in einer Titelgeschichte über ihn schrieb: »He may be the most recognized face in Indian Country«, man könne ihn als das bekannteste Gesicht der Indianer-Nation bezeichnen.

Floyd Red Crow Westerman:

»Die roten Männer waren die ersten Grünen.«

Ich bin auf dem Sisseton-Wahpeton-Reservat in Süd-Dakota geboren worden, 1936. Hitler war in Deutschland an der Macht, die Welt umarmte ihn bei den Olympischen Spielen in Berlin. Wenige Jahre später entflammte er den Holocaust, eine schreckliche Episode in der Geschichte der Menschheit. Das Schicksal der Juden, der Zigeuner, der Christen, der Widerständler lässt jeden aufrechten Bürger an dem Verstand der Schuldigen zweifeln. Auch wir Indianer sind Opfer eines Holocaust: keine Gaskammern, dennoch Ausrottung, biologische Kriegsführung. Ich habe eine Videodokumentation zusammengeschnitten, die das Ausmaß unserer Vernichtung beweist: »Exterminate them! America's destruction of Indian Nations – the California Story«. Wir sind die «Native Americans«, die Ur-Einwohner dieser Nation. 20 Millionen sollen zwischen Ost- und Westküste gelebt haben, als die ersten weißen Eroberer Land betraten. Vor dem Zweiten Weltkrieg wurde die Gesamtzahl der Indianer auf 500 000 geschätzt, zusammengetrieben in Konzentrationslagern, die wir bis 1930 nicht verlassen durften.

Als Kind wusste ich natürlich nichts von unserer elenden Geschichte, von dem Versuch, ein Volk auszurotten. Mir fehlte jeder Vergleich. Wir kutschierten mit Pferd und Wagen herum, denn Autos konnten sich nur die Verwalter der Reservate leisten. Oder die Missionare, die aus uns Christen machen wollten, zu Glaubensbrüdern eben jener, die uns unterdrückten. Amen. Kein fließendes Wasser, keine Heizung, kein Radio, nur Hunger. Und als man an uns vor mehr als 100 Jahren Wolldecken verteilte, angeblich um uns vor dem Kältetod zu bewahren, waren die mit Pockenviren infiziert – natürlich war das ein Versehen. Die Viren töteten lautlos, die Kosten für die Kugeln, die unser Volk dezimierten, konnten eingespart werden. Biologische Kriegsführung nennen das die Pentagon-Experten heute, die wegen solcher angeblicher Pläne Saddam Husseins unfassbare Summen im Irak verbrennen. Und uns fehlen Brunnen, Ärzte, Medikamente, Schulen, Bücher.

Die Geschichte des jüdischen Holocaust hat zu internationalen Gesetzen geführt, die auch auf uns Anwendung finden sollten: Rückgabe unseres Grundbesitzes, unserer Wälder, unserer heiligen Stätten. Entschädigung für Gewaltmärsche, Massaker und Enteignung. Wie haben nach dem Zweiten Weltkrieg die Juden reagiert oder später die vom Kommunismus befreiten DDR-Bürger, deren Besitz der Staat enteignet hatte? Sie forderten ihr Recht. Wir tun das auch. Die Juden haben ihren Staat – Israel. Unser Volk, 562 anerkannte Nationen, existiert weiterhin in Reservaten, oft abgelegene karge Gebiete, in denen die Arbeitslosigkeit 80, 90 Prozent beträgt.

Insgesamt leben heute etwa zwei Millionen Indianer in den kontinentalen USA. Die Menschen meines Volkes siechen in Armut dahin, obwohl nun, in 360 Reservaten, Spielkasinos zu teilweise hohen Einnahme,n aber auch zu neuen Problemen führen: Drogenkonsum beispielsweise, Spielsucht, Alkoholismus, die Abkehr von unserer Kultur, unseren Traditionen. Wir haben nicht nur unser Land verloren, sondern auch unsere Würde. Die Indianer werden zu Fürsorgeempfängern degradiert, abgekoppelt vom Fortschritt. Ich selbst erkrankte als Kind an Tuberkulose, nicht allein wegen der Unterernährung, sondern weil unsere Öfen, denen Rauchabzüge fehlten, mit Holz geheizt wurden. Sobald die Temperaturen unter den Gefrierpunkt fielen, weit darunter, was nicht selten war, lag schwerer Rauch in unseren Räumen.

1879 eröffnete die weiße Macht erstmals eine Internatsschule für Indianer außerhalb der Reservate, in Carlisle, Pennsylvanien – auch ich wurde, 160 Kilometer von meinem Reservat entfernt, eingeschult. Zunächst verstand ich die Welt nicht mehr: Ich war überzeugt, meine Mutter wollte mich verstoßen. Wir waren sehr arm, trotzdem hat meine Mutter mich gedrängt, zu lernen. Einmal, in den ersten Monaten nach der Einschulung, hat sie mich besucht. Ein glücklicher Tag, der tragisch endete. Gegen 18 Uhr fuhr der Zug ab, der sie ins Reservat zurückbringen würde. Den schrillen Pfiff der Lokomotive hörte ich. Das Signal der Abfahrt. Mit jedem Kolbenschlag des Dampfrosses entfernte sich meine Mutter von mir. Acht Jahre habe ich sie dann nicht mehr gesehen, doch ich hörte jeden Abend um 18 Uhr die Lok und dachte an meine Mutter, die sich das Eisenbahnticket nicht leisten konnte, um mich zu besuchen.

So wie's im Internat zuging, stellte ich mir eine Militärschule vor. Ich kannte zwar keine Soldaten, doch »Disziplin« war Hauptwort, nicht Unterricht. Wir mussten unsere Sprache unterdrücken, und auch die Lieder unserer Vorfahren waren verboten. Erst später wurde mir bewusst, welche Ziele angestrebt waren: aus rot mach' weiß. Erstmals nach Abschluss der Highschool trieb mich die Sehnsucht zurück ins Reservat. Ich war zwar älter, meine zurückgebliebenen Stammesgenossen waren jedoch nicht fröhlicher geworden. Sie wischten den Staub nicht mehr aus dem Gesicht, selbst Fliegen konnten ungestört die Furchen ihrer Haut durchwandern. Trostloses Dasein allerorts. Nicht das Elend selbst war das Schreckliche, sondern die Hoffnungslosigkeit. Weder Arbeit noch Perspektiven. Und wenn sich Jobs anboten, war die Disziplin nicht mehr vorhanden und die Strebsamkeit im Alkohol ertrunken.

Ich entschied, mich in ein College einzuschreiben, so wie meine Mutter es von mir erwartete. Ich dachte noch immer an den Pfeifton der Lokomotive, der den Abschied von meiner Mutter gemeldet hatte. Er riss mich aus meinen Träumen, oder einem Nickerchen. Die Professoren waren mir wohlgesonnen. Indianer waren eine Seltenheit unter den Studenten, zu denen auch einige Schwarze zählten. Die gab's also tatsächlich! Ich musste mich quälen im Unterricht, ich konnte dem Studium-Rhythmus nicht folgen und bin bei den Prüfungen durchgefallen; meine Lehrer haben mir geraten, das Studium abzubrechen und eine Alternative zu suchen: Wie wär's mit dem Militär?

Ich habe ihnen den Studienabbruch nie angelastet. Ihr Volk hat sich an uns vergangen, wie die Deutschen an den Juden. Punkt. Müssen deshalb die Kinder der Juden-Hasser oder der Indianer-Verfolger auf die Anklagebank? Ist es möglich, eine andere Frage, die Schuldigen als Richter einzusetzen? Unsere Professoren waren bereit zu bezeugen: Amerika hat sich an den Ur-Einwohnern vergangen. Aber diese Indianer saßen selten, beinah nie, zum Abendessen am Tisch der Professorenfamilien. Allenfalls in den Vorlesungen. Meine Frau hat mir von einem deutschen Psychoanalytiker namens Alexander Mitcherlich erzählt, der untersucht hat, wie Deutsche ihre Vergangenheit verdrängt und Schuldgefühle unterdrückt haben. Die von Mitcherlich dokumentierte »Unfähigkeit zu trauern – Grundlage kollektiven Verhaltens« ist auch auf die USA zu übertragen, auf die Unfähigkeit, Schuld anzuerkennen und Wiedergutmachung zu leisten.

Ich habe die Universität verlassen und mich zu der von den Professoren geratenen Alternative entschieden: Militärdienst. Bei der Marineinfanterie. Wie vielen meiner Stammesbrüdern ist die Flucht aus der Armut nur gelungen, weil sie sich freiwillig zum Waffendienst meldeten? Warum sind in Vietnam, im Verhältnis zur Einwohnerzahl, angeblich mehr schwarze Infanteristen gefallen als weiße? Weil die Einheiten im Dschungelkampf weitgehend von schwarzen GIs besetzt waren; viele hatten sich freiwillig gemeldet. Welche andere Möglichkeit hatten sie als den Dienst an der Waffe? Das Pentagon bot ihnen Aus-

bildungen an, als Koch, Kraftfahrer, Mechaniker, Krankenpfleger. Berufsschule
in Uniform. Ich wurde also Soldat. Fünf Jahre insgesamt, davon 12 Monate
aktiver Dienst als »Marine«. Amerika paradox: Wir Indianer konnten weder
wählen noch Alkohol kaufen, wir durften unsere Sprachen nicht sprechen und
waren Fürsorgeempfänger, aber uns wurde gestattet, für dieses Land zu sterben, für Freiheit und Demokratie. Ich wurde im Süden der USA ausgebildet, im
rassistischen Süden, wo Schwarze vor 40, 50 Jahren nur unter Militärschutz
Vorlesungen besuchen konnten. Ich war zwar kein Schwarzer, aber gleichwohl
ein »Farbiger«, eine Rothaut. Also stand ich nur mit Schwarzen an der Piss-
Rinne und hockte auf Klobrillen, auf denen sich selbst ein von Diarrhö befal-
lener Weißer nicht entladen hätte. »For colored only«.

Ich war, als ich bei den Marines einrückte, bereits »politisch unkorrekt«,
befolgte das Gegenteil der vom Bürgertum propagierten Tugenden. Ich habe,
nach dem Dienst an der Waffe, mein Uni-Studium beendet und geahnt: Es
existiert nur ein Weg – der des Protestes, des Engagements, der Freiheit. Erstmals begegnete ich nun mehr Afroamerikanern als Indianern. Ich erinnerte
mich an Geschichten, die uns unsere ehrenwerten Alten erzählt haben: Der
Schöpfer wollte einen Mann aus Lehm formen. Seine erste Figur blieb zu lange
im Feuer, sie wurde schwarz, eine Person, die von den Weißen als »Neger«
klassifiziert wurde. Der Schöpfer versuchte es erneut. Beunruhigt über sein
erstes Missgeschick nahm er die Lehm-Kreatur zu früh aus dem Feuer – und
siehe da, sie blieb weiß. Noch ein Versuch, nicht schwarz, nicht weiß, genau,
was er wollte für eine perfekte Schöpfung: rot. Der Indianer. Das Urvolk Amerikas. Die Herrscher der Prärie, die Jäger der Büffel, vertraut mit der Natur und
ihr verbunden.

Später, als mir unsere Geschichte, die Ungerechtigkeiten, bewusst wurde,
habe ich einen Brief des Indianer-Häuptlings Chief Seattle nachgelesen, den er
um 1852 an den Präsidenten richtete. Er dokumentierte das Umweltbewusst-
sein meines Volkes. Vereinfacht dargestellt könnte ich behaupten: Die roten
Männer waren die ersten Grünen. Er habe vernommen, so der Häuptling, dass
die Regierung Land von den Indianern kaufen wollte: »Wie kann man den
Himmel kaufen oder verkaufen? Das Land? Ein eigenartiger Gedanke. Wie
könnt ihr die Klarheit der Luft, das Glitzern des Wassers kaufen, das uns nicht
gehört? Jedes Element dieser Erde ist unserem Volk heilig. Jede glänzende Tan-
nennadel, jede sandige Küste, der Tau in den dunklen Wäldern, jede Wiese,
jedes summende Insekt … Wir kennen den Saft, der wie Blut in unseren Venen
durch die Bäume sprudelt. Wir sind Teil der Erde und sie ist Teil von uns. Die
duftenden Blumen sind unsere Schwestern. Der Bär, das Reh, der große Adler,
das sind unsere Brüder; die steinigen Bergkuppen, die Säfte in den Wiesen, die

Körperwärme eines Ponys, der Mensch, sie alle gehören derselben Familie an. Das glänzende Wasser in den Flüssen und Strömen ist nicht einfaches Wasser, sondern das Blut unsererVorfahren ... Das Geflüster des Wassers ist die Stimme des Vaters meines Vaters. Die Flüsse sind unsere Brüder. Sie stillen unseren Durst. Sie tragen unsere Kanus und ernähren unsere Kinder ... Der Wind, der unserem Großvater den ersten Atem gab, trug seinen letzten Seufzer.«

»Wir wissen«, so der große Häuptling weiter, dass »der weiße Mann uns nicht verstehen kann. Für ihn ist ein Landstrich wie der andere. Er ist wie ein Fremder in der Nacht, der sich vom Land nimmt, was er braucht. Die Erde ist nicht sein Bruder, sondern sein Feind, sobald er sie erobert hat, zieht er weiter ... Sein Appetit wird die Erde verschlingen und nur Wüste zurücklassen. Wir sehen die Dinge anders als ihr. Der Anblick eurer Städte bringt Schmerzen in die Augen des roten Mannes.Vielleicht verstehen wir nichts, weil wir Wilde sind. Es existiert kein Ort der Stille in den Städten des weißen Mannes; kein Platz, um zu hören, wie sich im Frühling die Blätter entfalten, oder die Flügel der Insekten.Vielleicht ist es so, weil ich ein Wilder bin und nichts verstehe.

Werdet ihr eure Kindern lehren, was wir die unseren gelehrt haben, dass die Erde unsere Mutter ist? Was die Erde erleidet, erleiden alle Söhne dieser Erde. Das wissen wir: Die Erde gehört nicht den Menschen, Menschen gehören der Erde. Alles ist verbunden wie das Blut, das uns alle verbindet. Der Mensch hat nicht das Netz des Lebens gewoben, wir sind allenfalls ein Faden darin. Was immer er dem Netz antut, tut er sich selbst an ... Ich habeTausende verfaulender Büffel auf der Prärie gesehen, die der weiße Mann aus vorbeifahrenden Zügen erschossen hat. Ich bin ein Wilder, und ich kann nicht verstehen, wie das rauchende eiserne Pferd wichtiger sein kann als der Büffel, den wir töten, um zu überleben. Was ist der Mensch ohne Tiere? Wenn alle Tiere verschwunden sind, wird der Mensch ob der großen Einsamkeit der Geister sterben. Was den Tieren widerfährt, wird auch den Menschen widerfahren. Alle Dinge sind verbunden. Was wird sein, wenn alle Büffel getötet worden sind? Das wilde Pferd gezähmt? Was wird sein, wenn die geheimnisvollen Niederungen der Wälder vom Geruch vieler Menschen erfasst und der Blick auf die Hügel durch Telegrafenmasten geschändet wird? Wo werden die Grillen sein? Verschwunden. Der Adler? Verschwunden. Und was bedeutet es, dem wendigen Pony und der Jagd goodbye zu sagen? Das Ende des Lebens, der Beginn des Überlebens.«

Was hat Amerika aus dieser Welt gemacht? Amerika ist dabei, sich selbst zu zerstören, so wie es uns zerstört hat. Oh, welch erbärmliche Luft atmen wir heute, wie krank ist unser Wasser. Über Jahre überlebte ich selbst nur dank einer Sauerstoff-Flasche, bis die Chirurgen eine Lungentransplantation wagten. Ich atme wieder Tannenduft, draußen im Yosemite National Park, oder inhaliere die warme Luft von Black Hills, Süd-Dakota, wo sich unsere heiligen Stätten befinden. Ich lebe wieder und verfolge, wie uniformierte Missionare in Kampfjets ausrücken, um die Ungläubigen irgendwo auf diesem Globus mit Bomben zu lehren, an die Demokratie zu glauben, made in USA. Es ist die Selbstzerstörung einer Nation, die die weisen Gedanken von Häuptling Seattle ignorierte, einer Nation, die ihre Fundamente auf gestohlenes Land setzte, Indianer-Territorium, die ihre schwarzen Mitbürger versklavte und gleichwohl die Freiheitsstatue wie ihren Götzen anbetet.

An der Highschool hatte ich einen schwarzen Lehrer. Er war mir wohlgesonnen, vermutlich weil er selbst erlebt hat, wie die weiße Mehrheit ihre Minderheiten misshandelt, die »Nigger«, die »wet backs«, die »chinks«. Und die Indianer, Rothäute. Ich habe, außerhalb des Reservats, erstmals den Rassismus gespürt – und vor allem den Rassismus deutscher Einwanderer, viele unter ihnen waren Lutheraner. Meine Frau hat mir häufig von der Begeisterung der Deutschen für Romanfiguren wie diesen Winnetou erzählt, doch davon habe ich in Süd-Dakota, in den Dörfern, auf den Farmen unweit unseres Reservats, nichts bemerkt. Deutsche, das waren nach meinen Erfahrungen als Oberschüler und College-Student unhöfliche, laute, aggressive Typen, die provozierten, um sich danach prügeln zu können. Die Einwanderer, denen ich begegnete, so glaube ich mich zu erinnern, waren Handwerker und Bauern, die im rauen Süd-Dakota schuften mussten.

Später, viel später, habe ich Deutschland besucht und einmal, ich denke es war 1978, auf meiner Tournee mit Harry Belafonte, habe ich tatsächlich Sympathien gespürt für das Schicksal der Indianer. Petra Kelly, die, wie sie mir erzählte, einen amerikanischen Stiefvater hatte und in Washington Politische Wissenschaften studierte, hat mich mit ihrem Wissen über Sitting Bull, Crazy Horse, Little Crow, Red Cloud und Geronimo, den großen Apachen, beeindruckt. Die Nachricht über ihren ungewollten Tod hat mich bestürzt. Ihr Körper lebt nicht mehr, aber ihr Geist bleibt. Ich glaube, inzwischen war ich etwa 60 Mal in Deutschland. Ich liebe die Menschen. Bei meinem ersten Besuch in Münster war's etwa so wie die Hollywood-Geschichte »Rat mal, wer zum Dinner kommt«. Der schwarze Arzt, dargestellt von Sidney Poitier, will die weiße Freundin heiraten, die Eltern der Braut, Katherine Hepburn und Spencer Tracy, sind verstört und besorgt. Nun kamen wir. Rosie und ihr Indianerhäuptling Red Crow – der Herr Westerman. Langes schwarzes Haar, hochgewachsen, leichter Schritt in Mokassins. Wo hatte er sein Tomahawk versteckt? Und das Skalpier-Messer? Sie sind dann aber gnädig mit mir umgegangen, die Verwandten. Unser Altersunterschied hat sie offenbar mehr irritiert als meine Hautfarbe.

Ich bin ohnehin nicht leicht zu verunsichern. Beschimpfungen zählen zu meinem Beruf als Protestsänger und Aktivist. Ich bin mit Willie Nelson aufgetreten, Don Henley, Joni Mitchell, Kris Kristofferson. Meine CDs wie »Custer died for your sins« oder »The land is your mother« sind nie Welterfolge geworden. Ich singe nicht vom weißen Flieder am blauen Fluss, sondern von weißen Unterdrückern und dem amerikanischen Holocaust, »Quiet desperation« und »World without tomorrow«. Ich beschwöre nicht die Liebe, sondern den Geist unserer Vorfahren. Ich habe mich für mein Volk und gegen das Unrecht engagiert, gegen die Verschmutzung unserer Erde, die atomare Verseuchung. Sting, der als Lead-Sänger der Pop-Gruppe »Police« berühmt wurde, hat mich 1989 für eine seiner Welt-Tourneen verpflichtet, Konzerte für die von der Vernichtung bedrohten Regenwälder am Amazonas.

Und das Ende der Regenwälder, eine der Sting-Botschaften, bedeutet die Ausrottung der Indianer-Völker. Meiner Blutsbrüder also. Ich habe sie in ihren Hütten am Amazonas besucht, gemeinsam mit Sting. Sie haben mich angefasst. Kaum einer unserer nahezu nackten Gastgeber hatte je einen Weißen gesehen und nie einen Indianer aus dem Norden. Diese Tournee mit Sting hat mich nachhaltig beeindruckt; ich konnte als Kronzeuge auftreten, als Anwalt unserer Indianerstämme, dieses großen Volkes, das ins Elend getrieben wurde, weil es Kultur und Heimat nicht aufgeben wollte. Einmal mehr waren Indianer bedroht. Die im Regenwald. Aber nun reagieren sie, die Unterdrückten. In Bolivien und Venezuela haben Indianer politische Verantwortung übernommen. Sie werden Fehler machen, sie werden kritisiert, provoziert, vielleicht sogar zerstört werden, aber sie haben wieder Würde.

Ich habe den Blutsbrüdern am Amazonas von unserer Geschichte erzählt, von unserem Widerstand gegen 30 Millionen Weiße, Siedler und Goldgräber, die sich vor 100, 200 Jahren über unser Land ergossen. Sie haben Wälder abgeschlagen und im staatlichen Auftrag geschätzte 60 Millionen Buffalos getötet, um uns in den Hungertod zu treiben. Sie haben uns die Kultur genommen und uns eingekerkert, und als wir uns nicht mehr rührten, bezeichneten sie unsere Kapitulation, unsere kollektive Depression als »Frieden«. Ich denke, die Amazonas-Indianer können unser Dasein besser nachempfinden als die Gesetzgeber in Washington. Sting wurde vom Papst in Rom empfangen, und auch ich wurde dem Heiligen Vater vorgestellt.

In Paris empfing uns Frankreichs Präsident François Mitterrand, dessen Ehefrau Danielle besondere Sympathien für die Unterdrückten dieser Welt und ihre Freiheitskämpfe empfand. Unser Empfang im Buckingham-Palast war von Tradition getragen – uniformierte Diener, Kronleuchter, schwere Möbel, noch tiefere Teppiche und der Prinz, Charles, der während unserer Audienz von Sting wissen wollte: »Sting, sagen Sie uns, wie viel Geld hoffen Sie auf dieser Tournee zusammenzubringen?«»Zwei Millionen Dollar wäre ein wunderbares Ergebnis.«»Good God«, reagierte der Prinz,»mehr nicht?« Sting: »Ich wäre Ihnen zu ewiger Dankbarkeit verpflichtet, wenn Sie, Ihre Königliche Hoheit, diese Summe königlich aufstocken könnten.« Konnte er nicht. Durfte er nicht. Die Hoheiten spenden nicht, sie lassen spenden, über irgendwelche Stiftungen. Ich habe vielerorts Betroffenheit registriert, Empörung über die Zerstörung des Regenwaldes, die Vertreibung unseres Volkes. Beifall auch an den Universitäten, wenn ich vom Holocaust made in the USA sprach. Nur – wenn ich meine Stimme erhob und jene Profi-Organisationen geißelte, die ihre Teams mit Indianer-Symbolen schmücken, die Football-Mannschaft der Washington »Redskins« etwa, reagierten die Fans mit Pfiffen. Sie haben nie verstanden, dass »Rothaut« für uns ein niederträchtiges Wort ist, wie »Nigger«. Es existieren die Cleveland »Indians«, die Atlanta »Braves«, die »Kansas City Chiefs«, die »Tomahawks« und »Savages«, und wie viele mehr an den Universitäten, die sich »Warriors« nennen, »the fighting Sioux«, »Apaches«. Diese Namen führen dann zu Schlagzeilen wie »Cowboys skalpieren die Rothäute«, in Klarschrift also: Dallas besiegt Washington.

Ich weiß, ich weiß, wir Indianer sollen nicht empfindlich sein, wie aber wohl würde die Nation reagieren, wenn ein Team in Georgia die »Atlanta Dirty Jews« genannt würde oder die »New Orleans Lazy Nigger«? Wir reagieren empfindlich, weil wir die Missachtung unserer Geschichte und die Beschmutzung unserer Würde nicht mehr hinnehmen wollen. Unterschlagen wird nach wie vor die Tatsache, dass die Indianer den Siedlern zunächst friedlich begegnet sind, sie haben sie sogar in ihre Landwirtschaft eingeweiht. Indianer, das wird einfach verdrängt, waren nicht nur Buffalo-Jäger, sondern auch Feldbauern, etwa die Hopi und Pueblos, die in Städtchen aus Lehmbauten mit zahlreichen Terrassen lebten. Wir haben den Weißen gezeigt, wie man Weizen anbaut, und die haben daraus Schnaps gebrannt, den sie den arglosen Indianern einflößten. Oder sie haben sich selbst besoffen und auf uns geschossen, aus Spaß. Vor allem Hollywood hat die Indianer zu Schießbuden-Figuren degradiert. Wir waren die Roten, und rot, das waren die Bösen. Jahrzehnte, ein Jahrhundert bereits, bevor sich Washington mit Marx und Mao auseinandersetzen musste. John Wayne hat folglich immer gesiegt. Er war der Stellvertreter der Zivilisation. Wir hießen Furious Storm, Red Plume, Spotted Tail oder Passing Hail und wurden eingereiht in die Kategorie »Neandertaler« oder »Wilde«.

Gelegentlich hat ein Regisseur, John Ford beispielsweise in »Fort Apache«, gewagt, Indianer als nobel oder als Freiheitskämpfer darzustellen. Es brauchte Mut und Durchsetzungsvermögen für solch eine Image-Korrektur.

Nur wenige Weiße haben unsere Sprachen verstanden, weil kaum ein Wörterbuch existiert. Die Alten haben ihre Geschichte, die Tragödien, nur selten aufgeschrieben, sondern sie ihren Töchtern und Söhnen weitererzählt. Ich weiß nicht, wie viele Geschichtsbücher von weißen Anthropologen und Historikern mit wahren oder erfundenen Geschichten über unsere Katastrophen und unsere Kultur gefüllt worden sind. Unbestritten bleibt jedoch: Die Kommanchen, Sioux, Modoc, Irokesen, Mohikaner, Ogalala, Apachen, Navajo, Schoschonen, Dakota, Cherokee, Seminole, Creek, Crow, Hupa, Ute, Chickasaw, Cherokee, Hopi, Wallawalla und die mehr als 550 anderen Indianer-Nationen hatten kaum eine Chance im weißen Amerika.

Unsere Reservate sind nichts anderes als Abstellplätze und Warteräume auf den Tod. Kaum ein Vogel, allenfalls Krähen, wenige Bäume, kaum ein Bach, in dem die Forellen springen und an dem Rehe saufen. Der Winter tötet die Alten; in Staaten wie New Mexico oder Arizona verbrennt die Sonne die kargen Felder und die Hoffnung. Tausende von Seiten müsste ich schreiben, um unseren Holocaust aufzuzeichnen, etwa den »Langen Marsch« der Navajo, die 1864 in die Reservate getrieben wurden. Von der Heimat blieb nichts als Erinnerung, Träume von Landschaften, wie Chief Seattle sie beschrieben hat, die Wiesen, die kristallklaren Ströme, in deren Nähe unser Volk die Tipis aufbaute. Amerika hat diese Idylle ersetzt durch Grauen, das stolze Volk der Ur-Einwohner in die Lager getrieben. Ohne Scham. So wie in Vietnam. So wie jetzt im Irak. Wenig Mitleid für die Zivilisten, die von den Bomben zerrissen werden, keine wirkliche nationale Empörung. Der Niedergang meines Volkes lässt sich einfügen in eine amerikanische Logik, die sich bis in unsere Zeit verfolgen lässt. Wir, die Indianer, haben nie wirklich Frieden gekannt; unser Kampf dauert inzwischen ungleich länger als der Zweite Weltkrieg, als alle US-Kriege insgesamt, nämlich 50, 100, 200 Jahre.

Nachdem 1848 Meldungen von Goldfunden in Kalifornien das weiße Einwanderervolk elektrisiert hatten, sattelten sie auf, Millionen, und ritten gen Westen, bis ihren Pferden die Eisen von den Hufen fielen. Sie zogen ihre Straßen durch indianisches Gebiet, auf dem Siedler in ihren Planwagen gen Westen schaukelten, nachdem der Kongress ihnen Land versprochen hatte, kostenlos. Unser Land. 1867 wurden, im heutigen Staat Utah, die Gleise der »Central Pacific« und der »Union Pacific Railway« verbunden – die Vollendung der transkontinentalen Eisenbahn. Einmal noch erhob sich unser Volk, 1876, gegen die Vertreibungen und Unterdrückung. Unter Führung des legendären Häuptlings Sitting Bull, vom Stamm der Dakota, besiegten unsere Krieger in »The Battle of the little Bighorn« den im Indianer-Kampf erprobten und von uns verachteten US-General George Armstrong Custer. Er fiel und mit ihm rund 200 seiner Soldaten. 1942, in dem Film »Sein letztes Kommando«, versuchte Hollywood, mit Errol Flynn in der Hauptrolle, Custer zu glorifizieren – ein Held Amerikas.

Auch ich habe vor der Kamera gestanden, als Indianer, als was sonst? Ich habe jedoch Rollen abgelehnt, die den Indianer negativ beschreiben wollten, als Alkoholiker beispielsweise oder Pferdedieb. Ich habe nie von einer Schauspielerkarriere geträumt, inzwischen sind in meiner Biografie 25 Filme und 40 Fernsehserien verzeichnet. Einer meiner Freunde war ein Muscogee-Creek-Indianer, Will Sampson. Ein Hüne, über zwei Meter groß. In dem Film »Einer flog über das Kuckucksnest« hat er, 1975, mit Jack Nicholson gedreht. Er war der geisteskranke Chief Bromden, Nicholson ein Korea-Veteran und Kleinkrimineller, der dem Zuchthaus nur entkam, weil er einen Verrückten mimte. Das brachte ihn in die psychiatrische Klinik und in Konflikt mit dem Personal, vor allem einer garstigen Oberschwester. Ein großer Film und eine große darstellerische Leistung von Will, mit dem ich so manches Mal in den Tälern um Pasadena ausgeritten bin. Er hatte wieder ein Angebot zu einem Dreh, doch er war schwer erkrankt. Die Lunge. Das Herz. Als ich ihn besuchte, war er nur noch Haut und Knochen. Er sprach mit mir über sein neuestes Projekt, eine Rolle in der Fernsehserie »MacGyver«. Er stellte für mich den Kontakt zu den Produzenten her, ich bekam den Job und drehte in Vancouver. Später kontaktierte mich Kevin Costner. Er wollte mit mir über sein neuestes Projekt reden, »Der mit dem Wolf tanzt«, ein großartiges Drehbuch. Ich sollte einen Indianerhäuptling darstellen, Kostner führte Regie und spielte auch die Hauptrolle, einen Leutnant, der sich freiwillig in ein abgelegenes Indianer-Gebiet versetzen lässt.

Ein angenehmer Mann, der Kevin, freundlich, neugierig. Er wusste nicht viel über unser Schicksal, aber er hörte mir zu und engagierte sogar eine Expertin der Lakota-Sprache, die die Schauspieler unterrichten sollte, Doris Leadercharge. Sie stand als meine Ehefrau mit mir vor der Kamera, in »Der mit dem Wolf tanzt«. Die Filmarbeiten haben mich bewegt. Eine Zeitmaschine katapultierte mich zurück in unsere Geschichte. Buffalo-Herden, Medizinmänner. Frieden. Costner ist abgerückt von den Stereotypen und hat auf Authentizität gesetzt wie vor ihm John Ford. Er hat die Annäherung eines weißen Soldaten mit den Indianern glaubhaft erklärt, sogar seine Verbrüderung, sein Verrat an der eigenen weißen Welt. Hollywood hat Costner für die Abkehr von den Klischees mit sieben Oscars belohnt. Mich selbst haben die Dreharbeiten wieder nach Süd-Dakota geführt. Meine Heimat, in der ich wegen meines Lungenleidens nie mehr leben kann. Ich brauche mildes Klima, nicht die erbärmliche Kälte, die auch heute noch die Reservate erstarren lässt.

Drei Jahre lang musste ich auf Film- und Fernsehprojekte verzichten. Mein Leben hing, wegen meiner zerfressenen Lunge, an der Sauerstoff-Flasche. Keine Kraft, keine Luft, keine Freiheit. Nur die Maschine, die Angst, sie könnte aussetzen. Ich habe auf eine neue Lunge gewartet und Skulpturen entworfen, Sitting Bull und Geronimo. Die Bronzen kosten heute zwischen 5000 und 25 000 Dollar. Kein Kleingeld, sicher, aber Kunst ist teuer, und es sind Denkmäler an ein großes Volk, das vom weißen Amerika zerstört wurde. Chief Seattle hat zu Recht gefragt:»Werden die Küsten und Wälder noch existieren, wenn der letzte Rote Mann und die Erinnerung an ihn und seine Natur nur noch als Schatten einer Wolke über die Prärie gleiten? Wird irgendetwas vom Geist meines Volkes erhalten bleiben? Auch die Weißen werden verschwinden, vielleicht früher als alle anderen Stämme.«

Rosie Westerman:

Mein Mann, Floyd Red Crow Westerman, hat bis zu seinem Tod unvermindert für die Würde seines Volkes gekämpft. Seine Videodokumentation über den Indianer-Holocaust ist ein historisches Dokument. Seine CDs sind gesungene Anklageschriften. Er sah sich nicht als Verfolgter, er wusste jedoch, wie das Kontrollsystem der US-Macht funktioniert, nicht erst, nachdem illegale Abhöraktionen der US-Geheimdienste und Schnüffeleinsätze des FBI enthüllt wurden, Lauschangriffe gegen wirkliche oder erträumte Sympathisanten und Aktivisten der Islam-Terroristen. Nichts Neues für uns: Am Tag, als Floyd mit Sting zur Welt-Tournee»Rettet den Regenwald« aufgebrochen war, klopfte es an unserer Tür. Zwei Frauen. FBI-Agentinnen. Die eine sprach Deutsch:»Wir möchten Sie zu Ihrem Mann befragen.« Mir brach nahezu das Herz – Floyd, ein Flugzeugabsturz? Nein. Sie wollten wissen, wer unsere Freunde sind und ob ich in der amerikanischen Indianer-Bewegung engagiert sei. Meine Antwort war ehrlich:»Er macht seine Arbeit, ich meine.« Ende der Aussage. Als wenn das FBI nicht wüsste: Ich importiere Schäferhunde. Deutsche und belgische Schäferhunde, die»Malinois«. Deutsche Schäferhunde habe ich schon als Kind geliebt. Sie sind nervenfest, gutartig, wachsam, kräftig, kämpferisch, treu, mutig, so wie es der deutsche»Verein für deutsche Schäferhunde« vorgibt, wesensfest sollen die Tiere sein, also: made in Germany. In den USA gezüchtete Schäferhunde werden seltener von US-Polizei oder Militär erworben, da die US-Hunde oft nur auf»looks« gezüchtet werden. Unsere Import-Tiere sind auch vom Temperament her gesehen ungleich besser als die amerikanischen Tiere. Sie sind als Fährten- oder Schutzhunde begehrt, obwohl die robusteren, aber auch nervöseren belgischen Schäferhunde zunehmend Fans gewinnen.

Mehrmals im Jahr fliege ich nach Deutschland, treffe mich mit Züchtern und wähle die Tiere aus, die ich dann in Kalifornien für Kunden ausbilde. Meine Arbeit und die Faszination für den Schäferhund ist längst nicht mehr auf Kalifornien begrenzt. Mit von mir ausgebildeten Schäferhunden bin ich sogar drei Jahre lang, jeweils für sechs Monate, in einem japanischen »Entertainment-Park« aufgetreten. Unsere Show: Die Hunde mussten mich vor einem vermeintlichen Angriff schützen. Ein wenig war's die mir vertraute Zirkuswelt, ohne Romantik, ohne Stallgeruch, ohne das Trompeten der Elefanten, das Brüllen der Löwen. Der Zirkus, das war eine Geschichte, meine Erinnerung. Ich weiß nicht, ob »mein« Zirkus noch existiert, egal. Auch den Namen habe ich, bewusst, aus meinem Vokabular getilgt. Ich weiß inzwischen, wie Tiere im Zirkus leiden. Also keine Werbung. Ich will auch nicht mehr nach Australien, China oder Indonesien. Ich muss auch nicht mehr Karl May lesen. Ich bin einem echten Winnetou begegnet, der Bratkartoffeln liebte und ein Bierchen nicht verschmähte, Floyd Red Crow Westerman. Made by God. Ein göttlicher Mensch, den wir in seiner Heimat beerdigt haben.

Danksagung

Ohne die engagierte Unterstützung meiner Freunde wäre dieses Buch nicht möglich gewesen. Besonderen Dank an: Nannette Bühl sowie Christian Schöps, Sabine Glaubitz, Dr. Gerhard Tams, Andrea Ratcliff, Hannes Lamp, Babette Zilch, Manfred Kohnke, Heinz P. Lohfeldt, Monica de Champfleury.

Textnachweis

Quellenverzeichnis

Adorno, Theodor W., MINIMA MORALIA. REFLEXIONEN AUS DEM BESCHÄDIGTEN LEBEN, zitiert aus GESAMMELTE SCHRIFTEN, BAND 4, Frankfurt am Main: Suhrkamp 1980, S. 36, f. (zitiert auf S. 370).

Bertolt Brecht, GROSSE KOMMENTIERTE BERLINER UND FRANKFURTER AUSGABE. JOURNALE 2, Berlin und Weimar: Aufbau Verlag, Suhrkamp Verlag 1995, S. 51, 172, 250 (zitiert auf S. 369, 373, 382, 375).

Davis, Mike, CITY OF QUARTZ. AUSGRABUNGEN DER ZUKUNFT IN LOS ANGELES UND NEUERE AUFSÄTZE, Berlin: Verlag der Buchläden Schwarze Risse 1994, S. 41, 67, f. (zitiert auf S. 196, 370, 380).

Kafka, Franz, DER VERSCHOLLENE (AMERIKA), Frankfurt am Main: Fischer Taschenbuch Verlag 2003, S. 9, 46 (zitiert auf S. 77).

Mann, Erika; Mann, Klaus, ESCAPE TO LIFE, DEUTSCHE KULTUR IM EXIL, Reinbek: Rowohlt 2001, Seite 294 (zitiert auf S. 94).

Mann, Thomas, zitiert aus Viertel, Salka, DAS UNBELEHRBARE HERZ. EIN LEBEN MIT STARS UND DICHTERN DES 20. JAHRHUNDERTS. MIT EINEM VORWORT VON CARL ZUCKMAYER, Reinbek: Rowohlt 1987, S. 317 (zitiert auf S. 374).

Miller, Henry, BIG SUR UND DIE ORANGEN DES HIERONYMUS BOSCH, Reinbek: Rowohlt 2002, S. 86 (zitiert auf S. 57).

Miller, Henry, DER KLIMATISIERTE ALPTRAUM, Reinbek: Rowohlt 1977, S. 18 (zitiert auf S. 133).

Mozart, Wolfgang Amadeus; Bauer, Wilhelm; Deutsch, Otto Erich, et. al. (Hg.), BRIEFE UND AUFZEICHNUNGEN. BAND 4, München: dtv 1963, S. 159, f., 146, 158 (zitiert auf S. 313, f.).

Mozart, Wolfgang Amadeus; Bauer, Wilhelm; Deutsch, Otto Erich, et. al. (Hg.), BRIEFE UND AUFZEICHNUNGEN. BAND 2, München: dtv 2005, S. 287 (zitiert auf S. 313).

Remarque, Erich Maria, ERICH MARIA REMARQUE – MARLENE DIETRICH, ZEUGNISSE EINER LEIDENSCHAFT, München: Kiepenheuer & Witsch, 2003, S. 57 (zitiert auf S. 369).

Schnauber, Cornelius, SPAZIERGÄNGE DURCH DAS HOLLYWOOD DER EMIGRANTEN, Zürich: Arche 1992, S. 79, f. (zitiert auf S. 377).

Schoenberger, Frances, BARFUSS IN HOLLYWOOD, Frankfurt am Main: Krüger 2005, S. 163, 99 (zitiert auf S. 451, 452).

Viertel, Salka, DAS UNBELEHRBARE HERZ. EIN LEBEN MIT STARS UND DICHTERN DES 20. JAHRHUNDERTS. MIT EINEM VORWORT VON CARL ZUCKMAYER, Reinbek: Rowohlt 1987, S. 7, 197, 298, 299 (zitiert auf S. 366, 368, 369, f.).